Ferdinand Oertel

Der Kirchenzeitungsmann

Religion – Medien – Kommunikation

Herausgegeben von

Walter Hömberg und Michael Schmolke

Band 5

LIT

Ferdinand Oertel

Der Kirchenzeitungsmann

Erinnerungen aus fünfzig Journalistenjahren

LIT

Dr. Ferdinand Oertel, geboren 1927, arbeitete nach seinem Literatur- und Journalismus-Studium in Köln und St. Louis (USA) 50 Jahre bei verschiedenen Kirchenzeitungen. Er war neun Jahre Vorsitzender der Arbeitsgemeinschaft der Katholischen Presse, Berater der Publizistischen Kommission der Deutschen Bischofskonferenz, Mitglied der Kommission Publizistik des Zentralkomitees der deutschen Katholiken und Mitbegründer sowie erster Präsident der Internationalen Föderation der Kirchenpresse in der Weltunion der katholischen Presse. Foto: Lieselotte Oertel

Bibliografische Information der Deutschen Nationalbibliothek
Die Deutsche Nationalbibliothek verzeichnet diese Publikation in der Deutschen Nationalbibliografie; detaillierte bibliografische Daten sind im Internet über http://dnb.d-nb.de abrufbar.

ISBN 978-3-643-10413-7

©LIT VERLAG Dr. W. Hopf Berlin 2009
Verlagskontakt:
Fresnostr. 2   D-48159 Münster
Tel. +49 (0) 2 51-620 32 22   Fax +49 (0) 2 51-922 60 99
e-Mail: lit@lit-verlag.de   http://www.lit-verlag.de

Auslieferung:
Deutschland: LIT Verlag Fresnostr. 2, D-48159 Münster
Tel. +49 (0) 2 51-620 32 22, Fax +49 (0) 2 51-922 60 99, e-Mail: vertrieb@lit-verlag.de

Österreich: Medienlogistik Pichler-ÖBZ GmbH & Co KG
IZ-NÖ, Süd, Straße 1, Objekt 34, A-2355 Wiener Neudorf
Tel. +43 (0) 22 36-63 53 52 90, Fax +43 (0) 22 36-63 53 52 43, e-Mail: mlo@medien-logistik.at

Schweiz: B + M Buch- und Medienvertriebs AG
Hochstr. 357, CH-8200 Schaffhausen
Tel. +41 (0) 52-643 54 30, Fax +41 (0) 52-643 54 35, e-Mail: order@buch-medien.ch

INHALT

Vorwort

Das letzte halbe Jahr vor dem Ende des Zweiten Weltkrieges überstand Ferdinand Oertel, 18 Jahre alt, mit Glück und Schutzengelhilfe bei der Wehrmacht. Aber eigentlich ist er ein typisches Mitglied der Flakhelfergeneration. Das heißt, er musste sich, schon Mitte 1945 aus britischer Kriegsgefangenschaft entlassen, mehr oder weniger allein auf den Weg machen, das Abitur nachholen, sich einen Studienplatz besorgen und eine Ecke in der Ein-Zimmer-Redaktion der Kölner Kirchenzeitung erobern, wo er als Volontär anfing. Niemand sprach damals vom Notendurchschnitt. Pisa war ein vorerst unerreichbares Fernziel in Italien und Erasmus ein abendländischer Humanist. Trotzdem gehörte es schlicht zum guten Ton, nicht nur an *einer* Universität zu studieren. Oertel ging nach England (1948) und in die USA (1950/51). Er brauchte keine psychotherapeutische Hilfe, um sein Studium abzuschließen (Doktorat 1953) und zugleich den Beruf zu erlernen, der sein Leben bestimmte: Redakteur. Eigentlich aber wollte er Schriftsteller werden.

Jetzt legt er ein Buch vor, das im Untertitel zutreffend mit „Erinnerungen" bezeichnet wird. Dessen ungeachtet handelt es sich – der Leser wird es schnell merken – um eine aus persönlichem Blickwinkel geschriebene Geschichte der katholischen Publizistik in der zweiten Hälfte des 20. Jahrhunderts. In der Entstehungszeit des umfangreichen Manuskripts ließ Oertel immer wieder die Sorge laut werden: „Eigentlich sollen es doch meine ganz persönlichen Erinnerungen und nicht eine historische Darstellung sein." Und ebenso häufig finden wir in oder zwischen den Zeilen: „Eigentlich Schriftsteller – und nicht Redakteur oder gar Verbandsfunktionär."

Was ist das nun, was hier vor uns liegt?

Es ist, rundheraus gesagt, die erste zwar nicht alle Medien umfassende, aber doch weit ausgreifende, gut abgesicherte Geschichte der katholischen Publizistik jener Jahrzehnte, - die erste solide Arbeit aus der Sicht eines Akteurs. Ferdinand Oertel hat sich bei seinem Vorhaben, einst die Memoiren eines Schriftstellers zu schreiben, selbst eine Falle gestellt: Er hat seit seiner Studienzeit alles aufgehoben, was er für erinnerungsträchtig hielt, Memorabilien, jene Dinge, von denen unsere Frauen nicht aufhören zu sagen: „Schmeiß doch endlich den alten Kram weg!"

Gestützt auf den alten Kram, erzählt er jetzt, auch wenn er seine privaten Menschenwege zurückverfolgt, immer zugleich von der Sache. Weil er so vieles belegen kann, nehmen wir ihm auch alle Geschichten ab, deren Quelle allein seine Erinnerung ist. Sie zu nützen ist das Vorrecht des Memoirenschreibers. Oertel nutzt es mit gewissenhafter Bescheidenheit; obendrein sichert er seine Erinnerungen ebenso wie die Erkenntnisse aus seinen gesammelten Quellen mit Befunden aus der Fachliteratur ab.

Was die Inhalte angeht, so greift der Vorwortschreiber nur das Generalthema heraus. Das ist die katholische Publizistik Deutschlands in ihrer Nachkriegsgestalt, mit deutlicher Schwerpunktsetzung bei der Presse, ihre Strukturen, die in ihr bestehenden wie die ihr gegenüber stehenden, auf sie einwirkenden geistigen Entwicklungen, jenes nicht amorphe, aber auch niemals zu Ende kristallisierte Konglomerat, jener Topf-Inhalt, der in den beiden ersten Nachkriegsjahrzehnten wuchs und wuchs, dann stockte, mählich teilverdampfte, Niedergang ohne Untergang. Der Anregungen aufnahm, meist aber verwarf, sich analysieren ließ, obwohl die Autoritäten seiner vielfältigen Ingredienzien schon im Voraus wussten, dass sie die Analyse-Ergebnisse sich allenfalls im stillen Kämmerlein zu Herzen nehmen, niemals aber als Handlungsanleitungen akzeptieren würden.

Der Inhalt des Topfes, wie Oertel ihn beschreibt, zeigt auch die Narben, Hinterlassenschaften der Verletzungen, die man hat hinnehmen und aushalten müssen. Es menschelte schon sehr hinter den Schubladenetiketten, die AKP oder UCIP etc. heißen konnten. Andererseits: Wenn ein Topfinhalt Narben zeigen kann, muss es sich schon um einen zähen Brei handeln. Die in ihm wirkenden Akteure waren nicht selten Täter und Opfer, fleißige Aktivisten, aber auch geprügelte Hunde. Oertel hat alles von beiden Seiten gesehen, als Bistumsblatt- und Familienblattredakteur, als Vorsitzender der Arbeitsgemeinschaft Katholische Presse, als international arbeitender Journalist, als Berater der Bischöfe, als mehr oder weniger freier Autor. Respekt! Respekt auch vor der Autorenleistung, die Sturzfluten der Erinnerung zu 320 Seiten Text gebändigt zu haben. Er ist vor zwei Jahren achtzig geworden.

20.Oktober 2009

Michael Schmolke

1. Ursprünge in bewegter Zeit: 1927 bis 1945

Im Dritten Reich rheinisch-katholisch erzogen

Ich weiß nicht, wie die Sternenkonstellation am Tag meiner Geburt war, dem 24. Oktober 1927. Ich weiß, dass ich das Licht dieser Welt an einem frühen Montag im katholischen Krankenhaus zu Wiesdorf bei Köln erblickte und es somit knapp verpasste, ein Sonntagskind zu sein. Doch mir scheint im Rückblick, dass es ein paar andere eher providenzielle als zufällige Zeitereignisse waren, die mein späteres Leben stark geprägt haben.

- *Genau zwei Jahre vor meiner* Geburt hatte Papst Pius XI. das Christkönigsfest in der Weltkirche eingeführt und die Katholische Aktion gegründet, die als Laienbewegung das Reich Christi auf Erden verwirklichen sollte. Von der Begeisterung, mit der das Leben der katholische Jugend in Deutschland durch diese Vision vom Reich Christi getragen wurde, bin ich in jungen Jahren mit angesteckt worden.

- *Ein Jahr vor meiner Geburt* war die Hitler-Jugend gegründet worden, ein halbes Jahr nach meiner Geburt zogen 12 Abgeordnete der Nationalsozialistischen Deutschen Arbeiterpartei (NSDAP) in den Reichstag ein. Meine Schul- und Gymnasialzeit fiel ganz in die Zeit des Dritten Reiches mit Verboten der katholischen Jugendarbeit, mit Flakeinsatz als Gymnasiast, Arbeitsdienst, Wehrmachtseinsatz und Gefangenschaft.

- *Zur Zeit meiner Geburt* wurde in Köln mit dem Bau eines 86 m hohen Turmes auf dem neuen, von Oberbürgermeister Konrad Adenauer initiierten rechtsrheinischen Messegeländes begonnen. Dort fand 1928 die Internationale Presseausstellung PRESSA statt, die sich der wachsenden Bedeutung des Zeitungswesens und der modernen Kommunikationstechniken widmete. Der Medienstandort Köln wurde der Ausgangspunkt meiner journalistischen Laufbahn.

- *In meinem Geburtsjahr* erschienen die philosophische Untersuchung „Sein und Zeit" von Martin Heidegger und die Romane „Der Steppenwolf" von Hermann Hesse, „Amerika" von Franz Kafka sowie „Die Brücke von San Luis Rey" von Thornton Wilder - Bücher, die mich als Heranwachsenden fesselten.

- *Und in meinem Geburtsjahr*, im Mai 1927, überquerte Charles Lindbergh zum ersten Mal den Atlantik von Nordamerika nach Europa mit dem Flugzeug, und dieses Flugzeug trug den Namen „Spirit of St. Louis". Als ich 22 Jahre später ein Stipendium für ein Studium in den USA erhielt, führte mich dies nach St. Louis an die Jesuiten-Universität, so dass ich im erweiterten Sinn den „Spirit" der Neuen Welt und der Religion in Amerika kennen lernte.

Reich Gottes - Drittes Reich - Presse und Literatur sowie *Neue Welt*, das könnten die Sterne gewesen sein, die am Tag meiner Geburt in einer besonderen Konstellation standen und meinen Lebensweg vorbestimmten - gleichsam als *horizontale* Dimension. Dazu kam eine zweite Dimension, die *vertikale*, die des - im Sinne Heideggers - „Hineingeworfenseins" in die Familienvergangenheit und in meine rheinische Heimat.

Meine Vorfahren väterlicherseits stammen aus Sachsen. Die Familie meines Großvaters „Ferdnand" (ohne i) war in den 80er Jahren des 19. Jahrhunderts in die aufstrebenden Industriegebiete im Tal der Wupper umgezogen. Er war evangelisch und hatte meine aus dem Westen stammende Großmutter geheiratet, und die war katholisch. Diese Großeltern hatten fünf Söhne und zwei Töchter und erzogen sie wechselweise katholisch und evangelisch, sozusagen ökumenisch lange vor dem Konzil. Mein Vater, 1895 geboren, wechselte Anfang der 20er Jahre des vorigen Jahrhunderts nach Wiesdorf südlich von Köln, weil es in der chemischen Fabrik Bayer nach dem Zweiten Weltkrieg eher Arbeitsplätze gab als im Tal der Wupper. Er hatte im Ersten Weltkrieg vier Jahre an der Ost- und Westfront gekämpft und nie seinen Soldatenstolz verloren. Nach dem Krieg schenkte er seine ganze Treue in seiner anerzogenen preußisch-protestantischen Pflichtauffassung „dem Bayer", wie so viele in unserem alten Fischer- und Bauerndorf Flittard, wo er eine Wohnung gefunden hatte. Als kaufmännischer Angestellter arbeitete mein Vater im Labor der Chemiker Dr. Lommel und Dr. Steinkopf, die im Ersten Weltkrieg ein Giftgas entwickelt hatten, das ihren Namen trug: LOST. Tötliche Ironie dieser Abkürzung war: Wer das Gift einatmete, war „lost" - „verloren". Von dieser „Erfindung" habe ich erst später erfahren. Mitte der 30er Jahre bekam ich aber mit, dass die beiden Chemiker nun Tonträger entwickelten. Mein Vater zeigte mir eines Tages eine Drahtspule und sagte, darauf könnten ganz viele Töne, Wörter und Musik gespeichert werden. Ich glaubte ihm nicht, weil er das nicht demonstrieren konnte. Die Speichertechnik befand sich noch im Experimentierstadium. Sie führte erst zum Erfolg, als Magnetbänder als Speicherträger verwandt wurden. Nach dem Krieg erstand ich vom ersten Honorar ein Uher-Tonbandgerät, das auf dieser Erfindung basierte. Vaters Stolz auf das Bayer-Werk habe ich ebenfalls „eingeatmet" - sogar im wahrsten Sinne des Wortes durch die stinkenden Abgase der vielen Fabrikschornsteine. Als ein Wahrzeichen meiner Heimat hat immer das große „Bayerkreuz" gegolten, ein aus tausend Lampen angeordnetes Kreuz aus dem Namen *Bayer* in einem Lichterkreis. Wenn ich überlege, was ich von meinem Vater als Wesensmerkmale mitbekommen habe, war es eine protestantisch-bestimmte Haltung, die gleichzeitig durch sittliche Verantwortung und persönliche freie Entscheidung gekennzeichnet war.

Das andere Wahrzeichen meiner Jugend war der Kölner Dom, dessen Spitzen wir bei klarem Wetter von den Rheinwiesen aus sehen konnten. Mein Vater gehörte zu den katholisch erzogenen Kindern seiner Eltern und hatte meine Mutter Barbara aus dem traditionell katholischen Köln geheiratet. Von ihr habe ich die eindeutigen Wesenszüge des lebensfreudigen rheinischen Katholizismus kölnischer Prägung mitbekommen: Die Dinge so zu nehmen, wie sie sind (et ess wie et ess), jeden anderen so zu lassen und zu nehmen, wie er ist (jeder Jeck ist anders) und auf Gott zu vertrauen (der leeve Jott es nit esu). Meine Mutter war gesellig, konnte herzlich lachen und ebenso herzergreifend weinen, reiste gerne und litt darunter, wie sie mir kurz vor ihrem Tod anvertraute, dass sie keine Lehrerin geworden war. Dazu hatte einerseits das Geld gefehlt, andererseits im Elternhaus noch kein Verständnis für Frauenberufe gegeben. Im Grunde deutete nichts von diesen persönlichen Konstellationen darauf hin, dass ich zu einem werden sollte, der das „Schreiben" zu seinem Beruf machen würde. Für Eltern und Großeltern, deren erster Enkel ich war, stand nur fest: „Der soll mal studieren." Doch bis dahin war noch ein weiter Weg mit Umwegen, Abwegen und Sackgassen.

Meine Volksschulzeit fiel in die entscheidenden politischen Umbruchsjahre 1933 bis 1937. Mein Elternhaus und die knapp 3000 Einwohner in meinem Heimatdorf Flittard, am Rhein gelegen zwischen dem „hilligen" Köln und dem durch das Bayerwerk eher preußisch-protestantisch geprägten Leverkusen, waren „treu katholisch". Es stimmt, das war aus heutiger Sicht vorkonziliarer Traditionskatholizismus, - wenn dieser auch durch jahrhundertalte „rheinische" Lebenserfahrung und -weisheit nicht nur „ge-erdet" und „vermenschlicht" war, sondern auch fröhliche Züge trug. Als Kinder lernten wir im Katechismus-Unterricht, dass wir auf Erden leben, um Gott zu ehren und ihm zu dienen, damit wir in den Himmel kommen. Das Leben im Dorf war arm und wurde vom Rhythmus des Kirchenjahres geprägt., aber die Leute waren keine Heiligen. In unserem Dorf wurde beim Handel betrogen, es gab Trunksucht, Gewalt, Ehebruch und Selbstmord. Das hat in unserer Kindheitswelt keine tieferen Spuren hinterlassen. Jeder wusste, was Recht und was Unrecht war, was man tun durfte und was nicht. Oder doch nicht immer ? Einige Erwachsene in unserem Dorf traten der Partei bei, ohne großes Aufsehen. Es hieß, dass sie ihre Stelle als Staatsbeamte oder als Angestellte beim Leverkusener Bayerwerk, das von der NS-Regierung im IG-Farben-Konzern gleich geschaltet war, nicht verlieren wollten. Parteimitglied und zugleich kirchentreu zu sein, das schien irgendwie vereinbar, solange man sich nicht als glühender Hitler-Anhänger exponierte. Und das taten wenige in unserem Dorf.

Hauptkommunikationsmittel im modernen Verständnis waren die Nachbarschafts- und Dorfgespräche. Auf der Straße, beim Einkaufen, in den Vereinen, bei privaten Festen und öffentlichen Ereignissen wie Kirmes und Schützenfest, in der Kirche und in der Schule wurden alle Neuigkeiten ausgetauscht. Vieles war belangloser Dorfklatsch. Natürlich gab es Tageszeitungen, die über die Geschehnisse in der weiten Welt berichteten - und die begann bereits im fernen Köln, wohin man mit dem Omnibus oder der Kleinbahn eine gute Stunde brauchte. Doch bevor ich lesen konnte, erfuhr ich alles, was außerhalb unseres Dorfes geschah, durch das Radio. Es war das neue Massenmedium. 1923 war die Westdeutsche Rundfunk AG WERAG, 1925 die Reichs-Rundfunk-Gesellschaft gegründet worden. Zu dieser Zeit gab es 100 000 Hörer, zur Zeit meiner Geburt 1927 waren es schon über eine Million und 1934 fünf Millionen. In unserer Wohnung im ersten Stock des großelterlichen Hauses wurde ich schon vor Beginn meiner Schulzeit wach, wenn in der Küche neben dem Schlafzimmer das Radio eingeschaltet wurde. Wir konnten, glaube ich, nur zwei Sender empfangen, den Reichssender Köln und den Deutschlandsender. Mein Vater wollte die Morgennachrichten, das Wetter und zwischendurch immer wieder die genaue Zeitangabe hören, um seinen Zug zum Bayer-Werk nicht zu verpassen. Die

Werksbahn fuhr um 6,45 Uhr für die Arbeiter, um 7,45 Uhr für die Angestellten. Und dann hörten wir Samstagsnachmittags eine Sendung in der Art einer unterhaltenden Wochenschau mit den „Vier Botzen" (kölsch für „Vier Hosen"), deren Erkennungsmelodie mit dem Anfangstext mir noch heute im Kopf ist: „Was in der Welt geschah, das wollen wir euch schildern...". Ich durfte zweimal nachts auf bleiben, als im Deutschlandsender die Boxkämpfe von Max Schmeling gegen den „braunen Bomber" Joe Louis übertragen wurden. Gelegentlich hörte ich auch Reportagen von einem Reporter Dr. Ernst, dessen zwei Söhne später eine Zeit lang meine Mitschüler auf dem Gymnasium waren. Rundfunkreporter, das wollte ich auch einmal werden.

Über das Radio kam auch Adolf Hitler sozusagen zum ersten Mal in unser Dorf, als Ende Januar 1933 seine „Machtübernahme" übertragen wurde. Damals befand Deutschland sich in einer politischen und wirtschaftlichen Krise. Der Übergang vom Kaiserreich und der Monarchie zu einer funktionierenden Demokratie war an der Uneinigkeit vieler Parteien gescheitert, sodass Hitler und die Nationalsozialisten die Ängste der Menschen ausnutzen und ihnen eine bessere Zukunft versprechen konnten. Als die erste Ansprache Hitlers nach der Machtübernahme angekündigt war, versammelten wir uns in der großen Küche der Großeltern vor dem einzigen Radio im Haus, und ich hörte zum ersten Mal den „Führer", obwohl ich ihn wegen seines Dialektes und seiner hysterischen Schreiereien kaum verstehen konnte. Er versprach, das „Friedens-Schanddiktat von Versailles" aufzuheben, die „verlorene Ehre der deutschen Nation" wiederherzustellen, Arbeit für alle zu beschaffen und alle „Volksfremden" zu vertreiben, weil sie nicht zur überlegenen arischen deutschen Rasse gehörten.

Ich erinnere mich an drei Reaktionen auf diese Rede. Mein Vater, der sich als Weltkriegs-Soldat von der Revolution 1918 in der Heimat verraten fühlte, sagte: „Jetzt wird endlich das Ansehen unserer Soldaten wiederhergestellt!" Ein Onkel, der damals arbeitslos war, rief: „Jetzt kriegen wir alle Arbeit!" Mein Großvater, der die Kaiserzeit, den Ersten Weltkrieg und die Weimarer Republik miterlebt hatte, wiederholte leise das Schlagwort der damaligen Sozialisten gegen die Nationalsozialisten: „Hitler heißt: Wieder Krieg!"

Ich glaube, alle hatten damals von der Gewalt gehört, mit der die Nazis sich an die Macht gekämpft hatten. Wir Katholiken hatten auch gehört, dass die Bischöfe vor einer Wahl der Nazis wegen ihrer Ideologie gewarnt hatten. Dazu meinte mein Vater: „Die meisten Nazis sind Kriminelle, aber wenn der 'böhmische Gefreite' – so wurde Hitler von vielen despektierlich genannt - er unsere Armee wieder aufgebaut hat, werden unsere Generäle ihn und seine Bande verjagen!" So wie mein Vater dachten 1933 wohl viele Deutsche. Und so unverständlich es den Nachgeborenen erscheinen mag, grundsätzlich erkannten wir als Katholiken Adolf Hitler nach seiner Wahl 1933 als legales Staatsoberhaupt an - gemäß dem Bibelwort: „Gebt Gott, was Gott gehört, und dem Kaiser, was dem Kaiser gehört", vor allem, nachdem der Vatikan im Juli 1933 mit der Hitler-Regierung das Reichskonkordat abgeschlossen hatte, in dem diese die Kirche voll anerkannt und ihr freie Religionsausübung zugesichert wird.

Als ich acht Jahre alt war, etwa 1935, kam ein junger Kaplan in unser Dorf, der den Alltagstrott in der verkrusteten Gemeinde aufbrach, sowohl im religiösen als auch im politischen Bereich. Viele Ältere stieß er vor den Kopf, weil er mit angeblich aufrührerischen Ideen eingefahrene kirchliche Traditionen und Normen in Frage stellte und nicht nur dörfliche Querelen und Auswüchse in seinen Predigten brandmarkte, sondern auch verschlüsselt bestimmte „Maßnahmen unserer Regierung" so durchleuchtete, dass vielen der Atem stockte. In allen Widerstandsberichten über die Kirche ist bis heute das oft unerschrockene Entgegentreten des Ortsklerus vor allem in ländlichen Gebieten gegen subalterne Funktionäre noch viel zu kurz gekommen. Der junge Kaplan scheute sich nicht, in dieser Zeit auch mit kommunistischen Gegnern der Nazis zu kooperieren. Er hieß Dr. Hugo Poth und rettete am Kriegsende unser Dorf vor der Zerstörung durch die anrückenden amerikanischen Truppen, indem er ihnen mit einer weißen Kapitulationsfahne entgegen ging. In den 60er Jahren des kirchlichen Auf- und Umbruchs nach dem Konzil wurde Poth als Pfarrer von St. Alban weit über Köln hinaus bekannt, weil er wiederum unerschrocken Fehlentwicklungen bei den Kirchenreformen in der Nachkonzilszeit und ebenso die politischen Auswüchse von 1968 anprangerte (Poth, 1985).

Wir nannten den jungen Dr. Poth „unseren Kaplan", weil er uns Jüngere mit seinen offenen Ansichten begeisterte, nicht nur, wenn er in der Christenlehre erklärte, dass das sechste Gebot eben nur an sechster Stelle stehe und zudem von der Kirche völlig überbewertet werde gegenüber dem fünften: Du sollst nicht töten. Er wandelte unser Gottesbild vom strengen strafenden himmlischen Vater zum menschenfreundlichen Jesus, der nicht bloß Mensch geworden sei als 'Erretter von unserer Sündenschuld', sondern um „unser Freund" zu sein - wie ihn sieben Jahrzehnte später der deutsche Papst Benedikt XVI. auch nennt. Kaplan Poth regte uns zu vielen Aktivitäten in den örtlichen Pfarrjugendgruppen an, die uns davon abhielten, in der Hitlerjugend groß mitzumachen. Wir waren „in der Wolle gefärbte" junge Katholiken.

Mit dem Kirchenblatt groß geworden

Als ich mit etwa acht Jahren ins Lesealter kam, waren drei Zeitungen und Zeitschriften die erste Lektüre, die ich zu Hause zu Gesicht bekam: die Tageszeitung „Der Neue Tag", die wöchentliche Kirchenzeitung aus Köln und das monatliche Missionsblatt „Stadt Gottes". In der Missionszeitschrift faszinierten mich die abenteuerlichen Geschichten der Missionare bei den „Heiden" im fernen Afrika und Asien, für die wir zu Hause Staniolpapier sammelten. Zur gleichen Zeit verschlang ich die spannenden Karl May-Abenteuer von Old Shatterhand, Winnetou und Kara Ben Nemsi, die in unserer Pfarrbücherei öfter ausgeliehen waren als Felix Dahns „Kampf um Rom" oder Edward Bulwer-Lyttons „Die letzten Tage von Pompeji". Als Jungen liebten wir Abenteuer und Wettkämpfe und sahen alles aus spielerisch kindlicher Perspektive als Kampf zwischen Gut und Böse, zwischen dem Erzengel Michael und Luzifer. Und wir standen ganz auf Seiten Michaels. Vielleicht war es daher providenziell, dass 1948 im wiedererschienenen „St. Michaelskalender" mein erstes Gedicht gedruckt wurde - ganz aus der damaligen Zeitsituation mit Versen vom Sieg des Lichtes über das Dunkel.

Im „Kirchenblättchen", wie die Kölner Kirchenzeitung nur genannt wurde, haben mich vorwiegend fromme Erzählungen interessiert, die mir wie weltliche Märchen vor kamen, weil sie immer mit einer „Moral von der Geschichte" endeten. Ihr traditioneller oft betulicher und rührender „Christlicher Hausschatz"-Stil hat mich leider anfangs beim eigenen Schreiben beeinflusst - was sich Jahre später in einer Kritik meines ersten Erzählbuches über den Widerstand der katholischen Jugend im Dritten Reich, „Jugend im Feuerofen", in der Anmerkung „in gelegentlich rührseligem Stil geschrieben" niederschlug. Im Kirchenblatt stand viel vom „Reich Christi" auf Erden, aber nichts von der Abschiebung der Kirche in den Sakristeiraum. Die Enzyklika „Mit brennender Sorge", in der Pius XI. sich 1937 kritisch zu politischen Entwicklungen in Deutschland äußerte und dabei auch auf die Unterdrückungsmaßnahmen des NS-Regimes anspielte, durfte in keiner Kirchenzeitung erscheinen. Wir Jugendlichen erfuhren von diesem päpstlichen Rundschreiben nur deshalb, weil unser Kaplan uns Übersetzungen ins Deutsche zur „heimlichen Verteilung" in katholischen Häusern gab. Wir erfuhren nicht, dass Druckereien, die sie verbotener Weise gedruckt hatten, von den Nazis geschlossen wurden. Allerdings habe ich noch deutlich eine Titelseite des Kölner Kirchenblattes vor Augen, auf der ein großes Porträtfoto des Führers Adolf Hitler mit einem Glückwunsch zu seinem 50. Geburtstag abgebildet war. Das war 1940.

Erst nach dem Krieg hörte ich, dass solche Veröffentlichungen vom Reichspropagandaministerium vorgeschrieben waren. Wenn im weiteren Verlauf des Krieges alle konfessionellen Zeitungen eingestellt wurden, konnten die Nazis dies mit „Papierknappheit" leicht begründen. Im Grunde war es von Anfang an ihr Ziel, die konfessionelle Presse auszuschalten, denn sie spielte eine große Rolle. Auf der internationalen Presse-Ausstellung 1928 in Köln hatte sich noch eine überbordende kirchliche Zeitungs- und Zeitschriftenfülle dargeboten. In dem „Katholischen Literaturkalender 1926", den ich in einem Antiquariat fand, werden für dieses Jahr in den deutschsprachigen Ländern 22 katholische Tageszeitungen aufgelistet, darunter die führenden Zentrumsblätter „Germania" sowie die „Kölnische", die „Essener" und die „Schlesische Volkszeitung". Fast unübersehbar war die Zahl der katholischen religiösen Periodika. Allein unter der Rubrik „Religiöse Zeitschriften" wurden 110 Wochen- und Monatsblätter aufgeführt, darunter elf Kirchenzeitungen, die unter dem Titel „Sonntagsblatt für das (Erz-)Bistum..." erschienen (Katholischer Literaturkalender, 1926, S.450 - 486). Die „Gleichschaltung" der deutschen Presse mit der Ausschaltung all jener politischen, kulturellen und kirchlichen Organe, die nicht ins Konzept der NS-Politik passten, hat Theodor Hüpgens als Leiter des Schrifttum- und Pressereferates der Fuldaer Bischofskonferenz in Berlin bei der NS-Reichsschrifttumskammer erlebt. Mit ihm kam ich in engen Kontakt, weil er 1956 in derselben Straße der Stegerwald-Siedlung in Köln-Deutz wohnte, in der meine Frau und ich unsere erste Wohnung nach der Hochzeit bezogen. Hüpgens hatte eine der folgenreichsten

Anordnungen des NS-Propagandaministerium durchführen müssen: die Beschneidung der vielfältigen konfessionellen Presse auf je ein offizielles Blatt in einem katholischen Bistum und evangelischen Kirchengebiet. Im Erzbistum Köln, in dem außer in der Domstadt noch weitere regionale Kirchenblätter in Bonn, Siegburg, Düsseldorf und Essen erschienen waren, kam es so zu jener Bistumszeitung, die ich als Achtjähriger kennen gelernt hatte.

Die Pressemaßnahmen des NS-Regimes gegen die konfessionelle Presse - im evangelischen Bereich führten sie zu Kirchengebietsblättern - hatten nach 1945 wesentliche Auswirkungen auf die Wiedergeburt der Kirchenpresse. Einerseits erfolgten die Neugründungen - mitbestimmt durch die Pressepolitik der Besatzungsmächte - auf Bistumsebene, das heißt: In jedem Bistum erschien fortan eine Bistumszeitung, deren Herausgeber der Ortsbischof war. Ausführlich berichtet Michael Schmolke über die Folgen dieses Schrittes, darunter die - bei den Neugründungen nicht hinterfragte - bischöfliche Verantwortung für die kirchennahe Presse. Das war insofern auch gesellschaftspolitisch nicht unbedeutsam, weil infolge der alliierten Lizenzpolitik keine katholische Tagespresse mehr erschien und die Kirchenpresse diese Aufgabe mit übernahm (Schmolke in: Wilke, 1999, S. 351 und 352). Damit hatten die Bischöfe, wie Schmolke es einmal formulierte, ein für die damaligen Verhältnisse hochmodernes Kommunikationsinstrument in der Hand, eine Monopolzeitung, die trotzdem vom Kirchenvolk gern akzeptiert wurde, weil es sich dadurch sichtbar zum Glaubens bekannte. Nicht zu vergessen die willkommene Nebenwirkung der Erträge für das Bistum.

Andererseits wirkte es sich auch aus, dass die Besitzverhältnisse nach 1945 in der alten Form bestehen blieben, das heißt: In den meisten Fällen werden die Bistumszeitungen von katholischen Verlagen herausgegeben, die sich in Privathand befinden oder an denen Diözesen beteiligt sind. Nur einige Bistümer gründeten eigene Träger für ihr Blatt. Das sollte in den 70er Jahren, als die erste Auflagenkrise der Bistumspresse kam, einer der wesentlichen Gründe dafür werden - und bis heute bleiben -, dass überregionale Kooperationen, ganz zu schweigen von einer Konzentration der Bistumspresse schwierig oder unmöglich waren.

Neben den religiösen Blättern war es die Tageszeitung, aus der ich mein Wissen bezog, seitdem ich lesen gelernt hatte. Die meisten Leute in unserem Dorf bekamen täglich die Zeitung „Der Neue Tag", die eine bürgerlich-konservative Tendenz hatte. Im Untertitel nannte sie sich „Das große Kölner Morgenblatt" und wurde tatsächlich weit mehr gelesen als der „Westdeutsche Beobachter", der rheinische Ableger des offiziellen Parteiorgans der NSDAP, „Völkischer Beobachter". Ihn bezogen nur wenige bei uns.

Uns Jungen interessierten im „Neuen Tag" vor allem die Sportseiten. 1936 zur Zeit der Olympischen Spiele, schwärmten wir für Jesse Owens und den finnischen Wunderläufer Nurmi, sonst stand natürlich Fussball an erster Stelle. Das war die große Zeit des „Schalker Kreisels" mit Szepan und Kuzorra, und jeder von uns wollte beim Fußballspiel auf der Straße Szepan sein. Kein Wunder, dass mein erstes „literarisches Werk" eine Erzählung mit dem Titel „Der Fußballheld" war. Die mit der Hand geschrieben Blätter hatte ich mit Fäden zu einem

Heft zusammengebunden. Darin vermerkte ich, dass die Geschichte „von einem zwölfjährigen Jungen geschrieben wurde", 10 Pfennig kostet, und dass jeden Monat ein weiteres Heft erscheinen wird, das nächste Heft mit dem Titel „Wunderläufer Nurmi". Dieses Heft erschien jedoch nicht mehr, weil 1939 der Krieg ausbrach und ich stattdessen ein Tagebuch über die Fliegeralarme und Bombenangriffe auf Köln anfing.

Noch mehr als der Sport faszinierte mich von Anfang an in der Tageszeitung das Feuilleton. Es beschäftigte sich mit Kultur, dem „Schönen, Wahren und Guten", von dem uns in der Schule erzählt wurde, als wir griechische Fabeln lasen. Ich verfolgte auch die Kritiken über Theateraufführungen, Konzerte und Kunstausstellungen, darunter einmal eine von einem gewissen Werner Höfer, dem späteren fernsehberühmten Stammtisch-Gastgeber des Presseclubs, der unrühmlich aufhören musste, als in seiner Vergangenheit ein dunkler Flecken auf seiner Kritikerweste aus der NS-Zeit entdeckt wurde. Damals erkannte ich nicht den ideologischen Hintergrund dieser Kultur, ich war nur fasziniert von der Sprache und Stilkunst der Artikel und vor allem von den Kurzgeschichten. So wollte ich auch einmal schreiben können.

Die Tagespresse war in der NS-Zeit gleichfalls vom Regime „reguliert" worden. „Der Neue Tag" war erst 1934 durch einen von den Nazis erzwungenen Zusammenschluss des „Kölner Lokal-Anzeigers" mit dem „Kölner Tageblatt" entstanden. Der „Kölner Lokal-Anzeiger" war ursprünglich ein Objekt des traditionellen katholischen Bachem Verlages und schon 1877 als lokales Organ neben der von Bachem 1860 gegründeten großen und einflussreichen nationalen „Kölnischen Volkszeitung" herausgegeben worden. Mit ihrer klaren und bekenntnishaften katholischen Grundhaltung war sie vom Kulturkampf an zum Führungsblatt des Zentrums geworden (www.Wikipedia, Kölnische Zeitung). Der Bachem Verlag hatte sie in den 1920-er Jahren in die Kölner Görreshaus Verlag AG übergeführt, die jedoch 1933 in Konkurs ging, teils aus wirtschaftlichen Gründen nach dem Börsenkrach an der Wallstreet, teils aus „mangelndem Interesse der katholischen Öffentlichkeit" (Schmolke, 1971, S. 255); ein Phänomen, das in den 1970er Jahren auch für den Rückgang der Bistumspresse angeführt wurde. „Die Kölnische Volkszeitung" konnte noch eine Zeit lang bei Fredebeul & Koenen in Essen weitergeführt werden, dem Verlag, in dem ich 1961 die Chefredaktion der traditionellen Wochenzeitschrift „Die Christliche Familie" übernahm, wurde aber von den Nazis endgültig eingestellt.

Dass ich in diese Tradition Kölner katholischer Presse eintreten sollte, ahnte ich nicht, als ich nach dem Krieg zunächst Volontär bei der „Kölner Kirchenzeitung" und nebenbei freier Mitarbeiter bei der „Kölnischen Rundschau" wurde, einer Neugründung in tendenziell christlich-bürgerlicher Nachfolge der „Kölnischen Volkszeitung".

Von der Schulbank zur Flak und in den Krieg

Weithin unbekannt sind Entscheidungen und Haltungen von einfachen Menschen im privaten und öffentlichen Wirken, mit denen sie sich dem Zugriff der

Nazis entzogen und eine Art persönlichen Widerstand im Verborgenen leisteten. Als ich Anfang 1938 auf eine weiterbildende Schule kommen sollte, meldete der Rektor unserer Volksschule mich als den Klassenbesten pflichtgemäß zur NAPOLA an, der Nationalpolitischen Erziehungsanstalt im nahen Bensberg. Volksschulrektor Wegner, traditionell auch Organist in unserer Kirche, wusste genau, dass die NAPOLA eine Kaderschmiede für NS-Führungskräfte war und riet meinen Eltern, gegen diesen Schulwechsel Einspruch einzulegen. Dieser hätte im Normalfall wohl kaum Aussicht auf Erfolg gehabt, aber mein Vater fand einen Grund, den die NS-Schulbehörde nicht ablehnen konnte: Er sei in einer „volkswichtigen" Abteilung der IG Farben tätig und sein Sohn solle für dieses Werk als Chemiker ausgebildet werden.

Als ich tatsächlich auf das Naturwissenschaftliche Gymnasium in Köln-Mülheim kam, waren auch dort die Curricula offiziell nationalsozialistisch ausgerichtet. Doch einige Studienräte ließen im Unterricht mutig ihre eigene Meinung durchblicken. Unser Deutschlehrer (mit dem schönen Namen Fröhlich) filterte aus der deutschen Literaturgeschichte vom frühen Mittelalter bis zur Neuzeit das heraus, was er als „wesentlich" kennzeichnete - ein damals beliebtes Leitwort -, und dabei erhielten NS-Dichter der Gegenwart wie Will Vesper, Dietrich Eckardt und Hans Friedrich Blunck, ganz zu Schweigen von dem - unverständlicherweise ebenfalls in unserer „Geschichte der deutschen Dichtung" aufgenommenen - Alfred Rosenberg schlechte Noten, rein literaturmäßig. Und der Lateinlehrer (mit dem beziehungsreichen Namen Kummer) stellte die griechischen Ideale des Guten, Wahren und Schönen überzeugend neben die Parolen der NSDAP von der arischen Herrenrasse. Als er uns das „Sic transit gloria mundi" am Schicksal der römischen Imperatoren erklärte, fielen einigen von uns Parallelen zur Gegenwart nicht schwer.

Seit 1943 besitze ich alle Taschenkalender bis heute, in die ich nicht nur normale Termine eingetragen habe, sondern auch alle besonderen Ereignisse. Im Kalender 1943 sind in den Sommermonaten drei Ereignisse dokumentiert, die für meine Biografie von Einfluss waren. Zwei betreffen , wenn ich es etwas pointiert ausdrücken soll, die Erweiterung und Vertiefung meiner spirituellen Bildung, das dritte brachte die frühe Konfrontation mit der harten Realität des Krieges mit Gewalt und Not, Verbrechen und Tod. Allerdings muss ich wahrheitsgemäß sagen, dass ich diese Realitäten in jener Unbefangenheit wahrgenommen habe, die jungen Menschen eignet, in einer Mischung aus Neugier und Angst, Staunen und Ungläubigkeit. Die Erfahrungen sanken damals gleichsam in mein Unbewusstes ab und formten sich erst später zu Lebenshaltungen. Im Rückblick erscheint es fast unglaublich, dass ich mitten im Krieg als Fünfzehnjähriger ausgezogen bin, um das zu sehen und erkunden, was man die christlichen Wurzeln Deutschlands und Europas bezeichnen kann: Ich begab mich zusammen mit einem ein Jahr jüngeren Vetter auf eine Fahrradtour entlang des Rheins zu Domen, Klöstern, historischen Rathäusern und Denkmälern entlang des Rheins.

Den gotischen Kölner Dom mit dem Schrein der Heiligen Drei Könige und den höchsten zwei Türmen nördlich der Alpen hatte ich als Kind bereits kennen gelernt. Seine majestätische Größe hatte mir Ehrfurcht vor Gott und dem Glauben der Menschen in Gegenwart und Vergangenheit vermittelt. Noch vor Kriegsbeginn hatten meine Eltern mit mir auch den im nahen Bergischen Land gelegenen Altenberger Dom besucht, ebenfalls eine gotische Kathedrale, aber ohne hohe Türme, von Zisterziensern abgelegen im Tal für ihre strenge Gottzugewandtheit und Menschenabgeschiedenheit erbaut. Die reine Gotik dieser beiden Dome hatte ich jedoch als etwas kalt empfunden. Geborgener fühlte ich mich in der romanischen Klosterkirche von Maria Laach. Dorthin hatte mich mehrmals ein Onkel mitgenommen, der leidenschaftlicher Angler war und von einem Klosterbruder die Erlaubnis zum Angeln im Laacher See hatte. Der Onkel besaß ein Motorrad mit Sozius, und schon die Fahrt nach Maria Laach war ein unvergessliches Erlebnis für den damals Zwölfjährigen. Ebenso wie mancher meterlange Hecht, den er fing und den ich mit meiner Box-Kamera, die ich zur Erstkommunion erhalten hatte, fotografierte.

Die Radfahrt Anfang Juli 1943 führte uns nach Frankfurt, wo wir den Römer und den Dom besichtigten, über Heidelberg zu den alten Kaiserstädten Worms und Speyer, in deren Dome wir die Kaiser- und Kirchengeschichte verspürten, zurück nach Mainz mit Dom und Gutenberg-Museum, dem Deutschen Eck bei Koblenz und zum Abschluss wieder nach Maria Laach. Bis heute ist diese Benediktinerabtei eine Art kirchlicher Heimat geblieben, ein Ort, an dem ich mit meiner Familie oft Geburtstage oder andere familiäre Feste gefeiert habe. Die Intimität und Geborgenheit des romanischen Gotteshauses und das Gebets- und Meditationsleben der Mönchen haben uns immer wieder Atem holen lassen.

Eine Woche nach der Rückkehr von dieser Rheintour steht unter dem Datum 17. Juli im Taschenkalender 1943: „Heranziehung als Luftwaffenhelfer". Nach Ende der Schulferien begann für uns die Untersekunda nicht im Gymnasium, sondern unsere ganze Klasse wurde zur Heimat-Flak eingezogen. Wir kamen zur Flakbatterie 1/512, die ihre Stellung im Norden Kölns auf der linken Rheinseite hatte. Ihre Aufgabe war der Schutz des auf der gegenüberliegenden Rheinseite liegenden Bayer-Werkes, das als „kriegswichtiger Betrieb" galt. In diesem Sommer lebte das auf, was man „Flüsterpropaganda" nannte: heimliche Gerüchte über die negative Stimmung der deutschen Soldaten an den Fronten nach der Niederlage der deutschen Armee in Stalingrad und über die Verzweiflung der durch den Bombenkrieg entnervten Zivilisten an der „Heimatfront". In der Flakstellung wurde uns vormittags von Lehrern unserer Oberschule noch ein „Not-Unterricht" erteilt. Allerdings nur Deutsch, Mathematik, Biologie, Geschichte und Latein. Englisch und Französisch waren als „Sprache des Feindes" verpönt. In meinem Taschenkalender 1943 habe ich noch andere Notizen gefunden über einen „Lehrgang Gotteserkenntnis". Im Mittelpunkt stand das Wort, mit dem Gott sich Moses zu erkennen gegeben hat: „Ich bin der ich bin!" Darunter steht: „Er ist *ein* Gott, er ist *ewig*, *außerhalb* unserer Zeit und *unbegreiflich* - sonst wäre er nicht Gott".

Über die Theodizee, die Frage nach der Zulassung des Bösen, haben wir in diesem Lehrgang offenbar nicht gesprochen, wohl aber haben wir Flakhelfer in den

Nächten, vor allem bei Fliegeralarm, lange Diskussionen über Krieg, Nationalimus, Nationalsozialismus, Weltherrschaft, Kommunismus geführt. Nur drei oder vier Mitschüler unserer Einheit waren fanatische Führer-Anhänger, schwärzten uns andere jedoch nicht an, sondern sahen auf uns als „geistig beschränkt" herab. Nach der Landung der Alliierten am 6. Juni 1944 in der Normandie rechneten wir unter den gleichgesinnten Freunden aus, wielange der Krieg noch dauern würde, bis die Übermacht der Alliierten das NS-Regime besiegt hätte. An unseren „Nachtgesprächen" nahmen auch einige der jüngeren Soldaten teil, darunter ein Offiziersanwärter, der Theologiestudent war. Heiß diskutiert wurde die Frage, ob man einer Wehrmacht dienen dürfe, die einem politischen Verbrecherregime untersteht. Dagegen stand das Argument, gerade als Christ eine solche Wehrmacht zu „unterwandern" - was viele christliche Offiziere bewusst taten und was nach dem Attentat auf Hitler am 20. Juli 1944 bei unseren Diskussionen in die Frage mündete, ob Tyrannenmord erlaubt sei.

Mit Wolker-Briefen in Gefangenschaft

In meinem Taschenkalender von 1944 stehen im September kurz hintereinander zwei Eintragungen: Am 12. September: „Entlassung von den Luftwaffenhelfern", am 19. September: „Heranziehung zum Reichsarbeitsdienst RAD". Ich kam in ein Lager in der Nähe von Posen im so genannten polnischen Korridor, dem ehemaligen deutschen Gebiet, das nach dem Ersten Weltkrieg an Polen gefallen war und vom Dritten Reich gleich zu Beginn des Zweiten Weltkrieges „zurückerobert" wurde. Wir erhielten die übliche Soldatenausbildung von RAD-Führern, die nach schweren Verwundungen als Wehrmachts-Offiziere zu einem „Heimateinsatz" abkommandiert worden waren. Wir erlebten kaum noch einen NS-Ideologen, sondern Menschen in Uniform, die das taten, was ihnen als „ihre Pflicht" eingeimpft worden war. Wir hatten Probleme, mit dem harten körperlichen Drill und den Hungerrationen fertig zu werden. Im Ernteeinsatz wurde ich erwischt, als ich bei einer polnischen Bauernfamilie Brot erbat: Das war verbotene Fraternisation mit dem Feind. Ich erhielt drei Tage Arrest. Keinen Arrest erhielt ich, als wir Ende Januar 1945 auf dem Rückzug aus Polen vor den anrückenden Russen in Tag- und Nachtmärschen nach Westen flüchten mussten, was offiziell „Standortverlagerung" hieß, und ich als Nachhut-Kommandant Waffen und Munition in einem vereisten Bach versenkte. Im Tohuwabu des Rückzugs hat dies keiner bemerkt.

Meine Eltern haben einen Brief aufbewahrt, in dem ich ihnen von den Schrecken der Flucht aus Polen im Februar 1945 berichtet habe. In dem Brief, der wie alle Briefe nummeriert ist und die N0.4/45 trägt, damit man feststellen konnte, ob einer verloren ging oder abgefangen wurde, schrieb ich: „Ja, der Krieg. Was zeigt der für ein Bild im Osten. Was blieb da alles bei der Überstürzung zurück. Und dann die Trecks: ein, zwei, vier Pferde vor Wagen voller mitgenommenem Zeug, alle möglichen und unmöglichen Motorfahrzeuge, Menschen zu Fuß, Koffer im Schnee schleppend, dazwischen Militär, Luftwaffeneinheiten. Und immer wieder Verkehrsstockungen, wenn ein Wagen einen Achsbruch hatte, ein Pferd gestürzt, war. Nachts die Massenanhäufungen in Ortschaften, Schlafen in überfüllten Häusern und auf offenen Wagen. Und am nächsten Tag weiter, vorbei an umgetürzten Pferdewagen, in den Graben geschobenen kaputten Autos, erschossenen Pferden..." Und noch etwas konnte ich berichten, weil ich zur Nachhut gehörte: „Nach dem Fortgang der Menschen plündern die zurückbleibenden Polen die Wohnungen, räumen nachkommende Rückzügler sie aus. Ich kam in ein Haus, etwa 30 km von der ehemaligen Grenze (bei Frankfurt an der Oder) entfernt, einfach grausam: Betten zerzaust, Tische, Stühle durcheinandergeworfen, alle Gegenstände im Zimmer verstreut. Nein, verlaßt niemals das Zu-Hause!" (PA)

Am neuen Standort im Harz wurden wir für den Einsatz im Westen vorbereitet, nahmen aber im April 1945 eine Gelegenheit war, die unser Überleben bis zum Kriegsende sicherstellen sollte: Wir meldeten uns „freiwillig" zur Ausbildung an der „Wunderwaffe" Panzerfaust in einem Ausbildungslager nahe Berlins. Wie wir gehofft hatten, konnte die Panzerfaust-Ausbildung wegen der vorrückenden russischen Armee nicht beendet werden. Unsere Kommandanten beschlossen, in Richtung Westen zu marschieren, um nicht in russische, sondern britische Gefangenschaft zu kommen. Vor unserem Abmarsch hatte ich aus den schriftlichen Unterlagen der Kompanie einen Blanko-Briefbogen an mich genommen und mit Dienststempel und gefälschter Unterschrift des Kompanieführers versehen. Als wir auf einer Rast in Schwerin am 30. April 1945 im Radio hörten, dass „der Führer und Reichskanzler Adolf Hitler sein Leben für sein geliebtes Volk aufgeopfert hat" und unsere Kompanieführer anordneten, alle Waffen zu vergraben und den britischen Truppen entgegenzugehen, trug ich auf dem Blanko-Briefbogen ein Datum vor Hitlers Selbstmord ein. Dann setzte ich in Druckschrift darunter, dass unsere Einheit wegen Ausrüstungs- und Verpflegungsmangel aufgelöst wurde und ich „aus der Wehrmacht in die Heimat entlassen" worden sei. Die englische Verwaltung des Kriegsgefangenenlagers nördlich von Kiel, in das wir kamen, erkannte den „Entlassungsschein" an und entließ mich nach wenigen Wochen nach Hause, allerdings wohl auch, weil ich damals noch keine 18 Jahre alt war.

Bei meiner Gefangennahme hatten die Engländer noch andere Dokumente entdeckt, die ich in meinen Stiefeln versteckt hatte. Diese hatte ich in der Zeit beim Arbeitsdienst und in der Wehrmacht immer bei mir getragen. Sie geben Aufschluss darüber, wie ich diese Kriegsjahre persönlich durchgestanden habe. Während ich wie viele Pennäler die Flakzeit anfangs noch als „Abenteuer" erlebt hatte, war mir im Sommer 1944, als die Alliierten in der Normandie gelandet waren, der „Ernst des Lebens" immer stärker bewusst geworden. Nicht nur der des Krieges, sondern - aus heutiger Sicht - die „Sinnfrage" nach diesem Geschehen, nach dem Leben überhaupt. In den letzten Unterrichtswochen bei der Flak hatten wir Goethes „Faust" studiert. Ein Exemplar des „Faust" habe ich unterwegs immer bei mir getragen. In Abendstunden auf den Rückzugsmärschen aus Polen habe ich manchmal in Schlafsälen von Schulen den „Prolog im Himmel" und den 1. Akt des „Faust" auswendig deklamiert: „Habe nun, ach, Philosophie, Juristerei und Medizin und leider auch Theologie durchaus studiert mit heißem

Bemühn. Da steh ich nun, ich armer Tor! Und bin so klug als wie zuvor..." Das war sozusagen mein literarischer Begleiter und wohl auch Ausdruck meines ambivalenten geistigen Zustandes zwischen Jugendlichem und Erwachsenem.

Als geistige Begleiter trug ich Briefe des Generalpräses des Jungmännerverbandes Ludwig Wolker an katholische Jungmänner im Kriegseinsatz bei mir und Texte von Romano Guardinis, die hektographiert waren und unter katholischen Soldaten an allen Fronten heimlich weitergeleitet wurden. Während die Tommies mir den „Faust" und die hektographierten Blätter abnahmen, durfte ich ein kleines Heftchen behalten, das den Titel „Mündige Christen werden!" trug. Es stammte von einem Pfarrer Theodor Temming aus St. Michael in Köln und hatte noch 1941 von „David, vic.glis", dem Kölner Generalvikar, das Imprimatur bekommen. Aufschlussreich ist das Motto, das andeutet, weshalb die kleine Schrift wohl von den Nazis nicht verboten wurde: „Säe Christus, und du wirst Helden ernten." „Helden" brauchten die Nazis, besonders in Kriegszeiten. Da nahmen sie wohl in Kauf, wenn es mündige Christen waren. Geschickt führte der Pfarrer in seiner Broschüre Vorbilder an, die „Helden unseres Vaterlandes" waren: Hauptmann Köhl, den Ozean-Überquerer, den Kampfflieger Moreau, der im spanischen „Freiheitskampf" (!) diente, Admiral von Throta und die Schweizer Bobfahrer bei den Olympischen Winterspielen in Garmisch-Partenkirchen 1936, auf deren Ersuchen hin ein Sonntagsgottesdienst zu ungewöhnlicher Stunde angesetzt worden war. Was mich stärkte, waren die pastoralen Hilfen für uns „Jungmänner", die ebenfalls gut abgesichert waren. „Du musst wachsen", hieß es da, „reif, mündig werden. Aber der ganze Mensch...Zum ganzen Menschen gehört auch das Religiöse, ja, dieses ganz besonders." Und dann zwei unmittelbar zeitbezogene Feststellungen: „Was nützen einem Soldaten die Waffen, wenn er sie nicht zu führen weiß", und : „Du kennst nicht alle die Angriffe, die gegen deinen katholischen Glauben gerichtet werden, noch weniger die Antworten darauf." Deshalb müsse jeder seinen Glauben kennen lernen. Als Mittel zum religiösen Reifen werden Gebet, Christenlehre, religiöse Bücher, Einkehrtage und Exerzitien genannt.

Als ich am Mittwoch, dem 1. August 1945 auf einem LKW mit offener Ladefläche von Neuss aus am linken Rheinufer entlang, auf Köln zu fuhr und in der Ferne den Kölner Dom erblickte, hatte ich ein unglaubliches Glücksgefühl. Ich war noch keine 18 Jahre alt, aber fühlte mich - heute würde ich es so deuten - als jemand, der in stürmischen Jahren gereift und mündig geworden war.

2. Wiedergeburt aus dem Geist und dem Glauben: 1946 bis 1955

Berufsziel: „Schriftleiter"

Deutschland war im Jahr 1945 nach dem Zusammenbruch des Dritten Reiches im wahrsten Sinne des Wortes „wüst und leer". Doch stärker als die Verzweiflung über Armut und Not war die Hoffnung auf eine „Wiedergeburt aus dem Geist und dem Glauben" (Thema der 1. Werkwoche katholischer Publizisten, siehe nächstes Kapitel „Studieren in Trümmerstätten"). Eingebettet in den geistigen Aufbruch, der viel früher einsetzte als der politische und wirtschaftliche Aufstieg, hatten in unserem Dorf nach dem eisigen Schreckenswinter 1945/46 eine Handvoll geistig und künstlerisch Interessierter einen „Literarischen Kreis" gegründet, dem sich auch unsere frühere Jugendgruppe anschloss. Der Kreis veranstaltete in der Gemeinde gut besuchte „Besinnungs- und Erbauungs-Stunden" mit Texten und Musik aus dem wiederentdeckten Schatz deutscher Klassik und Romantik - der Mensch lebt nicht vom Brot allein. Mein engster Nachbarschaftsfreund Heinrich H. Roggendorf, der in der zweiten Hälfte des vorigen Jahrhunderts zu einem bekannten rheinischen Heimatdichter werden sollte, und ich trugen dabei auch eigene Verse vor, die wir zu Weihnachten 1946 als Privatdruck mit dem Titel „Stimme am Strom" verschenkten. Unsere Verse waren von Rainer Maria Rilke geprägt, der uns neben Stefan George, Ernst Thrasold und Hugo von Hoffmannsthal die stärksten dichterischen Impulse gab.

Rilke habe ich auch in meiner Festansprache bei der Abiturfeier Ostern 1947 zitiert. Da ich nicht, wie die vor 1927 geborenen Gymnasiasten vor ihrer Einberufung nach der Obersekunda ein „Notabitur" ablegen konnte, musste ich das Abitur in einem Sonderlehrgang nach Kriegsende nachholen. Wegen der schwierigen Verkehrsverhältnisse und der völligen Zerstörung meines alten Gymnasiums in Köln war ich froh, schon Ostern 1946 am Carl Duisberg-Gymnasium im nahen Leverkusen den ersten Abitur-Sonderlehrgang machen zu können. Ein Jahr später erhielt ich das Zeugnis der „Hochschulreife" und durfte die Abitur-Rede halten. Aufschlussreich für unsere Jugend-Erfahrungen dürften zwei oder drei Aussagen gewesen sein, die ich in unserer Abiturzeitung wieder fand. Da war die Frage: „Wer von uns will sagen, er wäre sich - als wir mit fünfzehn Jahren von der Schule fort in den Strudel des Krieges gerissen wurden -, über den Sinn des Geschehens klar gewesen?" Meine Antwort: „Alles, was unsere Wege und unser Tun bestimmte, hatte seinen Sinn darin, dass es uns erwachsen werden und reifen ließ". Und mit einem Rilke-Gedicht endete meine Abituransprache Ostern 1947: „Wir stehen in den Wirren der Zeit zwischen Ende und Anfang. Wir hören das Wort des Dichters, der nach einem 'jungen Geschlecht' ruft, 'das wieder Mensch und Ding mit rechten Maaßen misst', und wir wollen, wie es bei Rilke zum Schluss heißt, 'dass werde wieder Großes groß, Herr wieder Herr, und Nicht wieder Nicht'."(PA, 1947).

In meinem Reifezeugnis ist auch zum ersten Mal mein Berufsziel, Redakteur zu werden, dokumentiert. In der entsprechenden Sparte steht noch ganz im NS-Jargon: „Schrift*leiter*". Eigentlich wäre auch die Bezeichnung „Redakteur" nicht ganz zutreffend gewesen, denn ich wollte vor allem eins: schreiben, also genau genommen „Journalist" werden. Jedenfalls als Brotberuf, denn im Innern fühlte ich mich zum Dichten berufen. Doch in der Einführung des „Katholischen Literaturkalenders 1926" hat Heinrich Zerkaulen bereits dramatisch davor gewarnt, „freier Schriftsteller" zu werden: „Frei ? Alle Höllengeister lachen!" Gleichzeitig stellt er jedoch beruhigend fest, dass „zur Zeitung gehen noch keinem Dichter geschadet (hat)." Und noch einen launigen Rat des in den ersten Jahrzehnten des vorigen Jahrhunderts als Lyriker, Erzähler und Kritiker bekannten, in Bonn geborenen Zerkaulen hat mich beeindruckt: Zur Frage der Thematik, die man als Schriftsteller behandeln will, zitiert er aus einem Brief von George Sand an Gustave Flaubert: „Was solltest Du in Deine Schriften hineintun, wenn nicht Dein Herz!" Schließlich empfahl er aber auch den „üblichen Weg" für einen Zeitungsmann mit dichterischem „Talent": Ein Universitätsstudium, möglichst Germanistik und Kunstgeschichte, nebenbei ein Theaterpraktikum und nach „mehr oder minder zahlreichen Semestern den germanistischen oder kunstwissenschaftlichen Doktor" zu machen (Katholischer Literaturkalender 1926, S. XVI und XX).

Studieren wollte ich in jedem Fall. Noch bevor ich 1943 zur Flak kam, hatte ich mir als Obertertianer einen Studienführer „Deutsche Sprache und Literatur" von Hermann Ammon gekauft, der in der zweiten Auflage von 1930 noch nicht nationalsozialistisch beeinflusst war. Darin wurde mit dem alten Vorurteil aufgeräumt, dass ein Journalist „seinen Beruf verfehlt hat"; vielmehr handele es sich um einen „vollen akademischen Beruf". Wer Feuilletonredakteur werden wolle, müsse Germanistik studieren. Allerdings müsse man „eine journalistische Ader" haben (Ammon, 1930, S. 16). An einigen Universitäten, darunter Köln, gäbe es auch Vorlesungen und Übungen für künftige Journalisten, „wobei man aber immer bedenken wolle, dass diese journalistischen Vorlesungen niemals das eigentliche Fachstudium ersetzen können"(a.a.O., S. 18).

Nach dem Abitur war ich auf Walter Hagemanns gerade erschienenes Buch „Grundzüge der Publizistik" gestoßen, in dem er die späte Anerkennung der Publizistik als „Lehre" sogar damit begründet, dass es sich bei ihr „nicht nur um ein Wissen, sondern auch um eine Kunst handelt", und die sei im Gegensatz zum journalistischen Handwerk schwer „erlernbar". Handwerkliche Journalistenausbildung wie in Amerika, so Hagemann, „gehört offensichtlich nicht in den wissenschaftlich-theoretischen Rahmen der *universitas litterarum*" (Hagemann, 1947, S. 5 bis 10 und S. 191 ff.). Da nach dem Krieg an der Kölner Uni das frühere Institut für Zeitungswissenschaft nicht wiedereröffnet war, bestand für mich sowieso nicht die Gefahr, dass Journalismus „mein eigentliches Fachstudium ersetzen" würde. Beim Studium an der Jesuiten-Universität in St. Louis konnte ich 1950/51 außerdem feststellen, dass handwerkliche Journalistenausbildung in den USA doch an Universitäten erlernbar ist, da an amerikanischen Universiäten von jeher praxisbezogen gelehrt wird.

Als mir mitgeteilt wurde, dass für mich im Sommersemester 1947 an der Kölner Universität kein Studienplatz mehr frei war und ich sowieso frühestens ein Jahr später einen Studienplatz erhalten könnte, wenn ich mich vorher zu einem „Bau-Semester" verpflichteten musste (in dem Studienbewerber sich am Wiederaufbau der Uni beteiligten, und zwar ganz handfest), warf mich das nicht zurück. Gerade hatte nämlich mein erster Pegasus-Ausritt in den literarischen Himmel begonnen: Der „St. Michaelskalender" nahm ein Gedicht von mir für den Kalender des Jahres 1947 an, und die soeben in Frankenthal (Pfalz) lizensierte neue Wochenzeitung „Der Schlüssel" druckte im Frühjahr 1947 eine Novelle von mir in Fortsetzungen ab. In dem Gedicht mit dem Titel „Am Abend" hieß es - bezeichnend für den Geist der Zeit und sicherlich auch meine innere Befindlichkeit: „Deine Seele weitet sich ...und trinkt genug von jener Kraft,/ die dort, fernab von Raum und Zeit/ Gott deiner müden Seele weiht/ als Funken seiner Ewigkeit." Die Novelle „Ein Bekenntnis" war zweifellos inspiriert von Wolfgang Borcherts dramatisiertem Soldatenschicksal „Draussen vor der Tür" und passte vielleicht gerade deshalb ins Zeitpanorama der neuen Nachkriegs-Wochenzeitung „für demokratische Politik und christliche Kultur". In ihr schilderte ich in Tagebuchform die Geschichte eines Kriegsheimkehrers, der seine verschollene Frau sucht, an Gott zu verzweifeln droht, als er erfährt, dass sie bei einem Bombenangriff umgekommen ist und mit einem „Warum hast du mich verlassen, Gott ?" in trunkenem Zustand ins Wasser geht.

Die Hoffnung auf eine „Wiedergeburt aus dem Geist und aus dem Glauben", die sich in meinen Versen und Texten widerspiegelt, war auch Inhalt eines längeren Gedichtes, das ich über „Die Sendung des Heiligen Geistes" geschrieben und als Manuskript an die „Kölner Kirchenzeitung" geschickt hatte. Als mir daraufhin Rektor Hans Böhner, der erste Nachkriegs-Chefredakteur der Kirchenzeitung, nicht nur mitteilte, dass er dieses Gedicht Pfingsten veröffentlichen würde, sondern auch anfragte, ob ich in der Redaktion der Kirchenzeitung sein „Eleve" werden wollte - so nannte er die Volontärsstelle - war ich einerseits hocherfreut, andererseits - wie übrigens bei späteren unerwarteten Angeboten ebenfalls, ob als Assistent am Amerika-Institut der Kölner Universität oder Chefredakteur der Wochenzeitung „Christliche Familie" - kamen mir Zweifel, ob ich dieser Aufgabe gewachsen sei. In einem Gespräch zerstreute Hans Böhner, der viele Jahre im Bund Neudeutschland (ND) junge Menschen begeisterte, in der NS-Zeit auf Christus einschwor und verfolgte ND-ler in seiner abgelegenen Hütte im Westerwald versteckte, meine Zweifel und eröffnete mir unmittelbar nach dem Abitur und der Absage der Universität Ostern 1947 den Weg in die katholische Kirchenpresse. Als junger Volontär konnte ich von Köln aus in den folgenden zwei Jahren die Neuformierung der Kirchenpresse in der Arbeitsgemeinschaft Kirchliche Presse und der katholischen Journalisten in der Gesellschaft Katholischer Publizisten miterleben sowie die Neukonturierung der katholischen Kirche in Deutschland und ihre Wiedereingliederung in die Welt, - in beiden Bereichen aus heutiger Sicht zunächst mit stark restaurativen Grundzügen, die sich erst Ende der 50er, Anfang der 60er Jahre verändern sollten.

Volontärszeit in Trümmerstätten

Der erste Redaktionsraum, den ich kennen lernte, befand sich in einem größeren Wohnzimmer im 2. Stock eines von Bomben weitgehend verschont gebliebenen Hauses aus der Gründerzeit in der kleinen Straße An der Münze in Köln, die direkt zum Rhein führt. In dem Haus hatten die Schwestern Unserer Lieben Frau dem für die „Schriftleitung" der „Kirchenzeitung für das Erzbistum Köln" vom Kölner Erzbischof Kardinal Josef Frings bestellten Geistlichen Rektor Hans Böhner diesen Raum zur Verfügung gestellt. Die Lizenz für die Kirchenzeitung war schon Anfang 1946 von der britischen Besatzungsbehörde dem Verleger Josef Peter Bachem erteilt worden, der die Titel- und Verlagsrechte besaß. Die erste Ausgabe war am 31. März 1946 erschienen, kurz nachdem Papst Pius XII. den Kölner Erzbischof zusammen mit den Bischöfen von Münster, Graf Galen, und Berlin, Preysing, zu Kardinälen erhoben hatte.

Vor meiner offiziellen Anstellung teilte Rektor Böhner mir mit, dass ich zu einem Vorstellungsgespräch beim Kölner Erzbischof erscheinen sollte. Ich lernte einen kleinen freundlichen, im rheinischen Tonfall sprechenden Mann kennen, der eher wie ein Priester als ein Kardinal der heiligen römischen katholischen Kirche aussah und auftrat. Als er erfuhr, dass Pfarrer Dr. Hugo Poth mein Jugendkaplan gewesen war, schien das für ihn offensichtlich sofort eine hinreichende Referenz zu sein. Poth war als fortschrittlich denkender Theologe bekannt und kam ebenso aus Essen - das damals noch zum Erzbistum Köln gehörte - wie ein neuer Domkapitular in Köln, Wilhelm Böhler, der beim gesellschaftspolitischen Aufbau der Bundesrepublik eine für die kirchlichen Belange entscheidende Rolle spielte. Er rief das Amt des Ständigen Vertreters der Kirche bei der Bundesregierung ins Leben, das er auch als erster Leiter bekleidete. Der junge Kaplan Poth hatte sich bereits einen Ruf als Prediger gemacht und geriet in den 60er Jahren als Pfarrer von St. Alban durch seine kirchen- und politik-kritischen Predigten öfter ins Visier der Lehramtswächter im Generalvikariat. Mir ist allerdings nicht bekannt, dass Kardinal Frings ihn jemals zur Rechtfertigung einbestellte oder „zur Ordnung rufen" ließ, - wie Frings im übrigen auch nie in die Redaktion seiner Kirchenzeitung eingriff, weder als ich dort Volontär noch als ich später Redakteur war. Ein einziges Mal machte er mir gegenüber eine Anmerkung, deren tiefer gehende Bedeutung mir erst später aufgegangen ist. Als ich ihn 1971 - als er 84 Jahre und völlig erblindet war - zu einem Vorgespräch für ein Interview in der Bensberger Akademie über sein Wirken auf dem Zweiten Vatikanischen Konzil besuchte, fragte er, wer denn jetzt Chefredakteur der „Kölner Kirchenzeitung" sei. Als ich ihm antwortete: Dr. Pauquet, meinte er erstaunt: „Ist der immer noch da ? Der Kirchenzeitung täte es sicher gut, wenn sie mal frisches Blut bekäme..." Frings hatte, bevor er 1969 mit 82 Jahren sein Amt niederlegte, noch den Aufbruch der 68er Jahre in Politik und Kirche erlebt sowie den Beginn der Gemeinsamen Synode der deutschen Bistümer, die durch die Umsetzung der Konzilsbeschlüsse der Kirche neue zeitgemäße Impulse geben wollte. Ich glaube nicht, dass der Alt-Erzbischof mit seiner Bemerkung über eine „Auffrischung" der Kölner Kirchenzeitungsredaktion die zum Teil verhärtete kämpferische Position Pauquets meinte, sondern eher generell die Notwendigkeit eines personalen Wechsels, der die lebenslange, zur unbeweglichen Beamtenmentalität verführenden Leitung kirchlicher Institutionen aufbricht, auch in halbamtlichen Bistumsblatt-Redaktionen, die zu dieser Zeit außer jeglicher Konkurrenz standen und in denen allzu oft ein starres Redaktionspensum einfach abgewickelt wurde.

Als ich 1947 meinen Dienst bei der Kölner Kirchenzeitung antrat, musste unter schwierigsten Bedingungen improvisiert werden. Es gab eine alte Schreibmaschine, ein Telefon, Klebebögen für den Umbruch, aber kaum Material, das zugeliefert oder auf das zurückgegriffen werden konnte, außer ein paar gebundenen alten Jahrgängen der Kirchenblätter. Informationen über gegenwärtige kirchliche Vorgänge wurden dem „Kirchlichen Anzeiger" entnommen, der als offizielles Organ des Erzbistums bereits zuvor lizensiert worden war. Als einzige Mitarbeiter hatte Rektor Böhner als früherer Sekretär des Kölner Erzbischofs Kardinal Schulte eine Handvoll Theologen und einige Autoren aus dem Bund Neudeutschland, in dem er seit 20 Jahren aktiv war. Im Oktober 1947 zog die Redaktion in ein zweites Nachkriegs-Provisorium um, ins Gartenhaus des Gereon-Lyzeums, in Wirklichkeit dessen ausgebaute Kellerräume. Da nebenan die Bild- und Filmstelle untergebracht war, erwuchs nicht nur eine enge Zusammenarbeit mit den dortigen Mitarbeitern für die Bildgestaltung der Kirchenzeitung, sondern ich konnte auch neue Kontakte zu dem Leiter und den Mitarbeitern dieser Stelle knüpfen: zu Direktor Anton Kochs, einem Pionier der katholischen Filmarbeit, die damals zu einem wichtigen Erziehungsmittel der katholischen Bildungsarbeit gehörte, zu Klaus Brüne, der 1949 den katholischen Filmdienst aufbaute, und zu Paul Dahm, der später Chefredakteur des „Feuerreiters", danach Geschäftsführer der Arbeitsgemeinschaft Katholische Presse und schließlich Chefredakteur des Aachener Familienmagazins „Leben & Erziehen" wurde - und mit dem ich in allen drei Positionen eng zusammenarbeiten sollte.

Mein Traum, am Ziel zu sein, in einer Redaktion zu sitzen, schreiben zu können und das Geschriebene gedruckt zu sehen, zerstob rasch. Statt eigene Beiträge schreiben zu können musste ich vor allem ab-schreiben, nämlich Evangelien-Betrachtungen, Meditationen zu kirchlichen Festtagen und Moralgeschichten aus Kirchenzeitungs-Jahrgängen der 30er Jahre, die 1947 unverändert abgedruckt wurden. In den folgenden zwei Jahren lernte ich allerdings nicht nur „alle wichtigen Druckvorgänge, Manuskriptbearbeitung und Korrekturlesen, Umbruchsgestaltung und (sic) Honorarabrechnungen" kennen, wie es in meinem Volontärszeugnis von Hans Böhner heißt; sondern „er hat auch" - so Böhner weiter - „Buchbesprechungen geschrieben und öfters selbst kleinere Beiträge (Essays, Gedichte) und auch mehrere größere Berichte verfasst" (PA 1948).

Die Kirchenzeitung konnte „vorerst", so noch im Impressum vom August 1948, nur halbmonatlich mit acht Seiten erscheinen. Sie kostete monatlich „0,45 M." - wahrscheinlich abgekürzt nur „M.", weil infolge des langen Druckvorlaufs die Neubezeichnung von RM (Reichsmark) auf DM nach der Währungsreform vom 20. Juni 1948 nicht erfolgt war. In den Folgejahren hatten die Bistumsblätter überall so hohe Auflagen und brachten soviel Geld ein, dass sie regelmäßig Überschüsse an das Bistum ablieferten. Diese wurden jedoch nie für den personellen und materiellen Ausbau verwandt - was sich später als großer Nachteil erweisen sollte.

Da das Verlags- und Druckereigebäude der Firma Bachem in der Marzellenstraße gegenüber dem Generalvikariat völlig zerstört war, musste die Kölner Kirchenzeitung zuerst in der alten Volksvereins-Druckerei in Mönchengladbach gedruckt werden. Der Vorlauf vom Manuskript zur fertigen Ausgabe dauerte anfangs manchmal bis zu acht Wochen, bedingt durch die Verkehrsverhältnisse, die aufwändige alte Drucktechnik mit Bleisatz, Korrekturfahnen, Umbruch, Seitenkorrekturen, Matern-Herstellung und stundenlangen Druckvorgängen). Ausgeliefert wurde die Zeitung an die Pfarreien, wo vorwiegend Messdiener kostenlos die Verteilung übernahmen.

Diskussionen über den theologischen Inhalt der Beiträge gab es ebenso wenig wie Zweifel an der Berechtigung des Einholens der Druckgenehmigung im Generalvikariat für jeden Text, der gedruckt werden sollte. Kirchliche Druckgenehmigungen für ein offizielles Bistumsorgan waren selbstverständlich. Selbstverständlich war auch die Zielsetzung der Kirchenzeitung: Als Organ des Bischofs hatte sie „das Wort Gottes und das sakramentale Leben zu ihrem Leitmotiv zu machen", wie Rektor Böhner es in einem Rückblick beim 25-jährigen Bestehen der Kölner Kirchenzeitung erinnerte. Allerdings bemerkte der oft naiv erscheinende, aber in Wirklichkeit fuchsschlaue Neudeutsche Hans Böhner, dass damals „viel notwendige Öffentlichkeitsarbeit unterbleiben (musste), die sicher auch eine Aufgabe der Kirchenzeitung gewesen wäre, zumal es keine weltanschaulich orientierte Tagespresse gab" (Kirchenzeitung Köln, 2.4.1971, Nr.14, S.16).

Von den Besatzungsbehörden waren nach 1945 Tageszeitungen nur als politische Organe zugelassen worden, in der Britischen Zone für jede Partei eine Zeitung. Wenn in Köln und Nordrhein-Westfalen dann zwar auch der CDU nahestehende „christliche" Tageszeitungen erschienen, deckten sie die kirchlichen Bereiche nur unzureichend ab, zumindest aus der Sicht der Kirchen. Noch bei der Neuorientierung der Kirchenpresse nach dem Konzil vertrat der Sprecher der Redakteure in der Arbeitsgemeinschaft Katholische Presse, der Chefredakteur der „Kölner Kirchenzeitung", Dr. Peter Paul Pauquet immer wieder die These, dass die Kirchenzeitungen nach dem Ausfall einflussreicher katholischer Tageszeitungen deren frühere Aufgabe mitübernehmen müssten, ausführlich über alle kirchlichen Ereignisse zu berichten.

Über den Auftrag der katholischen Presse und ihre inhaltliche Gestaltung wurde zu dieser Zeit, zunächst unkoordiniert, in Köln und anderen Bistümern von verschiedenen Gruppierungen engagierter Laien und publizistisch interessierten Geistlichen diskutiert, zu denen Rektor Hans Böhner enge Kontakte pflegte. Böhner war Mitglied im Sachausschuss Presse und Schrifttum des Diözesankomitees der Katholikenausschüsse im Erzbistum Köln, der auch mit der Vorbereitung des Kölner Domjubiläums 1948 befasst war. Die Kontakte, die ich dadurch bekam, waren für meine journalistische Laufbahn in der katholischen Presse noch wichtiger als die redaktionelle Praxis, die ich in den zwei Jahren von 1947 bis 1949 in der Kirchenzeitungsredaktion erhielt. Um nur drei Persönlichkeiten aus diesen Publizistenkreisen in Köln zu nennen: Pater Heinrich Jansen Cron nahm mich in die Reihe seiner jungen Autoren für den „Leuchtturm" auf, in dem ich in den folgenden Jahren nicht nur Beiträge zum Domjubiläum, sondern auch Erzählungen veröffentlichen konnte; Hans Struth, in dessen gerade lizensierten Illustrierten „Feuerreiter" ich große Bild-Berichte von Reportage-Reisen veröffentlichen konnte; und Dr. Karl Bringmann, der 1957 mein Chefredakteur bei der KNA wurde.

Als gerade Zwanzigjähriger konnte ich an dem wohl wichtigsten Ereignis für die Zukunft der katholischen Presse in der Nachkriegszeit teilnehmen, der „I. Werkwoche Katholischer Publizisten", die vom 26. April bis 2. Mai 1948 in Walberberg und Köln stattfand und unter dem für die ersten Nachkriegsjahre wegweisenden Thema „Wiedergeburt aus dem Geist und dem Glauben" stand. „Vom katholischen Menschenbild ausgehend", so schreibt Karl Bringmann über die Tagung, an der erstmals katholische Vertreter aller Medien aus Deutschland und dem Ausland teilnahmen, „von den Grundlagen katholischer Ethik, Moral und Philosophie schritt man zu den Aufgaben und Methoden katholischer Publizistik" (alle Zitate aus: Bringmann in GKP (1958), S. 9-24). Ich selbst erlebte zum ersten Mal die Zeitungswissenschaftler Prof. Dr. Emil Dovifat und Prof. Dr. Walter Hagemann. Von Dovifat gingen zwei Anregungen aus, die entscheidende Folgen hatten: Er plädierte dafür, eine Plattform für *alle* Katholiken in der Publizistik zu schaffen, nicht nur die der katholischen Presse, und er prägte seine berühmte Forderung an die Kirche: „Investieren Sie in den Menschen!" Aus dem Vorschlag, eine Vereinigung für alle katholischen Publizisten zu schaffen, entstand auf dem ersten Nachkriegs-Katholikentag 1948 in Mainz die „Gesellschaft Katholischer Publizisten", und die Aufforderung, in Menschen zu investieren, wurde in den Bemühungen um die Ausbildung journalistischen Nachwuchses recht bald verwirklicht. Dafür setzte sich in Köln vor allem Pater Jansen Cron ein, der auch die erste Wochenendtagung für junge katholische Publizisten durchführte, die vom Kölner Diözesan-Sachausschuss für Presse und Schrifttum veranstaltet wurde. Ich hatte das Glück, zum Abschluss meiner Volontärszeit bei der Kölner Kirchenzeitung an dem Seminar vom 30. April bis 2. Mai 1949 im Priesterseminar zu Bensberg teilzunehmen und erfüllte sogar eine Voraussetzung, die der Pater als Bedingung für die Teilnahme an den folgenden Nachwuchskursen aufstellte: Sie sollten Absolventen eines Fachstudiums sein. Ostern 1948 war ich zum Studium an der Kölner Universität zugelassen worden.

Der erste Nachwuchskurs in Bensberg stand unter einem zeitnahen Thema „Gesinnung und Wirkung in der Publizistik". Schon die „II. Werkwoche Katholischer Publizisten" hatte zuvor im September 1948 unter dem Thema „Wirkung und Versagen der Gesinnungspublizistik" gestanden. Gesinnungs- und Verantwortungspublizistik, das waren die zentralen Themen, die Dovifat in diesen Jahren ansprach. Nach dem Zusammenbruch des Dritten Reiches sah er - wie viele um die Wende der 40-er zu den 50er Jahren - die christliche Wert- und Weltordnung sowohl durch den „atheistischen Materialismus" aus dem Osten als durch einen intellektuellen Nihilismus im Westen bedroht. Dagegen stellte er seinen Ruf nach einer „Publizistik aus christlicher Verantwortung und Überzeugung" (a.a.O.). Von einer Arbeitstagung westdeutscher Studenten 1950 in Hardehausen, auf der Walter Hagemann, Karl Holzamer, Karl Bringmann und Karlheinz Schmidhues referierten, habe ich in den „KDA-Blättern der katholischen deutschen Akademikerschaft" als Aufgabe für den katholischen Journalisten festgehalten: den „Missionierungsauftrag Jesu Christi" in der Welt zu erfüllen, „dem Menschen wieder ein Wertmaß zu geben", damit er „selbst wählen kann, damit er selbst verfügen kann über alle Mittel der modernen Publizistik und nicht länger ihr Sklave ist". Vordringlichste Erziehungsaufgabe sei es, „den Menschen mündig zu machen für die Presse, den Film und den Rundfunk, besonders den jungen Menschen" (KDA, 1950, Nr. 9, S.17/18). Auf Grund dieser Vorstellungen ist nicht nur die katholische Journalistenausbildung entstanden, sondern es kam auch zur Gründung des katholischen „Filmdienstes" und der „Katholischen Nachrichtenagentur", die 1957 meine zweite journalistische Station werden sollte. Dass diesem Wiederaufleben der Kirche unverändert das alte Ziel der Katholischen Aktion aus der Zeit zwischen den beiden Weltkriegen zugrunde lag: den Menschen „mündig machen" gegen die böse Welt; dass nach der Beseitigung der menschenverachtenden NS-Diktatur neben dem Liberalismus des 19. Jahrhunderts jetzt der Kommunismus der große Feind war, erwies sich erst knapp zwei Jahrzehnte später als der Anfang vom Ende der Ecclesia triumphans. Nach dem Zusammenbruch von 1945 blieb die Kirche „die feste Burg" gegen alle gefährlichen Zeitströmungen. Deutschland war einerseits „Missionsland" geworden, wie der wortgewaltige Jesuitenpater Ivo Zeiger auf dem ersten Nachkriegs-Katholikentag 1948 in Mainz verkündet hatte, andererseits blieb die Kirche das „Haus voll Glorie", das den Überlebenden Hoffnung auf ein „Auferstehen aus Trümmern" gab. Sichtbares Zeichen dafür wurde das 700-jährige Kölner Domjubiläum im August 1948.

Medienereignis Kölner Domfest 1948

Zur 700-Jahrfeier der Grundsteinlegung des Kölner Domes, die vom 14. bis 22. August 1948 begangen wurde, erstellte unsere Redaktion eine Sonderausgabe der Kirchenzeitung mit 16 Seiten, dem doppelten Umfang der üblichen halbmonatlichen Ausgaben. Fotos konnten darin immer noch nicht reproduziert werden, wir mussten die Beiträge wie bisher mit alten Holzschnitten und Grafiken illustrieren. Als überaus fortschrittlich für die Drucktechnik galt die Möglichkeit, auf der Titelseite die Hauptüberschrift „Kölner Dom 1248-1948" erstmals in einer Zusatzfarbe zu drucken, in einem vornehmen Blau (Kirchenzeitung Köln, Sonderausgabe Kölner Dom 1248-1948).

Diese Sonderausgabe war nicht die einzige Publikation, die zum Domjubiläum erschien. Auf der letzten Seite der Sonderausgabe ist eine Liste von weiteren zehn offiziellen „Veröffentlichungen zum Domjubiläum" abgedruckt, die in vier Kölner und drei Verlagen in Düsseldorf, Mönchengladbach und Essen erschienen, -

ein Zeichen dafür, dass drei Jahre nach dem Kriegsende der Aufbau des Druck-
und Verlagswesens schon fortgeschritten war. In der Liste über die Veröffentlichungen stand hinter der Festschrift des Zentral-Dombau-Vereins an zweiter
Stelle eine „volkstümliche Schrift zur Massenverbreitung (25 000), herausgegeben vom Diözesankomitee der Katholikenausschüsse unter Mitwirkung der
Schriftleitung der Kirchenzeitung: Hans Scheulen und Ferdinand Oertel, Lebendiger Dom, Verlag Fredebeul & Koenen, Essen, 96 S. Mit vielen Bildern (Preis
3,- DM)". Das war mein erstes Buch, aus heutiger Sicht ein Sachbuch, in einer
für die damalige Zeit unglaublichen „Massenauflage" (zudem mit garantiertem
Absatz). Während der freie Autor Hans Scheulen dafür eine Geschichte des
Dombaus und seiner Vollendung vor 100 Jahren geschrieben hatte, konnte ich
in dichterischer Ausschmückung von den liturgischen Funktionen in der Kathedrale im Laufe eines Kirchenjahres erzählen. Die angegebenen „vielen Bilder"
bestanden neben alten Fotos vom Dom und seinen Kunstschätzen sowie alten
Holzschnitte aus Zeichnungen und Schnitten lebender Kölner Grafiker, darunter
eine berühmte historische Rheinansicht „Die Ruinenfront am Kölner Rheinufer
1945" von Conrad Schmidt. Sie zeigt symbolhaft den fast unversehrten Dom
hochaufragend neben der zerstörten romanischen Kirche St. Martin auf der einen
und der zusammengebrochenen Hohenzollernbrücke auf der anderen Seite.
Die ganze zweite Seite der Kirchenzeitungs-Sonderausgabe listet die kirchlichen
Ehrengäste auf und liest sich wie eine vorweg genommene Welt-Bischofssynode.
Papst Pius XII. hatte nicht nur einen Legaten als persönlichen Stellvertreter geschickt, den Kurienkardinal Clemente Micara, sondern auch als Zeichen seiner
persönlichen Verbundenheit mit den deutschen Katholiken (er war lange Jahre
Nuntius in Deutschland) einen Neffen Giuglio Pacelli, Oberst in der Päpstlichen
Garde. Neben elf deutschen Bischöfen aus den west- und süddeutschen Diözesen
sowie Berlin kamen im Verlauf der Festwoche 22 Kardinäle und Bischöfe in die
Domstadt, darunter aus fast allen europäischen Ländern, wobei die Teilnahme
von Oberhirten aus den ehemaligen „Feind-Staaten" Frankreich, England, Holland und Belgien besonders ins Gewicht fiel. Außerdem nahmen je zwei Bischöfe
aus den USA und aus Afrika und je einer aus China und Australien teil. Über die
Bedeutung, die das Domfest dadurch erhielt, schreibt der Kirchenhistoriker Norbert Trippen: „Es ist in der historischen Rückschau und Beurteilung unbestritten, dass das Domjubiläum 1948 über seine religiösen Dimensionen hinaus eine
Initialzündung für den Lebensmut und Wiederaufbauwillen der Kölner Bevölkerung darstellte und auf dem Boden der katholischen Weltkirche die erste Rückkehr der unter Kollektivschuldvorwurf stehenden Deutschen in die europäische
Völkergemeinschaft bedeutete" (Trippen, 2003, S. 223).
Als junger Reporter konnte ich mit einer Armbinde „Presse" vorne dabei sein
und erinnere mich, dass ich einen Stehplatz auf der obersten Treppe des Südpor-
tals des Domes hatte, durch das eine lange Prozession erstmals nach dem Krieg
in die wiedereröffnete Kathedralkirche zum Jubiläumshochamt einzog. Im Dom,
der im Innern stärker zerstört war als ihn die Außenansicht erscheinen ließ, war
nur der Hochchor wiederhergestellt worden. Hinter den Seitenschiffen versperrte

eine hohe Wand das Langschiff. Die Prozession war durch die noch völlig am Boden liegende zerstörte Innenstadt gezogen und stand mit ihrer Farbenpracht an Fahnen und Festgewändern der kirchlichen Würdenträger, vorneweg der Päpstliche Nuntius mit langer Schleppe, im scharfen Kontrast zur trost- und farblosen Trümmerwüste. Auf notdürftig geschmückten alten Lastwagen wurden die Schreine aller Kölner Kirchen, die im Krieg ausgelagert worden waren, in den Dom gebracht. Der Dreikönigsschrein hatte in letzter Minute notdürftig „geflickt" werden müssen, um überhaupt transportiert werden zu können.

Auf der vorletzten Seite der Sonderausgabe zum Katholikentag finde ich einen kleinen Artikel wieder, den ich selbst über die Beteiligung der Jugend am Domfest geschrieben habe und der sicherlich ein Ausdruck jener Hoffnung war, die mich selbst damals bewegte. Ausgehend von der Erfahrung einer „falschen, rein weltlichen Macht, die nicht Gott, den Herrn und wahren Meister des Lebens über sich anerkennt" und die „uns in eine Welt der Trümmer vor das Nichts" geführt hat, stelle ich pathetisch fest: „Jugend will aber nicht untergehen, echte Jugend will die Welt zwingen!" Und folgere daraus: „So drängt es uns wieder hin zum Dom: Er ist uns Symbol für unser Leben: wie er als Haus des Herrn Mittelpunkt der Stadt und des Landes ist, soll er Mittelpunkt unseres Lebens sein!" (a.a.O., o.S.) Das war noch ganz im Stil der katholischen Jugendbewegung der Vorkriegszeit, und so empfanden wohl nicht nur wir Jugendlichen bei diesem ersten großen Nachkriegs-Katholikentreffen.

„Ein Abglanz des Himmels war auf das zerstörte Nachkriegsdeutschland gefallen", schrieb eine Schweizer Tageszeitung. In der Rückschau wird vermerkt, dass zu der europaweiten „Breitenwirkung" dieses neuen positiven „Kölner Ereignisses" ganz entscheidend die Presse und vor allem der Rundfunk beigetragen haben: „Der Nordwestdeutsche Rundfunk in Köln, weitere Radiostationen in Deutschland, die drei Sender Hilversum, Basel/Beromünster und Stockholm sowie eine belgische Radioanstalt ...machten dieses (das Domjubiläum) somit zu einem ersten großen kirchlichen Medienereignis." (Trippen, 2003, S. 223) Über die Rundfunkberichterstattung waren die kirchlichen Veranstalter wohl deshalb besonders erfreut, weil sie in ein Medium vorgedrungen waren, das sie durchaus als zukunftsbestimmend ansahen, über das sie selbst aber nicht verfügten. Dass die Bischöfe ihre Aufmerksamkeit künftig auf amtlicher Ebene vordringlich den damals neuen Medien Rundfunk und Film widmeten, geht daraus hervor, dass sie zwar Hauptstellen für Rundfunk und für Bild/Film einrichteten, aber keine für Presse und Buch. Die Arbeitsgemeinschaft der Katholischen Presse fand erst 20 Jahre später, nach dem Debakel um die Wochenzeitung „Publik", auf eigenes Drängen hin einen offiziellen Ansprechpartner der Bischofskonferenz in der späteren Mediendienstleistungsgesellschaft.

Über den Anteil der Kirchenpresse an dem publizistischen Erfolg des Domfestes findet sich jedenfalls weder in dem zweibändigen Werk der Kommission für Zeitgeschichte über „Josef Kardinal Frings (1887 bis 1978)" von Norbert Trippen ein Satz, noch erwähnt Kardinal Frings selbst in seiner Biografie „Für die Menschen bestellt" an einer Stelle und zu einem Ereignis seine Kirchenzeitung

(Trippen, 2003, und Frings,1973). Ich sehe darin auch eine Spätfolge der generellen tief verwurzelten Abwehr-Haltung der Kirche gegenüber der Presse seit dem 19. Jahrhundert. In diesem Zusammenhang zitiere ich gerne aus dem Büchlein „Die Presse - ein Stück moderner Versimpelung" (Regensburg, 1867) von einem Königlich Bayrischen Feldkurat Joseph Lukas die damals in der Kirche vorherrschende Meinung: „Eine einzige katholische Krankenschwester tut mehr, als alle Journalisten zu leisten in der Lage sind." Bei der Wiederbegründung der eigenen Kirchenpresse nach 1945 wurde kirchliche Presse nicht als „Presse" *sui ipse*, sondern als Verkündigungsinstrument angesehen. Bester Beweis: Die Chefredakteure der Bistumsblätter waren ohne Ausnahme Geistliche. Eine neue Sicht auf die Kirchenpresse als professionelles soziales Kommunikationsmittel brachte erst 1971 das Nachkonzilsdokument „Communio et progressio".

Die Verleger und Redakteure der Kirchenpresse waren jedoch schon in den Gründerjahren nach dem Krieg um eine neue inhaltliche Konzeption bemüht. Beim Kölner Domfest habe ich erfahren, dass in vielen deutschen Bistümern ebenfalls Kirchenzeitungen wiedergegründet worden waren und sogar erste Schritte für einen verbandsmäßigen Zusammenschluss unternommen wurden. Ich weiß nicht mehr, ob die nach Köln angereisten Redakteure und Verleger der Kirchenzeitungen von Osnabrück, Paderborn, Münster, Aachen, Trier und zwei oder drei süddeutschen Diözesen zu einem eigenen Treffen zusammengekommen sind; sie hatten einzelne Kontakte zu Rektor Böhner, der wiederum eingebunden war in Bemühungen, die zu dieser Zeit der Leiter des Schrifttums- und Pressereferates, Theodor Hüpgens, und der zuständige Osnabrücker Bischof, Dr. Hermann Wilhelm Berning, für den Wiederaufbau der Kirchenpresse unternahmen. In Osnabrück hatte es 1947 bereits ein erstes Treffen von Kirchenzeitungs-Verlegern und -Redakteuren gegeben, im Februar 1948 war es in Fulda sogar zu einer Arbeitsgemeinschaft katholischer Kirchenblattredakteure gekommen (AKP, 1974, S.22). Von der Gründung der „Arbeitsgemeinschaft Kirchliche Presse" (AKP) auf der ersten Jahresversammlung am 27. Oktober 1949 mit der Wahl des Verlagsdirektors Josef Vögele aus Stuttgart erfuhr ich allerdings nur durch Hörensagen von Journalistenkollegen: Mein Volontariat bei der Kölner Kirchenzeitung war Ostern 1949 beendet. 1969 sollte ich als erster Redakteur zweiter Nachfolger Vögeles im Vorsitz der AKP werden.

Für den Stellenwert, den die Kirchenpresse bis zum Konzil in der Öffentlichkeit hatte, spricht eine scherzhafte Bemerkung von Bundeskanzler Konrad Adenauer, der mich als jungen Journalisten bei Pressegesprächen in Köln kennen gelernt hatte. Bei einem Empfang für Verleger und Redakteure der katholischen Kirchenpresse 1963 im Palais Schaumburg begrüßte er mich mit seinem typischen Schalk in den Augen: „Ah, der Herr Oertel vom Kölner Kirchenblättchen." Das war nicht abwertend gemeint, sondern eher als eine vertraute Einstufung, wie sie Michael Schmolke in einem Rückblick auf die Situation der Kirchenpresse Anfang der 60er Jahre mit einer altfränkischen Formulierung aus dem 19. Jahrhundert umschrieb: Das Kirchenblatt als ein „notwendiges Stück Möbel im Hause" (Schmolke in ComSoc, 17.Jg. 1984, Heft 2, S. 109-117).

Universität: Studienort und Kulturszene

Nach dem Krieg an der Universität studieren zu können, war nicht einfach. Die Kölner Universität war im Krieg noch glimpflich davongekommen, ihre Hauptgebäude hatten bereits am 24. Oktober 1945, übrigens dem Tag meines 18. Geburtstages, wiedereröffnet werden können. Doch es gab einen Numerus Clausus, weil die Zahl der Studienplätze begrenzt war und zunächst nur ältere heimgekehrte Soldaten zugelassen werden konnten.

Auf meine Bewerbung um einen Studienplatz für das Wintersemester 1947/48 erhielt ich vom Sekretariat der Universität am 20. Oktober 1947 einen vorgedruckten Brief, in dem stand, meine Bewerbung könne leider nicht berücksichtigt werden, aber: „Sie können jedoch durch Teilnahme an einer Baukolonne, die für die Dauer des Wintersemesters an einem für die Universität sehr dringlichen, nur durch den Einsatz zahlreicher Kräfte zu bewältigendem Projekt, dem Verlegen einer unterirdischen Gasleitung, eingesetzt ist, sich die Aussicht eröffnen, zum Sommersemester 1948 immatrikuliert zu werden." Die Erfahrungen in diesem fünfmonatigen Einsatz im Winter 1947/48 möchte ich nicht missen, zumal ich nebenbei mein Volontariat bei der Kirchenzeitung weiterführen konnte.

Als ich zum Sommersemester 1948 meine Zulassung zum Studium erhielt, wurde das Universitätsleben für die nächsten sechs Jahre zum Mittelpunkt meines Lebens, das sich für mich in drei Richtungen entfaltete: den Studiengang, Aktivitäten in der katholischen Hochschulgemeinde und im Studentenverband Unitas (UV) sowie den Ausbau meiner journalistischen und schriftstellerischen Tätigkeiten. Unerwartet kamen im Zusammenhang mit dem Studium Auslandsaufenthalte und -erfahrungen in England und in den Vereinigten Staaten hinzu, die in den frühen Nachkriegsjahren besondere Akzente in meiner Biografie setzten.

Wichtigste Anlaufstelle an der Kölner Uni wurde das Schwarze Brett, das in der großen Eingangshalle des Hauptgebäudes jenes Komplexes hing, den Oberbürgermeister Konrad Adenauer im Zuge der Errichtung des Grüngürtels, der „großen Lunge" rund um Köln in den 20er und 30er Jahren errichten ließ. Dafür opferte er 1946 sogar sein Oberbürgermeisteramt, als er sich der Anordnung der Militärregierung widersetzte, die Bäume des Grüngürtels für Brennholz abholzen zu lassen. Am Schwarzen Brett in der Uni waren die Zeiten des Semesterbeginns und -endes angeschlagen, die Termine für die Prüfungsarbeiten zur Befreiung von den damals noch erhobenen mussten Studiengebühren, der studentischen Vereinigungen, die für mich wichtig werden sollten, und allgemeine Ankündigungen, die noch wichtiger werden sollten.

Meine Studienwünsche waren schon sehr früh klar gewesen: Geisteswissenschaften, die zu jener Zeit weit höher im Ansehen standen als die Naturwissenschaften. Meinen Neigungen und meinem Berufsziel entsprechend, wählte ich deutsche und englische Sprache und Literatur als Hauptfächer sowie Philosophie und Kunstgeschichte als Nebenfächer. Da ich in meinem Studienbuch alle Vorlesungen und Seminare testieren lassen musste, kann ich nachlesen, wo meine Schwerpunkte lagen. Stärker als die üblichen Vorlesungen und Übungen über deutsche und englische Dichtung des Mittelalters, der Klassik, der Sturm- und Drang-Periode, der Goethezeit und des 19. Jahrhunderts interessierten mich Sondervorlesungen und Seminare, in denen die großen Dramatiker der deutschen und englischen Literaturgeschichte behandelt wurden. Dafür mag es zwei Gründe gegeben haben. Erstens hatte ich selbst - angeregt durch die Gymnasiallektüre, vor allem von historischen Dramen Schillers und Hebbels - mehrere dramatische Werke geschrieben, von denen ein Heimkehrerschicksal als „Weihnachtsspiel aus unseren Tagen für Erwachsene" unter dem Titel „Das Kind in der Wiege" 1947/48 dreimal von Laienspielern aufgeführt worden war. Zweitens erinnerte ich mich an Zerkaulens Hinweis darauf, dass für schriftstellerisches und journalistisches Arbeiten das Studium des „Theaters" wichtig sei, um die Gesetze von Aufbau und Struktur, Rede und Gegenrede, Spannungsbögen und Katharsis kennen zu lernen.

Da die Aula der Kölner Universität der größte erhaltene Saal in ganz Köln war, fanden dort nach dem Krieg die ersten Theater-, Opern- und Konzertaufführungen statt. Wie bedacht die Besatzungsbehörden darauf aus waren, das kulturelle Leben wieder in Gang zu setzen, geht aus der ersten Zeitung hervor, die einen Monat nach der Einnahme des linksrheinischen Köln am 6. März 1945 von der amerikanischen Armee unter dem Titel „Kölnischer Kurier" herausgegeben wurde. Nachdem Köln durch die Aufteilung des besetzten Deutschlands in vier Besatzungszonen unter britische Verwaltung gefallen war, führten diese den „Kölnischen Kurier" als Wochenblatt für den ehemaligen Regierungsbezirk Köln fort. Ab August 1945 kam die Zeitung zweimal wöchentlich heraus (www.bastion.ifz-muenchen.de).

In meiner alten Zeitungs-Sammlung befinden sich die Ausgaben dieses „Kölnischen Kuriers" ab Nr. 16 vom 10. Juli 1945 bis Ende Dezember 1945, und in Nr. 21 vom 10. August 1945 wird unter „Bühnenneuigkeiten" mitgeteilt, dass am 17. August in der Aula der Universität Shakespeares „Sommernachtstraum" erstaufgeführt wird, am 25. August die Opernpremiere „Vetter aus Dingsda" stattfindet und am 27. und 28. August zwei Sinfoniekonzerte unter Günter Wand folgen.

Noch beim Kölner Domjubiläum 1948 waren in der Universitätsaula nicht nur Händels „Messias", Mozarts C-Moll-Messe und „Zauberflöte", Pfitzners „Palästrina" und Honeggers „Johanna auf dem Scheiterhaufen" zu hören, sondern es wurden auch Goethes „Ur-Faust", T.S. Eliots „Mord im Dom", Paul Claudels „Der seidene Schuh" und Schäferdieks „Jedermann 1948" aufgeführt: Große Werke der Dichtung und Musik gleichsam in einem Crash-Kurs für junge Menschen, die in ihrer Schul- und Kriegszeit höchstens nationalsozialistisch konforme Kunst kennen gelernt hatten.

Unvergesslich sind mir vor allem die zahlreichen Aufführungen von Shakespeare-Stücken im ersten Nachkriegsjahrzehnt. Mit dem „Sommernachtstraum" in der Aula der Kölner Uni habe ich zum ersten Mal ein Stück dieses genialen englischen Dichters auf der Bühne gesehen und war von seiner Menschen- und Weltsicht, seinem sprühenden Witz und seiner phantasiereichen Dramatik gleichermaßen fasziniert. Das breite Spektrum seiner Werke, das sich für mich in seinen Tragödien, Historien und Komödien breiter entfaltete als bei jedem anderen Dichter, den ich kannte, ergänzten weitere Aufführungen des Kölner Ensembles, bei denen René Deltgen der große Star war, darunter „Was ihr wollt", „Maß für Maß", „Der Widerspenstigen Zähmung" und natürlich „Hamlet". Einige dieser Aufführungen sah ich im Erholungshaus des Bayer-Werkes in Leverkusen, wo das Kölner Ensemble oft gastierte. Ob die dortigen häufigen Shakespeare-Aufführungen dadurch gefördert wurden, dass der damalige Direktor der Bayer-Werke zugleich Vorsitzender der deutschen Shakespeare-Gesellschaft West war, wusste ich nicht. Das erfuhr ich erst, als der Erzbischof von Köln, Kardinal Frings, in diesem Amt sein Nachfolger wurde. Jedenfalls habe ich durch das intensive Erleben der klassischen Dramen schon früh viel für eigene schriftstellerische Versuche gelernt.

Die frühen Begegnungen mit der Welt Shakespeares haben mich mit veranlasst, seine Zeit und sein Werk als Themenschwerpunkt im Nebenfach Englisch zu wählen und mich im Rigorosum darüber prüfen zu lassen. Wenn mir die Frage gestellt würde, welche drei Bücher ich mit auf eine einsame Insel nehmen würde, wäre zumindest ein Werk Shakespeares dabei, wahrscheinlich „Hamlet" oder „Der Sturm". Zu den beeindruckendsten Erlebnissen wurden für mich in späteren Jahren Besuche im Folger Museum in Washington DC, in dem ich nicht nur ein „First Folio" seiner Werke aus dem Jahre 1623 einsehen konnte, sondern auch in dem nachgebauten Globe-Theater eine „Othello"-Aufführung in englischer Sprache mit dem schwarzen Schauspieler Craig Wallace in der Hauptrolle erleben konnte.

Zweiter Schwerpunkt meines Studiums wurde die englische und insbesondere die amerikanische Gegenwartsliteratur. Der Ordinarius für englische Literatur und Sprache an der Kölner Universität, Prof. Dr. Helmut Papajewski, hatte dafür ein besonderes Faible und übernahm kommissarisch die Leitung des neu eingerichteten Amerika-Instituts wahr, an dem ich nach Abschluss meines Studiums für zwei Jahre die planmäßige Assistentenstelle erhielt und meine Dissertation schreiben konnte.

Wie viele meiner Generation, hatte ich die englischen und amerikanischen Autoren der Gegenwart nach dem Krieg durch die RORORO-Reihe („RowohltsRotationsRomane") kennen gelernt, die ab 1946 im Zeitungsformat gedruckt und für 50 Pfennig verkauft wurden und Vorläufer der Taschenbücher waren.

Auch in der wenig später ebenfalls in preiswerten Ausgaben mit kartonierten Umschlägen herausgegebenen S.Fischer Bibliothek des Suhrkamp-Verlages zogen mich weniger deutsche Autoren wie Thomas Mann, Hermann Hesse und Manfred Hausmann in Bann als die Romane von Graham Greene und Evelyn Waugh, Ernest Hemingway und William Faulkner, John Steinbeck, Sinclair Lewis und Thomas Wolfe. Diese anglo-amerikanischen Schriftsteller fesselten mich durch ihren direkten, schnörkellosen realistischen Stil und durch Themen, die etwas in mir ansprachen, was wohl meine Kriegsgeneration stärker bewegte als die deutsche bildungsbürgerliche Welt: nämlich die existenziellen Fragen des Lebens.

Daher lasen und diskutierten wir auch mit demselben geistigen Eifer das, was zu dieser Zeit vom französischen Existenzialismus zu uns herüber kam, was Jean-Paul Sartre und Albert Camus schrieben und in Theaterwerken ausdrückten.

Für mich tat sich an der Universität eine neue Welt auf, eine unmittelbare Begegnung mit geistesgeschichtlichen Perspektiven im Philosophischen, Literarischen und Künstlerischen, wie ich sie zuvor nicht erlebt und mir hatte vorstellen können. Im Grunde hatte sich die Welt erst jetzt für mich geöffnet, und ich erfuhr in einem wahren Rausch erstmals die Freiheit persönlicher Lebensgestaltung. Wir fühlten uns als einzelne im heideggerschen Sinne „ins Leben hineingeworfen". Mir erging es wie vielen Studierenden der älteren Generation, die im Dritten Reich zu „*einem* Volk",und „*einem* Reich" unter „*einem* Führer" entpersönlicht worden waren - ein Aspekt, der bis heute in den Diskussionen darüber, warum „alle mitgemacht" haben, kaum in Erwägung gezogen wird. Für uns war nach dem Ende der Diktatur auf einmal *alles* denkbar, und *alles* stand zur Disposition. Die Gefahren der Freiheit, die Möglichkeit, sie sich selbst und die neue freie Gesellschaft durch Grenzüberschreitungen auch zerstören zu können, sah niemand in dieser Zeit. Jeder wollte sich in Freiheit selbst verwirklichen.

Zwar existierten bis zur Gründung der Bundesrepublik weiterhin die meisten alten Strukturen des öffentlichen Lebens, wenn auch unter den Einschränkungen und Vorschriften der Besatzungsbehörden, doch sie waren brüchig geworden. Das galt insbesondere für den Bildungsbereich. An der Kölner Hochschule schwebte dem alten Rektor Joseph Kroll die Wiedererneuerung der Universität als humanistische Bildungsanstalt vor, doch bei der Neugestaltung wollten „die unten" mitsprechen, eine junge Intellegens, oft gar nicht mehr so jung und unerfahren, stand gegen die alten Barden, die sich wie früher etablieren wollten. Schon ab 1946 hatte es an den wieder eröffneten Universitäten „Studententage" gegeben, die eine neue „Universitas" anstrebten, in der Dozierende auch Studierende sein sollten und Studenten Mitgestalter der Lehrstrukturen. Dabei waren 1948 auf dem ersten gesamtdeutschen Studententag in Berlin bereits scharfe Gegensätze zwischen den Vorstellungen in den drei Westzonen und in der Ostzone aufgetreten.

Konfrontiert wurde ich mit diesen politischen Entwicklungen, als ich im Sommersemester 1949 Mitglied der gerade gegründeten „Westdeutschen Studentenzeitung" wurde. In Nummer 4 vom 20. Juli 1949 lautete unsere Hauptüberschrift: „Keine gesamtdeutsche Studentenschaft - Sowjetzone verhindert einheitliche Organisation". Mitherausgegeben wurde die mit einer Bonner und Kölner Redaktion ausgestattete Studentenzeitung vom Verband Deutscher Studentenschaften (VDS) der drei Westzonen. Neben Berichten über die politischen Auseinandersetzungen um die Hochschulen stand in unserer redaktionellen Arbeit die Frage der Hochschulreform im Mittelpunkt, wobei wir, die jungen Redakteure, die Zeitung von Anfang an als ein öffentliches Forum verstanden, wie es die britische Militärbehörde eigentlich als Prinzip der „freien Presse" bei allen Lizensierungen vorgab.

„Wir Redakteure", dazu gehörte in der Kölner Redaktion neben mir als cand. phil. auch ein cand. rer. pol. namens Erwin Scheuch. Ihn hatte ich bei Pressekonferenzen in Köln kennen gelernt, an denen er für die deutsche Presseagentur dpa und ich für die Kirchenzeitung und für die „Kölnische Rundschau" teilnahmen - als Lokalberichterstatter, um uns Taschen- und Studiengeld zu erschreiben. In der Studentenzeitung wurde etwa in Beiträgen über ein von vielen gefordertes Studium Generale „ein Umdenken der Professoren" von bloßer „Vermittlung von Fachwissen" zu „Vorlesungen zur geistigen Weiterbildung" gefordert. Ein anderes kontrovers diskutiertes Thema war die Frage des Engagements für die neue Parteien, wobei u.a. die „politische Abstinenz der Intellegens" bei der Erarbeitung von Parteiprogrammen (sic!) beklagt wurde, weil sie „allzu gut gemeint" und nicht reform-orientiert waren (Westdeutsche Stuentenzeitung, 1949, Nr. 2, 4 und 5)

Es stimmt nicht, dass damals nur eine restaurative Denk- und Gestaltungsweise vorherrschte, es gab Aufbrüche, Neuansätze, Ausblicke in eine bessere Zukunft. „Nie wieder Krieg" lautete das Vermächtnis derer, die an der Front oder zu Hause den Krieg überlebt hatten, Pazifismus und Weltbürgertum waren die neuen Ziele. Im Schulbereich wurde um ökumenische Kooperation gerungen, doch während diese nicht realisiert werden konnte, setzte sich im politischen Bereich der ökumenische Gedanke mit der Gründung der Christlich Demokratischen Union durch. Als revolutionär gilt nach wie vor jenes „Ahlener Programm" des Zonenausschusses der neuen CDU für die britische Zone vom 3. Februar 1947, in dem eine neue „gemeinwirtschaftliche Ordnung" für die Wirtschafts- und Sozialpolitik gefunden werden sollte, die nahe an das heranreichte, was andere CDU-Zirkel als „christlichen Sozialismus" bezeichneten. Es ging darum, gegen Monopolkonzerne und Verstaatlichung das „machtverteilende Prinzip" der Politik auch auf die Wirtschaft zu übertragen. Zu den „Studenten im Militärrock", die mit uns an der Uni studierten und sich früh gesellschaftspolitisch engagierten, gehörten Zum Beispiel Rainer Barzel, späterer CDU-Minister, und Hans Stercken, späterer Europa-Abgeordneter aus Aachen.

Treffpunkte Hochschulgemeinde und Studentenverbindung

Die Fragen, die uns junge Katholiken persönlich bewegten, wurden nicht in den Vorlesungen behandelt, auch nicht in den Studenträten und dem Verband Deutscher Studentenschaften, sondern in den christlichen Studentengemeinden und den studentischen Verbindungen. In der Katholischen Hochschulgemeinde haben wir nächtelang mit Studentenpfarrer Falke darüber diskutiert, ob wir frei oder determiniert sind, wie es um Kirchengesetz und persönlichem Gewissen steht, um Gehorsam und Entscheidungsfreiheit, nicht im Rückblick, sondern auf unsere eigenen Zukunftswege gerichtet - philosophisch, theologisch und idealistisch. Wir studierten „Das Wesen des Katholizismus" von Karl Adam, in dem er die Augustinische Sicht der Kirche als „mystischer Leib Christi" darlegt und nachweist, dass der Katholizismus „wesentlich Bejahung ist, Bejahung aller Werte, wo nur immer sie sich finden im Himmel und auf Erden". Katholizismus, so habe ich in Adams Nachkriegs-Buchausgabe weiter unterstrichen „ist Jasagen zur ganzen vollen Wirklichkeit der Offenbarung, zur Fülle des in Christus aufgebrochenen Gottesgeistes nach allen Weiten Seiner Entfaltung". Und noch eine Aussage habe ich unterstrichen, die er im Zusammenhang mit dem Graben zwischen Protestanten und Katholiken macht: Es „werden nicht die Theologen sein, die uns zusammenführen, sondern die lebendigen, glühenden, liebenden Herzen allein". Eines habe ich mitgenommen aus dieser Zeit der heißen Herzen und glühenden Köpfe: den Gedanken der „Freiheit des Christenmenschen", der Freiheit, selbstständig zu denken und sein Leben selbstverantwortlich zu führen.

Neben der Hochschulgemeinde, die offen für alle war, hatten sich an den Universitäten sofort wieder die Studentenverbindungen etabliert, die in der NS-Zeit verboten worden waren. Sie erhielten großen Zulauf, wobei es gleichfalls zu Kontroversen über Traditionsverhaftung oder Neugestaltung kam. Über das Verbot oder die Wiederzulassung schlagender Verbindungen hatten wir ausführlich in der Studentenzeitung berichtet, nachdem die Direktive 23 des Kontrollratsgesetzes ein allgemeines Fechtverbot erlassen hatte, was sich speziell gegen das Mensurfechten richtete. Mit vielen anderen kriegserfahrenen Studenten hielt ich diese alte Tradition für überholt, ebenso wie das Farbentragen. Als ich vor der Wahl stand, einem der drei katholischen Kartellverbände, dem CV, dem KV oder dem UV, beizutreten, spielte die Frage des Farbentragens eine entscheidende Rolle. Nach Gastbesuchen bei allen drei Verbindungen zog es mich zum Unitas-Verband, der mir am wenigsten vergangenheitsverhaftet erschien. „Gekeilt" hat mich jemand, mit dem ich zusammen im Bautrupp während des Vorsemesters gearbeitet hatte: Johannes Stemmler, späterer langjähriger Geschäftsführer des Bundes Katholischer Unternehmer BKU. Obwohl einige Alte Herren versuchten, uns auch wieder zum Farbentragen zu bewegen, blieben wir in der Unitas-Landshut standhaft und lehnten die Angebote ab, Fahnen, Wichs und Säbel zu kaufen. Leider setzte sich später auch in der Unitas die restaurative Tradition durch. Sie erlebte bis zur 68-er Studentenrevolution sogar einen starken Aufschwung. Danach wurden sie zu einer überlebten Randerscheinung, deren Absurdität sich mir heute zeigt, wenn Wichs und Farben vorwiegend bei Begräbnissen Alter Herren zu sehen sind.

Wir feierten im UV zwar viele fröhliche Feste, rieben Salamander und sangen „Juvenes dum sumus...", besuchten Theateraufführungen und Konzerte. Stärker in Erinnerung sind mir jedoch die Referate und Diskussionen auf den Wissenschaftlichen Sitzungen geblieben, in denen es um Grundfragen der Lebensgestaltung ging. Mehrere meiner Bundesbrüder studierten geisteswissenschaftliche Fächer, und wir gestalteten weitgehend das Programm mit unseren Schwerpunktthemen. Im Mittelpunkt standen theologische, philosophische und literarische Zeitfragen, die oft übergreifend auch die gesellschafts- und naturwissenschaftlichen Aspekte der Kommilitonen und vor allem Alter Herren dieser Fachrichtungen mit einschlossen. Einmal gab es zum Beispiel großen Wirbel um die aktuelle Frage, ob das Turiner Leichentuch echt sei und damit ein Beweis für die Existenz Jesu wäre. Einer unserer Alten Herren war Röntgenologe und berichtete über Experimente, die er mit Studenten zum Nachweis der Echtheit der Körperabdrucke in verschiedenen Geweben gemacht hatte. Die Diskussion ging um die Vereinbarkeit von Naturwissenschaft und Glauben. Sie tauchte ein halbes Jahrhundert später unter neuen Aspekten wieder auf im Disput zwischen den Kreationisten und Atheisten - und führte damals wie gegenwärtig zu keinem Gottesbeweis. Der damalige Zeitgeist entsteht wieder lebendig vor meinen Augen, wenn ich nachlese, was wir darüber publiziert haben. Ich sage wiederum „wir", weil gleich mehrere Bundesbrüder unserer Unitas-Landshut schriftstellerisch tätig waren und regelmäßige Mitarbeiter der Zeitschrift für Kultur und Geistesleben „Begegnung" wurden. Ihr Herausgeber war der umtriebige Priester Wilhelm Peuler, der auch die Tageszeitung „Katholischer Beobachter" gegründet hatte. In unseren Beiträgen in der „Begegnung" behandelten wir, ausgehend von Buchneuerscheinungen, Tagungen oder Theateraufführungen, Fragen der Lebens- und Weltgestaltung aus christlichem Glauben. In einem Artikel untersuchte ich zum Beispiel „das Bild des Menschen und der Welt" in Jean-Paul Sartres Drama „Geschlossene Gesellschaft" und in Paul Claudels Schauspiel „Der Tausch", die in Köln in der gleichen Saison aufgeführt wurden. Ich sah bei Sartre eine letztlich sinnlose „weltimmanente" Freiheits- und Verantwortungsauffassung, während Claudel die „unverkürzte Wirklichkeit" einer Weltordnung darlegt, in der das Unheilbare Erlösung gefunden hat. In einem anderen Beitrag über Thornton Wilder, dessen Dramen „Wir sind noch einmal davongekommen" und „Unsere kleine Stadt" gerade große Erfolge erzielten, schien mir in seinem neuen Caesar-Roman „Die Iden des März" die Lebenshoffnung des römischen Imperators vor seinem Tod zur Kernaussage zu führen: „Wo ein Unerkennbares ist, da ist auch eine Verheißung".

Bundesbruder Georg Schückler, ein schon älterer Philosophiestudent und späterer theologischer Mit-Reformer des alten Missionsgedankens beim Päpstlichen Werk der Glaubensverbreitung, berichtete in der „Begegnung" über katholische Hochschulwochen in Bonn und Beuron im Sommer 1949 unter der Überschrift „Sammlung zur Tiefe". Werner Hüllen, späterer Professor für Germanistik, untersuchte „die Sehnsucht nach einem neuen Menschen- und Weltbild" bei den frühen deutschen Expressionisten, und Günther Engels, späterer Feuilleton-Redakteur bei der „Kölnischen Rundschau", entdeckte bei Herman Melville das „Vorläuferhafte, Über-sich-Hinausweisende" in dessen Gestalt des an Gott zweifelnden Ahabs. Als Summe all dessen, was uns damals umtrieb, kann ich das anführen, was ich 1950 in einem anderen Artikel in der „Begegnung" schrieb: Es war „Ausdruck eines neuen Lebensgefühls, das sich bei uns langsam ausbreitet. Ein Lebensgefühl neuer Weltaufgeschlossenheit, frei von Bindung an die Vergangenheit, von überlagerten Traditionen, die ... ihren Sinn verloren haben" (Begegnung, 5.Jg. Heft 37, 1950,S. 73).

Neben dieser journalistischen Tätigkeit ging ich während der Studienzeit weiterhin meinen schriftstellerischen Neigungen nach. Ich hatte eine erste eigene Schreibmaschine erworben und tippte zu Hause oft bis spät in der Nacht auf ihr meine Geschichten - inspiriert und getragen von Theodor Haeckers Bemerkung über das „Glück der einsamen Nächte des Schreibens". Haeckers „Was ist der Mensch ?" hatte sich uns tief eingeprägt. Die Schreib-Nächte sind mein ganzes

Leben über meine „große Versuchung" geblieben: Ein weißes Blatt einzuspannen, heute am Computer ein „Neues Dokument erstellen" einzugeben - und die im Kopf sich bildenden Gedanken niederzuschreiben, in Form von Buchstaben zu Wörtern und Sätzen sichtbar und nachlesbar zu machen.

In der Studienzeit schrieb ich keine Gedichte mehr, auch keine neuen Dramen, sondern versuchte, Kurzgeschichten zu schreiben, „Short Stories" nach amerikanischem Vorbild: realitätsnah, nüchtern, im Hemingway-Stil. Und im April 1949 freute ich mich, weil ich glauben konnte, einen schriftstellerischen Durchbruch erreicht zu haben: Eine Short Story von mir wurde in der renommierten „Literarischen Revue" veröffentlicht! In einem Sonderheft über „Junge Deutsche Dichtung" fand ich mich wieder in Gesellschaft von Rudolf Hartung, Erich Fried, Heinrich Böll und Wolfdietrich Schnurre. Meine Erzählung hieß „Der Mörder" (Literarische Revue, 4. Jg., Heft 4, S. 238-242) und berichtete von der Begegnung mit einem ehemaligen deutschen Soldaten, der vom Geist seines Unteroffiziers mit Schuldgefühlen bedrängt wurde, weil er ihn an der Front erschlagen hatte, als dieser ihn in einer verlorenen Situation mit der Pistole am Überlaufen zum Feind hinderte. In welchem Stil die Story geschrieben war, geht aus den Antworten auf eine Umfrage unter den Autoren des Sonderheftes hervor. Als Motiv gab ich an, in meinen Stories von der Wirklichkeit der Zeit auszugehen, um „hinter aller Oberfläche zum eigentlich Zeitlosen vorzudringen, zur Ebene der Transzendenz oder vielleicht besser: in das Außerzeitliche". Interessant ist, dass in der „Literarischen Revue" hinter meiner Aussage zum Schreibmotiv unmittelbar die von Heinrich Böll folgt: „Alle Zeiterscheinungen transparent zu machen, so dass das Gültige sichtbar wird". Als Vorbilder nannte ich Graham Greene und die „modernen Amerikaner", Thornton Wilder, Ernest Hemingway und Thomas Wolfe, obwohl er „stilistisch in eine andere Richtung weist" als die Realisten (a.a.O.S. 247).

Ich konnte nicht voraussehen, dass ich schon bald als Student sowohl das Land Greenes als auch Hemingways und Wolfes kennen lernen würde: England und die USA. Wir waren in dieser Nachkriegszeit nicht nur ideologisch „weltaufgeschlossen" - das Wort vom „Weltbürger" kam auf - , sondern die neue Freiheit eröffnete uns Unbelasteten auch sehr früh unerwartete Wege in die Welt und in uns selbst.

3. Grenzüberschreitungen: 1948 und 1950/51

Die englische Presse und die „Five B's"

Es waren jedes Mal Anschläge am Schwarzen Brett der Kölner Universität, durch die ich auf Auslandsaufenthalten für Studenten aufmerksam geworden bin und die dazu geführt haben, dass ich schon 1948 ein Vierteljahr nach England reisen und 1950/51 ein ganzes Studienjahr in USA verbringen konnte. Was mir später bei Glücksspielen, ob Lotto oder Lotterien nie passierte, fiel mir als Student innerhalb von drei Jahren zweimal in den Schoß: zwei „Hauptgewinne". Heute sind solche Auslandsstudien dank der Vielzahl von Stipendien oder eigener bzw. Vaters Mittel nichts Besonderes mehr, kurz nach dem Krieg waren es Glückstreffer. Für mich, der wie die Vorkriegs- und Kriegsgeneration abgeschlossen von der Welt herangewachsen war und gerade England und die USA nur aus einem verkürzten und verzerrten Blickwinkel gesehen hatte, bedeuteten die Aufenthalte in England und vor allem in Amerika nicht nur eine allgemeine Horizonterweiterung mit einer neuen Weltsicht, sondern ich konnte auch neue Perspektiven für meine literarischen und journalistischen Träume kennen lernen, die mein Berufsleben entscheidend mitbestimmten, selbst wenn sie sich - wie die meisten Träume - nie ganz verwirklicht haben.

Zwei Monate, nachdem ich im Mai 1948 mein Studium an der Kölner Universität begonnen hatte, entdeckte ich am Anschlagbrett des Studentenausschusses den Hinweis „Studenten für Ernte-Einsatz in England gesucht". Zwar hatte ich „zwei linke Hände" und von Garten- oder gar Feldarbeit keinerlei Ahnung, aber das hinderte mich nicht, mich für diesen Ernte-Einsatz zu bewerben. Dabei erwähnte ich, dass ich beabsichtigte, „später in publizistischer Hinsicht beruflich tätig zu sein", weshalb ein Auslandsaufenthalt in England „für mich sehr förderlich sei". Als Referenzen fügte ich Befürwortungen der Kirchenzeitung und der „Kölnischen Rundschau" bei und fügte - um „überdies Verbindungen mit katholischen Jugendverbänden und der kirchlichen Presse drüben aufzunehmen" zu können - eine Empfehlung des Kölner Diözesan-Jugendseelsorgers Domvikar Fritz Eink bei.

Anfang August 1948 erfuhr ich im ASTA-Büro, dass das zuständige London Liaison Office die Bewerbung des stud.phil. Ferdinand Oertel angenommen und ihn zum Ernteeinsatz von Mitte September bis Mitte November in ein Vacation Agricultural Camp im County Yorkshire eingeteilt hat. Offensichtlich war den Engländern, nachdem es kaum noch arbeitslose Iren gab, jede ausländische Hand („lend a hand to the land") damals ebenso willkommen wie polnische Spargelpflücker im Wohlstands-Deutschland. Zur damaligen Zeit waren Auslandsreisen für Deutsche etwas Besonderes, zumal nach England, und zwar nicht nur, weil die Militärbehörden Pässe und Visen nur in Ausnahmefällen ausstellten und dafür viel Zeit brauchten - wir erhielten unsere Pässe vom Foreign Office des United Kingdom erst drei Tage vor Abreise! -, sondern auch, weil jeder, der wie ich die Gelegenheit zu einer solchen Reise bekam, von Verwandten und Bekannten mit Namen und Adressen von Personen überhäuft wurde, die man im Ausland aufsuchen sollte, wobei diese Kontaktaufnahme in den damaligen Notzeiten nicht ohne Eigeninteressen war.

Als ich am 14. November in Hoek van Holland die Fähre nach Harwich betrat, hatte ich mehrere Dutzend Anlaufpersonen und -orte in meinem Notizbuch stehen, angefangen von Verlagsmitarbeitern in London über Leiter von Institutionen kirchlicher Jugendarbeit in Liverpool und Edinburgh, Professoren in Oxford und Verwandten unserer Nachbarn in Wales. Und da sich die Möglichkeit ergab, nach dem Ende des Ernteeinsatzes noch fast drei Wochen in England zu bleiben, konnte ich tatsächlich viele dieser Adressaten besuchen. Auf einer eingeklebten Karte von Großbritannien in meinem Notizbuch verläuft die Reiselinie von Yorkshire nördlich nach Schottland, westlich nach Liverpool und Wales, von dort südlich über Stratford-on-Aven nach Oxford und London mit einem Abstecher in das alte Seebad der Londoner an der englischen Südküste, das berühmte Brighton.

Drei Erfahrungen habe ich in Artikeln festgehalten, die ich nach der Rückkehr für die Kölner „Kirchenzeitung" und die „Kölnische Rundschau" schrieb: das Kennenlernen der Mentalität der Engländer, die Vitalität der in der Minderheit lebenden Katholiken und die Rolle der angelsächsischen Presse.

Das Wesen der Engländer umschrieb ich mit einigen Redewendungen, die bald auch bei uns adoptiert wurden: „Take it easy" - Nimm alles nicht so bitterernst, wie wir Deutschen es tun; „Wait and see"- Warte ab und sieh, worum es geht; Make the best of it"- Mach das Beste daraus. „Und am Abend", so stellte der deutsche Erntehelfer über den Engländer frappiert fest, „setzt er sich zu Hause an den Kamin, liest die neuesten Sportergebnisse und hört Tanzmusik im Radio" - gemäß einer weiteren Redensart: „My home is my castle". Diese Mentalität hatten wir jungen Deutschen in Yorkshire erfahren, wenn wir an Wochenenden von englischen Erntehelfern zu ihren Familien in den nahen Orten Bridlington oder Scarborough eingeladen waren. Noch heute verfolge ich gelegentlich, wie der SC Scarborough in der englischen 1. Fußball-Division gespielt hat. Nirgendwo sind wir in den drei Monaten als Deutsche - immerhin erst drei Jahre nach dem Kieg - auf Ablehnung oder böse Bemerkungen gestoßen. Auch der einfache Engländer, so meine Erfahrung, „ist sehr gastfreundlich und hilfsbereit" und bleibt immer „Gentleman". Und natürlich gab es auch Fraternisierungen mit englischen Erntehelferinnen, die uns in schlecht beleuchteten ländlichen Tanzschuppen das Cheek-to-cheek-Tanzen beibrachten und das Leben leichter zu nehmen schienen als unsere Kommilitoninnen in Deutschland.

Kontakte mit der katholischen Jugend und Kirche bekam ich in Edinburgh, Liverpool und London. In der schottischen Hauptstadt, wohin ich mit einem Freund per „hitchhiking" (Anhalter) gelangt war, begegneten wir im Clubhaus der Catholic Students' Union Kardinal Griffin wieder, der im Sommer am Kölner Domfest teilgenommen hatte und gerade zu Gast bei den schottischen Dominikanern weilte. Ich notierte in meinem Reisenotizen, dass die jungen Studenten „dort drüben viel lebendiger und aufgeschlossener aus ihrem Glauben heraus leben als wir im Nachkriegsdeutschland". Als einen Grund dafür sah ich an, dass die Katholiken in England und Schottland in der Minderheit leben und sich gegenüber den Anglikanern „behaupten müssen", während wir in Deutschland unangefochten seien und „das nicht nötig haben".

Diese Erfahrungen fand ich bestätigt, als ich in Liverpool ein Jugendhaus besichtigen konnte, in dem die Jesuiten jungen Arbeiterkindern Freizeitmöglichkeiten boten und im Glauben unterrichteten. Geradezu begeistert berichtete ich über die CAJ in London, in deren Zentrale ich für ein paar Tage unterkam. Die junge katholische Bewegung hatte nach dem Krieg viel Zulauf erfahren, als auch in England viele Menschen nach dem Abbau der Rüstungsindustrie arbeitslos geworden waren. Die CAJ solidarisierte sich mit den jungen Menschen, bot ihnen Freizeit- und vor allem Sportmöglichkeiten und vermittelte ihnen das Gefühl von Gemeinsamkeit und Geselligkeit. „Es geht ihnen dabei zunächst nicht darum, Christenlehre zu predigen", heißt es in meiner Reportage in der Kölner Kirchenzeitung, sie wollten „den Fremden" (also Andersgläubigen) nur zeigen, dass sie junge Menschen sind wie jeder, an Sport und Kino und Tanz interessiert, nur aus einer anderen geistigen (religiösen) Verankerung hinaus.

Diese katholischen Aktivitäten hatten besondere Bedeutung, weil im England der Nachkriegszeit eine Art geistiger Neuorientierung vor sich ging. In der Öffentlichkeit gab es heftige Auseinandersetzungen um G.B. Shaws Sozial-Ideen sowie kommunistische und nihilistische Ideologien. Daneben drängte die Bewegung für Moralische Wiederaufrüstung stark nach vorne. Mich erstaunte allerdings, dass diese gesellschaftspolitischen Kämpfe nicht die Schlagzeilen der Presse bestimmten. Zwar versuchten die Labour-Party und die Tories die Menschen mit ihren politischen Programmen zu erreichen, doch den Großteil der Bevölkerung schien etwas anderes zu interessieren: das, was man heute mit „human interest" bezeichnet. In einem Bericht für die „Kölnische Rundschau" führte ich als Beispiel eine Titelstory des „Daily Herald" an: Als in einem Londoner Stadtteil nachts Stromsperre verordnet wurde, habe ein Mann die Polizei benachrichtigt, dass seine Frau gerade zu Hause eine Geburt erwarte. Daraufhin habe das Kraftwerk sofort die Stromsperre für diesen Bezirk aufgehoben - und der „Herald" konnte die glückliche Mutter mit dem Baby auf dem Arm zeigen.

Ein Baby, so weihte mich ein junger Londoner Verlagsmitarbeiter in das Geheimnis der Boulevardpresse ein, gehört zu den „Five B's", die auf der Titelseite einer Zeitung nicht fehlen dürfen, wenn sie verkauft werden soll. Und auf den Straßenverkauf sind - mit Ausnahme der „Times" - alle Morgen- und Abendblätter in London bis heute angewiesen. Diese fünf B's sind: „Babys, Beasts, Bishops, Blood and Breasts", also Babys, Tiere, Bischöfe (=Kirche), Blut (=Krieg) und Brüste (=nackte Frauen). Nach diesem Rezept schien die gesamte Boulevardspresse in in England bereits 1948 gestaltet zu sein, als es bei uns noch keine Boulevard- und Klatschpresse gab.

Als eine Erklärung dafür sah ich einen Wesenszug vieler Engländer an, den ich mehrfach festgestellt hatte: Sie sind stark individualistisch bestimmt. Politik, Wirtschaft, Kultur und Kirche schienen für sie nur die eine Funktion zu haben, ihr Lebensumfeld nach eigenen Vorstellungen so gut wie möglich verwirklichen zu können. So wählen sie alle fünf Jahre ihre Regierung, und wenn diese nicht mehr nach ihren Vorstellungen wirkt, geben sie der anderen Partei ihre „Chance". Ansonsten schien, so mein Fazit, der Engländer nur in Ruhe sein privates Leben führen zu wollen, und mehr als über politisches Gezänk will er in seiner Zeitung vor allem über „Sport, Filmstars und das Leben der Königsfamilie"(sic!) informiert werden. Und das bietet ihm die „Fleetstreet", die Meile der Zeitungsverlage, die ich in London ziemlich ehrfurchtsvoll durchwanderte.

Doch das Prinzip Klatsch- und Sensationsjournalismus war nur die eine Seite, die für mich neu war. Noch stärker beeindruckte mich die Art der inhaltlichen Berichterstattung mit der strengen Trennung von Bericht und Meinung. Nachrichtenbeiträge informieren in nüchternen Einleitungen über die fünf Fragen „Wer ? Wo ? Wann ? Was ? und Wie", und danach kommen im so genannten „He says, she says"-Stil die Beteiligten selbst zu Wort, ohne Gewichtung oder Kommentierung durch den Redakteur. Der Leser soll sich selbst ein Urteil bilden können.

Über diese Theorie und Praxis des Zeitungsmachens haben wir später zu Hause in den Journalistenkursen und Journalistenverbänden noch oft diskutiert. Ich sollte sie in breiterer Praxis im folgenden Jahr in den USA noch ausführlicher kennen lernen. Das Vierteljahr in England erwies sich als erfolgreicher Anfang meiner Welteroberung. Beim folgenden einjährigen Studienaufenthalt in den Vereinigten Staaten taten sich mir dann nicht nur neue Aspekte der Presse auf, sondern auch des Radio- sowie Bild/Film-Sektors, die mir nach Abschluss des Studiums mehrere berufliche Optionen eröffneten, zumindest theoretisch. Die Praxis verlief anders.

Amerika zwischen Traum und Realität

Am 9. August 2000 fand in Frankfurt am Main eine denkwürdige Veranstaltung deutsch-amerikanischer Nachkriegsbeziehungen statt. Anlass: Vor genau 50 Jahren waren die beiden ersten großen Gruppen deutscher Austauschstudenten und -lehrer von Frankfurt aus, dem damaligen Hauptquartier der US-Besatzungsbehörde, zu einem einjährigen Studienaufenthalt in die USA aufgebrochen. Bei einem Festakt im Frankfurter Römer bezeichnete Generalkonsul Edward B. O'Donell den von dieser Zeit an regelmäßig mit verschiedenen Programmen für unterschiedliche Berufsbereiche durchgeführten Studentenaustausch als „eine der tragenden Säulen unserer transatlantischen Beziehungen". Die erste Gruppe von 350 Studierenden verließ Frankfurt am 8. August 1950, die zweite Gruppe am 3. September, und dazu gehörte stud.phil. Ferdinand Oertel.

Ich hatte mich nach Beginn des Wintersemesters 1949/50 wieder auf einen Aushang am Schwarzen Brett hin um ein Stipendium für ein Studium an einer Universität in den USA beworben, das vom „United States High Commissioner for Germany" ausgeschrieben worden war. In der Bewerbung hatte ich erneut angegeben, dass ich Journalist werden wollte und Redaktionsmitglied der Kölner Universitätszeitung war. Nach einem „Interview" für Bewerber beim Exchange

Branch des Hochkommissars in der Britschen Zone in Bremen, für das ich u.a. eine beglaubigte Bestätigung des Ordnungsamtes der Stadt Köln vorlegen muss- te, dass für mich kein Entnazifierungsverfahren notwendig war, hatte ich eine Zusage für zwei Semester erhalten. Für meine in der Bewerbung genannten „Su- dies in modern literature and journalism" wurde mir vom International Institu- tes of Education in New York, das den Austausch für das US State Department durchführte, mitgeteilt, dass mir ein ein Stipendium für die katholische St. Louis University zugeteilt worden ist. Da es vom National Catholic Resettlement Council zur Verfügung gestellt wurde, war das sicherlich ein Zufall, aber für mich doch wieder providentiell: Ich kam ausgerechnet an jene Universität im historischen St. Louis, die nicht nur eine der renommiertesten privaten Jesuiten- Universitäten ist, sondern an der bereits mein unitarischer „Biervater" aus Köln, Johannes Stemmler, ein Austauschstudium absolvierte.

Nach Amerika zu reisen, in die Neue Welt, in das Land der unbegrenzten Mög- lichkeiten, in God's own country, das war für Mitteleuropäer Mitte des vorigen Jahrhunderts, vor allem in den ersten Nachkriegsjahren, immer noch die nur we- nigen vorbehaltene Erfüllung eines Wunschtraumes. Und es war ein mehr oder weniger abenteuerreiches Reiseunternehmen. Es gab erst wenige Flugverbindun- gen, und diese waren nicht nur teuer, sondern dauerten auch mit Zwischenauf- enthalten der Propellermaschinen in Irland und Neufundland gut 18 Stunden. Üblich waren Schiffsverbindungen, die je nach Route sechs bis acht Tage dauer- ten und den Reisenden ein wirkliches Gefühl der trennenden Distanz zwischen Europa und Nordamerika vermittelten, - eine Erfahrung, die bei heutigen Flug- reisen ganz verloren gegangen ist. Das erlebte ich 20 Jahre später hautnah auf ei- ner gesponserten Reise mit einer „Concorde", die morgens um elf Uhr Ortszeit in Paris abflog und dreieinhalb Stunden später um halb neun morgens Ortszeit in New York ankam. 1950 dauerte unsere Reise ins Traumland Amerika insge- samt 14 Tage: von Köln mit dem Zug nach Cannes am Mittelmeer, dort auf ei- nem ausgedienten griechischen Frachter nach Barcelona, durch die Meerenge von Gibraltar, an den Azoren vorbei nach Halifax in Kanada, bevor wir New York an einem Sonntagnachmittag erreichten. Vor der bekannten und berüchtig- ten Einwanderer-Insel Staten Island mussten wir eine weitere Nacht vor Anker gehen, bevor am Montagmorgen die Dockarbeiter in Manhattan ihre Arbeit auf- nahmen.

Als schließlich bei der Einfahrt in den Hudson aus dem Frühnebel links die Frei- heitsstatue und voraus die ersten Wolkenkratzer auftauchten, waren wir Aus- tauschstudenten wohl ebenso bewegt wie die italienischen Auswandererfamilien an Bord. In meiner Fotosammlung bewahre ich zwei Schwarzweiß-Aufnahmen, die typisch für den ersten Eindruck von New York sind: ein Blick vom Schiff mit einem Einwanderer im Vordergrund und dem Empire State Building im Nebel, und ein Blick von unten an der Fassade des Rockefeller Zentrums hoch - beide Gebäude symbolischer Ausdruck für das Land der unbegrenzten Möglichkeiten. Obwohl wir nur zwei Tage in New York blieben, erhielt ich schon eine erste Ah- nung davon, wie Presse und Rundfunk in Amerika funktionierten: anscheinend ebenfalls ohne Begrenzungen. Im Hotel Shelton an der Lexington Avenue, wo wir übernachteten, lagen noch New Yorker Sonntagszeitungen in der Lobby aus, von denen ich ein Exemplar mit in mein Zimmer nahm. Es war ein pfundschweres Paket, doch ich kam erst gar nicht zum Durchblättern, weil in jedem Hotelzimmer bereits ein Fernsehgerät stand. Während der Fernsehbetrieb sich bei uns noch im Erprobungsstadium befand, strahlten in New York ein Dutzend Sender von morgens früh bis um Mitternacht Programme in schwarzweiß aus. Ich schaltete sofort ein und saß endlos lange staunend vor dem kleinen Bildschirm. Dass alle Programme ständig von Werbespots eingeleitet und ständig unterbrochen wurden, störte mich nicht, denn auch diese waren für mich interessant und aufschlussreich. Wie in einem Schnellkurs lernte ich die neuesten Automodelle kennen, preiswerte Fertighäuser, Möbel und Küchengeräte, Kreditbedingungen - alles Dinge, die es im kriegszerstörten Deutschland noch nicht wieder gab. War ich im Paradies gelandet ? Mir fiel auf, dass Unterhaltungssendungen bei weitem überwogen, vor allem Comedy- und Spielshows. Ein Jahr später, als ich vor der Rückreise eine ganze Woche in New York verbringen konnte, besuchte ich die Radio City-Studios im Rockefeller Center, verfolgte eine Life-Sendung der populären Talkshow „This is Nora Drake" (eine der ersten Anker-Women) und hörte von wirtschaftlichen Schwierigkeiten, in die das Netzwerk CBS durch die Einführung des teuren Farbfernsehen geriet, weil die Werbe-Industrie in eine Krise geraten war.

Wie abhängig die Medien von Werbe-Einkünften waren, sah ich, als ich im Hotel das Zeitungspaket durchblätterte. Ich schrieb darüber den ersten meiner Korrespondenten-Berichte für die „Kölnische Rundschau" unter der Überschrift „Sonntagszeitungen mit 200 Seiten". Der Nachrichtenteil verteilte sich über gut 40 Seiten, wovon die Hälfte von Anzeigen eingenommen wurden. Das zweitdickste Paket brachte Kultur und Feuilleton, überladen mit Anzeigen von Theateraufführungen am Broadway, Kino-Programme und Ausstellungen. Drittgrößtes Produkt war der Teil „Society", in dem die Reichen und die Schönen gefeiert wurden - für Berichte, die sie oft selbst finanzierten. Ein weiterer 16-seitiger Teil enthielt ausschließlich Comic-Strips. Und neben dem 40-seitigen Paket mit Kleinanzeigen steckten in der großformatigen „New York Post" noch drei oder vier Hochglanz-Beilagen im Kleinformat, wiederum ganz mit von Anzeigen durchsetzt. Bei dieser ersten Bekanntschaft mit US-Zeitungen und Fernsehen fiel mir zunächst nur die unglaubliche Vielfalt der Inhalte und Programme auf, während sich mir die Hintergründe des amerikanischen Presse- und Rundfunkwesens erst erschlossen, nachdem ich einige Monate in Amerika gelebt und weitere Facetten der Rolle der Medien kennen gelernt hatte, die sie in der multikulturellen Gesellschaft - damals Schmelztiegel genannt - spielen.

Damit wir nach der langen Dauer der Atlantiküberquerung rechtzeitig zum Semesterbeginn nach St. Louis kamen, mussten wir New York schon nach zwei Tagen verlassen. Die Reise dorthin erschloss uns eine weitere Dimension Amerikas, und zwar im Wortsinn: die unvorstellbare Weite des Landes. Wir fuhren mit einem der legendären silbernen Pullman-Züge nach Westen und erreichten das 1000 Meilen entfernte St. Louis nach 14 Stunden. Das war erst ein Drittel der Entfernung zwischen der Ost- und der Westküste dieses riesigen Landes. St. Louis, gelegen am Zusammenfluss von Missouri und Mississippi (was wir genüsslich buchstabieren lernten: Em - ai - double ess, ai - double ess - ai -double pi- ai), war noch ein Menschenalter zuvor das „Gateway to the West" und der Kreuzungspunkt der alten konföderierten Südstaaten mit dem industrialisierten Nordwesten gewesen. Die Geschichte dieser 1764 durch französische Kaufleute von New Orleans aus gegründeten Stadt ist mit der Entwicklung der Vereinigten Staaten ebenso verbunden wie die Geschichte der St. Louis University mit der Entwicklung der katholischen Kirche in den USA.

Katholisches Erbe an der St. Louis University

Die katholische Identität der St. Louis University war durch die Jesuiten gegeben. Regelmäßiger Gottesdienstbesuch, Einkehrtage, Beichte, Fasten - das alles gehörte wie selbstverständlich zum Campus-Leben und spiegelte im Grunde die katholische Ausprägung in Amerika wieder. Katholiken und Kirche waren in den puritanisch-protestantisch geprägten neuen Staaten lange Zeit als Papisten verschrieen, die „romhörig" waren und keine freien Demokraten sein konnten. Deshalb entwickelten sie eine weithin autonome Subkultur, die auf drei Säulen ruhte. Die erste bestand im Aufbau eines florierenden Erziehungswesens in kirchlicher Trägerschaft. In konfessionellen Parish Schools, Colleges, High Schools und Universities unterrichteten Priester und Ordensschwestern die europäischen Einwanderer-Generationen, seit 1884 nach den strengen Regeln des Baltimore-Katechismus, der die katholische Glaubenslehre im Kirchenverständnis des 1. Vatikanischen Konzils darlegt. Die zweite starke Säule der Kirche in Amerika war das Krankenhauswesen in kirchlicher Trägerschaft. Neue Heimat der Einwanderer war ihre Gemeinde, und diese versorgte sie sozusagen rundum, auch in der Krankenbetreuung. Zur Jesuiten-Universität in St. Louis gehörte ein Hospital, in dem die Armen, vor allem Schwarze, kostenlos behandelt wurden und es bis heute werden. Als dritte Säule - oder erste, wenn man will - galt das blühende Pfarrleben in den Gemeinden mit regelmäßigem Kirchgang und Sakramenten-Empfang, häuslichem Gebetsleben, genauer Beachtung der Fasten- und Abstinenzgebote, geprägt je nach Herkunft der Einwanderer von irischer, italienischer, polnischer oder deutscher Frömmigkeit.

Kurzum: An der St. Louis University hatte ich mich von Anfang an im Schoß meiner Kirche geborgen gefühlt - wie zu Hause. Und es waren die Jesuiten und katholischen Kommilitonen, die mich auffingen, als Anfang 1951 mein Vater in Köln mit 55 Jahren an Krebs starb und ich nicht zur Beerdigung reisen konnte. Allerdings stellte ich einen großen Unterschied zwischen der öffentlichen Position der Kirche in den USA und in Deutschland fest. Während ich im Nachkriegsdeutschland etwa beim Kölner Domjubiläum 1948 erlebt hatte, wie die Kirche in Gesellschaft und jungem neuen Staat eingebettet war, spielte sich das katholische Leben in der schon damals kulturell vielfältigen amerikanischen Gesellschaft - die Schwarzen waren in Missouri gerade rechtlich den Weißen gleichgestellt worden - in einem geschlossenen Raum ab, auch weithin getrennt von den anderen Religionsgemeinschaften. Das Nebeneinander hatte ich tagtäglich vor Augen: Gegenüber unserer Universitätskirche stand ein großer Freimaurer-Tempel, um zwei Ecken herum eine Episkopal-Kirche - übrigens im gleichen grauen neogotischen Stil wie die katholische Universitätskirche erbaut -, wenige Blocks weiter gab es ein Bethaus der Baptisten. So erlebte ich zum ersten Mal, dass *meine* Kirche in Amerika in Gesellschaft und Staat nicht die unumstrittene Nummer 1 war, dass Katholisch-Sein nicht so selbstverständlich war wie Lutheraner, Methodist oder Baptist zu sein. Aber ich erlebte auch, wie die Kirche nach dem Zweiten Weltkrieg in der Gesellschaft Ansehen gewann, und dabei spielten die katholischen Universitäten eine entscheidende Rolle. Der junge Präsident der St. Louis Universität, Pater Paul C. Reinert SJ, der uns deutsche Studenten mit viel Wohlwollen empfing, wurde zu meiner Studienzeit erstmals als katholischer Universitätspräsident von US-Präsident Harry S. Truman in eine staatliche Kommission für Erziehungsfragen berufen. In dieser Funktion bestätigten ihn danach alle folgenden US-Präsidenten von Lyndon B. Johnson über Gerald Ford, Richard Nixon bis Jimmy Carter.

Außer mir hatte ein junger Student aus Bayern ein Stipendium dieser Universität erhalten, Karl Stocker, später langjähriger Professor für Didaktik an der Münchener Universität. Als wir nach Ankunft in St. Louis unsere reservierten Studentenbuden aufsuchten, wurden wir mit einer uns unbekannten Realität im „gelobten Land" konfrontiert. Wir kamen in ein herrschaftliches Haus aus der Gründerzeit, das in einer vornehmen Villengegend stand, aber wie die anderen Häuser von den weißen Bewohnern in den vierziger Jahren des vorigen Jahrhunderts verlassen worden war. Der Grund: Zu dieser Zeit waren viele Schwarze in die Umgebung dieses Viertels eingezogen. Wir erfuhren, dass in St. Louis noch bis vor zwei Jahrzehnten eine strenge Rassentrennung geherrscht hatte, und wir erlebten, dass diese noch längst nicht überwunden war.

Die St. Louis University (SLU) war die erste private Universität, die Anfang der vierziger Jahre ihre Tore für Schwarze geöffnet hatte, allerdings nur nach heftigem Widerstand, sogar vom Ortsbischof. Der teilte die Befürchtung vieler Professoren, dass „weiße Eltern" ihre Kinder von der Universität nehmen und ihr die finanzielle Basis entziehen würden. Die kurz zuvor erfolgte Öffnung der SLU für Studentinnen - auch darin waren die Jesuiten Vorreiter - hatte dagegen weniger Widerstand hervorgerufen, nicht nur, weil es die Frage schwarzer Studentinnen noch nicht gab, sondern weil finanzkräftige WASP-Eltern (White Anglosaxon Persons) eine höhere Erziehung ihrer Töchter durch katholische Ordensschwestern begrüßt hatten. 1950, als wir deutschen Austauschstudenten an die SLU kamen, hatte der Zweite Weltkrieg alles verändert. Nachdem in diesem Krieg Weiße und Schwarze, Protestanten und Katholiken ihr Leben in Europa und Asien für die Nation eingesetzt hatten, war ein neues Klima der Einheit entstanden. Das spiegelte sich an den Universitäten eher wider als etwa in urbanen Lebenszentren. Die Universitäten wurden überlaufen von heimgekehrten Soldaten, die als Lohn für ihren Kriegseinsatz vom Staat Studienstipendien bekamen und die Chancen wahrnehmen wollten, durch eine höhere Bildung in die Mittelschicht aufzusteigen.

Während die St. Louis University zum Kriegende nur etwa 4000 Studenten zählte, waren es 1950, als wir eintrafen, über 10.000, darunter eine große Zahl von Schwarzen, viele Studentinnen und nicht nur Katholiken, sondern auch Andersgläubige. Da es an Vorlesungs- und Seminarräumen mangelte, waren auf dem Campus ausgediente Nissen-Hütten der Armee aufgestellt und umfunktioniert worden. Viele Studenten trugen wie an den deutschen Universitäten ihre alten Militärkleidung. Unsere Registrierung verlief reibungslos, wir wurden wie alle anderen behandelt und mussten uns mehr oder weniger selbst zurechtfinden - wie Erst-Semestler an allen Unis. Nie sind wir - als Deutsche wenige Jahre nach dem Krieg - auf Vorbehalte, Ablehnung, Misstrauen oder gar Feindseligkeit gestoßen, weder in der Universitätsverwaltung noch bei den Professoren und Dozenten und schon gar nicht bei den Studenten. Im Lehrkörper der Universität waren während des Krieges eine ganze Reihe von Personen untergekommen, die vor den Nazis oder auch vor den Kommunisten geflüchtet waren. Bei einem jüdischen Studienrat aus Österreich hörte ich Vorlesungen über deutsche Klassiker, ein vertriebener Fürst von der russischen Halbinsel Krim gehörte der sozialwissenschaftlichen Fakultät an, und der berühmteste Flüchtling, der ehemalige österreichische Kanzler Kurt von Schuschnigg, war nach dem Krieg schon in seine Heimat zurückgekehrt. Auch Hochkommissar McCloy behielt Recht mit einer Erklärung bei der Verabschiedung der deutschen Austauschstudenten in Frankfurt: Wir wurden nie in irgendeiner Form „umerzogen", es gab keinerlei Beeinflussungen politischer oder sonstiger Art. Wenn wir im „American way of life" zu denken begannen, dann höchstens durch „Learning by seeing". Das betraf uns Deutsche ebenso wie alle ausländische Studenten, ob im gesellschaftspolitischen, kulturellen oder kirchlichen Leben - und in meinem Fall ganz besonders für die Medienerfahrung und -ausbildung.

Als Hauptfächer musste ich neben englischer und amerikanischer Literatur auch deutsche Kurse wählen, damit die Semester in diesem Fach für meinen Studienabschluss in Deutschland anerkannt wurden. Zum Glück gab es neben Sprachkursen für Fortgeschrittene und Wissenschaftliches Deutsch auch eine Vorlesung über Goethe und über deutsche Literatur im 18. Jahrhundert. In den anglistischen Vorlesungen erhielt ich einen soliden Überblick über die Romane und Lyrik der englischen Dichter seit Beginn der Neuzeit, doch ich spezialisierte mich auf die Entwicklung der jungen amerikanischen Literatur mit dem Vorteil, dass sie von Dozenten aus ihrer Landesperspektive gesehen wurde und mir andere Aspekte erschloss als an einer deutschen Uni. Schwerpunkt bildete eine Hauptvorlesungs-Reihe mit dem Titel „Amerikanische Prosadichtung 1920-1940" über die Werke der bei uns in Deutschland nach 1945 bekanntgewordenen Autoren der „Lost Generation" John Dos Passos, William Faulkner, John Steinbeck, Ernest Hemingway und Thomas Wolfe. Daraus erwuchs meine Dissertation über „Die Europa-Erfahrung Thomas Wolfes", mit der ich 1955 mein Studium in Köln abschloss.

Dieses Literaturstudium war das eine, auf das ich mich stürzte, Journalismusstudien waren das andere, und zwar nicht nur in der Theorie an der Universität, in der sich mir im Speech Department die Möglichkeit bot, Vorlesungen und Kurse in Script Writing und Radio Programing zu belegen. Ich lernte auch die Praxis bei Besuchen von Zeitungsredaktionen und Rundfunkstudios in St. Louis und mehreren anderen Städten kennen.

Faszinosum „Amerikanischer Journalismus"

Meine Grunderfahrung über den amerikanischen Journalismus fand ich vor einiger Zeit im Vorwort von Stephan Ruß-Mohl zur Neuausgabe von Emil Dovifats „Der amerikanische Journalismus" bestätigt. Darin heißt es: „Ein Faszinosum ist der amerikanische Journalismus für Europäer bis auf den heutigen Tag geblieben ... Wer immer, des Englischen mächtig, Gelegenheit hatte, mit dem 'American way of life' in engere Berührung zu kommen, registriert auch, teils irritierend, teils bewundernd, wie *anders* die amerikanischen Massenmedien noch immer Information und Unterhaltung vermitteln." (Ruß-Mohl/Sösemann in Dovifat, 1990, S.XXXVII). Dovifat hatte in seinem 1927, dem Jahr meiner Geburt, abgeschlossenen Standardwerk die Entwicklung der amerikanischen Presse von der frühen Parteipresse über die politisch unabhängige, vorwiegend auf Sensationen ausgerichtete Penny Press als Vorgänger der Boulevardpresse und die Gesinnungspresse des 19. Jahrhunderts bis zur Independent Press der dreißiger Jahre des vorigen Jahrhunderts nach gezeichnet. Diese „rühme sich" einer dreifachen Unabhängigkeit: von der Parteipolitik, vom Anzeigenkunden und von fremden, großkapitalistischen oder sonstigen Interessen. Wie immer dies auch der Realität entspreche, so Dovifat - eine Statistik in seinem Buch weist nach, dass ein Fünftel der Tagespresse sich im Besitz des Hearst-Konzerns befindet - , größer als die Macht der Presse sei die Macht der öffentlichen Meinung. Sein Fazit: „Die Reform der amerikanischen Presse kann nur vom Leser ausgehen." (Dovifat, 1990, S.212)

Gut zwanzig Jahre später geriet ich in Amerika unerwartet in eine große öffentliche Debatte über eine Krise der Presse, die durch zwei Entwicklungen entstanden war: die Bedrohung des Individuums durch die Massengesellschaft und die Gefahr des Missbrauchs der „Macht der Presse" durch Presse-Imperien wie den Hearst-Konzern. Die Möglichkeiten und Folgen dieses Missbrauchs hatte Orson Welles 1940 in seinem Film „Citizen Cain" drastisch vor Augen geführt. Über das Problem der „Masseninformation" kam es an den Universitäten zu heftigen geistigen Auseinandersetzungen über die Zukunft von individueller Freiheit und staatlicher Reglementierung, nachdem das Werk „Aufstand der Massen" des spanischen Philosophen Ortega y Gasset 1950 erstmals in amerikanischer Übersetzung als Taschenbuch erschienen war. In diesem Zusammenhang hatte kurz zuvor eine hochrangige Kommission an der Universität von Chicago unter Leitung ihres Präsidenten Robert M. Hutchins eine Studie über die „Bedrohung der Pressefreiheit" durchgeführt. Die Kommission, zu deren Mitglieder der führende Historiker Arthur M. Schlesinger von der Havard University, der deutsch-amerikanische Religionsphilosoph Reinhold Niebuhr aus New York und der frühere amerikanische Unterstaatssekretär Archibald Mac Leish gehörten, hatte in ihre Untersuchung „alle Einrichtungen (einbezogen), die dem Massen-Nachrichten-wesen vornehmlich zur Verfügung stehen: das Radio, die Zeitungen, Filme, Zeit-schriften und Bücher". In dem Kommissionsbericht, der unter dem Titel „A Free and Responsible Press" erschien (US-Militärregierung, 1948, PA), wird fest-gestellt, dass die Pressefreiheit teils „durch die wirtschaftliche Struktur der Presse" bedroht ist, die ihren „auf die Befriedigung der Bedürfnisse der Gesellschaft ge-richtete Dienst" nicht mehr erfülle. Statt für staatliche Eingriffe plädiert der Be-richt für eine „Selbstkontrolle des Films, Rundfunks und Zeitungswesens". Die Pressefreiheit sei bedroht, weil „die Leiter von Presseunternehmen" sie als Privi-leg sozialer Unverantwortlichkeit missdeuteten. Der Passus aus dem Bericht, der als „des Pudels Kern" für eine „verantwortliche Presse" bezeichnet wird, ist es wert, wörtlich ins Gedächtnis gerufen zu werden: „Die Nachrichten-Industrie ist ein Privatgeschäft und sollte es nach Meinung der Kommission bleiben. Aber sie ist ein Geschäft, das nicht geführt werden darf, ohne dass auf das öffentliche In-teresse Rücksicht genommen wird. Die Kommission glaubt nicht, dass dieses Ge-schäft wie andere Unternehmungen, die gleichfalls durch das öffentliche Interes-se beeinflusst werden (wie Eisenbahn- und Telefongesellschaften), von der Regie-rung gegängelt werden sollte. Die Kommission hofft, dass die Presse selbst die Verantwortung anerkennt, die sie der Allgemeinheit schuldet, und dass sie Zwangsmaßnahmen der Regierung vorbeugt."

Für den gerade 23-jährigen Studenten aus Köln, der nach dem Ende der totalen staatlichen NS-Diktatur in Deutschland die Bemühungen um eine Neugestaltung einer freien Presse mit öffentlicher Verantwortung erlebt hatte, war diese ameri-kanische Situation in der Tat „irritierend", zugleich bewunderte er die große Selbstkritik der Amerikaner. Dieser „American way" hat mir summa summarum meine offene positive Haltung zu den Vereinigten Staaten im übrigen ein ganzes Leben über erhalten. Die Freiheitsidee kann und wird in den USA immer wieder missbraucht und pervertiert, aber immer wieder entwickeln sich selbstregulieren-de Kräfte, ob in Politik, Wirtschaft, Kultur oder Kirche.

Die journalistische Ausbildung an den Universitäten stand ganz unter der ethi-schen Leitmotiv, ein Handwerk zu erlernen, das „dem Menschen Wege zu einer klaren Vision von Idealen verhilft, die dem Wohle der Menschen dienen". So steht es im Leitspruch meines Collegebuches „An Outline Service of Journalism" (Mott, 1948), an dem einer der frühen Pioniere des Departments für Journalis-mus an der Marquette University der Jesuiten in Milwaukee, Maynard W. Brown mitgearbeitet hat. Einer seiner Nachfolger, Prof. William B. Thorn, berief mich 1988 als „Editor in Residence" zu einer einwöchigen Vorlesungsreihe in seiner „School of Journalism" und ließ für sein Institutsarchiv die 1992 von Mi-chael Schmolke zu meinem 65. Geburtstag herausgegebene Festgabe „Kirchen-presse am Ende des Jahrtausends" mit Berichten aus 15 Ländern ins Englische übersetzen.

Das College-Lehrbuch rückte die Ethik des Journalisten*berufes* in den Mittel-punkt: Journalisten sind mehr als Überbringer von Nachrichten, sie sind zugleich

„leader and servants", Führer und Diener der „members of a community". In einem eigenen Kapitel werden die Prinzipien aufgeführt, die zum Zeitungsmachen gehören. Neben dem Hauptprinzip, „dem öffentlichen Wohl zu dienen", werden als „allgemein akzeptiert" folgende Prinzipien genannt: „Gerechtigkeit, Freiheit, Patriotismus (!), Unverletzlichkeit der Verfassung, 'America First'(!), Frieden, Steuergerechtigkeit, Ehrlichkeit der Regierung, Wohlwollen gegenüber den Schwachen und Benachteiligten sowie Gemeinschaftsförderung".

Im praktischen Teil werden Nachrichtenübermittlung und Meinungsbildung als Hauptschwerpunkte behandelt, weitere Schwerpunkte sind „Society News" und „Sports". Unbedingt zu trennen, so schreibt das Journalismus-Handbuch vor, sind Nachrichten und Kommentare, unabhängig davon, ob sich die Zeitungen selbst als „parteiisch", „unabhängig" oder „neutral" bezeichnen. Über die Nachrichten hatte Emil Dovifat bereits lapidar geschrieben: „Zweierlei Ursachen bestimmen die Rolle der Nachricht in der amerikanischen Zeitung. T a t s a c h e n s i n n und S e n s a t i o n s l u s t (gesperrt im Original)."(Dovifat, 1990, S. 83) In meinem amerikanischen Studienbuch heißt es: „News is a coldly impersonal job": „Nachrichten sind eine kalte unpersönliche Aufgabe". Es geht allein um die Vermittlung der „Wahrheit", die der Leser selbst an Hand der reinen „facts" finden soll. Damit die „cold news" auch gelesen werden, sollen sie personalisiert werden. Zu den „facts" zählen die wörtlichen Äußerungen der beteiligten Personen, die ohne jegliche Deutung des Reporters oder Redakteurs wiedergegeben werden sollen. Für die Kommentierung steht die „Editorial Page" zur Verfügung, die Meinungsseite, auf der nicht nur die redaktionellen Kommentatoren zu Wort kommen, sondern auch die Leser. Oft werden in Gastkommentaren Pro- und Kontra-Gesichtspunkte dargelegt, viele Tageszeitungen sind auf landesweit bekannte Kommentatoren abonniert, wozu damals vor allem Walter Lippman und Walter Winchell zählten.

Wie und wo was im Blatt plaziert wird, was als Aufmacher genommen wird, wie umbrochen wird - im symmetrischen Aufbau wie die „New York Times" oder im „Mixed-" oder "Circus"-Aufbau wie die meisten Boulevardblätter -, das alles hängt von der „policy" des einzelnen Blattes ab. Wie unterschiedlich diese sein kann, wird durch Beispiele belegt, die von der „New York Times" mit ihrem Motto „All the News That's Fit to Print" für die „akkurate, vollständige" Abdeckung aller wichtigen Ereignisse über die zahlreichen Sensationsblätter, die nach dem Schema der „5 B's" rein verkaufsorientiert sind, bis zum „Christian Science Monitor" reichen, der ganz auf „Crime" und „Sensations" verzichtet, aber „trotzdem lesenswert ist".

Beispielhaft wurde für mich die große Tageszeitung „St. Louis Post-Dispatch". Sie zählt zu den führenden amerikanischen Tageszeitungen und wurde 1878 von Joseph Pulitzer gegründet, dem Alt-Meister der US-Journalisten, nach dem der wichtigste und begehrteste Journalisten-Preis in den USA benannt ist. Pulitzer gilt auch als einer der Väter des modernen investigativen Journalismus. Es war die „Post-Dispatch", die in den vierziger Jahren des 20. Jahrhunderts einen der größten politischen Korruptionsfälle, die zweifelhaften Machenschaften der

„Pendergast machine" im benachbarten Kansas City, aufdeckte. Tom Pendergast, der ebenso wie Al Capone in der Zeit der Prohibition durch Alkoholschmuggel und andere dunkle Geschäfte reich geworden war und später ebenfalls nur wegen Steuerhinterziehung dingfest gemacht werden konnte, soll zahlreiche Politiker bestochen und gekauft haben. Dazu soll auch Harry S. Truman gehört haben, den er zuerst als Senator „förderte" und danach ins Weiße Haus (be)förderte. Als Truman zu unserer Studentenzeit 1951 als Präsident für eine zweite Amtszeit kandidierte und zu einer großen Wahlveranstaltung nach St. Louis kam, bekämpfte die „Post-Dispatch" ihn als unglaubwürdig und zwielichtig. In Trumans Rede, die mein Studienfreund Karl Stocker und ich wie viele andere Studenten im Downtown-Auditorium verfolgten und dabei erstmals einen amerikanischen Wahlkampf-Zirkus erlebten, ging der gewiefte Politiker auf die Korruptionsvorwürfe überhaupt nicht ein. Er war am Morgen beim Jogging im Trainingsanzug um ein paar Blocks in der Innenstadt alleine und ohne jeglichen Personenschutz unerwartet an uns vorbeigelaufen.

Als ich das erste Mal das Gebäude der „St. Louis Post-Dispatch" betrat, war es, als ob ich eine heilige Halle betrat. Die reiche Ausstattung des großen Zeitungsgebäudes im amerikanischen Zweckbau-Stil mit vielen Stuck-Ornamenten spiegelte die herausragende Stellung wider, die ein solches Medienunternehmen als öffentlicher Machtfaktor in den USA einnimmt. Ich wollte jedoch nicht nur einen amerikanischen Redaktionsbetrieb von innen kennen lernen, sondern sogar versuchen, als „Freelancer" anzukommen, „abgedruckt" zu werden und ein paar Dollar zu verdienen. Als ich mit einem Manuskript in der Tasche zum ersten Mal die Redaktions-Etage der „Post-Dispatch" betrat, stockte mir zunächst wiederum der Atem. Vor mir tat sich ein Großraum voller Lärm und Hektik auf mit telefonierenden, Schreibmaschinen schreibenden, herum rennenden Redakteuren und Reportern. Bislang kannte ich nur die vergleichsweise ruhige Arbeit in kleineren, abgeschlossenen deutschen Redaktionsräumen und fragte mich, wie man sich unter solchen Bedingungen, die an eine große Bahnhofshalle erinnerten, konzentrieren, recherchieren, Artikel schreiben und redigieren kann. Ich fragte mich zum Feuilleton durch, stellte mich als Austauschstudent aus Deutschland vor, was offensichtlich aber niemand besonders interessierte, konnte aber mein Manuskript auf dem „feature desk" hinterlegen.

Zum Feuilleton hatte ich mich durchgefragt, weil die „Post-Dispatch" in ihrer Sonntagsausgabe eine qualifizierte literarische Beilage mit Short Stories veröffentlichte. Einer ihrer bekanntesten Autoren in früherer Zeit war Mark Twain gewesen, der ebenso wie Rudyard Kipling, Bret Hart, O. Henry und Stephen Crane viele Kurzgeschichten zuerst in Zeitungen publizierte. Auch Gedichte von Walt Whitman und Carl Sandburg fanden ihren Abdruck in den Feuilletons großer Tageszeitungen. Aus meinem amerikanischen Kalender geht hervor, dass ich dem „Post-Dispatch" eine humorvolle Story über „Cologne" eingereicht habe. Humorvolle Kurzgeschichten, in denen Alltagserfahrungen aufgespießt werden, gehören in der amerikanischen Presse zum unverzichtbaren Inhalt. Wie Cartoons und Comic Strips, haben sie offensichtlich großen Unterhaltungswert.

Damals hießen meine Vorbilder James Thurber, William Saroyan und der gerade am Beginn seiner Karriere stehende Art Buchwald. Sich selbst oder andere nicht verletzend auf den Arm zu nehmen, Geschichten zu schreiben, in denen alles gut Gemeinte schief geht, Features und Lokalspitzen, die auf genauem Beobachten basieren und menschliche Schwächen entlarven, die jedem passieren, - damit hatte ich bereits Abdruckserfolge bei der „Kölnischen Rundschau" erzielt. Doch die „Post-Dispatch"-Redakteure fanden wohl, dass mein Kölner Humor bei ihren Lesern nicht ankommt, wahrscheinlich verschwand mein Manuskript im Papierkorb. Dagegen hatte ich im zweiten Halbjahr doch noch Erfolg mit humorvoll aufgespießten amerikanischen Schwächen über „Perfektes Verdrängen" in der „Saturday Evening Post" und über „Mit gespaltener Zunge reden" im „Reader's Digest", immerhin.

Mehr Erfolg als Journalist hatte ich im Bereich der Universität. Im Speech Department hatte ich erfahren , dass es an der SLU eine Studentenzeitung gab, die „University News", mit deren Kommilitonen in der Redaktion ich sofort Kontakt aufgenommen hatte. Schon ab der ersten Ausgabe für das Semester 1950/51 wurde ich im Impressum als „Guest Editor" aufgeführt. Offensichtlich lagen meine humoristischen Stories und Glossen von Anfang an ganz auf der Linie studentischer Ironie und Verulkung, denn schon von November 1950 an wurden sie monatlich in den „University News" abgedruckt. Die Studentenzeitung hatte weit über St. Louis hinaus bei Studenten und im journalistischen akademischen Bereich hohes Ansehen. Sie war bereits 1919 gegründet worden und führte im Untertitel die ihr verliehene Auszeichnung „World's Leading Catholic College Newspaper". Als Chefredakteur fungierte Cliff Hackett, späterer Mitarbeiter beim United States Intelligence Service USIS, politischer Berater mehrerer Kongressabgeordneter und Geschäftsführer der Jean Monnet-Gesellschaft in Washington DC. In seinem Haus auf der Constitution Avenue, nur ein paar 100 Schritte vom Kongress entfernt, haben meine Frau und ich oft gewohnt und zahlreiche US-Politiker kennen gelernt. Cliff, der uns seinerseits mehrfach in Köln besuchte, wenn er in Europa war, liebte den trockenen angelsächsischen Humor, den spontanen Witz und situationsbezogene Komik. Er lachte laut, wenn ich in Short Stories die Modesucht von Studentinnen („No Nylons for the Girls"), den Militärhaarschnitt von Studenten („Cruel Cut"), die offiziellen steifen Gesellschaftsabende der Studenten mit geliehenen Fracks oder die kitschigromantischen Tanzveranstaltungen im Dämmerlicht aufs Korn nahm („Music, Maestro, please" und „La Cuccaracha").

Die „St. Louis University News" mischten sich auch in die Hochschulpolitik ein, kritisierten Verwaltung und Studenten, wenn es zu Auseinandersetzungen um Verfassungen für Fakultätsräte und Mitsprache von Studenten ging, und in Kommentaren bezogen sie mutig zu politischen Vorgängen Stellung, vor allem, wenn das Verhältnis zwischen Staat und katholischer Kirche betroffen war. In einer Ausgabe vom Herbst 1951, in der ich in einem Resümee meine einjährige Amerika-Erfahrung unter dem Titel „America is Still a Bright Undergrade" zusammengefasst habe, konnte ich einen Kommentar über die Ernennung eines

Botschafters beim Vatikan nachlesen. Unter der Überschrift „A Courageous Decision" wird Präsident Truman gelobt, weil er erstmals einen diplomatischen US-Repräsentanten beim Vatikan ernannt hatte, den ehemaligen General Mark Clark. Truman hatte einen Trick angewandt, weil er wusste, dass ihm der Senat nie die Zustimmung zu diesem Schritt geben würde: Er verfügte die Ernennung, nachdem der Kongress in Sommerpause gegangen war. Im Kommentar wird zunächst diese Entscheidung generell als richtig bezeichnet, weil der Vatikan im Kampf gegen den atheistischen Kommunismus voll auf Seiten Amerikas stehe. Dann wird der Zeitpunkt als „absolut klug" bezeichnet, weil der in der Öffentlichkeit zu erwartende anti-katholische Aufschrei den Senat negativ beeinflusst hätte. Schließlich verstoße die offizielle Beziehung zum Vatikan nicht gegen die Verfassung, denn die Trennung von Staat und Kirche in den USA werde davon nicht berührt. Das war also immer noch der Kampf gegen das alte Vorurteil, Katholiken könnten keine patriotischen Amerikaner sein. Das Vorurteil bestand wirklich noch, Truman kam mit seinem Trick nicht durch. Der Druck der öffentlichen Meinung war so groß, dass Clark von sich aus zurücktrat, bevor der Kongress wieder zusammentrat. Erst 1984 war die Zeit reif, dass der Kongress dem Präsidenten Roland Reagan die Zustimmung zur Aufnahme diplomatischer Beziehungen mit dem Vatikan gab. Wir deutschen Studenten ergänzten auf Grund solcher Erfahrungen bald den Slogan „Amerika - das Land der unbegrenzten Möglichkeiten" mit dem Zusatz: „...und unbegrenzten *Un*möglichkeiten".

Schriftsteller werden nach Rezept

Eine weitere, mir bislang unbekannte Möglichkeit zum Schreiben eröffnete sich mir an der Uni im Studienkurs „Script Writing" des Speech Departments. Im Journalismus-Handbuch hieß es zwar, dass Story Writers und Poets nicht an die Gesetze des Journalisten gebunden sind, sondern ihren eigenen Stil hätten; doch - und das war das Neue für mich - der „ist erlernbar". Eine seltsame Vorstellung von Dichtkunst, dachte ich, wiederum typisch für den amerikanischen Glauben, dass alles machbar ist. Für mich war Dichtung kein erlernbares Handwerk, sondern Kunst. Dichtkunst. Romane, Gedichte, Dramen zu schreiben, das war eine Gabe und Gnade. Und der Begnadete, so sah ich es aus europäischer Sicht, schreibt auf Grund seiner Einfälle und Gedanken, Phantasien und Visionen, wird davon verfolgt und ringt darum, sie in Formen zu gießen. *Seine* Formen, aber doch nicht die aus einem Rezeptbuch! Dachte ich. Gewiss, Stilanalysen können die Strukturen dieser Dichtkunst sichtbar machen, und Arbeitsvorlagen, Skizzen, Entwürfe für Charaktere und Handlungen belegen, dass Goethe und Böll, Schiller und Grass auch ihr „Handwerk" verstanden, aber ihren je eigenen Stil besaßen.

In der Neuen Welt sah man das anders, wie ich im Lehrfach „Script Writing" erlebte. Man braucht kein Genie zu sein, um Romane, Short Stories und Drehbücher schreiben zu können, man kann das erlernen. Und dann packte mich doch diese systematische Methodenlehre, als ich las, wie man vorzugehen hat beim Schreiben: Mit einem „Eye catcher" anzufangen, einer ungewöhnlichen Ausgangssituation, die das Auge des Lesers und Zuschauers sofort bannt; dann in ruhigerer Darstellung Situationen und Charaktere entwickeln; Überraschendes und Humorvolles einbauen; auf eine erste Zuspitzung hinsteuern und das Kapitel (oder die Folge einer Serie) mit einem „Cliff-Hänger" abschließen, also eine Krisensituation kurz vor der Lösung abbrechen, um die Spannung auf die Fortsetzung zu erhöhen. Dieses Grundmuster kann in verschiedene Erzählstränge oder Bildfolgen, die zwischengeschoben werden oder im Rückblick Vorausgegangenes erklären, aufgefächert werden. Genau zu beachten sind die Abfolge von Erzählstil und wörtlicher Rede, der Wechsel von nüchterner Beschreibung und stimmungsvoller Passagen sowie das Auf und Ab zwischen Spannung und Muße. Ziel all dieser Mittel ist es, die Leser (Zuschauer, Hörer) von Beginn bis zum Schluss zu fesseln und zu unterhalten.

Erst später erkannte ich, dass es im Grunde um eine Form von Literatur*betrieb* geht, wie sie sich in Amerika ausgebildet hat. Entscheidend sind die Verkaufs-, Zuhörer- und Zuschauerzahlen, denn der „Betrieb" muss sich lohnen, muss sogar Gewinn abwerfen. Nur Bestseller und Block Buster erfüllen diesen Zweck. Wenn ich heute Romane von amerikanischen Erfolgsautoren wie John Gricham, Ken Follet oder Stephen King lese, entdecke ich ungewollt immer wieder Grundzüge dieser „Script"-Muster. Sogar bei John Updike und Philip Roth, deren literarische Qualität unbestritten ist, finden sich Elemente dieses „erlernbaren Handwerks". Auf einer Jahresversammlung der Catholic Press Association verriet uns die erfolgreichste amerikanische „Suspence"-Autorin Mary Higgins Clark, dass sie von persönlichen Erlebnissen ausgehe, diese dann in ihrer Phantasie ausspinne und nach den Regeln schreibe, die sie in der „Writers School" gelernt habe. Higgins, eine Katholiken, deren erste Story nach 50 Verlagsablehnungen vom katholischen Monatsmagazin „Extension" abgedruckt wurde, bemerkte nebenbei, dass es gar nicht nötig sei, mit reißerischen Gewalt- und Sex-Beschreibungen zu arbeiten, um zu Millionen-Auflagen zu kommen. Inzwischen glaube ich, dass es nicht von ungefähr kommt, wenn in Amerika zwischen Dichtung und Unterhaltungsliteratur nicht unterschieden wird, ebenso wenig wie zwischen E- und U-Musik. Entscheidend ist, was ankommt und verkauft wird.

In Vergleichen zwischen Europa und den USA wurde zu meiner Studienzeit oft gesagt, in Amerika gebe es keine „Kultur", sondern *nur* „Zivilisation". Inzwischen, zur Jahrtausendwende, haben sich die transatlantischen kulturellen und zivilisatorischen Verhältnisse so angeglichen, dass man den heutigen europäischen Literatur- und Kunst-"Betrieb" genauso kritisch beurteilen müsste wie die damalige amerikanische Medienszene. Wobei - nur nebenbei bemerkt - leicht vergessen wird, dass viele amerikanischen Höchstleistungen in Kunst, Wissenschaft und Technik (in Natur- und Geisteswissenschaft erkennbar an der Vielzahl der Nobelpreisträger) durch ein Sponsoren- und Förderersystem unterstützt werden, das keinen Vergleich mit dem alten europäischen Mäzenatentum zu scheuen braucht.

Es trifft zu: Das amerikanische Pressewesen ist irritierend und faszinierend zugleich. Erwachsen aus dem ungebändigten Eroberungsdrang europäischer Auswanderer, auf der Suche nach absoluter Freiheit und Befreiung von staatlichen und kirchlichen Obrigkeiten, angetrieben von einem calvinistisch-puritanischen Wirtschaftskapitalismus, ist ein „Public Square", eine neuartige Plattform des öffentlichen Lebens entstanden, die ihre eigenen Mittel der Veröffentlichung gefunden hat - mit vielen Vorteilen und vielen Nachteilen. Wer heute Journalismus studieren und verstehen will, kommt an der amerikanischen Form des Journalismus nicht vorbei und wird sich kritisch mit ihr auseinandersetzen müssen. Wenn Emil Dovifat 1927 feststellte, dass der amerikanische Journalismus „in seiner kurzen, ungehemmten und lebenssprühenden Entwicklung die beste Möglichkeit (bietet), die Methode der Zeitungskunde zu studieren" (Dovifat, 1990, S. 237), dann gilt das inzwischen für alle US-Medien einschließlich Funk, Film und Internet. Als vielleicht das Wichtigste, was mir in der Studienzeit in Amerika aufgefallen ist, möchte ich die vorrangige Leser-Orientierung bezeichnen, das Erfüllen der „Bedürfnisse der Leser". Dazu zählen bekanntlich nicht nur geistige Bedürfnisse, auch nicht nur die Bedürfnisse nach lebenswichtigen Informationen, nach Wissen und Unterhaltung, sondern ebenso die nach Sensationen, Verbrechen, Unmoral. Und das wiederum führt dazu, dass die privat-wirtschaftlichen Medien gerade diese Bedürfnisse bedienen, oft „ungehemmt", weil sie um so höhere Auflagen und Quoten bringen.

Kirchliche Presse- und Rundfunkarbeit à la USA

Die Zielorientierung auf die Leserbedürfnisse führt mich unmittelbar zur Kirchenpresse in Amerika. Wie vielfältig sie war, konnte ich in St. Louis leicht feststellen, denn gut ein Viertel der Einwohner war katholisch. In der unweit vom Uni-Campus entfernten neuen Kathedrale, die in byzantinischem Prachtstil erst vor einem Jahrzehnt erbaut und um 1950 die größte katholische Kathedrale in den USA war, lag im Vorraum eine bunte Palette von Wochen- und Monatsblättern aus, angefangen von der Bistumszeitung „St. Louis Review" über das Sonntagsblatt „Our Sunday Visitor" und das Monatsmagazin „Catholic Digest" bis zu Ordens- und Kongregations-Zeitschriften wie „Ave Maria" und „Sacred Heart". Allerdings unterschieden sich alle merklich von der deutschen Kirchenpresse, und zwar in doppelter Hinsicht. Äußerlich boten die Blätter einen so volkstümlichen Anblick, dass ich sie als kitschig ansah, und inhaltlich waren die vielen Heiligengeschichten in einem so rührseligen Stil geschrieben, dass - überspitzt gesagt - eine dicke Weihrauch-Wolke aus den Blättern waberte. Alle diese kirchlichen Blätter waren Spiegel jener devoten Volksfrömmigkeit, die von den Gebräuchen der verschiedenen katholischen Einwanderer-Nationen bestimmt wurde. Und auf den theologischen Seiten waltete das Lehramt, nicht nur im stark irisch autoritären Verkündigungsstil, sondern auch in der Glaubensverteidigung gegen anti-katholische Tendenzen.

Apologetisch war die katholische Kirchenpresse von Anfang an. Im Standardwerk „Our American Catholic Heritage" schreibt der geistliche Chefredakteur des „Sunday Visitor", Albert J. Nevins, dass als „katholische Presse" nur gilt, was vom zuständigen Bischof „approbiert" ist (Nevins, 1973, S.350). Also war sie „verlängerter Arm des Bischofs" und „zweite Kanzel" - wie vor dem Zweiten Vatikanischen Konzil auch bei uns. In Amerika waren die ersten katholische Zeitungen von Bischöfen gegründet worden, um den anti-katholischen „Verleumdungen" in protestantischen Blättern „mit fairen, einfachen Erklärungen der katholischen Lehre" entgegenzutreten und „falsche Interpretation der Kirchengeschichte" zu widerlegen. So umschrieb es 1822 Bischof John England von Charleston. Während im 19. Jahrhundert zahlreiche Bistums- und Ordenszeitungen dieselbe Doppelaufgabe der Glaubensverteidigung und -verkündung verfolgten, schlug der Versuch des 3. Plenarkonzils der US-Bischöfe um 1840 fehl, eine landesweite katholische Tageszeitungen zu gründen - genauso, wie nach dem Konzil in den USA der bischöfliche Versuch scheiterte, ein landesweites katholisches Fernsehnetz aufzubauen.

Die amerikanische Kirchenpresse dient den „Bedürfnissen" ihrer katholischen Leser also auf eigene und andere Art als die säkulare Presse. Sie erfüllt zwar den Hunger nach geistiger, religiöser „Nahrung", doch geht sie (hüben wie drüben) nicht von den realen Bedürfnissen der Leser aus, sondern von der „Lehre Christi", die sie den Menschen zu verkünden und gegenüber Angriffen zu verteidigen hat, so der „Our Sunday Visitor"-Gründerbischof John P. Noll (in Nevins, 1973, S. 351), die sie den Menschen zu verkünden und gegenüber Angriffen zu verteidigen hat. Jedenfalls erlebte die katholische Presse nach dem Ersten Weltkrieg eine Hochblüte. Das Direktorium der Catholic Press Association führte 1925 schon 250 Kirchenzeitungen mit einer Gesamtauflage von 6 Millionen auf. Um 1950 zählte das Direktorium mehr als doppelt so viele Mitgliederzeitschriften mit einer 20 Millionen-Auflage.

Diese Entwicklung hängt unmittelbar zusammen mit dem allgemeinen Aufschwung, den die katholische Kirche seit 1940 erfuhr. Der Anteil der Katholiken an der Gesamtbevölkerung wuchs auf ein Drittel. Die Katholiken stiegen in die Mittelschicht auf und gewannen plötzlich auch im öffentlichen kulturellen Bereich an Ansehen und Beliebtheit. Sichtbar wurde das besonders im Bereich der Filmproduktionen Hollywoods. Das hatte bereits 1938 mit Spencer Tracy als Jugendseelsorger in „Boys Town" begonnen, setzte sich 1943 fort mit Jennifer Jones in dem „Lied der Bernadette" fort, in den folgenden Jahren mit Bing Crosby als Priester in „Die Glocken von St. Mary" und Gregory Peck als Missionar in „Die Schlüssel des Himmels" und fand seinen Höhepunkt in „Faust im Nacken" (im Original: „On the Waterfront"), in dem Karl Malden als Pfarrer dem Gewerkschaftsboss und ehemaligem Boxer Terry Malloy, grandios gespielt von Marlon Brando, die Stirn bietet. Dieser Film fand nicht zuletzt deshalb soviel Aufmerksamkeit, weil die Kirche sich mit Dorothy Day als Leitfigur im damaligen Gewerkschaftskampf ganz auf die Seite der Arbeiter schlug.

Im Medienbereich spiegelte sich in dieser Zeitperiode der katholische Aufschwung auch im dritten Leitmedium der Mitte des Jahrhunderts, dem Hörfunk. Fernsehen gab es in den Privathäusern, in denen wir wohnten, noch nicht, nur in öffentlichen Räumen. In unserem Zimmer lief das Radio von morgens früh bis abends spät, und davon profitierten wir doppelt. Für meinen deutschen Kommilitonen Karl und mich waren die Programme zu allererst Dauer-Kurse in amerikanischem Sprachunterricht. Ich schrieb unentwegt unbekannte Wörter und alltägliche Redensarten in mein Tagebuch und lernte sie auswendig. Wir erkannten die Unterschiede zwischen dem guten alten Englisch, das sozusagen Hochsprache war, und dem amerikanischen Englisch als viel bequemere und leichtere Alltagssprache, vor allem was die Aussprache betrifft.

Zum anderen lernten wir durch das ständige Radiohören auch jenes Amerika kennen, das uns in den amerikanischen Soldatensendern schon fasziniert hatte: Locker gesprochene Texte, kurze Wortbeiträge, zwar viel Werbung, aber alles sehr witzig, unterhaltsam und nicht im gewohnten deutschen ernsten offiziösen Bekanntmachungsstil. Wir hörten die politischen Kommentare von Walter Winchell, aber auch die spannende Dragnet-Kriminalserie „My name is Friday" mit der Bass-Stimme des leitenden Police-Cops dieser Serie, die 1949 als Radio-Serie begonnen hatte und ab 1951 auch im TV lief. Sie galt als „the best known, lgest running and most acclaimed radio drama" (www.Dragnet.org). Wir summten die im Radio gängigen Tanz-Hits a la Glenn Miller mit, die so schmalzige Titel hatten wie „My heart cries for you, sighs for you, dies for you", und wir verfolgten Comedy-Shows mit Gelächter vom Tonband. Beliebt war die Quiz-Sendung „Double or Nothing", in der Telefonanrufer ihre Gewinne von zwei Dollar bis zum täglichen Hauptgewinn von 64 Dollar verdoppeln konnten - was unter den katholischen Studenten abgewandelt wurde auf die Stadien des Flirtens: „Necking (Schmusen = keine Sünde), Petting (sexuelles Streicheln = lässliche Sünde) and the 64 Dollar-Question (= Todsünde).

Im Radio hörten wir auch die Eloquenz charismatischer Prediger verschiedener Religionsgemeinschaften, und dazu zählte 1950/51 der katholische Bischof Fulton J. Sheen, dessen „Catholic Hour" 20 Jahre im Radio und ab 1952 im Fernsehen lief. Er trug wesentlich dazu bei, dass sich das Bild über die katholische Kirche in den USA seit Mitte des letzten Jahrhunderts positiv veränderte. Mit seiner Fernsehshow „Life is worth Living" machte er jahrelang Frank Sinatra Konkurrenz, war wortgewaltig wie bei uns zu dieser Zeit der Jesuitenpater Leppich SJ auf seinen Volksmissionen, und brachte der Kirche - wie es in einem Artikel zu seinem Seligprechungsprozess 2008 heißt - „prominente Konvertiten", darunter Henry Ford II.

Zu dieser Zeit gründete der ehemalige Mariannhiller Pater James Keller in New York „The Christophers" mit dem Ziel der Missionierung durch Bücher, Radio und Fernsehen unter dem seither sprichwörtlichen Slogan „Light one Little Candle" (Eine kleine Kerze anzünden). Die „Christophers" produzieren religiöse Sendungen, Hör-Spots („Minutes") und Interviews („Close-up") mit geistlichen Themen und machten sich in Hollywood einen Namen, als sie Anfang der 50er Jahre zahlreiche Schauspieler engagierten, die auf die „Schwarze Liste" des Kommunistenverfolgers Senator Arthur McCarthy - eines überzeugten Katholiken - gekommen waren.

Allerdings erstaunte mich die Herstellung dieser religiösen Sendungen, als ich sie in St. Louis bei einer weiteren katholischen Produktionsgesellschaft, dem Sacred

Heart Program, verfolgen konnte. Die von Herz-Jesu-Priestern geleitete Programmgesellschaft stellen 5-, 15- und 30-minütige Sendungen für jeden Tag im Stil von „Andachten" her. Doch dafür wurden keine life-Übertragungen genommen, sondern die „Andachten" wurden zusammen gestückelt. Ich verfolgte die Produktion einer ganzen Serie von Programmen an einem Tag in einem Studio, das in einer katholischen Schule zu Lernzwecken eingerichtet war und aus einem Aufnahme- und einem Regieraum bestand. An den Sendungen, die auf Schallplatten aufgenommen wurden, wirkten zwei Priester und ein Techniker mit: Erst eine Tageslesung, dann kurze Orgelmusik, dann eine Betrachtung, danach ein Kirchenlied, schließlich ein Rosenkranzgesetz und der Schluss-Segen. Soweit so gut, doch der technische Ablauf war ernüchternd. Die Tageslesung sprach ein Priester im Studio, das Orgelspiel wurde von einer Schallplatte übernommen, die fünfminütigen Betrachtungen waren von einem Dutzend Prediger aus verschiedenen Diözesen auf Tonband eingesandt worden und wurden überspielt, das Kirchenlied kam wieder von einer alten Platte, das Rosenkranzgebet aus dem Studio, der Segen vom Band.

In einem Artikel für die „Kölner Kirchenzeitung" beschrieb ich meinen „seltsamen Eindruck" von solchen „Andachten", die mir wie eine „Verlebendigung toter Materie auf Schallplatte und Band zur Konservierung für eine spätere Wiederbelebung" vorkamen (PA). Bei späteren Besuchen in Amerika habe ich im Studio des New Yorker Priesterseminars Dunwoodee bei Yonkers erlebt, wie diese „Machart" für die Fernsehproduktion von drei oder vier Messen mit wechselnden Kulissen, wechselnden Priestern und wechselnden Gläubigen hintereinander „gefeiert" wurden - und war nicht erstaunt, als ich in einem Beitrag von Johann Baptist Metz über die Heiligkeit der Transsubstantion las, dass diese künstliche Opferfeier nicht nur fragwürdig sei, er halte sie theologisch sogar für verwerflich.

Die katholischen Medienvertreter in den USA weisen dagegen darauf hin, dass dies durch das amerikanische Rundfunksystem von Anfang an bedingt worden sei. Dieses kennt keine öffentlich-rechtlichen Anstalten. Die Bundesrundfunk-Kommission schrieb jedoch jedem zugelassenen privaten Sender vor, bestimmte Zeiten öffentlichen Institutionen kostenlos zur Verfügung zu stellen. Dazu gehörten Kommunen, Vereine, Schulen und Kirchen. Deshalb produzierten katholische Produktionsgesellschaften wie die "Christophers" und „Sacred Heart" Radio-Programme, die von den Sendern kostenlos ausgestrahlt wurden. Im Wesentlichen hat sich diese Situation bis heute kaum verändert. Meinen Artikel in der Kirchenzeitung hatte ich überschrieben mit „Andere Länder - andere Sitten".

In den „University News" habe ich in der letzten Ausgabe meines zweiten Semesters ein Resümee meines einjährigen Aufenthaltes in Amerika gezogen, das ich zum Schluss dieses Kapitels summieren möchte: Als Nation, deren damaligen 150 Millionen Einwohner aus aller Welt stammten, sei Amerika ein junges Land - mit allen Vor- und Nachteilen der Jugend. Einerseits bestehe tatsächlich unbegrenzte individuelle Freiheit, andererseits werde sie oft missbraucht, wie die politischen Fälle Pendergast und McCarthy sowie die Verbrechensbekämpfung durch die Kefauver Kommission gezeigt hätten. Amerika sei noch ein Land im Werden, „a nation in the making" (PA, 1951).

Beim Nachlesen dieses Textes fällt mir auf, dass ich eine weitere Feststellung traf, die meinen eigenen europäisch geprägten spirituellen Standpunkt verrät: „Die Wurzeln von Kunst und Kultur liegen in der Muße. Ich glaube, für diese Muße hat Amerika in seiner jungen Geschichte des Aufbaus noch zu wenig Zeit, aber es hat neben seiner immensen materiellen Kapazität auch eine große geistige Kapazität". Ich weiß nicht, ob sich in dieser Meinungsäußeung auch etwas von dem widerspiegelte, was ich als Amerikabild bei jenem amerikanischen Autor gefunden habe, über den ich nach meiner Rückkehr in Deutschland meine Dissertation zu schreiben begann: Thomas Wolfe. In seinem letzten großen Roman „Es führt kein Weg zurück" schreibt er: „Ich glaube, das Leben Amerikas, das wir geformt haben und das uns geformt hat - war seinem Wesen nach selbstzerstörerisch und muss zerstört werden. (...) Ich glaube, dass die wahre Entdeckung Amerikas noch vor uns liegt. Ich glaube, dass die Erfüllung für unseren Geist, für unser Volk und für unser mächtiges, unsterbliches Land noch kommen wird, so wie ich glaube, dass die wahre Entdeckung unserer Demokratie noch vor uns liegt."(Wolfe,1995, S. 635)

4. Auf dem Weg zum Kirchen-Experten: 1956 bis 1960

Kirche im Wirtschaftswunderland

„Ja, und jetzt bin ich wieder in Köln", so lautete die Überschrift meines ersten Artikels nach meiner Rückkehr aus Amerika in der „Kölnischen Rundschau". Und was im Untertitel hieß „Student und KR-Mitarbeiter, leicht 'amerikanisiert', aus USA zurück", das merkten sofort meine Mitstudenten und unitarischen Bundesbrüder: Ich trug stolz einen grellbunten amerikanischen Schlips, einen texanischen Hosengürtel mit Metallbeschlägen und dazu einen langen, zuvor in Schottland erworbenen Wollschal, künstlerisch um den Hals drapiert. Also wie gedruckt: 'leicht amerikanisiert'. In diesem Herbst 1951 bewegten mich zwei persönliche Fragen: Welches Studienziel sollte ich verfolgen und welchen Beruf ergreifen ? Und in diesem Zusammenhang die allgemeineren Fragen: Wohin entwickelten sich die Medien ? Und auf welchem Hintergrund der gesellschaftspolitischen und kirchlichen Entwicklungen würde dies geschehen ?

Deutschland hatte sich verändert. Das war das erste, was ich feststellte. Im ehemaligen Grüngürtel um die Kölner Innenstadt türmten sich Hügel von Trümmern und Schutt auf, die aus der Innenstadt entfernt worden waren, um mit dem Wiederaufbau beginnen zu können. Der war tatsächlich schon zu sehen, ob in provisorisch wiederhergestellten Miethäusern, den ersten neuen Wohnblock einem in Ausbau befindlichen Straßennetz, funktionierenden Straßenbahn-, Bus- und Eisenbahn- Verbindungen und wiederhergestellten Brücken.

Auch das Universitätsleben war aus den provisorischen Nachkriegsjahren heraus gewachsen. Die Zahl der Studenten hatte sich seit meinem Studienbeginn 1948 bis zum Wintersemester 1951 verdoppelt, Studenten jüngerer Jahrgänge überwogen die Kriegsjahrgänge. Die jungen Studentinnen trugen Petticoats, die 'leichte Amerikanisierung' war aus der amerikanischen Besatzungszone im Süden nach ganz Westdeutschland vorgedrungen. Westdeutschland, das war die neue, inzwischen souveräne Bundesrepublik, in der es 1951 heftige innenpolitische Auseinandersetzungen der Christlich Demokratischen Union mit den Sozialdemokraten um die außenpolitische Ausrichtung gab. Nachdem die Sowjetunion - für Adenauer begann ihr Einflussgebiet einem späteren Ondit zufolge „jenseits der linken Rheinseite" - , die Deutsche Demokratische Republik, ganz unter ihren kommunistischen Einfluss gebracht hatte, setzten sich die Sozialdemokraten unter ihrem Parteiführer Kurt Schumacher für eine neutrale Haltung ohne Bündnisse nach Westen oder Osten ein. Der katholische Rheinländer Adenauer wollte sich hingegen eng an den Westen anlehnen und hatte zur Zeit meiner Rückkehr mit dem katholischen französischen Außenminister Robert Schumann gerade die Grundlagen für eine deutsch-französische Kooperation gelegt, die sich bald zur Eingliederung der Bundesrepublik in die westeuropäische Völkergemeinschaft ausweiten sollte. Diese westorientierte Entwicklung wurde schließlich beschleunigt durch den Kalten Krieg, der zwischen den Vereinigten Staaten und der Sowjetunion seit dem 1950 ausgebrochenen Koreakrieg auch Europa in West und Ost teilte.

Innenpolitisch ging es um den Aufbau demokratischer Freiheitsstrukturen in Politik und Verwaltung, um Mitbestimmung und Marktwirtschaft, um christliche Grundlagen im Erziehungs- und Kulturbereich. Dabei waren die Kirchen zu einem mitbestimmenden Faktor geworden, sie pochten einerseits auf ihre Souveränität und meldeten andererseits ihre Ansprüche auf gesellschaftspolitische Mitgestaltung an. Exemplarisch erlebte ich dies im Bereich des Schulwesens, da die Schwester des Kölner Generalvikars Josef Teusch, Christine Teusch, Kultusministerin im neugegründeten Bundesstaat Nordrhein-Westfalen (NRW) geworden war. Sie setzte sich in den verschiedensten Belangen des Erziehungswesens von der Grundschule bis zur Lehrerbildung für die Interessen der Konfessionsschulen ein, die bereits im ersten Schulgesetz von NRW den kommunalen Schulen gleichgestellt worden waren. Führende christliche Gewerkschafter und Unternehmer, die sich 1949 zum Bund Katholischer Unternehmer BKU zusammengeschlossen hatten, deren langjähriger Geschäftsführer später mein unitarischer Bundesbruder und Mit-Austauschstudent in St. Louis, Dr. Johannes Stemmler war, trugen wesentlich zum Konzept der Marktwirtschaft bei, die seit Mitte der 50er Jahre zu dem unvorhersehbaren Wirtschaftsaufschwung führte und die Bundesrepublik zum „Wirtschaftswunderland" machte.

Meine studentische Heimat fand ich in der Unitas-Studentenverbindung „Landshut", die wie die anderen katholischen und nichtkatholischen Verbindungen großen Zulauf hatten. Für alle gab es nur ein Ziel: das Studium zügig zu beenden, und das hieß für Juristen in der Regelzeit von sechs Semestern, für Germanisten in der Philosophischen Fakultät, zu denen ich gehörte sowie Betriebswirtschaftler acht Semester; die längste Studienzeit hatten unsere Mediziner mit zwölf Semestern vor sich. Bummelstudenten gab es so gut wie keine. Die meisten meiner Kommilitonen, die Germanistik, Romanistik, Philosophie oder Kunstgeschichte studierten, wollten ins Lehrfach und mussten also ein Staatsexamen anstreben. Ich wollte jedoch von Anfang an nicht in den Staatsdienst, sondern mein Studium „nur" mit dem Doktor-Examen abschließen. Da ich dafür meine Dissertation über moderne amerikanische Literatur schreiben wollte, wurde ich eifriger Besucher des neuen Amerika-Instituts, das dem Lehrstuhl für englische Philologie angeschlossen war.

Als Amerika-Experte konnte ich mir sofort auch mein tägliches Zubrot verdienen, denn in der Zeit der wachsenden transalantischen Beziehungen waren die Westdeutschen regelrecht Amerika-süchtig. Neben Dia-Vorträgen in Studentenverbindungen und in vielen Gemeinden schrieb ich regelmäßig Artikel und Kritiken für die Blätter, bei denen ich bereits zuvor mitgearbeitet hatte: die Kölner Kirchenzeitung, die „Kölnische Rundschau", den „Katholischen Beobachter", den „Feuerreiter"; und ich konnte mein Zeilenhonorar erhöhen durch neue „Kunden" wie den „Rheinischen Merkur", die „Deutsche Tagespost" und die neugegründete Katholische Nachrichten-Agentur KNA, deren erster Chefredakteur Karl Bringmann mich bereits aus den Werkwochen der Gesellschaft Katholischer Publizisten und den Volontärskursen kannte.

Die Kirchenpresse erlebte in den 50er Jahren eine Hochblüte wie nie zuvor und nie mehr danach, einerseits weil die Besatzungsbehörden keine katholische Tageszeitungen lizensiert hatten, andererseits weil sie von dem wiederentstandenen kirchlichen Leben „profitierte", indem sie es widerspiegelte und mit anregte. Die Kirchen waren zu einem anerkannten und weithin angesehenen Faktor des gesamten öffentlichen Lebens in Westdeutschland geworden, wenngleich nicht auf ökumenischer Basis. Für die katholische Kirche hatte der Jesuitenpater Ivo Zeiger auf dem ersten Nachkriegs-Katholikentag 1948 in Mainz zwar die leitwortartige Feststellung getroffen, dass Deutschland „Missionsland" geworden sei, aber das Motto dieses Katholikentages, „Nicht klagen - handeln" zeitigte zu Beginn der 50er Jahre bereits große Wirkungen. Die Kirche hatte sich aktiv für die Rückkehr der Kriegsgefangenen eingesetzt, in Frankreich und England mit baldigem Erfolg, in Russland ohne Echo. Sie hatte sich um die Ansiedlung der Millionen Flüchtlinge aus dem Osten durch caritative Maßnahmen, Wohnungsbau- und Arbeitsbeschaffungsprozesse gekümmert. „Gott lebt!" hieß kennzeichnender Weise das Motto des Katholikentages 1952 im noch ungeteilten Berlin. Gott lebte: Die Gottesdienste waren Sonntag für Sonntag stark besucht, das Vereinsleben war erwacht und aktiv, der Priester- und Ordensnachwuchs schoss in die Höhe. „Wohl nie in der Geschichte Deutschlands", heißt es in einem Zeitbericht, „sind innerhalb eines Jahrzehnts so viele Kirchen gebaut worden wie in den Jahren nach dem Zweiten Weltkrieg" (Froitzheim, 1979, S. 115). Und nicht nur Kirchen wurden gebaut, sondern auch riesige Priesterseminare, katholische Akademien und Bildungshäuser.

Kirchenpresse in Hochblüte

Die Kirchenpresse war ein Spiegelbild dieses kirchlichen Aufbruchs, der später oft als Restauration dargestellt wurde. Tatsächlich lebte vieles von den alten Formen und Gebräuchen wieder auf: die hierarchische Ordnung, das Aufblühen des religiösen Lebens in Sakramenten und Pastoral, mit Ausnahme liturgischer Neuerungen. Doch die Menschen fühlten sich darin sicher und wohl, machten mit, wenn vieles auch einfach gewohnheitsmäßig, unreflektiert. Die Kirchenzeitungen spiegelten diese Volkskirche und ihre Frömmigkeit wider, die Bischöfe betrachteten die Bistumszeitungen als „zweite Kanzel" und als „ihr Blatt", Chefredakteure waren Geistliche, von denen die wenigsten journalistische Erfahrung hatten, von Ausbildung ganz zu schweigen. In Köln war 1949 mit Dr. Peter Paul Pauquet zum ersten Mal ein Laie Chefredakteur einer Kirchenzeitung geworden, dies auch nur in Gleichstellung mit einem Geistlichen Chefredakteur.

Die Welt der Kirche war wieder in Ordnung, sie hatte ihren festen Platz in der neuen Bundesrepublik, konnte sich frei entwickeln und am Aufbau der Gesellschaft mitwirken. Dabei vertrat sie in gesellschaftspolitischen und sozialen Fragen die traditionellen Vorstellungen eines abendländisch-christlichen Staates, die auch die Adenauer-Regierung verfolgte. Wenn der Kirche später eine parteipolitische Nähe zur Christlich Demokratischen Union vorgeworfen wurde, ist das sicherlich dadurch zu verstehen, dass viele Menschen nach der Zeit der Unterdrückung durch NS-Diktatur eine Bedrohung der christlichen Grundwerte durch Kommunismus und Liberalismus befürchteten (vgl. das Kapitel über „Katholikentag 1956").

Die Kirchenzeitungen spiegelten im Berichtsteil die kirchlichen Feste, die Aktivitäten im Gemeindeleben, die stark besuchten Veranstaltungen der Vereine, wobei oft der Ortsbischof in jeder Ausgabe mehrfach abgebildet war. Die Sonntagslesungen wurden in der traditionellen Exegese ausgelegt.Einen breiten Raum nahm der Unterhaltungsteil mit meistens zwei volkstümlichen Fortsetzungsromanen, frommen Geschichten, einer Kinderseite, Rätseln und Witzen. Aus Leserbriefen ging hervor, dass Rätsel und Witze das waren, was „ich zuerst lese". Kurzum, Kirchenzeitungen boten vor allem in den ersten Nachkriegsjahren viel Lesestoff, als es nur wenige Tageszeitungen und Illustrierte und noch kein Fernsehen gab. Kein Wunder, dass die Auflagen überall stiegen, frühe Statistiken halten von 1952 bis 1963 bei den Bistumsblättern einen stetigen Anstieg von 2,1 Millionen auf 2,4 Millionen fest. Die Blätter in den Großdiözesen Münster und Köln, München und Freiburg hatten Wochenauflagen von über oder bis zu 200 000, und die Verleger waren stolz, mit ihrem Blatt zehn Prozent der katholischen Gesamtbevölkerung zu erreichen, was bei einem Kirchenbesuch von bis zu 50 Prozent bedeutete, dass die Bistumzeitung praktisch ein „Mitglied" jeder katholischen Familie war. Anfang 2000 waren die Verleger schon stolz, wenn ihr Blatt jeden dritten Kirchenbesucher erreichte, wobei der Kirchenbesuch auf 10 Prozent der katholischen Bevölkerung zurückgegangen war.

Damals waren Kirchenzeitungen Selbstläufer, und von heute aus muss man konstatieren, dass kein Bischof, keine Verleger und kein Redakteur bemerkte, wie schnell sich schon in den 50er Jahren die Medienlandschaft veränderte. Da erregte ein „Nachrichten"-Magazin namens „Spiegel" Woche für Woche die gesellschaftlichen Führungskräfte auf, da versorgte eine Frauen-Illustrierte namens „Constanze" die Mittelschicht mit reichlich bebilderten Erfolgsgeschichten von Stars aus Gesellschaft und Kultur, und da beherrschte ab 1952 eine neuartige Boulevardzeitung namens „BILD" die Kioske im reißerischen Sensationsstil für einen Groschen. Schließlich drang ein neues Medium ins Haus: das Fernsehen - und wurde in den Anfangsjahren prompt kirchenoffiziell ebenso wie ein halbes Jahrhundert vorher der Film kritisch betrachtet, vor allem wegen Gefahren für Sitte und Moral.

Dominikaner als Rundfunkpioniere

Von dieser quasi kirchenoffiziellen Position blieb mein eigenes journalistisches Wirken unbeeinflusst, mir tat sich sogar als neues schriftstellerisches Betätigungsfeld die Rundfunk-Mitarbeit auf. Durch mein amerikanisches Studium von „Radio Writing and Programming" und vor allem auch praktische Erfahrungen als Moderator beim Studentensender KBIL in St. Louis fiel es mir leicht, Hör-Manuskripte zu schreiben. Erste Kontakte zum Kölner Sender erhielt ich sogar von kirchlicher Seite durch den Dominikanerpater Laurentius Siemer. Er war Alter Herr des Unitas-Verbandes und hatte sehr früh die Bedeutung des Rundfunks entdeckt, nicht nur für die kirchliche Verkündigung, sondern für die Bildung und Meinungsbildung der neuen westdeutschen Gesellschaft. Im kirchlichen Aufbruch der Nachkriegszeit haben die Dominikaner in Köln eine heute weithin vergessene Rolle gespielt. Ihre Kirche St. Andreas und ihr Kloster, symbolischerweise zwischen Dom, Funkhaus und Bankenviertel gelegen, war zum Treffpunkt der katholischen Intellektuellen geworden, die eine religiös-geistige Neuorientierung suchten. In der Nachfolge des mittelalterlichen Universalgelehrten und Predigers Albertus Magnus, dessen Grab sich in der Krypta von St. Andreas befindet, sprachen die wortmächtigen Dominikanerbrüder Laurentius und Alexander Siemer die Literaten, Künstler, Wirtschaftsexperten und uns junge Studenten besonders deshalb an, weil sie den Glauben in Verbindung zur Vernunft stellten. Sie erklärten den damals Suchenden in ihrer Heideggerschen „Unbehaustheit" die persönliche Gewissensentscheidung als Basis für ein selbstverantwortliches Leben in der Freiheit des Christenmenschen. Und sie stärkten das Gefühl seelischer Beheimatung durch eine Gebets- und Musik-Liturgie, die sich von der traditionsverhafteten triumphalistischen Routine im nahen Dom wohltuend unterschied. Kennzeichnend für den Geist von St. Andreas war die Einrichtung von persönlichen Beichtgesprächen anstelle der damals verbreiteten Bußpraxis offener Beichtstühle. Unter den regelmäßigen Gottesdienstbesuchern sah man Literaten, Rundfunkleute, Künstler und Studenten aller Fakultäten.

Über die mit Pater Laurentius befreundeten Redakteure Gert Theunissen und Friedel Hömke vom Kulturellen Wort kam ich in Kontakt mit dem Nordwestdeutschen Rundfunk NWDR in Köln, und noch im Jahr meiner Rückkehr lief mit dem Reisebericht „Willkommen in Nevada" die erste Radiosendung von mir über den Äther. Zugegeben, kein religiöses oder kirchliches Thema, aber ich war dennoch stolz auf mein deutsches Radiodebüt. Angeregt war die Hörfolge, auf einen Erzähler und zwei Sprecher aufgeteilt, im übrigen von den Windrose-Reportagen Ernst von Zahns, des ersten deutschen Amerikakorrespondenten, doch meine fortan von UKW-West ausgestrahlten Amerika-Hörfolgen über St. Louis und New Orleans, Texas und New York schienen die Zahn-Reportagen gut zu ergänzen. Meine Radio-Schriftstellerei blieb jedoch nicht nur auf Amerika und Reiseberichte beschränkt, sondern ich versuchte mich auch an halbstündigen Hörfolgen, in denen ich in Spielform zeitnahe Themen aufgriff, die - wie konnte es anders sein - mit ethischen Zeitfragen zu tun hatten. Das erste Hörspiel „Freigesprochen" behandelte die Selbstvorwürfe eines Kriegsteilnehmers, der nicht juristisch, sondern moralisch schuldig geworden war, aber damit nicht fertig wurde. Ein weiteres behandelte einen Mann, der „Im Gerede der Leute" durch falsche Gerüchte in den Selbstmord getrieben wurde. Es machte mir besonders Spaß, wenn ich zur Produktion dieser Hörspiele eingeladen wurde und hinter den Kulissen im Studio nicht nur die Technik der Einspielung von Hörgeräuschen und Tonmischung von Sprache und Musik kennen lernte, sondern auch die Sprecher und Sprecherinnen, die vom Kölner Theater kamen. Und mir fiel wieder die Manipulationsmöglichkeit der Schneidetechnik auf, die Heinrich Böll in seiner satirischen Erzählung „Doktor Murkes gesammeltes Schweigen" so meisterhaft offen legte.

Schließlich fuhr ich auch über die kirchliche Rundfunkschiene und schrieb für den Kölner Kirchenfunk Hörberichte und -folgen, etwa „Das Großstadt-Vaterunser" zum 25. Todestag von Carl Sonnenschein, dessen caritativ-soziales

Wirken im „gottlosen" Berlin der 20-er Jahre nach dem Ersten Weltkrieg vorbildhaft wurde für ein neues soziales Engagement nach dem Zweiten Weltkrieg, oder Features über den französischen Abbe Pierre oder den „Speckpater" Werenfried van Straaten. Verbindungen zum Kirchenfunk erhielt ich durch das Katholische Rundfunk-Institut in Köln. Von der Ambivalenz der katholischen Film- und Rundfunkarbeit in ihrer Haltung gegenüber den Massenmedien, die Rupert Neudeck, langjähriger Redakteur des späteren Katholischen Medieninstitutes, beschrieb, verspürte ich wenig. Neudeck spricht sogar von einem „Widerspruch" zwischen der „pessimistischen Kulturkritik und dem machtbewussten und pragmatischen Willen zur direkten Einflussnahme" der Kirche auf den Rundfunk und führt asl Beleg ein Zitat aus dem Referat des langjährigen Geistlichen Beraters des Zentralkomitees der Deutschen Katholiken, Prälat Bernhard Hanssler, an. Dieser hatte noch 1958 auf einer Jahrestagung der katholischen Rundfunk- und Fernseharbeit von den „spezifischen Gefährdungen, die dem Menschen vom Funkwesen her drohen", gesprochen und auf das „Eindringen in den seelischen Raum des Privaten und die wert-freie Berieselung durch Bildungs- und Unterhaltungsprogramme" hingewiesen und angemerkt, dass jene, „die nicht mündig genug sind", den Herausforderungen der Massenmedien nicht gewachsen seien (Neudeck in: Gorschenek, 1976, S. 332).

Die Diskussionen um die „Herausforderungen der Massenmedien" konnte ich Anfang der 50er Jahre in der Kölner Filmstelle und im Rundfunk-Institut verfolgen, wobei die Leiter dieser kirchlichen Institutionen, Prälat Anton Kochs und P. Rainulf Schmücker, weder von einer pessimistischen Ablehnung noch von einer machtbesessenen Einflussnahme bestimmt waren, sondern auf eine sachgerechte Mitgestaltung. Dazu konnte ich selbst auf der Ebene meiner freien journalistischen Arbeit beisteuern, wozu mir unerwartet der Geschäftsführer der AKP, Theodor Hüpgens, verhalf. Er gab seit 1946 im Schwabenverlag, Stuttgart unabhängige „Monatshefte für den Rundfunk" unter dem Titel „Rufer und Hörer" heraus, in denen Fachleute die vielseitigen Aspekte der Rundfunkentwicklung seit dem Kriegsende behandelten. Hüpgens animierte mich, aus meinen Erfahrungen in Amerika heraus Themen zu behandeln, die den heimischen Diskussionen neue Perspektiven hinzufügten. Auch hierzu ist ein Blick in mein Zeitungsarchiv aufschlussreich. Mein erster Beitrag, 1952 erschienen, behandelte - o Wunder - die Frage: „Kann man lernen, für den Funk zu schreiben?" Infolge des wachsenden Bedarfs an Funkautoren durch die Erschließung des UKW-Bereichs war umstritten, ob „normale" Schriftsteller auch für den Funk schreiben könnten. Wobei eine Ausgangsbemerkung von mir sehr kennzeichnend ist: dass die Zeit vorbei sei, in der namhafte Schriftsteller es ablehnten, für den Funk zu schreiben, weil er kein „angemessenes Publikationsmittel" sei. Inzwischen seien viele froh, überhaupt etwas beim Funk unterbringen zu können, „weil er besser bezahlt als die meisten Zeitungen und Verlage". Ich wies auf die neuen Möglichkeiten „für eine funkgerechte Schriftstellerei" hin, die man erlernen könne. Allerdings könne man junge Funkautoren wohl kaum im Universitätsbereich ausbilden, sondern brauche eigene „Schulen".

In einem anderen Beitrag brach ich „Eine Lanze für die Erzählung" im Radio. Gegen das Argument, Programme mit Lesungen durch einen Sprecher, die länger als 15 Minuten dauern, seien ungeeignet für das „Medium zum Hören", führte ich zwei Gegenbeispiele an, die in den 50er Jahren so bahnbrechend für das Radio waren wie Jahrzehnte später die halbtägigen Fernsehsendungen „Heimat" des Regisseurs Reitz. 1952 übertrug der NWDR die fast zweistündige Lesung des Romans „Der alte Mann und das Meer" von Ernest Hemingway, und in einer einstündigen Lesung die Novelle „Die Letzte am Schafott" von Getrud von le Fort. Diese Übertragungen hatten entgegen der Erwartung der Verfechter einer „kurzatmigen Programmgestaltung" zahlreiche Hörer, die solche Sendungen nicht als „Zumutung, sondern Bereicherung" empfanden.

Die Diskussion über die Zerstreuungs-Gefahr verschärfte sich in diesen Jahren bei der Einführung des Fernsehens. Auch dazu konnte ich in „Rufer und Hörer" meine Amerika-Erfahrungen darlegen, als es um die Frage ging: „Fernsehen - Mode einer Pseudo-Kultur ?" Dort hatte ich erlebt, dass Fernsehen die „große Mode" war, angetrieben von einer Unterhaltungsindustrie die den Menschen einredete, sie könnten nur „mit dem Fortschritt und der Kultur ihrer Zeit mitgehen", wenn sie ein TV-Gerät besäßen. Doch der Fernsehapparat sei ebenso wenig, wie es in den 20-er Jahren der elektrische Zigarettenanzünder im Auto des Protagonisten in Sinclair Lewis' Roman „Babbit" war, ein „Exponent einer echten Kultur, sondern einer Pseudo-Kultur". Das amerikanische Fernsehen, das ich kennen gelernt hatte, beurteilte ich als „weithin" zu einer solchen Pseudo-Kultur gehörend, „die den Sinn für die wahren Werte verloren hat". Es hänge von „unserer Programmgestaltung" ab, ob das Fernsehen bei uns auch nur zu einer „Mode" werde oder „zum Wohl des Fernsehers" senden werde.

Zu dieser Auffassung kam ich sicherlich, weil ich trotz aller Offenheit noch stark eingefärbt war von meiner katholischen Werte-Erziehung, die auch grundlegend in der offiziellen Bewahrungspastoral der Kirche gegenüber den Gefahren der Medien verankert war. Wenn ich jedoch in „Rufer und Hörer" nachlese, was auch nicht-religiös gebundene Medienfachleute Anfang der 50er Jahre bewegte, waren die Sorgen um ein Abgleiten des Rundfunks in eine nivellierende „Massen-Unterhaltung" und das Eintreten für eine Bildungsorientierung in Radio und Fernsehen keineswegs auf kirchliche Vertreter beschränkt. Da ging es um die „idealtypische Ordnung des Gemeinfunks mit dem basisgebenden Gesellschaftsverhältnis", um Rundfunkfreiheit und Staatsregulierung, um Hörervertreter und Zusammenarbeit von Rundfunk und Volkshochschule. Ohne all diese Stimmen wäre es in der jungen Bundesrepublik wahrscheinlich nicht zu der im europäischen Raum neben der BBC einzigartigen Verfassung eines öffentlich-rechtlichen Rundfunks gekommen. Dadurch wurde einer totalen Amerikanisierung Einhalt geboten, - zumindest bis zur Einführung des dualen Systems mit rein kommerziellen Privatsendern.

Meine Entscheidung für die Kirchenpresse

Meine journalistische Tätigkeit in Presse und Rundfunk blieb in der ganzen Zeit „Nebenarbeit", denn „Hauptberuf" war das Erreichen des Studienziels. Hinzu kam ein dritter Lebensbereich, der rein private, und auch da vollzogen sich nach meiner Rückkehr aus Amerika sehr rasch Veränderungen. Einer meiner alten Freunde aus dem Flittarder Kreis hatte als erster sein Studium abgeschlossen und als Ingenieur in einem großen Baubetrieb eine feste Anstellung erhalten, die ihm erlaubte, sich einen Volkswagen zu leisten. Ich selbst konnte mir von meinen Honoraren eine „Achtundneunziger" leisten, ein kleines Motorrad. Für den Führerschein brauchte ich keine Fahrstunden mehr zu absolvieren, sondern musste nur noch die theoretische Prüfung machen. Als Ausweis für meine Fahrpraxis wurde die „Driver's Licence" anerkannt, die ich als Student in St. Louis erworben hatte. Sie kostete 50 Cent und bestand darin, dass ein Mitstudent mir eine bereits absolvierte einjährige Fahrpraxis bestätigen musste - was damals in den ländlichen Weiten des Mittleren Westens auf jeden Zwölfjährige zutraf - , und dass ich drei Verkehrszeichen erkennen und lesen (!) konnte. Jedenfalls war ich nun in Köln beweglich geworden und fuhr mit meiner Achtundneunziger zur Uni, zum Unitas-Haus, zur Redaktion der Kirchenzeitung und zum NWDR. Zum gerade eröffneten Kölner Tanzbrunnen im Messegelände und zum „tabu", der von Romy Schneiders Schwiegervater Blatzheim betriebenen Kellerbar, die in der Vorbereitungszeit zum Kölner Katholikentag 1956 beliebter „Ausklang" der Sitzungen der Pressekommission wurde, nahm mein Ingenieursfreund mich in seinem VW mit.

Mein Dissertationsthema hatte mir bereits zwei Semester nach meiner Rückkehr der kommissarische Leiter des Amerika-Instituts, Prof. Dr. Helmut Papajewski gegeben, selbst ein Verehrer der modernen amerikanischen Romanautoren. Ich sollte die „Europa-Erfahrungen Thomas Wolfes" im Zusammenhang mit der „Lost Generation" zwischen den beiden Weltkriegen untersuchen. Da ich dafür bereits sehr viel Material in Amerika gesammelt hatte, konnte ich die Arbeit schon nach einem Jahr abschließen und zum Ende des Wintersemesters 1952/53 einreichen. Sie umfasst genau 199 Schreibmaschinenseiten und führt im Literaturverzeichnis über 70 Titel auf, die sich mit Thomas Wolfe und der „Lost Generation" befassen. Offensichtlich gefiel die Arbeit Prof. Papajewski so gut, dass er mich am Beginn des nächsten Semesters fragte, ob ich Lust hätte, die noch offene Stelle des planmäßigen Assistenten im Amerika-Institut zu übernehmen. Nach kurzen Überlegungen sagte ich zu, weil diese Anstellung mir einen doppelten Vorteil versprach. Einerseits gab sie mir Gelegenheit, die Dissertation abgabefertig zu machen und mich auf die mündliche Prüfung vorzubereiten, andererseits bot das, wenn auch geringe regelmäßige Gehalt eine kleine finanzielle „Grundsicherung". Zudem verlockte die Verlängerung des freien Lebens im ungezwungenen Studentenmilieu. Das Institut hatte seine Räume im Erdgeschoss eines Wohnblocks in der Meister Ekkehart-Straße, darüber befand sich das Soziologische Seminar, dessen Leiter Prof. René König sich als Assistenten meinen alten Kommilitonen, lokaljournalistischen Kollegen und amerikanischen Austauschfreund Erwin Scheuch geholt hatte. Erwin, der bereits sein Examen als Diplom-Volkswirt abgelegt hatte, begann gerade mit seinen ersten demoskopischen Erhebungen, deren Methode er - wie Elisabeth Noelle - in Amerika studiert hatte und in Deutschland als Pionier der Meinungsforschung anwandte.

Für mich wechselten sich berufliche und private Entwicklungen in den folgenden beiden Jahren Schlag auf Schlag ab. Dem Rigorosum, das am Vormittag des 28. November 1953 stattfand - ich nenne das genaue Datum, weil es noch aus einem zweiten Grund wichtig wurde -, hatte ich mit gemischten Gefühlen entgegen gefiebert, weil ich u.a. in altenglischer Grammatik geprüft werden sollte, die mir völlig unnütz „fürs Leben" erschien. Ich bestand die mündliche Prüfung, - zwar nicht so souverän wie ein Einser-Jurist, aber „cum laude". Später fragte nie mehr jemand nach der Note.

Am Abend des selben Tages fand die Nikolaus-Feier unserer Verbindung statt, auf der ich als frischgebackener Dr. phil. gefeiert wurde. Wegen der Examensvorbereitungen hatte ich mich um keine Coleurdame kümmern können und spannte - noch vom Erfolgsfieber beschwingt - einem Bundesbruder die Begleiterin aus, und die wurde zwei Jahre später meine Frau: Lieselotte Rubel. Sie war gerade 20 Jahre alt, schon Chefsekretärin bei einem Kölner Versicherungskonzern und in mehreren Studentenverbindungen umschwärmt, weil sie fröhlich und lebenszugewandt war, sich in Literatur und Kunst gut auskannte und einen Ruf als anregende Gesprächspartnerin und Tänzerin hatte. Sie besuchte Ausdruckstanzkurse und erhielt kleinere Engagements, aber ihren Traum eines Tanzstudiums konnte erst 30 Jahre später unsere Tochter Sibylle verwirklichen. Nach dem Kennenlernen besuchten wir zusammen Theateraufführungen und Konzerte, sahen regelmäßig im City-Kino auf der Hohe Straße die Kultfilme der 50er Jahre, und als sie - wie damals in Studenten-Verbindungen üblich - meine Dissertation für die Abgabe von drei erforderlichen Exemplaren abtippte, zeichnete sich rasch ein Bund fürs Leben ab.

Inzwischen hatte ich mich als freier Schriftsteller gut etabliert, schrieb jede Woche eine humorvolle Lokalspitze für die „Kölnische Rundschau", lieferte literarische Beiträge für Wochen- und Monatszeitschriften und war vor allem regelmäßiger Mitarbeiter beim Kulturellen Wort des NWDR geworden. In der Kantine des Funkhauses scharten sich immer viele junge Journalisten um Werner Höfer, darunter der mir gleichaltrige Hajo Friedrichs, der nicht in den USA, sondern in England bei BBC erste Rundfunkerfahrungen gemacht hatte. Höfer leitete jahrzehntelang mit führenden Journmalisten den sonntäglichen „Frühschoppen". Das Funkhaus Wallrafplatz, ein für damalige Nachkriegsverhältnisse repräsentativer Neubau in unmittelbarer Nähe des Domes, übte auf uns eine magische Anziehungskraft aus. Es hatte sich nicht nur zum Treffpunkt von Funkjournalisten, Sprechern, Literaten, Schauspielern und Musikern entwickelt, sondern war mit öffentlichen Konzertaufführungen, Jazz-Konzerten, Autorenlesungen, Diskussionsveranstaltungen sowie dem jährlichen „Karneval im Funkhaus" zu einem viel besuchten kulturellen Mittelpunkt der Stadt geworden. Normalerweise kam man nur mit einem Sonderausweis in das modern gestaltete Haus hinein, deshalb strahlte es eine Atmosphäre für alle aus, die glaubten, im Besitz der höheren geistigen Weihen zu sein und auf gute Honorare aus waren.

Eines war klar: Dem Rundfunk gehörte die Zukunft, das hatten schon die Nationalsozialisten begriffen und ihn als wirksamstes Propagandamittel für ihre diktatorischen Ziele missbraucht. In seiner neuen öffentlich-rechtlichen Verfassung bot er nun erstmals die Möglichkeit zur „objektiven Berichterstattung", zum „freien Meinungsaustausch", zur „geistigen und kulturellen Bildung" sowie zur Unterhaltung - so zusammenfassend die Zielbeschreibungen aus „Rufer und Hörer". Hajo Friedrichs hatte sich dieser Aufgabe der reinen Berichterstattung früh verschrieben nach dem Motto: Überall dabei sein, aber nicht dazu zu gehören. Dass die Frage der unabhängigen, „objektiven" Berichterstattung später viel differenzierter durch den Konstruktivismus zu betrachten war, ahnte ich in diesen Anfangsjahren journalistischen Eifers ebenso wenig wie die Grenzen einer Bekenntnispresse, die mein Hauptbetätigungsfeld wurde. Vorerst faszinierte mich das neue Medium Rundfunk, und darin wollte ich Fuß fassen.

Ein halbes Jahr nach Beendigung meiner Assistentenzeit am Amerika-Institut bewarb ich mich offiziell um eine Redakteursstelle beim NWDR. Für das Kulturelle Wort konzipierte ich gerade eine Reihe von Hörfolgen über große deutsche Dichter des Sturm und Drang, der Klassik und des 19. Jahrhunderts. Doch die Antwortpost, die ich begierig aufriss, brachte eine Enttäuschung: Intendant Hartmann erteilte meinem Antrag eine Absage wegen „generellem Einstellungsstop". Was ich nicht wusste: Zu dieser Zeit liefen die Verhandlungen über die Trennung des NWDR in den norddeutschen NDR und den westdeutschen WDR. Ich fragte mich später, ob es besser gewesen wäre, ein Anstellungsangebot angenommen zu haben, das mir zwei Jahre vorher Werner Honig vom Kulturellen Wort gemacht hatte, als Assistent bei seinen Klassiksendungen mitzuwirken. Zu dieser Zeit hatten einige Kommilitonen ihr Studium abgebrochen, um Angebote für sofortige Anstellungen anzunehmen: Helmut Signon, der als Student mit scharfer Feder die kulturelle Szene in Köln für die „Kölnische Rundschau" kritisch beleuchtete, sein Studium abbrach und eine feste Redakteursstelle antrat; Paul Dahm, der als Student bei der Bild- und Filmstelle des Erzbistums mitarbeitete und vor Studienabschluss eine Redakteursstelle beim „Feuerreiter" annahm. Ich war bei meinem Entschluss, einen Universitätsabschluss zu machen, geblieben und hatte Werner Honigs frühes Angebot nicht angenommen.

Nach der offiziellen Absage vom NWDR im Herbst 1954 überlegte ich, mich als freier Schriftsteller zu etablieren. Ein Jahr lang ging das gut, vor allem die Funkhonorare ernährten ihren „freien Mitarbeiter". Den forderte allerdings bald das Finanzamt auf, erstmals eine Einkommensteuererklärung abzugeben: die öffentlich-rechtlichen Anstalten leiteten Kopien aller Honorarüberweisungen an freie Mitarbeiter automatisch an die Finanzämter. Der „freie Mitarbeiter Ferdi Oertel" konnte sich trotzdem ein Uher-Tonbandgerät kaufen und steuerlich abschreiben. Er konnte sogar sein erstes Auto erwerben, einen gebrauchten VW, den seine Verlobte aus der Konkursmasse einer befreundeten Kanzlei besorgte.

Als ich jedoch begann, als freier Mitarbeiter nach jeder Veröffentlichung die abgedruckten Zeilen und nach jeder Sendung die Minuten zu zählen, um die zu erwartenden Honorare auszurechnen, und als ich das unkalkulierbare Auf und Ab meines Einkommens vor Augen sah und mit dem verglich, was ich für einen eigenen Lebensunterhalt brauchen würde, wenn ich verheiratet und aus dem Elternhaus ausgezogen wäre, da erschien mir eine feste Anstellung doch sicherer als das freiberufliche Schaffen.

Zu einer Festanstellung tat sich mir im Herbst 1955 eine Türe wieder in dem Feld auf, in dem ich angefangen hatte: in der Kirchenpresse. Der Kölner Verleger Josef Bachem fragte mich, ob ich als Redakteur zur Kölner Kirchenzeitung zurückkommen wollte. Dort hatte inzwischen Peter Paul Pauquet das Heft fest in die Hand genommen. Er hatte die Kirchenzeitung ins öffentliche Gespräch gebracht, weil er mit scharfen gesellschaftspolitischen Kommentaren gegen eine „gottlose Gesellschaft" Stellung bezog, die außerhalb des kirchlichen Raumes als offizielle Stellungnahmen betrachtet wurden. Gleichzeitig verteidigte Pauquet glühend das orthodoxe Lehramt der Kirche - was ihm bei den Prälaten im Generalvikariat zu einem Stein im Brett verhalf und dazu, dass sie in späteren Jahren über folgenreiche persönliche Verfehlungen hinwegsahen und schwiegen.

Jedenfalls war die Kirchenzeitung in den 50er Jahren in Köln eine feste Größe in der kargen Zeitungslandschaft, und ich fühlte mich von Anfang an gegenüber Kollegen der säkularen Presse nicht als ein „Redakteur zweiter Klasse". Was das Angebot der Redakteursstelle betrifft, so wusste ich zwar, dass „die Bachems" in der Kölner Gesellschaft eine einflussreiche Rolle spielten, aber ich wusste nicht, dass Josef Bachem auch im gesamten Bereich des katholischen Presse- und Verlagswesens führend tätig war, u.a. als Vorsitzender des Beirates der Katholischen Nachrichtenagentur. Und bis heute weiß ich nicht, ob er für den „jungen Oertel" bereits den Weg in die nächsten Jahre vorgeplant hatte: kurze Zeit Redakteur bei der Kirchenzeitung, 1956 Leiter der Pressestelle des Kölner Katholikentages, zu dessen Vorbereitungskomitee er gehörte, und anschließend als Redakteur zur KNA, die ausgebaut werden sollte.

Als KNA-Reporter nach Rio

Ich weiß auch nicht, ob für Bachems Protektion das letzte große journalistische Unterfangen ausschlaggebend war, das ich als freier Journalist und Schriftsteller ein Vierteljahr vor seinem Angebot getätigt hatte: auf eigene Initiative eine große Reportage-Reise zum 36. Eucharistischen Weltkongress in Rio de Janeiro. In der Redaktion der KNA hatte ich einen Prospekt entdeckt, in dem eine „Pilgerreise zum 36. Eucharistischen Weltkongress in Rio de Janeiro" angeboten wurde. Zunächst faszinierte mich einfach die Vorstellung, nach Nordamerika auch Südamerika kennen zu lernen; dass damit auch ein Einblick in die Situation der Weltkirche verbunden wäre, könnte ja nicht schaden. Natürlich war die erst 1952 gegründete KNA nicht in der Lage, eine solche Reise zu finanzieren, doch ihr ehrgeiziger Chef Karl Bringmann war an einer „Sonderberichterstattung" interessiert und riet mir, andere Mitfinanzierer zu suchen. Ich arbeitete einen Etat mit Reisekosten auf der einen Seite und Honorar-Aussichten auf der anderen aus, und es gelang mir, weitere Abmachungen mit der Kölner Kirchenzeitung und dem „Feuerreiter" für Berichte sowie mit KNA-Bild und dem Calig-Verlag in München für Fotos und DIA-Serien zu treffen -DIA-Vorführungen gehörten zum Standard katholischer Bildungsarbeit. Die vereinbarten Honorare reichten zwar nicht, um mit der Spitze der deutschen Pilgergruppe, dem Münchner Kardinal Joseph Wendel und dem Präsidenten des Zentralkomitees der Deutschen Katholiken, Karl Fürst zu Löwenstein im Flugzeug nach Rio zu fliegen, aber eine zwölftägige Schiffsreise von Genau aus schien mir sowieso interessanter.

Diese Südamerikareise erschloss mir neue berufliche Erfahrungen und eröffnete mir zugleich Aspekte auf die politische und kirchliche Weltsituation sowie die Medienentwicklung in jenem Kontinent, der zur westlichen Welt gezählt wird, aber bis heute zugleich noch als „Dritte Welt" gilt. Deshalb an dieser Stelle die wichtigsten Erfahrungen dieser Reise. Als Journalist lernte ich, wie aufregend und aufreibend die Tätigkeit eines weltreisenden „Sonderberichterstatters" ist. Ich war zwar stolz, dass KNA über alle Berichte schrieb: „Von unserem nach Rio entsandten Sonderberichterstatter", aber beim Nachlesen meiner Fortsetzungs-Reportage über die „Reise unter das Kreuz des Südens" im „Feuerreiter" werde ich durch die Bemerkung eines Mitreisenden, ich hätte „einen beneidenswerten Beruf", alle ungewöhnlichen Strapazen erinnert.

Die Kommunikationstechnik befand sich noch in den Anfängen, nicht nur zwischen den Kontinenten, sondern auch noch in Europa. Schon beim ersten Bericht musste ich Blut schwitzen. Ich sollte über die Ankunft des Päpstlichen Legaten, Kardinal Aloisio Masella, in Genua vor der Abreise des Schiffes 20 Textzeilen nach Bonn telefonieren und zehn Fotos nach Frankfurt an KNA-Bild schicken. Für den Versand der Filmrolle hatte ich einen Umschlag zum Einwerfen am Hafenpostamt vorbereitet. Für die Überfahrt nach Südamerika hatte die Reederei Italia einen ihrer modernsten Luxusdampfer als „Pilgerschiff" zur Verfügung gestellt, die „Augustus". Deren gleichfalls als unsinkbar geltendes, bis auf den Außenanstrich identisches Schwesterschiff „Andrea Doria" versank wenige Jahre später nach einer Kollision im Nordatlantik. Während alle Passagiere in Ruhe eingeschifft hatten, wartete ich am Pier auf das Eintreffen des Päpstlichen Delegaten. Er kam erst fünf Minuten vor dem Ablegen an, ich „stand mit der schweren Kameratasche über der rechten Schulter, dem schweren Blitzlichtgerät links über der Schulter schwitzend in der heißen Mittagssonne". Der Film über das Eintreffen der päpstlichen Delegation war schnell eingeworfen, doch die Telefonverbindung für die Textübermittlung nach Bonn kam erst in letzter Sekunde zustande. Als letzter Passagier betrat ich schweißgebadet die „Augustus".

Während der Schiffsreise blieb ich „vollbeschäftigt". An Bord verlief alles sehr zeremoniell, Luxusdampfer scheinen - bis heute - das einzige Relikt einer höfisch-hierarchischen „Klassengesellschaft" zu sein. Mit einem Bordausweis hatte ich zwar Zugang zu allen Klassen, aber immer im „angemessenen Anzug" und mit allen Foto- und Schreibutensilien behangen: Offizieller Empfang des Legaten beim Kapitän, täglichen Messfeiern und Andachten in der Kapelle, Prozessionen über die verschiedenen Decks, Vortragsveranstaltungen der mitreisenden Prominenz, darunter eines syro-malebarischen Erzbischofs und eines aus Argentinien vertriebenen Bischofs; selbst bei der Äquatortaufe am Schiffspool: „in Berufsausübung". Zugegeben, für einen jungen Reporter hat das alles seine Reize, und in meiner Autographensammlung befindet sich eine handschriftliche „historische

Kurznotiz" des Päpstliche Legaten Masella mit Dank für „das anregende Gespräch"; doch reine Vergnügungsreisen sind Begleitungen von kirchlicher oder politischer Prominenz für Journalisten schon damals nicht gewesen.

Mit einem weiteren Erinnerungsstück aus meiner Autographensammlung kann ich fortfahren in der Erinnerung an die Kongressberichterstattung. Mein Presseausweis als „Congressista Individual Cooperador" ist unterschrieben von Bischof Helder Camara, der als „Bischof der Armen" weltweit bekannt wurde. Er war Generalsekretär des Kongresses und Bruder des Kongress-Präsidenten Kardinal Jaime de Barros Camara, des Erzbischofs von Rio. Das Generalsekretariat mit dem Pressebüro war in einem Hochhaus am Largo di Carioca untergebracht, dem zentralen Platz an der Guanabara-Bicht, in der neben dem ins Meer gebauten Flughafen Santos Dumont ein weiterer Riesenplatz für die Kongressveranstaltungen aufgeschüttet worden war. Neben meinem Ausweis bekam ich eine gelb-rote Armbinde mit dem Aufdruck „C.E.I. Prensa", mit der ich, außer bei den Kongress-Veranstaltungen, in der Stadt Rio keinerlei Vorteile hatte, denn die öffentlichen Verkehrsmittel schafften den Transport der über eine Million Besucher nicht. Es herrschte Chaos - über das sich kein Einheimischer aufregte. Ich kam nur deshalb zurecht, weil Dr. Bringmann mich bei zwei deutschen Patres, dem Franziskaner-Professor Mansuet Kohnen und dem Redemptoristenpater C.B. Ebner angemeldet hatte. Ebner war sozusagen Kollege, denn er leitete den Radiodienst „Stimme der Heimat" und informierte mich gleich zu Beginn über die Bedeutung des Radios für die Kommunikation in dem nicht nur verkehrsmäßig weithin noch unerschlossenen Riesenland. Flächenmäßig ist Brasilien größer als Europa und umfasst von Ost nach West ebenso vier Zeitzonen wie die USA, aber von den 55 Millionen Einwohnern konnte 1955 „die Hälfte weder lesen noch schreiben", berichtete P. Ebner. Zum Kongress hatten sich Reporter von über 250 Rundfunkstationen angemeldet, die alle privat betrieben wurden und meist geringe Reichweite hatten. Presse existiere praktisch, so Ebner weiter, nur in den und rund um die Ballunggebiete von Großstädten wie Rio, Sao Paolo, Porto Alegre und Recife.

Als „Sonderberichterstatter" für katholische Medien und Leser in Europa wandte ich mich vor allem der Situation der Kirche in Brasilien zu und ließ mich zunächst mitreißen vom Aufbruch der Hunderttausende bei großen Gottesdiensten vor der Kulisse der Guanabara-Bucht mit dem Zuckerhut im Hintergrund, langen Prozessionen durch die Hauptstraßen der Innenstadt unter dem Schutz des Corcovado-Christus und vielen Vortragsveranstaltungen, u.a. im historischen Franziskanerkloster Sao Bento, Ausstellungen, darunter eine deutsche „Ars Sacra Germanica - Livros -Paramentos", und Ausflügen, u.a. nach Petropolis, dem hoch in den Bergen gelegenen Sommersitz der beiden portugiesischen Pedro-Kaiser Brasiliens.

Allerdings blieb mir nicht verborgen, dass sich hinter der strahlenden Fassade des Weltkongresses eine Kirche der Armut und Unzulänglichkeit verbarg. Zwar bekannten sich 95 Prozent der Brasilianer als katholisch, aber strukturiert war die Kirche nur in der oberen Hierarchie residierender Kirchenfürsten, während es außer in großstädtischen Bereichen im weiten Land keine geregelte Seelsorge gab. Was die deutschstämmigen Patres mir erzählten, was ich am Rande selbst mitbekam, das konnte nur hoffnungsvoll auf eine bessere Zukunft ausgerichtet sein, und das war wohl auch das bewegende Moment für die Ausrichtung dieses Weltkongresses in Rio. Brasilien galt als das „neue Land der unbegrenzten Möglichkeiten", doch im Text für eine Bilddokumentation des Calig-Verlages resümmierte ich: „Die Möglichkeiten eines Untergangs für die vielen Armen und Einwanderer sind jedoch ebenso groß."(Oertel, 1955)

Und noch etwas war charakteristisch: Das religiöse Leben war in Brasilien noch viel stärker als in den USA von einer wundergläubigen Volksfrömmigkeit geprägt, die sich aus abergläubischen Kulten speiste und mit christlichen Elementen vermengte. Auf dem Kongress drückte sich das in einer überbordenden Marien- und Heiligenverehrung auch offiziell aus. Die Schutzpatronin Brasiliens, „Nossa Senhora da Aparecida", wurde in feierlicher Prozession auf den Kongressplatz geführt und Brasilien wurde in ihrem Angesicht der Gottesmutter geweiht. Im Mittelpunkt hingebungsvoller Verehrung stand auch eine aus Portugal, dem Land, das Brasilien eroberte, mitgebrachte Nachbildung der Fatima-Madonna. Ich spürte unbewusst eher dem realitätsnäheren Kongress-Leitwort „Gib der Welt Ordnung und Frieden" nach.

Tatsächlich herrschten in der Welt des Jahres 1955 - zehn Jahre nach Ende des Zweiten Weltkrieges - neue welweite Konflikte und Unfrieden: Im Nachbarland Argentinien hatte die Kirchenverfolgung unter Peron ihren Höhepunkt erreicht, in der westlichen Welt spaltete der Kalte Krieg Europa. Es war deshalb mehr als eine symbolische Geste, dass auf der Bischofstribüne des Kongressplatzes sechs Sessel für die fehlenden Kardinäle aus Argenitinien, Polen, Ungarn und Chinas leer blieben, und dass bei einem „lebendigen Kreuzweg" Bittgebete für die „Glaubensbrüder" in Argentinien und in sowjetisch-beherrschten Ländern gesprochen wurden. Nach der Schlussfeier, in der Sprechchöre nicht nur „Viva Nostra Senhora Aparecida" riefen, sondern auch „Viva o mundo Catolico", schrieb ich in meinem Kabelbericht - wie ich rückblickend selbstkritisch feststellen muss - ganz im Sinne eines „Hofberichterstatters" von einer „machtvollen Demonstration lebendigen katholischen Glaubens", der seine Wirkungen „in alle Welt ausstrahlen werde „selbst in die Länder hinter dem Eisernen Vorhang". Die katholische Revolution der Befreiungstheologie war von niemandem vorauszusehen, ebenso wenig wie der Aufstieg und Fall des Kommunismus.

Doch nicht nur ich war ein Kind meiner Zeit und der Kirche meiner Zeit. Auch die Medien waren - und sind - Kinder ihrer Zeit. KNA war über die hohe Zahl der Abdrucke erfreut, die meine Sonderberichte nicht nur in der Kirchenpresse, sondern auch in der säkularen Presse gefunden hatten. Die Agentur verbreitete Text- und Bildberichte zusammengefasst in einer ihrer ersten „Sonderveröffentlichungen" (KNA,1955). Inwieweit die Schilderungen der Not der Kirche in Südamerika bei Überlegungen im Kölner Generalvikariat zu dieser Zeit beigetragen haben, ein kirchliches Hilfswerk „gegen Hunger und Krankheit in der Welt" zu gründen, lässt sich schwer sagen. Doch schon 1958 wurde ich als als KNA-Redakteur in die Anfänge der Berichterstattung über die daraus hervorgegangene Aktion „Misereor" einbezogen.

Katholikentag 1956: Massenkundgebungen und Massenmedien

In jedem Fall kann ich meine journalistischen Erfahrungen beim Weltkongress in Rio als „Probelauf" für eine Aufgabe werten, die mir ein halbes Jahr nach der Rückkehr übertragen wurde, als ich mich gerade in meiner neuen Stelle als Redakteur bei der „Kölner Kirchenzeitung" eingelebt hatte: Geschäftsführer der Kommission „Presse und Bildberichterstattung" sowie Leiter der Pressestelle des 77. Deutschen Katholikentages in Köln zu werden. Für mich als Neunundzwanzigjährigen war es eine große Herausforderung, als ich auf der ersten Sitzung der Pressekommission des Katholikentages Anfang Oktober 1955 von Josef Bachem für diese Posten vorgeschlagen wurde. Ich hatte in Rio erfahren, welche Möglichkeiten eine Pressestelle besitzt, das Bild eines solchen Großereignisses in der Öffentlichkeit mit zu gestalten. Und Bachem hatte als Vorstandsmitglied des Katholikentags-Komitees einen Kreis namhafter Mitglieder für die Pressekommission gewonnen, auf deren professionelle Mithilfe ich vertrauen konnte. Zu meinem engeren Arbeitsgremium gehörten Theodor Hüpgens, mit 70 Jahren sozusagen „Nestor" der deutschen Kirchenpresse, Peter Paul Pauquet, Chefredakteur der Kölner Kirchenzeitung, Paul Dahm, Redakteur beim „Feuerreiter", Karlheinz Treiß, Redakteur bei KNA, und Karl Pesch, Redakteur bei der „Kölnischen Rundschau". Im Vorstand der Pressekommission saßen noch P. Heinrich Jansen Cron SJ und Karlheinz Schmidhues als Beauftragter des Zentralkomitees.

Die Weichen für den Katholikentag in Köln waren schon lange vorher gestellt worden. Anlass für die Einladung an das Zentralkomitee der deutschen Katholiken als Veranstalter der Katholikentage, das Treffen 1956 nach Köln zu verlegen, war für Kardinal Frings die Vollendung des Wiederaufbaus des Kölner Doms gut zehn Jahre nach Kriegsende und acht Jahre nach der provisorischen Eröffnung des Chorraums für das Domjubiläum 1948. Von dem, was sich hinter den Kulissen getan hatte, bevor das Zentralkomitee sich unter seinem Präsidenten Fürst zu Löwenstein für Köln als Tagesort und für das Motto entschied, hatte die Öffentlichkeit nichts erfahren. Gerade diese Meinungsauseinandersetzungen, die erst später teilweise von Kardinal Frings selbst, teilweise von Norbert Trippen in seiner wissenschaftlichen Frings-Biographie ans Licht gebracht wurden, lassen jedoch erkennen, dass sich im deutschen Katholizismus durchaus Richtungskämpfe abspielten, nicht nur zwischen Bischöfen und Laien, sondern auch innerhalb des Klerus und der Laienverbände (Trippen, 2003, S.487 ff.). Der glänzende Verlauf des Katholikentages hat dies überdeckt, und Köln wurde zugleich zu einem Höhepunkt katholisch-kirchlichen Lebens in der Nachkriegszeit als auch zu einem Wendepunkt, an dessen Ende auf Weltebene das Zweite Vatikanische Konzil stand.

Wenn schon das Domfest 1948 als das damals „größte Medienereignis der Nachkriegszeit" bezeichnet worden war, wurde der Katholikentag 1956 zu dem, was man heute einen „Mega-Event" nennen würde. Das stellte auch die Pressestelle vor unerwartete Aufgaben. Unsere Pressekommission ging auf Grund von Erfahrungswerten der letzten Katholikentreffen von etwa 300 Wort- und Bildberichterstattern aus, teilgenommen haben doppelt so viele: 600. Wir starteten Anfang 1955 mit einem eigenen Nachrichten- und Bilddienst, der unmittelbar an die Kölner und die in Köln vertretene überregionale Presse einschließlich und säkulare Presseagenturen verschickt und auf der zweiten Schiene über KNA an deren Bezieher-Kreis deutschlandweit verbreitet wurde. Ab April, also schon fünf Monate vor dem Beginn des Katholikentages, versandte KNA in Zusammenarbeit mit der Pressestelle zusätzlich zweimal wöchentlich einen Sonderdienst kostenlos an ihre Abonnenten und an Nichtbezieher mit Auflagen über 30 000. In meinem Schlussbericht notierte ich als Erfahrungen aus dieser Verbreitungsweise, dass a) „die direkte Belieferung der Ortspresse und aller Presseagenturen sich als überaus erfolgreich und wichtig herausgestellt hat“, b) „kurzgefasste Tatsachen-Nachrichten viel eher und besser ankommen als längere Berichtsfassungen“; c) „der Abdruck von längeren ausführlichen Vorbereitungsartikeln mit Bildern (auch in der katholischen Kirchenpresse) sich auf die letzten Wochen vor Beginn des Katholikentages konzentrierte“ (PA).

Obwohl zu unserer Arbeitsgruppe ein Vertreter des Lokalkomitees und des Zentralkomitees gehörte, verlief die Pressearbeit nicht immer reibungslos. Die ersten Zusammenstöße hatte ich mit dem Vorsitzenden des Lokalkomitees Dr. Franz Lemmens über formale Probleme bei der Nachrichtenverbreitung. Lemmens galt als verdienstvoller und zielstrebiger Vorsitzender der Kölner Katholikenausschüsse, war aber auf Grund seines Berufes als Notar in schriftlichen Dingen äußerst „pingelig“. Während ich als Journalist die „picksaubere“ äußere Form meiner Manuskripte nicht als oberstes Gebot ansah, sondern die inhaltliche Aussage, trafen also Feuer und Wasser zusammen, wenn ich ihm meine Nachrichten vorlegte. Lemmens sah sich in letzter Verantwortung nicht nur für alles, was „innen“ geschah, sondern auch für alles, was „nach draußen“ ging, ob Protokolle, Nachrichten, selbst Aufträge kleinster Art. Inhaltlich und formulierungsmäßig hatte er nie etwas zu beanstanden, nur formal regte ihn auf, wenn auf meinem Manuskript eine Korrektur durch Radieren oder Lack zu erkennen war und wenn die Absatzgliederung oder gar die Rechtschreibung nicht „notariatsgemäß“ war. Und wenn er dann sagte, das müsse erst in seinem Sekretariat ins Reine geschrieben werde, ich bekäme den Text in den nächsten Tagen zurück, nutzten alle Hinweise auf die Redaktionsschlusszeiten der Agenturen und Presse nichts.

Zu einer Verstimmung zwischen dem Kölner Vorbereitungskomitee und dem Zentralkomitee kam es, als das ZdK unabgesprochen eine eigene große Pressekonferenz abhielt. Unsere Kommission hatte drei solcher Konferenzen geplant, die gemeinsam mit dem ZdK in Köln veranstaltet werden sollten: je eine für die Chefredakteure der großen säkularen Zeitungen, für die Chefredakteure der Kirchenpresse und für die Bonner Parlamentsjournalisten. Als uns bekannt wurde, dass das ZdK die Chefredakteure von Tages- und Kirchenpresse Ende Juli eingeladen hatte, und zwar nach Bronnbach an den Wohnsitz des Präsidenten Fürst zu Löwenstein, wurden unsere Pläne durchkreuzt. Eine eigene Konferenz für die Kirchenpresse war überflüssig geworden, und da die Konferenz für die Bonner Journalisten erst nach der Bronnbacher stattfinden durfte und in die Parlamentsferien fiel, war sie nur noch spärlich besucht. In meinem Schlussbericht hielt ich lapidarisch fest: „Der Empfang in Bronnbach diente zwar der ausführlichen Berichterstattung ... über die Arbeit des Zentralkomitees; die Vorbereitungen für den Kölner Katholikentag mussten notwendiger Weise etwas zu kurz kommen." Sicherlich mit um so größerer Befriedigung habe ich dagegen vermerkt, dass die beiden Bildberichte, die wir verbreiteten und die thematisch „Das heilige Köln" und den „Kölner Dom" behandelten, in den Wochen vor dem Katholikentag „stark ausgewertet" wurden (PA).

Als der Katholikentag am 29. August begann, standen uns für die Pressestelle rund 70 Hilfskräfte zur Verfügung. Die Pressezentrale konnten wir unmittelbar gegenüber dem Dom im Kölner Verkehrsamt einrichten mit Räumen für Anmeldungen, Ausgabe des Pressematerials sowie Arbeitsgelegenheiten für die Journalisten mit Schreibmaschinen und Telefonkabinen. Unsere Kommission hatte die gesamte Produktion der eigenen Informationen, Nachrichten und Berichte an eine um freie Mitarbeiter verstärkte „Katholikentagsredaktion" der KNA übergeben - ein Arbeitsprinzip, das sich fort an bei allen Katholikentagen bewährt hat. Das „Verkehrsamt gegenüber dem Dom" wurde in der Katholikentagswoche zu einem Treffpunkt der damaligen „Elite" des deutschen Journalismus, und für mich ergab sich die Gelegenheit, neben den mir länger bekannten katholischen Medienvertretern auch viele Persönlichkeiten aus der säkularen Presse kennen zu lernen: darunter Hans Jakob Steele („FAZ"/später WDR-Romkorrespondent), Werner Stratenschulte und Hans Zehrer (beide für die „Welt"), Fritz Sänger (dpa) und Josef Müller-Marein („Zeit") sowie die Rundfunkjournalisten Walter Dirks (WDR), Guntar Lehner und Wilhelm Sandfuchs (Bayrischer Rundfunk). Auch Emil Dovifat ließ sich einen Presseausweis als Mitarbeiter für den Berliner „Tag" geben, und als Korrespondent für den „Argentinischen Volksfreund" in Buenos Aires meldete sich ein junger Theologiestudent Franz-Josef Eilers an. Mit ihm bin ich einen langen journalistischen Weg zusammen gegangen, zunächst volontierte er bei KNA-Bonn, als ich dort Redakteur war, dann wurde ich in den 70er Jahren Mitarbeiter und in den 90er Jahren Redakteur der von ihm nach dem Vatikanischen Konzil zusammen mit Michael Schmolke und Karl Höller in Münster gegründeten einzigen katholischen Medien-Fachzeitschrift „Communicatio Socialis".

Obwohl die Betreuung der Bildberichterstatter durch KNA-Bild und unserem Bild-Kommissionsmitglied Paul Dahm erfolgte, sind mir selbst zwei Begegnungen mit Fotografen in Erinnerung, die ich nicht unerwähnt lassen möchte. In der Vorbereitungszeit, als wir Fotoserien über Köln suchten, hatte sich ein etwas verwegen aussehender Fotograf angemeldet, der für das Kölner Verkehrsamt arbeitete: Karl-Heinz Chargesheimer. Ich muss freimütig bekennen, dass ich sein Talent und seine neue Fotokunst nicht erkannt habe. Seine später berühmt gewordenen, vorwiegend düsteren, aber atmosphärisch dichten Fotos schienen nicht nur mir, sondern den Bildvertretern in unserer Kommission das „hillige Köln" nicht repräsentativ genug darzustellen. Der zweite, ebenfalls etwas verwegen aussehende Fotograf hieß Josef Slominski, der sich später unter dem Pseudonym Slomi einen Namen als Fotograf politischer Größen und der Päpste machte. Mit ihm sollte ich schon ein Jahr später in Rom beim Vatikanischen Konzil zusammentreffen, woraus unser erstes gemeinsames Buchprojekt entstand: Wir veröffentlichten einen großen Bild- und Textband über „Das 21. Konzil" im Verlag Fredebeul & Koenen in Essen, wo ich seit 1961 Chefredakteur und Lektor im Buchverlag war.

Beim Kölner Katholikentag waren auch führenden Blätter aus der Ostzone vertreten, darunter das „Neue Deutschland" und „Die neue Zeit" mit je drei Redakteuren. Leider haben wir nicht verfolgt, was sie aus Köln berichteten, sondern nur festgehalten, was in den Blättern aus Westberlin (der „Morgenpost", dem „Tag" und dem „Tagesspiegel") darüber geschrieben wurde: dass „eine Handvoll kommunistischer Funktionäre, kaum verhüllt durch einen übergeworfenen katholischen Mantel, nur einmal in einer kleinen Nebenveranstaltung versuchte: ...die politische Sensation" zu beschwören. Die sei jedoch ausgeblieben, denn „*das Religiöse* hat das Politische keineswegs geschlagen, sondern es in die Höhe der Gewissensentscheidung gehoben" („Der Tag"). Und die „Spaltung Deutschlands" sei als „ein Unrecht vor Gott und ein Frevel an den Gesetzen Gottes" genannt worden („Berliner Morgenpost").

„Das Religiöse" - so der Hauptenor der gesamten Berichterstattung in Presse und Funk - hat den Kölner Katholikentag geprägt. Der Katholikentag bestätigte, dass schon Jahre vor dem „Wirtschaftswunder" des materiellen Wiederaufbaus ein katholisches „Kirchenwunder" der religiösen Wiedererstarkung geschehen war: Die Kirche stand in neuer Hochblüte da, zumindest äußerlich gesehen: im Kirchenbesuch, im Sakramentenempfang, in einer zeitgemäß reformierten Liturgie, im Kirchenbau neuen Stils, im sich wandelnden caritativ/sozialen Wirken von der Eingliederung der Flüchtlinge bis hin zu Hilfswerken für die Not in der gerade entdeckten „unterentwickelten Welt".

All dies kam sowohl in den Gottesdiensten als auch in den Großveranstaltungen sowie den Arbeitstagungen zum Ausdruck. Beim feierlichen Eröffnungsgottesdienst im wiedereröffneten Dom, bei dem Kardinal Frings auf Empfehlung des Kölner Kirchenliturgikers Theodor Schnitzler schon Jahre vor dem Konzil am Altar „versus populum", also zum Volk hin zelebrierte), bei der Schiffsprozession auf dem Rhein mit ausgesetzter Monstranz und beim Schluss-Gottesdienst auf dem Stadion-Nordfeld präsentierte sich eine „machtvolle Ecclesia triumphans" (Alle folgenden Zitate aus: 77. Deutscher Katholikentag 1956 in Köln, 1957). Auf einer Abendkundgebung begann Prof. Hugo Rahner SJ seine Ansprache mit der Feststellung: „Es wird viel gerühmt an der Kirche in diesen festlichen Tagen. Und mit Recht: Denn sie ist ein Haus voll Glorie weit über alle Lande". Zwar sprach Rahner auch „die Schwachheit der Kirche unserer Tage" an, der junge Münsteraner Prof. Robert Spaemann beklagte „eine allzu bereitwillige Anpassung ans Zeitgemäße" und sein damaliger Kollege Prof. Dr.

Hermann Volk, späterer Kardinal in Mainz, den „Kleinglauben", der uns ... die Freiheit nicht gibt und der unsere Zeugniskraft lähmt"; doch - so schrieben Dr. Antonius Eickhoff und Dr. Bernhard Gervink in ihrem Schlussbericht in den „Westfälischen Nachrichten": „Köln war ein betender, ein 'frommer' Katholikentag." Ein Urteil, das um so mehr Gewicht bekam, als es auch Hans Zehrer in einem Leitartikel in der „Welt" bei einem Vergleich mit dem letzten Evangelischen Kirchentag in Frankfurt bekräftigte: „ ... zeigen diese Kirchentage zunehmend eine Wendung nach innen und zu einer Vertiefung."

Zehrer sprach jedoch auch eine Problematik an, die bei allen journalistischen Beobachtern breit thematisiert wurde und von der ich in meinem „Pressespiegel" für den Dokumentationsband schrieb: „Der Gesamttenor der Berichterstattung und Kommentierung konzentrierte sich auf die Frage nach Möglichkeiten und Grenzen einer solchen 'religiösen Massenkundgebung'." Während Zentralkomitee und Katholikentagskomitee dieses Problem in der Vorbereitungszeit verdrängt hatten, kostete es meinem Kollegen Peter Paul Pauquet fast seine Chefredakteursstelle, als er in einem Kommentar ausgerechnet in der „Kölner Kirchenzeitung" fragte, welchen Sinn es haben könnte, wenn die Mehrzahl der erwarteten eine Million Teilnehmer an der Schlussveranstaltungen auf dem Nordfeld des Kölner Stadions den Altar aus der Ferne nur noch „in der Größe einer Streichholzschachtel" und die Personen nur noch „so groß wie Stecknadelköpfe" sehen könnten. Pauquet überstand die offizielle Zurückweisung seiner Kritik als „nur aus individueller Sicht zu verstehen". Außerdem wurde das amtliche Gegenargument, er vergesse „die Bedeutung des Gemeinschaftserlebnisses für den einzelnen Gläubigen" öffentlichkeitswirksam ausgerechnet vom führenden protestantischen Chefredakteur Hans Zehrer in einem Leitartikel relativiert: „Erst durch die Wendung nach innen werden diese Riesengemeinden von Hunderttausenden und Millionen zu einer lebendigen Selbstdarstellung der Kirche und damit zu den hoffnungsvollsten Erscheinungen, die unsere Zeit vorzuweisen hat."

Es ist nicht verwunderlich, dass auch der Tenor in den katholischen Bistumszeitungen ähnlich positiv klang. „Köln 1956", so stand es im Trierer Bistumsblatt „Paulinus", war „mehr als ein Tag der großen Zahl... Hier hat es sich gezeigt, dass Gott seiner Kirche die Kraft gegeben hat, über die Masse hinauszuwachsen." Das „Würzburger Katholische Sonntagsblatt" schrieb: „Man täte dem Katholikentag unrecht, wollte man in ihm nur die Manifestation von Macht und Größe unserer Kirche sehen." Wer dabei gewesen sei, müsse „doch gestehen, dass hinter der äußeren Fassade von Großkundgebungen und prunkvollen Pontifikalgottesdiensten auch ein granitener Glaube und ein eucharistisches Leben stand..."

Es sollte der streitbare katholische Publizist Walter Dirks sein, der mit etwas zeitlichem Abstand in der Oktober-Nummer der „Frankfurter Hefte" diese Katholikentagseuphorie hinterfragte, als er zwar „das Prinzip kirchlichen Massenfeier" in Köln als „noch einmal gelungen" bezeichnete, aber zu dem Schluss kam: „Wir müssen auch erkennen, dass nun ein Endpunkt erreicht ist. Köln ist nicht mehr zu überbieten, weitere Steigerungen würden unerträglich sein." Das, so Dirks, hätten wohl auch viele der Verantwortlichen gespürt.

Im Zusammenhang mit der Diskussion über Massenkundgebungen stand in den publizistischen Arbeitskreisen auf dem Katholikentag auch das Thema Massenmedien im Vordergrund. Auf der gemeinsamen Eröffnung der Arbeitskreise Presse, Film, Rundfunk und Fernsehen setzten der Altmeister der Journalistik, Emil Dovifat, und ein junger Weihbischof aus Paderborn, Franz Hengsbach, Akzente, die Aufschluss gaben über die Richtung, die damals katholischen Journalisten vorgegeben wurde. Hengsbach, der sich als späterer Ruhrbischof zum Anwalt der Bergleute und Arbeiter machte, ging von der Ausnutzung der „Arbeitskraft" des Menschen im 19. Jahrhundert durch „ungehemmte wirtschaftliche Macht" aus und sah gegenwärtig die „Gefahr im Verzuge, dass wiederum um des geschäftlichen Prinzips oder - was noch schlimmer ist - um politischer und weltanschaulicher Ideologien willen nunmehr der *Urteils*kraft des Menschen Gewalt angetan wird". Die Kirche kenne die großen Gefahren, die von der „Macht" der - man beachte die Kennzeichnung der im Vaticanum II „soziale Kommunikationsmittel genannten - „Medien der *Unterrichtung*, der *Propaganda* und der *Unterhaltung*", aber die Kirche sehe auch „ihre großen Möglichkeiten". Deshalb müsse sie, so appellierte Hengsbach schon 1956, diese Mittel mehr „in den Dienst ihrer eigenen Sendung stellen".

Emil Dovifat zeichnete in in seiner kämpferischen und holzschnittartigen Darstellungsweise ein düsteres Bild des Missbrauchs der „Macht" im säkularen Bereich sowohl durch die neue Millionenflut der „sensationell übersteigerten Presse", die „die Gehirne zukleistert und eigener Urteilsfähigkeit enthebt" als auch vor der „nihilistischen Presse", deren „zynische Grundhaltung" vor allem auf die Jugend einen schlechten Einfluss ausübe. „Wenn diese Auffassung ... Schule macht, dann fallen überhaupt alle Möglichkeiten systematischen Kampfes gegen den atheistischen Materialismus." Aufgabe der katholischen Presse sei es, nicht „nur publizistisch der Presse rein verlegerischen Profits und völlig negativer Wirkung entgegen zu treten", sondern „in Nutzung der Freiheit der Meinung, der Rede und der Presse nach dem Rate des Heiligen Vaters *lehren*, die Freiheit recht zu nutzen". Wie verfangen Dovifat ideologisch und sprachlich in die „Kalte Kriegs"- Rhetorik eingebunden war, geht aus der Schlussformulierung Dovifats hervor: „Publizistisch wäre also diese dem atheistischen Materialismus Vorschub gebende Presse demokratisch in offener Feldschlacht zu schlagen." Derselbe „katholischen Zeitgeist" ist in dem Sitzungsprotokoll des Arbeitskreises Presse zu finden, der mit der lapidaren Feststellung beginnt: „Es ist die Aufgabe der katholischen Presse, innerhalb ihres Wirkens der kommunistischen Gottlosenpropaganda und allen ihren wechselnden Erscheinungsformen nicht nur in systematischer Abwehr, sondern positiv mit den Kräften des Glaubens entgegenzutreten, um sie zu überwinden." Es gelte „im Sinne der Mahnung des Heiligen Vaters, den Leser aufzuklären und zu unterrichten, dass er, in rechter Distanz von den Produkten publizistischen Geschäftes oder kommunistischer Propaganda, das Wahre und Wirkliche von der leeren Sensation und der gefährlichen Irreführung unterscheidet".

Diese „Aufklärung und „Unterrichtung" sahen auch die Arbeitskreise für Rundfunk und Fernsehen sowie für Film als Hauptaufgaben an, zumal Hengsbach beklagt hatte, dass „das katholische Volk weithin noch sehr unkritisch und inaktiv gegenüber den Fragen der modernen Publizistik ist". Der Arbeitskreis für Rundfunk und Fernsehen bat den Episkopat „um baldige Herausgabe eines Pastoralbriefes" mit Arbeitsmaterial für die praktische Seelsorge, „um die Katholiken zum rechten Gebrauch der Massenpublikationsmittel Rundfunk und Fernsehen zu bringen". Der Arbeitskreis Film diskutierte in dieser Richtung konkret über „gesetzgeberische Maßnahmen" gegenüber „heute in Deutschland gezeigten Filmen" mit ihren „volks- und jugendpädagogischen Problemen". Es könnte fast wie eine Ironie erscheinen, dass zwei Mitglieder dieser Kommissionen, Pfarrer Karl August Siegel (Rundfunk) und Direktor Anton Kochs (Film), zu den Beratern und Mitautoren jener 1956 vom Zweiten Vatikanischen Konzil in Auftrag gegebenen Pastoralinstruktion „Communio et progressio" wurden, die eine radikale Änderung der restriktiven offiziellen Haltung der Kirche gegenüber den Medien brachte. Denn die rundfunk- und filmkritischen Beurteilungen „zur Gewissensbildung" der Gläubigen mit moralischen Bewertungen der 'Sensations-presse', der 'sittengefährdenden' Filme und der 'geistesverwirrenden' Rundfunksendungen wurden auf dem Katholikentag noch explizit als restriktiv bevormundend und gewissensbindend bezeichnet. Wenn der „Katholische Filmdienst" und die „Funkkorrespondenz" dennoch eine hohe Verbreitung fanden, hat das nicht nur mit dem vorkonziliaren „Hören des katholischen Volkes auf das kirchliche Lehramt" zu tun, sondern auch damit, dass die katholische Rundfunk- und Filmbewertung von Anfang an professionell gemacht war. Sie war sach- und fachgerecht und wurde in Funkhäusern und in der jungen deutschen Filmproduktion mehr beachtet als in Kreisen fachfremder Kirchenkritiker.

Insofern war 1956 die Haltung der Kirche zu den Medien sowohl rückwärts gebunden, weil sie aus der traditionellen Abwehrhaltung gegenüber allem „Gedruckten" kam, als auch vorwärtsorientiert, weil die Kirche versuchte, sie sachgerecht einzuordnen und für sich selbst zu nutzen. Der Weg dorthin begann mit dem Zweiten Vatikanischen Konzil, und ich hatte das Glück, diesen Weg von dessen Ankündigung her journalistisch begleiten zu können.

Anfangsjahre der Katholischen Nachrichten-Agentur

Der Kölner Katholikentag hatte inzwischen auch meinen privaten Bereich in neue Bahnen gelenkt. Alois Stegerwald, der Vorsitzende der Familienbaukommission des Katholikentags-Komitees, hatte zu Beginn der Vorbereitungszeit dem jungen verlobten Pressesprecher in der nach ihm benannten Siedlung im rechtsrheinischen Kölner Stadtteil Deutz eine Dreizimmer-Wohnung angeboten. Für einen ganz persönlichen Brautunterricht hatte sich Pater Laurentius Siemer angeboten, der meine Verlobte Lieselotte Rubel aus vielen Bildungsveranstaltungen kannte. Er traute uns am Ostermontag 1956, einem 1. April, in der Krypta von St. Andreas am Grab des Heiligen Albertus Magnus - eine mehr als symbolische Einbindung in die Kirchengeschichte meiner Kölner Heimat.

Mit P. Laurentius verbindet sich für meine Frau und mich eine wohl nur auf dem Hintergrund providenzieller Erfahrungen erklärbare Geschichte. Als wir ein halbes Jahr nach der Trauung einen Urlaub in Madonna del Sasso am Luganer See verbrachten, sagte meine Frau eines Morgens etwas benommen: Sie habe geträumt, dass Pater Laurentius gestorben sei und nicht mehr unsere Heiratsurkunde unterschrieben habe. Wir hatten am 1. April das Hausstandsbuch vergessen und reichten es sofort nach dem Urlaub im Dominikanerkloster ein. Pater Laurentius unterschrieb die Trauungsurkunde am 10.10.1956 - und verstarb elf Tage später, am 21. Oktober 1956, völlig unerwartet.

In meinem beruflichen Weg kam ich Ende 1956 an eine neue Weggabelung: weiterhin als katholischer Journalist und Redakteur zu arbeiten oder Verbandsgeschäftsführer zu werden, was damals noch nicht als „Funktionärsvertretung" abgestempelt war. Der Vorsitzender der Pressekommission des Katholikentages, Theodor Hüpgens, mit dem ich das ganze Jahr über eng zusammengearbeitet hatte, fragte, ob ich sein Nachfolger als Geschäftsführer der AKP werden wollte. Die Arbeitsgemeinschaft der Kirchenpresse hatte sich 1953 die Rechtsform eines eingetragenen Vereins gegeben, vereinigte inzwischen über 60 Verlage, die mehr als 100 kirchliche und katholische Zeitschriften herausgaben und fungierte auch als privater Verein weiterhin als offizielle Vertretung der katholischen Kirchenpresse gegenüber der Bischofskonferenz. In einem längeren Gespräch mit dem damaligen AKP-Vorsitzenden, Verlagsdirektor Josef Vögele vom Schwabenverlag, erfuhr ich, dass es um Anzeigen- und Vertriebsfragen ging, um das Verhältnis von bischöflichen Herausgebern zu Verlagsgeschäftsführern und Privatverlegern einschließlich der Frage der finanziellen Abgaben aus dem Verkaufserlös, um Weisungsbefugnisse gegenüber den Redaktionen von Herausgebern und Verlegern und inhaltliche redaktionelle Konzepte für die einzelnen Fachgruppen. So sehr mich die Fragen der inneren Pressefreiheit und redaktioneller Konzepte interessierten, so wurde mir bewusst, dass mich als Geschäftsführer ein ganz anderes Aufgabenfeld als das eines schreibenden Journalisten erwartete. Deshalb entschloss ich mich, den anderen Weg zu wählen, den mir überraschend Josef Bachem anbot: statt einer Rückkehr zur Kölner Kirchenzeitung als Redakteur in die Zentralredaktion der Katholischen Nachrichten-Agentur in Bonn einzutreten. Obwohl auch dies - so sah ich es jedenfalls - bedeutete, dass ich nicht unmittelbar meinen immer noch stärker ins Kulturell-Feuilletonistische drängenden Neigungen mit schriftstellerischen Arbeiten folgen können würde, habe ich diesen Schritt nie bereut, im Gegenteil. Er verhalf mir erstens zu einem soliden handwerklichen Fundament für journalistisches Arbeiten, das Karl Bringmann jungen Leuten sehr gut vermitteln konnte, und zweitens erweiterte dieser Schritt meine Kontakte praktisch zu allen namhaften katholischen publizistischen Organen dieser Zeit und zu denen, die sie machten - nicht nur in Deutschland, sondern europaweit.

Zunächst wurde ich in meiner Zeit bei der KNA von 1957 bis 1960 eingebunden in die Entwicklungsgeschichte christlicher Nachrichtendienste nach dem Zweiten Weltkrieg. Die Anfänge hatte ich als Volontär bei der Kölner Kirchenzeitung Ende 1947 kennen gelernt, als wir die Nachrichtenbriefe des „Kirchlichen Nachrichtendienstes" KND aus Köln und des „Christlichen Nachrichtendienstes" CND aus München bezogen. Da die Besatzungsmächte nach dem Krieg vorwiegend nur parteipolitische Tageszeitungen lizensierten, gelangten Nachrichten und Berichte über kirchliche Ereignisse kaum über die Leserkreise der wieder zugelassenen und neu gegründeten kirchlichen Blätter hinaus. Auch die beiden erst 1948 lizensierten katholischen Tageszeitungen „Katholischer Beobachter" in Köln und „Augsburger Tagespost" erreichten nur einen geringen Verbreitungskreis. Da es zuvor keine Lizenzen für katholische Tageszeitungen gegeben hatte, gründeten im rheinischen Bereich die Geistlichen Dr. Wilhelm Peuler und Dr. Helmut Meisner bereits 1946 in Koblenz die katholisch ausgerichtete Monatszeitschrift „Begegnung" mit dem Untertitel „für Kultur und Geistesleben", ehe sie zwei Jahre später die Tageszeitungslizenz erhielten. (alle folgenden Daten aus: www.munzinger.de). In Süddeutschland hatte Johann Wilhelm Neumann schon 1945 eine allgemeine Tageszeitungslizenz für die „Schwäbische Landeszeitung" erhalten und 1946 ebenfalls zunächst die katholisch orientierte Monatszeitschrift für Politik, Kultur und Geschichte „Neues Abendland" gegründet, bevor er 1948 die Erlaubnis der Militärregierung für die katholische „Augsburger Tagespost" erhielt. Während der „Katholische Beobachter" 1952 aus wirtschaftlichen Gründen eingestellt werden musste, überlebte die Augsburger „Tagespost" bis heute unter dem Titel ihrer ursprünglichen überregionalen Ausgabe „Deutsche Tagespost". Nach einem Verlagswechsel zunächst 1951 von Augsburg nach Regensburg und 1955 von dort zum endgültigen Standort Würzburg, konnte sie bis zur Gegenwart einen festen, aber kleinen Leserstamm erhalten.

Wenn sich eine Reihe der säkularen Tageszeitungen in den unmittelbaren Nachkriegsjahren auch als „christlich" bezeichneten, deckten sie das kirchliche Leben in Nachrichten und Berichten nur geringfügig ab. Deshalb hatten die mit ihrem Verlag „Wort und Werk" von Koblenz nach Köln umgezogenen Geistlichen Dr. Wilhelm Peuler und Dr. Helmut Meisner 1947 „Nachrichtenbriefe" entwickelt, die sie zuerst wöchentlich an die Presse verschickten und dann zum regelmäßigen täglichen „Kirchlichen Nachrichtendienst" (KND) ausbauten.

In München war ein anderer Nachrichtendienst entstanden, zunächst als „Informationsbriefe" der „Katholischen Jungen Mannschaft". Zu dessen Initiatoren gehörte der junge Prokurist des 1945 lizensierten „Süddeutschen Zeitungsverlags", Dr. Alfred Schwingenstein. Er entwickelte die „Informationsbriefe" zu einem „Nachrichtendienst aus der christlichen Welt" weiter, für die er Mitte 1946 die offizielle Druckgenehmigung unter dem Titel „Überblick" als wöchentliches Heft erhielt (alle folgenden Zitate aus: Richardi, 2001, S. 363.ff). Von Anfang an war es Schwingensteins Absicht, die „Weltöffentlichkeit vom Geschehen des Tages im Spiegel des Christentums" zu unterrichten, und zwar als Grundlage für den Wiederaufbau einer christlichen Gesellschaft auf Grund der leidvollen Erfahrungen in der NS-Zeit über die Konfessionsgrenzen hinaus. Deshalb tritt zusammen mit dem Überblick erstmals der „Christliche Nachrichtendienst" CND an die Öffentlichkeit.

Während 1952 der Kölner KND ohne große Probleme in die KNA überging, hat das „Aufgehen" des CND in die KNA einen bewegteren Hintergrund, den ich etwas ausführlicher darstellen möchte, weil er offensichtlich aus süddeutschem Blickwinkel anders gesehen wird als aus dem rheinischen Geburtsfeld der KNA. Auf Grund seines Hintergrundes bei der „Süddeutschen Zeitung" konnte Alfred Schwingenstein den unabhängigen CND rasch ausbauen. Um den Nachrichten-kreis auf ganz Europa auszudehnen, richtete er 1947 zunächst ein Auslandsbüro in Zürich, später zwei weitere in London und Rom ein. In Deutschland sorgten „Chefkorrespondenten" der Regionalbüros in Frankfurt, Freiburg, Hamburg ‚Köln und Berlin für raumdeckende Informationen über alle relevanten kirchli-chen Ereignisse. CND und der „Überblick" etablieren sich rasch über Deutsch-land hinaus als „einzige christliche Nachrichtenschrift auf überkonfessioneller Basis". Doch die neue Blüte dieses Dienstes dauert nur wenige Jahre. In seiner Chronik „Am Anfang war das Ende" über das Wirken von August und Alfred Schwingenstein beim Wiederaufbau der freien Presse in Bayern schreibt Hans-Günter Richardi: „Der *Christliche Nachrichtendienst* hat seine Blüte im Jahre 1948 kaum erreicht, da geht es mit ihm nach der Währungsreform am 21. Juni 1948 schon wieder bergab."(Richardi, S. 377) Die wirtschaftliche Null-Situation nach der Reform, die nicht nur eine Abwertung des umlaufenden Geldes brach-te, sondern alle dinglichen Werte vom Sparbuch bis zur Immobilie abwertete, dürfte sowohl den CND als auch den „Überblick" wie viele andere Unterneh-men jeder Art in Schwierigkeiten gebracht haben. Während der „Überblick" 1949 über die Hälfte seiner Auflage verlor und Ende 1950 eingestellt werden musste, bemühte sich Schwingenstein seit 1949 um den Fortbestand des CND, weil für ihn „die Verbreitung *christlichen* Gedanken- und Nachrichtengutes eine unabdingbare Notwendigkeit darstellt".

Wenn es in der Schwingenstein-Chronik dann jedoch nach der Feststellung, dass alle diese Anstrengungen umsonst waren, heißt: „Am Ende scheitert der CND - ausgerechnet - an beiden Kirchen!", dürfte dies nur eine verkürzte Wahrheit sein. Gewiss stand der CND in Konkurrenz mit dem Evangelischen Pressedienst epd, der seit 1947 wieder auf Strukturen und Mitarbeiter seiner 1910 gegründe-ten, in der NS-Zeit verbotenen Agentur zurückgreifen konnte. Doch die evange-lische Kirche hat ebenso wenig wie die katholische das Ende des CND ursächlich bewirkt. Denn dass der CND Kardinal Frings „ein Dorn im Auge" gewesen sein soll und „sein Vertrauter", Prälat Böhler, der die Verkaufsverhandlungen führte, gegen den Münchner Dienst war, weil „CND nicht meine Politik macht"(alle Zitate a.a.O.,S.381), sind äußerst einseitige Behauptungen, die fast ausschließ-lich auf Schwingensteins „Situationsberichten" beruhen. Dagegen spricht allein schon die Tatsache, dass KNA sofort namhafte Korrespondenten von CND übernahm, darunter als römischen Korrespondenten den deutschen Sprecher von Radio Vatikan, Anton Gärtner, und den Leiter des Kölner CND-Büros, Karlheinz Treiß. Mit beiden habe ich ab 1957 lange zusammengearbeitet, und beide Kollegen waren nie personae non gratae bei Frings und Böhler (vgl. dazu auch: Schmolke in Wilke, 1999, S. 359 - 361).

Böhler ist tatsächlich einer der Architekten der Katholischen Nachrichten-Agentur, und er hat unbestritten in seiner gesamten gesellschaftspolitischen Tätigkeit beim Aufbau der Bundesrepublik die *katholische* Linie vertreten. Während in dieser Zeit bei der parteipolitischen Neuorientierung nicht das *katholische* Zentrum wiedererstanden ist, sondern die *Christlich* Demokratische Union Katholiken und Protestanten vereinigte, hatten die Kirchen nach dem Ende der Hitler-Zeit aus unterschiedlichen Gründen nicht die gleiche ökumenische Basis. Spannungen entstanden vor allem durch die großen Flüchtlingsströme aus dem Osten Deutschlands, die das frühere Nebeneinander des protestantischen Nordostens mit dem katholischen West- und Süddeutschland zu einem ungewohnten Mix beider Denominationen machte. Dadurch waren die Kirchen mehr auf das Unterscheidende als das Gemeinsame ausgerichtet, und das spiegelte sich in der Presse wider.

Erste Überlegungen für eine katholische Nachrichten-Agentur dürften im kirchlichen Bereich in Köln bereits Ende der 40er, Anfang der 50er Jahre aufgekommen und durch Kardinal Frings in die „Fuldaer Bischofskonferenzen" eingebracht worden sein. Eingebunden in die Vorüberlegungen wurde schon sehr früh Dr. Karl Bringmann. Der 1912 geborene Düsseldorfer hatte bei Dovifat in Berlin studiert und war in den 30er Jahren Redakteur bei der katholischen überregionalen Tageszeitung „Germania" bis zu deren Verbot 1938 gewesen. Nach dem Krieg stellte ihn der Verleger Dr. Anton Betz 1947 als Ressortchef für Kulturpolitik bei der „Rheinischen Post" ein. Schon seit 1946 hatte Bringmann im Kölner Diözesanausschuss für Presse mitgewirkt, dem auch Prälat Böhler angehörte. Böhler kam ebenfalls aus Düsseldorf, so dass es nicht verwundert, dass Böhler 1950 Bringmann um den Entwurf für die Gründung einer katholischen Nachrichten-Agentur bat (Bringmann, 1987, S. 34, und ders., 1992/93, S. 232).

Gleichzeitig fanden Vorbesprechungen mit katholischen Verlegern kirchlicher Zeitungen und Zeitschriften und Verlegern christlicher Tageszeitungen sowie Verhandlungen mit KND und CND zur Übernahme beider Nachrichtendienste in die neue Agentur. Die Gründung der KNA erfolgte am 14. November 1952 in Köln mit drei wichtigen Grundsatzentscheidungen (vgl. dazu: KNA, 1977). Mit der Rechtsform einer GmbH erhielt die KNA erstens eine (auf Erwerb, sprich: Verkauf ausgerichtete) privatrechtliche Grundlage. Gesellschafter wurden mit 50 Prozent die deutschen Bischöfe und mit je 25 Prozent die Arbeitsgemeinschaft der Katholischen Presse und katholische Tageszeitungsverleger, die sich im Verein Union-Presse zusammen fanden. In einem „Beirat" (= Aufsichtsrat) werden die 44 Gesellschafter proportional vertreten.

Die zweite wichtige Entscheidung war die nominale Ansiedlung des Sitzes der Agentur in München. Neben gesellschafts- und steuerrechtlichen Gründen dürfte dafür auch der bisherige Standort des CND eine Rolle gespielt haben. Allerdings sollte die Zentralredaktion in Bonn angesiedelt werden, der Hauptstadt der jungen Bundesrepublik.

Die dritte Grundsatzentscheidung betraf die Berufung eines Laien als Chefredakteur. Zwar hatte auch der „Überblick" mit Guntar Lehner schon einen Laien als

Chefredakteur an der Spitze, aber im Bereich der Kirchenpresse nahmen über-
wiegend Geistliche die redaktionellen Leitungsfunktionen wahr. In der Bistums-
presse etwa Prof. Walter Wittler in Osnabrück, Lorenz Freiberger in München,
Helmut Holzapfel in Würzburg, Erich Strick in Aachen. Ausnahmen waren
Münster und Köln, wo allerdings dem Laien-Chefredakteur noch ein „geistlicher
Chefredakteur" zur Seite stand.

Für Karl Bringmann kam die Berufung an die Spitze der KNA vielleicht doch
nicht so überraschend. In seinem „Kaleidoskop eines Lebens als Publizist"
(Bringmann, 1987, S. 34) erinnert er sich, dass er 1952 auf einer Informationsreise der US-Regierung in den USA ein Telegramm von Prälat Böhler erhielt, in
dem dieser ihn „verpflichtete", die projektierte Agentur zu gründen. Was Bringmann in seinem Rückblick als Voraussetzung für die Annahme dieser Aufgabe
anführt: neben der redaktionellen auch die geschäftliche Leitung zu übernehmen,
sollte sich später für ihn als der „Anfang vom Ende" herausstellen. Die Punkte
für die Verbindung von Chefredaktion und Geschäftsleitung, die Bringmann anführte - Angleichung der Redakteurstarife an diejenigen für Tageszeitungsredak-
teure und Verbuchung von Telefonkosten nicht als Spesen, sondern Produkti-
onskosten - vermischten die redaktionellen und verlegerischen Belange zu schwer
kontrollierbaren Interessenskonflikten. Als ungünstig erwies es sich zudem, dass
am Firmensitz in München mit Josef Schäfer doch von Anfang an ein zweiter
Geschäftsführer bestellt werden musste.

Beim Aufbau der KNA konnten zwar von CND nicht nur die Strukturen der
Nachrichtenbesorgung und des -vertriebs übernommen werden, sondern auch
zahlreiche CND-Korrespondenten mit ihren Büros und das in München seit
1946 geführte Archiv. Dank der akribischen Aufbauarbeit des ersten Archivars
Dr. Kurt Granel wurde das KNA-Archiv zur bis heute wichtigsten katholischen
Dokumentationsquelle in Deutschland, zumal einer der Punkte aus dem bischöflichen „Sofortprogramm" der Würzburger Synode, die Errichtung eines Zen-
tralarchivs, nie erfüllt wurde.

Als ich im Januar 1957 der Agentur beitrat, hatte sie zwar die Kinderschuhe
schon abgelegt, hatte aber noch mit vielerlei Unzulänglichkeiten und Schwierigkeiten materieller, personeller und struktureller Art zu tun. Karl Bringmann, der
aus der säkularen Tagespresse kam, hat offensichtlich immer „groß" gedacht
und geplant, war dabei aber immer wieder an Grenzen gestoßen. In einem
Rundschreiben an „alle Redakteure und Mitarbeiter" vom 20. Dezember 1957
erinnert Bringmann daran, „wie zwischen Weihnachten und Neujahr 1952/53
nach langer Wartezeit ziemlich plötzlich der ganze 'neue Apparat' aufgestellt
werden musste, nur in München, Freiburg und Rom durch das übernommene
'Gerüst' gestützt". Als Erfolg kann er anführen, „dass sich neben unserem 'Pressedienst' der KNA-'Informationsdienst', die in eine neue Form gebrachte 'Katholische Korrespondenz' und die 'Sonderkorrespondenzen' für Schule, Film und
Sozialpolitik bei ihren jeweiligen Abnehmerkreisen wachsender Beliebtheit er-
freuen". Er zitiert eine Äußerung des damaligen „Pressebischofs" Berning von
Osnabrück, wonach die KNA „eines ja erreicht hat: die deutschen Bischöfe grei-

fen jetzt morgens zuerst zur KNA und dann zu den Zeitungen." Doch Bringmann stellt auch unumwunden fest, dass man „natürlich viele Kritiker" hat,
wenn man „Tag für Tag 'an der Straße' baut". Ihm war bewusst, „was alles
noch nicht 'ausgereift' ist an unserer Sache und den Möglichkeiten, damit in der
Öffentlichkeit durchzudringen". Und dann spricht er den auch von ihm selbst
mit heraufbeschworenen Konflikt an: „...ebenso haben wir fast jeden Tag mit
dem Dilemma zu kämpfen, das journalistische 'Wollen' mit dem verlegerischen
'Können' in Einklang zu halten - oder zu bringen". Wobei 'Können' sich wohl
nicht so sehr auf seine generellen geschäftsführende Tätigkeiten bezog, sondern
auf die geringen finanziellen Mittel, die KNA zur Verfügung standen (PA).

Ich war nach meinem Eintritt zunächst vorwiegend im täglichen Pressedienst
eingeteilt und musste als erstes meinen privaten Tagesablauf umstellen: Wir arbeiteten nicht nur werktags schichtweise im Früh- und Spätdienst, sondern hatten jedes zweite Wochenende Sonntagsdienst. Bringmann achtete darauf, dass
unsere Nachrichtenarbeit handwerklich solide ausgeführt wurde, gut recher-
chiert, sachlich formuliert, der (damals noch kaum reflektierten) „objektiven Berichterstattung" verpflichtet. Gerade daran entzündete sich oft kirchliche Kritik,
insbesondere aus den Reihen der Bischöfe, wenn ihnen Meldungen nicht gefie-
len, die sie als schlecht und schädigend für die Kirche ansahen. KNA wurde immer wieder daran erinnert, dass sie satzungsgemäß als „Informationsinstrument
im Dienst der Kirche" gegründet worden ist mit den Zielen, „Verkündigung, Bildung und Öffentlichkeitsarbeit" zu betreiben. Wie kirchliche Presse insgesamt,
wurde KNA als „Tendenzbetrieb" gesehen. Eine strikte Trennung von Nachrichtenarbeit und dem, was tendenziell Öffentlichkeitsarbeit ist, erfolgte erst nach
dem Konzil mit der Einrichtung der Pressestellen in der Bischofskonferenz und
den Bistümern. Von heute aus gesehen müsste man also von einer „katholisch
gefärbten Nachrichtengebung" sprechen. Von heute aus gesehen muss man jedoch auch jenen katholischen Zeitgeist der 50er Jahre verstehen, aus dem heraus
wir als katholische Redakteure dachten und schrieben: verklärend und verteidi-
gend. Wir bewegten uns eben noch im vorkonziliaren Denken.

Ich kann der Versuchung nicht widerstehen, an dieser Stelle ein Beispiel für diesen „konstantinischen Stil" zu zitieren, dem auch Karl Bringmann verfallen war.
In seinem Kommentar mit dem Titel „*Nachtwache*" zum Tod Pius XII. am 9.
Oktober 1958 liest sich das, was er später selbst als „typisch" für diese Zeit bezeichnete, so:

*Die Nacht, die so langsam mit schwerem Mantel über die Erde schritt, als ob sie
wegen des Sterbenden im kleinen Zimmer von Castelgandolfo verharrte, und die
in der Stunde seines Todes sich eben anschickte, die Ewige Stadt aus ihrem Dunkel zu entlassen, ist für die Menschen, die in ihr wachten, zu einem erschüttern-
den Erlebnis geworden. Gebete in den morgendlichen Messen in Indien und des
Fernen Ostens, Gebete in den Abendandachten der amerikanischen Kontinent,
Gebete in den dunklen Hallen nächtlicher Kirchen in Europa, Gebete in der
kleinen Kirche San Tommaso di Villanova, die ihre Pforten weit geöffnet hatte
auf dem Platz von Castelgandolfo, an dem der Päpstliche Palast in tiefem*

Schweigen lag. Gebete über die Ätherwellen bis in die entferntesten Weiten der Welt aus der kleinen Hauskapelle des Papstes, in der kurz nach Mitternacht der Staatssekretär die erste hl. Messe des Todestages las, unmittelbar neben dem Sterbelager... Um 3 Uhr und 52 Minuten, im 83. Jahr seines Lebens, im 20. seines Pontifikates gab Eugenio Pacelli, nach dem Willen Gottes Papst Pius XII., sein Leben in die Hand des Schöpfers zurück, wurde seine Seele aus dem irdischen Gefängnis befreit ..(Bringmann, 1987, S. 34).

Mir lag diese ins Feuilletonistische gehende Schreibweise persönlich allerdings mehr als der reine Nachrichtenstil. Meiner Vorliebe fürs Feuilletonistische kam Bringmanns Auftrag entgegen, die „Katholische Korrespondenz" (KK), einen speziellen Wochendienst, zu übernehmen. Unter demselben Namen hatte bereits CND einen Artikeldienst über Glaubens- und Kulturfragen verbreitet, den der spätere Chefredakteur der „Augsburger Kirchenzeitung", Albert Reichert, gestaltete. Unsere KK sollte sich speziell an die Kirchenpresse richten und zwei Redaktionswünsche erfüllen: erstens durch zusammenfassende Eigenberichte über größere kirchliche Ereignisse, die bislang nur durch Tagesmeldungen im Pressedienst behandelt wurden und für die wöchentliche Kirchenpresse veraltet waren, weil die Tagespresse sie schon gebracht hatte; zweitens durch eigene Berichte, Beiträge und Kommentare, die von den permanent unterbesetzten und teilweise immer noch mit wenig Profis besetzten Redaktionen nicht selbst erstellt oder besorgt werden konnten. In dieser Weise konnte ich also die KK „in eine neue Form" bringen, wie Bringmann in seinem Weihnachtsbrief Ende 1957 schrieb.

Die Tätigkeit für die KK gab mir vermehrt Gelegenheit, neben der reinen Nachrichtenarbeit auch eigene Berichten und Reportagen zu schreiben. Anlass boten vor allem einige Großereignisse, die in meine vier KNA-Jahre von 1957 bis 1961 fielen: die Initiativen zu den kirchlichen Hilfswerken, die Gründung des Bistums Essen, die Papstwahl 1958, die Konzils-Ankündigung und der Eucharistische Weltkongress 1960 in München. Jedes Ereignis stellte die junge KNA vor große Herausforderungen und hatte auf die eine oder andere Weise auch Bezüge und Auswirkungen auf meinen publizistischen Weg.

Zeit der Neugründungen: Hilfswerke und Ruhr-Bistum

Die erste Initiative zu einem kirchlichen Hilfswerk nach dem Zweiten Weltkrieg hatte ich 1955 schon als Redakteur der Kölner Kirchenzeitung begleiten können. Köln darf überhaupt als Ausgangspunkt für die großen Werke bezeichnet werden, denn auch „Misereor" und „Adveniat" gingen von Köln aus. Kardinal Frings berichtet in seinen Erinnerungen darüber, wie ihm der Gedanke kam, im Gegenzug für die „in schwerer Notzeit" erhaltene Hilfe aus dem Ausland „irgendeine Kirche" zu unterstützen, die ihrerseits Hilfe braucht. Er hatte mit seinem Generalvikar Josef Teusch zunächst daran gedacht, eine Patenschaft für Indien zu übernehmen. Der Vorsitzende des in Aachen sitzenden Vereins für die Glaubensverbreitung, später Missio, Prälat Klaus Mund, habe ihm jedoch zu Japan geraten, weil dort die Kirche in der Nachkriegszeit große Not litt. In der Kölner Kirchenzeitung hatten wir im Herbst 1955 Artikel über die Kirche in Ja-

pan mit ihrer langen Missionsgeschichte veröffentlicht und zu einer ersten Hilfs-
aktion für das Erzbistum Tokio aufgerufen. Als diese rund 800 000 DM er-
bracht hatte, baute Frings die Beziehung zwischen dem Erzbistum Köln und Tokio zu einer Dauerpatenschaft aus.

Bei KNA holte mich das Thema rasch ein. Als ich gerade ein Vierteljahr dort
war, durfte ich den Kardinal auf seiner ersten Reise nach Tokio auf dem Zubrin-
gerflug von Düsseldorf nach Kopenhagen begleiten, von wo aus er über die gerade von der skandinavischen Fluglinie SAS eröffnete Nordpol-Route nach Japan flog, und führte mit ihm ein Interview über die Motive für diese Patenschaft. Neben dem bereits erwähnten Dank für die in Deutschland erhaltene
Nothilfe nach dem Krieg nannte der Kardinal die Verantwortung aller Bischöfe
für die Evangelisierung der Welt als Hauptmotiv. Er fühle sich als Oberhirte eines Bistums, das einen wirtschaftlichen Aufschwung erlebe, dazu verpflichtet,
eine notleide Ortskirche in einem Missionsland pastoral und materiell zu unterstützen (Frings, 1973, S. 179 ff.).

Das Interview erhielt die Kirchenpresse exklusiv - und das ferne Japan kam erstmals nach dem Krieg in Deutschland in den öffentlichen Blickpunkt. Wenn Japan auch im politischen, wirtschaftlichen und kulturellen Bereich in den folgenden Jahren enger an die Deutschen heran rückte, spielten dabei auch die Berichte
und Reportagen über die erfolgreiche Entwicklung der Patenschaft Köln-Tokio
eine Rolle. Das begann, als die japanischen Schwestern vom Heiligsten Herzen
Jesu aus Yokohama eine Filialniederlassung im Erzbistum Köln errichteten und
die Nonnen in der Kölner Lokalpresse als „im Stadtbild aufgetauchte Pinguine"
gefeiert wurden, setzte sich fort mit Berichten über Förderungs- und Forschungs-
maßnahmen der katholischen Sophia-Universität in Tokio und fand einen unerwarteten Höhepunkt zur Zeit der Olympischen Spielen 1964 in Tokio. Wenn in
Zeitungen und Illustrierten die neuen Spielstätten gepriesen wurden, die der Ar-
chitekt Kenzo Tange mit kühnen Konstruktionen in modernster Technik errichtet hatte, wurde gleichzeitig auch die von ihm zur gleichen Zeit erbaute moderne
katholische Kathedrale in Tokio gezeigt. Auf einer Journalistenreise zur
Weltausstellung 1969 in Osaka konnte ich dieses Bauwerk bewundern, das vom
Erzbistum Köln mitfinanziert worden war und das Kardinal Frings besonders
beeindruckte, weil der Nichtchrist Tange darin „japanische, christliche und moderne Elemente überaus glücklich miteinander verbindet".

Aus denselben Motiven heraus wie die Tokio-Patenschaft wuchs im Erzbistum
Köln wenig später der Gedanke an ein übergreifendes Hilfswerk der deutschen
Katholiken „gegen Hunger und Krankheit" in den damals „unterentwickelt" genannten Ländern Asiens, Afrikas und Lateinamerikas. Dagegen gab es intern
viele und vielerlei Bedenken, weil die nationalen und internationalen Missions-
werke und andere caritativ-soziale Institutionen (und einzelne Bistümer) u.a.
eine „Konkurrenz" bei den Sammelaktionen befürchteten. Erst 1958 beschloss
die Bischofskonferenz dieses Werk als „Fastenaktion", wodurch inhaltliche und
terminliche Abgrenzungen betont wurden. Nach der Ansiedlung von „Misereor"
in Aachen erhielt ich den Auftrag, für KNA mit dem neuen Geschäftsführer Prä-

lat Gottfried Dossing ein Gespräch über die Zielsetzung des neuen Hilfswerk zu führen. Er war zuvor Sekretär des Päpstlichen Werkes der Glaubensverbreitung war. An Hand der später oft herangezogenen Beispiele von Hunderttausenden von Afrikanern, die medizinisch und enährungsmäßig unterversorgt sind, und armen Fischern auf abgelegenen Inseln im fernöstlichen Asien erklärte Dossing, dass in solchen und abertausend ähnlichen Fällen das Prinzip „Hilfe zur Selbsthilfe" wirksamer ist als direkte Geld- und Sachspenden. „Sie müssen selbst Brunnen bauen für ihr Trinkwasser und Bodenbewässerung", höre ich noch die etwas singenden rheinische Stimme des Prälaten. Berichte und Reportagen für die nächste Fastenaktion, die die „Katholische Korrespondenz" der Kirchenpresse lieferte, entstanden in Zusammenarbeit mit der KNA-Bildagentur, die der Berufsfotograf Anton Siebers in Frankfurt aufgebaut hatte. Seine jungen Kollegen Ernst Herb und Hans Knapp bereisten in den anschließenden Jahren in enger Zusammenarbeit mit dem Leiter der Miseror-Presseselle, Johannes Hermanns, Entwicklungsländer in allen Kontinenten, um die uns weithin unbekannten Lebenswelten und Lebensumstände der einheimischen Bevölkerungen und Kulturen nahe zu bringen. Man darf sicherlich sagen, dass die zu Beginn des 21. Jahrhunderts viel zitierte „Globalisierung" bereits damals durch viele der auch fotografisch ausgezeichneten Bildberichte der jungen KNA-Bildredakteure ins Bewusstsein der deutschen Katholiken gekommen sind. Und es kann unbestritten als großes Verdienst der katholischen Kirchenpresse bezeichnet werden, dass sie durch ihre frühe und fortgesetzte Berichterstattung über die kirchliche Entwicklungshilfe zum großen Erfolg dieser Hilfsaktionen beigetragen hat.

Für mich selbst ist die frühe Verbindung mit dieser kirchlichen Weltentwicklung zu einem beständigen Feld meines publizistischen Wirkens geworden, mit vielen Reportagen, Büchern, Hilfsaktionen und Informationsreisen, die in späten Jahren zu meiner Berufung in den Verwaltungs- und Aufsichtsrat der Misereor Vertriebs-Gesellschaft MVG in Aachen führten.

Die Gründung des Bistums Essen mag als Beispiel dafür gelten, wie kirchen- und staatsinterne Auseinandersetzungen eine kirchliche Agentur in Konflikte bringen können, wenn interne Vorgänge von öffentlichem Interesse bekannt werden. Von den seit 1951 laufenden Gesprächen und Verhandlungen zwischen den Erzbistümern Köln und Paderborn sowie dem Bistum Münster über die Gründung eines eigenen Bistums für den im Wiederaufbau befindlichen Ruhrdistrikt waren immer wieder Gerüchte in der Öffentlichkeit aufgetaucht, die auch zu uns drangen. KNA war jedoch gehalten, nur offizielle kirchliche Stellungnahmen zu veröffentlichen. Selbst als 1955, nachdem die Bistümer sich über geografische und institutionelle Abgrenzungen, Finanzen und personelle Besetzungen untereinander sowie mit Rom geeinigt hatten und in der säkularen Presse groß darüber berichtet und spekuliert worden war, blieb das Thema für KNA und die Kirchenpresse tabu. Abgesehen davon, dass eigene Recherchen von Kirchenredakteuren nicht üblich waren, waren sie auch unerwünscht.

Dabei hatten sich die Bistümer schon zu dieser Zeit - wie im Konkordat vorgeschrieben - mit der Landesregierung von Nordrhein-Westfalen unter dem CDU-

Ministerpräsidenten Arnold weitgehend geeinigt. Über die Schiene Landesregierung hatte die säkulare Presse auch wohl ihre Informationen erhalten.

Selbst auf dem Katholikentag 1956 in Köln war das Thema „Ruhrbistum" nicht zur Sprache gekommen, obwohl es für die Neustrukturierung der Kirche von größter Bedeutung war. Allerdings lag das Thema zu dieser Zeit auch in Düsseldorf auf Eis, weil die neue SPD-Regierung nach ihrer Amtsübernahme zunächst andere Prioritäten setzte. So bleibt ungewiss, ob der junge Weihbischof Dr. Franz Hengsbach aus Paderborn, der auf dem Katholikentag das Hauptreferat im Arbeitskreis Presse gehalten hatte, im Stillen bereits an Essen dachte. Erst wenige Tage, nachdem die Päpstliche Errichtungsbulle des neuen Bistums im Februar 1957 publiziert worden war, erbat der Päpstliche Nuntius Aloisius Muench von Kardinal Frings eine Kandidaten-Vorschlagsliste für den neuen Bischofsstuhl in Essen. Als die Lokalpresse im Sommer 1957 berichtete, dass der Landesregierung in Düsseldorf noch keine Anfrage des Heiligen Stuhls für die Stellungnahme zu einem Kandidaten für Essen vorliegt, dürfte vermutlich Prälat Böhler als kirchlicher Verhandlungspartner der Landesregierung Dr. Bringmann vorinformiert haben. Denn ich wurde angewiesen, Material für KK-Artikel über die letzten Bistumsneugründungen von Berlin und Aachen im Jahr 1930 zu sammeln und bekam erste Unterlagen über das neue „Ruhrbistum". Und kurz bevor die Ernennung von Franz Hengsbach aus Paderborn am 18. November 1957 in Rom und Düsseldorf publiziert wurde, erhielten wir von unserem römischen Korrespondenten die entsprechende Meldung „mit Sperrfrist".

Zwei Dinge schlugen sofort nach der Gründung des Bistums Essen innerhalb der Kirche und der Kirchenpresse hohe Wellen. Zunächst erreichte der neue „Ruhrbischof" rasch große Popularität, weil er die Nähe zu den Menschen suchte. Symbolisches Zeichen war ein Stück Kohle, das er sich in einen Bischofsring einarbeiten ließ. Er fuhr mit Kumpels in Kohlebergwerke ein, begeistert sich für den FC Schalke 04 und fand durch seine offene und herzliche Art Kontakt zu allen Schichten. Die säkulare Presse hatte einen neuen „Star" unter den Bischöfen. Dass Hengsbach mit gleichem Ehrgeiz und gleicher Verve theologisch das vertrat, was konventionell konservativ war, wurde erst nach und nach sichtbar, bei seinem Klerus ebenso wie in der Öffentlichkeit.

Als Zweites setzte er in der kirchlichen Publizistik einen neuen Akzent mit seinem Bistumsorgan. Es wurde völlig anders konzipiert als die üblichen Diözesanblätter, erhielt bewusst keinen frommen Titel, sondern sollte als „Ruhrwort" auch die Fernstehenden ansprechen. Er holte dafür einen agilen, theologisch sehr gebildeten Chefredakteur aus Österreich, Dr. Otto Kaspar, der sich in der kirchlichen Öffentlichkeitsarbeit einen Namen gemacht hatte. Kaspar entwarf ein Blatt im Zeitungsformat „ohne Kirchengeruch", verzichtete weitgehend auf Agenturmaterial, ließ die meisten Berichte und Reportagen von eigenen Mitarbeitern lokalnah schreiben und führte praktisch einen „säkularen Zeitungsstil" ein (vgl. RuhrWort, 2009). Als Neuerung für die Kirchenpresse galt in der Zeit emporschießender Illustrierten die auf besserem Papier gedruckte Beilage „RuhrBild", für die Kaspar namhafte Fotografen verpflichtete. Die Kollegen der Bis-

tumspresse, der KNA und von KNA-Bild betrachteten dieses Experiment „Ruhrwort" zum Teil skeptisch, weil „die in Essen glauben, sie können alles besser",
zum Teil neidisch, weil Verlag und Redaktion in Essen offensichtlich finanziell
so ausgestattet waren, dass sie sich vieles leisten konnten, was man selbst auch
gerne gemacht hätte. Otto Kaspar sollte innerhalb der Kirchenpresse eine Aus-
nahmeerscheinung bleiben, er brachte im Sinne des „Straßenpredigers" Pater Johannes Leppich SJ einen missionarischen Impetus und offenen Journalismus mit
in den weithin routinierten traditionellen Kirchenzeitungsjournalismus und wurde nach dem Konzil Mit-Iniator internationaler Hilfen für die katholischen Medien in der Entwicklungswelt.

Dass ich mich als KNA-Redakteur so früh intensiv mit dem neuen Bistum beschäftigt hatte, erwies sich keine drei Jahre später als vorteilhaft, als ich nach Essen zur Wochenzeitschrift „Die Christliche Familie" wechselte und in den folgenden Jahren mit dem Bistum und seinem „Ruhrbischof" auf vielen Gebieten
publizistisch zusammen kam.

1958 zur Papstwahl nach Rom

Wenn ich über Rom berichte, fällt mir auf, dass es eigentlich verwunderlich war,
dass ich 1958 schon über zehn Jahre in der katholischen Presse tätig war, New
York und Rio de Janeiro kannte, aber noch nicht die Ewige Stadt. Und als ich
1958 zum ersten Mal ins Zentrum der Weltkirche kam, geschah auch das nicht
aus beruflichem Anlass, sondern durch einen privaten Urlaubsbesuch, den ich
mit meiner Frau in unserem VW unternahm, wobei ich die Grundregel im römischen Straßenverkehr kennen und lieben lernte: Wessen Wagen nur um einen
Zentimeter vor dem anderen ist, hat Vorfahrt: das entwirrt sogar die größten
Staus an Knotenpunkten schneller als Ampeln. Wenn auch privat in Rom, so
waren da doch die Kollegen-Verbindungen hilfreich und bildeten den Anfang einer langjährigen Rom-Verbindung meiner journalistischen Tätigkeit.

Die erste Privatunterkunft in einer Nebenstraße des Borgo hatte uns Paul Dahm
aufgetan, der dort als „Feuerreiter"-Redakteur seinen römischen Standort hatte,
während sein Verleger Hans Struth als päpstlicher Kammerherr im Nobelhotel
Villa Hassler residierte, wenn er im Vatikan Dienst tat. Anton Gärtner, KNA-
Romkorrespondent, erschloss uns die historischen und kulturellen Zentren. Er
begleitete uns über das Forum Romanum, zeigte uns das von italienischen Eltern
verehrte „Bambino Jesu" in Ara Coeli beim Kapitol, aß mit uns das berühmte
Tartuffo-Eis auf der Piazza Navona und begleitete uns in einheimische Cafes
und Restaurants in Trastevere, in der Via Condotti und in der Via Margutta, der
Straße im Künstlerviertel am Fuße der Spanischen Treppe. Gärtner war wie viele
deutsche Soldaten nach der Befreiung Italiens in Rom hängen geblieben, ebenso
wie Msgr. Bruno Wüstenberg, der Leiter der deutschen Abteilung im Staatssekretariat, der uns 1962 die erste Papstaudienz besorgen würde. Gärtner machte
uns auch mit dem Jesuitenpater Emil Schmitz bekannt, der die deutsche Abteilung von Radio Vatikan leitete. Der voller Witz steckende Jesuit aus dem Rheinland führte uns privat nicht nur in die Sixtinische Kapelle, die Vatikanischen

Museen und die Katakomben, sondern auch „hinter die Kulissen des Vatikans". Er und Toni Gärtner kannten alle Interna, die mit den Methoden und geheimen Wegen von Informationsbeschaffungen aus dem Vatikan zusammenhingen, wobei Essens-Einladungen und Barschecks keine unbedeutende Rolle spielten.

Wir profitierten davon, als wir Billetts für eine Mittwochsaudienz von Papst Pius XII. erhielten. Dadurch konnten wir jedenfalls noch diesen Papst erleben, bevor er einige Monate später starb. Wir hatten im Petersdom Plätze direkt an der Holzbarriere am Mittelgang, hörten rund um uns ein Stimmengewirr aus italienischen, französischen, spanischen und englischen Sprachen, sahen bunt gekleidete Pilger aus Afrika, die damals üblicherweise noch Neger genannt wurden, ehrfürchtig staunende Gläubige aus Indien und Fernost, und eine Gruppe von amerikanischen Frauen, die außer sich geriet, als der Papst einzog. Pius XII. thronte auf der Sedia Gestatoria, die von schwarzgekleideten Kammernherren getragen und von Mitgliedern der Päpstlichen Ehrengarde mit den berühmten weißen Flammbelli-Fächern ägyptischen Herrscherursprungs begleitet wurde. Der Jubel wurde ohrenbetäubend, Arme reckten sich hoch, Blitzlichter zuckten auf, und Pius XII. erteilte unablässig seinen Segen nach rechts und links. Hinter uns standen die Amerikanerinnen auf den Stühlen und reckten dem Heiligen Vater zahlreiche Rosenkränze entgegen, die sie um ihre Arme gebunden hatten, sowie Medaillen und Andenkenbilder in den Händen: Souveniers mit päpstlichem Segen für die ferne Heimat jenseits des Atlantiks. Meine Frau entrüstete sich dabei, als sie beobachtete, wie Diebe einigen Amerikanerinnen von hinten unbemerkt Halsschmuck stahlen...

Das Erlebnis der Völkervielfalt der Weltkirche im Petersdom beeindruckte uns, die „konstantinische" Papstverehrung weniger - als konstantinisch verurteilte der junge Josef Ratzinger zwei Jahre später den kirchlichen Prunk und Pomp auf dem Eucharistischen Weltkongress 1960 in München. So präsentierte sich mir also noch 1958 jener Papst, der mit seiner erstmaligen Anerkennung der Notwendigkeit einer öffentlichen Meinung in der Kirche gerade erst den Wandel des Verhältnisses der Kirche von einer jahrhundertalten Abwehrhaltung gegenüber den Medien zu deren Würdigung und Anerkennung als Kommunikationsträger eingeleitet hatte! Ich konnte nicht ahnen, dass innerhalb eines Jahrzehnts das Zweite Vatikanische Konzil diesen Wandlungsprozess endgültig einleiten und ich selbst mich für die daraus erwachsende Neugestaltung der Kirchenpresse voll engagieren würde.

Unerwartet führte mich wenige Monate später wieder eine Reise nach Rom ins Zentrum der Weltkirche, diesmal aus dienstlichem Anlass: dem Tod Pius XII. und der Wahl seines Nachfolgers im Oktober 1958. Die begrenzte finanzielle Lage der KNA wird daraus ersichtlich, wie meine Reise als Sonderkorrespondent zur Papstwahl überhaupt möglich wurde. Über die Nuntiatur hatte Bringmann erreicht, dass einer ihrer Prälaten auf einem Flug der neuen Ferienlinie Condor nach Rom von einem KNA-Bildredakteur und mir als KNA-Redakteur begleitet werden konnte. So war die Hinreise für mich schon einmal kostenlos. In Rom erhielt ich vom Münchner KNA-Geschäftsführer Schäfer die Mitteilung: „Für Ihre Rom-Reise habe ich heute von dritter Seite eine Spende von DM 200 erhalten. Da Sie die Reise nach Rom kostenlos erhielten und in Rom bei Herrrn Gärtner wohnen können, bitte ich Sie, bemüht zu sein, mit den DM 200 den Aufenthalt und die Rückreise zu bestreiten. Ich höre, dass Sie für die Rückreise auch durch die Hilfe des Herrn Gärtner Erleichterungen bei der italienischen Staatsbahn erhalten." Wie ich mit den 200 DM die fünf Tage in Rom finanzieren konnte, weiß ich nicht mehr, für die Rückfahrt erhielt ich im Quirinal im Verkehrsministerium nach dem Ausfüllen mehrerer Formulare tatsächlich ein um die Hälfte reduziertes Journalisten-Ticket für die Zugreise nach Hause, bis zur italienischen Grenze sogar 1. Klasse.

Diese Reise-Umstände beeinträchtigten nicht die journalistische Arbeit in Rom, zumal der Vatikan sich vor der Papstwahl erstaunlich offen für die Berichterstattung zeigte. Wir wurden ausführlich über den Ablauf des Konklaves informiert und durften sogar die Räumlichkeiten besichtigen, in denen die Kardinäle wohnen würden. Viele waren in Arbeitszimmern des Vatikanischen Palastes notdürftig mit einem Bett ausgestattet worden, in einigen gab es keine Waschgelegenheit. Kardinal Roncalli erzählte nach seiner Papstwahl, dass er in einem Amtsraum des Kommandanten der Nobelgarde untergebracht war, in dem über seinem Bett und an den Wänden mittelalterliche Rüstungen hingen. In der Sixtinischen Kapelle wurden uns die vorbereiteten Sitze für die Kardinäle gezeigt, insgesamt 52. Das Kardinalskollegium umfasste 54 Kardinäle, doch zum Konklave-Beginn am Samstag, dem 21. Oktober 1958, zogen nur 51 Kardinäle in die Sixtina ein: einer war schwer erkrankt, einer war noch vor Konklavebeginn verstorben, und dem ungarischen Kardinal Mindzenty war von der kommunistischen Regierung die Ausreise verweigert worden. Wir durften schließlich sogar einen Blick auf den alten Eisenofen werfen, neben dem bereits Strohballen für die Rauchsignale gestapelt waren, die nach jeweils zwei Wahlgängen erfolgen. Natürlich gab es auch Gerüchte über Kardinäle, die als papabilis galten, an erster Stelle Giovanni Battista Montini, der lange Zeit Staatssekretär war, aber erst wenige Jahre zuvor von Pius XII. nach Mailand als Erzbischof versetzt und noch nicht zum Kardinal ernannt worden war. Insider nannten auch Kardinal Angelo Roncalli aus Venedig als papabilis, weil man vielleicht nur einen „Übergangspapst" suche und Roncalli bereits 77 Jahre alt war.

Nach dem Beginn des Konklave erhielten wir Journalisten keine Nachrichten und waren auf die Rauchsignale ebenso angewiesen wie die Menschen, die sich mittags und abends auf dem Petersplatz versammelten und auf das Ofenrohr der Sixtina starrten. Es gab noch nicht das Informationsbüro im Staatssekretariat - erst Paul VI. ließ eine solche Stelle während des Konzils einrichten - , noch einen Pressesprecher, noch eine Medienkommission. Offizielle Verlautbarungen erfolgten nur über den „Osservatore Romano" und Radio Vatikan. Presse- und Öffentlichkeitsarbeit waren unbekannt. Das Bild der Kirche wurde durch die Päpste bestimmt. Noch Johannes Paul II. meinte bei einem Besuch der Wochenausgaben des „Osservatore" in den 70er Jahren zu den Redakteuren: „Eigentlich müsstet ihr mir ein Honorar zahlen bei den vielen Beiträgen, die ich euch liefere." Der Rauch aus dem Ofenrohr, blieb die einzige Kommunikation über die Vorgänge im Konklave, und selbst Radio Vatikan konnte die Rauchsignale nicht

immer richtig interpretieren: Nach dem zweiten Wahlgang deutete der italienische Sprecher die graue Wolke als weiß - und lag falsch. Auch am Dienstag, dem
28. Oktober, gab es zunächst Verwirrung, als um kurz nach 5 Uhr nachmittags
Rauch aufstieg und zunächst wieder nicht eindeutig zu erkennen war, welche
Farbe er hatte. Was sich dann abspielte, ist in den Notizen festgehalten, die ich
mir für meiner Telefonbericht nach Bonn notierte:
*Dienstag spätnachmittags, 5 Uhr und 8 Minuten: leichte helle Rauchwolke
steigt aus dem Ofenrohr der Sixtinischen Kapelle gegen das Halbdunkel der
Dämmerung - Unsicherheit, ob wieder wie zweimal zuvor falscher Alarm - Diesmal nur kurzes Rauchsignal - deutet auf erfolgreiche Wahl - Wachsende Spannung im weiten Oval des Bernini-Säulenganges - Rasch hereinfallende südländi-
sche Nacht - Immer mehr Fenster im Vatikanpalast erleuchtet - Vatikanist er-
kennt Vinzenzschwestern, die im Konklave waren - Jetzt Gewissheit: Habemus
Papam - Thron Petri nicht länger vakant* (PA, 1959).
Für die Vaticanisti war es keine Überraschung, als dann nach langer Wartezeit,
in der sich der Petersplatz bei hereinbrechender Nacht rasch mit Hunderttausenden gefüllt hatte, der Mittelbalkon des Petersdomes mit Kardinaldiakon Nicola
Canali zunächst in Latein ankündigte: „Nuncio vobis gaudium magnum! Habemus Papam" und dann den Namen „Angelo Cardinale Roncalli" bekanntgab.
Mitgetragen von dem ausbrechenden Jubel, wechselte Canali in seine Mutter-
sprache, als er den Namen verkündete, den der Papst sich gegeben hat: „Giovanni Ventitresimo". Bei den Journalisten rief dieser Name Erstaunen hervor: Hatte
es den nicht schon gegeben ? Warum wählte der Bauernsohn aus Bergamo diesen Namen ? Welches Programm steckte dahinter ? War ihm bewusst, dass man
ihn vielleicht nur als „Übergangspapst" gewählt hatte ? Erst am nächsten Tag
lüftete ein vatikanisches Bulletin das Geheimnis dieser Namenswahl: Johannes
sei nicht nur der Namen seines Vaters, seiner Heimatkirche und nun seiner römischen Kathedralkirche Lateran, sondern von mehr Päpsten getragen worden als
ein anderer Name. Und dann wörtlich: „So gut wie alle Träger dieses Namens
hatten nur ein kurzes Pontifikat, und Wir ziehen es vor, die Geringfügigkeit Unseres Namens hinter der großartigen Folge der Römischen Pontifices zu verbergen." Dass dieser „Übergangspapst" in seinem kurzen Pontifikat Kirchengeschichte schreiben und der Kirche die Türe zur Neuzeit öffnen würde, ahnte in
diesen römischen Oktobertagen niemand.
Festhalten möchte ich noch, wie damals die technischen Voraussetzungen für die
KNA- Nachrichtenvermittlung aus Rom waren. Telefonübermittlungen wie im
Fall dieser Papstwahl waren generell die Ausnahme. Normalerweise erfolgte die
römische Berichterstattung durch Anton Gärtner wie zuvor bei CND: Er verlas
im deutschsprachigen Programm von Radio Vatikan absprachegemäß zuerst
Nachrichten, die für KNA wichtig waren. In einer Telefonkabine auf der Redaktions-Etage in der Bonner Rathausgasse hörte jeweils ein Redakteur die Nachrichten ab, und eine Sekretärin stenografierte mit, was für uns wichtig war. Was
manchmal dabei heraus kaum, habe ich in einer Ulkzeitung zum Betriebsausflug
im Dezember 1958 festgehalten:

Wenn der römische Redakteur folgende Nachricht in Radio Vatikan verliest (und die Übertragung zufällig nicht gestört sein soll): „Der Propräfekt der Kongregation der Propaganda Fide, Kardinal Agagianian....", *dann kommt die Sekretärin mit folgendem Stenogramm aus der Kabine:* „Der Präsident der Konföderation der Propagandafirma, Kardinal Akaschina ..." (PA, 1958).

KNA-Interregnum in Bonn

Bevor im Januar 1959, drei Monate nach der Papstwahl, mit der Ankündigung eines Konzils ein Paukenschlag aus Rom die Weltkirche aufhorchen ließ, wirbelte ein kleinerer Trommelschlag Ende 1958 die KNA durcheinander. Obwohl es zuvor verschiedentlich Anzeichen über innere redaktionelle Unstimmigkeiten gegeben hatte, die auch auf organisatorische Mängel zurückzuführen waren, kam die Mitteilung vom Ausscheiden Bringmanns zum Ende des Jahres für die Redaktion zwar nicht plötzlich, aber unerwartet schnell. In der Bierzeitung zum Betriebsausflug Anfang Dezember ist einiges durch die Blume angedeutet worden: dass die täglichen Redaktionskonferenzen am kürzesten waren, wenn der Chef nicht da war; dass sie, wenn er da war, mindestens zwei Stunden dauerten, aber nur wenig Dienstliches besprochen wurde - „Der Chef erzählt von seiner Zeit als Redakteur bei der „Germania" und wie er eine Sonderbeilage „Heim ins Reich" gestaltete". Ich selbst hatte im März 1958 zunächst in einem Aktenvermerk festgehalten: „Weder in persönlicher noch redaktioneller Hinsicht seit einem Jahr Besserungen eingetreten. Keine klar umrissenen Aufgaben und Zuständigkeiten. Erhöhte Anforderungen." Das bezog sich darauf, dass für die Diensteinteilungen von Früh-, Spät- und Sonntagsschichten nie eindeutig klar war, wer wofür verantwortlich war und immer häufiger „Sonderdienste" alles durcheinander brachten.

Wahrscheinlich sogar auf Bitten Bringmanns haben der Redakteur des „Informationsdienstes", Karlheinz Treiß, der von CND kam, und ich dann Entwürfe „für eine allgemeine Dienstverteilung für Redakteure in der Chefredaktion Bonn" erstellt. Darin war mein Vorschlag enthalten, „zur besseren Koordinierung der Arbeit, zur Verbesserung des Pressedienstes und zur Ausschaltung der Fehlerquellen, soweit dies möglich ist,...eine Koordinierungs- und Kontrollinstanz einzurichten und dafür einen 'Chef vom Dienst' zu ernennen". Zwei Monate später übersandte Treiß die Entwurf an den Vorsitzenden des Beirates, Josef Bachem, mit der aufschlussreichen Bemerkung: „Mehrere große Kongresse und Tagungen brachten es mit sich, dass Herr Dr. Bringmann nicht so viel in Bonn war, um mit ihm in einer ruhigen Stunde erneut eine Aussprache über den ganzen Komplex zu führen." In meinen Unterlagen befindet sich die Kopie meines Entwurfs für einen „Umlauf" über die neue Dienstverteilung, in dem Bringmann handschriftlich Namen eingefügt und kleinere Verbesserungen vorgenommen hat. Ob er noch umgesetzt wurde, weiß ich nicht, im Herbst 1958 wurde bekannt, dass Bringmann ab 1959 zurück zur „Rheinischen Post" nach Düsseldorf geht, von wo er gekommen war.

Welche Gründe im einzelnen dafür letztlich entscheidend waren, ist uns nie bekannt geworden. Neben den ungelösten organisatorischen Fragen dürfte es vor allem die Einführung zahlreicher Sonderdienste gewesen sein, die den Etat - und die Redakteure - stark belasteten und sich letztlich finanziell nicht trugen. Bringmann wollte zwei Wochen vor seinem Ausscheiden, Mitte Dezember, mit mir noch einen neuen Vertrag abschließen, ohne jedoch meine redaktionelle Position zu verankern. Ich weiß nicht, ob er mich absichern wollte, weil es mit seinem Abgang und danach ziemlich viel personellen Wechsel gab. Jedenfalls war Bringmann, das möchte ich doch festhalten, grundsätzlich sehr fürsorglich für alle Belange seiner Redakteure und hat beispielsweise mich und andere Kollegen zur Grundlage einer Alterssicherung sehr früh beim Presseversorgungswerk angemeldet.

Für die KNA begann eine zweijährige Interregnums-Zeit ohne Chefredakteur. Mit der Wahrnehmung der Redaktionsleitung wurde Karlheinz Treiß bestellt. Ich bewarb mich beim Beirat um die Stelle des „Chefs vom Dienst", die mir im Zuge der endlich von Treiß eingeführten Redaktionsorganisation auch zugestanden wurde. Aus einem Rundschreiben des etwas peniblen und akribischen „kommissarischen" Chefredakteurs Treiß geht hervor, dass die „Schul-" und „Film-Korrespondenz" sowie der „Werkspressedienst" ausgegliedert wurden und die Agentur sich ganz auf den täglichen „Pressedienst" konzentrierte. Dieser wurde untergliedert in Inland, Ausland und Vatikan. Als „Chef vom Dienst" war ich zuständig für Inland und Vatikan, für Ausland wurde ein neuer Kollege verpflichtet, ebenso für die „Katholische Korrespondenz", die als einziger Sonderdienst für die Kirchenpresse weitergeführt wurde. Wir hatten über die Abdrucke aus allen Sonderdiensten Strichlisten geführt, und dabei stellte sich die KK als der Dienst heraus, der bei weitem am stärksten abgedruckt wurde, allerdings ausschließlich in der Kirchenpresse. Die Kirchenpresse war auch Hauptnutzer des „Pressedienstes", der in der säkularen Tagespresse nur wenig nachgedruckt wurde, selbst nicht von den Organen der Unions-Presse, die zu den KNA-Gesellschaftern gehörten. Der Ausbau von Landes-Redaktionen in München, Freiburg, Frankfurt, Hamburg und Berlin war zwar abgeschlossen, außerdem gab es feste Korrespondenten in Münster und Essen, aber offensichtlich mangelte es noch an der Präzision der Nachrichten. Treiß formulierte in seinem Rundschreiben daher Grundsätze für eine Verbesserung der Nachrichtengebung durch stilistische Prägnanz, Kürze und Genauigkeit sowie das „Ausmerzen von Fehlerquellen", die offensichtlich häufig vorkamen. Seine Vorgaben lauteten: „Pflege eines guten, präzisen und fehlerfreien Stils", „keine Schachtelsätze, keine 'Sprache Kanaa's'", „mehr Facts und 'Human touch'". Ironisch bemerkt er zum Schluss, für alte Hasen sei das alles „selbstverständlich, und ebenso selbstredend haben wir die Berichterstattung schon immer so gehandhabt. Im neuen Jahr wollen wir es aber sicher *noch besser machen*."(PA) Die KNA war noch keine professionellen Agentur, befand sich aber auf dem Weg dorthin - allerdings fehlte noch der Chefredakteur. Der kam erst Mitte 1961.

Konzilsankündigung und barocker Eucharistischer Weltkongress in München

Gelegenheit zum Bessermachen ergab sich bereits am 25. Januar 1959. An diesem Sonntag hatte ich Dienst in Bonn und überflog eher routinemäßig die Meldungen von Radio Vatikan, die von der Sekretärin aufgenommen worden waren. An erster Stelle stand die Nachricht, dass Papst Johannes XXIII. am Fest des Apostels Paulus in der Kirche St. Paul vor den Mauern den römischen Kardinälen „das Vorhaben einer doppelten feierlichen Veranstaltung" bekannt gegeben hat: „einer Diözesansynode der Stadt Rom und eines ökumenischen Konzils für die Gesamtkirche". Was eine Diözesansynode war, wusste ich, weil in den Nachkriegsjahren einige deutsche Bistümer solche Versammlungen zur Regelung der internen Angelegenheiten des Bistums durchgeführt hatten, 1954 auch im Erzbistum Köln. Um zu erfahren, was ein „ökumenisches Konzil" ist, musste ich jedoch das Archiv um Unterlagen bitten. Erst als der Archivleiter Dr. Kurt Granel selbst in die Redaktion kam und sich vergewisserte, ob wir uns nicht bei Radio Vatikan verhört hätten, wurde mir die Brisanz dieser Meldung bewusst. Zuerst musste ein nahe liegendes Missverständnis geklärt werden, denn „ökumenisch" bedeutete nicht „alle christlichen Kirchen umfassend", sondern „allgemein", und mit einem „Allgemeinen Konzil" ist in der katholischen Kirche eine Versammlung aller Bischöfe und hohen kirchlichen Würdenträgern gemeint. Uns waren die Konzile von Nicaea und Konstantinopel, die Lateran-Konzile und die von Konstanz und Trient bekannt, aber nicht als „ökumenische" Konzile. Mit Hilfe des Archivmaterials bauten wir dann eine Eil-Meldung zusammen, die sofort per Fernschreiber an die Rundfunksender und Tageszeitungen ging.

Die Bedeutung eines solchen Konzils wurde erst in den Tagen und Wochen nach der Ankündigung deutlich. Zwar erwähnt Kardinal Frings in seinen Erinnerungen, dass er schon nach der Rückkehr von der Wahl Johannes XXIII. „das Gefühl" gehabt habe, dass bald ein allgemeines Konzil stattfinden müsse, nicht nur, weil seit dem letzten Vatikanischen Konzil fast 100 Jahre vergangen seien und „die beiden Päpste Pius XI. und Pius XII. die päpstliche Lehrautorität ziemlich stark strapaziert hatten", sondern damit „auch die Bischöfe wieder einmal ihre Stimme erheben könnten" (Frings, 1973, S. 247). Johannes XXIII. hatte allerdings in seiner Ankündigung weniger von innerkirchlichen Reformen gesprochen, sondern war von dem „Schauspiel" ausgegangen, dass sich dem „Nachfolger im höchsten Apostelamt" gegenwärtig in der Welt bietet: „Es ist überall dort erfreulich, wo die Gnade Christi weiterhin die Werke und Wunder des geistlichen Aufbaus, der Rettung und der Heiligkeit in der ganzen Welt vermehrt. Es ist betrüblich vor allem durch den Missbrauch und das Versagen der Freiheit des Menschen, der ganz in der Suche nach sogenannten Gütern dieser Erde aufgeht." Daher sei in ihm der Entschluss „zur Wiederaufnahme einiger althergebrachter Formen der Lehrverkündigung und weiser Anordnungen für die kirchliche Disziplin" in einer Diözesansynode für Rom und einem ökumenischen Konzil für die Gesamtkirche erwachsen (Kochs, 1963, S. 12). Wohl niemandem war zu dieser Zeit bewusst, dass dieses Konzil zum kirchlichen Jahrhundertereignis werden würde. Kardinal Frings dürfte nicht geahnt haben, dass er diesem Konzil die entscheidende Grundausrichtung geben würde, nachdem es mit Beginn der Vorbereitungen für das Konzil zu wachsenden Differenzen zwischen der Kurie, die alles allein regeln wollte, und dem Weltepiskopat kam, der mitspre-

chen wollte. Dennoch blieb paradoxerweise trotz aller Konzilserneuerungen ausgerechnet das Thema „unerledigt", das Frings im Sinn hatte: das Verhältnis des
Papstes zu den Bischöfen.

Als im Juli 1961 Dr. Konrad Kraemer neuer Chefredakteur der KNA wurde,
baute er als erstes in Rom das „gemeinsamen Büro" von KNA, KNP (Niederlande), Kathpress (Österreich) und CIP (Belgien) zur Nachrichtenzentrale CIC
(Centrum Informationis Catholicum) aus, die vor dem und während des Konzils
zur Schaltstelle für die deutschsprachige Berichterstattung wurde. Ich selbst
konnte nicht voraussehen, dass ich dann nicht mehr zur KNA gehörte, aber dennoch als Pressevertreter an der Konzilseröffnung, der Abschlussfeier und an jeder Konzilsperiode zumindest kurzzeitig teilnehmen konnte.

In der Zeit der Chefredakteurs-Vakanz der KNA stand uns zunächst noch ein
anderes internationales katholisches Großereignis bevor: der Eucharistische
Weltkongress (EWK) in München vom 31. Juli bis zum 7. August 1960. Er wurde für Bayern und seine Metropole das, was der Kölner Katholikentag 1956 für
den Katholizismus im Westen war: Kristallisationspunkt eines religiösen Aufbruchs, allerdings bereits an der Schwelle eines beginnenden Umbruchs der deutschen Nachkriegsgeschichte. Für mich ist der Münchener Kongress vor allem
eng verbunden mit der Person und dem Schicksal des Erzbischofs von München,
Kardinal Joseph Wendel. Diesen bescheidenen, ganz von seinem tiefen Glauben
geprägten wahren „Diener Gottes" hatte ich beim Eucharistischen Weltkongress 1955 in Rio de Janeiro kennen gelernt, wo er Leiter der deutschen Delegation war. Im Gedränge und Gepränge der Kirchenfürsten hatte er sich nie nach
vorne gedrängt, er lebte mehr von seiner frommen Innerlichkeit, als dass er sich
vom äußeren Ansehen seines Amtes tragen ließ. Letztlich dürfte ihn dies aufge-
rieben haben in seinem Einsatz für einen Kongress, den er nicht mehr als eine
Massendemonstration kirchlicher Machtentfaltung plante, sondern als Rückkehr
zur Mitte, zum Herzen des Glaubens, als „communio mit Christus". Wendel
starb unmittelbar nach seiner Predigt in der Jahresabschlussfeier des Kongress-
jahres am 31. Dezember 1960.

Nicht ganz überraschend kam für mich Anfang Januar 1960 ein Anruf des neu-
en zweiten Geschäftsführers der KNA, Direktor Hans Stillger, in dem er mir die
Bitte des Chefredakteurs der Münchner Kirchenzeitung, Msgr. Lorenz Freiberger, vortrug, die Leitung der KNA-Pressestelle des Eucharistischen Weltkongresses in München zu übernehmen. Freiberger war Vorsitzender der Pressekommission des Weltkongresses, die ihre Arbeit schon Mitte 1959 aufgenommen hatte.
Mich reizte diese Aufgabe nicht nur, weil ich bereits Erfahrungen der Pressestel-
lenarbeit beim Kölner Katholikentag und beim Eucharistischen Weltkongress in
Rio de Janeiro gesammelt hatte, sondern weil mich auch die Stadt München an-
zog. Ich hatte die „heimliche Kulturhauptstadt Deutschlands" zum ersten Mal
1943 kennen gelernt, als ich mit einem Urlaubsfreifahrtschein für Luftwaffenhelfer Süddeutschland bereiste. Mich hatten die Prachtbauten der Könige und die
großzügige Stadtanlage beeindruckt, ebenso die Barockkirchen, jedoch nicht der
Dom, der mir bis heute groß und kalt und ohne 'Aura' vorkommt. Ich wurde,

als ich Anfang Juli 1960 für vier Wochen nach München reiste, in der regionalen KNA-Redaktion angesiedelt, die in der Nähe des Sendlinger Tor-Platzes lag, und übernahm die aktuelle Berichterstattung der letzten Vorbereitungen für den Kongress und des Kongressverlaufs in enger Zusammenarbeit mit der Pressestelle des EWK.

In Erinnerung sind mir zwei Aspekte geblieben, die den Münchner Kongress und dessen Pressearbeit wesentlich von Rio de Janeiro 1955 und Köln 1956 unterschieden. Hinsichtlich der thematischen Gestaltung sollte der Kongress bewusst eine Weiterentwicklung der bisherigen Eucharistischen Weltkongresse werden, und die Pressearbeit wurde ganz auf eine „positive Beeinflussung der öffentlichen Meinung über die Kirche" abgestellt, auf „Public Relations" und „Marketing", ging also weit über die Nachrichten- und Informationsberichterstattung hinaus.

Vor Beginn des Kongresses hatte mich der junge Verleger Dr. Günter Olzog gebeten, für die Münchner Monatsschrift der Hochschule für politische Wissenschaften „Politische Studien" einen Beitrag über die gesellschaftliche Dimension der Eucharistie zu schreiben. Unter der Überschrift „Menschliche Gesellschaft und Eucharistie" rief ich den Ursprung der Kongresse im Frankreich des 19. Jahrhunderts als „öffentliches Bekenntnis zum sichtbaren Christus" gegenüber der glaubensfeindlich und -fremd gewordenen laizistischen Gesellschaft in Erinnerung. Seit der große Papst der Sozialenzyklika „Rerum novarum", Leo XIII., seinen Segen zum 1. Internationalen Eucharistischen Weltkongress 1881 in Lille (Frankreich) gegeben hatte, verstanden die Kongresse sich bis in die Mitte des 20. Jahrhunderts hauptsächlich als religiöses Zeichen gegen das, was kirchlicherseits zu den gefährlichen „Zeitirrtümern" gezählt wurde: Liberalismus und Materialismus, Atheismus und Kommunismus.

Im Mittelpunkt der Weltkongresse, die bis zum Ersten Weltkrieg in europäischen Ländern und danach auch in anderen Kontinenten abgehalten wurden, stand immer die öffentliche Verehrung der Eucharistie durch eine demonstrative Prozession. Das erlebte Kardinal Wendel auch noch 1955 so in Rio de Janeiro. Er und seine Planer in München wollten dem Kongress eine andere Grundausrichtung geben: nicht mehr Demonstration der Macht der Kirche, sondern Feier der Eucharistie in der Form der „Statio orbis" als Zeichen des Heils für Einheit und Frieden in der Welt. Diesen Statio- und Einheitsgedanken formulierte der Jesuitenpater Franz von Tattenbach aus dem Zeitgeist von 1960 heraus so: „Nicht allein weltöffentliches Bekenntnis zum Geheimnis der Eucharistie, nicht nur Sühneleistung und Verehrung des oft so geschmähten und vergessenen Sakraments, sondern vielmehr Bekenntnis und Vollzug des Einssein im Glauben und in der Gnade sollen angesichts der heutigen Weltlage allen, die guten Willens sind, das Licht zeigen, das allein den Weg weisen kann, den eine hoffende und doch so sehr gefährdete Menschheit gehen muss." (Politische Studien, 11.Jg., Heft 123, Juli 1960, S.442-448)

Unter dem Leitwort „Pro Mundi Vita - Für das Leben der Welt" standen an den acht Kongresstagen dann zwar gottesdienstliche Statio-Feiern für alle kirchlichen

Gruppierungen im Vordergrund, zusätzlich aber wurde das Kongress-Leitwort thematisch in Vortragsveranstaltungen und Foren so abgehandelt, dass in nachträglichen Berichten kritisch angemerkt wurde, der EWK habe auch die typischen Züge eines deutschen Katholikentages gezeigt. Bemerkenswert ist vielleicht, dass nicht nur sozial-ethische Fragen von Ehe und Familie, Arbeitswelt und Kultur sowie theologische der Sendung der Laien und der Una Sancta behandelt wurden, sondern auch Vorträge über Christentum und Islam, über „Vorformen" der Eucharistie in den Religionen des Ostens und über den Opfergedanken in afrikanischen Riten stattfanden. Die Grundbotschaft des Münchner Kongresses, die „Rettung der Welt durch das Einssein in der Eucharistie", war - wenn man die Predigten und Referate nachliest - ein weithin euphorischer Appell zur „Besinnung auf die wahre Grundlage des Weltfriedens: einer Gesellschaftsordnung auf dem Boden gottgegebener Gesetze"(a.a.O.).

Damals herrschte somit noch in der Kirche die Hoffnung vor, sich der Welt als Heilsbringer vermitteln zu können. Das geht am besten aus einem Bericht hervor, den Otto Pirner für den Dokumentationsband über die Presse- und Öffentlichkeitsarbeit des Kongresses geschrieben hat und den ich ganz zitieren möchte: „Es kann kaum mehr übersehen werden, dass es *das katholische Volk* als lenkbare und treue Einheit nicht mehr gibt. Es gibt praktizierende Katholiken und die große Schar der Indifferenten. Die ersteren auf den Kongress anzusprechen, schien einfacher, die Eucharistie ist ihnen ja zentrales Glaubensgeheimnis. Bei der wesentlich größeren zweiten Gruppe kam uns eine Entwicklung zugute, die unter der Oberfläche im Wachsen ist: die grundsätzliche, oft unbewusste Sehnsucht nach dem Religiösen." Daraus entwickelte die Pressekommission dann ihre Strategie: auf Glaubensfragen hinzuweisen, über Vorgänge im kirchlichen Raum „zu unterrichten", „schrittweise in die Wahrheiten der katholischen Kirche" einzuführen, so dass „jeder einzelne bemerken (sollte), dass die Kirche keine überholte Einrichtung ist." (EWK, 1961, Bd 1, S. 187 ff.)

„Meinungsbildung" im Sinne der damaligen Volksmission, wie es in Bayern eine große zur Kongressvorbereitung mit dem Schlagwort 'An Christus kommt keiner vorbei' gegeben hatte, war das bestimmende Ziel der Münchner Pressearbeit, die damit mehr zu Öffentlichkeitsarbeit im Sinne einer „zweiten Kanzel" wurde. Eine erste Chance, um die Kirche „positiv" darzustellen, sahen die Münchner Öffentlichkeitsstrategen in der Strahlkraft der bayrischen Königsstadt an der Isar. Das nach einem Wort von Thomas Mann übernommene Leitwort „München leuchtet" der Künstlermetropole zwischen den beiden Weltkriegen wurde also weltweit aktiviert mit Plakataktionen, Prospekten und Festschriften, mit Tagungen im In- und Ausland, die man heute als „Promotion"-Touren bezeichnet. Über die konkrete Pressearbeit führt der Dokumentationsband eine Statistik an, die außer beim Konzil und bei der deutschen Synode erst Ende des Jahrhunderts bei den großen Weltjugendtagen übertroffen werden sollte. Presse- und Nachrichtendienste gingen ab August 1959 in sechs Sprachen an über 3000 Zeitschriften und nationale Organisationen, Artikeldienste wurden an 200 Publikationen geliefert, von 31 Pressekonferenzen zur Vorbereitung wurden 13 im

Ausland gehalten. Kein Wunder, dass in der Kongresswoche 1108 Journalisten in München weilten, doppelt so viele wie in 1956 in Köln, davon fast ein Drittel ausländische Berichterstatter aus 43 Ländern.

Eigenartigerweise wird die Kirchenpresse in dem Dokumentationsband nur am Rande erwähnt. Am Gesamtverteiler war sie nur mit einem Drittel beteiligt und - so heißt es in einer Fußnote - „davon 70 % aus dem Ausland". Kennzeichnend für die Einordnung der Kirchenpresse durch die Münchener Kommission ist der Satz: „Von Bedeutung dürfte sein, dass schon während der Vorbereitungszeit der Sprung über die Kirchen- und Ordenspresse hinaus geglückt ist." Verbarg sich dahinter die gängige Meinung, dass Kirchenzeitungen nur als „Hausorgane" angesehen werden und „die große Schar der Indifferenten" sowieso nicht erreichen ? Und dass sie „selbstverständlich" über dieses Großereignis berichten müssen und werden, zumal sie durch die KNA hinreichend Material erhalten ? Mir selbst war in den vier Wochen in München wohl auch aus diesem Grund mehr oder weniger nur die Routinearbeit der Nachrichtenerfassung für unsere KNA-Bezieher und einen kleinen Kreis Nichtbezieher übrig geblieben, und das versuchte ich mit möglichst sachlichen Berichten über Veranstaltungen, Vorträge und Ausstellungen sowie Interviews mit führenden Persönlichkeiten - in bester Erinnerung habe ich die festlichen Empfänge in der Residenz und im Rathaus, wo man sie alle traf.

Was das Echo in Presse, Funk und Fernsehen betrifft, möchte ich im Falle München nicht auf eigene Kongress-Auswertungen Bezug nehmen, sondern stattdessen lieber aus dem Bericht „Der Eucharistische Weltkongress im Spiegel der Kritik" von einem jungen Bonner Theologieprofessor namens Josef Ratzinger zitieren. Er bezieht sich darin auf eine Reihe von Presseveröffentlichungen, formuliert jedoch sicherlich auch seine eigenen Überlegungen, wenn er zunächst Bedenken aufzählt, die gegen den Kongress gesprochen haben. So hinterfragt er, ob solche Massenveranstaltungen nicht das innere Wesen der eucharistischen Tischgemeinschaft verfehlen, weil sie das „eigene Ich" überdecken, das im ganz persönlichen Jasagen zu Gott besteht ? Oder ob man das heilige Zeichen des Herrenmahls einer säkularen Öffentlichkeit auf dem Festplatz des „Oktoberfestes" präsentieren könne, der für „nicht immer sehr geistliche Freuden bekannt ist". Und typisch Ratzinger: „Man brauchte also keineswegs ein Romantiker 'der kleinen Herde' zu sein, um (...) vor der Öffentlichkeitsform des Eucharistischen Kongresses Sorge zu empfinden." Schließlich sei zu fragen, ob die Formen von „Kreuz und Brokat", ob „Glaube mit Glanz und Glorie" nicht der Einfachheit des christlichen Glaubens widerspreche. Ratzinger lotet „Bedeutung und Grenzen dieser Kritik" behutsam und vorsichtig aus: Die „Statio orbis" habe durch „die Überordnung des Dynamischen der Opfer- und Mahlfeier über die Statik der bloßen schauenden Anbetung" ein neues Modell für solche Kongresse geschaffen. Und weit vorausblickend: Der Kongress habe „insofern zweifellos ein gut Stück Konzilsvorbereitung geleistet, jene gereinigte neue Selbstdarstellung der Kirche mit anzubahnen, die nach dem Willen des Papstes als Frucht des Konzils reifen soll". Durch diese Art der Mahlfeier sei auch „aus Masse Gemeinschaft" geworden, - dasselbe Argument also, dass schon beim Massenkatholi-kentag in Köln vorgebracht wurde. Als nicht zu übersehende Kritik vermerkte Ratzinger in einer Fußnote, dass zur Vermeidung des Anscheins weltlicher Machtinteressen der Kirche es besser gewesen wäre, wenn man auf eine Rede des Verteidigungsministers und auf Lager für Soldaten verzichtet hätte. Zum „konstantinischen" Auftreten der Kirche meint der junge Ratzinger, dass die Kirche sich davon langsam entferne, aber andererseits nicht in einen öffentlich-keitsfernen Spiritualismus verfallen dürfe. Fast als früh formuliertes Programm für einen Stellvertreter Christi auf Erden liest sich der Satz des damals 33-Jähri-gen: „Die Kirche soll nicht nur öffentlich das Wort von Christus verkünden, sie soll selber und als ganzes öffentliches Zeugnis von Gottes heilschaffender Erbar-mung sein" (EWK, 1961, Bd.1, S. 227-242).

Die Berichterstattung über den Eucharistischen Kongress in München wurde meine letzte größere Tätigkeit als Redakteur der KNA. Bei späteren katholischen Großveranstaltungen, ob Katholikentage, Konzil, Synode, ökumenisches Pfingst-treffen oder UCIP-Weltkongresses habe ich mich immer gerne von der Agentur zur Mitarbeit verpflichten lassen. Doch in der zweijährigen Chefredakteurs-Va-kanz war ich so stark mit der Chef vom Dienst-Funktionen und vorwiegend Nachrichtenarbeit beschäftigt, dass ich kaum noch zum eigenen kreativen Schreiben Zeit fand und alle literarischen Ambitionen und Projekte zurückstellen musste. Deshalb hatte ich schon vor dem Münchner Kongress nach Möglichkei-ten für eine andere Redaktionstätigkeit gesucht, die stärker meinen Neigungen entsprach. Und die fand ich zum 1. Januar 1961 als Chefredakteur der katholi-schen Wochenzeitschrift „Die christliche Familie", die im Privatverlag Fredebeul & Koenen in Essen erschien. Das beendete sozusagen meine Lehrjahre im katho-lischen Journalismus und brachte mich in eine erste verantwortungsvolle Positi-on in der katholischen Presse.

Ich möchte noch hinzufügen, dass ich in den vier Jahren in Bonn als KNA-Re-dakteur zahlreiche Kontakte knüpfen konnte, die mir in späteren Jahren in un-terschiedlicher Weise zugute kamen. In der kleinen idyllischen ehemaligen Kur-fürstenstadt am Rhein, die unerwartet zur Bundeshauptstadt geworden war, la-gen kirchliche Stellen, Universität und Regierungsviertel praktisch in Fußgänger-nähe. Im Bundespresseamt saßen unitarische Bundesbrüder, die mir später einige interessante Aufträge vermittelten und früh den Blick dafür öffneten, wie Regie-rungen ihre Politik verkaufen.

Außerdem war die KNA-Redaktion in der Rathausgasse ein Treffpunkt für ka-tholische Publizisten, Studenten, Politiker und Theologen. Zwei davon möchte ich namentlich erwähnen: Hubert Luthe, späterer Weihbischof in Köln und Bi-schof von Essen, war Repetitor am Priesterseminar in Bonn und kam oft mit Wilfried Paschen, einem meiner alten Klassenkameraden aus der Gymnasialzeit, in die KNA-Redaktion. Wilfried war vollkommen lebensunpraktisch, aber hoch-intelligent, und er steckte so voller Wissen, dass er seine Dissertation in Bonn ständig erweiterte und wir an Redaktionsschluss gewöhnten Redakteure in drän-gen mussten, endlich einen Schlusspunkt zu setzen. Er wurde später ein namhafter Alttestamentler. Sein persönlicher Leitspruch: „Es gibt nichts Neues unter der Sonne" ließ ihn an manchen Schwächen der Kirche nie verzweifeln und hat mich gelehrt, die Dinge nie zu ernst zu nehmen, sie vielmehr „sub specie aeternitatis" zu betrachten. Das kann einerseits großen Ärger abkühlen, andererseits, wenn es sich in Ironie äußert, zur Verärgerung bei anderen führen. Letzteres hatte sich in meinem Arbeitsverhältnis zum KNA-Interims-Chefredakteur Treiß ergeben, wenn ich seine preußisch-forsch vorgetragenen Anordnungen erkennbar ironisierte.

5. Umbruchszeiten in Kirche und Gesellschaft: 1961 bis 1968

In der Nachfolge von Augustin Wibbelt zur „Christlichen Familie"

Nach den „Lehrjahren" in Köln bei der Kirchenzeitung und in Bonn bei KNA wurden die 60er Jahre in verschiedener Hinsicht für mich Umbruchszeiten: einerseits praktische Umbruchsarbeit am Metteurtisch als Chefredakteur einer katholischen Wochenzeitschrift, andererseits tiefgreifende kirchliche und gesellschaftliche Veränderungen. Am 13. August 1961 begann der Mauerbau in Berlin, der zum Kalten Krieg zwischen Ost und West führte, aus den Bundestagswahlen im September ging Adenauer zum vierten Mal als Bundeskanzler hervor, doch seine Zeit, die „Adenauerzeit" des Wiederaufbaus der Bundesrepublik und ihrer Integration in die westliche Welt, ging ihrem Ende entgegen. 1963 trat „der Alte" zurück und wurde von Ludwig Erhard abgelöst, seinem Wirtschaftsminister, dem Vater der sozialen Marktwirtschaft. Das Jahrzehnt des Wirtschaftwunders begann. Im kirchlichen Bereich fand von 1962 bis 1965 das Jahrhundertereignis eines Konzils statt, das die Kirche für die Welt der Zukunft öffnen wollte. Doch bereits Mitte der 60er Jahre begann die Hochstimmung im politischen und kirchlichen Bereich zu kippen. Erhard war schon 1963 durch die erste Große Koalition abgelöst worden von Kurt-Georg Kiesinger als Kanzler mit Willi Brandt als Vizekanzler, 1968 folgten die Studentenaufstände gegen den „Muff in den Talaren", die die alte staatliche Ordnung ins Wanken brachten, und der kritische Katholizismus rüttelte auf dem Essener Katholikentag 1968 an der hierarchischen Ordnung der Kirche.

Für mich und meine journalistischen und schriftstellerischen Zukunftsvorstellungen hatte das Jahr 1960 mit einem verlockenden Angebot begonnen. Im Frühjahr sprach mich in Bonn der Generalsekretär des Zentralkomitees der deutschen Katholiken, Heinrich Köppler an, zugleich führender CDU-Landtagsabgeordneter in Nordrhein-Westfalen. Er hatte von der alten Verlegerfamilie Fredebeul & Koenen in Essen gehört, dass dort ein Nachfolger für Dr. Wilhelm Spael gesucht wurde. Köppler kannte mich gut, er kannte vor allem meine literarischen Neigungen, und mir war die Familienzeitschrift „Die Christliche Familie" vertraut. Sie hatte Ende 1960 eine Auflage von 230 000, lag damit höher als die größte Bistumszeitung in Münster, die noch als einzige über 200 000 Exemplare drückte, und galt als „gehobenes Familienblatt mit guter Literatur", wie Köppler formulierte.

Das war sicherlich das Verdienst von Wilhelm Spael, den ich persönlich auf einer Tagung der AKP kennen gelernt hatte, als ich Volontär bei der Kölner Kirchenzeitung war. Damals war Spael der erste Sprecher der Redakteure in der AKP und galt als einer der Granden der katholischen Presse seit den 20-er Jahren. Spael war kulturpolitischer Redakteur der „Germania" und der „Kölnischen Volkszeitung" gewesen, arbeitete zusätzlich verlegerisch und gründete Ende des Zweiten Weltkrieges, als die Nazis das kirchliche Presse- und Buchwesen völlig unterdrückt hatten, in Essen einen kleinen eigenen Verlag, den er nach dem Krieg zunächst noch weiterführte. 1950 bestellte der Essener Verleger Hugo Koenen, mit dem Spael freundschaftlich verbunden war, ihn zum Chefredakteur der wieder zugelassenen traditionellen „Christlichen Familie", und Spael gab ihr ein neues Profil als Familienzeitschrift, die neben guter Unterhaltung auch aktuelle Erziehungs- und Bildungsfragen behandelte. Grundlage dafür bildeten seine umfassenden Kenntnisse der gesellschaftspolitischen und kulturellen Entwicklung des deutschen Katholizismus seit Beginn des 19. Jahrhunderts. Seine Bücher „Das Buch im Geisteskampf. 100 Jahre Borromäusverein" und „Das katholische Deutschland im 20. Jahrhundert. Seine Pionier- und Krisenzeiten von 1890-1945" gelten noch heute als Standardwerke.

Spaels Nachfolge zu übernehmen, bedeutete für mich als 33-Jährigen eine große Herausforderung. Den Eintritt in den nicht nur im Pressebereich namhaften, sondern auch als profilierter Buchverlag bekannten Essener Verlag Fredebeul & Koenen sah ich als Chance, mich wieder vorwiegend meinen schriftstellerischen Interessen zuwenden zu können. Privat fiel unserer jungen Familie - 1959 war unsere erste Tochter Regina geboren worden - der Wechsel von Köln nach Essen nicht schwer, da meine Frau in Essen gebürtig war und dort noch viele Verwandte väterlicherseits wohnten.

Zum Wechsel in den Essener Verlag hat entscheidend beigetragen, dass kurz zuvor mein Buch „Jugend im Feuerofen" im Paulus Verlag in Recklinghausen erschienen war. Es war meine erste größere literarische Arbeit seit vielen Jahren, die ich zum Ausgleich der trockenen Nachrichtenarbeit bei KNA in meiner Freizeit geschrieben hatte und für die ich ausgerechnet beim Eucharistischen Kongress in München eine hilfreiche Ermutigung gefunden hatte. In „Jugend im Feuerofen" schildere ich in freier Nacherzählung die Verfolgungsgeschichte eines Jugendführers der katholischen Jungmännergemeinschaft im Dritten Reich, die mir der Protagonist in vielen Abendstunden berichtet hatte. In München ergab es sich, dass ich bei der Gedenkfeier im Konzentrationslager Dachau persönlich dem Münchner Weihbischof Johannes Neuhäusler begegnete, der selbst in diesem Lager inhaftiert und einer der wenigen überlebenden Zeugen der Nazi-Verbrechen an katholischen Priestern war. Kurz vor meiner Reise nach München hatte ich ihm eine Kopie des Manuskriptes meines Buches „Jugend im Feuerofen" geschickt. Damals hatte gerade die Aufarbeitung des Verhältnisses der katholischen Kirche zum Hitler-Regime begonnen, und ich konnte neben neuen Dokumenten aus dem Düsseldorfer Jugendhaus Hinweise aus Neuhäuslers Buch „Kreuz und Hakenkreuz" einarbeiten, die meiner romanhaften Erzählung Authentizität verliehen.

Der Recklinghäuser Verleger Georg Bitter, den ich durch Mitarbeit an der katholischen Wochenzeitschrift „Echo der Zeit" kannte, hatte das Buch zur Veröffentlichung angenommen und angeregt, sich um die Empfehlung eines prominenten Widerstandskämpfers für den Schutzumschlag zu bemühen. Bischof Neuhäusler erfüllte diesen Wunsch gerne, und seine handschriftlich unterzeichnete Stellungnahme habe ich als Zeitdokument aufbewahrt. Sie ist auf der Rückseite des Buchumschlages abgedruckt: „Was von all den rücksichtslosen Verordnungen und Erlassen, Gehässigkeiten und Gewalttätigkeiten des Nationalsozialismus gegen die katholischen Jugendorganisationen dokumentarisch in meinem Buch 'Kreuz und Hakenkreuz' niedergelegt ist, das gewinnt Leben und Gestalt, Fleisch und Blut, Interesse und Eindruck in Oertels Buch 'Jugend im Feuerofen'. Ich freue mich aufrichtig über diese Verlebendigung und Veranschaulichung des für manche kaum mehr Vorstellbaren oder überhaupt noch nicht Gehörten." (Oertel, 1960, Umschlag-Rückseite). Das erste gedruckte Exemplar sollte ich ausgerechnet in der Redaktion der KNA sehen, der es vorab zur Frankfurter Buchmesse im Oktober 1960 als Besprechungsexemplar zugesandt worden war. Was Neuhäusler von der jungen Generation der 60er Jahre vermutete, traf erst Recht auf spätere Generationen zu: Als mehr als ein halbes Jahrhundert nach dem Ende des Dritten Reiches im Jahr 2000 der Verlag Petra Kehl eine Taschenbuchausgabe von „Jugend im Feuerofen" für den Schulgebrauch herausgab, musste ich in einem Nachwort den geschichtlichen Hintergrund und Begriffe sowohl aus der NS-Zeit als auch aus dem katholischen Jugendleben erläutern.

Bei meinem ersten Vorstellungsgespräch in Essen hatte Hugo Koenen mit mir nicht nur über die „Christlichen Familie" gesprochen, sondern auch nach meinen eigenen schriftstellerischen Arbeiten gefragt. Offensichtlich suchte er nicht nur einen Redakteur für die Zeitschrift, sondern jemand, der wie Dr. Spael auch im Buchverlag mitwirken konnte. Das eröffnete mir ein weites Feld über eigene literarische Vorhaben hinaus, sodass die 60er Jahre in Essen für mich publizistisch und privat lebensbestimmend geworden sind. Bevor ich Anfang Januar 1961 meine Tätigkeit in dem alten Verlags- und Druckereikomplex Fredebeul & Koenen in der Essener Innenstadt aufnahm, befasste ich mich gründlicher mit der Zeitschrift, die ich fortan gestalten sollte. Hugo Koenen war stolz auf die Tradition der „Christlichen Familie" und hatte mir die Kopie einer der ersten Ausgaben mitgegeben. Sie führte mich zurück in die Entstehungsjahre katholischer Zeitschriften ab Mitte des 19. Jahrhunderts, als einerseits die Kirche Presse- und Meinungsfreiheit noch verteufelte, andererseits Bismarck seinen Kulturkampf gegen die katholische Kirche führte.

Vorwiegend zur Glaubensverteidigung entstanden damals die ersten katholischen Sonntagsblätter, darunter 1884 „Die christliche Familie". Das Deckblatt des gebundenen „Ersten Jahrgangs" benennt im Untertitel die redaktionelle Zielsetzung: „Wochenschrift zur Begründung und Förderung des häuslichen Glückes auf religiöser, sittlicher und christlich-sozialer Grundlage". Als Motte steht über einer kleinen Vignette, die Maria und Josef zeigt, wie sie ihrem lehrenden Sohn Jesus zuhören: „Wer die 'Christliche Familie' hält und dafür sorgt, dass sie im Kreise seiner Angehörigen fleißig gelesen wird, wer ferner dieses Blatt seinen Bekannten empfiehlt und ihm neue Freunde wirbt, der dient der guten Sache und macht sich verdient um die Pflege und Befestigung der Religion und guten Sitten, der Grundlagen des häuslichen Glückes." (PA)

Wie dies damals aussah, ist amüsant zu lesen. Auf der wahllos herausgegriffenen Seite 5 der Nummer 23 aus dem Jahre 1886 ist erkennbar, wie Religion „in der glaubensarmen Welt, wo Bildungs-'Quark' die Köpfe schwellt", gefestigt werden kann. In einer Erzählung stellt ein Erzbischof (!) einen christlichen Kaufmann zur Rede, der sein Geschäft auch am Sonntag geöffnet hat und dies damit verteidigt, dass man „heutzutage bei der großen Konkurrenz" das Sonntagsgebot „nicht so genau nehmen" könne, um die Zukunft seiner Kinder nicht zu gefährden. Da macht der Erzbischof ihm das Angebot, ein Jahr das Sonntagsgebot einzuhalten; wenn seine Einkünfte dann unter denen des Vorjahres liegen, werde er, der Erzbischof, den Verlust ausgleichen; wenn er aber mehr Gewinn mache, müsse er ihm „den Überschuss für gute Zwecke" zukommen lassen. Ein geschäftstüchtiger Oberhirte, dessen Kalkul in der Erzählung natürlich voll aufging: Am Ende des Jahres überbrachte der Kaufmann dem Erzbischof 6000 Franken seines Überschusses.

Noch ergötzlicher ist der Beitrag „Was soll ein junges Mädchen lernen?" Statt ihnen - so heißt es wörtlich - „in den Schulen die Köpfe mit Französisch, Englisch, Naturgeschichte, alten und neuen Klassikern, Literaturgeschichte usw. Voll zu stopfen, was ihnen Alles im späteren praktischen Leben kaum nützen, eher schaden kann, sollen sie zuerst ordentlich deutsch lesen, rechnen und schreiben lernen. Nachher sollen sie lernen, nahrhaftes Essen kochen, waschen, bügeln, Strümpfe stricken und stopfen, Weiszeug nähen und ihre eigenen Kleider machen". Und das Wichtigste für christliche Mütter folgt in Gedichtform: „O Mutter! Willst du deine Pflicht/erfüllen und im Alter nicht/vom eignen Kind verachtet sein: Präg' früh dem zarten Herzen ein/d e n A b s c h e u v o r d e r - S ü n d e !" (Gesperrt im Original)

25 Jahre später, 1912, bekam die „Christliche Familie" ein anderes Profil, als Augustin Wibbelt die Chefredaktion übernahm. Der westfälische Volksschriftsteller und Mundartdichter war 1906 zum Priester geweiht worden und leitete von seiner Pfarrheimat in Mehr bei Kleve die Redaktion der Essener Familienzeitschrift bis zu ihrem Verbot durch die Nationalsozialisten. Wibbelt nutzte das Blatt sowohl als Plattform für seine lebensnahen Heimatgeschichten mit westfälischem und niederrheinischem Lokalkolorit als auch für seine „fromme Seel-Sorge", die ihr Ideal in der Nachfolge der „heiligen Familie" und einer ungetrübten Liebe zur irdischen und himmlischen Heimat sah. „An dem Himmel, Heimat", so dichtete August Wibbelt, „hängt dein Los./Hebe deine Hände zum Gebet./Nur dann ist das kleine Leben groß,/ wenn die Ewigkeit darüber steht." Bei allem Respekt vor Wibbelts literarischem Rang dürfte es nicht despektierlich sein, wenn man die Sonntagsblätter jener Zeit als „katholische Gartenlauben" bezeichnet, die im Grund den Kirchentreuen einen offenen Blick in die Realität der Welt verstellt und sie in die Unglückszeiten des Ersten Weltkrieges, der Weimarer Republik und schließlich des Dritten Reiches geführt haben.

Doch dieses Erbe war vergessen oder belastete mich jedenfalls nicht, als ich 1961 die Chefredaktion der „Christlichen Familie" übernahm. 1950 hatte Spael die bereits 1946 wieder lizensierte Zeitschrift übernommen und neben der damals weiterhin stark gefragten volkstümlichen Unterhaltung auch Fragen der christlichen Neugestaltung der Nachkriegsgesellschaft behandelt, die insbesondere die

Stärkung der Familie zum Ziel hatten. Mit Dr. Franz-Josef Wuermeling war zum ersten Mal in einer deutschen Regierung ein 'Familienminister' ernannt worden. Die „Christliche Familie" erlebte wie alle konfessionellen Zeitungen und Zeitschriften nach dem Krieg einen starken Aufschwung, weil sie reichhaltigen Lesestoff für ein breites Publikum lieferten und zudem das kirchliche Leben überall wieder auflebte. 1952 hatte die „Christliche Familie" bereits 180 000 Abonnenten (und damit die höchste Auflage in der Zeit vor 1933 überschritten), 1961 rund 230 000.

Mein Beginn bei der „Christlichen Familie" fiel mit einem Wechsel in der Verlagsführung zusammen. Die alten Inhaber zogen sich aus dem aktiven Verlagsgeschäft zurück und übertrugen die Geschäftsführung einem jungen Betriebswirtschaftler, Dr. Albert Fischer, der ihren Betrieb zuvor als Wirtschaftsprüfer kennen gelernt hatte. Fischer hatte jedoch keine Erfahrung im Verlagswesen, weder im Zeitschriften- und Buchbereich noch im Druckereiwesen. Er war sehr ehrgeizig. In allen publizistischen Fragen zog er mich heran, für die Druckerei, für Vertrieb und Anzeigenwerbung suchte er sich junge Fachleute aus, von denen er absolute Loyalität verlangte. Für mich brachte das im publizistischen Bereich in den ersten Jahren keine Probleme, zumal Fischer die „Christliche Familie" gegenüber den Gesellschaftern zu seinem Prestige-Objekt machte. Er gab mir alle Freiheiten zur Neugestaltung und trieb die Vertriebs- und Werbeleiter an, alles Mögliche zur Auflagen- und Anzeigensteigerung zu tun. Er setzte sich als Ziel, in zwei Jahren eine Auflage von 250 000 zu erreichen, was entsprechend der damaligen Leser-Berechnung eine Million Leser bedeutet hätte.

In der ersten Zeit meiner Redaktionstätigkeit sammelte Fischer verstärkt Abos auf Vorrat: Während üblicherweise die monatlichen Abgänge durch neue Abonnenten zumindest ausgeglichen oder leicht übertroffen wurden, hortete er über zwei, drei Quartale die Neubestellungen. Die Auflage sank in dieser Zeit nicht erheblich, aber als Ende des Jahres die gesammelten neuen Abos hinzugerechnet wurden, konnte Fischer stolz verkünden, dass erstmals die „Viertelmillion"-Auflage erreicht wurde. Das stärkte natürlich auch mein freies redaktionelles Arbeiten. Begleitet wurde die Abo-Werbung fortan durch weitere Aktionen in der „Christlichen Familie" wie „Leser werben Leser" und „Geschenkabos", deren Gestaltung er mir übertrug. Das war damals durchaus üblich, weil professionelle Bezieher-Werbung in der Kirchenpresse lange Zeit amateurhaft betrieben wurden und Chefredakteure sowieso als „Mädchen für alles" fungierten. Später kamen die „Leserreisen" dazu, um das „Wir-gehören-dazu"-Erlebnis zu stärken.

Zu Beginn sah mein Konzept eine inhaltliche Aktualisierung und Anhebung des literarischen Niveaus des Unterhaltungsteils sowie eine grafische Neugestaltung vor. Dabei sollte dem Bild eine größere Bedeutung zukommen, weil es durch das Vordringen des Fernsehens besonders schon in der aufgeblühten Illustrierten-Presse an Bedeutung gewonnen hatte. Deshalb führte ich ein ganzseitiges Titelbild ein, noch schwarz-weiß, weil wir nur eine Schmuckfarbe drucken konnten. Oben links wurde in das Titelbild der Name der Zeitschrift in einen roten Block eingeklinkt - rot war die Signalfarbe vieler Titel. Die Titelfotos bezogen sich jeweils auf den Hauptartikel. Hauptinhalt des Blattes war der Unterhaltungsstoff:

Erzählungen, Fortsetzungsromane, Rätsel und Witze. Dazwischen standen Erziehungsbeiträge und das, was man als Ratgeber und Lebenshilfen praktischer Art bezeichnen kann, dazu viel Kurioses - und alles im Fließsatz so zusammen- und hintereinander umbrochen, wie es gerade für die Seite auskam. Als erstes versuchte ich, die Inhalte zu ordnen, was redaktionelle Mehrarbeit verlangte, und führte neue Sparten für „Zeitfragen", „Am Familientisch" und „Für die Frau" ein. Auf Seite 2 reservierte ich mir eine eigene Kommentar-Sparte „Liebe Familie", in der ich aktuelle gesellschaftliche und kirchliche Themen behandelte.

Bei der Verwirklichung des neuen Redaktionsprogramms hatte ich Glück. Ein älterer Kollege in der Redaktion, Dr. Otto Steuer, selbst literarisch ambitioniert und von Bayern ins Ruhrgebiet verschlagen, fühlte sich wohl bei reiner Schreibtisch-Arbeit einschließlich der zeitraubenden Manuskriptbearbeitung und des Korrekturlesens der Fahnen und Umbruch-Seiten. Den Umbruch klebte ich selbst nach neuen Layout-Mustern und ging in den ersten Monaten immer persönlich an den Metteurtisch, um die Umsetzung zu überwachen. Hauptsächlich musste ich jedoch neue Mitarbeiter gewinnen, was für den aktuellen Bereich über familienrelevante und kirchenaktuelle Ereignisse nicht schwierig war, da ich auf frühere Autoren für die „Katholische Korrespondenz" bei KNA zurückgreifen konnte.

Für den Bereich Familie, Erziehung und Frau schrieb ich Autoren an, die ich aus der katholischen Ehe- und Familienarbeit kannte. Dabei kam ich schnell in Kontakt zu den Referenten im jungen Bistum Essen, dessen Familienreferent Hans Schroer ein langjähriger Mitarbeiter wurde. Er, Ernst Ell und Freiherr von Gagern sowie P. David, hatten sich in zahlreichen Büchern für eine Neuorientierung von Ehe und Familie durch Offenheit, Gleichstellung von Mann und Frau, Wahlfreiheit der Frau zwischen Haushalt und Beruf sowie schon sehr früh eine „verantwortete Elternschaft" eingesetzt. Sie schrieben bereitwillig Artikelserien für die „Christliche Familie", sicherlich auch weil sie wussten, dass die Zeitschrift eine große Leserschaft hatte, oder sie stellten Vorabdrucke oder Abdrucke aus ihren Büchern zu Verfügung. Dabei wurden erstmals viele Tabus gebrochen, die das traditionelle Bild der „heilen Familie" in Frage stellten. Einige Titel lassen erkennen, dass auch in der Kirchenpresse dieser Zeit durchaus der damalige „Um- und Aufbruch" von alten Ordnungen und Gewohnheiten diskutiert wurden: „Ehe zwischen traditionellem Gefüge und partnerschaftlicher Begegnung", „Liebe und Dauerbindung", „Zärtlichkeit und Geschlechtlichkeit", „Ratlose Sexualpastoral" „Christliche Sexualethik", „Notwendigkeit einer Geburtenlenkung ?". Heute staune ich darüber, dass es wenig Leserecho auf diese Artikel gab und überhaupt keine Reaktion aus Bischofs- und klerikalen Kreisen. Offen diskutiert wurden diese Fragen zur selben Zeit auf fast allen katholischen Akademien, mit großer Publikumsbeteiligung - und gleichfalls mit Duldung der kirchlichen Obrigkeit. Vielleicht war diese selbst verunsichert und ratlos oder wollte erst abwarten, wie im Konzil zu den kritischen Lebens- und Glaubensfragen Stellung bezogen würde.

Was die „Christliche Familie" betrifft, so schienen ihre traditions- und heimatgebundenen „treuen" Leser die neuen Realitäten nicht wahrzunehmen oder sie stellten sich ihnen einfach nicht, weil es immer leichter ist, lieb gewonnene Gewohnheiten und Lebensformen beizubehalten. Unsere Überlegungen für den redaktionellen Kurs wurden in der gesamten Kirchenpresse diskutiert, als wenige Jahre später für Bistumszeitungen, Sonntagsblätter und Magazine die schwierige Frage aktuell wurde, wie der überall einsetzende Auflagenrückgang aufgehalten werden könnte: Wie kann man die alten Leser halten und neue dazu gewinnen ? Wir befürchteten, dass bei Darstellungen und Diskussionen über neue Lebens- und Glaubensansichten viele alte Leser verloren gingen, dass wir aber neue und jüngere Abonnenten nur dadurch gewinnen könnten, wenn man ihre Erwartungen erfüllt. Und die waren ganz andere als bei der alten Generation: Diese wollte ihre gewohnten Glaubensauffassungen und Lebenshaltungen bestätigt bekommen, während die junge Generation offene Behandlungen ihrer Fragen zu Kirche und Religion erwartete.

Anfang 1960 versuchten wir in der „Christlichen Familie", einen Mittelweg zu gehen: Einerseits griffen wir aktuelle Familienthemen und Glaubensfragen auf, die in der Gesellschaft und der Kirche mehr und mehr diskutiert wurden, pflegten aber auch Brauchtum und Heimatverbundenheit; andererseits erfüllten wir, was wir aus Umfragen unter den Beziehern und Erfahrungen der Werbekolonnen über unsere Leser wussten: dass für viele der Unterhaltungs-Lesestoff das Wichtigste war. Also Erzählungen und Romane. Diese waren vor meiner Zeit meistens von Agenturen geliefert worden und boten leichte bis seichte Kost, mit viel Herz, Schmerz und Moral. Ich wollte stattdessen gute literarische Unterhaltung.

Als erstes bat ich meinen bayerischen Kollegen, beim Angebot der Literaturbüros auf Kurzgeschichten namhafter Autoren wie Manfred Hausmann, Erich Landgrebe, Karl Springenschmid, Wolfgang Altendorf und Helmuth Holthaus zu achten. Ich selbst schrieb unbefangen Autoren wie Josef Maria Bauer an, der mit „Soweit die Füße tragen" großen Erfolg erzielt hatte, Stefan Andres, dessen Witwe ich in den 70er Jahren in Rom im Haus der KNA traf, wo sie nach dem Tod ihres Mannes hingezogen war, um ihm auf dem Campo Santo näher zu sein, Luise Rinser, die wir später zu Lesungen in der Buchhandlung Fredebeul & Koenen einluden, Heinrich Böll, dessen zeitweiligen Sekretär Erich Kock ich für eigene literarische Publikationen im Buchverlag gewann, und den damals noch unbekannten jungen Theodor Weißenborn. Zur Überraschung lieferten sie prompt Erzählungen und Kurzgeschichten, wenn meistens auch bereits veröffentlichte. Doch dadurch konnte die „Christliche Familie" sich gleichsam literarisch emanzipieren.

Schwieriger wurde es mit Romanen. Fortsetzungsromane gehörten damals zum leserbindenden „Muss" jeder Zeitung und Zeitschrift, und Unterhaltungsblätter wie die „Christliche Familie" oder das „Liboriusblatt" und das „Bayerische Sonntagsblatt" brachten in jeder Ausgabe zwei. In meinem Taschenkalender von 1961 fand ich Anfang September die Notiz „Neuer Roman", was eine lange Vorausplanung bedeutete. Schon im Frühsommer konnte ich eine Reise zu Autorenbesuchen in Bayern machen, um mit ihnen und ihren Verlagen Themen und Inhalte zu besprechen, die nicht mehr in einer verklärten Traumwelt spielten, sondern lebensnähere Inhalte behandelten. Die Reise hatte, was die „Christliche

Familie" anging, keinen großen Erfolg, weil die meisten Autorinnen und Autoren dieser Sparte auf Inhalte programmiert waren, die man heute Unterhaltungs-„Fast Food" nennen würde.

Für mich persönlich brachte die Reise einen unerwarteten Erfolg, weil ich eine eher beiläufig und ironisch vom Lektor des Meister-Verlages in Rosenheim geäußerte Bemerkung ernst nahm: „Versuchen Sie doch selbst einmal, einen solchen gegenwartsnahen Unterhaltungsroman zu schreiben!" Wir hatten in der Redaktion ein Manuskript von einem Polizeibeamten erhalten, in dem er schülerhaft seine Erlebnisse auf der Flucht aus einem russischen Gefangenenlager in Rumänien nach Hause ins Ruhrgebiet aufgeschrieben hatte. Durch Erfolgsromane von Johannes Maria Simmel in der populären Fernseh-Zeitschrift „Hör Zu" und Josef Maria Bauers Erfolgsroman „Es führt kein Weg zurück" lag das Heimkehrerthema sozusagen auf der Straße. Nach dem Angebot des Meister Verlages überlegte ich, nach meinem ersten dokumentarischen Roman „Jugend im Feuerofen" einen zweiten über die Erlebnisse des Polizisten zu schreiben. Er wohnte unweit Bochums an der Ruhr, und ein Jahr später bin ich über eine lange Zeit Monat für Monat zu ihm gefahren und habe bis in die späte Nacht seine Berichte notiert. Daraus entstand der Roman „Weit war der Weg zurück" mit dem Untertitel „Ein Fluchtbericht nach Aufzeichnungen von Theodor Hendricks", den der Meister-Verlag in der bei ihm üblichen Auflage von 10 000 Exemplaren druckte. Der Verlag zahlte dafür ein ebenfalls „übliches" Pauschalhonorar, was so gering war, dass ich verstand, warum Autoren dieser Fortsetzungsromane jährlich mehrere Romane „in die Maschine hauen" mussten. Die Auflage war übrigens nach zwei Jahren ausverkauft, eine Taschenbuchausgabe erschien in der Edition France-Empire in Französisch unter dem Titel „La Longue Evasion": mein erster „internationaler Erfolg" als Buchautor.

Nachdem meine Suche nach guten Fortsetzungsromanen auf der Verlagsreise nicht den gewünschten Erfolg hatte, nahm ich Kontakte zu einigen Schriftstellern auf, die im katholischen Bereich sozusagen zur guten Mittelschiene gehörten, mit dem Ergebnis, dass einige von ihnen gerne Romane für unsere Leserschicht lieferten. Dazu zählten Franz Baumann und Lorenz Binkowski, von denen auch Romane in Bistumsblättern erschienen, ferner Rudolfo Caltofen, ein quirliger, umtriebiger Autor politisch-kultureller Feuilletons zahlreicher Wochenzeitschriften, und dem jungen Autor Wolfgang Richter, den ich in meiner Aachener Zeit als 'Kulturpapst' der „Aachener Volkszeitung" schätzen lernte. Sie schrieben spannende und lebensnahe Romane, die bei unseren Lesern ein gutes Echo fanden. Das führte dazu, dass ich noch im ersten Jahr den Vorschlag machte, das Buchverlagsprogramm um eine Reihe für Unterhaltungsromane zu erweitern.

Schritte ins Buchverlagswesen

Der Verlag Fredebeul & Koenen hatte sich zu dieser Zeit einen Namen mit religiösen Titeln gemacht, in denen führende Theologen aktuelle kirchliche Zeitfragen behandelten. Das 1958 von Heinz Schütte erschienene Buch „Um die Wiedervereinigung im Glauben" hatte innerhalb von zwei Jahren drei Auflagen erzielt und griff jene ökumenische Grundstimmung auf, die in dieser Zeit schon vor dem Zweiten Vatikanischen Konzil einen Höhepunkt erreichte. Der Düsseldorfer Pfarrer Carl Klinkhammer, nach seinen Erlebnissen in der Verfolgung während des Dritten Reiches zum Ökumeniker geworden, veröffentlichte seine Titel „Versöhnte Christenheit" und „Auf dem Weg - Einheit in Gesprächen" bei Fredebeul & Koenen.

Für das Programm des Buchverlags war Josef Kommer zuständig, ein älterer, theologisch und klassisch gebildeter Bücherwurm, der bedächtig, aber konsequent im Stillen wirkte und mit dem ich mich auf Anhieb verstand. Er nahm die Romanbuchreihe sofort ins Programm auf, so dass sie schon zur Buchmesse 1961 mit drei Titeln gestartet werden konnte. Als Lektor kam Dr. Heinrich A. Mertens einmal wöchentlich aus Lüdenscheid in den Verlag. Mertens war freiberuflich im Bereich der Volkserziehung tätig und selbst ein erfolgreicher Autor religionspädagogischer Bücher. Sein 1953 im Paulus Verlag, Recklinghausen, erschienener „Katechismus des häuslichen Lebens" war mir bekannt, deshalb hatte ich ihn sofort um Mitarbeit gebeten. Unter dem Namen „Dr. Martini antwortet" behandelte er mit wachsendem Echo Leserfragen über Erziehungs- und Glaubensprobleme und setzte dabei Kontrapunkte zu den populären Leserbriefspalten in Illustrierten und in der Regenbogenpresse, in denen meistens dem Leser suggeriert wurde, dass jede beliebige Entscheidung richtig sei. Mertens plädierte hingegen für wertorientierte Entscheidungen, ohne dass er sich jedoch dogmatisch auf die eine, einzig „richtige" katholische festlegte, sondern an die Eigenverantwortung appellierte. So behandelte er auch in Artikeln religiöse Themen, die im Vorfeld des Konzils im Kirchenvolk öffentlich diskutiert wurden. Er trug wesentlich dazu bei, das Profil der „Christlichen Familie" als zeit- und lebensnah zu konturieren.

Als einziger ortsansässiger katholischer Verlag konnte Fredebeul & Koenen schon früh enge Kontakte mit dem Bistum knüpfen. Kurz bevor ich nach Essen kam, hatte Bischof Franz Hengsbach die „Wolfsburg" in Mülheim als zentrale Bildungsinstitution seines Bistums gegründet. Sie sollte, so in seiner Eröffnungsansprache, „kein katholisches Ghetto" werden, sondern sich „zur Welt hin öffnen", eine bemerkenswerte Vorwegnahme der Zielsetzung des Zweiten Vaticanums. Garant für diese „offene Akademie" war ihr erster Direktor, Prof. Dr. Georg Scherer, mit dem ich viele gemeinsame Projekte im Ehe- und Familienbereich durchführte. Mit ihm vereinbarte Fredebeul & Koenen die Herausgabe von Tagungsdokumenten, die seit 1961 als „Wolfsburgreihe" erschienen. Der Band 1 eröffnete mit den Referaten von Scherer und Bischof Hengsbach zum Thema „Wahrheit und Macht" die Reihe, in den folgenden Heften wurden u.a. Vorträge von Hans Eduard Hengstenbach, Leo Scheffczyk, Josef Dreissen und Josef Pieper abgedruckt, die sich nachzulesen lohnen, wenn man die theologische Entwicklungsgeschichte der 60er Jahre studieren will. Einzelne Autoren wie den Philosophen Josef Pieper konnte ich später als Referenten zu Veranstaltungen der AKP einladen.

Band 3 der Wolfsburgreihe vereinte Referate von einer gemeinsamen Tagung des Münsteraner Franz Hitze-Hauses und der Wolfsburg, die sich mit dem Thema

„Fernsehen als Aufgabe" beschäftigte. Der Diözesanreferent und später Leiter der Bischöflichen Pressestelle, Wilhelm Bettecken, den ich aus meiner Köln/Bonner Zeit als Mitarbeiter beim „Filmdienst" kannte, begann die Einleitung mit der Feststellung: „Die Fernsehlawine rollt. Vor sechs Millionen Bildschirmen in der Bundesrepublik (Anfang 1962) sammeln sich bis 20 und 25 Millionen Zuschauer, falls die Sendungen attraktiv genug erscheinen." Unter den Aspekten von Seelsorge und Pädagogik wurden „Hilfen für Eltern, Erzieher und Jugendleiter" entwickelt, die im Prinzip noch der traditionellen Bewahrungs-Pädagogik entsprachen. In Leitlinie 2 wird kategorisch erklärt: „Kinder unter acht Jahren gehören nicht ins Kino und vor den Bildschirm". Leitlinie 1 besagt: „Die Erziehung zum rechten Gebrauch dieser technischen Mittel beginnt im Elternhaus". Dies führte mich dazu, in der „Christlichen Familie" als eine der ersten katholischen Zeitschriften regelmäßig eine Seite mit den Wochenprogrammen von ARD und ZDF abzudrucken, die von der Katholischen Funkkorrespondenz geliefert wurden. In Anlehnung an die katholische Filmbewertung waren darin die Fernsehprogramme als „geeignet ab 12, 14 oder 16 Jahren, „für Jugendliche nicht geeignet" und: „nur für Erwachsene". Für die Zeitauffassung über Erziehung spricht, dass nicht nur politische Sendungen als sehenswert erst „ab 16" angesehen wurden, sondern etwa auch die Karnevalssendung „Mainz bleibt Mainz".

Meine Mitarbeit im verlegerischen Bereich des Essener Verlages führte schon im zweiten Jahr dazu, dass ich selbst als Autor reussieren konnte. Als junger Vater hatte ich begonnen, die ersten Erlebnisse mit unserer ältesten Tochter als heitere Erzählungen niederzuschreiben und sie mit Zustimmung von Verleger Fischer in der „Christlichen Familie" veröffentlicht. Heiterer Lesestoff und vor allem Witze gehörten nach Romanen zum beliebtesten Inhalt der Zeitschrift. Lustige Illustrationen lieferten uns dazu Schüler (und Professoren) der Kunstabteilung der Folkwang-Schule in Essen-Werden, die uns auch moderne Titelentwürfe für Bücher erstellten. Meine Bedenken und Vorbehalte, im eigenen Verlag Bücher zu publizieren, zerstreuten nicht nur Verlagsleiter Kommer und Lektor Mertens, sondern auch Verleger Fischer. „Wenn sie sich verkaufen", so der Betriebswirtschaftler, „warum nicht ?!"

Diese rein ökonomische Bewertung erschloss mir ein neues, zusätzliches publizistisches Feld: die Herausgabe von teilfinanzierten dokumentarischen Bildbänden. Ausgangspunkt waren meine Kontakte zur Bonner CDU-Regierung. Im Presseamt war ein unitarischer Bundesbruder für die Kirchenpresse zuständig, Heinz Röttsches, und in der Fraktion hatte mein fünf Jahre jüngerer Vetter Klaus Oertel nach Abschluss seines Betriebswirtschaftsstudiums eine Stelle als wissenschaftlicher Mitarbeiter bei Kurt Schmücker gefunden. Der nahm ihn mit ins Bundeswirtschaftsministerium, als Ludwig Erhard Kanzler wurde. Klaus machte mich mit Abgeordneten bekannt, die mit Entwicklungshilfe zu tun hatten, u.a. dem stellvertretenden Vorsitzenden des Ausschusses für Entwicklungshilfe, Gerhard Fritz. Mit dem Presseamt hatte ich schon bei KNA zusammengearbeitet und erfahren, dass seine Aufgabe darin bestand, die Regierungspolitik „in vielfältiger Weise unter das Volk" zu bringen. Das geschah u.a. durch eigene Werbemittel, aber auch durch Mitfinanzierung von Fremdprojekten, angefangen bei Reportage-Reisen für Journalisten bis zu Anzeigen und „bestellten Artikeln". Unter diese, eher harmlose Kategorie fiel das, was ich in der „Christlichen Familie" in der Sparte „Bonn antwortet" veröffentlichte. Das waren Frage-Antwort-Texte über gesellschaftspolitische Themen, an deren Verbreitung das Presseamt interessiert war und die sie CDU-nahen Blättern kostenlos zum Abdruck anbot. Vielsagende Beispiele aus dem Beginn der 60er Jahre: „Welches Wohngeld steht mir zu ?" „Wenn ich einen Ausländer heirate".

Diese Art von Öffentlichkeitsarbeit war in der Adenauer-Zeit gang und gäbe und blieb es wohl auch unter allen Regierungen, mit dem Unterschied, dass die weit verbreitete Adenauer-Mentalität in der Gesellschaft keinerlei öffentlicher Kritik unterzogen wurde, während die Public-Relations-Arbeit in den Regierungen danach immer kritischer durchleuchtet und Freundschafts-Vermittlungen ausgeschlossen wurden. Was damals ungefragt als legitim angesehen wurde, zeigt ein weiteres Beispiel. Aus vom Presseamt finanzierten Reportage-Seiten in der „Christlichen Familie" über die neue Politik der Entwicklungshilfe für Länder in der Dritten Welt erwuchs meine Idee, einen Bildband über die Dritte Welt herauszugeben, den Bonn mitfinanzierte. Ich selbst schrieb Artikel über die Bevölkerungsexplosion, das Nebeneinander von Kral und Wolkenkratzern, die Armut und den Analphabetismus, den Hunger und die Krankheit in Afrika und Asien, den Gegensatz zwischen dem kulturellen Erbe der 'Naturvölker' und den etablierten Religionen. Der Stellvertretende Vorsitzende des Bundestagsausschusses für Entwicklungshilfe, Gerhard Fritz, steuerte einen Beitrag über die Grundsätze der deutschen Entwicklungshilfe bei, der Geschäftsführer von Misereor, Walter Kiefer, schrieb über die kirchliche Sozialarbeit in den Entwicklungsländern, und Walter Molt von der Carl-Duisberg-Gesellschaft, der 1960 mit seinem Buch „Sie hungern nach Brot und Freiheit" die Aufmerksamkeit auf das Problem Dritte Welt gelenkt hatte, behandelte die Weltentwicklungsproblematik aus der Sicht der Jugend. Sein Profil erhielt der großformatige Bildband durch Bilder von führenden Fotografen wie Stefan Moses, Robert Lebeck, Bernhard Moosbrugger und zwei junge Bildberichterstatter: Ernst Herb von KNA-Bild und Josef A. Slominski, der unter dem Künstlernamen Slomi der ein bekannter Porträtist der deutschen Bundeskanzler und der Päpste wurde. Slominski wurde von Bischof Hengsbach gefördert, nachdem sein Vater, der Fahrer des Bischofs war, früh verstorben war. Zwischen Slomi und mir entwickelte sich eine enge Freundschaft, wir wohnten lange Jahre zusammen in Essen-Werden in derselben Straße und arbeiteten an vielen kirchlichen Projekten zusammen.

Der in moderner grafischer Gestaltung mit ganzseitigen Fotos und vielen Schaubildern und Tabellen von Karl Heinz Fleckenstein gestaltete Bildband erschien im Herbst 1962 unter dem Titel „Geburt einer neuen Welt". Weitsichtig stellte der Bundesminister für Wirtschaft, Ludwig Erhard, 1962 in seinem Vorwort fest: „Die Lösung der Probleme, vor die sich die freie Welt durch Hunger, Krankheit und Not in den Entwicklungsländern gestellt sieht, ist heute zu einer Lebensfrage für uns alle geworden." Er sprach die Hoffnung aus, dass der Bildband mithelfen möge, „Verständnis für die Probleme der Völker Asiens, Afrikas und Südamerikas zu wecken und Brücken zu bauen, die uns nicht nur räumlich, wie dies durch die moderne Technik geschieht, sondern auch in unserem Denken und Empfinden einander näher bringen". Der informatorische Dokumentationsband über den Zustand in der Dritten Welt war auch ein Zeichen für die eingespielte Zusammenarbeit in der Entwicklungshilfe zwischen den zuständigen Bundesministerien und den kirchliche Hilfswerken.

Werbung mit dem Papst

Auch Verlagsgeschäftsführer Fischer konnte zufrieden sein, denn „Geburt einer neuen Welt" wurde zu einem wirtschaftlichen Erfolg für Fredebeul & Koenen. Ein Risiko war er sowieso nicht eingegangen, denn das Ministerium bzw. das Presseamt hatten vorab 1000 Exemplare bestellt, wodurch die Deckungsauflage bereits gesichert war. Der Rest der Auflage war innerhalb eines Jahres verkauft. Anfang 1962, als ich Fischer um Zustimmung zu einer Reportage-Reise zum Beginn des Zweiten Vatikanischen Konzils bat, äußerte er einen unerwarteten Wunsch: Ob ich ihm nicht bei dieser Gelegenheit zu einer Papstaudienz verhelfen könnte. Mir kam die Vorstellung, auf einer Journalistenreise vom Verleger begleitet zu werden, zunächst ungewöhnlich vor. Außerdem war Fischer, von dem ich nur wusste, dass er praktizierender Katholik war, bisher in den Verbänden der katholischen Buch- und Presseverleger noch kaum in Erscheinung getreten. Erst später verstand ich, dass er gerade deshalb durch eine solche Audienz sozusagen gleichsam eine kirchlich besiegelte Akzeptanz im katholischen Verlagswesen und im Bistum finden und als Seiteneinsteiger seine legitime Nachfolge der bekannten katholischen Verlegerfamilie Koenen dokumentieren wollte. Schon der Vater von Hugo Koenen und dieser selbst waren in Privataudienz empfangen worden.

Jetzt wollte Albert Fischer als Verleger der „Christlichen Familie" zu dieser Ehre kommen., und meine Reise nach Rom zur Konzils-Eröffnung erschien ihm dafür gut geeignet. Ich selbst meldete ich mich offiziell als Journalist beim vatikanischen Staatssekretariat an. Den Presseausweis mit der Nummer 88, der wie ein Diplomatenpass aussieht und auf dem blauen Umschlag das Papstwappen in Golddruck trägt, bewahre ich noch heute auf. Er erteilt dem im Foto abgebildeten Inhaber die Erlaubnis, „per accedere all' Ufficio del Servizio Stampa della Segretaria Generale della Pontificia Commissione Centrale Prepatorio del Consilio Ecumenico Vaticano II." und ist persönlich unterschrieben von Kardinalstaatssekretärs Pericle Felici, dem Generalsekretär der Vorbereitungskommission des Konzils. Gleichzeitig schrieb ich an den Leiter der deutschen Abteilung im Staatssekretariat, Msgr. Bruno Wüstenberg, den ich bereits bei der Papstwahl Johannes XXIII. kennen gelernt hatte, ob es die Möglichkeit gebe, vor oder nach der Konzils-Eröffnung eine Privataudienz für Verleger Fischer und mich zu bekommen. Nachdem Wüstenberg tatsächlich eine Audienz in Aussicht stellte, kamen Fischer mit seiner Frau und seinen beiden Kindern zu Konzilsbeginn nach Rom, wohin ich bereits eine Woche vorher zur ersten Pressekonferenz angereist war. Überraschend nahm Johannes XXIII. in der ersten Arbeitswoche des Konzils wieder Generalaudienzen auf, die mit persönlichen Einzelaudienzen verbunden waren. Schon am Montag erhielten Fischer und ich von Msgr.Wüstenberg die Mitteilung, dass der Papst uns vor der Generalaudienz privat in der Seitenkapelle „della Colonna" empfangen werde.

Vor mir liegt ein vierseitiger Sonderdruck über unsere Audienz, der in einer Auflage von 100 000 als Werbeblatt verteilt wurde und dessen Texte und Fotos Bände sprechen. Große Fotos zeigen, wie der Verleger Fischer, nicht etwa der Chefredakteur, dem Papst einen in weißes Leinen gebundenen Jahresband der „Christlichen Familie" überreicht, während der Chefredakteur seinen Bildband „Geburt einer neuen Welt" präsentierte. Der Papst sprach uns in Italienisch an, Prälat Wüstenberg, der uns vorgestellt hatte, übersetzte. Im Werbeblatt heißt es über das Gespräch, dass der Papst die „moderne Gestaltung" der Zeitschrift als „eine Freude für die Augen" bezeichnete, dass jedoch der Inhalt noch wichtiger sei, damit „Brücken von Herzen zu Herzen" geschlagen werden könnten. Das sei auch sein Wunsch: solche Brücken zu schlagen. Dazu führte Johannes XXIII. in seiner Ansprache in der anschließenden Generalaudienz aus, dass die Kirche mit dem Ökumenischen Konzil „eine neue Wohltat für die Welt vorbereitet, eine Welt, die sich wegen des materiellen Fortschritts immer mehr vom Geistigen zu entfernen scheint".

Quintessenz der Audienz war für uns aber das, was im Werbeblatt fett gedruckt ist: „Mit dieser Audienz würdigt der Papst erneut in besonderer Weise unsere Wochenschrift. Es war das dritte Mal seit der Gründung der „Christlichen Familie", dass ein Papst den Verleger und den Chefredakteur in privater Audienz empfing." Der Neu-Verleger Fischer konnte sich im Kreis der Gesellschafter geadelt fühlen. Ich selbst nahm die Papstäußerungen als Anerkennung katholischer Pressearbeit und formulierte euphorisch auf der Rückseite des Werbeblattes, dass es heute nicht an Lesestoff in den -zig Millionen Zeitungen und Illustrierten mangele: „Mangel herrscht aber trotzdem", so wörtlich weiter, „und zwar an gutem und sauberem Lesestoff - „gutem und sauberem" fett gedruckt. Den biete „Die christliche Familie". Mit „gut" glaubte ich die Familienartikel und die Unterhaltungsbeiträge kennzeichnen zu können, mit „sauber" griff ich den damaligen Abwehrkampf der Kirche gegen die „schlechte" säkulare Presse auf, womit vor allem deren freizügige, sittengefährdende Berichte und Fotos vom unmoralischen Leben von Stars und Prominenten gemeint waren. Wir verkündeten stolz, dass die Auflage der „Christlichen Familie"ständig wächst: „Im Oktober 1961 überstieg sie erstmals eine Viertel Million!" (eine Viertel Million in hervorstechendem Großdruck). Und für den, der noch nicht Abonnent war, zuletzt der Hinweis: „Mindestens eine Million lesen wöchentlich 'Die christliche Familie' im ganzen Bundesgebiet - Sie hat Tradition – Sie ist modern". (PA)

Weltereignis Konzil

Das Konzil selbst habe ich aus zwei Perspektiven betrachtet: Vorrangig aus derjenigen des Journalisten, der darüber berichtet, Entwicklungen sichtbar macht und kommentiert, aber auch aus Sicht des Katholiken, der auf eine „zeitgerechte Kirche" hoffte, auf das „aggiornomente", das Johannes XXIII. angekündigt hatte. Der Kurie und der Vorbereitungskommission war bewusst geworden, dass dieses Konzil infolge der technischen Entwicklungen erstmals tagesaktuell weltweit von Presse und Rundfunk verfolgt werden und die bisherige Nachrichtenpolitik des Vatikans nicht genügen würde. Deshalb richtete der Vatikan erstmals einen Pressesaal in dem großen Eckgebäude am Beginn der Via della Conciliazione unmittelbar beim Petersplatz ein. In dieser Sala Stampa gab es einen großen Raum für Pressekonferenzen, einen Arbeitsraum mit 50 Schreibtischen und Schreibmaschinen, Fernschreibanschlüsse und 30 Telefonkabinen. Bis eine Woche vor Konzilsbeginn hatten sich 700 Vertreter von Presse, Rundfunk und Film angemeldet, zur Eröffnung waren rund 1000 akkreditiert. „Das waren mehr Journalisten als zwei Jahre zuvor bei den Olymischen Spielen", stellten Vaticanisti fest.

Für die Journalisten wurde noch mehr getan. Im ersten Stock des Eckgebäudes, das im übrigen auch Anlaufstelle für alle Bischöfe zum Empfang ihres Konzilsausweises war, gab es Arbeitsstellen für die verschiedenen Sprachgruppen, in denen auch die Übersetzungen der Bulletins auslagen und oft Konzilsväter der verschiedensprachigen Länder für Auskunft zur Verfügung standen. Fast alle Sprachgruppen, die die Bischöfe im Laufe des Konzils für eigene Begegnungen und Aussprachen gründeten, richteten noch zusätzliche eigene Pressezentren ein. Für die deutschsprachigen Journalisten aus der Bundesrepublik, Österreich und der Schweiz standen drei Räume bei den Salvatorianern zur Verfügung, deren Haus direkt gegenüber der Sala Stampa liegt. Die deutschsprachigen Bischöfe ernannten Weihbischof Walter Kampe zum Betreuer der Journalisten, und es wurde das große Verdienst Kampes, dass die Journalisten Vertrauen in die Informationsvermittlung bekamen. Er berichtete freimütig über alle Vorgänge und lud Bischöfe, Konsultoren und persönliche Berater der Bischöfe zu Gast, darunter den Bonner Kirchenhistoriker Hubert Jedin, den Moraltheologen Bernhard Häring, den Pastoraltheologen Johannes Hirschmann SJ sowie die jungen Theologen Josef Ratzinger und Hans Küng.

Die Eröffnung des Konzils am Donnerstag, dem 11. Oktober 1962, erlebte ich im Petersdom. Ursprünglich waren nur 250 Plätze für Journalisten auf einer der vier Tribünen vorgesehen, die an den Vierungstürmen rund um den Altarraum aufgerichtet worden waren. Wegen der gestiegenen Zahl der Berichterstatter wurde die Zahl im Petersdom auf 400 erhöht, und ich hatte das Glück, einen solchen Platz zu bekommen. Auf einer anderen Tribüne saßen die beim Vatikan akkreditierten Diplomaten, auf einer weiteren die eingeladenen Vertreter der anderen christlichen Kirchen. Von den Tribünen bot sich eine gute Sicht auf die Konzilsaula im Mittelschiff, in dem auf der rechten und linke Seite zehn ansteigende Ränge aufgebaut waren, die für die über 400 Konzilsväter Platz boten. An Hand eines Begleitbuches, das ich wie einige andere Dokumente gesondert aufbewahre, konnten wir von den Hochtribünen die Eröffnungsfeier verfolgen, die in drei Abschnitte eingeteilt war: den Einzug der Konzilsväter, die Messe zur

Herabrufung des Heiligen Geistes und die Eröffnung des Konzils durch den Papst.

Über das Medienecho ist damals weder im Vatikan noch anderswo eine Statistik geführt worden, doch in allen Berichten wurden drei Punkte als „historisch" erwähnt: Erstmals waren offizielle Beobachter aller „nichtkatholischen Kirchen" - so die offizielle Bezeichnung - anwesend. Erstmals nahmen die weltlichen Repräsentanten aller maßgeblichen Staaten teil - mit Ausnahme der Sowjetunion, für die sich kurze Zeit später noch vier russische Journalisten akkreditieren ließen und Johannes XXIII. fünf Monate später den Sowjetpremier Michael Chruschtschow in Privataudienz empfing. Und erstmals wurde die Eröffnung eines Konzils von den Medien weltweit übertragen. Dazu trugen insbesondere das „neue Medium Television" bei. Karl- August Siegel, Fernsehbeauftragter der deutschen Bischöfe und Konzilsberater, schrieb in einem Bericht: „Paradoxerweise erlebten die Millionen Fernsehzuschauer das Geschehen in Rom aus tausend Kilometern Entfernung eindrucksvoller als die Römer auf dem Petersplatz und vielleicht auch mancher Konzilsvater in der Konzilsaula."(Kochs, 1963, S.111) Ein früher Hinweis auf die kommende virtuelle Welt, in der viele Menschen in einer zweiten Realität leben.

Zwei weitere Ereignisse belegten unmittelbar nach Konzils-Eröffnung, dass die Kirche die „technischen Mittel der sozialen Kommunikation" und die Rolle derer, die sie beruflich als Journalisten betreiben, in neuem Licht sahen. Einen Tag, nachdem Johannes XXIII. die „außerordentlichen Gesandtschaften" in Audienz empfangen hatte, empfing er die Journalisten - noch vor späteren Empfängen für die Konzils-Beobachter und Vertreter der anderen christlichen Religionen. In einer bemerkenswerten Ansprache nahm er vieles vorweg, was die kirchliche Sicht der Medien fortan bestimmen würde.   „Die heutige Audienz", so begann der Papst, „will Unsere Wertschätzung bezeugen, die Wir für die Vertreter der Presse haben und zugleich für die Bedeutung, die Wir Ihrer Aufgabe als Berichterstatter zumessen". Er habe mit Bedacht die Sixtinische Kapelle als Audienzort gewählt, weil zu Füßen des Jüngsten Gerichts „jeder über seine Verantwortung nachdenken" kann. „Ihre Verantwortung ist groß, werte Herren," so heißt es in der offiziellen Übersetzung, „Sie stehen im Dienst der Wahrheit, und in dem Maße, in dem sie ihr treu sind, entsprechen Sie der Erwartung der Menschen." Was Johannes XXIII. dann als große Versuchung für Journalisten anführt, ist eine Charakteristik, die noch heute Geltung hat: Die Versuchung, „dem Geschmack eines gewissen Publikums zu gefallen, mehr um Schnelligkeit als um Genauigkeit besorgt zu sein, mehr bedacht auf das 'Sensationelle', wie man sagt, als auf das objektiv Wahre". Damit verdunkle man die Wahrheit, und wenn dies auf jedem Gebiet schon schwerwiegend sei, um wie viel mehr „auf dem Gebiet der Religion, der Beziehungen der Seele mit Gott". Wenn Journalisten die wahren Beweggründe der Tätigkeiten der Kirche feststellen und bekannt machen wollten, könnten sie „bezeugen, dass sie nichts zu verbergen hat, dass sie gerade und nicht krumme Wege geht, dass sie nichts so sehr wünscht wie die Wahrheit, zum Wohl der Menschen und zum fruchtbaren Einvernehmen zwischen den Völkern aller Kontinente". Und in Anspielung auf die Abrüstungsdiskussionen der 60er Jahre bemerkte Johannes XXIII., dass Journalisten durch den Dienst an der Wahrheit zur „Abrüstung der Geister" beitragen könnten, die Voraussetzung für die Wiederherstellung des Friedens auf dieser Erde sei (Kochs, 1963, S. 111). Eigenartigerweise ist diese großartige frühe Papstäußerung über Journalistenethik weder in ein vatikanisches Dokument über Medien eingegangen noch in das Lehrmaterial für katholische Journalistenausbildung.

Das zweite bedeutsame Ereignis: Am Tag danach, einem Sonntag, feierte der Generalsekretär des Konzils, Erzbischof Felici, eine erste Messe für die Journalisten. Solche Journalistenmessen wurden mit wechselnden Konzilsvätern als Zelebranten in wechselnden römischen Kirche fortgesetzt. Insgesamt konnte man also feststellen, dass der Vatikan und die Kirche zum Konzilsbeginn eine unerwartete Öffnung zur Welt hin für die Medien als Kommunikationsträger vollzog, die entscheidend dazu beitrug, dass das Weltinteresse am Konzil so groß wurde und über vier Jahre hinweg so groß blieb.

Das Konzil begann mit einem Paukenschlag. Nach der ersten Sitzung der Generalkongregation begegnete ich im Staatssekretariat Kardinal Frings mit seinem Sekretär Hubert Luthe. Als ich Luthe fragte, wie die erste Sitzung verlaufen sei, strahlte er und sagte: „Gut, sehr gut!" Das gehe doch aus dem Bulletin hervor. Darin hieß es, dass die Wahl der Kommissionsmitglieder verschoben worden sei, damit die Konzilsväter sich untereinander besser kennen lernen könnten. Es sickerte schnell durch, das die Verschiebung auf eine unvorhergesehene Intervention der Kardinäle Lienard und Frings erfolgt sei. Die Folge war weitreichend: Dadurch, dass die Konzilsväter nicht die von der Kurie vorbereitete Liste angenommen hatten, konnten sie selbst bei der Zusammenstellung der Kommissionen mitreden. Die Konzilsväter hatten sie sich gegenüber der Kurie emanzipiert.

Kardinal Frings selbst beurteilte seine Intervention gar nicht als so außergewöhnlich. In einem Interview, dass ich zehn Jahre später mit ihm über die Auswirkungen des Konzils führte, schilderte er in seiner einfachen, geraden Art des Denkens und Handelns - sein Berater Ratzinger nannte es „seine vollkommen arglose und treue Katholizität" -, dass er vor dem Konzil den Kirchenhistoriker Jedin gefragt habe, worauf man aufpassen müsse. Der habe ihm gesagt, dass gleich zu Beginn die Wahl der Kommissionsmitglieder sehr wichtig sei. Als dann sofort von der Kurie vorbereitete Namenslisten vorgelegt worden seien, habe er „geglaubt, seinen Ohren nicht trauen zu können". Er wollte sich melden, aber für Wortmeldungen hätte man sich drei Tage vorher anmelden müssen. Da habe Lienart einfach das Wort ergriffen, und - so Frings in seiner trockenen Art: „Danach hat man mir auch das Wort nicht versagen können". Er habe aber nur drei kurze Sätze gesagt: dass man sich untereinander doch zuerst kennen lernen und über die zu Wählenden beraten müsse, deshalb habe er beantragt, die Wahl um drei Tage übers Wochenende zu vertagen. Da hätten sich alle Konzilsväter erhoben und zugestimmt, so dass sich auch das Präsidium einverstanden erklären musste (Interview und Konzilserfahrungen Ratzingers in: Froitzheim, 1979, S. 205-213 und 191- 205).

Johannes XXIII. behielt also Recht mit dem, was er den Journalisten gesagt hatte: Die Kirche wolle keine krummen Wege gehen. Das sollte zumindest für die Zeit des Konzils so bleiben, denn die Offenheit und der Freimut, mit denen die Bischöfe im Konzil redeten, diskutierten und stritten, und die Kompromisse, die sie schlossen - diese gradlinigen Wege hat es anschließend nie mehr gegeben. So war meine eigene Berichterstattung auch von starker Begeisterung getragen. Die Hoffnung auf eine grundlegende Kirchenreform beruhte vor allem auf der Persönlichkeit Johannes Paul XXIII. Die Theologen erwarteten eine Weiterentwicklung des wegen des Ausbruchs des deutsch-französischen Krieges 1870 „vertagten" Ersten Vatikanischen Konzils, beim Kirchenvolk hoffte man auf eine lebenszugewandte Pastoral. Aus Gesprächen mit Kollegen, Bischöfen und Konzilsberatern in Rom wuchs so meine Idee, nach dem Bildband „Geburt einer neuen Welt" einen zweiten dokumentarischen Bildband über „Das 21. Konzil" herauszugeben.

Als Herausgeber erklärte Prälat Anton Kochs sich bereit. Er wirkte als bischöflicher Beauftragter für Film von Anfang an beim Konzil beratend mit. Als weitere Autoren gewann ich seinen Rundfunkkollegen Karl-August Siegel, den Leiter der deutschsprachigen Abteilung von Radio Vatikan, Emil Schmitz SJ, sowie den KNA-Korrespondenten Luitpold A. Dorn. Sie schrieben aktuelle Berichte über Vorbereitungen und Ziele schrieben. Bischof Hermann Volk von Mainz, den ich auf einer Taxifahrt vom Flughafen in den Vatikan begleitete, stellte seinen KNA-Bericht über den Ablauf einer Sitzung zur Verfügung. Diesen Berichten stellten wir eine ausführliche Geschichte der vergangenen Konzilien voran, die mein Essener Kollege Heinrich A. Mertens schrieb. Dazu druckten wir alle Dokumente und Ansprachen der ersten Sitzungsperiode ab. Ich selbst stellte neben einem Bericht über die Pressevorbesichtigung der Konzilsaula und die Eröffnung des Konzils ein „Konzilstagebuch" zusammen, das in fortlaufenden Randspalten alle wichtigen Ereignisse seit Konzilsankündigung bis zum Ende der 1. Sitzungsperiode enthielt. Weihbischof Kampe beendete den Textteil mit „Erwägungen" über den Fortgang des Konzils.

Der deutsche Kurienkardinal Augustin Bea, der 1960 zum ersten Präsidenten des Sekretariates für die Einheit der Christen ernannt worden war, wies im Vorwort auf die „einzigartige" Bedeutung dieses Konzils in der Konzilien- und Kirchengeschichte" hin, - „ganz unabhängig davon, wie es sich weiterentwickelt" (Kochs, 1963, S. 5). In Besprechungen wurde besonders die Bildqualität gelobt. Alle Fotos stammten von dem Essener Fotografen Josef Slominski, der als ständiger Bildjournalist nicht nur den Konzilsbeginn unter Johannes XXIII. dokumentierte, sondern auch die Fortführung durch dessen Nachfolger Paul VI. ab der 2. Sitzungsperiode im September 1963. In diesem Zusammenhang sollte ich erwähnen, dass die Qualität der Fotos über alle kirchlichen Großereignisse in der gesamten Kirchenpresse seit den 60er Jahren stark gestiegen war durch die jungen Fotografen Hans Knapp und Ernst Herb von KNA-Bild. Leider sind ihre Fotos anfangs nicht immer so zur Geltung gekommen, weil viele kirchliche Blätter lange Zeit Fotos nur als Illustration ansahen und entsprechend klein abdruckten.

Die selbstständige Aussagekraft guter Fotos kann erst zur Wirkung kommen, wenn sie groß gedruckt werden - wie der Bildband „Das 21. Konzil" zeigte.

Die erste Auflage des Buches, das mit Imprimatur im Frühjahr 1963 erschien, war bald ausverkauft, nicht zuletzt deshalb, weil Johannes XXIII. Pfingsten gestorben war. Wir hatten Bögen für eine zweite Auflage mitgedruckt, lagerten sie aber ein, als sich herausstellte, dass das Konzil nicht, wie Papst Johannes es ursprünglich geplant hatte, mit der zweiten Sitzungsperiode beendet werden konnte. Nach Abschluss des Konzils Ende 1965 veröffentlichten wir eine zweite Auflage, die wir um Kapitel über die drei weiteren Konzilsperioden, die Fortsetzung des Konzilstagebuches und eine Übersicht über die 16 Konzilsdokumente ergänzten.

Schnellschuss „Inter Mirifica"

Ich selbst konnte jeweils für ein paar Tage an jeder der nächsten drei Sitzungsperioden teilnehmen. Als am 29. September 1963 die zweite Sitzungsperiode eröffnet wurde, war der Andrang der Journalisten erneut groß. Die Welt wollte erfahren, wie der neue Papst Paul VI. das Konzil fortsetzen würde. Er hatte bei seiner Krönung zum ersten Mal den Begriff des Dialogs eingeführt und einige organisatorische Änderungen zur Verbesserung des Ablaufs durchgeführt, wozu auch die Einrichtung einer Pressekommission des Konzils gehörte. Am Ende der Sitzungsperiode am 4. Dezember 1993 wurden zwei Dokumente verabschiedet: die Konstitution über die Liturgie und das Dekret über die publizistischen Mittel, das nach seinen Anfangsbuchstaben „Inter mirifica" genannt wird. Bei der kritischen Abwägung, ob die frühe Veröffentlichung über die Rolle der Medien als ein Zeichen ihrer hohen Bewertung durch die Bischöfe angesehen werden kann oder ob sie nur ein ihnen immer noch fernes und fremdes Thema schnell vom Tisch haben wollten, überwogen diejenigen, die der letzteren Ansicht waren. Inzwischen gilt „Inter mirifica" als das schwächste der 17 Konzilsdokumente, es blieb außerdem dasjenige, das mit 503 „Non Placet"-Stimmen bei 598 „Placet"-Stimmen die meisten Gegenstimmen von allen Konzilsbeschlüssen erhielt. Zwar wird erstmals in einem vatikanischen Dokument dokumentiert, dass „der Fortschritt der modernen Gesellschaft" eine „wahre und gerechte Freiheit der Information" voraussetzt; auch wird an die Verantwortlichkeit von Journalisten und Konsumenten appelliert, aber es werden keinerlei Aussagen zur Rolle der kirchlichen Medien gemacht. Kein Wunder, dass die Fachwelt, auch die Medienfachleute in der Kirche, „Inter mirifica" wenig beachteten. Ironisch ist sicherlich die Behauptung, von diesem Dokument sei nur die Einführung des jährlichen Welttages der sozialen Kommunikationsmittel in der Kirche geblieben. Paul VI. richtete am 2. April 1964 zur Verwirklichung des Dekrets über die publizistischen Mittel eine Päpstliche Kommission für publizistische Mittel ein. Diese ararbeitete die 1971 veröffentlichte Pastoralkonstitution „Communio et Progresio", die als das wichtigste Dokument der Kirche über die neue Sicht der Medien und ihrer Rolle in Kirche und Gesellschaft gilt.

Die zunächst nur als Kommission gegründete römische Institution ist zwar später zum Päpstlichen Rat für die sozialen Kommunikationsmittel als Dauereinrichtung aufgewertet worden, aber sie übernahm nie die Funktion einer vatikanischen Medienzentrale. Ihr ist bis heute weder der offizielle Pressesprecher zugeordnet noch der Pressesaal noch der „Osservatore Romano", RadioVatikan und die neueren Medienaktivitäten im Fernseh- und Internet-Bereich. Schon 1982 hat der langjährige Generalsekretär der Katholischen Weltunion der Presse (UCIP), P. Pierre Chevalier, eine Zusammenfassung aller vatikanischen Medienstellen in einer Art Informationszentrum gefordert. Er blieb nicht der einzige, immer wieder wurden Vorschläge und Pläne für eine Zusammenfassung und Koordinierung der Medienarbeit des Vatikans gemacht - ohne Ergebnis. Zuletzt kam 2006 die Hoffnung auf, dass der neue deutsche Papst anlässlich der Neubesetzung der Ämter des Pressesprechers, des Chefredakteurs des „Osservatore" und des Präsidenten des Medienrates eine Reform einleiten könnte - was wiederum nicht geschehen ist. Kein Wunder, dass das Bild der Kirche nach draußen immer noch hauptsächlich durch eine Person geprägt wird: den jeweiligen Papst. Eine eigene Medienzentrale, die umfassend informiert, auch über kontroverse oder ungelöste kirchliche Probleme in der globalen Welt, die auch selbst Agenda-Setting betreibt, fehlt weiterhin. In diese Richtung hat das Konzil keine Impulse gegeben.

Dabei hatte die zweite Sitzungsperiode des Konzils, die vom 29. September bis zum 4. Dezember 1963 dauerte, hinsichtlich der Öffnung zur Welt neue Hoffnung gegeben. Die Offenheit der Debatten, die Johannes XXIII. in Gang gesetzt hatte, wurden - wenn auch in anderer Weise - von seinem Nachfolger Paul VI. fortgesetzt. Er prägte bereits in seiner Krönungsansprache den Begriff des Dialogs und präzisierte ihn in seiner ersten Enzyklika „Ecclesiam suam" vom 6. August 1963 als „Gespräch innerhalb der Kirche mit den getrennten Christen und den Nichtchristen". Die große Redefreiheit führte der dritten Sitzungsperiode (14. September bis 21. November 1964) zu einem so dramatischen Aufeinanderprallens von Meinungsverschiedenheiten zwischen den Traditionalisten und den Progressisten, dass in den Medien von einer „schweren Krise" die Rede war. Dabei ging es vor allem um die Religionsfreiheit, die Kollegialität der Bischöfe und den Primat des Papstes. Da abzusehen war, dass die Konzilsväter nicht mehr alle Schemata zu Ende führen konnte, ordnete Paul VI. bereits früh eine vierte Sitzungsperiode für 1965 an.

Aus der dritten Periode möchte ich nur eine Randepisode berichten, in der ich involviert war. Sie zeigt, wie Informationspolitik vorbildlich sein kann: Die Bundesregierung lud alle afrikanischen Konzilsväter in einer Sitzungspause zu einer Reise durch Deutschland ein, die vom Bundespresseamt durchgeführt wurde. Kirchenreferent Heinz Röttsches lud mich ein, ihn nach Rom zu begleiten, so dass ich auf dem Rückflug in einer Sondermaschine der deutschen Luftwaffe mit über 100 schwarzen Bischöfen reiste. Der klassisch gebildete Röttsches hielt über Bordmikrofon eine Ansprache in Latein, und da ich kein Französisch spreche, versuchte ich ebenfalls in Latein mit einem der Bischöfe aus dem ehemaligen Belgisch-Kongo zu radebrechen. Er klagte über die Christenverfolgungen unter den neuen kommunistischen Volksdemokratien in Afrika und wollte das „demokratische Deutschland" kennen lernen. Der Unterschied zwischen der Deutschen Demokratischen Republik und der Bundesrepublik wurde ihm und wohl vielen anderen afrikanischen Bischöfen erst auf der Rundreise klar. Im Programm der Deutschlandbesuche standen insbesondere die Regierungsstellen für Entwicklungshilfe sowie die kirchlichen Aktionen Misereor und Brot für die Welt.

Anfang Dezember 1965 konnte ich vom Abschluss des Konzils aus Rom berichten. Die Situation für Beobachter und Journalisten hatte sich gegenüber 1962 stark verbessert. Die vierte und letzte Sitzungsperiode hatte am 14. September 1965 begonnen. Für mich wurden der 6., 7. und 8. Dezember zu historischen Tagen, denn vor der großen Schlussfeier auf dem Petersplatz konnte ich an der letzten 186. Generalkongregation teilnehmen. Das „Permesso personale", vom Generalsekretär Kardinal Felici persönlich unterschrieben, „rilato al Dott. FERDINAND OERTEL", trägt die Nummer 3641, woraus zu schließen ist, dass im Verlauf des Konzils durchschnittlich nur etwa 20 Nichtmitglieder als Beobachter zu den knapp 200 Sitzungen zugelassen wurden. Der Sitzungsverlauf war etwas ernüchternd für mich. In der Aula wurde nicht mehr debattiert und gestritten, vorwiegend wurden die letzten Regularien abgehandelt. Ich konnte Kardinal Döpfner als einen der vier Moderatoren erleben, der gewohnt zupackend die Tagesordnung vorantrieb. Am interessantesten war für mich noch der Tisch mit Tagungsdokumenten der Konzilsväter. Ich konnte zwei der wichtigsten Dokumente mitnehmen, frisch gedruckt von der Typis Polyglottis Vaticanis: Das „Decretum de Apostolatu Laicorum", von „PAULUS Catholicae Ecclesiae Episcopus" bei St. Peter in Rom am 18. November 1965 „approbiert" und „promulgiert" - mit der bemerkenswerten Formulierung „una cum Venerabilibus Patribus"; was heißt, dass der Papst das Dekret „zusammen mit den Ehrwürdigen Vätern" erlässt. In den Formulierungen vor Paul VI. waren Konzilsdokumente von den Päpsten „mit Zustimmung des Konzils" sanktioniert worden. Beobachter sahen in dieser Änderung einen Hinweis auf die neu definierte Kollegialität der Bischöfe. Das zweite Dokument „De Ecclesia in Mundo Huius Temporis" trägt auf der Titelseite noch den Hinweis „über das in der öffentlichen Sitzung am 7. Dezember 1965 entschieden wird". Deshalb steht darunter in Klammern noch „sub secreto".

Die Pastoralkonstitution „Die Kirche in der Welt von heute", das berühmte Schema 13, war bis zuletzt heftig umstritten. Während die Aussagen über „die Eigenständigkeit der irdischen Sachbereiche" zur Grundlage für eine Neuorientierung von Kirche und insbesondere Laien über ihre Aufgabe in der Welt wurde, vor allem auch hinsichtlich der Medien, ist eine Entscheidung, über die es drei Jahre nach Konzilsschluss zur größten weltweiten Kirchenkrise kommen sollte, in einer Anmerkung versteckt. Dabei geht es um die kirchliche Lehre von der Empfängnisregelung. Zum Schluss des Kapitels 51 „Die eheliche Liebe und der Fortbestand des menschlichen Lebens" heißt es in Anmerkung 14: „Bestimmte Fragen, die noch anderer sorgfältiger Untersuchungen bedürfen, sind auf Anordnung des Heiligen Vaters der Kommission für das Studium der Bevölkerung, der Familie und der Geburtenfrage übergeben worden, damit, nachdem diese Kommission ihre Aufgabe erfüllt hat, der Papst eine Entscheidung treffe. Bei diesem Stand der Doktrin des Lehramtes beabsichtigt das Konzil nicht, konkrete Lösungen unmittelbar vorzulegen." Mit diesem Zusatz wurde die Pastoralkonstitution auf der letzten öffentlichen Sitzung am 7. Dezember mit großer Mehrheit angenommen, ebenso wie die lange umstrittene Erklärung über die Religionsfreiheit. Weniger öffentlich beachtet wurden die ebenfalls verabschiedeten Dekrete über die Missionstätigkeit der Kirche und den Dienst und das Leben der Priester.

In Erinnerung ist mir geblieben, dass die Atmosphäre in der Konzilsaula an diesem Tag etwas Besonderes hatte. Bei den Konzilsvätern war Erleichterung, Zufriedenheit und auch Freude zu verspüren, sicherlich über das Ende der vierjährigen Beratungen, aber besonders darüber, dass in allen Fragen trotz großer Meinungsverschiedenheiten und weiter ungelöster Gegenwartsfragen ein großer Konsens erzielt werden konnte. Nicht zuletzt deshalb wurde der feierliche Abschluss des Zweiten Vatikanischen Konzils auf dem Petersplatz wieder zu einem großen freudigen Weltereignis. Die katholische Kirche präsentierte sich - immer noch gekleidet in der Pracht der Vergangenheit - als fähig für innere Reformen. Sie hatte - das war jedenfalls der fast einhellige Medientenor - das Fenster zur Welt weit geöffnet. Welche Kräfte das Konzil auslösen würde, welche Krisen es schon bald in der Kirche hervorrufen würde, das war an diesem Tag kaum zu ahnen. Vor allem ahnte ich nicht, dass ich in zweifacher Hinsicht in meiner journalistischen Tätigkeit mit Konzilsfolgen konfrontiert wurde: in der „Christlichen Familie" mit der Diskussion über die Enzyklika „Humanae Vitae", die 1968 veröffentlicht wurde, und in der Arbeitsgemeinschaft Katholische Presse mit der Pastoralinstruktion „Communio et progressio", die 1971 erschien.

Dialogangebote zum Essener Katholikentag: „K '68" und 1770 Fragen

In der Hochstimmung des Konzilsabschlusses konnte ich - wieder zurück in Essen - ebenfalls nicht ahnen, dass in den nächsten Jahren die Kirche in Deutschland und die Kirchenpresse auf zwei Höhepunkte zugingen, die auch Höhepunkte in meinem bisherigen publizistischen Wirken werden sollten: den Katholikentag in Essen, der 1968 - im Jahr der Studentenrevolution - auch einen Aufstand der Katholiken mit sich brachte, und die beginnende Krise der Kirchenpresse, die mit einem neuartigen Medienkonzept begann, das bereits 1965 ein in der Publizistik unerfahrener, jedoch visionärer junger Mann, Hans Suttner, den Bischöfen unterbreitete und das sich zum Experiment „Publik" entwickelte.

Ich will versuchen, aus meiner persönlichen Perspektive Akzente dieser Umbruchzeit in Erinnerung zu rufen, und werde der Reihe nach zuerst die Essener Entwicklung bis zum Synodenvorschlag als Hauptbeschluss des Katholikentages und anschließend das Ringen der Kirchenpresse um Festigung ihrer Position in der kirchlichen Presselandschaft bis zum „Sofortprogramm" der Würzburger Synode darstellen.

Nach dem Konzil hatte sich für mich im Verlag und in meinem Privatleben einiges verändert. 1964 musste Fredebeul & Koenen einen Standort außerhalb der Innenstadt suchen, weil die neue Städtebauverordnung keinen Druckereibetrieb mehr in der Geschäftszone duldete. Verleger Fischer fand ein großes Gelände an der Ruhr in Essen-Werden, auf dem eine Druckerei mit modern ausgestattetem Maschinenpark und ein funktionales Verwaltungsgebäude errichtet wurden.

Zur Zeit des Verlagsneubaus in Essen-Werden wurde ich selbst auch zum Bauherrn in eigener Sache. 1963 war unsere zweite Tochter, Sibylle, geboren worden, und wir hatten uns entschlossen, für die größer gewordene Familie ein Einfamilienhaus zu bauen. Eine solche Immobilie, so wusste Verleger Fischer, sei für Journalisten die beste Altersanlage, und er stellte sogar ein Darlehen zur Verfügung. In von der Stadt Essen erschlossenen neuen Wohngebieten südlich des Baldeneysees konnten wir ein preiswertes Grundstück erwerben, das oberhalb von Essen-Werden lag, genau gegenüber dem neuen Firmengelände an der Ruhr. Wir gingen davon aus, dass ich bei Fredebeul & Koenen meine berufliche Heimat gefunden hatte, zumal Fischer mir im Verlag mit Zustimmung der Gesellschafter Prokura erteilt hatte. Ich redigierte eine Zeitschrift mit einer Viertel Million Auflage, die nicht nur in der katholischen Presse einen Namen hatte, sondern auch im regionalen Bereich bei Kollegen der weltlichen Presse geschätzt wurde. Und ich konnte Bücher veröffentlichen.

Auch im jungen Bistum fühlte ich mich „Zuhause" - wie Jahre zuvor zum Erzbistum Köln. Ich gehörte nicht nur zum inneren Kreis der diözesanen Pressearbeit mit dem umtriebigen Prälaten Ferdinand Schulte-Berge und mit engen Kontakten zu Wilhelm Bettecken sowie den Redakteuren des „Ruhrwortes": Ich war Mitglied des diözesanen Arbeitskreises für Ehe und Familie, zu dem u.a. die junge Theologin Ute Ranke-Heinemann gehörte. Beruflich kam ich in engeren Kontakt mit dem Künstlerseelsorger des Bistums, Leonhard Küppers, der auch an der Düsseldorfer Kunstakademie einen Lehrauftrag hatte. Durch ihn lernte ich eine Reihe von bildenden Künstlern aus dem westdeutschen Raum kennen. Deshalb lag es nahe, dass wir in der Buchhandlung, die Fredebeul & Koenen in der Essener Innenstadt führte, Kunstausstellungen organisierten.

Ich erwähne diese Personen deshalb, weil sie Wegbegleiter wurden, die viel zu meiner publizistischen Entwicklung beigetragen haben und unserer Familie auch privat nahe kamen. Prälat Ferdinand Schulte-Berge sollte 1968 Ansprechpartner bei meiner journalistischen Mitarbeit für den Essener Katholikentag werden, mit den Kollegen des „Ruhrwortes" erstellte ich Zeitungen und Broschüren für den Katholikentag, Künstlerseelsorger Küppers wurde Mitarbeiter der „Christlichen Familie" und veröffentlichte in unserem Verlag einen Kunstführer. Mitglieder des Diözesankreises für Ehe und Familie gewann ich ebenfalls als Autoren für die „Christliche Familie" - außer Frau Ranke-Heinemann, deren Positionen mir schon damals zu exaltiert vorkam. Neben der Verlags- und Verbandsarbeit hatte ich noch Freiraum, um auch meine schriftstellerischen Ideen verwirklichen zu können. Dazu gehörten Bücher, Reiseberichte, Hörfolgen und erstmals Drehbücher für Fernsehfilme. Zu den Buchpublikationen gehört eine Sammlung heiterer Kurzgeschichten aus dem

Alltag junger Familien, die den Zeitgeist des Strebens nach Wohlstand karikierten. Einige hatte ich zuerst wieder in der „Christlichen Familie" veröffentlicht, diesmal interessierte sich der Echter Verlag in Würzburg für diese Kategorie des heiteren katholischen Buches, nachdem er mit den heiteren Seipolt-Büchern große Erfolge erzielt hatte. So erschien „Dabeisein ist alles" 1967 bei Echter. Vier Jahre später wunderte mich mich, als ich Abdruckbelege von der Aachener Kirchenzeitung mit Geschichten aus diesem Buch erhielt. Sie waren über die Agentur Roman Union vermittelt und von vielen Zeitungen abgedruckt worden, u.a. ausgerechnet von der Bistumszeitung, an der ich drei Jahre später Chefredakteur werden sollte.

Für den Rundfunk konnte ich meine Hörberichte über kirchliche Themen, die Ehe und Familie, Laienmitarbeit in der Kirche, katholische Medienarbeit im Vatikan und in Deutschland betrafen, also die Schwerpunkte meines hauptberuflichen Feldes, bei mehreren Sendern unterbringen. Der Kirchenfunkredakteur des Bayerischen Rundfunks, Wilhelm Sandfuchs, mit dem ich zusammen an der Abschlussfeier des Konzils in Rom teilgenommen hatte, nahm regelmäßig kirchliche Features an, der NDR und der Saarländische Rundfunk interessierten sich mehr für Länderberichte, die ich nach Reportage- oder privaten Reisen schrieb.

Ein neues Feld erschloss ich mir im Fernsehen. Schon Anfang der 60er Jahre war ich in München mit der katholischen Filmproduktionsgesellschaft Tellux in Kontakt gekommen, deren Leiter Otto W. Kress Interesse an der Verfilmung meiner Arbeiten über Ehevorbereitung und junge Ehen gezeigt hatte. Ich reichte zwei oder drei Drehbuchentwürfe ein, und Tellux produzierte eine halbstündige Sendung „Wir werden niemals auseinander gehen", in der ich in Spielform an einem jungen Paar zeigte, wie leicht es zur Scheidung kommen kann, ohne dass einer der Partner persönliche Schuld auf sich geladen hätte - ein Thema, das ich in der „Christlichen Familie" abgehandelt hatte und das in der Bistumspresse ebenso wenig thematisiert wurde wie etwa das viel diskutierte Thema „Mischehen". Für mich persönlich war es eine schöne Erfahrung, beim Drehen des Filmes dabei zu sein. Gedreht wurde in Essen und in Werden an der Ruhr. Tellux hatte junge Schauspielschüler von der Essener Folkwangschule engagiert, darunter Tochter und Sohn der Hamburger Volksschauspielerin Heidi Kabel. Ich verbrachte Stunden im Schneideraum, um die Texte anzugleichen, und 1964 strahlte das Zweite Deutsche Fernsehen die Sendung aus (30 Jahre später wiederholte das ZDF die Sendung als historisches Beispiel für Ehe und Kirche in den 60er Jahren).

Diese eigenen vielfältigen schriftstellerischen Arbeiten für Verlage, Hörfunk und Fernsehen führe ich auch deshalb an, weil sie beweisen, dass zu dieser Zeit katholische Autoren in allen Medien zu Wort kommen konnten, wenn ihre Beiträge professionell waren. Umgekehrt beweisen sie, dass auch große führende Medien in der säkularen Presse und im Rundfunk Autoren und Offizielle aus der christlichen Ecke nicht nur in ihre gesetzlich verankerten Sendezeiten abschoben, sondern ihnen ihre Studios öffneten.

Eine weitere halbstündige Dokumentation produzierte Tellux mit mir 1967 zur Vorbereitung des Essener Katholikentages. Sie lief unter dem Titel „Tradition ohne Zukunft" und griff Fragen auf, die im Zentralkomitee der deutschen Katholiken nach dem Konzil heftig diskutiert wurden. Damit komme ich zu dem kirchlichen Ereignis, für das ich wieder gleichsam mein katholisches Herz als Journalist und Publizist engagiert in die Waagschale warf, wie ich es 1956 in Köln getan hatte, allerdings mit einem neuen Ziel: mitzuwirken an einer zeitgemäßen katholischen Publizistik der Kirche in Deutschland, die - wie es damals hieß - „das Konzil umzusetzen" versuchte, also reformwillig war. Dass dieser Katholikentag dann mitten in eine größere gesellschaftliche Reform fiel, erhöhte seine Bedeutung und spielte bei der Vorbereitung eine entscheidende Rolle.

Im Herbst 1966 trat in Essen zum ersten Mal die Kommission 9 des Lokalkomitees zusammen, die Pressekommission. Um die regionalen Bezüge wahrnehmen zu können, setzte sie sich wieder vorwiegend aus örtlichen Publizisten zusammen. Den Vorsitz führte Wilhelm Bettecken, der Pressesprecher des Bistums, zu Mitgliedern zählten u.a. Otto Kaspar und Franz M. Elsner vom „Ruhrwort", Ulrich Schwarz von den „Ruhrnachrichten" (der anschließend Redakteur bei „Publik" wurde und später zum „Spiegel" ging), Domvikar Ferdinand Schulte-Berge, die Schriftsteller Josef Reding und Kurtmartin Magiera und ich selbst. Uns wurde sofort klar, dass die publizistische Vorbereitung dieses 82. Katholikentages mitentscheidend für dessen Verlauf werden sollte. Eine kurze Situationsbeschreibung des deutschen Katholizismus dieser Jahre soll dies in Erinnerung rufen.

Erste Diskussionen über eine Umsetzung der Konzilsbeschlüsse hatte es schon ein Jahr nach Konzilsschluss auf dem Bamberger Katholikentag 1966 gegeben. Vor allem vier Dokumente des Konzils gaben den Laien neue Impulse. Im Dekret über die Kirche wurde allen Getauften die gemeinsame Berufung zum allgemeinen Priestertum zuerkannt, die Pastoralinstruktion über die Kirche in der Welt gestand erstmals dem Dienst an der Welt volle Eigenständigkeit zu, und das Dekret über die Laien entfächerte neue Wege der Teilhabe am allgemeinen Priestertum und des Weltauftrages der Christen. Schließlich weckten die Erklärungen über die Religionsfreiheit und die Ökumene neue Hoffnungen für ein Zusammenwirken der Kirchen. In der ersten Zeit nach Konzilsende hatte eine hohe Erwartung an die baldige Verwirklichung der Beschlüsse vor Ort vor allem die Laien ergriffen. Einerseits wurden die Hoffnungen gestärkt, konkret etwa mit den ersten Ansätzen der Gründung von Pfarrgemeinderäten und theologisch zum Beispiel von jungen Professoren wie Karl Lehmann, Walter Kaspar und Joseph Ratzinger, dessen auf Vorlesungen 1967 in Tübingen basierendes, ein Jahr später erschienenes Buch „Einführung in das Christentum" zu einem Bestseller wurde. Andererseits riefen Verzögerungen in der Umsetzung des Konzils, sogar direkte Behinderungen und Widerstände derer, die doch am Alten festhalten wollten, vor allem in der Kurie, schnell Enttäuschungen hervor. Während Hans Küng grundlegende Kritik am Amtsverständnis und an markanten Positionen der Kirchenlehre verbreitete, setzten auch im Klerus und vor allem bei den Laien Bestrebungen um eine grundlegende Neugestaltung kirchlicher Strukturen und Regelungen etwa der damals so genannten Mischehe und der Kirchensteuer ein. Die Unzufriedenheit und Unruhe verstärkten sich, als am Fall des Religionslehrers Hubertus Halbfass deutlich zu werden schien, dass auch die im Konzil so kritischen Bischöfe zu Hause die Zügel wieder anzogen. Halbfass hatte in seiner „Fundamentalkatechetik" die Zeitbedingtheit biblischer Geschichten betont und daraus für den Religionsunterricht Konsequenzen gezogen, die mit der offiziellen kirchlichen Lehrverkündigung im Widerspruch standen. Dies führte zu einem Verfahren gegen ihn, das großes Aufsehen vor allem auch bei den Studenten hervorrief. 1969 wurde Halbfass die Lehrerlaubnis tatsächlich entzogen, wenig später heiratete er.

Stark ins ungeduldige Kirchenvolk hinein wirkten sich die Vorgänge im holländischen Nachbarland aus. Dort war im März 1966 ein im Auftrag der holländischen Bischöfe vom Höheren Katechetischen Institut in Nijmegen erarbeiteter neuer Erwachsenenkatechismus erschienen. Den Auftrag dazu hatten die Bischöfe zwar schon 1956 erteilt, aber ein seit 1963 an der Schlussfassung wirkendes Team hatte die Konzilsbeschlüsse eingearbeitet. Das Neue an diesem „Holländischen Katechismus" war, dass er keine dogmatischen Lehrsätze verkündete, sondern unter Berufung auf Papst Johannes XXIII. prinzipiell zwischen der Substanz der Glaubenslehre und ihrer zeitgerechten Darlegung unterschied, wobei viele traditionelle Dogmen infrage gestellt wurden. Um der einsetzenden „Gerüchtebildung" zuvorzukommen und „um den Fachleuten ein Urteil zu ermöglichen, verbreitete der Herder Verlag 1967 einen als „Studienausgabe" gekennzeichneten, nummerierten Manuskriptdruck. Obwohl er nicht im Handel erhältlich war, wurden jene „heißen" Themen sofort auch im deutschen Katholizismus bekannt und hochgespielt, die auf der Agenda des 1966 in Holland ausgerufenen Nationalkonzils standen: Aufhebung des Zölibats, Priesterweihe für verheiratete Männer, Interkommunion, verantwortete Elternschaft. Schon waren Forderungen nach einem deutschen Nationalkonzil wach geworden.

Vor diesem Hintergrund setzten die Planungen des Zentralkomitees der deutschen Katholiken für Essen an. Auf dem „kleinen" Katholikentag 1966 in Bamberg hatte sich herausgestellt, dass es für die „Eindeutschung" des Konzils einer weiteren und breiteren Meinungsbildung bedurfte. Sie sollte Raum auf dem „großen" Treffen im Ruhrgebiet erhalten. Thematischer Schwerpunkt sollten die Folgerungen aus der Pastoralkonstitution über die Kirche in der Welt von heute für die neue Verantwortung der Laien in Kirche und Welt sein. Die entscheidenden Zielvorgaben beschrieb der Generalsekretär des ZdK, Friedrich Kronenberg, so: „Der Katholikentag sollte also zunächst ein fragender Katholikentag sein; und so sehr man damit rechnen musste, nicht auf alle Fragen auch Antworten zu finden, so wenig sollte es erlaubt sein, bestimmte Fragen erst gar nicht zu stellen." Dementsprechend liefen die organisatorischen Vorbereitungen des Essener Lokalkomitees unter der Devise „Offen und vorbehaltlos, hören und sprechen".

Diese Zielorientierung eröffnete uns Journalisten für die Pressearbeit natürlich „offen Holland". Wir wollten es allen zeigen. Und ich muss vorab bestätigen, dass im Prinzip alle Verantwortlichen diese Linie mitverfolgten. Das wird besonders verständlich, wenn man sich die „Köpfe '68" vorstellt, die wir in der Berichtzeitung über den Katholikentag abbildeten: Kardinal Julius Döpfner, Vorsitzender der Bischofskonferenz und mit entscheidender Konzils-Moderator; Albrecht Beckel, Direktor des Franz-Hitze-Hauses in Münster und erst seit einem halben Jahr Präsident des ZdK, Klaus Hemmerle, Geistlicher Direktor des ZdK, der 1975 in Aachen Bischof wurde, der Essener Bischof Franz Hengsbach, theologisch einerseits römisch orientiert, in der Bischofskonferenz andererseits Anwalt der Laienmitverantwortung; und Bernhard Vogel, damals Kultusminister in Rheinland-Pfalz und Präsident des Katholikentages. Nicht abgebildet, aber auch nicht zu vergessen ist ZdK-Generalsekretär Friedrich Kronenberg. In ihm fanden wir uneingeschränkte Unterstützung bei allen publizistischen Maßnahmen.

Im Mittelpunkt der publizistischen Planungen standen die Überlegungen für die Vorbereitungsillustrierte. Sie sollte durch Information und Werbung zum „positiven Ablauf" des Katholikentages beitragen und als „publikumsnahe Illustrierte" gestaltet werden, wobei wir jedoch schon präzisierten: „in magazinartiger Aufmachung". Dazu sollten Bilder „gleichwertig neben den Texten" stehen, nicht zur Illustration, sondern als „selbstständige Bildaussagen". Starken thematischen Aussagen sollten auch Karikaturen dienen, die bislang in der Kirchenpresse weithin ungenutzt waren. Schließlich ist in den offiziellen „Richtlinien für die Vorausillustrierte" festgehalten, dass die Texte nicht nur „knapp und gut lesbar" sein sollen, sondern „Anreiz zur Beschäftigung mit den Katholikentagsthemen bieten sollen". Daher sollten die Texte „mehr Fragen aufwerfen als Antworten geben". Eine redaktionelle Richtlinie aus dem Geist des Konzils, wie sie jedoch von den meisten bischöflichen Herausgebern der Bistumspresse wohl kaum akzeptiert worden wäre, zumal noch ausdrücklich darauf hingewiesen wurde, dass „notwendige kritische Akzente" deshalb „im Dienst dieser Aufgabe stehen". Sehr früh wurde auch entschieden, dass erstmals auf einem Katholikentag täglich eine Berichtzeitung erscheinen soll, um aktuell auf den zu erwartenden turbulenten Verlauf des Katholikentreffens eingehen zu können.

An der vorentscheidenden Sitzung im November 1966 standen - wie aus dem Protokoll hervorgeht - noch gar keine redaktionellen Themen zur Debatte, sondern - Druck- und Finanzierungsfragen. Für mich keine Überraschung, denn mir war als Prokurist klar geworden, was ich zuvor als Redakteur - wie die meisten meiner Kollegen - nicht als „ausschlaggebend" anerkannt hätte: dass die Wirtschaftlichkeit auch bei konfessionellen Medien die entscheidende Rolle spielt. Eine Realität, deren nichtprofessionelle verlegerische und redaktionelle Befolgung mit zum Untergang des Prestigeobjektes „Katholische Wochenzeitung" (KWZ), das den Namen „Publik" erhielt, führte. Und ich wusste, dass der Verkauf der Katholikentagszeitungen immer einen bedeutsamen Posten im Budget der Lokalkomitees darstellte.

Für den Finanzplan dienten uns die Kalkulationen und Ergebnisse der Vorausillustrierten des letzten „großen" Katholikentages in Stuttgart. Dabei stellte sich heraus, dass das von einigen bevorzugte kleinere Magazinformat wie das neue der von Otto Kaspar mitinitiierten Missionszeitschrift „Kontinente" im Herstellungspreis zwar günstiger war als das Illustriertenformat, aber ein Drittel weniger Anzeigenerlöse bringen würde. Hinsichtlich des verlegerischen Auftrages war die Kommission sich einig, den Gesamtauftrag für Vorausillustrierte und

Berichtszeit, also Redaktionsbetreuung, Druck, Vertrieb und Anzeigenwerbung an „einen" Verlag zu geben, - was im Fall „Publik" nicht erfolgte und schlimme Folgen haben sollte. Wir hatten Kalkulationen bei fünf Verlagen eingeholt, von denen Industriedruck, also „mein" Verlag, ausschied, weil er keine Kupfertiefdruckmaschinen hatte, und die Bonifatiusdruckerei, Paderborn, weil sie keinen eigenen Anzeigenwerbungs- und Vertriebsapparat besaß. Unter den drei verbliebenen Anbietern Schwann, Düsseldorf, Girardet, Essen, und Vereinigte Verlagsanstalten VVA, Oberhausen, wählte ein neutraler Gutachter die VVA aus, die auch das „Ruhrwort" verlegte, mit der Maßgabe, den Druck der Vorausillustrierten in Kupfertiefdruck an die angebotsgünstigste Bonifatiusdruckerei zu vergeben.

Für die Redaktion standen zunächst Hermann Boventer und Bertram Otto, der eine Reihe moderner Bildbände über kirchliche Themen herausgegeben hatte, im Gespräch. Boventer hatte die Katholikentagsillustrierte in Stuttgart gemacht und besaß profunde Zeitschriftenerfahrungen mit der modern gestalteten Vierteljahresillustrierten „Kontraste" und großformatigen, in Kupfertiefdruck hergestellten, vom Militärbischofsamt herausgegebenen „Briefen an Soldaten" über aktuelle Zeitthemen, an denen ich selbst mit gearbeitet hatte. Zu Boventer hatte ich schon länger ein freundschaftliches Verhältnis, wir hatten beide in Amerika studiert und waren begeisterte Amerikaner. Er hatte der Kommission 9 eine Kostenkalkulation vorgelegt, die um 20 Prozent höher lag als in Stuttgart. Da das Lokalkomitee auf Kostensenkung und Erlössteigerung großen Wert legte und Boventer nicht bereit war, auf den Redaktionskostenbetrag von Stuttgart zurück zu gehen, kam es in der Sitzung zu einer heiklen Situation für mich. Ruhrwort-Redakteur Franz M. Elsner hatte sich sowieso schon als Ortsansässiger bereit erklärt, in der Redaktion der Vorausillustrierten mitzuwirken und machte den Vorschlag, „wenn Oertel mitmacht, können wir es auch alleine schaffen". Er hatte mich vorher nicht gefragt, und ich hatte nie daran gedacht, Boventer einen Auftrag fortzunehmen, zumal mir seine Zeitungsgestaltung mit dem Kölner Grafiker Jupp Palm gut gefiel. Als Boventer, der gerne starr seine Prinzipen vertrat, meinte, wenn wir glaubten, es schaffen zu können, dann los! Des etwas brisanten Vorganges Schluss: Elsner und ich entwarfen eine Kalkulation im vorgegebenen Rahmen des Lokalkomitees und erhielten Anfang Januar 1968 den Auftrag für die Vorausillustrierte. Für die Redaktion der täglichen Berichtzeitung übernahm KNA-Chefredakteur Konrad Kraemer die Redaktion mit Redakteuren seiner Agentur und Kirchenzeitungsredakteuren, wozu auch ich wieder gehörte - wie schon vorher und wie noch mehrfach nachher zu Sonderredaktion der KNA. Aufschlussreich für unsere redaktionelle Einbindung in den Katholikentag ist Punkt 6 der „Richtlinien" mit der Ordnungsnummer 3093/3: „Das Einvernehmen zwischen Herausgeber und Redaktion soll durch die Redaktionskonferenz gewährleistet werden. Sie setzt sich zusammen aus je einem Vertreter des Zentralkomitees und des Lokalkomitees sowie drei Vertretern der K 9 und aus der Redaktion. Dem Vertreter des Lokalkomitees steht ein Vetorecht zu." Über eine solche „Redaktionsrichtlinie", bei der der Herausgeber, das Lokalkomitee, in die

Redaktion eingreifen kann, ließe sich im Nachhinein trefflich streiten. In der AKP haben wir Anfang der 70er Jahre lange um ein Papier gerungen, in dem die Verantwortlichkeiten und Zuordnungen für die noch komplizierteren Verhältnisse in der Bistumspresse mit drei Entscheidungsträgern festgelegt werden sollten: dem Bischof als Herausgeber, dem Verleger - in vielen Fällen eines Privatverlages - und dem Chefredakteur. Zu einer endgültigen allgemeinverbindlichen Lösung ist es nie gekommen.

Im Fall der Essener Katholikentagsillustrierten spielte die Richtlinie 6 keine Rolle, weil Zentralkomitee, Lokalkomitee, der Ortsbischof und wir Redakteure auf der gleichen Linie der Einschätzung des deutschen Katholizismus im Jahre 1968 lagen. Elsner und ich erstellten nach der Auftragserteilung Listen mit Themen und Autoren, die offen und ungeschminkt alle Fragen ansprachen und zur Diskussion stellten, und in der Redaktionskonferenz hat es nie ein Veto gegeben. Porträts des Ruhrgebietes und seiner Menschen schrieben die Schriftsteller Kurtmartin Magiera und Josef Reding, über die Kirche als „vorübergehende Baustelle" Ortsbischof Hengsbach und Otto B. Roegele; Beiträge zu Fragen des „offenen Sprechens und Hörens" und über „Angst vor der Krise" behandelten der Assistent des Akademikerverbandes, Stanis-Edmund Szydzik und P. Anselm Hertz, Fragen der Laien Heinrich Köppler und Albrecht Beckel. Zu den Autoren über Ehe- und Familienfragen, die Rolle der Frau, den Kampf um die Hauptschule, Friedensforschung und Biafra, Vietnam, gemeinsames ökumenisches Beten und konfessionsverschiedene Ehen gehörten Marianne Dirks und Hans P. Merz, Franz Pöggeler und Präses Joachim Beckmann von der Evangelischen Kirche im Rheinland. Bemerkenswert waren schließlich Ausführungen vom Chefredakteur des „Ruhrworts", Otto Kaspar, über Kirche und Medien, die wir an auffälliger Stelle auf der letzten Innenseite plazierten. Kaspar rief das Jahrhunderte alte „Kontra" der Kirche gegen die Pressefreiheit in Erinnerung und begrüßte den „geistigen Umbruch", den das Konzil mit der Anerkennung der Massenmedien als Mittel zur „Präsenz in der Welt" vollzogen habe. Präsent sein könne Kirche aber immer weniger durch Bauten als durch „Menschen in den Massenmedien", und zwar „in der ganzen Breite und vor allem Offenheit, in der sich das Konzil der Welt präsentiert hat" . Das war auch ein klares Plädoyer für die Ausbildung katholischer Journalisten, wie sie das Institut zur Förderung publizistischen Nachwuchses seit Mitte der 70er Jahre durchführt.

Zur großen Akzeptanz der Illustrierten trug gleichfalls die grafische Gestaltung mit ungewöhnlichen ganzseitigen Fotos im Stil des berühmten Fotomagazins „Magnum" bei. Ich kann nicht sagen, dass Elsner, ich und „Ruhrwort"-Grafiker Wolfgang Moller besonders stolz auf die Illustrierte waren, aber wir glaubten gezeigt zu haben, dass es möglich ist, eine katholische Zeitschrift zu machen, die sich mit säkularen Blättern messen kann, die im Konzilssinne „pressespezifisch" in offener Information und Meinungsbildung ist, - Prinzipien, nach denen zur gleichen Zeit das Projekt Katholische Wochenzeitung konzipiert wurde. Man könnte sogar sagen, dass es sich wirklich um ein katholisches Magazin handelte, das der Entwicklung voraus war und insofern historischen Charakter besaß.

Vom innerkirchlichen Konflikt im Bereich katholischer Presse zeugen im übrigen einige Anzeigen in der Illustrierten. Die Essener Bistumszeitung „Ruhrwort" warb mit dem Slogan „Wenn sie sich *gut* informieren wollen...", die Bistumspresse präsentierte sich gemeinsam ganzseitig mit „Unsereiner liest zuerst sein Bistumsblatt", das neue Missionsmagazin „Kontinente", herausgegeben von 14 Missionsgesellschaften, mit „gut informiert". Mit neuen Methoden der Werbung weckte die Katholische Wochenzeitung zunächst mit einer Randspalte „Unkenrufe über Publik" Interesse auf ihre sechs Seiten spätere ganzseitige Anzeige: „Warum wir nicht auf sie hören", nämlich die Unkenrufe, wonach „Publik" „nach der Pfeife der Bischöfe tanzen" müsse, eine „Plattform zersetzender Linkselemente" werde, Katholiken für eine anspruchsvolle Zeitung „zu dumm" seien, was unausgesprochen besagte: mit ihrem Kirchenblättchen zufrieden sind. Dass diese Unkenrufe nicht zutreffen, wolle „Publik" ab 27. September 1968 jeden Freitag „für 1.- DM bei ihrem Zeitschriftenhändler" beweisen. Also am Kiosk, wo es sonst keine Kirchenzeitungen gab. Mit der Brisanz dieser Ankündigung wurde ich schon bald in der Arbeitsgemeinschaft Katholische Presse konfrontiert.

Die Illustrierte „K'68" war jedenfalls daher nicht nur, wie man heute sagen würde, ein „Hingucker" und anders als die gewohnten Kirchenzeitungen, sondern auch - wie Bischof Hengsbach uns in einem persönlichen Dankesbrief schrieb - ein Beitrag „zur Bekanntmachung des Anliegens des Katholikentages", nämlich diskussionsoffen zu sein. Für breite Diskussionen hatten wir auf drei Seiten Fragen zu den 27 Forumsthemen veröffentlicht. Sie waren das Ergebnis einer Arbeitstagung, auf der 500 Experten über die breit gefächerte Thematik beraten hatten, um für alle brisanten und provozierenden Fragen gewappnet zu sein. Die Fragen thematisierten Angst vor Leibfeindlichkeit ebenso wie Manipulation durch Medien, Missbrauch von Autorität in der Kirche, die Benachteiligung der Frau, das Problem Mischehe, das Kirchensteuer-System, das Konkordat aus den 30-er Jahren, Wehrdienstverweigerung und Notstandsgesetzgebung.

Aufstand der Laien

Das Zentralkomitee hatte zur Vorbereitung auf zu erwartende Diskussionen noch mehr getan: Der Geistliche Assistent Klaus Hemmerle und Dr. Kronenberg baten Elsner und mich, aus dem Arbeitskreismaterial der Tagung einen noch umfangreicheren Fragenkatalog aufzustellen, und der war vor dem Katholikentag als Broschüre von 120 Seiten mit dem Titel „1770 Forum-Fragen" allen Gemeinden und Verbänden zugeschickt worden. Um die Diskussionsbreite und Aufbruchsstimmung dieses Katholikentages zu verstehen, lohnt sich es sich, diese Fragen von vor 40 Jahren nach zulesen (LKT, 1968). So offen angesprochen worden sind später alle Themen nicht mehr, so viele Chancen zur Aufarbeitung von Ängsten, Unsicherheiten und Zweifel blieben für immer ungenutzt.

Während der Vorbereitungszeit dieses „fragenden Katholikentages" gärte es jedoch bereits vor allem in der katholischen Studentenschaft in Münster und Frankfurt, in München und West-Berlin. Beeinflusst und mitgerissen vom allgemeinen Studentenaufstand gegen die „Herrschaftssysteme" in Staat, Politik und

Erziehung, bildeten die Studenten Arbeits- und Aktionskreise wie „Katholische Gesellschaft für Demokratie und Kirche" oder „Kritischer Katholizismus", und unter letzterem Titel schlossen sie sich zu einem Aktionskomitee zusammen. Den Fragenkatalog des Zentralkomitees bezeichneten sie sofort als "Manipulationsversuch" und die breite Auffächerung aller Fragenkomplexe in 27 Foren als „Ablenkungsversuch" von den vordringlichen Aufgaben der Demokratisierung der Kirche. Für ihr Auftreten auf dem Katholikentag planten die Kritischen Katholiken Pressekonferenzen, eine tägliche Zeitung „Kritischer Katholizismus" parallel zu den erstmaligen Tagesausgaben der offiziellen Zeitung „K'68", eigene Veranstaltungen sowie Demonstrationen mit Spruchbändern und Sprechgruppen und kündigten Go-ins an, wenn Veranstaltungen nur mit Teilnehmerkarten zu betreten waren.

Kurz vor Beginn des Katholikentages brach im Sommer 1968 unerwartet ein anderer innerkirchlicher Streit aus, als Papst Paul VI. am 29. Juli 1968 die Enzyklika „Humanae vitae" veröffentlichte. Das Konzil hatte das Thema Empfängnisregelung und Geburtenkontrolle ausgespart und an eine Studienkommission überwiesen (vgl. S. 127). Als die Enzyklika veröffentlicht wurde, konzentrierte sich die Hauptaufmerksamkeit auf das päpstliche Verbot künstlicher Mittel zur Empfängnisregelung. Es kam zu erregten öffentlichen Protesten, als bekannt wurde, dass Paul VI. dem Urteil einer kleinen Minderheit in der Studiengruppe gefolgt war und nicht das große Mehrheitsvotum für eine verantwortete Elternschaft mit Zulassung der „Pille" verkündet hatte. Von Kardinal Döpfner, der zur Mehrheit der Bischöfe in der Kommission gehört hatte, wurde kolportiert, dass er laut einen Entsetzensschrei von sich gab, als er die Minderheitenentscheidung des Papstes mitgeteilt bekam. „Humanae vitae" wurde auf dem Katholikentag nicht nur im Eheforum zum „heißen Eisen", sondern ganz persönlich auch für mich.

In der „Christlichen Familie" hatten wir die Frage der „verantworteten Elternschaft" seit der Auslagerung des Themas aus dem Konzil immer wieder behandelt. Wie brennend sie weltweit in der katholischen Diskussion stand, lässt ein ganzseitiger Artikel erkennen, den wir über den vatikanischen III. Weltkongress für das Laienapostolat veröffentlichten. Diese Weltkongresse waren Ende des Konzils vom Papst selbst ins Leben gerufen worden und sollten den Laien aller Länder Gelegenheit geben, die Konzilsaussagen über ihr Apostolat in der Welt zu präzisieren. Unter der Überschrift „Der Laienruf aus Rom" heißt es in der Reportage unseres römischen Sonderkorrespondenten Karl Thomas, dass der Laienkongress sich mit seinem Dokument über die „beängstigende Bevölkerungsexplosion" in der Welt „über den Papst hinwegsetzte". Darin hieß es, dass es „die soziale Pflicht der Ehegatten ist, eine bewusste Fortpflanzung zu verwirklichen". Ausdrücklich wird an den Papst die Bitte gerichtet, das Problem der Geburtenkontrolle für alle Seiten befriedigend zu lösen und von der bisher allein erlaubten Zeitwahl-Methode abzugehen.

Bemerkenswert ist daneben auch der Einsatz des Welt-Laienkongresses für die „verstärkte Anerkennung" der Bedeutung der Massenmedien durch die Kirche.

Die Hierarchie wie auch die Gläubigen sollten Presse, Film, Funk und Fernsehen als einen „unverzichtbaren Teil des Apostolates betrachten, der umfassende materielle Hilfe verdient". Letzteres war sicherlich vor allem auf die Kirche in der Dritten Welt bezogen, sollte aber in der Krise der deutschen Kirchenpresse zur Zeit der Synode der deutschen Bistümer gleichfalls eine Rolle spielen. Während jedoch das vom Konzil initiierte Dokument über die Medien, „Communio et progressio", erst 1971 erschien und tatsächlich den Weg für eine neue Entwicklung kirchlicher Medienarbeit bereitete, wurde „Humanae vitae" 1968 zum Stein des Anstoßes.

Die Überschriften in der „Christlichen Familie" vom August 1968 geben Volkes Stimme wieder: „Der Papst sagte NEIN" hieß der Haupttitel am 11. August über die Veröffentlichung von „Humanae vitae". Die Zusammenfassung des Inhaltes der Enzyklika trug die Überschrift „Alte Lehre der Kirche bekräftigt" (wobei diese möglicher Weise über der KNA-Meldung gestanden haben mag). In meinem eigenen Bericht über die „umstrittene Entscheidung zur Eheregelung" habe ich die ersten Kommentare zusammengefasst: dass es sich nicht um eine unfehlbare Entscheidung des Papstes handele, dass dies nicht das letzte Wort der Kirche zur Empfängnisregelung sein kann, und dass die Entwicklung weitergeführt werden soll, wie es sogar Paul VI. geäußert hatte, - allerdings im Blick auf medizinische Forschungen über neue „natürliche Mittel".

Diese Berichterstattung entsprach meiner journalistischen Überzeugung, offen über alle Meinungen zur „Geburtenkontrolle" informieren zu müssen, zumal die säkularen Medien groß in das Thema einstiegen, und zwar nicht immer mit dem entsprechenden Sachverstand des theologischen Aspektes. Auf diesem Hintergrund erwuchs der Gedanke, die Stellungnahmen, die in den ersten Wochen nach der Veröffentlichung der „Pillen"-Enzyklika von Theologen, Pädagogen, Ärzten, kirchlichen Eheinstitutionen und Bischöfen in Zeitungen, Zeitschriften, Rundfunk, Fernsehen und Briefen erschienen waren, als Dokumentation und Diskussionsgrundlage für den Katholikentag in einem „Schnellschuss" als Taschenbuch herauszugeben.

Wirbel um „Humanae vitae"

Das riskante redaktionelle und verlegerische Unternehmen gelang, nicht zuletzt dank Nachtschichten in unserer Verlagsdruckerei, und am Tag der Eröffnung des Katholikentages, am Mittwoch, dem 4. September, konnte die 1. Auflage mit dem Titel „Erstes Echo auf Humanae vitae" ausgeliefert werden. Die unterschiedlichen Beiträge von P. Johannes Hirschmann, Hans Küng, Franz Böckle, Jakob David, Johannes Gründel, Fritz Leist, Walter Dirks, Frankfurter Seelsorger, von Freiburger Ärzten, einzelnen Bischöfen aus Deutschland und den Niederlanden konnten in den letzten Stunden vor Druck noch ergänzt werden um die „Königsteiner Erklärung", die von den deutschen Bischöfen auf einer vorgezogenen Bischofskonferenz erst am 28. August herausgegeben worden war.

Auf der mit nervöser Spannung erwarteten Eröffnungsveranstaltung des 82. Deutschen Katholikentages am 4. September 1968 in der Essener Gruga-Halle stießen ZdK- Präsident Beckel, Katholikentagspräsident Vogel und der Geistliche Direktor des ZdK, Klaus Hemmerle, die Türen für einen breiten, offenen Meinungsaustausch auf. Beckel rückte „zwei Ereignisse der Stunde" in den Mittelpunkt: die Enzyklika „Humanae vitae" und den Einmarsch sowjetischer Truppen in die Tschechoslowakei. Er dankte den Bischöfen für ihre „Königsteiner Erklärung", in der sie die Freiheit zur Gewissensentscheidung jedes Katholiken in Fragen der Empfängnisregelung postuliert hätten. Und die Vorgänge in Prag lehrten uns, „in der Freiheit für die Freiheit zu demonstrieren, in der Freiheit über die Form der politischen Ordnung zu diskutieren". Und als Hemmerle in der Deutung des Leitwortes „Mitten in dieser Welt" bekannte: „Ich bin dafür, sogar leidenschaftlich dafür, dass es keine Uniformierung der Meinung in der Kirche gibt" und dass die Welt nicht das Thema der Kirche sei, „damit die Kirche die Welt beherrsche und einheimse, sondern damit sie der Welt diene", da glaubte ich, mit meinem Taschenbuch einen Beitrag und zugleich einen Beweis für diese neuen Offenheit der Kirche zu liefern.

Deshalb traf es mich umso mehr, als ich wenig später von höchster kirchlicher Stelle vor Ort, Bischof Hengsbach, scharf kritisiert wurde. Auf dem großen Empfang des Zentralkomitees in Villa Hügel am Abend des Eröffnungstages überreichte ich Bischof Hengsbach stolz ein Exemplar des frisch gedruckten Taschenbuches. Während er mir kurz zuvor für die Vorausillustrierte ein persönliches Dankschreiben geschickt hatte, gab er mir das Taschenbuch, nachdem er die Namen der Autoren gelesen hatte, im Beisein meiner Frau brüsk zurück und fauchte erzürnt: „Das interessiert mich nicht, damit verwirren Sie nur die Leute!". Drehte sich um und ließ uns mitten im Saal stehen. Ich kam nicht einmal dazu, ihm zu sagen, dass auch die „Königsteiner Erklärung" enthalten sei, wahrscheinlich fühlte er sich durch den Untertitel provoziert: „Dokumentation wichtiger Stellungnahmen zur umstrittenen Enzyklika über die Geburtenkontrolle".

Das Taschenbuch war dennoch so gefragt, dass wir innerhalb vier Wochen drei weitere Auflagen drucken mussten und „Erstes Echo auf Humanae vitae" mit 25 000 verkauften Exemplaren eine hohe Verbreitung fand. Die 4. Auflage hatte ich noch mit zwei weiteren Dokumenten ergänzt: der trotz Widerstandes der Katholikentagsleitung verabschiedeten Resolution des Eheforums mit der Ablehnung der Papstentscheidung, die von den etwa 5000 Teilnehmern bei 50 Gegenstimmen und 58 Enthaltungen angenommen worden war, und der Erklärung von 15 deutschen Moraltheologen, die auf einer Konferenz Ende September den Bischöfen ihre Bereitschaft zu weiterführenden Gesprächen anboten. Bekanntlich haben alle Proteste und Einwände in Rom nie zu einer Reaktion oder Spezifizierung von „Humanae vitae" geführt (Lehmann (2006, S. 195-198). In seinem Referat über eine „Standortbestimmung 25 Jahre nach der 'Königsteiner Erklärung'" führt Kardinal Lehmann mein Taschenbuch als Beispiel für die „Vielzahl der Stellungnahmen" an und zitiert daraus (a.a.O., S. 178 und 198).

Für Bischof Hengsbach war ich in den nächsten drei Jahren eine persona non grata, bis es zu einer unvorhergesehenen privaten Begegnung mit ihm kam, die mir und meiner Frau zeigten, in welche Schublade er mich offensichtlich gesteckt hatte: diejenige der „Pillen"-Propagandisten. Begegnet sind wir uns nämlich, als meine zum dritten Mal schwangere Frau und ich mit unseren beiden Mädchen im Baldeneyer Wald an einem Sonntag spazieren gingen und er uns mit seinem Sekretär entgegen kam. Noch bevor er meine Frau und mich gesehen hatte, ging er in seiner kumpelhaften Leutseligkeit auf unsere voraus gelaufenen Kinder zu und sprach sie an. Als er dann meine Frau und mich kommen sah, stutzte er, fragte: „Sind das Ihre ?" - und beglückwünschte uns zum kommenden Nachwuchs. Eine Episode, die uns die Erkenntnis brachte, dass auch bischöfliches Denken gelegentlich verquer sein kann und persönlich verletzend.

Eine andere Erkenntnis warf uns konzils-geimpfte katholische Journalisten kurz nach dem Katholikentag wieder zurück und zeigte, dass es mit der Offenheit aller Bischöfe keineswegs so stand, wie es die gemeinsame „Königsteiner Erklärung" vermuten ließ. Unter der Überschrift „Kirche im Wandel" berichtete die „Christlichen Familie" in einer Randspalte im November 1968 über die offizielle Stellungnahme der Fuldaer Bischofskonferenz zum Essener Katholikentag. Darin begrüßten die Bischöfe zwar die Offenheit der Diskussionen, vermerken aber, dass sie „am Rande lauernde Gefahren" entdeckt hätten: „einerseits in der sensationslüsternen Presse, die einseitig nach Gags suchte und das wirkliche Ringen um die Kirche im Wandel verzerrte", andererseits „in der Massenpsychose zufällig zusammengesetzter Großveranstaltungen" - was sich wohl u.a. auf die Resolution des Eheforums bezog. Doch dann folgte der Schluss: „...falsch verstandene Demokratisierungstendenzen und die Anwendung des Mehrheitsprinzips auf Glaubenswahrheiten müssen geduldig und zielstrebig geläutert und überwunden werden". (PA)

Wenn ich überlege, weshalb wir diese Meldung in eine Randspalte weggedrückt haben, geschah dies wohl deshalb, weil schon zur gleichen Zeit Vertreter des ZdK mit einer Bischofsdelegation beschlossen, eine Studienkommission zu gründen, die die Frage nach diözesanen Konzilen oder einem gemeinsamen Pastoral-Konzil behandeln sollte. Als zwei Monate später diese Studienkommission der Deutschen Bischofskonferenz eine „Gemeinsame Synode der Diözesen in der Bundesrepublik" vorschlug, in der die Laien Mitbestimmungsrecht haben sollten und nicht nur Beratungsrecht wie im holländischen Nationalkonzil, zeigte sich, dass der „Aufstand der Laien" auf dem Essener Katholikentag doch nicht so einfach übergangen werden konnte. Eingebunden in diese Entwicklung wurden auch die Auseinandersetzungen um eine Konzilsöffnung in der katholischen Presse, die durch das Projekt „Katholische Wochenzeitung" bereits unaufhaltsam in die Wege geleitet worden war. Doch das ist ein neues Kapitel, in das ich persönlich verwickelt wurde, nachdem ich 1967 in den Vorstand der Arbeitsgemeinschaft Kirchliche Presse gewählt worden war.

6. Statt Kritik: Vorschläge und Gesamtpläne: 1968 bis 1971

Prügelknabe Bistumspresse

Mein „offizieller" Eintritt in die Arbeitsgemeinschaft Katholische Presse (AKP) fand undokumentiert statt, als ich 1961 die Chefredaktion der „Christlichen Familie" übernahm. Da in diesem Verband jeder Mitgliedsverlag zwei Stimmen hatte, die üblicherweise auf den Verlagsleiter und Chefredakteur übertragen wurden, konnte ich jetzt nicht nur mitreden, sondern auch mitentscheiden. Anfang der 60er Jahre stand die gesamte katholische Kirchenpresse gerade vor ihrem auflagenmäßigen Höhepunkt, der zu Beginn des Zweiten Vatikanischen Konzils mit einer kummulierten Auflage aller Mitgliedszeitschriften von rund 14 Millionen erreicht wurde. Die Redakteurstagungen und Jahresversammlungen fanden jeweils an einem Ort statt, in den die dort oder im betreffenden Bistums ansässigen Mitgliedsverlage einluden.

Bis zum Zweiten Vatikanischen Konzil bestimmte weithin unbesorgte Geselligkeit die Treffen der AKP. Die Verleger berieten über Vertriebs- und Werbefragen, drucktechnische Herstellungsprobleme und Erlössteigerungen und gingen ihrer Arbeit teils professionell nach (wenn sie eigene Verlage leiteten), teils buchhalterisch (wenn sie verlagsfremd waren). Die Redakteure klagten über die Unterbesetzung ihrer Redaktionen und ihre Unterbezahlung, aber erledigten ihre Arbeit mit gekonnter Routine: Das Bistumsamtliche kam aus den Ordinariaten und Verbänden, überregional Kirchliches lieferte KNA, Romane, Erzählungen und Witze kamen von Agenturen und freien Schriftstellern, und selbst gestaltet wurden vielerorts nur die Glaubensseite mit den Sonntagslesungen und die besonders gerne und liebevoll gemachten Kinderseiten. Im Grunde versuchten alle, ihre Aufgaben gut zu erledigen, und die hohen Auflagen bestätigten sie darin. Wie die meisten Zeitgenossen in den frühen Wirtschaftswunderjahren wurden sie getragen von dem Gefühl, das Walter Kempowski 1972 mit dem Titel seiner gesellschaftlichen Zeitchronik „Uns geht's ja noch gold" umschrieb. Auf den Tagungen überdeckte das freundschaftliche, fast clubartige Zusammensein weithin die aufkommenden grundsätzlichen Probleme der Fragen nach der Rolle kirchlicher Presse und ihrer tatsächlichen, nicht nur an Auflagenhöhen zu messenden Wirkung.

Dabei hatte es schon Menetekel an der Wand gegeben. Das erste hatte der Jesuit Ignaz Lepp bereits 1960 in den Münchner „Werkheften" gemalt, als er der Kirchenpresse grundsätzlich eine Existenzberechtigung absprach, weil sie einen Ghettogeist verbreite und „das Engagement des Christen in der pluralistischen Gesellschaft" verhindere. Die „Werkhefte" galten damals als Sprachrohr junger „Linkskatholiken" und beurteilten und kritisierten vorwiegend aus politischer, genauer: parteipolitischer Perspektive die kirchlichen Situation. Ich selbst geriet im gleichen Jahr unter Beschuss des verantwortlichen Redakteurs Gerd Hirschauer, weil ich als KNA-Redakteur über die im November 1959 in Eichstätt von der katholischen Akademie in Bayern veranstaltete Tagung „Der katholische Laie in der hierarchischen Kirche und in der demokratischen Gesellschaft" Ausführungen des Mitglieds ihres Werkhefte-Arbeitskreises Emil Martin fälschlicherweise aus der „rechtskatholischen KNA"-Sicht interpretiert hätte. Auch Akademiedirektor Karl Forster bekam seine Schelte ab, weil er die Linkskatholiken „in den Verdacht der Häresie" gebracht habe, ebenso Msgr. Lorenz Freiberger, weil er in der Münchener Kirchenzeitung über Martins These vom „Machtkomplex der Kirche" erzürnt gewesen sei. Zu dieser frühen Zeit, vor dem Konzil, war Kritik an der Kirchenpresse vorwiegend politisch motiviert: Bischofshörig stehe sie der CDU nahe und wende sich klassenkämpferisch gegen die SPD.

Gegen Mitte der 60er Jahre prasselte heftige Kritik von allen Seiten auf die Kirchenpresse, einerseits ausgerechnet aus Kollegenkreisen, andererseits von bischöflicher Seite. Sie sind verbunden mit den Namen Sarrach, Baukloh und Kampe. Alfons Sarrach kritisierte in der „Deutschen Tagespost" die Zersplitterung und gesellschaftliche Ineffizienz der Bistumszeitungen und forderte „ein kollegiales, gemeinsames Kirchenblatt, hinter dem nicht nur die Autorität eines, sondern aller ... Bischöfe steht". Er setzte hinter „*aller* Bischöfe" noch „oder *mehrerer*", da er als Variante zumindest regionale Zusammenfassungen mit Bistumsteilen nannte. Mit gesellschaftspolitischer Wirkung zielte er genau umgekehrt wie die „Werkhefte"-Kritiker auf stärkeres CDU-Engament. Friedhelm Baukloh hingegen, Redakteur der katholischen Wochenzeitung „Echo der Zeit", warf den Kirchenzeitungen pauschal Unfähigkeit und Verleumdung vor, durch die „Andersdenkenden oder weltanschaulichen Gegnern der Prozess gemacht wird" und verstieg sich zu der Behauptung, es gebe mit wenigen Ausnahmen in der Bundesrepublik keine Massenpresse, „die so wenig den Geist der Fairneß spüren lässt wie die katholische Kirchenpresse, vom Geist christlicher Liebe zum Gegner ganz zu schweigen" (Zitiert in: Greinacher, 1966, S.219-247).

Anders und sachlicher Art waren die Ausführungen, die Weihbischof Walther Kampe auf einer Arbeitssitzung des ZdK im März 1964 machte. Der Konzils-Pressesprecher für die deutschsprachigen Journalisten kam bei Beurteilung der deutschen katholischen Presse aus der neuen Sicht der Kommunikationsrolle der Medien zu der Feststellung: „Unsere eigene Publizistik hat immer noch etwas Ängstliches und Schlechtgelüftetes an sich. Sie ist nicht frei genug, und wo sie sich frei gebärdet, traut man es ihr nicht recht zu." Nach den Konzilsaussagen gehe es einerseits um innerkirchliche Kommunikation, andererseits um Kommunikation mit der Welt. Er zog in Zweifel, ob die gegenwärtige Kirchenpresse in ihrer überbordenden Vielfalt dem innerkirchlichen Anspruch und die Wochenzeitungen dem gesellschaftlichen Gesprächsauftrag entsprachen und trug erste Überlegungen für eine Konzentration der Bistumszeitungen und eine neue gesellschaftspolitische Wochenzeitung vor (ZdK, 1964).

Ob der Vorstand der AKP unter dem Paderborner Verleger Bernhard Hagemeier zu dieser Zeit bereits von dem „Memorandum zur Frage einer katholischen Wochenzeitung" wusste, das zur selben Zeit vom Zentralkomitee der deutschen Katholiken (ZdK) intern verbreitet worden war, weiß ich nicht. Dagegen befasste sich AKP-Redakteurssprecher Peter Paul Pauquet mit den polemischen Angriffen

von Sarrach und Baukloh in einem längeren Referat vor dem Kölner Diözesan-Führungskreis im Frühjahr 1967 in der Thomas-Morus-Akademie in Bensberg. Pauquet war ein schwieriger Charakter: hochintellegent und eloquent, aber leidenschaftlich und autoritär. Er hatte Theologie und Psychologie studiert, gehörte dem Bund Neudeutschland an und war ein erfolgreicher Jugendschriftsteller geworden. Nach dem Ende des Zweiten Weltkrieges wurde er zunächst freier Mitarbeiter der Kölner Kirchenzeitung und fiel durch aggressive Zeitkommentare auf, in denen er theologisch eine strikte kirchenautoritäre Linie vertrat und sich für vor allem für eine rigorose christliche Politik einsetzte. 1965 hatte er seine Auffassung vom Chefredakteur einer Bistumszeitung in einem Artikel „Die Taube kommt nicht vom Dach herunter" in der Kölner Kirchenzeitung dargelegt. Ausgehend von seiner alten These, dass die Kirchenpresse nach 1945 in die Rolle des „Lückenfüllers" für die fehlende katholische Tagespresse gedrängt worden sei, resümierte er, dass sich herausgestellt habe, dass dies aus zwei Gründen nicht gelang: erstens „fehlten ihr die finanziellen, technischen und redaktionellen Voraussetzungen", zweitens bleibe sie „Organ des Bischofs". Er bezeichnete ihre „vielfältige Ausgewogenheit" als ein Zeichen ihrer „Stärke und Beliebtheit beim Kirchenvolk". Zur Vielfalt der Aufgaben zählte er nicht nur den Verkündigungsauftrag, sondern ihre Gestaltung als Blatt „für religiöse Bildung im weitesten Sinne". Dazu führte er „sowohl den religiös politischen Willen in Angriff, Abwehr und aktiver Gestaltung des gesellschaftlichen Lebens als auch die Kräfte des Gemütes und der unpolemischen erbauenden Frömmigkeit" an.
 In seinem Referat 1967 vor dem Kölner Diözesanrat wehrte Pauquet sich vor allem gegen die Behauptung Bauklohs in dem Buch „Bilanz des Katholizismus", er sei als AKP-Sprecher der Redakteure Vertreter des provinziellen „alten Lagers", das „ein getreues Spiegelbild des 'Milieukatholizismus'" sei, während ihm gegenüber Weihbischof Walter Kampe stehe als Vertreter des „fortschrittlichen, zur ganzen Gesellschaft hin geöffneten und überregionalen" Lagers. Pauquet legte dar, dass Bischof Kampe 1966 auf der Redakteurskonferenz in Essen seine Auffassungen präzisiert und modifiziert habe und beide Seiten - AKP und Kampe - sich einig seien, dass es in der jetzigen Diskussion weniger um „unüberbrückbare Gegensätze von progressiv-konservativ" gehe, sondern darauf ankomme, „den allerseits guten Willen und die verschiedenen Vorstellungen, den besten Weg zur Stärkung und zur Konzentration der Kirchenpresse zu finden". Bemerkenswert ist, dass Pauquet sich zwar gegen Kampes Vorschlag der „Zusammenlegung aller Bistumszeitungen zu wenigen überregionalen Blättern" wandte, aber für eine Kooperation aussprach, wie sie im hessischem Raum zwischen drei Bistumszeitungen bereits begonnen hatte. Und noch bemerkenswerter ist, dass der Sprecher der AKP-Redakteure da schon feststellte, man müsse sich für die Mitsprache in der Gesellschaft „etwas ganz anderes einfallen lassen: eben den Ausbau der entsprechenden Wochenpresse oder die Gründung einer neuen großen katholischen Zeitung" (Pauquet, 1967, S. 20 - 31).
Damals hatte ich mich von diesen Auseinandersetzungen nicht unmittelbar betroffen gefühlt, weil ich mich ganz auf meine Tätigkeiten in Essen konzentrierte.

Und die beschäftigte mich in Essen voll mit der qualitativen Verbesserung der „Christlichen Familie", mit Buchprojekten bei Fredebeul & Koenen und mit eigenen schriftstellerischen Arbeiten.

Das „Feuerreiter"-Menetekel

Mich hatten hingegen andere Vorgänge im katholischen Zeitschriftenverlagsbereich betroffen gemacht, die bereits 1962 eingesetzt hatten und nur unmittelbar mit der AKP in Verbindung standen. Sie deuteten einen ersten Riss im anscheinend stabilen katholischen Verlagswesen an, der in den vielen Publikationen über die seit dem Konzil eingesetzte Krise der Kirchenpresse kaum erwähnt wird und den ich deshalb hier einblenden möchte. Nachdem ich 1958 das Angebot vom damaligen Vorsitzenden Josef Vögele vom Schwabenverlag in Stuttgart abgelehnt hatte, Nachfolger des ersten AKP-Geschäftsführers Theodor Hüpgens zu werden, war zunächst Paul Löcher Geschäftsführer geworden. Als der kantige und ehrgeizige Löcher 1963 selbst die Geschäftsführung des Schwabenverlages übernahm, wurde unerwartet mein alter Bekannter aus Kölner Zeiten, Paul Dahm, Geschäftsführer. Unerwartet, weil er ein Vollblutjournalist wie ich war und mit Begeisterung und Erfolg die Illustrierte „Feuerreiter" gestaltete. Wir waren eng mit seiner Familie befreundet und standen uns besonders nahe, als er schwere persönliche Schicksalsschläge erlitt.

In dieses Tief hinein platzte Ende 1962 die Entscheidung des immer honorig wirkenden Verlegers des „Feuerreiter", Hans Struth, seine Zeitschrift an den Sebaldus-Verlag in Nürnberg zu verkaufen. Struth wickelte das Geschäft so hastig ab, dass er keinerlei Absicherung und Regelung für seine Redaktion traf. Da der dupierte Paul Dahm keinesfalls nach Nürnberg umziehen wollte, entschied er sich kurzfristig, die ihm angebotene Geschäftsführung der AKP mit der Einrichtung der Geschäftsstelle in seinem Haus in Köln zu übernehmen.

An der Geschichte des „Feuerreiters" lassen sich beispielhaft die verschlungenen und verschlingenden Wege katholischer Zeitschriften- und Verlagsunternehmen in der Umbruchzeit der 60er Jahre nachzeichnen. Beteiligt waren neben dem Privatverlag des „Feuerreiters" Hans Struth der Sebaldus-Verlag mit seinem rigorosen Verlagsleiter Hans Stoeger und das Winfried-Werk von Vater Josef und Sohn Dr. Winfried Hall in Augsburg. Der Privatverleger Hans Struth konnte seinen 1925 in Köln „zur Durchdringung des Lebens und der Kultur mit katholischen Werten" gegründeten „Feuerreiter" nach dem Verbot im Dritten Reich schnell als ein überregionales Bilderblatt katholischer Provenienz erfolgreich etablieren. Zwar spiegelte sich Struths persönliche absolute Kirchentreue und vor allem seine Papstergebenheit in der Illustrierten wider - er war Päpstlicher Kammerherr unter Pius XII., der ihn einmal mit der Bemerkung empfangen haben soll: „Da kommt der Feuerreiter per pedes". Seine Redaktion verstand es jedoch, den Inhalt durch gute Bildreportagen über gesellschaftliche und weltweite Themen über den innerkirchlichen Raum hinaus auszudehnen. Nicht zuletzt deshalb hatte der Literatur- und Kunststudent Paul Dahm sein Studium abgebrochen, als Struth ihm Mitte der 50er Jahre eine Redakteursstelle anbot. Unklar blieb, was den Gründer und Besitzer der einzigen katholischen Illustrierten Ende 1962 zum plötzlichen Verkauf veranlasst haben mag: Auflagenschwund kann es kaum gewesen sein, denn bis zum Beginn des Konzils hatte der „Feuerreiter" eine stabile Druckauflage von einer Viertelmillion Exemplaren. Ob dem Privatverleger vor dem Erreichen seines Pensionsalters „die Luft ausging", weil er keinen eigenen Sohn als Nachfolger hatte, wie gemunkelt wurde, oder ob er den entbrannten Wettbewerb im Zeitschriftenmarkt um Farbdruck und Farbanzeigen nicht mehr mitmachen wollte, blieb unklar. Er schlug jedenfalls sofort zu, als Stöger ihm ein Kaufangebot des Sebaldus-Verlages machte.

Der Sebaldus-Verlag wiederum hatte sich mit seinem 1948 gegründeten Flagg-schiff, der Rundfunk-Programmzeitschrift „Gong", zu einem erfolgreichen Verlags- und Druckhaus in Nürnberg entwickelt, firmierte durchaus als katholisches Verlagsunternehmen, ohne sich in die katholische Verbandsstrukturen einzugliedern. Stögers rigorose Devise lautete angesichts der raschen Verbreitung des Fernsehens und eines wachsenden Anzeigenaufkommens : „Ausdehnung", sprich Zukäufe. Die Illustrierte „Feuerreiter" schien gut ins Portefeuille zu passen. Fast zur gleichen Zeit konnte er die in Hamm erscheinende katholische Programm-zeitschrift „Funk-Kalender" übernehmen und mit dem „Gong" zusammenlegen. Der „Funk-Kalender", der seit 1956 im Verlag Liboriusblatt GmbH in Hamm erschien, war seinem Verleger Rudolf Thiemann trotz einer Auflage von etwa 100 000 Exemplaren anscheinend unrentabel geworden. Chefredakteur Günter Beaugrand, wurde von Thiemanns Verkauf ebenso überrascht wie Paul Dahm beim „Feuerreiter"-Verkauf, erhielt von Stoeger jedoch das Angebot, stellvertretender Chefredakteur des „Gong" zu werden. Nolens volens nahm Beaugrand an und redigierte zwischenzeitlich nach dem Ausscheiden von Paul Dahm auch den „Feuerreiter". Er kehrte aber Stoeger schon bald den Rücken zu, als Thiemann ihm die Chefredaktion des „Liboriusblattes" anbot.

Dass der forsche Sebaldus-Chef Stöger dann 1976 den „Feuerreiter" seinerseits weiterverkaufte, ist symptomatisch für einen weiteren Riss im alten katholischen Verlagsgebäude. Schon Anfang der 70er Jahre war Gruner+Jahr beim „Gong" eingestiegen, und obwohl der säkulare Hamburger Verlag zugestimmt hatte, den „Gong" im „christlichen Geist" weiterzuführen, war die Programmzeitschrift aus dem katholischen Zeitschriftenbereich ausgeschieden. Im Fall „Feuerreiter" kam jetzt der Augsburger Verlag Winfried-Werk ins Spiel, der den „Feuerreiter" aufkaufte. Das Winfried-Werk war 1948 von Josef Hall zusammen mit dem Katholischen Männerwerk in Fulda gegründet worden und besaß in der Männer-zeitschrift „Mann in der Zeit" und der Frauenzeitschrift „Frau im Leben" (bei der Gründung: „Die katholische Frau") zwei der auflagenstärksten katholischen Zeitschriften der Nachkriegszeit. Als der junge Sohn Winfried Hall 1963 nach dem Tod seines Vaters den Verlag übernahm, hatte gerade das „deutsche Wirt-schaftswunder" einen folgenreichen Umbau der Gesellschaft eingeleitet.

Die neuen Strukturen des Sozialstaates gaben den Menschen einen neuen indivi-duellen Spielraum. Selbstverwirklichung war angesagt und führte im Rahmen einer wachsenden Mobilität und eines steigenden Bildungsniveaus zu einer Erosion der traditionellen Lebensräume und der sie tragenden Wertegemeinschaft christlicher Prägung. Das Zweite Vatikanische Konzil tat ein übriges, indem es die Katholiken zu einer kritischen Selbstbefragung anregte, die dazu führte, dass viele auf Distanz zur „Amtskirche" gingen. Dies wiederum zeigte schnell Auswirkungen im Kirchenbesuch, im katholischen Verbandsleben und im Zerfall des traditionellen Milieu-Verhaltens mit negativen Folgen für den Bezug der Kirchenpresse. Als auch die Auflage des „Mann in der Zeit" zurückging, kam für die Augsburger 1967 der Erwerb des „Feuerreiters" gerade zur rechten Zeit. Sie griffen zu, führten den monatlich erscheinenden „Mann in der Zeit" mit dem „Feuerreiter" zusammen und nannten die zweimal im Monat erscheinende Zeitschrift im Illustriertenstil ab 1968 „Weltbild". Nachdem 1975 zwölf Bistümer alle Anteile der Winfried Werk Verlag GmbH übernommen hatten, wurde das Gesamtunternehmen 1987 zur Weltbild Verlag GmbH verschmolzen. In der Festschrift zum 50-jährigen Bestehen des Weltbild Verlages heißt es, dass die Fusion von „Mann in der Zeit" mit „Feuerreiter" nicht nur wegen der unterschiedlichen Zielgruppen eine „publizistische Neuorientierung verlangte", sondern auch, „weil sich der gesellschaftliche Umbruch in Staat und Kirche bemerkbar" machte. Um dieses Kapitel abzuschließen: Der Umbruch machte sich so stark bemerkbar, dass das neue „Weltbild" in den ersten zehn Jahren von seiner Anfangsauflage 700 000 auf 440 000 Exemplare absank und wiederum zwölf Jahre später eingestellt werden musste.

Diese Vorgänge sind mir deshalb gut in Erinnerung, weil ich mit den beteiligten Redakteuren enge Kontakte hatte: neben Paul Dahm mit Günter Beaugrand, dem Chefredakteur der „Funk-Kalender", mit dem langjährigen Chefredakteur des „Mann in der Zeit", Willi Weiskirch, für den ich zu Zeiten der „Wacht" und des „Michael" geschrieben hatte, und mit seinem Nachfolger Hans Siemons aus Aachen. Ich kannte sie als integre, professionelle Redakteurskollegen, die zeitnah ihre publizistische Aufgaben erfüllten. In gewissem Sinne wurden sie Opfer verlegerischer Handlungen, die eher zufällig und konzeptlos getätigt wurden. Es steckte jedenfalls keine Strategie katholischer Publizistik dahinter.

Der Suttner- und der Wagner-Plan

Die Vorgänge um den „Feuerreiter" und die Entwicklungen im Winfried-Werk wurden in der AKP nicht als Trend, sondern als verlagsinterne Einzelentscheidungen gesehen, waren aber doch schon Anzeichen der sich wandelnden Gegebenheiten und damit der Voraussetzungen und Bedingungen für die konfessionelle Presse. In der AKP hatten sich die Diskussionen auf Fragen nach einer Neuorientierung der einzelnen Kirchenzeitungsgruppen entsprechend den Konzilsvorgaben konzentriert. „Inter Mirifica" hatte trotz aller Schwächen die Eigengesetzlichkeit der Medien betont, die Bedeutung der öffentlichen Meinung in der Kirche unterstrichen, das Recht auf und die Pflicht zur Information sowie erstmals in der Kirchengeschichte die Pressefreiheit anerkannt, mehr noch: es hatte die „Nutzung" der Medien für Verkündigung und Meinungsbildung herausgestellt, Meinungsbildung allerdings noch im alten Sinn der Erziehung auf christlicher Basis. Die Verleger und Redakteure der Kirchenpresse fühlten sich in ihrem Auftrag bestätigt. Sie begannen mit der Erarbeitung eines neuen „Selbstverständnisses" und den Konsequenzen und Folgerungen für ihre verlegerische und redaktionelle Arbeit. Dabei kamen auch schon Kooperationsfragen zur Sprache, verlegerischerseits konkret im Hinblick auf eine gemeinsame Anzeigenagentur, redaktionell im Hinblick auf Artikelaustausch, gemeinsame Planungen für überdiözesane Themen und nicht zuletzt Fragen der redaktionellen Freiheit.

In diese Überlegungen hinein platzten zwei Pläne von außen, die in den nächsten Jahren in den Mittelpunkt heftiger innerer Richtungskämpfe in der AKP und in der Kirche rückten: der Suttner-Plan und der Wagner-Plan. Sie wurden eher ärgerlich zur Kenntnis genommen, weil sie ohne Rückbindung an die Praxis, sprich: ohne Einbeziehung derjenigen präsentiert wurden, die die Kirchenzeitungen machten. Unter der Überschrift „Katholische Presse in Deutschland. Statt noch einer Kritik: ein konkreter Vorschlag" verschickte der junge Regensburger Jurist Dr. Hans Suttner 1965 „vertraulich" einen Reformvorschlag an einen Kreis von Bischöfen und Publizisten (Suttner, 1965). Sein Plan blieb natürlich nicht vertraulich, weil er an 800 Personen ging. Suttner wollte auf dem Hintergrund der Zeitentwicklungen in der Kirche und der Gesellschaft eine Neuorientierung der katholischen Publizistik in Gang setzen, die praktisch beim Punkt Null anfing. Im Mittelpunkt seiner Überlegungen stand ein zentrales „Institut Publizistik", das subsidiär alle Aktivitäten koordinieren sollte. Zu den konkreten Vorschlägen zählten u.a. die Einrichtung von Pressestellen und eines Sprechers der Bischofskonferenz, eine konsequente Journalistenausbildung und ein Dokumentationszentrum. Hinsichtlich der Presse sah er eine vorgegebene Aufteilung zwischen Kirchenpresse für die innerkirchliche Kommunikation und Wochenpresse für die Kommunikation mit der Welt. Er sprach sich durchaus für eine vielfältige Kirchenpresse aus, die allerdings durchforstet und nach dem, was man später Zielgruppen bezeichnete, geordnet und gelichtet werden müsste. Und im Hinblick auf eine gesellschaftspolitische Wochenzeitung schwebte ihm ein Organ vor, das „als eine Stimme der katholischen Kirche" in die Gesellschaft hineinwirkt. Letzteres entsprach genau den Vorstellungen, die einige Bischöfe und das ZdK auch hatten (vgl. dazu auch Schmolke in: Wilke, 1999, S. 362).

Der Wagner-Plan müsste eigentlich Maier/Wagner-Plan heißen, denn ihn präsentierte zuerst der Pressereferent im Münchner Ordinariat, Prälat Anton Maier, unter der Überschrift „Das Dilemma der Kirchenpresse" in dem Organ für Gemeindeaktivitäten „Lebendige Zelle". Wagner hat ihn mitentwickelt und später weiterentwickelt. Sogar „als mögliche Alternative zum Plan einer katholischen Wochenzeitung, aber um der Sache willen auch unabhängig davon", so Wagner, habe Maier die „stufenweise Konzentration der Bistumsblätter in Deutschland" vorgeschlagen. Diese Konzentration könne in drei oder vier Großräumen, etwa Bayern, in drei Stufen vorgenommen werden: zuerst in redaktioneller, dann in verlegerischer Kooperation - mit einer „Neuregelung der oft antiquierten Besitz- und Verlagsverhältnisse" - und zuletzt mit der „Einrichtung einer Zentralredaktion und eines Zentralverlages (für jede Kooperationsgruppe)" (Wagner, 1974, Bd.2, S.115 ff.).

Wohlgemerkt: Maiers Plan der Konzentration der Kirchenpresse wird als Alternative zu einer neuen Wochenzeitung bezeichnet. Wörtlich heißt es: „Nur auf diese Weise wird die Bedeutung der Kirchenblätter auf die Dauer erhalten werden können. Nur auf diese Weise werden sie sich wirklich zu den Umschlagplattformen vom innerkirchlichen zum Dialog zwischen Kirche und Welt gestalten lassen." Ich weiß nicht, ob dieser Maier/Wagner-Plan in der „Sonderkommission Katholische Wochenzeitung" überhaupt diskutiert wurde, die die deutschen Bischöfe bereits im September 1965 gründeten. Wohl griffen sie auf Suttners Reformvorschläge zurück, beriefen ihn in ihre Sonderkommission und setzten mit ihm an der Spitze die Verwirklichung des Projektes Katholische Wochenzeitung (KWZ) in Gang. Hans Wagner vermutet in seiner Taschenbuchreihe „Das Ende der katholischen Presse", dass das Projekt KWZ als erstes von den Bischöfen aus Suttners umfassenden Reformvorschlägen herauskristallisiert worden sei, weil es ein sichtbares Signal für den neuen Konzilsgeist in der deutschen Kirche werden sollte.

Dabei schienen die Bischöfe die Kirchenpresse etwas aus den Augen verloren zu haben, doch die Verleger und Redakteure brachten sich vernehmlich selbst bei ihnen ins Spiel. Und rückblickend stimmt es nicht, wie Wagner behauptet, dass die Bischöfe sich erst wieder nach der Einstellung von „Publik" auf die Kirchenpresse konzentriert hätten. Ich habe selbst erlebt, dass die beiden führenden Befürworter der KWZ, die Weihbischöfe Kampe und Tenhumberg, die AKP-Bemühungen um eine zeitgemäße Entwicklung begleitet und gefördert haben. Und die AKP hat auch nicht von Anfang an den Suttner- und Wagner-Plan abgelehnt, sondern beiden Verfassern Gelegenheit zur Darlegung gegeben und mit ihnen mehrfach darüber diskutiert.

Schon 1966 lud die Redakteurskonferenz Weihbischof Kampe zu einem Referat ein, um mit ihm nach seiner generellen Kritik von 1964 über konkrete Maßnahmen zur Gestaltung der künftigen Kirchenpresse zu sprechen. Kampe war nämlich schon mit der ersten Kooperation von Bistmszeitungen selbst befasst, die sein Limburger Blatt mit den Diözesanblättern von Mainz und Fulda begonnen hatte. Der Bischof unterstrich vor den Redakteuren zunächst, dass sich aus dem vom Konzil betonten Öffentlichkeitscharakter der Kirche grundsätzlich „die Notwendigkeit eines innerkirchlichen Kommunikationsflusses und eines Austauschs zwischen Kirche und Welt" ergebe. Kampe wörtlich: „Ein Kirchenblatt kann heute nicht mehr nur als das Organ, als das Sprachrohr oder der 'Lautverstärker' etwa des Bischofs angesehen werden." Er appellierte an die Kirchenpresse, für den innerkirchlichen Dialog und den mit der Welt die notwendigen Voraussetzungen zu schaffen. Dann schlug er weitgehende Kooperationen der Bistumszeitungen vor, die zu einem gemeinsamen Gesamtteil mit diözesanem Innenteil führen könnten, plädierte daneben aber auch für die neue Katholische Wochenzeitung. Diese solle jedoch die Kirchenzeitungen keinesfalls ersetzen, sondern sich mit einem anderen redaktionellen Programm an ein anderes Publikum wenden.

Damit hat der Limburger Bischof den AKP-Mitgliedern schon früh Mut für den begonnenen Weg von Neuorientierung und Kooperation ausgesprochen. Er fand jedoch keine Zustimmung zu der Form von Konzentration, die unter dem Schlagwort „Einheitskirchenzeitung" lief (AKP, 1966).

Sonntags- und Bistumspresse: Neues Selbstverständnis

Zum ersten Kulminationspunkt der Auseinandersetzungen über die Zukunftsaufgabe und -gestaltung der Kirchenpresse wurde für die AKP das Jahr 1967, wobei zum Suttner- und Wagner-Plan noch aus den eigenen Reihen mehrere andere Kooperationsvorschläge kamen, darunter der „Henze-Plan". Der Geistliche Chefredakteur der Hildesheimer Kirchenzeitung, Pastor Winfried Henze, schlug ebenfalls die Bildung einer Zentralredaktion für einen gemeinsamen Mantel in enger Abstimmung mit den Bistumsredaktionen vor, die ihrerseits im Innern einen eigenen Bistumsteil erstellen sollten. Der Henze-Plan war insgesamt realistischer und differenzierter als der Wagner-Plan.

Auf der Redakteurskonferenz vom 6. bis 8. Juni 1967 auf Schloss Hirschberg bei Eichstätt standen heftige Diskussionen um die neue katholische Wochenzeitung im Mittelpunkt. Eigentlich war ich dorthin gefahren, weil ich gebeten worden war, zum Tagesordnungspunkt „Erarbeitung eines neuen Selbstverständnisses der Sonntagspresse" ein Referat zu halten. Anfang des Jahres hatte der Geschäftsführer der AKP, Paul Dahm, bereits in einem Papier die Grundzüge des neuen Selbstverständnisses der Bistumspresse dargelegt, jetzt ging es um die Gruppe der Sonntags- und Magazinpresse. Sie war an der schnellen Festlegung ihrer Rolle innerhalb der gesamten kirchlichen Presse besonders deshalb interessiert, weil es in der AKP gleichsam eine Rangordnung gab. Danach stand die offizielle Bistumspresse an erster Stelle, gefolgt von den Organen der katholischen Verbände und der Missions- und Ordenspresse. Sie alle hatten Vorrang vor den von privaten Verlegern herausgegebenen Blättern. Redaktionell wurden die Sonntagsblätter manchmal als Unterhaltungsblättchen abqualifiziert, und im Bereich der Abo-Werbung fühlten die Privatverleger sich benachteiligt. Die Beziehererwerbung für Kirchenzeitungen erfolgte fast ausschließlich über Haustürwerbung. Dabei gab es manchmal nicht nur handgreifliche Auseinandersetzungen der „Drückerkolonnen", sondern auch Auseinandersetzungen zwischen Bistumsblattverlegern und Privatverlegern bis hin zu Gerichtsprozessen. Die Werber der Bistumsblätter konnten meistens Empfehlungen der Ortspfarrer vorweisen, während die Privatblätter sich um andere, weniger offizielle Empfehlungen kümmern mussten. Deshalb lag den Verlegern der Sonntags- und Magazinpresse daran, innerhalb der AKP gleichgestellt und als „kirchliche Presse" ebenso anerkannt zu werden wie die Blätter kirchlicher Herausgeber.

Wenn ich meine journalistische Motivation in dieser Zeit überdenke, ging es mir in erster Linie darum, eine gute Zeitung zu machen, *meine* Zeitung. Ich war im Feld der katholischen Presse herangewachsen und konnte meinem Berufsideal Schreiben und Redigieren verantwortlich im traditionsreichen Essener Verlag Fredebeul & Koenen nachgehen und eigenverantwortlich presse- und lesergerecht gestalten. Jetzt erhielt ich die Gelegenheit, meine Vorstellungen in den Verband der gesamten Kirchenpresse einzubringen, in dem ich aber eben noch zumindest stille, unausgesprochene Vorbehalte gegen unsere Unterhaltungsblätter erfahren hatte. Daher verteidigte ich in meinem Vortrag über die Sonntagspresse auf Schloss Hirschberg auch gleich zu Beginn unsere Zeitschriften gegen den Vorwurf, dass „Unterhaltung, Zerstreuung und Zeitvertreib etwas Negatives und Minderwertiges" seien und es „ein legitimes Recht auf Lese-Unterhaltung" gebe. Es komme nur darauf an, qualitätsvolle Unterhaltung, gute Geschichten und Romane zu lesen. Schließlich hätten sich die katholische Sonntagszeitungen in der Kulturkampfzeit als „im Dienste des Glaubens und der Kirche" verstanden, die „sauberen" Erzählstoff und den katholischen Standpunkt im häuslichen Leben vermitteln wollten.

Nach einigen ergänzenden und vertiefenden Diskussionsbeiträgen formulierte die Redakteurskonferenz das neue Selbstverständnispapier der Sonntagspresse. Der Kernsatz hieß: „Die Sonntags- und Magazinpresse versteht sich als Ergänzung zu den anderen Organen der kirchlichen Presse mit der eigenständigen Aufgabe, zu einer christlichen Lebensgestaltung in unserer Zeit durch zeitgemäße Bildung, Lebenshilfe und Unterhaltung aus christlicher Verantwortung beizutragen." In der Festbroschüre „AKP von A bis Z" zum 40-jährigen Bestehen wird ausdrücklich festgehalten, dass die Verlegerkonferenz desselben Jahres diese Standortbestimmung bestätigte „mit dem ausdrücklichen Hinweis, dass die Sonntagspresse nicht als Konkurrent gilt, sondern eine Komplimentärfunktion wahrnimmt". Die Verabschiedung dieses Textes bedeutete die erstrebte Gleichstellung, die sich in der Folgezeit auch für die Sonntagspresse positiv auswirken sollte.

In den Mittelpunkt der Hirschberg-Konferenz rückte allerdings die Auseinandersetzung über Kooperations- und Konzentrationspläne. Anlass dazu bot das Referat von Hans Suttner, der seine „konkreten Vorschläge" über die Koordinierung aller katholischen Medieninitiativen erläuterte. Dabei kam es zu hitzigen Diskussionen, als es um die Abgrenzung und Konkurrenz der „Katholischen Wochenzeitung" zur Kirchenpresse ging. Ich rekapituliere aus Suttners Referat einige Ausführungen, die vielleicht zur Beruhigung der Redakteure der Kirchenpresse dienen sollten. Bei der Erläuterung des „Programms der neuen katholischen Wochenzeitung" ging Suttner in einer „theologischen Ortsbestimmung" vom Konzilsdekret über die Laien aus. Darin werde unterschieden zwischen dem Bemühen um die Evangelisation und die Heiligung des Menschen einerseits und dem „Aufbau der zeitlichen Ordnung und deren Vervollkommnung im Geiste des Evangeliums" andererseits. Daraus zog er den Schluss, dass die Kirchenpresse ihren redaktionellen Schwerpunkt im unmittelbaren Dienst an der Heiligung des Menschen und in der Evangelisierung habe, während der Schwerpunkt der geplanten neuen Wochenzeitung „im Beitrag zu Aufbau und Vervollkommnung der zeitlichen Ordnung" liege. Also die Kirchenblättchen für die Frommen im engen Kirchenbereich und die KWZ für die gestandenen Katholiken in der säkularen Gesellschaft.

Das rief natürlich Proteste der Redakteure hervor. Sollten sie ins Abseits verbannt werden und letztlich doch nur ein Blatt und Sprachrohr des Bischofs bleiben ? Dieser Ansicht schien Suttner tatsächlich zu sein, denn er betonte, dass für den Erfolg des KWZ-Redaktionsprogramms „der Abstand zur Hierarchie" entscheidend sei. Es handele sich um eine ausgesprochene Laienaufgabe, deshalb müsse „in Anbetracht der gegebenen Situation" zwischen KWZ und Hierarchie ein starker „Puffer" geschaffen werden, der „eine Identifizierung von KWZ und Hierarchie unmöglich" mache. Lag in solcher redaktionellen Souveränität schon der Keim des späteren Scheiterns ? Nach der Einstellung von „Publik" ist der plötzliche Unfalltod von Hans Suttner als eine Hauptursache dafür genannt worden, dass nicht nur eine professionelle verlegerische Führung gefehlt, sondern auch die redaktionelle Ausrichtung sich anders als seine Forums- und Dialogvorstellungen entwickelt habe. Ob es anders gekommen wäre, wenn Suttner selbst, wie vorgesehen, Verlagsgeschäftsführer geworden wäre ? Weihbischof Kampe erklärte in der Synodendiskussion über das Scheitern von „Publik", dass nach seiner Ansicht der „Hauptgeburtsfehler" von „Publik" das Fehlen eines Verlegers mit leistungsfähigem Verlagshaus gewesen sei (vgl. dazu auch: Roegele, „Publik" - ein Lehrstück, in: Albrecht, 1983, S. 535-564, und Schmolke, „Publik"-Episode oder Lehrstück ?, 1974).

Bei der Abgrenzung der Zielsetzungen der verschiedenartigen Kirchenzeitungsgruppen hatte ich in meinem Referat bereits angemerkt, dass die neue Wochenzeitung jedenfalls „weder die Aufgabenbereiche der Bistumszeitungen noch der Verbands- und Missionspresse berühren" dürfe. Und ich ließ es mir nicht nehmen, ironisch hinzu zu fügen: „Als zeitkritisches Führungsorgan wird sie auch der Sonntagspresse kaum abträglich sein. Selbst wenn sie einmal einen Fortsetzungsroman bringen sollte, um eine stärkere Leserbindung zu erreichen, dürften daher eher Heinrich Böll oder die katholische „Clique"-Autorin Mary McCarthy in Frage kommen als Hans Ernst, Lorenz Binkowski und Consilia Maria Lakotta." In der AKP vorhandene verlegerische Bedenken aufgreifend, folgte noch mein Zusatz: „Ob verkaufs-, vertriebs- und werbemäßig eine Beeinträchtigung erfolgen könnte, ist eine andere Frage..." (AKP, 1967).

Kooperation oder Konzentration ?

In der allgemeinen Diskussion war den Redakteuren auf Schloss Hirschberg aber das Hemd näher als der Rock, das heißt: Konzeptfragen der Gestaltung der eigenen Kirchenzeitungen in Abgrenzung zur KWZ. Es ging um die verschiedenen Vorstellungen von Kooperationen bis hin zur Einheitszeitung. Einigkeit bestand in der Ablehnung einer „Superbistumszeitung". Geschäftsführer Paul Dahm hatte dazu Leitsätze zusammengestellt, in denen es hieß, sie würde „dem Selbstverständnis der Bistumszeitung widersprechen, das sich herleite aus dem konziliaren ecclesiologischen Verständnis der Bistumskirche als einem selbstständigen Organismus in der Gesamtkirche, für den es eine Lebensfrage ist, ein eigenes Instrument der Kommunikation zu haben". Weiterer Ablehnungsgrund: „Unabwendbare Folgen der Konzentration sind Zentralismus und Uniformierung, die (...) die Bildung pluraler Meinungen in der Kirche verhindern." (AKP, 1968)

Über die Frage sinnvoller Kooperationen gab es große Meinungsverschiedenheiten. Alle waren sich bewusst, dass die schwache personelle Besetzung der Redaktionen eine Hauptursache für die mangelnde Umsetzung des Redaktionsauftrages war. Ausführlich wurde der Henze-Plan diskutiert, der zwar eine Zentralredaktion für alle Bistumsblätter vorsah, die personell und technisch bestens ausgestattet werden müsse und den Hauptteil, den Mantel für alle erstellen solle, während die Bistumsredaktionen den diözesanen Innenteil liefern. Doch er gab den Bistumsredakteuren sozusagen die Oberaufsicht und Richtlinienkompetenz über das, was die Zentralredaktion machte. Damit begegnete er einer der Befürchtungen vieler Redakteure kleinerer Blätter, zur zweiten Klasse herabgestuft zu werden. Als Vorteil bezeichnete es Winfried Henze, dass die Bistumsredaktionen ihren Ortskirchenbereich besser abdecken könnten, wenn sie von allgemeinen überregionalen Teilen entlastet seien.

Doch für die Redaktionen der großen Bistumszeitungen etwa von Münster und Köln mit Auflagen von damals noch über 200 000 stellte sich die Frage der Kooperation anders dar als für die Mehrheit der Zeitungen mit weit geringeren Auflagen. Lorenz Freiberger von der Münchner Kirchenzeitung schlug vor, dass sich die kleineren Bistumsblätter im bayerischen Raum zusammentun, gemeinsam einen Hauptteil und eigenständig ihren Bistumsteil erstellen, aber unter eigener Flagge fahren. Dr. Pauquet, Chefredakteur in Köln, sprach sich grundsätzlich „für eine fach- und sachgerechte Vereinheitlichung und Zusammenarbeit der Bistumszeitungen aus" und schlug einen „Kontaktredakteur" vor, der sozusagen als rasender Reporter für die Bistumszeitungen Original-Beiträge liefern sollte, wodurch die Eigenständigkeit der Zeitungen erhalten bleibe. Andere Redakteure schlugen dagegen ein Team von festen Mitarbeitern vor oder eine Schwerpunktredaktion, die für mehrere Blätter arbeitet. Angeregt wurden auch zusammenfassende Wochenberichte nachrichtlicher Art, die KNA über die „Katholische Korrespondenz" den Redaktionen zuleitet. Der Chefredakteur von Speyer, Ferdinand Schlickel, fasste die Mehrheitsmeinung zusammen, als er sagte: „Wir wollen die größtmögliche Effizienz unserer Arbeit in Freiheit und Eigenständigkeit erreichen." Seine Mahnung, „nicht nur zu reden, sondern Taten folgen zu lassen", führte schließlich zu der Gründung einer Kommission, deren Auftrag das Grundbestreben aller betraf: die Modellredaktion für eine Bistumszeitung zu entwerfen. (AKP, 1973)

Sozusagen in aller Stille war jedoch bereits eine Kooperation begonnen worden. Als erste hatten die drei Redaktionen der Kirchenzeitungen von Limburg, Mainz und Fulda gemeinsame Redaktionssitzungen begonnen, auf denen sie sich einerseits von Fachleuten über aktuelle theologische und kirchenpolitische Fragen informieren ließen und andererseits Berichte, Meinungsartikel und Interviews zu diesen Fragen in Auftrag gaben (oder selbst schrieben), die in allen drei Blättern erschienen. Später führte dies zur Erstellung gemeinsamer Seiten, was insofern nahe lag, als alle drei Blätter im gleichen Druckformat erschienen.

Ein oft vergessenes Musterbeispiel für Kooperation kirchlicher Presseorgane wurde in der AKP eigentlich nur am Rande und als „Sonderfall" vermerkt. Im Grunde handelte es sich mehr um eine Neugründung, als sich 1966 zunächst 16 kleinere Missionsgemeinschaften zusammen taten und das gemeinsame neue Magazin „Kontinente" gründeten. Das Magazin bestand aus einem gemeinsamen Hauptteil als Mantel für alle Missionsgesellschaften und enthielt im Innenteil Wechselseiten für jede Gemeinschaft. Dabei war das gemeinsame Ziel wichtiger als konkurrierende Bemühungen um Nachwuchs und Spenden für die eigene Gesellschaft. Kein Wunder, dass diese Idee sich im Bereich der Ordens- und Missionspresse rasch ausbreitete. Innerhalb von fünf Jahren erhöhten sich sowohl der Herausgeberkreis der Missionsgesellschaften auf das Doppelte auf über 30 als auch die Auflage von anfangs 100 000 auf 200 000. Einen Schub hatte die gesamte Missionspresse in dieser Zeit durch die Formulierung ihres Selbstverständnisses erhalten, das 1971 auf der Redakteurstagung der AKP in Aachen verabschiedet wurde. Darin wird als gemeinsames Ziel die Weckung des Interesses für die Mission und den Aufbau der jungen Kirchen in der Dritten Welt genannt. Sicherlich waren die Voraussetzungen für die Kooperation dieser speziellen Zeitschriftengruppe anders als für die Bistumspresse - und auch anders als für die Sonntagspresse. Zum Zustandekommen der ersten Kooperation von Sonntagszeitungen sollte ich selbst schon ein Jahr nach der Konferenz auf Schloss Hirschberg beitragen.

In meinem Sonntagspresse-Referat hatte ich im übrigen auch einige allgemeine Vorhaben für die AKP vorgeschlagen. So regte ich in Fortführung unserer Leserbefragung eine große gemeinsame Untersuchung des Lesermarktes aller Blätter an, die erst 1975 zustande kam, schlug einen gemeinsamen Werbeprospekt vor, der Anfang der 70er Jahre verwirklicht wurde, und unterstützte die Initiative der Verleger, eine gemeinsame Anzeigenagentur zu schaffen, die mit der Gründung von Konpress 1970 ihren Anfang nahm. Wahrscheinlich führte das mit dazu, dass ich kurz darauf als Vertreter der Sonntagspresse in den Vorstand gewählt wurde.

Mitverantwortung im AKP-Vorstand

Von der Jahresversammlung 1967 der AKP, die vom 3. bis 5. Oktober 1967 in Bremen stattfand, sind mir drei Schwerpunkte in Erinnerung geblieben: die Fortsetzung der Kooperationsüberlegungen, das Referat von Hans Wagner über „Kirche in der Öffentlichkeit" und die Vorstandswahlen. Bei den Überlegungen für eigene Kooperationen riefen die bekannt gewordenen Finanzmittel für die Ausstattung des Unternehmens KWZ bei Redakteuren und Verlegern erheblichen Ärger hervor. Der KWZ-Etat sah 17 Redakteursplanstellen vor, außerdem Millionen für Werbung, wobei den Verlegern der Bistumspresse versichert wurde, dass keine Haustürwerbung vorgesehen sei, kurz: die KWZ wurde von den Bischöfen mit allem ausgestattet, was den Kirchenzeitungen fehlte. Der Ärger vieler Verleger und Verlagsgeschäftsführer war um so größer, als viele aus dem Überschuss der Abo- und Anzeigeneinnahmen regelmäßig Beträge an ihre Bistümer abliefern mussten, die für Investitionen ins eigene Blatt verloren gingen.

Auf starke Proteste stieß Wagner in der AKP - er bezeichnete sie in seinem Buch als „heftige Kritik", „Unverständnis" und „Voreingenommenheit" - , als er den Dreistufen-Plan zur Konzentrierung der Kirchenpresse auf eine Mantel-Innenteil-

Version verteidigte. Seine Auffassungen, dass das „Flickwerk" der gegenwärtigen Blätter nur durch „überindividuelle Ordnungsziele" und „der Anerkennung von Ordnungsinstanzen" behoben werden könne, dass deshalb eine „Kirchliche Zentralstelle für Kommunikationsfragen" eingerichtet werden müsse, die eine „kirchliche Ordnung der Bistumspresse" vornähme, musste alle anwesenden Verleger und Redakteure empören. Vor allem sein Hinweis, dass es ein „Bundespresseamt der Deutschen Bischofskonferenz" geben müsse, offenbarte seine Denkrichtung: Kirchenpresse kann nicht in Eigenverantwortung verbessert werden, sondern braucht Richtlinien von oben; es gehe nicht um Medien*arbeit*, sondern um *Medienpolitik* (AKP, 1967).

Jetzt erwachte wohl zum ersten Mal in mir ein Gesamtinteresse an der Entwicklung der Kirchenpresse und ihrem Berufsverband AKP, den ich bisher eher als einen „netten Verein" von Freunden angesehen hatte. Ich begann, mich für sie zu engagieren und gegen alle Gesamtpläne von außen zu wenden. Wagners Vergleich mit dem Bundespresseamt hatte böse Erinnerungen bei denen unter uns hervorgerufen, die die politische Presselenkung im Dritten Reich noch miterlebt hatten. Der junge Münsteraner Publizistikwissenschaftler Michael Schmolke, der später Bischofsgutachten über das Scheitern von „Publik" und über einen Gesamtplan für die Bistumspresse erstellte, erregte mit der Benennung von Wagners kirchlicher Kommunikationszentrale als „Reichspressekammer" den Zorn seines Kollegen. Ich selbst hatte nach dem Krieg bei meinem Studium in Amerika ein anderes Bild von der Rolle der Presse erhalten: als ein freiheitlich gestaltetes, selbstverantwortliches und keiner Kontrolle unterliegendes Medium zur Information, Meinungsbildung und Unterhaltung. Das schloss Fehlentwicklungen und Missbräuche dieser Freiheit nicht aus, sie werden als „Preis der Freiheit" gesehen. Dasselbe Bild von Presse schwebte mir für die Kirchenpresse vor, seit das Konzil die Eigengesetzlichkeit der weltlichen Obliegenheiten erklärt und auch für die Kirche (zumindest theoretisch und theologisch) den freien Meinungsaustausch als notwendig postuliert hatte. Das bewog mich ja gerade zu meinem Einsatz für eine „pressegerechte" Gestaltung der Kirchenpresse in Eigenverantwortung.

Dass ich für dieses Engagement ein größere Plattform bekommen würde, ahnte ich nicht, als ich zur Jahresversammlung der AKP nach Bremen reiste. Dort wurde ich ber in der Mitgliederversammlung in den Vorstand gewählt, sicherlich wegen meiner Initiativen bei der Sonntagspresse. Außer mir kamen drei weitere Neulinge in den Vorstand: der junge Winfried Hall, dessen Vater bis 1963 im Vorstand war, Ferdinand Schlickel vom Speyerer Bistumsblatt „Der Pilger" und Hannes Burger, der gerade in die Redaktion der „Münchner Kirchenzeitung" eingetreten war. Damit hatte ein Generationswechsel im Vorstand der AKP begonnen, der dem Verband viele Vorwärts-Impulse und eine neue Repräsentanz in Kirche und Gesellschaft verschaffte.

Weltkongress mit Impulsen für die katholische Presse

Die Kirchenpresse erhielt ein halbes Jahr später unerwartet Auftrieb durch den 8. Weltkongress der Union Catholique Internationale de la Presse (UCIP), der vom 2. bis 6. Juli 1968 in Berlin stattfand. Man muss Datum und Ort zweimal lesen, um nachvollziehen zu können, vor welchem zeitgeschichtlichen Hintergrund sich 500 katholische Journalisten aus fast 50 Ländern der Erde in der Stadt zusammen fanden, deren Ostteil von der Deutschen Demokratischen Publik gegenüber dem freien Westen durch eine Mauer abgegrenzt worden war. Es erscheint wie ein Treppenwitz der Geschichte, dass ausgerechnet im freien Westteil der Stadt die deutsche 68-er Studentenrevolution gegen das bürgerliche Establishment in der Bundesrepublik ihren Ursprung nahm, während hinter einer Mauer das diktatorische kommunistische Regime sein Volk in Unfreiheit hielt. In Berlin manifestierte sich 1968 der weltweite Ost-West-Konflikt, der sich in Europa durch die sowjetische Niederschlagung des Prager Frühlings und in Amerika durch den Vietnamkrieg zugespitzt hatte. Diese politischen Spannungen blieben nicht ohne Auswirkungen auf den UCIP-Weltkongress, dessen Thema jedoch vom UCIP-Generalsekretär P. Emil Gabel noch weiter gefasst war: „Eine Presse und ihre Veränderungen in einer sich verändernden Welt". Damit hatte Gabel auch die Spannung zwischen der entwickelten und unterentwickelten Welt im Auge, und es ist von besonderer Tragik, dass er selbst auf der Rückreise von einer Südamerikareise kurz vor dem Kongress bei einem Flugzeugunglück zu Tode kam.

Über die Bedeutung des Kongresses für die katholische Presse in Deutschland gibt die Mitgliedsliste des Präsidiums Auskunft. Darauf standen neben dem jungen Vorsitzenden der Bischofskonferenz, Kardinal Julius Döpfner, der Vorsitzende der Publizistischen Bischofskommission, Bischof Carl Joseph Leiprecht und die zuständigen Bischöfe für Presse, Tenhumberg, und für Rundfunk und Film, Kampe, - also die Entscheidungsträger der kirchlichen Medienentwicklung. Die AKP war mit ihrem Vorsitzenden Hagemeier, dem Redakteurssprecher Pauquet und Geschäftsführer Dahm vertreten, die GKP mit ihrem Vorsitzenden Simons und Gründungsmitglied Roegele. Der Vorsitzende des Berliner Lokalkomitees, Prof. Dovifat, war von vorne herein Garant dafür, dass der Kongress sich nicht in kleinlichen Detailfragen der Wirkung oder des Versagens der kirchlichen Presse verlor, sondern den Funktionswandel auf wissenschaftlicher und theologischer Ebene mit internationalen Koriphäen darzustellen versuchte. Ich selbst wurde in das Redaktionskomitee für Resolutionen berufen, beschränke mich hier aber auf die wesentlichen Ergebnisse für die Kirchenpresse.

Entscheidende Grundlagen für die Darlegung der Situation in Deutschland waren schon in der offiziellen Vierteljahresschrift der UCIP „Journalistes Catholiques" festgeschrieben worden. Aufschlussreich ist daran, dass neben den Artikeln über die Aktivitäten der GKP, der „vielgestaltigen Kirchlichen Presse" in der AKP, die Rolle der KNA, den katholischen Zeitschriftendienst und die Nachwuchsschulung auch ein Beitrag über „Publik - eine neue Wochenzeitung" vom designierten Chefredakteur Alois Schardt stand. Und zukunftsweisend für den innerdeutschen aktuellen Richtungsstreit schrieb Michael Schmolke in einem historischen Rückblick, „dass Publizistik nicht dirigistisch distribuiert werden kann, sondern dass sie sich als Angebot selbst ihre Interessenten und Käufer zu suchen hat" (Journalist Catholique, 1958, S. 21). Hans Wagner breitete in einem Artikel über den deutschen Katholizismus und die Massenmedien mit der Unterzeile „Ein schlechtes Gewissen und keine Konzeption" seine Zentralisierungstheorie aus: dass es keine „Gesamtvorstellung" über die Verwirklichung der Ziele des Zweiten Vatikanischen Konzils gibt, „kaum Lösungsvorschläge für die drängenden kommunikationspolitischen Probleme dieser pluralistischen Gesellschaft" - wozu er u.a. auch ein „unzufriedenes Unbehagen" über die „Wahrnehmung der Mitspracheplattform in Redaktionsräten" anführt (a.a.S. 16). In seiner dreibändigen Kirchenpresse-Taschenbuchreihe „Das Ende der katholischen Presse" (Wagner, 1974, Bd.3) zitiert er als Indiz für die Begrenztheit der AKP-Ideogie die Formulierung, die Paul Dahm auf dem Berliner Kongress über die Bistumspresse machte: „Sie ist das durch nichts anderes ersetzbare und unverwechselbare Kommunikationsinstrument der Bistumsgemeinde", die als „Zeitung der Ortskirche" lokal bzw. regional orientiert sei. In der AKP wurde in den 70er Jahren daraus das kurzgefasste „Credo" der Bistumspresse als *das unverzichtbare Kommunikationsmittel der Bistumsgemeinde* nicht als Begrenzung verstanden, sondern als spezifische Aufgabe (AKP, 1969).

Genau in dieser Hinsicht erhielten die Verleger und Redakteure der deutschen Kirchenpresse auf dem Kongress Rückenwind durch die Kollegen anderer Länder Europas wie Italien, Spanien und Frankreich, aber auch aus Südamerika und vor allem aus Nordamerika. Der damalige geschäftsführende Direktor der Catholic Press Association (CPA), James (Jim) A. Doyle, berichtete in einem Artikel im „New York Catholic", wie ihm in Berlin „ein junger deutscher Redakteur namens Ferdi Oertel entgegenkam, der ihn freundlich in fließendem Englisch willkommen hieß" und bei dem „ich sofort Unterstützung für meinen Plan fand, in der UCIP eine eigene Föderation für die Kichenpresse zu beantragen." (PA).

Die 1927 gegründete UCIP bestand zunächst nur aus zwei Föderationen für Tageszeitungen und Zeitschriften sowie für katholische Publizisten. Nach dem Zweiten Weltkrieg kamen Föderationen der katholischen Nachrichtenagenturen, der Publizistik-Wissenschaftler und der Einrichtungen für katholische Journalistenausbildung hinzu. Die Kirchenpressevertreter waren bis dato in der Föderation für Publizisten untergebracht, fühlten ihre spezifischen, durch das Konzil neu definierten Aufgaben innerhalb der bisherigen Föderations-Struktur der UCIP nicht mehr hinreichend vertreten. Schon auf dem vorauf gegangenen Weltkongress 1965 in New York hatte sich die CPA, deren 500 Mitgliedszeitschriften mit einer Gesamtauflage von 20 Millionen den größten Kirchenpresse-Verband der Welt bildete, institutionell in der UCIP nicht wiedergefunden und Wege zur Integration überlegt. Der Plan, den Doyle in Berlin vorlegte, führte zu ersten Kontakten mit den Vertretern der italienischen, französischen und deutschen Kirchenpresse, für die ich dann als „fließend Englisch Sprechender" die Verbindung hielt. Es sollte noch acht Jahre dauern, bis es endlich zur Gründung dieser Kirchenpresse-Föderation kam.

Von dem UCIP-Welttreffen, das in der „schwangeren Auster", der Kongresshalle in Westberlin stattfand, sind mir daneben noch folgende Schwerpunkte erwähnenswert. Großen Eindruck hinterließ der Wiener Erzbischof Kardinal König, der die Defizite der Kirche im „nach allen Seiten hin geöffneten Dialog" klar beim Namen benannte, den Papst Paul VI. in seinem Grußwort gefordert hatte. König bemängelte, dass die in „Inter mirifica" als Voraussetzung für die Kommunikation genannte „öffentliche Meinung" nicht nur fehle, sondern es für sie keinen Spielraum gab. Im Hinblick auf die Weltsituation wurde angesichts der politischen Bedrohung aus dem Osten eine Verstärkung der deutsch-französischen Zusammenarbeit auf der Basis des europäischen christlichen Erbes befürwortet, wie es schon von P. Gabel angeregt worden war.

Konkret wurde eine weitere Anregung Gabels verwirklicht, Entwicklungshilfe für katholische Medienarbeit in den Ländern der Dritten Welt zu leisten. Der auf diesem Gebiet bereits international aktive „Ruhrwort"-Chefredakteur Otto Kaspar gewann den jungen Steyler Pater Franz Josef Eilers dafür, in der UCIP die „Entwicklungskommission" zu leiten. Kurz nach dem Kongress wurde das von Eilers und Karl Höller entwickelte Projekt einer kirchlichen Institution für Medienhilfe in der Dritten Welt CAMECO gegründet. Schließlich kam es auf dem Berliner Weltkongress zu ersten Kontakten mit katholischen Publizisten aus dem kommunistischen Osteuropa, die später ebenfalls zu einer gezielten Unterstützung katholischer Presse in Polen, Ungarn und weiteren Ländern führte. (zum Kongress vgl. Mees, 2004, S. 58-70)

Das Kapitel über den UCIP-Weltkongress in Berlin möchte ich mit einer persönlichen Erinnerung abschließen. Sie betrifft Abendgespräche im Hause des Leiters der Berliner KNA-Redaktion Ernst-Günter Jauch, der beim Kongress stellvertretender Leiter des Lokalkomitees war. Mit Jauch war ich durch meine Mitarbeit bei der KNA verbunden. Er berichtete über verlässliche Quellen, die er jenseits der Mauer hatte und warnte vor Maulwürfen, die sich in Westberlin gerade auch an westdeutsche Journalisten heranmachten. In der Pressestelle des Kölner Katholikentages und während meiner Redakteurszeit in Bonn hatte ich ähnliche Kontaktversuche mit mir bereits kennen gelernt. Liebenswerte, fröhliche und äußerst aktive Gastgeberin war Frau Jauch, trotz ihrer drei jungen Kinder, deren ältestes namens Günter manchmal noch spät neugierig durchs Wohnzimmer huschte.

Für unsere Arbeit in der AKP brachte der Berliner Weltkongress nicht nur eine Stärkung der eigenen Überlegungen zur Neuorientierung unserer Zeitschriften, sondern ließ die deutsche Situation aus einer vielfältigen Weltperspektive mit größerer Distanz sehen. Manche Angriffe aus den Reihen des kritischen Katholizismus auf die Kirchenpresse als unwirksames und überholtes Kommunikationsinstrument sowohl innerhalb der Kirche als auch zur Welt hin gingen sicherlich darauf zurück, dass sich selbst für progressiv haltende Fortschrittskatholiken, die den Konzilsgeist für sich vereinnahmten, einen „Papp-Kameraden" brauchten und die Kirchenpresse zu ihrem Lieblings-Feindbild aufbauten.

Als Kontakt-Journalist unterwegs

In den folgenden Jahren erfuhren die Auseinandersetzungen um den Kurs der Kirchenpresse eine Zuspitzung, wie sie niemand voraussehen konnte. Auch ich selbst konnte nicht ahnen, dass ich in diese Entwicklungen durch die AKP immer stärker einbezogen wurde. Für mich verlief jedoch sozusagen ein Strang meiner inneren Berufung zunächst positiv, und das hing damit zusammen, dass ich meine schreibende Tätigkeit für die „Christliche Familie" auch der Kirchenpresse zugänglich machen konnte, teils über KNA, teils als freiberuflicher Mitarbeiter einzelner Organe. Da diese freie Nebentätigkeit auch zur Kooperationsverstärkung diente, möchte ich sie nicht unerwähnt lassen.

Zum redaktionellen Programm der „Christlichen Familie" gehörten Bildreportagen „aus aller Welt". Solche Reportagen erfreuten sich in dieser Zeit in allen Unterhaltungszeitschriften großer Beliebtheit und waren insbesondere durch Fernsehreportagen wie die des Windrose-Reporters Peter von Zahn populär geworden. Seit meinen Auslandsreisen als Student lagen mir solche Reisereportagen ebenfalls, und als Chefredakteur der „Christlichen Familie" bin ich 1967 zu einer Art Vorläufer jenes „Kontakt-Journalisten" für die Kirchenpresse geworden, wie Pauquet es um diese Zeit als Sprecher der Redakteure in die Diskussion um Kooperationen in der Bistumspresse einbrachte (Pauquet, 1967, S. 31).

Beispielhaft dafür waren Reportagen über Weltausstellungen, die nach dem Krieg bis in die 80er Jahre von den Nationen der Welt zur Präsentation ihres Fortschritts nutzten. Den ersten Bildbericht dieser Art hatte ich bereits 1958 als KNA-Redakteur über die legendäre Weltausstellung 1958 in Brüssel gemacht. Rund um das Wahrzeichen für das „Fortschritts"-Thema" Zukunft, das Atomium, stritten damals die beiden Großmächte USA und UdSSR um ihre Vormacht in der Welt, und die triumphierte mit einem Modell ihres „Sputnik", dessen Original gerade zum ersten Mal die Erde umrundet hatte. Für die Kirchenpresse war von besonderem Interesse, dass sich in Brüssel auch die Katholische Kirche in einem eigenen Pavillon mit ihrer Botschaft vom Heil des Menschen präsentierte.

Die nächsten Reportagen lieferte ich über die Weltausstellung 1967 im kanadischen Montreal, zu deren Eröffnung mich das Bundespresseamt eingeladen hatte. Das Motto „Der Mensch und seine Welt" interessierte wiederum die Kirchenpresse, weil im berühmt gewordenen deutschen Zeltdach-Pavillon von Rolf Gutbrod und Frei Otto, der Vorbild für das erste Münchner Olympiastadion wurde, die christlichen Wurzeln Europas durch eine Bild-Vita Karls des Großen und einer originalen Kölner Domglocke dokumentiert wurde. Besondere Beachtung fand der Christliche Pavillon, der von den acht großen christlichen Denominationen Kanadas errichtet worden war und thematisch die Grundexistenzfrage nach Gott behandelte. Im offiziellen Ausstellungskatalog wurde vermerkt, dass dieser Pavillon „einen historischen Schritt auf dem Weg der Ökumene" darstellt, einer Ökumene, die nach dem Konzil weltweit Aufschwung erhalten hatte. Und im Fortschrittswettbewerb zwischen Ost und West konnten die Amerikaner mit den Russen gleichziehen, als sie in ihrem Kugelpavillon eine ihrer ersten Weltraumkapseln zeigten.

In Erinnerung ist mir ein Auftritt von Bundespräsident Heinrich Lübke geblieben, der in seiner leutseligen einfachen sauerländischen Art einen Kontrast zur Weltläufigkeit der Macher einer hochtechnisierten Zukunftswelt bildete. Bei einer Abendgala im Opernhaus hörten wir auf unseren Plätzen unterhalb seiner Logo, wie seine Frau ihm zuflüsterte: „Heinrich, wir müssen ins Bett, der Tag morgen wird wieder anstrengend!", ihn an die Hand packte und mit ihm das Opernhaus verließ. Ich bedaure, dass ich dies damals in meiner Reportage nicht erwähnt habe, als Story mit „human touch" hätte es die Kirchenzeitungsleser sicherlich interessiert. Doch Personality-Geschichten wurden erst Jahre später für die Kirchenpresse entdeckt.

Noch zwei weitere Weltausstellungen seien kurz erwähnt, weil sie mit persönlichen, sozusagen kirchenpresse-relevanten Kontakten verbunden waren. Beim Besuch der Weltausstellung 1970 in Osaka in Japan erschloss mir ein alter Bekannter aus römischen Zeiten das religiöse fernöstliche Denken, Msgr. Bruno Wüstenberg. Nach seinem Dienst im Staatssekretariat war er im diplomatischen Dienst avanciert und Nuntius in Japan geworden. Ich lernte die Arbeit der Jesuiten an der Sophia Universität in Tokio kennen, die katholische kleine Gemeinde der Benediktiner aus Deutschland , den repräsentativen Kathedralbau, den das Erzbistum Köln finanziert hatte. Auf der Expo wurde die Präsenz des Vatikans im Christlichen Pavillon als Symbol für das „geistige Band" gesehen, das die Christen in Japan untereinander verbindet und darüber hinaus Japan mit der christlichen westlichen Welt. An der Gedenkstätte für den Atombombenangriff konnte ich ein Zufallsgespräch mit einem Überlebenden führen, der sich vor dem Atombomben-Museum den Touristen als Foto-Objekt zur Verfügung stellte.

Schließlich konnte ich 1984 noch einmal eine Weltausstellung besuchen, die in New Orleans stattfand. Diesmal gab es keinen Christlichen Pavillon mehr, sondern einen eigenen des Vatikans. Das empfand ich einerseits als negativ, weil es Ausdruck eines konkurrierenden Nebeneinanders der zahlreichen Religionsgemeinschaften in einem Land war, in dem Staat und Kirche strikt getrennt sind. Neben dem Pavillon des Vatikans gab es einen der „Föderation der christlichen Religionen" und einen eigenen der „Church of Christ". Andererseits erschien es ein positives Zeichen dafür zu sein, dass die in den USA lange Zeit als „papsthörig" und „demokratie-unfähig" verfemte katholische Kirche sich auf der Weltbühne als offiziell anerkannte Religionsgemeinschaft darstellen konnte.

Dass die Kirche in den USA in den Mainstream der Gesellschaft integriert war, hatte ich zuvor auf der Jahresversammlungen der CPA in Chicago erlebt. Die katholischen Publizisten waren stolz, dass einer ihrer Kollegen gerade zum neuen Präsidenten des Päpstlichen Medienrates ernannt worden war, John P. Foley, mit dem ich seither oft zusammenarbeiten konnte. Foley stand in der amerikanischen Tradition des freien Wortes und sah keinen Widerspruch zwischen der Loyalität zur Kirche und einer offenen Berichterstattung. Foley vermittelte mir ein Interview mit dem damals neuernannten Erzbischof von Chicago, Joseph L. Bernardin, der mit seinem Plan eines „Common Ground" eine gemeinsame Glaubensbasis für die zerstrittenen Lager der Konservativen und Progressiven schaffen wollte. Obwohl die Mehrzahl der katholischen Zeitschriften ihn unterstützten, scheiterte er später am Widerstand seiner konservativen Bischofskollegen. Die öffentlich ausgetragene Kontroverse brachte die katholischen Journalisten erstmals in Schwierigkeiten, weil sie in das Dilemma zwischen der verfassungsgarantierten Pressefreiheit und ihrer Loyalität zur hierarchischen Obrigkeit gerieten, als es um die offene Berichterstattung ging. Ende der 80er Jahre führte dieser Konflikt zu einer Erklärung der CPA über „Verantwortung und Zensur in der Kirchenpresse".

Indem ich mich an diese Bildberichte erinnere, stelle ich fest, dass sie inhaltlich auch als Hinweis darauf gesehen werden können, dass die damalige Kirchenpresse keinesfalls in dem ihr vorgeworfenen Scheuklappenbild bloß innerkirchlicher Milieu-Berichterstattung verhaftet war. Sie erweiterten einerseits das Spektrum des inhaltlichen Angebotes und dienten andererseits der redaktionellen Erweiterung im Kooperationssinn der Bistumspresse. Doch insgesamt bedeutete dies nur einen kleinen Schritt nach vorne, denn die Funktion der gesamten Kirchenpresse war gegen Ende der 60er Jahre umstrittener und ungewisser als je zuvor. Das betraf auch die „Christliche Familie".

Zukunftssicherung für Privatverlage

Mit Nummer 1 des Jahrganges 1969 stellten wir unseren Lesern die „Christliche Familie" in einem neuen Layout mit neuem inhaltlichem Profil vor. In meinem Redaktionshinweis hieß es: „Da die Hälfte unserer Leser unter 50 Jahre alt ist und mit der Zeit geht, wollen auch wir Ihre Zeitung noch lebendiger, aktueller und nützlicher gestalten". Neben Unterhaltungsstoff und Bildreportagen sollen zwei Bereiche in den Vordergrund gerückt werden: „Heiße Eisen" und „Lebenshilfen". „Heiße Eisen" bezog sich vor allem auf den Bereich Ehe, Familie und Erziehung, in dem die traditionellen Vorstellungen vom Ideal der „heilen Familie" längst überholt waren. An die Stelle des traditionellen Musters ‚Vater arbeitet im Beruf und bringt das Geld, Mutter versorgt das Haus und erzieht die Kinder, und diese wurden angenommen, wie Gott es will' rückten individuell verantwortete Haltungen in ehelichen Partnerschaften mit dem Selbstbestimmungsrecht über die Kinderzahl.

Im Redaktionsplan für 1969 kündigten wir eine Serie über „Gewissensfreiheit" vom Volksbildner Heinrich A. Mertens an, eine Artikelreihe über neue Vater- und Mutterbilder vom Psychologen Ernst Ell und eine Serie über „Geschlechtererziehung" vom Jugendpädagogen und Alfonso Pereira SJ. Im Sektor „Lebenshilfe" standen eine Serie über „Berufe mit Zukunft für Jungen und Mädchen" auf dem Plan, „Regeln für richtige Ernährung" sowie Mode- und Freizeitbeiträge. Auf der Titelseite gingen wir vom ganzseitigen Foto ab und publizierten in Randspalten oder Fußzeilen die Schwerpunkt-Themen an, etwa „Ist die Ehe tot ?", „Gehorsam wie im Mittelalter ?" oder „Alle Alten vergiften ?" Wohlgemerkt: 1969!.

Aus den Beiträgen zu den Ehe- und Erziehungsfragen entstand ein weiteres Taschenbuch, das ich nach „Erstes Echo auf Humanae Vitae" in unserem Verlag herausgab: „Lieben vor der Ehe". Im Untertitel hieß es bewusst „Beiträge *zur Diskussion* über voreheliche Geschlechtsbeziehungen", denn die Namen der Autoren standen für eine offene wirklichkeitsnahe Sicht, die in der Kirche weithin noch als Tabu galt. Neben dem Anthropologen Fritz Leist gehörten der Moraltheologe Johannes Gründel dazu, der Pastoraltheologe Waldemar Molinski, der Psychologe Günter Struck, der Soziologe Rudolf Rüberg vom Kölner Zentralinstitut für Ehe und Familie, das von Msgr. Paul Adenauer geleitet wurde, sowie die aus der katholischen Jugendbewegung hervorgegangene Autorin Waltraut Schmitz-Bunse. Das Buch erschien 1969, ein Jahr nach der „sexuellen Revolution" der 68-er, und dass diese Autoren in der „Christlichen Familie" ihre oft nicht mit der Kirchenlehre übereinstimmenden Ansichten veröffentlichen konnten, ist ein weiterer Beweis dafür, dass der pauschale Vorwurf, die Kirchenpresse sei „von gestern", einfach nicht zutraf, - wenngleich die „Christliche Familie" offensichtlich einen größeren Freiheitsraum besaß als die Bistumszeitungen bzw. weniger im Visier der Bischöfe lag.

Allerdings stand auch uns eine größere Entwicklung ins Haus. Sie ging parallel zu den Kooperationsüberlegungen in der Bistumspresse vonstatten, hatte ihr Motiv aber in privatwirtschaftlichen Überlegungen. In meinem Kalender von 1969 fand ich einen Januartermin in München, auf dem ich mit dem Verlagsleiter Wolfgang Walter und Chefredakteur Bruno Moser Gespräche über eine Zusammenarbeit zwischen dem „Bayerischen Sonntagsblatt" und der „Christlichen Familie" geführt habe. Ich weiß nicht mehr, ob die Kooperation beider Blätter von meinem Essener Verleger Albert Fischer oder vom Münchner Wolfgang Walter ausgegangen war, jedenfalls ging sie von wirschaftlichen Überlegungen aus. Gemeinsamer Druck und Vertrieb brachten Einsparungen, die höhere Gesamtauflage erbrachte ein größeres Anzeigenaufkommen. Das „Bayerische Sonntagsblatt" hatte eine Auflage von 50 000 Exemplaren, die „Christliche Familie" noch gut 220 000. Mit dem Müchener Chefredakteur Bruno Moser, einem kulturell bewanderten Kollegen, erarbeiteten wir den redaktionellen Inhalt gemeinsam. Beide Blätter erschienen weiterhin mit ihren eigenen Titeln.

Dieser ersten Kooperation der Sonntagspresse waren zwei Untersuchungen voraus gegangen, in denen wir die Leserstruktur unserer Zeitschrift, das Leserverhalten und die Leser-Erwartungen ermittelt hatten. Im Oktober 1968 erstellte ein Düsseldorfer Marketinginstitut eine psychologische Studie über unsere Leserschaft, im Januar 1969 führten wir eine eigene Leserbefragung durch, an der sich 6000 Leser beteiligten. Strukturell wurde unsere Vermutung bestätigt, dass 92 Prozent der Bezieher katholisch sind, die Mehrzahl der Exemplare in Familien gehen (zwei Drittel) und die Mehrzahl der Leser Frauen sind (zwei Drittel). Anders als erwartet ist die Leserschaft nicht überaltert, sondern fast die Hälfte gehört den Altersklassen zwischen 25 und 50 Jahren an. Aufschlussreicher sind Ergebnisse aus der psychologischen Studie. Danach besitzt die Hälfte der älteren Leser eine starke und lange Bindung an die Zeitschrift, weil sie in Familien- und Erziehungsfragen eine hilfreiche „kirchliche Autorität" ausstrahlt. Aus einem Vergleich der „Christlichen Familie" mit einer „idealen Sonntagszeitung" geht noch eindeutiger hervor, dass die jüngeren Leser weniger Betonung des Religiösen erwarten, sondern mehr Aktualität und Lebenshilfe.

In einem Beitrag für „Communicatio Socialis" habe ich die grundsätzliche Frage gestellt, ob Kirchenpresse noch eine Zukunft habe. Meine Antwort: „Die Beantwortung dieser Frage wird entscheidend davon abhängen, ob der einzelne Mensch und die Gesellschaft in Zukunft noch eine so enge kirchliche Bindung eingehen wie bisher. Viele Anzeichen deuten darauf hin, dass dies nicht der Fall ist." Allerdings, heißt es weiter, stelle sich die Sorge um die Zukunft der Kirchenblätter unterschiedlich nach ihrer Position: Für die kirchenoffiziellen Zeitungen werde entscheidend, „welchen Freiheitsraum sie für den offenen innerkirchlichen Dialog erhalten", für die Verbandsorgane, ob ihr Verbandsleben fortleben wird und für die Ordens- und Missionspresse, ob sie tragfähige zeitgemäße Aufgaben finden. Anders, so argumentierte ich, stehe es um privatwirtschaftlich herausgegebene katholische Sonntagsblätter, die nicht an kirchliche Richtlinien gebunden seien. Und unter Bezug auf die Ergebnisse unserer psycholgischen Studie kam ich zu dem Schluss: „In gewissem Sinn muß die Sonntagspresse sich also vielleicht ganz vom Image einer kirchlichen oder religiösen Presse freimachen, um in der 'weltlichen Gesellschaft' für die Kirche und das Glaubensleben wirken zu können." Allerdings fügte ich hinzu, es sei eine andere Frage, „ob sie diesem Anspruch in der jetzigen Form und Struktur überhaupt entsprechen kann". (ComSoc, 2.Jg., Heft /1969, S. 323 ff).

Die Zukunft hat gezeigt, dass die privaten katholischen Kleinverlage strukturell nicht die wirtschaftlichen Ressourcen der weltlichen Verlage hatten, die mit Unterhaltungsblättern jeglicher Provenienz auf den Markt traten. Und auch katholische Großverlage hatten sie nicht, wie „Weltbild" zeigen sollte. Als dieses Magazin nach der Zusammenlegung von „Mann in der Zeit" mit dem „Feuerreiter" Anfang der 70er Jahre existenzbedrohende Auflagenverluste erlitt, suchte der Verlag weltliche Kooperationspartner und verhandelte mit Burda. Für die Zeitschrift sollte eine neue Gesellschaft mit 50:50 - Anteilen beider Verlage gegründet werden, die Bischöfe sollten jedoch Herausgeber bleiben. Die Verhandlungen scheiterten aus mehreren Gründen. Einer ist in dem Aktenvermerk enthalten, den ich über ein Gespräch des Weltbild-Verlagsleiters Dr. Hall mit dem Sekretär der Bischofskonferenz, Prälat Josef Homeyer, und drei Vertretern der AKP am 29.3.1972 in München schrieb. „Aus den Äußerungen von Dr. Homeyer war zu entnehmen", so hielt ich für die AKP fest, „daß er (in der Bischofskonferenz) die Ansicht vertreten wird, nicht dem Vertrag mit Burda zuzustimmen, sondern ihn abzulehnen und Wege katholischer Verlagskooperationen zu suchen." Daraus lese ich heute, dass die Kirche nach dem Scheitern von „Publik" dieses katholische Magazin doch in katholischer Trägerschaft halten wollte, dass aber sowohl die Bischöfe als auch wir katholischen Verleger und Redakteure die Möglichkeiten kirchlicher Zeitungen auf dem freien Zeitschriftenmarkt nicht realistisch einschätzten. Ebenso wenig konnten wir den Wandel im Lese-, Hör- und Seh-Verhalten der „mitten in der Gesellschaft" lebenden Katholiken voraussehen.

Erkennbar war hingegen, dass die engen Bindungen der Gläubigen an die Kirche einer Zerreißprobe ausgesetzt waren. Was sich in der Kirche tat, wurde fortan öffentlich hinterfragt. Das hatte der Essener Katholikentag gezeigt, das machten auch die Vorgänge auf dem Niederländischen Pastoralkonzil deutlich, die in Essen zum Ruf nach einer ähnlichen Pastoralsynode in Deutschland geführt hatten.

Über die Vollversammlung vom 5. bis 8. Januar 1969 konnte ich wieder als Berichterstatter für die „Christliche Familie" und via KNA für die Bistumspresse berichten. Die Entwicklungen in Holland hatten bereits 1967 in Deutschland einen Skandal hervorgerufen, als der Verlag Herder den ein Jahr zuvor erschienenen „Holländischen Katechismus" in deutscher Übersetzung gegen den Willen der deutschen Bischöfe herausbrachte. Diese wollten erst dann einer „offiziellen deutschen Fassung" zustimmen, wenn umstrittene theologische Aussagen lehrgemäß berichtigt worden seien. Vorsichtshalber hatte Herder die mit unbeschnittenen Seiten herausgebrachte Übersetzung als „Manuskriptdruck" und „Studienausgabe" bezeichnet und nummeriert. Mein Exemplar trägt die Nummer 552, d.h. dieser Katechismus erreichte einen weiten Kreis. Die deutschen Bischöfe erteilten dem Verlag Herder einen scharfen Verweis und drohten mit Konsequenzen.

Die umstrittenen Aussagen dieses Katechismus über Autorität und Freiheit in der Kirche, Stellung der Bischöfe, Priester und Laien sowie Sexual- und Ehemoral, Zölibat und Auflösung von zerrütteten Ehen standen im Mittelpunkt des Pastoralkonzils, das sich aus gewählten Vertretern der Bischöfe, Priester und Laien zusammensetzte. Zielsetzungen waren ausdrücklich „pastorale Empfehlungen" ohne Rechtskraft. In meinem Bericht für die Bistumspresse hob ich die viel stärker sachbezogenen als konfrontativ-aggressiven Auseinandersetzungen zwischen Bischöfen und Laien unter den 200 Teilnehmern im Priesterseminar von Nordwijkerhout hervor. Als Beispiel nannte ich das Arbeitspapier über Ehe und Familie, in dem ursprünglich die Begründungen für die Ablehnung künstlicher Mittel zur Empfängnisregelung in Humanae vitae" als „unannehmbar" bezeichnet waren, man sich aber auf die Formulierung „nicht überzeugend" einigte. Das Plenum stellte sich hinter den Katechismus und Kardinal Alfrink bezeichnete ihn als einen „sicheren Führer bei Katechese und Predigt". Mein Bericht konnte ohne Probleme in den meisten Bistumszeitungen abgedruckt werden, da ich nur die umstrittenen Themen dargestellt hatte, ohne sie auszubreiten und damit auch zur öffentlichen Debatte in Deutschland anzuregen. Dagegen geriet der Geistliche Chefredakteur der Aachener Kirchenzeitung, Domvikar Erich Strick tat, der selbst für eine offenere Pastoral eintrat, in Schwierigkeiten, weil sein Ordinariat tatsächlich ein Übergreifen der Ideen aus dem benachbarten Holland befürchtete.

Pressefreiheit oder Räte-Mitsprache ?

Nicht ohne Grund spielte deshalb die Frage der Redaktionsfreiheit auf den Tagungen der AKP in den Jahren 1969 und 1970 eine große Rolle. Erste Festlegungen enthielt das Selbstverständnispapier der Bistumspresse, das 1969 mit dem Titel „Grundsätze und Richtlinien für die Bistumspresse" verabschiedet wurde (AKP, 1949-1974, S. 47). Da es die neue Sicht der Diözesanzeitungen in zehn Punkten zusammenfasst, zitiere ich daraus nicht nur die Passagen über die Redaktionsfreiheit, sondern auch die wichtigsten generellen Aussagen. Die ersten vier Punkte wurden zum Anlass neuer Diskussionen und Kontroversen:

„1. Die Kirchenzeitung (Bistumsblatt) versteht sich als eine Zeitung der Diözesankirche, die alle Gläubigen - Bischöfe, Priester und Laien - miteinander verbindet. Sie muss den Informationsfluss zwischen allen Ämtern und Gruppen der Kirche untereinander ermöglichen und so den Kommunikationsprozeß in der Ortskirche pressegerecht fördern. Daraus ergibt sich der Anspruch auf umfassende Information und der Auftrag, Forum einer ungehinderten und kritischen Meinungsbildung innerhalb der Kirche zu sein.

2. Da der Bischof für die Diözese die letzte Verantwortung trägt, können von ihm die Richtlinien für die grundsätzliche Haltung der Kirchenzeitung (Bistumsblatt) festgelegt werden.

3. Der Redaktion obliegt im Rahmen der festgelegten Richtlinien verantwortlich die inhaltliche Gestaltung des Blattes im einzelnen. Die Redakteure einer Bistumszeitung müssen dabei die Aufgabe und das Gesamtinteresse der Bistumszeitung beachten. Bestehen Zweifel, ob eine Veröffentlichung den Richtlinien für das Blattes entspricht, so hat sich der Chefredakteur hierüber mit dem Träger der Richtlinienkompetenz, gegebenenfalls zusammen mit dem Verleger, abzustimmen.

4. Der Prozeß der Kommunikation in der Kirchenpresse beruht auf dem freien Dialog zwischen der nach publizistischen Sachgesetzen arbeitenden Redaktion und der Leserschaft. Daher darf der durch die Richtlinien abgegrenzte Freiheitsraum der Redaktion nicht durch pressefremde Organe, Ämter, Interessensgruppen u.ä.eingegrenzt werden."

Erwähnenswert sind noch die Forderungen aus Punkt 8, wonach ein Redaktionsmitglied an den Sitzungen der diözesanen Räte informationshalber teilnehmen sollte, und aus Punkt 10, dass der Kirchenpresse keine Mittel aus dem wirtschaftlichen Erlös mehr entzogen werden sollten. Der Vorstand verabschiedete das Papier am 14. Oktober 1969 und unterbreitete es dem Pressebeauftragten in der Publizistischen Bischofskommission, Bischof Tenhumberg, mit der Bitte, es an die Bischofskonferenz weiterzuleiten.

Mit Tenhumberg hatte der Vorstand seit Anfang des Jahres mehrere Besprechungen über die Positionierung dieses Papiers geführt. Dabei lernte ich Heinrich Tenhumberg persönlich näher kennen, als er noch Weihbischof in Münster war. Durch die vielen Gespräche mit ihm in den nächsten Jahren entwickelte sich ein fast freundschaftliches Verhältnis zwischen uns, nicht zuletzt weil meine Frau und ich eine private Beziehung zur Schönstatt-Bewegung hatten, der er auch angehörte. Eine Tante meiner Frau war als 25. Schwester dem Werk beigetreten und arbeitete in der Jugend- und Familienbetreuung in mehreren Heimen im Bistum Münster. Tenhumberg setzte sich von Anfang an ebenso für eine Modernisierung der Kirchenpresse, insbesondere der Bistumszeitungen ein wie andererseits für das Prestigeobjekt Katholische Wochenzeitung. Für seine Auffassung über die Öffnung der Kirchenpresse spricht es, dass er selbst regelmäßig als „Mitarbeiter" der Münsteraner Kirchenzeitung Kolumnen schrieb, in dem „der Bischof" zu aktuellen Glaubensfragen der Leser Stellung bezog. Allerdings sollte es noch zwei Jahre dauern, bis Tenhumberg die „Richtlinien und Grundsätze" an die Bischofskonferenz weiterleitete. Einige Punkte, die das Verhältnis des Bischofs zur Redaktion, die Aufgabe, Position und den Verantwortungsbereich des

Chefredakteurs und die Einbindung der neuen Räte in die Bistumszeitung betrafen, bedurften aus Tenhumbergs Sicht noch der Klärung.

Die Frage des Verhältnisses der Räte zum Bistumsblatt und der neue Aspekt des Verhältnisses der aus dem Boden schießenden Pfarrnachrichten zum Bistumsblatt waren durch die vom Konzil angeregten Rätestrukturen entstanden. Darüber wurde in der AKP zum ersten Mal ausführlich auf der Redakteurstagung in Deidesheim vom 12. bis 14. Mai 1970 gesprochen, und beide Problemfelder spielten im darauf folgenden September auf dem Trierer Katholikentag eine zentrale Rolle. In Deidesheim führten zunächst die Dauerdiskussionen über die Verbesserung der redaktionellen Situation in den Redaktionen der Bistumsblätter zur Gründung eines Ausschusses, der Überlegungen für eine „Gemeinschaftsredaktion" anstellen sollte, die im Auftrag jedes Diözesanblattes überregionale Themen erarbeitet. Dabei sollte u.a. auch erörtert werden, ob es dafür eine Zusammenarbeit mit KNA geben könnte. Deren „Katholische Korrespondenz" war bisher kein spezifischer Dienst für die Bistumsblätter, sondern stand auch allen anderen Blättern der Kirchenpresse zur Verfügung.

Breiten Raum nahmen in Deidesheim Diskussionen über die Pfarrbriefe ein. Sowohl in der Form hektografierter DIN A4-Blätter als vor allem in ihrer Ausgestaltung zu regelrechten monatlichen oder vierteljährlichen Kleinschriften im Hochglanzdruck mit laienhaften Artikeln und regionalen Anzeigen wurden als Konkurrenz zu den Bistumszeitungen gesehen. Viele Bistumsblätter veröffentlichten nämlich selbst Gottesdienstzeiten und Pfarrnachrichten, die eine große Zahl von Wechselseiten für jedes Dekanat erforderten. Sie waren ein wichtiges Werbeargument und brachten eine erwiesenermaßen starke Leserbindung.

Für neue Proteste sorgten Vorstellungen, die Hans Wagner aus seiner Interpretation der Aufgaben der neuen Räte-Strukturen heraus über den „Forums"-Charakter der Bistumsblätter publiziert hatte (vgl. Zusammenfassung seiner Thesen zu Kirchenzeitungsräten, Redaktionsfreiheit und Forumscharakter in Wagner, 1973, 1974, Band 2, S. 115 - 125). Nach seinen Vorstellungen müssten Bistumszeitungen verpflichtet werden, regelmäßig über die Sitzungen und Beschlüsse in den Räten zu berichten. Außerdem soll der Pfarrgemeinderat genau verfolgen, wie die Bistumszeitung ihrem Forumsauftrag nachkommt und gegebenenfalls seine Kritik der Redaktion mitteilen. In einem Gutachten für die Verlagsgestaltung der „Münchener Kirchenzeitung" hatte Wagner sogar die Einführung von Kirchenzeitungsräten für die Bistumszeitungen gefordert. Da der Bischof als Herausgeber den Forumscharakter seiner Bistumszeitung zur „respektierenden, ausgewogenen und objektiven" Vermittlung aller Meinungen „aus Zeit- und Arbeitsgründen" nicht selbst wahrnehmen könne, müsste diese Aufgabe an einen Kirchenzeitungsrat delegiert werden. In der Einrichtung solcher Kontrollgremien sahen die Redakteure einen Eingriff in ihre Kompetenz, nicht nur, weil sie es als ihre Aufgabe ansahen, ihre Berichte selbst zu erstellen und nicht Mitteilungen von Räten, Verbänden und anderen Gruppierungen einfach abzudrucken, sondern weil grundsätzlich der Chefredakteur der Ansprechpartner des Herausgeber-Bischofs ist.

Über die Aufgaben und Kompetenzen der Räte gab es in den Jahren nach dem Konzil sowohl bei Bischöfen als auch bei Laien viele Kontroversen. Deshalb hatte das ZdK den nach Köln folgenden so genannten „kleinen" Katholikentag 1970 in Trier unter das Thema „Gemeinde des Herrn" gestellt. Im Wechsel mit den „großen" Katholikentreffen waren die „kleinen" mehr im Sinne eines Arbeitstreffens auf *ein* Hauptthema begrenzt. Das ZdK hatte schon früh unser Essener „K' 68'- Redaktionsteam Elsner/Oertel verpflichtet, wieder die Redaktion der Vorbereitungsillustrierten für Trier zu übernehmen. Elsner und ich hatten diesen Auftrag um so lieber angenommen, als wir in unserer Heimatgemeinde St. Ludgerus in Essen-Werden als Mitglieder des ersten Pfarrgemeinderates eigene Erfahrungen gesammelt und die Problemstellungen dieser neuen Laiengremien kennen gelernt hatten.

Außerdem hatte mich unabhängig von dem Illustriertenprojekt „K '70" Pater Engelbert Tauscher vom Lahn-Verlag in Limburg gerade gebeten, für die Verlagsreihe „Taschenbücher für wache Christen" ein Taschenbuch über Erfahrungen in Pfarrgemeinderäten, ihre Aufgaben und ungelöste Zuständigkeitsfragen zu schreiben, wofür ich aus allen Bistümern Unterlagen gesammelt hatte. Dieses Buch erschien unter dem Titel „Pfarrgemeinderat ernstgenommen" im Frühjahr 1970, also vor dem Trierer Treffen und in der Vorbereitungsphase der Synode. In der Verlagsankündigung hieß es, dass weder der Katholikentag in Trier noch die bevorstehende Synode darüber hinweggehen könnten, „dass die rund 185 000 Mitarbeiter in den Pfarr-, Dekanats- und Bistumsräten zu einem großen Teil resignieren". Es fehle an Vollmachten, Mitspracherecht und auf vielen Gebieten auch einfach an Sachkenntnis. In einem Kapitel über den „unerläßlichen ständigen Kommunikationsprozeß" innerhalb der Gemeinden und des Bistums habe ich versucht, die „verschiedenen Aufgaben" von Pfarrblättern und Bistumszeitungen so darzulegen, wie sie mehrheitlich in der AKP gesehen wurden: Das Bistumsblatt ist Kommunikationsmittel „für alle Gemeindemitglieder in der Ortskirche", die Pfarrnachrichten sollten das Gemeindeleben „spiegeln und befruchten". Ich vertrat allerdings auch die Auffassung, dass Pfarrbriefe schon deshalb ihre Berechtigung hätten, weil die Bistumszeitungen nur einen kleinen Kreis der Gemeindemitglieder erreichten. (Oertel, 1970)

Trier 1970: Öffentliche Meinung vor Ort

Auf dem Trierer Katholikentag vom 9. bis 13. September 1970 rückte Günter Graf in seinem Referat vor dem Arbeitskreis 22 „Gemeinde und öffentliche Meinung" dieselbe Problematik in den Mittelpunkt. Seine Meinung war insofern von Bedeutung, als Graf Leiter der Pressestelle des Bistums Münsters war und in engem Kontakt mit Pressebischof Heinrich Tenhumberg stand. Grafs Ausführungen über die Bistumspresse und über Kommunikation in Bistum und Gemeinde lagen weitgehend auf der Linie unserer AKP-Vorstellungen. Wichtig war für unsere AKP-Arbeit, dass er die Bistumszeitung als Forum der Ortskirche voll bejahte, wenn er auch beklagte, dass sie die Funktion als Kommunikationsträger in Bistum und Gemeinde „bislang nur ungenügend wahrnimmt". Graf merkte allerdings an, dass das Manko in der Regionalberichterstattung nicht allein auf Seiten der Redaktionen liegt, sondern auch in der „sträflichen Passivität" der Leserschaft. Vor allem bei den Pfarrgemeinderäten sei eine „Lethargie gegenüber den Bistumszeitungen" festzustellen. Graf plädierte jedoch keinesfalls für die Einführung von Redaktionsräten, sondern für einen professionellen Ausbau der Pfarrnachrichten und wechselseitige Zusammenarbeit mit den Bistumsblättern. Er teilte nicht die Auffassung vieler Redakteure, dass Pfarrnachrichten eine Konkurrenz für die Bistumszeitungen darstellen, sondern sah in ihnen „die Möglichkeit eines zusätzlichen Kommunikationsinstrumentes". Gut gestaltet, könnten sie auch der Ökumene am Ort dienen und Fernstehende erreichen und informieren.

Im offiziellen Bericht über den Arbeitskreis werden drei Punkte besonders erwähnt, die für die Zukunftsgestaltung der Kirchenpresse von Bedeutung waren. Erstens seien der personelle Stand und die technische Ausstattung vieler katholischer Medien „nicht ausreichend" und müssten verbesert werden. Zweitens wörtlich: „Intensive Kooperation der Bistumspresse ist zu empfehlen." Und drittens werden „wissenschaftliche Analysen" der Informationserwartungen der „verschiedenen tatsächlichen und potentiellen Lesergruppen" vorgeschlagen. (ZdK, 83.DKT, S. 51) Auch hier also Unterstützung für die Überlegungen in der AKP.

Kennzeichnend für das gespaltene und ambivalente Verhalten der Katholiken zu ihrer Presse waren hingegen die Akzeptanz und Kritik der Vorausillustrierten „Gemeinde 70". Ihre Auflage betrug wie in Essen 200 000, die an alle Pfarrämter nach einem Mitgliederschlüssel verschickt wurden. Im Gegensatz zu Essen verweigerten viele Pfarrer den Verkauf in ihren Gemeinden, weil sie - wie es im offiziellen Berichtsband heißt - „eine Neuauflage von Essen mit Angriffen auf Papst und Kirche befürchteten". Abgesehen davon, dass hier gegenüber der Presse das alte Vorurteil zum Ausdruck kommt, dass der Überbringer der Nachricht der Böse ist, wurde nie nachgewiesen, dass unsere Essener Katholikentags-Illustrierte den „Aufstand von Essen gegen Papst und Kirche" bewirkt hat. Damals gab es nur eine kritische Nachfrage aus dem Kölner Oridnariat über einen nichtgezeichneten Ökumene-Artikel. Auch diesmal können es kaum die von Autoren und Theologen geschriebenen Texte zu notwendigen Reformen gewesen sein, die Anstoß erregten, weil viele von ihnen gleichzeitig Referenten auf dem Katholikentag waren. Genannt werden im Berichtsband als Anstoß erregend - die Karikaturen! Dazu muss gesagt werden, dass sie vom selben Zeichner stammten, der auch schon für die Essener Illustrierte Strichzeichnungen unter dem Pseudonym Romulus Candea gemacht hatte. Er war fester Mitarbeiter des „Ruhrwortes", für das er nicht die üblichen Illustrationen zu Beiträgen anfertigte, sondern aussagekräftige Themen künstlerisch karikierte. Und genau dies rief den Ärger bei konservativen Lesern hervor. Die Strichzeichnung eines Bischofs, der einem Laien die Schuhe putzte, führte auf dem Katholikentag sogar zu einer öffentlichen Anfrage an den Trierer Bischof Bernhard Stein: ob ihn diese Zeichnung nicht beleidige. Stein antwortete Ja und Nein: Ja, wegen der Anspielung auf die biblische

Szene der Fußwaschung, Nein wegen der realen Aussage, dass die Amtsträger der Kirche „Diener" sein sollen. Und die meisten Leser der Illustrierten hätten sie, so abschließend im Berichtsband, allerdings als „Ansatz für eine offene, zielbewußte Erneuerung der Kirche" akzeptiert - und sogar Exemplare des Heftes nachbestellt.

War dieses konträre Verhalten Katholiken zu einer weltoffenen katholischen Zeitung fast ein vorgezogener Beweis für die Behauptung von Alois Schardt, dass „Publik" am „katholischen Milieu" gescheitert ist ? Und ein Beweis dafür, dass die existierende Kirchenpresse, insbesondere die Bistumsblätter, eben doch *nur* ihre Akzeptanz in diesem „zurückgebliebenen" Milieu fanden? Wäre dann nicht eine Milieu-Änderung die Voraussetzung dafür gewesen, dass eine weltoffene katholische Presse ihre Leser fände ? War dann die Ansicht, die wir in der AKP in den kommenden Diskussionen vertraten, falsch, dass einer „zukunftsgemäßen", also offenen Gestaltung der Kirchenpresse Reformen der Pastoral und Katechese vorausgehen oder zumindest gleichzeitig erfolgen müsste?

Zum AKP-Vorsitzenden gewählt

Nur zwei Monate nach dem Trierer Katholikentag erfuhr mein Leben eine Weichenstellung, die mich nicht nur im Beruf auf die Schiene der unmittelbaren Verantwortung für die Zukunftsgestaltung der Kirchenpresse setzte, sondern auch im privaten Bereich zu grundlegenden Veränderungen in unserem Familienleben führte. Es begann damit, dass mich der Geschäftsführer des Lahn-Verlages in Limburg, der Palottinerpater Engelbert Tauscher, und der Geschäftsführer der Badenia-Druckerei in Karlsruhe, die auch die Freiburger Bistumszeitung „Konradsblatt" verlegte, Dr. Helmut Walter, privat in Essen-Werden besuchten und fragten, ob ich bereit wäre, im November auf der Jahresversammlung der AKP für den Vorsitz zu kandidieren. Die Anfrage kam überraschend, denn seit der Gründung der AKP stellten immer die Verleger den Vorsitzenden. Auf den Gedanken, dass ein Redakteur diesen solchen Berufsverband leiten und repräsentieren könnte, war vorher noch keiner gekommen. Auf meine erste spontane Frage, ob sich denn unter den Verlegern im Vorstand kein Kandidat für die Nachfolge von Direktor Bernhard Hagemeier finde, der sich nach sechsjährigem Vorsitz verstärkt seinen Aufgaben in der Paderborner Bonifatius-Druckerei widmen wollte, erhielt ich die Antwort: Doch, sowohl der Verlagsgeschäftsführer des Einhard-Verlages in Aachen, Wilhelm Schmitz, als auch Dr. Winfried Hall vom Verlag Winfried-Werk in Augsburg würden gerne den Vorsitz übernehmen. Es gebe jedoch, so meine beiden Besucher, einige Bedenken gegen beide, nicht als Personen, sondern weil ihre eigenen Verlagsinteressen mit übergeordneten Verbandszielen leicht kollidieren könnten. Der Einhard-Verlag war mit der Elternzeitschrift „Leben & Erziehen" um eine große überdiözesane Ausbreitung bemüht, das Winfried-Werk war um die deutschlandweite Verbreitung des neuen „Weltbildes" besorgt.

Als wir im Gespräch über die Namen weiterer Verleger diskutierten, wurde mir zum ersten Mal bewusst, welch unterschiedliche Biografien die Verleger und Verlagsgeschäftsführer hatten und welch unterschiedliche Organe sie leiteten. Bisher hatte ich die AKP immer undifferenziert als Zusammenschluss von Verlegern und Redakteuren der Kirchenpresse gesehen. Mir waren die verschiedenen Zielsetzungen und Strukturen von Bistumszeitungen, Ordens- und Missionsmagazinen, Verbandsorganen und privaten Sonntagsblättern geläufig, aber die Verschiedenartigkeit der Persönlichkeiten, die dahinter standen, hatte ich in ihren unterschiedlichen beruflichen Auffassungen und ihren inneren kirchlichen Einstellungen weniger gesehen; jedenfalls hatten mich diese Haltungen nicht gestört, wenn sie meinen eigenen entgegengesetzt waren. Ich war ihnen immer von Mensch zu Mensch begegnet, wusste vielleicht um den Ehrgeiz des einen und die Mentalität des anderen, die bekannte Steifheit der Norddeutschen und die Eigenwilligkeit der Süddeutschen, aber als gebürtiger Rheinländer war ich - um es etwas leichthin zu formulieren - geneigt, jeden „so zu nehmen, wie Gott ihn geschaffen hat".

Vielleicht spielte neben meinem Engagement für die Belange der Kirchenpresse diese ausgleichende und vermittelnde Art mit, die meine Besucher veranlasst hatten, mich an die Spitze des Verbandes zu hieven, zumal ich von keinem großen Verlag und keiner führenden Zeitschrift kam, - ein Prinzip, das häufig bei der Wahl von Vorsitzenden in Verbänden mit mächtigen Mitgliedern angewandt wird. Das hielt mich jedoch nicht davon ab, plötzlich eine besondere Chance zu sehen: für die Interessen des Verbandes und für mich.

Bei der Jahresversammlung vom 3. bis 5. November 1970 hatte ich Heimvorteil, denn sie fand in Essen statt, sodass ich schon länger in die organisatorischen Vorbereitungen einbezogen war. Dabei hatte ich nicht nur mit Ortsbischof Franz Hengsbach Kontakt, sondern auch mit den beiden Hauptreferenten Bernd Nellessen, damals Kultur-Redakteur bei der Tageszeitung „Die Welt", und Prof. Erwin Scheuch, meinem Kölner Studienkollegen aus den 50er Jahren. Beide waren nicht in die innerkirchlichen Diskussionen um die katholische Presse verwickelt und sollten sozusagen von außen unsere Probleme beleuchten. Einen ermutigenden Auftakt bescherte den an der Tagung teilnehmenden 120 Verlegern und Redakteuren Bischof Franz Hengsbach. Auf den Punkt brachte es das „Ruhrwort" in seinem Bericht über die Tagung, der mit „Gemeinsame Sache" überschrieben war. „Wir Bischöfe", so wird Hengsbach wörtlich zitiert, „stehen nicht beiseite, die Kirchenpresse ist unsere gemeinsame Sache. Die Kirche muss in ihren Zeitungen und Zeitschriften erkennbar gemacht werden." Dieses klare Bekenntnis zur Kirchenpresse hatte für uns umso größeres Gewicht, als Hengsbach Mitglied der „Sonderkommission Katholische Wochenzeitung" war. Zur Feststellung, dass die kirchliche Presse „im scharfen Wind steht", fügte er hinzu: „Aber seien Sie getrost, es geht der Kirche nicht anders." Der wegen seiner Leutseligkeit „Ruhrbischof Franz" genannte Hengsbach wusste genau, wie man die Herzen seiner Zuhörer gewinnt, ohne die Realität aus den Augen zu verlieren. Beispiel dafür: „Die Kirchenpresse ist besser als ihr Ruf", - kleine Pause - „und ihr Ruf ist nicht einmal schlecht." Im Hinblick auf die öffentlich kritisierte Vielfalt der Kirchenpresse lobte er sie einerseits, weil sie die Vielfalt der Welt widerspiegele; das sei „gesund". Andererseits warnte er vor einer „ungesunden Pluralität". Was der

Bischof dazu ausführte, könnte sogar als Vorwarnung an die Adresse von „Publik" gedeutet werden: Jede Pluralität habe dort ihre Grenzen, wo die Wahrheit verfälscht und die Einheit gefährdet sei. „Offenheit ohne Standpunkt und ohne Grenzen verführt zu Verflachung und Indifferentismus", und eine Presse, die dies nicht beachte, gewinne kein Profil. Als „Publik" ein Jahr später eingestellt wurde, hieß es, dass Hengsbach zu den Bischöfen gehörte, denen die inhaltliche Linie der Wochenzeitung nicht gepasst hatte.

Zu grundsätzlich ermutigenden Aussagen für die Zukunft von Presse und Kirchen kam auch Prof. Erwin Scheuch in seinem Referat „Massenmedien und Religion in der Freizeitgesellschaft", was ich später bei Fredebeul & Koenen als Taschenbuch herausgab, weil es weit über den kirchlichen Rahmen den gesellschaftlichen Wandel und die Reformbestrebungen im Bildungsbereich berührte. An Hand soziologischer Daten differenzierte er nüchtern einige der gängigen Voraussagen, wonach in der kommenden Gesellschaft das Medium Fernsehen das gedruckte Wort an den Rand drücke und die Institutionen wie Staat und Kirchen ihre strukturelle Stabilisierung gegenüber individueller Lebensgestaltung verlören. Von der Nutzung her, so Scheuch, dürften Presse und Hörfunk die primären Informationsmedien bleiben, während das Fernsehen als Unterhaltungsmedium „sekundäres Medium" bleibe. Und Institutionen würden nach Scheuch zwar ihre „bevormundende" Vorherrschaft verlieren, aber nicht ihre Bedeutung als sinnstiftende Lebenshilfen. Den schwindenden Einfluss der Kirchen und das Aufkommen von Pseudo- oder Ersatzreligionen sah Scheuch sogar darin, dass Kirchen sich gesellschaftspolitisch zu stark instrumentalisieren ließen. Als Ort, „wo überzeitlich und möglichst interessenfrei über Werte, und letztlich über Gut und Böse befunden wird", könne die Kirche für die Menschen neue Bedeutung gewinnen. Scheuchs soziologische Schlussbemerkungen haben heute fast etwas Prophetisches: Wenn die Konventionen für Verhalten sich weiter auflösen und die Ansichten über Gut und Böse stärker voneinander abweichen, „muss die Kirche eine der wenigen Institutionen sein, die aus Gewißheiten Stellung nimmt. Gerade wenn andere Institutionen ihre transzendente Bedeutung verlieren - nicht zuletzt 'der Staat' -, so steigt die Bedeutung einer Institution, die sich weiterhin transzendent rechtfertigt." (Scheuch, 1971, S. 31-39)

„Aus Gewißheit Stellung nehmen", das war auch der Rat, den der katholische Chefredakteur Bernd Nellessen aus Hannover uns Redakteuren in seinem Referat gab. Offenheit für die Vielfalt der Meinungen, so Nellessen, bedeute nicht, im Stil von „Generalanzeigern" alles unkommentiert, nicht in größere Zusammenhänge unbewertet eingeordnet zu publizieren. Neben einem Trend zum Ausbau der Lokalberichterstattung in der Tagespresse sei in der säkularen Wochenpresse ein starker Trend zu einer Berichterstattung vorzufinden, die dem Leser helfe, sich eine eigene Meinung zu bilden. Das bedeute für die Kirchenpresse, dass ihr Spezifikum als religiöse Presse darin bestehe, die Funktion einer „nachgehenden Pastoral" auszuüben, aber eben nicht in Hirtenworten, sondern in - „Geschichten". Soweit ich mich erinnere, war es das erste Mal, dass uns jemand die narrative Form der Berichterstattung nahe legte.

Diese Referate mit ihren ungewöhnlichen, neuen Perspektiven für die Zukunftsgestaltung unserer kirchlichen Blätter waren das eine, was die Tagung in Essen auszeichnete. Das andere waren die Neuwahlen des Vorstandes der AKP auf der Mitgliederversammlung, die für den Weg der AKP in den siebziger Jahren mit entscheidend wurden. Nach dem Reglement wählten die Verleger und Redakteure getrennt ihre Vorstandsmitglieder, während der Vorsitzende von der Vollversammlung gewählt wurde. Die Verleger benannten Wilhelm Schmitz, ich selbst wurde von P. Tauscher vorgeschlagen. Überraschend wurde aus dem Plenum auch noch Dr. Helmut Walter genannt, ein weiterer Verleger. Das Ergebnis der Wahl: Die absolute Mehrheit der Stimmen „fiel auf Dr. Oertel". Später erfuhr ich, dass Walter bei den Vorwahlen der Verleger bereits mehr Stimmen als Schmitz erhalten, aber erklärt hatte, er müsse wegen Arbeitsüberlastung in der Badenia-Druckerei absagen. Ich weiß nicht, wer ihn in der Vollversammlung dennoch „spontan" benannt hatte, ich weiß nur, dass Walter seine Kandidatur nicht zurückzog und sich dadurch einige Stimmen auf zwei Verleger verteilten, sodass die Mehrzahl der Stimmen für mich „abgesichert" war. Schmitz war aber von den Verlegern zu ihrem Sprecher gewählt worden, bekam dadurch das Amt eines stellvertretenden Vorsitzenden. Und da die Redakteure den Chefredakteur der Eichstätter Kirchenzeitung, Hermann Kreitmeier, anstelle von Dr. Pauquet zu ihrem neuen Sprecher bestimmten, agierte der Vorstand der AKP ab 1971 mit einer neuen Dreierspitze. Mehr noch: Da sieben der insgesamt 14 Vorstandsmitglieder neu waren, ergab sich für mich als Vorsitzender die gute Ausgangsposition, mit einem Vorstand zu arbeiten, der zur Hälfte aus älteren erfahrenen und zur anderen Hälfte aus jüngeren neuen Kräften bestand. Und zu den neuen gehörten vor allem die beiden Bistumszeitungsredakteure Hermann Josef Kreitmeier aus Eichstätt und Pfarrer Winfried Henze aus Hildesheim, der Redakteur der Ordenszeitschrift „Mariannhill", Pater Adalbert Balling aus Würzburg, und Paul Dahm.
Paul Dahm hatte Ende 1968 die Stelle als Geschäftsführer der AKP aufgegeben, um den Posten des Chefredakteurs von „Leben & Erziehen" im Einhard Verlag in Aachen anzunehmen. Als sein Nachfolger war 1969 Bruno Geuter eingestellt worden, der zuvor in der Erwachsenenbildung, als freier Mitarbeiter der Kirchenpresse und als Buchautor arbeitete. Um dies vorweg zu nehmen: Geuter erwies sich in den kommenden neun Jahren, in denen ich den Vorsitz der AKP innehatte, nicht nur als loyaler, sondern auch als überaus engagierter Geschäftsführer. Er war das, was man „ein Arbeitstier" bezeichnet, und ohne ihn wäre es nicht gelungen, die Bedeutung und das Ansehen der AKP innerhalb der amtskirchlichen, mit Medien befassten Institutionen so zu stärken, dass die AKP als offizielle Vertretung der Kirchenpresse ernst genommen wurde. Seine Sitzungsprotokolle und Manuskriptniederschriften von Referaten und Beschlüssen sind mir bei der Niederschrift dieser Erinnerungen äußerst hilfreich - besonders für die sich fortan überschlagenden Ereignisse, Initiativen, erfolgreichen und gescheiterten Projekte im Bereich der katholischen Presse.
Die Jahresversammlung Ende 1970 brachte nicht nur eine personelle Verjüngung, sondern auch eine wichtige und mehr als symbolische Satzungsänderung.

Der Name des Verbandes wurde geändert. Die „Arbeitsgemeinschaft *Kirchliche* Presse" benannte sich um in „Arbeitsgemeinschaft *Katholische* Presse" (vgl. Zur Definition: Schmolke, 1971, S. 26-29). Damit sollte das Spezifikum aller Mitgliedsverlage besser und richtiger ausgedrückt werden, das sich im Verlaufe der Selbstverständnisdiskussionen der unterschiedlichen Zeitungs- und Zeitschriftengruppen ergeben hatte. Nicht alle Periodika wurden von kirchlichen Institutionen oder Verbänden herausgegeben wie die Bistumszeitungen, die Ordens- und Missionszeitschriften und Organe der verschiedenen Verbände, sondern auch von katholischen Privatverlagen. Dazu gehörten nicht nur traditionelle Sonntagsblätter wie die „Christliche Familie", das „Bayerische Sonntagsblatt" und das „Liboriusblatt", sondern auch die „Neue Bildpost", die im Boulevardstil von zwei Laienverlegern in Bödefeld herausgegeben wurde, und die unter „Kulturzeitschriften" rubrizierten Titel wie die vom Verlag Herder herausgegebene Wochenzeitschrift „Christ in der Gegenwart" und das Monatsheft „Erdkreis" aus dem Echter-Verlag.

Kriterium für die Mitgliedschaft in der AKP war also nicht mehr eine irgendwie geartete institutionelle Bindung an die Kirche, sondern die erklärte Absicht, im Geiste der *katholischen* Kirche publizistisch tätig zu sein. Die praktische Seite der Namensänderung lag darin, dass die Abkürzung AKP nicht geändert zu werden brauchte.

7. Die AKP wacht auf: 1971-1973

Ein Programm für den Funktionswandel

Die siebziger Jahre sollten zu einem Kulminationspunkt meiner redaktionellen Laufbahn werden, weil die Kirchenpresse in diesem Jahrzehnt in der Kirche und in der Öffentlichkeit so wahrgenommen wurde wie nie zuvor, - und das trotz generellem Auflagenrückgang. Infolge zweimaliger Wiederwahl war ich als Vorsitzender der AKP unmittelbar in dieses Geschehen eingebunden und und setzte mich ein Jahrzehnt lang für die Profilierung der Kirchenpresse als zeitgemäßes Kommunikationsinstrument ein. Wenig beeindruckt von der heftigen, oft polemischen Kritik an der Kirchenpresse machte ich mich zu ihrem Anwalt in den bischöflichen Gremien, im Zentralkomitee, auf katholischen Akademien, in der Synode und in Radio- und Fernseh-Interviews. Während dieses Jahrzehnts ging ich alles optimistisch an, weil ich große Chancen für die Weiterentwicklung der Kirchenpresse sah. Mein Motto könnte man umschreiben als „Offensiv agieren statt bloß reagieren".

Es mag sein, dass ich manches zu wenig hinterfragt und mit zu wenig Abstand gesehen zu habe. Vielleicht kann man die Verwurzelung in die Zeitumstände erst in späteren Lebensjahren erkennen. Jedenfalls traf für mich wie für fast alle Kirchenpresse-Akteure der 60er und 70er Jahre zu, was Weihbischof Kampe auf der Arbeitssitzung des ZdK über die „Stellung der Publizistik im katholischen Raum" in Münster bereits 1964, also während des Konzils, in unbekannter Offenheit für einen Bischof festgestellt hatte: „Wir schleppen noch Denkschablonen mit uns, die aus einer Zeit stammen, in der eine integrale Versorgung des katholischen Volksteils durch katholische Zeitungen und Zeitschriften möglich war." (Kampe, 1964, a.a.O.) Bis wir und die Kirchenpresse zu der von Kampe daraus gezogenen Konsequenz fanden, dass die katholische Presse in Zukunft „keinen integralen, sondern einen subsidiären Charakter" erhalten müsse, dass sie „ergänzend und notfalls rektifizierend das bringen (muss), was in der allgemeinen Publizisik nicht gebracht wird", verging noch lange Zeit. Doch - das kann ich wohl vorweg behaupten - die AKP stellte sich den Herausforderungen, trotz vieler Meinungsverschiedenheiten, trotz Rückschlägen und Misserfolgen.

Dem späteren distanzierten Blickwinkel steht die zeitgebundene Sichtweise der Gegenwart gegenüber, und die Gegenwart des Jahres 1971 dokumentierte sich für den katholischen Journalisten Ferdi Oertel in seinem Notizbuch mit Eintragungen zu folgenden Ereignissen: AKP-Grundsätze und Rahmenplan - Akademievortrag in München über Dialogforum - Papstaudienz der neuen Vorsitzenden - Synodenvorbereitung - Gemeinschaftsredaktion - Ökumenisches Pfingsttreffen in Augsburg - UCIP-Föderation Kirchenpresse - Kooperation mit Famiglia Cristiana - Kirchenbeilage in NRW-Tageszeitungen - Einstellung von Publik. Eigenartiger Weise fehlt eine Eintragung über ein Ereignis, das für die Zukunft der kirchlichen Medienarbeit von grundlegender Bedeutung war und auf das die katholische publizistische Welt seit dem Ende des Zweiten Vatikanischen Konzils gewartet hatte: die am 3. Juni auf einer Pressekonferenz in Rom veröffentlichte, unter dem Datum des 5. Welttages der Sozialen Kommunikationsmittel, dem 23. Mai 1971 von Papst Paul VI. in Kraft gesetzte Pastoralinstruktion „Communio et progressio" (CeP). Sie wurde zunächst nur nachrichtlich behandelt, ausführliche Analysen und Beschäftigungen mit CeP erfolgten erst im folgenden Jahr. Das lag sicherlich auch daran, dass 1971 die Konturierung und Vorbereitung der Gemeinsamen Synode der deutschen Bistümer die ganze Aufmerksamkeit der Katholiken beanspruchte. Vorbereitungen für die Mitwirkung bei der Synode bildeten auch einen Schwerpunkt der AKP auf der ersten Vorstandsitzung im Jahr 1 meines Vorsitzes.

Zur ersten Sitzung des neuen Vorstandes der AKP fuhr ich am 28. Januar 1971 erwartungsvoll nach Frankfurt. Welche Aufgaben ich zur Fortentwicklung der Kirchenpresse für den neuen Vorstand sah, geht aus der Liste der besprochenen Punkte hervor, die ich zusammengestellt hatte: Öffentlichkeitsarbeit - Selbstdarstellung - Redaktionelle Kooperationen - Feldbefragung - Synode - Kirchliche Hauptstellen - Interne Kommunikation. Eigentlich kam es auf der Sitzung nur zu einer Bestandsaufnahme und zur Auflistung der weiteren Vorhaben und Maßnahmen. Ich erinnere mich noch an die Rückfahrt am Abend, als ich im Zug die vielen Notizen durchlas, die ich mir gemacht hatte. Ich begann noch im Zug, sie sofort zu ordnen und zusammenzufassen. Dabei kam mir erstmals der Gedanke, einen Rahmenplan zu erstellen, der alle Aspekte inhaltlicher und organisatorischer Um- und Neugestaltung auflistet und als Diskussions- und Arbeitsgrundlage für unseren Verband und dessen Zusammenarbeit mit den entsprechenden kirchlichen Stellen dienen sollte. Also sozusagen einen Gesamtplan gegen die von Bischof Kampe genannten alten Denkschablonen.

Von der Fülle der angesprochenen Punkte war ich so gefesselt, dass mir nicht auffiel, wieviel Sprengstoff in den unterschiedlichen Meinungen zu einem solchen neuen Denken allein unter den 14 Vorstandsmitgliedern lag. Noch viel weniger habe ich eingeschätzt, wieviel Widerstände und Bedenken es bei den rund 200 Vertretern der 64 Mitgliedsverlage geben könnte, wenn es auf den Verleger-, Redakteurs-, Anzeigen- und Werbesitzungen um konkrete Punkte gehen würde. Ich verstand meine Aufgabe eher unreflektiert so, dass ich die Interessen der Mitglieder vertreten, aber auch in neue Bahnen lenken sollte, um den Funktionswandel der Kirchenpresse zu realisieren. Dabei war ich von jener Begeisterung getragen, die das Konzil mit seinem neuen Kirchenbild geweckt hatte, wonach Kirche sich nicht wie früher als Pyramide darstellt mit den Laien ganz unten, darüber den Priester, darüber dem Bischof und an der Spitze dem Papst, sondern als Kreis aller Getauften um den Mittelpunkt Jesus Christus, zwar mit verschiedenen und unterschiedlichen Begabungen und Beauftragungen, aber gemeinsam zum Heil berufen und zur Vermittlung der Heilsverkündigung an die Menschen in aller Welt. Und als begeisterter Publizist und Journalist wollte ich dazu beitragen, dass die Kirchenpresse, in der ich inzwischen so stark verwurzelt war, in die Lage versetzt wird, diese Aufgabe professionell zu bewältigen.

Eine erste Gelegenheit dazu, meine Vorstellungen über die Zukunftsgestaltung der Kirchenpresse auch einem breiten Fachpublikum zu vermitteln, erhielt ich durch die Einladung der Katholischen Akademie in Bayern, Ende Februar 1971 auf einer Wochenend-Tagung das Thema Kirchenzeitung zu behandeln. Der junge Akademiedirektor Franz Henrich hatte die gemeinsame Einrichtung aller bayerischen Bistümer weit über München hinaus zu einem Ort offener Diskussionen gemacht , und auch diesmal ließ bereits das Thema aufhorchen:„Die katholische Presse - *eine Auseinandersetzung*". Zu den Referenten der dreitägigen Veranstaltung gehörten der Stellv. Chefredakteur des „Osservatore Romano", Prof. Alessandrini, der Leiter der römischen KNA-Agentur Luitpold Dorn, KNA-Chefredakteur Konrad Kraemer, der Münsteraner Zeitungswissenschaftler Joachim Westerbarkey und der Redakteur der Schweizer Monatszeitschrift „Orientierung", Jesuitenpater Mario von Galli. Zu Diskussionsteilnehmern zählten u.a. Chefredakteur Alois Schardt und Politikredakteur Ulrich Schwarz von „Publik", Chefredakteur Heinz Zahrnt vom evangelischen „Deutschen Allgemeinen Sonntagsblatt", P. Wolfgang Seibel von den „Stimmen der Zeit", Prälat Lorenz Freiberger als Chefredakteur und Hans Schachtner als Verlagsleiter der Münchener Kirchenzeitung. Aufmerksamer Zuhörer bei den Referaten und Diskussionen war der Münchener Erzbischof und Vorsitzende der Bischofskonferenz, Kardinal Julius Döpfner. Schon die Auflistung dieser Namen deutet an, dass es sich um eine der bedeutsamsten Tagungen über die katholische Presse handelte, die im deutschen Sprachraum zwischen Konzil und Synode veranstaltet worden sind. Davon zeugt auch die Tatsache, dass die Deutsche Presse-Agentur (dpa) in einer vierseitigen Sonderausgabe „Massenmedien" ausführlich darüber berichtete. Sie dient mir neben dem Manuskript meines Referates als Stütze für die folgende Zusammenfassung der Tagung.

Aus dem Einleitungsreferat von Alessandrini hielt dpa drei Punkte für erwähnenswert. Erstens die Aussage, dass katholische Presse „nicht ausschließlich Organ des Bischofs", ist, „kein politischer Kampfplatz, kein Ort der Verkündigung, kein Spiegel der Pluralität in der Kirche allein, sondern alles zugleich." Dabei müsse sie „alles sagen, ohne jemand zu verletzen, in verständlicher Sprache, in dem verantwortungsvollen Willen, das durchschnittliche Niveau ihrer Leser anzuheben". Also keine zweite Kanzel, aber mit Bildungsauftrag. Zweitens dürfe katholische Presse sich nicht anmaßen, ein "eigenes Lehramt" über Papst und Bischöfe einzunehmen", um die kirchliche Gemeinschaft nicht zu spalten. Und drittens sei es „von grundsätzlicher Bedeutung, auch vom moralischen Standpunkt aus, dass eine Zeitung wirtschaftlich auf gesunden Füßen steht und sich an die Gesetze des Marktes hält. Dadurch müsse sie notgedrungen den Kontakt zum Leser suchen, wovon letztlich ihre materielle Existenz abhänge. Das waren insgesamt bemerkenswerte Worte aus Rom.

Mein Referat hatte ich unter das Thema „Funktionswandel der Kirchenpresse" gestellt (AKP, Mskr. 1971). Ich wollte, meiner festen Überzeugung entsprechend, eine Lanze für die Kirchenpresse brechen, ohne Schwachpunkte zu verschweigen. Deshalb führte ich in einer Bestandsaufnahme eingangs all das an, was über die Kirchenpresse Negatives gesagt wird und was ich selbst ebenfalls als Schwachpunkte sah. Ich wies daraufhin, dass viele Titel sich in den vergangenen Jahren inhaltlich und technisch bereits verbessert hätten, was in der Öffentlichkeit aus zwei Gründen nicht beachtet würde: Erstens fehle es unsererseits an Öffentlichkeitsarbeit, zweitens beharrten viele Kritiker auf ihren alten Vorurteilen, ohne die bereits erfolgten Entwicklungen zur Kenntnis zu nehmen. Als Ausgangsbasis für eine zutreffende Beurteilung der Situation führte ich das neue Selbstverständnis unserer Blätter an und verteidigte auch ihre Vielfalt auf Grund der pluralen Schichtung der Gläubigen. In diesem Zusammenhang warf ich erstmals die Frage auf, ob eine Bistumszeitung tatsächlich „allen alles bringen kann" und im Sinne Alessandrinis „alles zugleich" sein kann. Abschließend legte ich die Zukunftspläne zur professionellen Weiterentwicklung dar und brachte dabei auch den Gedanken einer kirchlichen Subvention für Kirchenzeitungen ins Spiel. Es erscheint mir angebracht, meine sieben zusammenfassenden Schlussthesen wörtlich aufzuführen, um meinen Standpunkt und den Standort der Kirchenpresse Anfang 1971 genauer zu vergegenwärtigen. Dabei habe ich die mir wichtig erscheinenden Punkte *kursiv* geschrieben:

„1. Kirchliche Presse kann *nicht mehr eine erbauliche Zugabe* für Kirchgänger sein, so wie die kostenlosen Bäcker- und Apothekenzeitschriften.

2. Sie hat unter den Aspekten des neuen Kirchenverständnisses *eine wesentliche, spezifische Aufgabe im Kommunikationsprozeß des Volkes Gottes*: Information, Meinungsspiegelung, kritische Meinungsbildung, Bewußtseinsbildung, Verkündigung der Glaubenswahrheiten und Lebenshilfe.

3. Die plurale Gesellschaftsschichtung, die auch quer durch die Kirche geht, macht dabei eine *plurale Form von gruppen- oder themenspezifischen Organen* erforderlich.

4. Dabei kommt der *Bistumspresse eine besondere Rolle* zu, weil sie Medium und Katalysator jedes Bistums ist. *Ihr Inhalt bedarf jedoch einer Differenzierung*, weil Bistumsblätter mit Supermarkt-Charakter ihre Aufgabe nicht erfüllen können.

5. Da es die Aufgabe der gesamten kirchlichen Presse ist, am Wesensauftrag der Kirche, nämlich der Heilsverkündigung, teilzuhaben, kann *nicht die wirtschaftliche Rentabilität* ausschlaggebend sein, *sondern die kirchliche Effizienz. Deshalb muss die Kirche diese Presse subventionieren*, wenn dies erforderlich ist.

6. Die kirchliche Presse braucht *einen neuen, einen eigenen Stellenwert* innerhalb der Kirche. Dafür ist eine *gezielte Öffentlichkeitsarbeit und Image-Werbung* nötig.

7. Zur Erhöhung der Effizienz sind schließlich verschiedene Maßnahmen der Kooperation und der Konzentration notwendig: a) *eine Gemeinschaftsredaktion*, die für die Blätter der kirchlichen Presse eine eigenständige Sonderberichterstattung und Kommentierung durchführen kann; b) *regionale Kooperation von Bistumsblättern* in gleichgelagerten soziologischen und kirchlichen Strukturen; c) verlegerische Initiativen zum *Aufbau eines zentralen katholischen Werbe- und Vertriebssystems.*"

Die drei letzten Punkte bezeichnete der dpa-Bericht als „Sofortmaßnahmen" - ein Jahr, bevor die Bischöfe auf der Synode nach dem Scheitern von „Publik" ihr

„Sofortprogramm" für die katholische Medienarbeit bekanntgaben, in dem auch die Einrichtung eines Pressesprechers der Bischofskonferenz genannt war, deren von mir im Münchener Referat beklagtes Fehlen dpa-Redakteur Dr. Alfred Effenberg durch Unterstreichung markiert hatte. Effenberg hielt zusätzlich einen Diskussionsbeitrag zwischen „Publik"-Chefredakteur Schardt und mir fest, der kennzeichnend für das Spannungsverhältnis zwischen der KWZ und der Kirchenpresse ist. Auf meine Bemerkung, dass die neue Wochenzeitung sozusagen „für die klugen Köpfe unter den Katholiken" gemacht werde, so berichtet dpa, habe Schardt geantwortet, „unter diesem Aspekt überhaupt nicht angetreten" zu sein; vielmehr setze Publik „andere Aufmerksamkeitsgrade für bestimmte gesellschaftliche Vorgänge, als in den übrigen Kirchenzeitungen und in KNA üblich ist". dpa wörtlich weiter: „Als darauf Oertel 'Publik' zu einem Gespräch mit der Arbeitsgemeinschaft und zur Ausräumung alter Voreingenommenheiten einlud, akzeptierte Schardt 'diese ungewöhnliche Einladung' zur Änderung des bisher 'denkbar schlechten' Verhältnisses zur Kirchenpresse." Konkret hatte ich vorgeschlagen, zu einem „Komplementär"-Verhältnis zwischen der durch „Publik" in der Öffentlichkeit in negatives Licht gerückten Bistumspresse und der neuen Wochenzeitung zu kommen.

Nicht bekannt war mir und wohl allen anderen auf der Akademietagung mit Ausnahme Schardts, dass es zu diesem Zeitpunkt zwischen den Bischöfen und „Publik" intern bereits heftige Auseinandersetzungen über die wirtschaftliche Situation der Zeitschrift gab. Die neue Wochenzeitung hatte ihren für fünf Jahre vorgesehenen finanziellen Rahmen schon nach drei Jahren überschritten, weil weder die avisierte Bezieherzahl von 100 000 erreicht worden war noch das projektierte Anzeigenaufkommen. Anfang 1971 gab es nur 40 000 feste Abos. „Publik" veröffentlichte zwar von mir einen größeren Beitrag über die Kirchenpresse, der auf meinem Münchener Referat basierte, aber zu einem Gespräch zwischen AKP und „Publik" ist es nie mehr gekommen. Außerdem verschärften sich die Spannungen zwischen der Kirchenpresse und „Publik" dramatisch, weil die „Publik"-Verlagsgeschäftsführung in einer aufwendigen Werbeaktion die ursprünglich gegebene Versicherung gegenüber der Bistumspresse, keine Türwerbung durch Kolonnen zu betreiben, nicht einhielt und damit in direkte Konkurrenz zur Kirchenpresse trat. Diese 2,5 Millionen teure Werbung führte dann paradoxer Weise nicht zur Stabilisierung, sondern zur Einstellung von „Publik", denn es konnten zwar über 50 000 neue Abos abgeschlossen werden, aber im selben Zeitraum gingen fast genau so viele Abbestellungen ein. Und da die Bischöfe nicht bereit waren, ihre neue Wochenzeitung mit einer Auflage von 40 000 weiter zu finanzieren, kam es schließlich zur „Publik"-Krise auf der Synode (siehe Kapitel „Synode: Gegen eine Legendenbildung um 'Publik'").

Mit Bischof Tenhumberg nach vorne

Die Akademietagung in München bestätigte meine Auffassung, dass es eine der vordringlichsten AKP-Maßnahmen sein muss, das Bild der Kirchenpresse in der Öffentlichkeit „zurechtzurücken". Offensichtlich resultierte manche Kritik daraus, dass die Veränderungen in der Zielsetzung, in der inhaltlichen Gestaltung und der drucktechnischen Herstellung, die viele Blätter in den letzten Jahren bereits begonnen hatten, nicht nur in der Öffentlichkeit kaum registriert wurden, sondern auch bei vielen Bischöfen und Laienvertretern im Zentralkomitee. Deshalb nahmen Überlegungen zur „Image-Verbesserung" auf der ersten Vorstandsitzung im Januar 1971 einen breiten Raum ein. Wir gründeten einen Öffentlichkeitsausschuss aus Verlegern und Redakteuren und beauftragten die Geschäftsstelle, für Vorabinformationen eine statistische Übersicht über die Auflagenentwicklung von 1949-1970 sowie einen Bericht über die redaktionelle und verlegerische Situation 1971 zu erstellen. Diese konnten wir in den folgenden Monaten den Bischöfen, den Mitgliedern des Zentralkomitees und den Synodalen zukommen lassen. Dabei fanden wir besondere Unterstützung durch Pressebischof Heinrich Tenhumberg (dessen damaliger Sekretär Heinrich Mussinghoff später Bischof in Aachen wurde).

In mehreren Gesprächen mit dem Bischof ging es Anfang des Jahres vordringlich um die Endfassung der „Grundsätze und Richtlinien für die Bistumspresse" (AKP 1974, S.47-48), die der Münsteraner Bischof allen Amtskollegen ein Jahr zuvor mit der Bitte um Stellungnahmen zugesandt hatte. Auf Grund solcher Zuschriften stellte Bischof Tenhumberg zusammen mit dem Vorsitzenden der AKP bis Ende 1970, Bernhard Hagemeier, und mir als neuem Vorsitzenden „Erläuterungen" zusammen, die aufschlussreich für die Sorgen der Bischöfe war. In Punkt 1 wurde präzisiert, dass die „Richtlinienkompetenz" der Bischöfe „voll anerkannt" wird, die Art und Weise, wie er sie gegenüber dem „voll verantwortlichen" Chefredakteur ausübt, aber in die Kompetenz jedes einzelnen Bischofs fällt. Punkt 2 erklärt, dass die redaktionelle Aufgabe, „den Informationsfluss zwischen allen Ämtern und Gruppen untereinander zu ermöglichen, das uneingeschränkte Recht des Bischofs oder seiner ausdrücklich Beauftragten" impliziert, Informationen und Beiträge für die Bistumsgemeinde zu veröffentlichen. In Punkt 3 wird die Pflicht der Redaktion zur Beachtung des „Gesamtinteresses" einerseits abgegrenzt gegen Veröffentlichungen, die „den Abbau unveräußerlichen Glaubensgutes der Kirche" ebenso ausschließt wie die sensationelle Aufbauschung innerkirchlicher Meinungspluralitäten". Andererseits unterstreicht diese Ergänzung, dass die Redaktion „ihre Tätigkeit im Sinne des II. Vatikanischen Konzils als einen Dienst am Glauben und an der Einheit der Kirche in pressegerechter Weise ausübt". In weiteren Punkten wird die Teilnahme eines Redaktionsbeauftragten an den Sitzungen der Räte ausgeschlossen für nichtöffentliche Sitzungen, während Fragen der Zusammenarbeit mit den bischöflichen Pressestellen und Kooperationen von Bistumszeitungen den jeweiligen Regelungen in jedem Bistum überlassen bleiben. Mir ist nie das Redaktionsstatut für „Publik" bekannt geworden, aber der Freiheitsraum der Redakteure der neuen Katholischen Wochenzeitung ist von solchen Detailvorschriften unberührt geblieben. Nun, die Redakteure der AKP glaubten damit leben zu können, und so unterschrieben Bernhard Hagemeier und ich die vom Pressebischof verfassten Erläuterungen am 16. Januar 1971.

Drei Monate später verschickte Bischof Tenhumberg seinen bischöflichen Mitbrüdern nicht nur die „Erläuterungen" zu den „Grundsätzen und Richtlinien", sondern auch die Übersicht über die Gesamtentwicklung der Kirchenpresse und den Situationsbericht, den die AKP erstellt hatte. Für die diplomatische Klugheit des Bischofs, der zuvor lange Jahre Leiter des Katholischen Büros bei der Bundesregierung in Bonn gewesen war, sprechen seine weiteren Ausführungen zu diesen Dokumenten, über die er uns ebenfalls informierte. Zum Stellenwert der Richtlinien merkt er an, dass die Entwicklung in Kirche und Gesellschaft eine klare Regelung für die Zusammenarbeit zwischen Herausgebern, Verlegern und Redakteuren notwendig mache. Die Grundsätze und Richtlinien bildeten keinen Vertragsentwurf, d.h. sie könnten und wollten kein Ersatz sein für notwendige Einzelabmachungen und -verträge. Der Bischof ließ uns wissen, dass er bewusst davon abgesehen hat, dieses Papier in der Publizistischen Kommsiion formell verabschieden zu lassen und der Bischofskonferenz zur Beschlussfassung vorzulegen. Man müsse erst einige Erfahrungen zu sammeln, bevor eine endgültige Regelung erfolgen könne. Deshalb bat Tenhumberg als Pressebeauftragter der Publizistischen Kommission seine Amtsbrüder, mit unseren Grundsätzen ad experimentum zu verfahren.

Tenhumberg informierte die Bischöfe auch noch über verschiedene Maßnahmen, über die wir ihn kürzlich unterrichtet hatten: die Pläne für eine gemeinsame wirksame Öffentlichkeitsarbeit, Überlegungen für eine stärkere redaktionelle Zusammenarbeit durch Seitenaustausch, Diskussionen um die Einrichtung einer Gemeinschaftsredaktion sowie verlegerische Zusammenabeit im Vertrieb, der Herstellung und der Abonenntenwerbung. Als „bemerkenswerten Schritt" für die verlegerische Zusammenarbeit bezeichnete Tenhumberg dabei die Gründung der Anzeigengemeinschaft Konpress, der auch einige Verlage der evangelischen Kirchengebietspresse beigetreten seien (PA, 1971).

Es muss als großes Verdienst Tenhumbergs angesehen werden, dass er sich in der Zeit, in der er bereits um den Fortbestand der von ihm maßgeblich mitbegründeten neuen Wochenzeitung „Publik" engagierte, persönlich auch so stark für die viel gescholtene „traditionelle" Kirchenpresse einsetzte. Jahrzehnte später bestätigte mir sein damaliger Sekretär, Heinrich Mussinghoff, nachdem er als Bischof nach Aachen kam, dass Tenhumberg tatsächlich auch mit ganzem Herzen an der Kirchenpresse hing, weshalb er gerade auch für sein eigenes Münsteraner Diözesanblatt „Kirche und Leben" Beiträge schrieb.

Das wurde uns damals auch auf der Redakteurskonferenz der AKP im Mai 1971 in Aachen bestätigt. Zum Schluss einer Podiumsdiskussion mit Kirchenzeitungs-Chefredakteuren und dem Pressestellenleiter des ZdK, Michael Albus, bezeichnete Bischof Tenhumberg die kirchliche Presse als „unersetzlich" für die pastorale Aufgabe der Kirche. Sie bestimme sich nicht zuletzt durch ihre Wirksamkeit als Instrument der Seelsorge, durch ihren informativen Wert und als Forum des geistlichen Dialogs. Er bestätigte den Redakteuren, dass die Kirchenpresse „in vielen soliden Schritten ihre Leistungsfähigkeit verbessert" habe und es ihr „dadurch gelungen ist, in den vergangenen, durch Unruhen und Verwirrng gekennzeichneten Jahren ein Element der Klarheit und Sicherheit für das Kirchenvolk zu sein" (AKP, 1971). Dies bedeutete für uns in den „Konkurrenzjahren" mit

„Publik" eine unerwartete Anerkennung und Ermunterung unserer Arbeit, wenngleich der Bischof die Kirchenpresse damit im Grunde auf den innerkirchlichen Raum ansiedelte, gleichzeitig aber abgrenzte von Planungen für ein einflussreiches katholischen Organ für die weltliche Gesellschaft.

Zu den Initiativen, die der neue AKP-Vorstand im ersten Jahr ergriff, gehörte erstmals auch ein regelrechter „Antrittsbesuch" beim Papst. Meine beiden Stellvertreter Wilhelm Schmitz und Hermann Josef Kreitmeier und ich versprachen uns davon sowohl für die Verbandsarbeit als auch für die Anerkennung in der deutschen Kirche eine Rückenstärkung. Bischof Tenhumberg vermittelte uns nicht nur eine „Handkuss"-Audienz in der „prima linea" bei einer Generalaudienz, sondern eine Privataudienz bei Papst Paul VI.

Der Nachfolger Johannes XXIII., der seine Laufbahn vorwiegend im Vatikan verbracht hatte, galt als „liberal", als er das Zweite Vatikanum fortsetzte. Es gelang ihm, eine in den beiden ersten Perioden durch große Meinungsverschiedenheiten unter den Konzilsvätern drohende Krise zu verhindern und für die außerkatholische Welt so wichtige Dokumente wie die Pastoralkonstitution über die Kirche in der Welt und die Erklärungen über das Verhältnis der Kirche zu den nichtchristlichen Religionen und über die Religionsfreiheit zum Abschluss zu bringen. Wenn Paul VI. später aber auch als Zauderer bezeichnet wurde - man sprach sogar von seinem Hamlet-Charakter -, hängt das damit zusammen, dass er einige der umstrittensten Themen von den Konzilsberatungen ausschloss oder auf später verschob. Dazu gehörten eine Aussage über die Geburtenregelung, über die Mischehe sowie eine Fortführung des ersten, als vorläufig und unvollkommen angesehenen Konzilsdokumentes „Inter mirifica" über die Medien. Andererseits führte Paul VI. überraschend schnell die ebenfalls vom Konzil geforderten Reformen der Kurienverwaltung des Kirchenrechtes durch.

Als wir zur Audienz anreisten, gab es erste Andeutungen darüber, dass die Veröffentlichung des neuen Dokumentes über die Medien bevorsteht, so dass wir auf die Begegnung mit dem Papst besonders gespannt waren. Nachdem bereits Johannes XXIII. als erster Papst das Recht auf Information als Menschenrecht formuliert hatte, war es Paul VI., der - wie Giselbert Deussen in einem Beitrag im Beiheft „Kirche und Publizistik" zu „Communicatio Socialis" über CeP ausführt, das „in der Kirche lange verkannte, mißachtete und bekämpfte Recht (auf freie Meinungsäußerung und wahrheistgemäße Information) nicht nur klar formulierte, sondern darüber hinaus eine differenzierte und wohl begründete Ethik der Pressefreiheit" erarbeitete. Dazu rechnete der Papst „z.B. die doppelte Dimension des Informationsrechtes als aktives Recht des Zugangs zur Information und als passives recht auf Unterrichtung" (Deussen in: ComSoc, Beiheft 1, S. 31).

Das Interesse Pauls VI. an und die Aufgeschlossenheit für die katholische Presse hatte ich bereits 1969 bei einer „prima linea"-Audienz erfahren. Als Leiter einer großen Leserfahrt der „Christlichen Familie" hatte ich für mich und eine kleine Begleitgruppe „tessere" für das Halbrund um den Altarraum vor dem Baldachin Berninis erhalten. In der kurzen persönlichen Begegnung konnte ich ihm einen - natürlich in weißes Leder gebundenen - Jahrgang unserer Familienzeitschrift überreichen. Der Montini-Papst, der Deutsch verstand, sah sich einige Ausgaben an, lobte sie mit den Worten „sehr schön" und nannte die Familienbildung eine „große Aufgabe" für die katholische Presse. Vorgestellt worden waren meine Frau und ich dem Papst durch Pater Spelucci, der damals im deutschen Staatssekretariat arbeitete und sich sehr für deutsche Belange einsetzte.

Spelucci war es auch, der Kreitmeier, Schmitz, mich und unsere Frauen am 28. April 1971 über den Damasushof in den zweiten Stock des Papstpalastes brachte und durch die mit den mittelalterlichen Gemälden des Orbis Terrarum ausgemalten Gänge in einen kleinen Audienzraum neben den Privaträumen des Papstes führte. Paul VI. nahm auf einem leicht erhöht stehenden stehenden Barocksessel Platz. Bei der Begrüßung und Vorstellung jedes Audienzteilnehmers durch Spelucci überreichte ich dem Papst eine ausführliche Dokumentation über die Arbeitsgemeinschaft der Kirchenpresse sowie eine Mappe mit einem Dutzend Bistums- und Sonntagszeitungen, Missions- und Verbandszeitschriften. Der Papst bestaunte die Vielfalt der katholischen Zeitschriften und richtete dann einige Worte an uns, die er von einem Blatt ablas. Die KNA verbreitete in einer Nachricht aus dieser Ansprache zwei Sätze, die in allen Organen der ganzen Kirchenpresse abgedruckt wurden, weil sie als „oberste Wegweisung" verstanden wurden: „Die Kirchenpresse hat vor allem die Aufgabe, über das Geschehen in der Kirche zu informieren und zur geistigen Bildung des Kirchenvolkes beizutragen. Sie muss trotz der vielen Schwierigkeiten der Gegenwart geduldig und beharrlich ihren großen Apostolatsauftrag wahrnehmen."

Das war die pastorale Leitlinie des Pontifikates Paul VI.: 'geduldig und beharrlich den Apostolatsauftrag wahrnehmen'. Und Geduld und Beharrlichkeit brauchten wir ganz konkret, als wir uns zu Hause wieder den 'vielen Schwierigkeiten der Gegenwart' gegenüber sahen. Dazu gehörten insbesondere die Verzögerung einer repräsentativen Leserbefragung und die Berufung von Vertretern der AKP in die Synode der deutschen Bistümer.

An den Rand gedrückt

Dadurch, dass ich als Vorsitzender zum Nachfolger des bisherigen AKP-Vertreters Hagemeier in die Publizistische Kommission der Bischofskonferenz als Berater berufen und zum Mitglied des neuen Publizistischen Beirates des ZdK bestellt wurde, ergaben sich weitere Gelegenheiten, die Kirchenpresse insgesamt und unsere AKP-Maßnahmen im besonderen stärker als bisher in den Blickpunkt kirchlicher Entscheidungsgremien zu bringen. Dabei konnte ich neben den Plänen für eine Gemeinschaftsredaktion auch ein Projekt in den Mittelpunkt rücken, für das wir zuvor ebenfalls von Pressebischof Tenhumberg Unterstützung erhalten hatten: eine „Feldbefragung über die Informations- und Kommunikationserwartungen des Kirchenvolkes an die kirchliche Presse". In den kritischen Vorwürfen gegen die Kirchenpresse hatte es immer geheißen, sie würde nicht oder nur von alten Leuten gelesen und brächte nicht das, was von den Lesern erwartet wird, sondern was die Bischöfe und Redakteure glauben, den Lesern vermitteln zu müssen.

Was die Leser wirklich wollten, wusste allerdings niemand genau, denn spezielle Leseranalysen über Kirchenzeitungen gab es nicht. Um endlich verlässliche Daten zu erhalten, hatten die Verleger und Redakteure auf ihren Konferenzen 1970 die Durchführung dessen angeregt, was man damals „Feldbefragung" nannte. Dabei sollten repräsentativ Leser, Abbesteller und Nichtleser befragt werden. Nachdem die AKP von zwei Meinungsforschungsinstituten Angebote für eine solche Umfrage eingeholt hatte, richtete sie nach Vorgesprächen mit dem Pressebischof einen offiziellen Antrag zur Finanzierung der Kosten von 150 000 DM an die Bischofskonferenz. An und für sich eine geringe Summe, wenn man sie mit den Mitteln vergleicht, die von den Bischöfen zu Umfragen über die Akzeptanz einer neuen katholischen Wochenzeitung zur Verfügung gestellt worden waren. Dass der Antrag zuvor noch die Publizistische Bischofskommission passieren und deren Zustimmung erhalten musste, sahen wir als „normalen" Ablauf an. Sogar noch, dass dies nicht unbedingt im ersten Anlauf geschehen würde. Doch dass sich die Verwirklichung dieses Projektes bis 1975 hinziehen würde, hatte wohl niemand erwartet.

Bei den Beratungen in der Publizistischen Bischofskommission, in der auch die Vertreter der Hauptstellen für Rundfunk und Film ein gewichtiges Wort mitsprachen, war nämlich ein neuer Gesichtspunkt aufgetaucht: Umfrage über Informationserwartungen ja, aber wenn schon, dann für alle Medien! Das schien einerseits sinnvoll, bedeutete aber andererseits eine Zeitverzögerung. Im Auftrag der Kommission untersuchte ein Ausschuss, dem Direktor Schätzler, Prof. Schmolke, Dr. Graf und ich angehörten, die Frage, ob eine solche Gesamtumfrage befürwortet werden soll. Der Ausschuss kam jedoch, wie es im Jahresbericht 1972 der AKP heißt, „zu der Erkenntnis, daß eine so umfangreiche Befragung den Rahmen der Realitäten übersteigt". Deshalb reichte die AKP ihren ursprünglichen Antrag für eine Feldbefragung über die Kirchenpresse erneut der Bischofskonferenz ein. Doch dann warfen „die Realitäten" für längere Zeit jegliche Planung über den Haufen, als die Bischofskonferenz am 15. November 1971 ihre Entscheidung verkündete, sie dass für die Weiterfinanzierung von „Publik" in dem beantragten und erforderlichen Maß keine Mittel zur Verfügung mehr stellen kann. Der zweite Antrag der AKP wurde vom Verband der Diözesen „vorerst zurückgestellt", und zwar bis zum Vorliegen eines „Gesamtkonzeptes für kirchliche Pressearbeit". Ein solches Gesamtkonzept war als Zauberlösung nach dem publizistischen Crash von „Publik" ins Gespräch gebracht worden und stand auf der Agenda der Synode der deutschen Bistümer. Um dies vorweg zu nehmen: die Arbeit an einem Gesamtkonzept wirkte tatsächlich jahrelang als Beruhigungspille, ohne das es je eins zustande kam.

Wenn auch die breit angelegte Feldbefragung verschoben werden musste, lieferte zum Glück eine Leseranalyse der Anzeigenagentur Konpress im Sommer 1971 einige Orientierungsdaten. An ihr beteiligten sich 22 katholische Bistumszeitungen, 18 evangelische Kirchengebietsblätter sowie 17 evangelische und 22 katholische überregionale Zeitschriften. Danach bezeichneten sich 28,2 Prozent der Gesamtbevölkerung als regelmäßige Leser eines oder mehrerer Kirchenblätter.

Die mittleren und älteren Generationen waren zwar gegenüber den jüngeren Lesern überproportioniert, doch das entsprach dem allgemeinen Altersanteil unter den Presselesern. Selbst wenn man in Betracht zieht, dass diese Analyse so angelegt war, möglichst überzeugende Argumente für die Anzeigenwerbung zu gewinnen, haben wir das Gesamtergebnis als überaus positiv für die Kirchenpresse angesehen. In einem Beitrag über diese Leseranalyse für KNA zog ich den Schluss: „Zusammenfassend darf man sagen, daß die Leserschaft der konfessionellen Presse weithin ein Spiegelbild der Gesamtbevölkerung darstellt, abgehoben von ihr nur durch eine stärkere kirchliche Bindung." Deshalb „besteht nicht der geringste Anlaß, die Leser der konfessionellen Presse als 'Leser zweiter Klasse' anzusehen." (PA)

Die große Frage blieb, wie die auf der konstituierenden Sitzung der Gemeinsamen Synode Anfang Januar 1971 gegründete Sachkommission VI „Erziehung - Bildung - Information" die Kirchenpresse in ein Gesamtkonzept einordnen würde. Wie wir auf der ersten Vorstandssitzung der AKP nach der Synodeneröffnung feststellen mussten, gehörte kein Mitglied der Kirchenpresse zu den Synodalen. Dabei waren die Vorgänge um die inhaltliche und organisatorische Vorbereitung der Synode gerade durch die Kirchenpresse unter das gläubige Volk gekommen.

Für meine Recherchen zur Auffrischung meiner Erinnerungen an die Synodenvorbereitung und den Verlauf der Synode habe ich nicht nur die beiden offiziellen Dokumentationsbände über die Synode herbeigezogen (Gemeinsame Synode, 1977), sondern fand aufschlussreiche Texte in drei unscheinbaren Bänden, die in meiner Buchsammlung unter Synode eingeordnet sind und keinen Titel auf dem Rückenschnitt tragen. Die Texte sind nicht gedruckt, sondern schreibmaschinengeschrieben, photomechanich vervielfältigt und einfach geleimt in leichte kartonierte Umschläge gebunden. Auf der Titelseite ist oben in großen schwarzen Buchstaben „Synode '72" aufgedruckt, unten rechts steht in kleinem Druck: I., II, III. Teil. Die Bände enthalten in chronologischer Reihenfolge Entschließungen und Verlautbarungen, Pressestimmen und offizielle Dokumente über die Synode vom ersten Ruf nach einem deutschen Nationalkonzil auf dem Essener Katholikentag bis zum Statut vom 11. November 1970. Ich hatte in Erinnerung, dass es sich um eine Dokumentation der KNA handelt, stellte aber erstaunt fest, dass diese „Texte zur Diskussion um eine gemeinsame Synode der Diözesen in der Bundesrepublik Deutschland" zusammengestellt und herausgegeben worden sind von der „Dokumentationszentrale PUBLIK".

Im Zusammenhang mit dem Wirbel über die Einstellung der Wochenzeitung ist bis heute kaum ge- und vermerkt worden, dass damals nicht nur das Zeitschriftenprojekt des Suttner-Plans verwirklicht worden ist, sondern auch sein Vorschlag einer katholischen Dokumentationszentrale, zumindest in Anfängen. Wenn ich mir in in Erinnerung rufe, dass im „Sofortprogramm" der deutschen Bischöfe über ihre Medienziele nach der Einstellung von „Publik" auch ein solches Zentralarchiv steht, aber nie verwirklicht wurde, und wenn ich dann nachlese, welchen Rang den Medien im Themenplan der Synode ursprünglich eingeräumt waren, kann ich heute meine Vermutung nicht unterdrücken, dass nicht nur die Bischöfe, sondern auch führende Repräsentanten der Laienkatholiken die Rolle der Medien sowohl damals wie in der Folgezeit bis ins digitale Zeitalter hinein nicht hinreichend erkannt haben und dass dies ein Grund dafür sein kann, dass die Stimme der Kirche in der Gesellschaft oft wenig vernommen wird.

Im Themenkatalog für die Synode stand die Behandlung der Medien an achter Stelle von insgesamt neun Themenkreisen, und zwar bezeichnender Weise unter „Verkündigung und Glaubensinformation in den Medien". Dazu wird in Klammern auf Punkt VI. 2f der Themenkreisbeschreibung verwiesen, der Prioritätsvorschläge auflistet. Der Themenkreis VI, identisch mit der späteren Sachkommission der Synode, hatte das Thema: „Erziehung, Bildung, Information". Ort für die Behandlung der Medien war also der Bereich Erziehung und Bildung, und der deckt ebenso wenig die ganze Palette der „Kommunikationsmittel" ab wie der Aspekt „Verkündigung und Glaubensinformation" (Gemeinsame Synode, 1976, Bd.1, S. 890 - 899).

In den Prioritätsvorschlägen stehen unter neun vorwiegend schulischen Themen wenigstens drei Medienbereiche: die Präsenz der Kirche in den Medien, Information und Kommunikation in der Kirche und - Kirchenpresse. Hinter dieser „Ver-Ortung" sah ich die generelle Auffassung, die als alte Sicht der Kirche auf die Presse gilt und auf Film und Rundfunk übertragen wurde: 'In sich sind diese technischen Kommunikation neutral; sie werden in der säkularen Medienbranche aber vielfältig missbraucht und stellen eine große Gefahr für das Seelenheil des Menschen dar; durch rechten Gebrauch können sie der Kirche jedoch für die Glaubensverbreitung dienen; dazu sind Medienerziehung und Ausbildung katholischer Publizisten notwendig.' Im Grunde hätte das Thema „Umgang mit den Medien" ausschließlich oder zumindest auch in den Bereich der Sachkommission V „Gesellschaftliche Aufgaben der Kirche" gehört, die auf der Basis des Wandels der Gesellschaft „Ansätze kirchlicher Antworten" etwa zu „zeitgerechten Strukturen des kirchlichen Weltdienstes" und Schwerpunkte des gesellschaftspolitischen Engagements der Kirche behandelte.

Mir wird aber auch klar, dass die Arbeitsgemeinschaft der Kirchenpresse bei der Vorbereitung der Synode große Chancen verpasst hat. Unter den Stellungnahmen und Resolutionen der verschiedenen katholischen Verbände, Gruppierungen und ad hoc-Initiativen in der Publik-Synodendokumentation findet sich keine einzige der AKP. Dabei war dieser Verband doch seit seiner Nachkriegsgründung unter Theodor Hüpgens stolz darauf, gerade *gegenüber* und *in* den Einrichtungen der Bischofskonferenz quasi offiziell anerkannt zu sein als *die* Repräsentanz der katholischen Presse. Bislang hatte die Bischofskonferenz in ihrem Sekretariat keine eigene Hauptstelle Presse eingerichtet.

Als ich am 3. Januar 1971 zur konstituierenden Sitzung der Synode nach Würzburg reiste, hatte ich meinen Platz auf der Presse-Tribühne, und zwar in Doppeloder sogar Dreifachfunktion: als Berichterstatter für die „Christliche Familie", als Mitarbeiter der KNA-Redaktion und ihres Sonderdienstes „Konzil - Kirche -

Welt" und als neuer AKP-Vorsitzender gleichsam in der Rolle eines inoffiziellen Beobachters. Bei der Wahl der Synodalen in die Arbeitsgruppen musste ich notieren, dass sich unter den Mitgliedern der für Medien zuständigen Sachkommission VI kein einziger Vertreter der Kirchenpresse befand, kein Verleger und kein Redakteur. Aus dem publizistischen Bereich kamen ZDF-Intendant Karl Holzamer, WDR-Rundfunkredakteur Hubert Hanisch, der Leiter der Kirchenfunkredaktion des Bayerischen Rundfunks, Wilhelm Sandfuchs, und der Geschäftsführers der privaten Filmgesellschaft Studio Hamburg, Claus Kühn, der jedoch als Diözesanratsvertreter in die Synode berufen worden war.

Auf der ersten Vorstandssitzung der AKP Ende Januar wurden wir endlich aktiv und erreichten, das von der 2. Sitzungsperiode des Konzils an, auf der mit der eigentlichen thematischen Arbeit begonnen wurde, die katholische Presse im Konzil selbst vertreten war. Auf AKP-Vorschlag hin wählte das Zentralkomitee der deutschen Katholiken auf seiner Vollversammlung 1971 den Chefredakteur der KNA, Dr. Konrad Kraemer, zum Synodalen. Da die Berufung der Berater der Synode, die Stimmrecht in den Sachkommissionen erhielten, noch ausstand, vermittelte der Verleger des Speyerer Bistumsblattes „Der Pilger", Kast, mir ein Gespräch mit dem Vorsitzenden der Sachkommission VI, dem Kultusminister von Rheinland-Pfalz Bernhard Vogel, an dem auch Konrad Kraemer teilnahm. Wir besprachen mit Vogel, der Mitglied der Zentralkommission war, wie wir die Synodalen mit faktischen Unterlagen über die Rolle und die Situation der Kirchenpresse informieren könnten. Vogel zeigte sich sehr aufgeschlossen, unterstützte unseren Vorschlag, allen Mitgliedern der Sachkommission ausführliches Material über die Initiativen der AKP zukommen zu lassen und versprach, sich dafür einzusetzen, dass der AKP-Vorsitzende zum Berater der Synode berufen werden sollte.

Das geschah mit Erfolg, denn am 14. Juli 1971 meldeten die „Ruhr-Nachrichten", dass der Vorsitzende der Synode, Kardinal Döpfner, „zehn Damen und Herren aus dem Bistum Essen" zu Beratern ernannt und auf die Sachkommissionen zugeteilt hatte. Darunter befanden sich der Ruhrwort-Redakteur Kurt Martin Magiera, der als Schriftsteller in die Sachkommission II „Gottesdienst, Sakramente, Spiritualität" entsandt wurde, und „der Chefredakteur der 'Christlichen Familie' und Vorsitzende der AKP, Dr. Ferdinand Oertel, der in die Sachkommission VI entsandt wurden (PA). Zum selben Zeitpunkt waren Prof. Otto B. Roegele, Prof. Michael Schmolke, „Publik"-Chefredakteur Alois Schardt und Prälat Karl-August Siegel in den Kreis der Berater aufgenommen worden. Schmolke und Siegel wurden im Verlauf der Synode zu Voll-Mitgliedern promoviert, während Schardt noch vor der 2. Sitzungsperiode wieder ausschied, nachdem „Publik" eingestellt worden war. Im Jahresbericht 1971 der AKP wurde unter Bezug auf die Berufungen von Konrad Kraemer und mir festgehalten: „Personell ist damit die Voraussetzung gegeben, daß die Vorstellungen der Arbeitsgemeinschaft über die Zukunft der Kirchenpresse in die Synode mit eingebracht werden können."(AKP, Jahresbericht 1970/71). Alle Planungen der Synode wurden jedoch über den Haufen geworfen, als die Bischöfe am 11. November 1971 beschlossen, „Publik" einzustellen.

Für einen spürbaren Wandel in der Haltung kirchlicher Funktionsträger gegenüber der Kirchenpresse wirkte sich die Berichterstattung über die Synode noch
stärker aus als die Mitwirkung von AKP-Synodalen und -Beratern bei der Erstellung der Arbeitspapiere. Schon sofort nach der Ankündigung der Synode hatte
die KNA einen Sonderdienst „Konzil-Kirche-Welt" eingerichtet, dessen Artikel
und Kommentare besonders auf die Kirchenpresse zugeschnitten waren. Es dürfte unbestritten sein, dass durch die vielen Beiträge in den Bistumszeitungen und
anderen katholischen Zeitschriften im Vorfeld der Synode die Zielsetzung dieses
außerordentlichen Treffens im Kirchenvolk ein so breites Echo gefunden hat.
Das geht eindeutig aus den drei Dokumentations-Bänden von „Publik" hervor.
Von den rund 70 darin zitierten Pressebeiträgen von Ende 1968 bis Anfang
1972 stammen 16 - verständlicherweise - aus dem eigenen Blatt „Publik". Aus
der säkularen Presse werden nur sechs Artikel dokumentiert, von KNA und aus
der Bistumspresse hingegen 19. Rechnet man noch die sieben Beiträge der
„Deutschen Tagespost" und die 18 aus katholischen Verbands- und Monatszeitschriften wie „Stimmen der Zeit" und „Herderkorrespondenz" hinzu, entstam-
men zwei Drittel dieser Veröffentlichungen der Kirchenpresse.

Mir ist bewusst, dass Zahlen nicht alles sagen, in diesem Fall aber eine nachträg-
liche Bestätigung von Maßnahmen sind, die von der AKP im Bemühen um Leistungssteigerung beschlossen worden waren. Dazu gehörte, was im AKP-Jahresbericht 1971 besonders festgehalten worden ist: dass in diesem Jahr „zum ersten
Mal aus Redakteuren der KNA und der Kirchenpresse Gemeinschaftsredaktionen gebildet worden (sind), die bei besonderen Anlässen eine gezielte Sonderberichterstattung für die Kirchenpresse durchführten". Ihre Bewährungsprobe bestand die Gemeinschaftsredaktion schon bei der konstituierenden Sitzung der
Synode. Bemerkenswert ist, wenn im selben Bericht ausdrücklich vermerkt
wird, dass das Synoden-Sekretariat sich bereit erklärte, nicht nur die Sonderkos-
ten für diese Gemeinschaftsarbeit der Kirchenpresse zu übernehmen, sondern
auch zusagte, weitere Sonderberichterstattungen über die folgenden Vollversammlungen zu finanzieren.

Im Juni 1971 wurde eine weitere AKP- Gemeinschaftsredaktion mit der KNA
für das Ökumenische Pfingsttreffen in Augsburg gebildet, und im Oktober lieferte ein einzelner „Sonderberichterstatter" der Bistumspresse in Verbindung mit
KNA eigene Berichte und Kommentare über die Weltbischofssynode in Rom.
Sein Name war übrigens Msgr. Lorenz Freiberger, und die Kosten für diese Sonderberichterstattung übernahm der „Pressebischof".

Bei den Synoden-Vollversammlungen bildete das bei der Eröffnung eingespielte
Team die Gemeinschaftsredaktion: die Chefredakteure Pastor Winfried Henze
von der Hildesheimer, Hermann Josef Kreitmeier von der Eichstätter Kirchenzeitung und Willi Thomes vom Trierer „Paulinus". Allen Dreien konnte niemand
vorhalten, dass sie Hofberichterstatter seien. Ihre Fähigkeiten, theologische Themen verständlich darzustellen und zu kommentieren sind ebenso unbestritten
wie ihre offene Berichterstattung über alle kontroversen Vorgänge in der Synode, auch manche versteckten. Im AKP-Jahresbericht 1971 hieß es schon, dass

aus den Abdrucken dieser redaktionellen Zusammenarbeit „eindeutig" hervorgeht, „daß damit einer Vielzahl von Redaktionen wertvolle Hilfsdienste geleistet
werden konnten".

Gemeinschaftsredaktionen haben sich in diesen Fällen bewährt, doch das Groß-
projekt „Gemeinschaftsredaktion der AKP mit KNA" blieb weiterhin umstritten,
nicht nur innerhalb der AKP, sondern auch, weil zu dieser Zeit die Bischöfe sowie
ihre publizistischen Institutionen und Berater dem „Gesamtkonzept" für die Neuordnung der kirchlichen Publizistik den Vorrang gaben. Und das führte dazu, dass
die AKP sich bemühte, ihre Position in diesem Gesamtplan zu fixieren.

AKP-Rahmenplan für ein Gesamtkonzept

Da nach der Eröffnung der Synode im Januar 1971 die Vorbereitungen für die
Synode-Papiere äußerst zügig vorangetrieben wurden, erhielt die AKP schon
bald die Gelegenheit, ihre Vorstellungen über die Weiterentwicklung der Kirchenpresse in ein geplantes Arbeitspapier der Sachkommission VI über „die Zukunftsgestaltung der Medienträger" vorzulegen. Beauftragt damit wurden Dr.
Kraemer und ich.

Als Hauptunterlage dienten dabei Entwürfe für einen „Rahmenplan der Kirchenpresse", die ich nach der Januar-Vorstandssitzung zusammengestellt hatte.
Ihr ausformulierter Entwurf stand neben einem Beschluss über Vorüberlegungen
zu einer Gemeinschaftsredaktion im Mittelpunkt der Jahresversammlung, die
Ende Oktober 1971 in Brixen stattfand. Da dabei zahlreiche Ergänzungen und
Änderungen eingebracht wurden, berief die AKP zur Verabschiedung des endgültigen Textes eine außerordentliche Mitgliederversammlung für Ende Januar
1972 ein, also noch drei Monate vor der nächsten Synodenvollversammlung.
Viele Punkte dieses Rahmenplanes (AKP, 1974, S. 42-46), gingen explizit in alle
bischöflichen und synodalen Diskussionen ein und fanden sich auch in Berater-
papieren vor.

In der Einleitung wird aktuell auf „Vorarbeiten" für einen Gesamtplan Bezug
genommen und klar gefordert, dass die Kirchenpresse darin „eine vorrangige
Stellung" erhalten muss, weil sie "der Kirche einen unverwechselbaren Dienst
(leistet), dem sich die anderen Medien nicht in gleicher Weise verbunden wissen". Der Rahmenplan entfaltet im ersten Teil die Aufgabenstellung der Bistumspresse, wie sie sich aus den neu formulierten Selbstverständnissen der Bistumspresse, der Sonntags- und Magazinpresse sowie der Missions- und Ordens-
spresse ergeben. Im zweiten Teil werden die speziellen verlegerischen Grundlagen für die Herausgabe von Kirchenzeitungen aufgeführt mit der Forderung,
ihr keine weiteren Mittel zu entziehen, sondern sie notfalls zu subventionieren.
In Anspielung auf die „Publik"-Krise heißt es wörtlich: „Vor der Neugründung
katholischer Presseorgane mit Hilfe kirchlicher Mittel ist nach sachgerechten
Kriterien eingehend zu prüfen, ob diese Mittel - unter Hinweis auf Nr. 137 in
„'Communio et progressio' - nicht effektiver zur Förderung, Verbesserung oder
zum Ausbau bestehender Organe eingesetzt werden könnten". Im dritten Teil
werden schließlich als „Notwendige Sofortmaßnahmen" eine Feldbefragung

über Informations- und Kommunikationserwartungen an die Kirchenpresse, der Ausbau der KNA, die Einrichtung einer Gemeinschaftsredaktion sowie mittel- und langfristige Public Relations-Aktionen genannt. Unter den Anlagen befindet sich bereits ein detaillierter Finanzierungsplan für eine AKP-Gemeinschaftsredaktion mit KNA, dessen Gesamtsumme sich auf jährlich DM 417.252,50 belief. (PA) Dieser Rahmenplan ging in den anschwellenden Diskussionsstrom bischöflicher Planungen und synodaler Überlegungen über die Zukunft katholischer Publizistik ein - was gut war. Doch das Heft in die Hand genommen hatte inzwischen jemand ganz anderer: der neue Sekretär der Bischofskonferenz, Prälat Josef Homeyer. Noch vor der Mai-Vollversammlung der Synode 1972 machte er sich intern kundig und verfolgte eine kirchliche Neuordnung im gesamten Medienbereich.

„Auf Einladung von Prof. Schmolke fand am 9. Januar 1972 in Münster ein interner Informationsaustausch zwischen dem neuen Sekretär der Bischofskonferenz und mir im Beisein von Herrn Schmolke statt." So lautet der erste Satz eines Aktenvermerkes, den ich für die AKP geschrieben hatte (PA). Aus den acht Punkten, die ich darin notierte, geht hervor, dass der junge Prälat Homeyer unvoreingenommen, klar und sachlich zupackende und gezielte Fragen stellte, um zu einer realistischen Einschätzung der ihm weithin unbekannten Situation der Kirchenpresse zu kommen. Und er schätzte wohl das, was als Negativbild galt, richtig ein, versuchte Wege aus dem Tief heraus zu finden, jedoch in einer größeren Zusammenschau. Hierzu folgende Notizen:
- „Die Überlegungen von Dr. Homeyer im Bereich der Bistumspresse gehen von dem schlechten Image aus, das diese auf Grund seiner vielfältigen Gespräche nicht nur bei den katholischen Intellektuellen, sondern auch etwa bei den entscheidenden Leuten in der Synode hat. Man - und auch er selbst - stehe durchaus positiv zur Kirchenpresse, halte sie jedoch nicht für sehr effektiv. In diesem Zusammenhang stellte Dr. Homeyer sofort die Frage, warum man nicht einen gemeinsamen Teil für alle Zeitungen mache und im Bistumsbereich lokale Beilagen oder dem Bistumsteil einen zentral hergestellten Teil beilege."
Laut Protokoll informierte ich den Sekretär einerseits darüber, dass „völlig verschiedene Voraussetzungen in der Herausgeberschaft und im Verlagswesen", andererseits schon einzelne Kooperationen beständen. Zwar seien die verlegerischen und redaktionellen Bedingungen - darunter „auch der begrenzte Freiheitsraum" unzureichend, doch habe die AKP das Projekt einer Gemeinschaftsredaktion entwickelt. Dazu meine Notiz:
- „Bei der Erörterung dieses Planes wurde jedoch klar, daß dieses Projekt sowohl von Prof. Schmolke als auch von Dr. Homeyer nur als eine minimale Notlösung zu billigen wäre. Beide erklärten sich mit meiner privaten Meinung einig, daß eine solche vorübergehende Verbesserung entweder in einem Ausbau der KNA für die Belange der kirchlichen Presse oder in eine Zentralredaktion für den Einheitsteil aller Bistümer münden müsse. Ich sagte allerdings, daß man in der Arbeitsgemeinschaft solche Pläne noch nicht diskutieren könne, da die Mehrzahl der Verleger allzu fixiert auf die Erhaltung ihrer eigenen Objekte sei."

Besonders wichtig erschien mir das, was Homeyer über einen „Gesamtplan" sagte: Innerhalb der neu gegliederten Bischofskonferenz sollte Prälat Schätzler den Bereich Medien behandeln und die Prioritäten aller Projekte festlegen. Dabei komme der kirchlichen Presse „in jedem Fall eine besondere Bedeutung zu". Aus diesem Grund interessiere er sich für den Rahmenplan der AKP und sprach sich für die Feldbefragung aus. Doch „aus taktischen Gründen" sollte die AKP jetzt keine eigenen Forderungen erheben, weil „die vorherrschende negative Einstellung" diese abschlägig zurückweisen würden. Erst müsse der Gesamtbedarf festgestellt werden, und nur in diesem Rahmen sollen künftig Mittel vergeben werden, wenn sie allen zugute kommen. Vordringlich sei es, „das Image der Kirchenpresse aufzubessern". Schließlich notierte ich zwei Punkte, die künftig eine starke Rolle spielen sollten: Für alle Belange der Kirchenpresse stehe das Sekretariat „ganz zur Verfügung, und er überlege, ein „kleines Team" für die Erarbeitung des Gesamtkonzeptes zu berufen. Als Teilnehmer wurden Prof. Schmolke, Dr. Wagner, Direktor Schätzler und ich genannt, ggf. sollte noch Hans Heigert von der „Süddeutschen Zeitung " dazu kommen.(PA, 1972)

Nach diesem Gespräch war mir klar, dass die Kirchenpresse jetzt einen kompetenten Ansprechpartner in der Bischofskonferenz hatte, der entscheidungswilliger war als alle anderen bisherigen Gesprächspartner und Institutionen, einschließlich der Publizistischen Bischofskommission und des Verbandes der Diözesen. Mir war auch klar, dass ich selbst als AKP-Vorsitzender zwischen den Stühlen saß: der Kritik der kirchlichen Medienverantwortlichen an der Kirchenpresse und der AKP einerseits und dem Beharren der meisten Verleger und Redakteure in der AKP auf dem Status quo, bei dem ihnen das Hemd näher war als der Rock. Allerdings vertraute ich auch auf sachliche Kooperation mit dem neuen Sekretär und erhielt wenige Wochen später nicht nur dafür einen weiteren Beweis, sondern auch für die Entschlossenheit, mit der Homeyer seine Neugliederung der kirchlichen Publizistik vorantrieb.

Anlass waren Verhandlungen, die das Winfried-Werk mit Burda über eine neue gemeinsame Gesellschaft für „Weltbild" verhandelte. Dr. Homeyer lud dazu am 29. März 1972 den beteiligten Verleger Dr. Hall, den früheren AKP-Vorsitzenden Hagemeier sowie vom gegenwärtigen Vorstand Verlegersprecher Schmitz und mich nach München ein. Wiederum gibt mein AKP-Aktenvermerk Einblick in das, was sich auf bischöflicher Ebene tat. Wörtlich: „Dr. Homeyer stellte zu Beginn fest, daß es nicht Sinn dieser Besprechung sei, eine direkte Lösung für die Frage Weltbild zu suchen und zu finden, vielmehr liege der Bischofskonferenz daran zu erfahren, ob es Möglichkeiten innerkatholischer Verlagskooperationen gebe, die den Schwierigkeiten für alle Kirchenzeitungen begegnen könnten." (PA,1972) Da war sie wieder, die bischöfliche Vorstellung von einer großen Verlagskooperation, die allerdings nicht direkt in das sechs Wochen später auf der Synode verkündete „Sofortprogramm" einging, aber anderthalb Jahre später zur Zerreißprobe der AKP führen sollte.

Das von Homeyer „angedachte" Team Schmolke/Wagner/Schätzler/Oertel/Homeyer ist nie einberufen worden, die Synoden-Explosion über den Fall von „Publik" hat zu anderen Entwicklungen geführt. Personenbezogen dazu vorab die Anmerkung: Schmolke und Schätzler - als Direktor der neuen Hauptstelle für Presse im Sekretariat der Bischofskonferenz - sind tatsächlich zu meinen Hauptpartnern in AKP-Fragen geworden, Wagner ist offensichtlich stärker seinen wissenschaftlichen publizistischen Aufgaben in München nachgegangen, obwohl er mit seiner „universellen Forumstheorie" die Kirchenpresse noch lange verfolgte, und Hans Heigert gab mir in einer aktuellen Talkrunde im Bayerischen Fernsehen über das „Ende von Publik" Gelegenheit, den Funktionswandel der Kirchenpresse darzulegen und zumindest zu einer „Imageverbesserung" beizutragen. Doch zunächst stand die von allen mit äußerster Spannung erwartete Vollversammlung der Synode im Mai 1972 an.

Synode: Gegen eine Legendenbildung um „Publik"

Die hektischen Vorgänge auf der Synode nach der Einstellung von „Publik" sind hinreichend in den beiden Bänden der offiziellen Gesamtausgabe „Gemeinsame Synode" (a.a.O.) dokumentiert: die Forderung einer Sondersitzung von 80 Synodalen nach der Einstellung von „Publik", die zur Einfügung eines Sondertages in die 2. Vollversammlung am 11. Mai 1972 führte, die Gründung einer Gemischten Kommission (Mitglieder der K I: Verkündigung, K V: Kirche und Staat und der K VI: Publizistik) zur Erarbeitung von „Grundsätzen für ein Gesamtkonzept kirchlicher Publizistik", der emotional aufgeladene „Publik"-Tag mit der Verkündigung des „Sofortprogramms" der Bischofskonferenz, schließlich das Arbeitspapier „Kirche und gesellschaftliche Kommission" der Sachkommission VI. Dieses Dokument wurde - man muss schon sagen - aus drei Papieren „zusammengebastelt": dem Entwurf für ein Gesamtkonzept und den „Grundsätzen eines Konzepts kirchlicher Publizistik in der Bundesrepublik", beide erstellt von der Gemischten Kommission, und den „Grundsätzen kirchlicher publizistischer Arbeit" des (prinzipiell zuständigen) Arbeitskreises VI. Wenn man das Arbeitspapier 40 Jahre später nachliest, muss man feststellen, dass es im Grunde alle Aspekte ziemlich deutlich anspricht, und kann verstehen, dass die Mitglieder der Kommission VI enttäuscht waren, als die Synode diese Arbeit nicht als Beschluss verabschiedete, sondern nur als Arbeitspapier. (Gemeinsame Synode, 1977, S.215 ff.).

Wie über die Synode, liegen auch über die Vorgeschichte, die dreijährige Existenz von „Publik" und deren Einstellung Untersuchungen vor, die alle Aspekte beleuchten und zu den unterschiedlichsten Bewertungen kommen (vgl. dazu die drei Gutachten von Forster, Wagner, Schmolke, 1974, sowie ComSoc, Beiheft 3, 1974, und Roegele in: Albrecht, 1983). Aus meiner Perspektive als Vertreter der AKP in der Sachkommission VI möchte ich ergänzend einige Punkte festhalten, die ich nicht in den offiziellen und privaten „Publik"-Untersuchungen gefunden habe oder anders erlebte habe und beurteile. Dabei stütze ich mich auf meine privaten Notizen und unveröffentlichte Dokumente der AKP.

In der Gemischten Kommission zur Erstellung eines Gesamtkonzeptes hatte sich schon früh abgezeichnet, dass ihre Mehrheit sich für die Gründung eines Nachfolgeorgans von „Publik" einsetzte und dafür Mittel von der Bischofskonferenz fordern würde. In einer „Information zu PUBLIK" an alle Synodalen und Berater behauptete die Kommission, die neue katholische Wochenzeitung sei „an der Opposition" gescheitert, und „diese Opposition kam einerseits aus Kreisen der Kirchenpresse und der katholischen Presse, die der Neugründung den Ausbau bestehender katholischer Wochenschriften vorgezogen hätten, andererseits von kirchlichen Amtsträgern, die der Kombination von kirchlichem und institutionskritischem Bewußtsein in der katholischen Laienintelligenz mißtrauisch gegenüberstanden und sie durch die KWZ noch gestützt fanden".

Diese Darstellung rief sofort meinen Protest hervor. In einer Stellungnahme vom 3. Mai an die Kommission erklärte ich: „Was den Bezug auf die Kirchenpresse angeht, möchte ich zwei Anmerkungen machen, damit keine Legende über die Schuld der Kirchenpresse am Tod von PUBLIK entsteht." Ich bestätigte, dass die Kirchenpresse Einwände gegen die Planung der KWZ vorgebracht habe, „nämlich verlegerische und wirtschaftliche": zum Beispiel dass die Verlagsleitung einem „versierten Fachmann" anvertraut werden müsse und in den Nußberger- und Allensbach-Gutachten hinsichtlich der Werbemöglichkeiten „Mängel und Fehler" steckten. Alle Einwände seien aber abgeblockt worden mit der Bemerkung: PUBLIK „kommt anders", werde keine Türwerbung betreiben und der Kirchenpresse keine Leser abwerben. Gegen das publizistische Konzept sei also keineswegs opponiert worden. Ärgerlich reagiert habe die Kirchenpresse jedoch, weil die Bischöfe für die KWZ „einseitig und unausgewogen finanzielle Mittel zur Verfügung stellte". Die Bistumspresse habe in den Jahren nach ihrer Wiederbegründung mindestens 60 Millionen DM an die Diözesen gezahlt, und selbst 1971 müssten noch einige Blätter Abgaben an die Ordinariate leisten. Das sei, so meine Beurteilung, „nicht nur ärgerlich, sondern auch von der Sache her ungerecht und unpastoral".

Nicht verkneifen konnte ich mir eine Anmerkung zu der Behauptung in der Information der Gemischten Kommission, dass von kirchlichen Amtsträgern gegenüber der „katholischen Laienintelligenz" und „Publik" Mißtrauen herrsche. Das empfand ich als äußerst hochnäsig und elitär. Deshalb wies ich die „unsinnigen Kategorien" zurück, wonach heute oft geurteilt werde: „daß 'fortschrittlich' oder 'traditionell' irgendeine Aussage über die Glaubensqualität sein kann. Weder die progressiven noch die konservativen Katholiken sind die besseren oder schlechteren Christen, weder die Jugendlichen noch die Etablierten, schon gar nicht die Intellektuellen, denn Glaubensverständnis hängt letzten Endes doch wohl nicht vom Grad der Intelligenz ab". Darum könne man auch nicht ein Blatt für die Intelligenz ausspielen gegen andere Blätter, die auf breitere Schichten abgestimmt seien. Meine Stellungnahme schließt mit der Erklärung, dass ich der Forderung nach Mitteln für ein Publik-Nachfolge-Organ nicht zustimmen könne, sondern für eine ausgewogene Finanzierung sämtlicher publizistischen Aufgaben plädiere. Deshalb schlug ich vor, dass die Sachkommission VI dafür „Kriterien innerhalb ihres Konzepts für die kirchliche Publizistik vorrangig erstellt" (PA,1972).

Aus der lebhaften Diskussion am „Publik"-Tag, dem 11. Mai 1972, habe ich interessanter Weise neben der handschriftlichen Mitschrift über die Verkündigung des Sofortprogramms durch Bischof Georg Moser und Stichworten für meine eigene Wortmeldung bemerkenswerte Notizen über Aussagen des damaligen Münsteraner Pastoraltheologen und späteren Limburger Bischofs Franz Kamphaus gefunden. Kamphaus sagte, dass „Publik" nicht nur ein publizistisches Problem sei, sondern ein kirchliches Problem im Kontext der gesellschaftlichen Aufgabe von heute. Kirche lebe nicht mehr im Ghetto. Ob man denn glaube, „selbst wenn die jetzige kirchliche Presse nichts über brisante Themen bringen wollte, nicht schon Funk und Fernsehen dafür sorgen, dass etwa die Erklärung der 33 (Synodalen, die ein „Publik"-Nachfolge-Organ forderten) nicht bekannt wird?" Er fragte die Diskussionsredner, ob sie nicht „etwas undifferenziert mit dem 'entweder in der Welt oder im Ghetto'"operierten. Es gebe „nicht nur *eine* Möglichkeit, in der Welt präsent zu sein und in die Welt hinaus zusprechen, sondern *mehrere*". Kamphaus schloss seine stark beachteten Ausführungen mit der Forderung eines Gesamtkonzeptes mit konkreten Sofortmaßnahmen, „wie zum Beispiel die Kirchenpresse für sich ein solches Sofortprogramm mit Feldbefragung, Gemeinschaftsredaktion etc. getan hat".

Für eine eigene Wortmeldung hatte ich mir stichwortartig aufgeschrieben: *'Kritiker, die behaupten, Kirchenpresse werde nur von alten Frauen auf dem Land gelesen, kennen nicht die gegenwärtigen Blätter - Sind immer zwar noch unzulänglich, aber nur knapp 70 Redakteure für 22 Bistumsblätter - Wenn bessere Kirchenpresse, Engagement von allen: Bischöfen, Theologen, Laien erforderlich - Statt jahrelanger finanzieller Abgaben jetzt Fördermittel für Ausbauprojekte notwendig.'* Doch zu dieser Wortmeldung kam ich nicht mehr, weil aus Zeitgründen die Debatte beendet und eine offizielle Stellungnahme der Bischofskonferenz angekündigt wurde: das Sofortprogramm. Aus meiner Mitschrift der Ankündigung von Bischof Moser geht hervor, dass mir Zusatzbemerkungen, die der Bischof zu den sechs Hauptpunkten machte, im offiziellen Dokumentationsband fehlen, für unsere Kirchenpresseanliegen aber besonders wichtig waren. Zu Punkt 1 präzisierte Moser die „Errichtung eines Referates Publizistik beim Sekretariat der Deutschen Bischofskonferenz" - Moser wörtlich „eines *vorläufigen* Referates" - mit Hinweis auf den „Ausbau der Zusammenarbeit der Hauptstellen für Film, Rundfunk und Presse" sowie „neuen Erfordernissen" (in der Synoden-Gesamtausgabe wird irrtümlich die „Koordination der Hauptstellen" als eigener Punkt aufgeführt, so dass sieben statt der genannten sechs Punkte herauskommen). Punkt 4 nannte Moser nicht „Förderung", sondern „Weiterentwicklung der Kirchenpresse" sowie „Verbesserung der Kooperationen zum Beispiel durch eine Gemeinschaftsredaktion", ein AKP-Projekt (Gemeinsame Synode, 1977, S. 215). Dies zeigt, mit welch heißer Nadel dieses Programm zusammengestellt, vorgetragen und dokumentiert wurde. Es ging in der aufgeheizten Atmosphäre tatsächlich um Beruhigung der Gemüter, denn nur so ist auch die Schlußbemerkung Mosers zu verstehen: Die Bischöfe hätten „noch kein Rezept für die Nachfolge-*Aufgabe* von 'Publik'", es bestehe aber „Bereitschaft für entsprechende Mittel".

Meine letzte kurze Anmerkung zu „Publik": Die vielleicht entscheidende Problematik, die letztlich zum Scheitern führte und im damals alles überbordenden „Konzilsgeist" nicht ins Blickfeld der Planer geriet, war der unauflösliche Widerspruch in der Grundstruktur dieses Prestige-Objektes: eine von den Bischöfen gegründete und finanziell mitgetragene „Katholische Wochenzeitung" gleichzeitig verlegerisch und redaktionell von Bischöfen unabhängig zu gestalten. Eine praktisch unbegrenzte redaktionelle Freiheit, wie sie von der „Publik"-Redaktion in Anspruch genommen wurde, musste zu Konflikten führen.

Wenn die „Publik"-Redaktion zu viel an Freiheit hatte, so klagten Redakteure der kirchlichen Presse, falls sie nicht schon in vorauseilendem Gehorsam oder resignierend die Schere im Kopf gebrauchten, über zu wenig Freiheitsraum. Erfreulicher Weise ist das Thema Redaktionsfreiheit sogar in das - nach endlosen Diskussionen auf fast allen Synoden-Kommissionssitzungen und -Vollversammlungen erst 1975 verabschiedete Arbeitspapier „Kirche und Gesellschaftliche Kommunikation" eingegangen, ebenso wie viele andere Projekte und Forderungen der AKP bis hin zu Subventionen. Es lohnt sich, diese Dokumentierungen festzuhalten, weil sie den Hintergrund für die tatsächlichen Weiterentwicklungen der Kirchenpresse bilden.

Der Bistumspresse wird in dem Arbeitspapier bescheinigt, auf der Basis des Konzils einen „grundlegenden Funktionswandel" zur Wahrnehmung „ihres spezifischen kirchlichen Auftrags" begonnen zu haben. Wenn dies in vollem Umfang noch nicht gelungen sei, liege dies nicht nur am Wollen, sondern an fehlenden personellen Voraussetzungen und wirtschaftlichen Schwierigkeiten. Dann heißt es kritisch: „Die Krisenbewältigung wäre unvollständig, wenn man nicht ehrlich einräumt, dass viele Blätter der Kirchenpresse lange Zeit hindurch in der Freiheit ihrer pressegerechten Informations- und Meinungsvermittlung ungebührlich eingeschränkt waren", deren Nachwirkungen noch nicht überall überwunden seien. Allerdings hinderten auch „vorgeprägte Lesererwartungen" die Redakteure häufig daran, den Freiheitsspielraum auszunutzen.

Ebenso realistisch wird die Rolle der Leserbindung gesehen. Inhaltliche Umfunktionierungen führten meist zu hohen Auflagenverlusten. Andererseits schrecke die spezifische Bindung an die Diözesen qualifizierte Nachwuchsredakteure ab - wozu das beste Beispiel Hannes Burger war, der die Münchener Kirchenzeitung nach kurzer Zeit verlassen hatte und in die Redaktion der „Süddeutschen Zeitung" eingetreten war. Abschließend bekräftigt die Sachkommission VI die von der Kirchenpresse angemahnte Verpflichtung der Bischöfe zu Subventionen, wenn sie nicht punktuell vergeben werden, sondern als „strukturverbessernde Hilfe zur Selbsthilfe" - was bei den Hilfe-Suchenden ein „entschiedenes Umdenken in Richtung Selbsthilfe" voraussetze.

Mit all dem, was auf diese Weise sozusagen mit der vollen Autorität der Gemeinsamen Synode über die Rolle der Kirchenpresse ausgesagt wird, konnte die AKP zufrieden sein. Doch das Papier fand wenig Aufmerksamkeit und verschwand eigentlich in den Ablagen. Schon der Beschluss der Vollversammlung, es nicht unter die Dekrete zu nehmen, wirkte sich negativ aus. Otto B. Roegele stellte 1982 fest, dass die tatsächliche Rolle der katholischen Presse von den kirchlichen Autoritäten immer noch nicht so erkannt werde, wie sie in der Pastoralinstruktion „Communio et Progressio" umschrieben wird (Roegele, 1982).

Neue Medienbasis: „Communio et progressio"

Die neue Sicht der Medien und vor allem die Aufgabenbeschreibung für die katholische Presse und katholische Journalisten in der am 3. Juni 1971 in Rom vorgestellten Pastoralinstruktion „Communio et Progressio über die Instrumente der sozialen Kommunikation"(CeP) sind in der AKP sofort als Bestätigung und Rückenstärkung für den begonnenen Funktionswandel der Kirchenpresse erkannt worden. Allerdings wird in einem AKP-Papier erst ein Jahr später in den „Grundsätzen für einen Rahmenplan der Kirchenpresse" auf CeP Bezug genommen (Zitate aus Pastoralinstruktion, 1971). Und das auffälliger Weise nicht unter der Aufgaben- und Rollenbeschreibung, sondern unter „verlegerischen Grundlagen". Das ist nur zu verstehen aus der aktuellen Diskussion um ein Nachfolge-Organ für „Publik", denn der entsprechende Punkt heißt: „Vor der Neugründung katholischer Presseorgane mit Hilfe kirchlicher Mittel ist nach sachgerechten Kriterien eingehend zu prüfen, ob diese Mittel nicht effektiver zur Förderung, Verbesserung oder zum Ausbau bestehender Organe eingesetzt werden könnten". Dahinter wird dann aus CeP Nr.137 zitiert, deren Aussage im übrigen auch gegenwärtig noch beachtenswert erscheint: „Damit bestehende katholische Unternehmungen nicht geschwächt werden, soll man sich vor unüberlegten Initiativen hüten." In den beiden nächsten Punkten des „Rahmenprogramms" wird CeP ein zweites Mal zur Unterstützung der AKP-Aussage herangezogen, dass Kirchenpresse auf Grund ihres Auftrags zur Teilhabe am „Wesensauftrag der Kirche, der Heilsverkündigung" nicht nur nach wirtschaftlichen Gesichtspunkten beurteilt werden kann, sondern nach ihrer „kirchlichen Effizienz". Dafür aber sei es notwendig, dass sie „so ausgestattet wird, daß sie allen fachlichen Ansprüchen genügt: Sie muß mit allem Notwendigen ausgestattet sein und über hinreichende Finanzmittel verfügen, damit sie eine unbestreitbare fachliche Qualität erreichen kann."(CeP Nr. 138).

Die im Auftrag des Zweiten Vaticanums erstellte Pastoralinstruktion war lange erwartet worden und wurde generell als Wendepunkt in der kirchlichen Haltung zu den Medien bezeichnet. Als wichtigste Neuerungen bezeichnete Michael Schmolke in Heft 4/1971 von „Communicatio Socialis" in seinen „Zehn ideengeschichtlichen Beobachtungen zur Pastoralinstruktion" vor allem die Abkehr von der langen Abwehrhaltung gegenüber den Medien, speziell der als moralisch gefährliche „Großmacht" abgestempelten „schlechten Presse" sowie die neue Sicht als notwendiges Mittel zum gesellschaftbildenden „Gespräch untereinander" auf der Basis von Meinungsfreiheit und Pressefreiheit. In meinem Exemplar der von den deutschen Bischöfen approbierten Übersetzung, die im Paulinus Verlag, Trier, mit einem Kommentar von Hans Wagner erschien, habe ich folgende Nummern angestrichen:

- Nummer 12 mit der wohl am meisten zitierten Aussage: „In den 'erstaunlichen Erfindungen der Technik', die der sozialen Kommunikation unter den Menschen dienen, erblickt der gläubige Christ die von der Vorsehung Gottes gegebenen Mittel, um das Zusammenleben der Menschen auf dieser Erde zu fördern." Wobei anzumerken ist, dass das Wort *Vorsehung* schlecht übersetzt ist und allzu leicht mit dem nationalsozialistischen Missbrauch in Verbindung gebracht werden kann. Im Original heißt es „provido Dei consilio", richtig übersetzt: „durch Gottes *Ratschluss*". Nicht von ungefähr benutzt der von Benedikt XVI. mit verfasste, 2005 herausgegebene sog. „Kleine Katechismus" in der 1. Frage eben dieses Wort: 'Welchen *Ratschluss* hat Gott für den Menschen ?' (Katechismus, 2005, S. 25).

- Nummern 24, 25 und 26 über die Kommunikationsmittel als „öffentliches Forum, auf dem das Gespräch der Menschen hin und her geht" und das zur Bildung der "öffentlichen Meinung" notwendig ist, die Freiheit der Meinungsäußerung aber „Grenzen der Sittlichkeit und des Gemeinwohls" hat.

- Für die unsere unmittelbare Kirchenzeitungsarbeit betreffenden Punkte habe ich aus dem 1. Kapitel aus dem Absatz über das „Recht auf Information" Nummer 38 angekreuzt: „Ferner müssen die Kommunikatoren umfassend und verständlich berichten, und zwar so schnell es geht". Und dann erst wieder die 130er Nummern, in denen es um „die eigenen" Kommunikationsmittel" geht, deren Voraussetzungen „je nach Land und Medium unterschiedlich sind" (Nr.132).

- Wo in Nr. 134 gesagt wird, dass es vordringliche Pflicht der Bischofskonferenzen sein wird, in ihrer pastoralen Gesamtplanung dem Einsatz im Bereich der Kommunikation „anders als früher einen zentralen Platz einzuräumen", war mir im folgenden Satz besonders wichtig, dass „ausreichend Geldmittel" nicht nur für den eigenen Verantwortungsbereich zur Verfügung gestellt werden müssen, sondern auch „auf internationaler Ebene". Zu dieser Zeit hatten gerade Vertreter der italienischen, französischen, amerikanischen Kirchenpresse und ich als AKP-Vorsitzender auf dem Weltkongress der Weltunion der katholischen Presse (UCIP) die Gründung einer eigenen Föderation für die Kirchenpresse vorgeschlagen, worüber ich an späterer Stelle noch berichten werde.

- Kernpunkte für unsere Arbeit wurden im Absatz über die Presse schließlich die Nummern 138 bis 141. Nr. 138 eröffnet der katholischen Presse praktisch das ganze Feld der Informations- und Meinungsberichterstattung über alle „Aspekte des heutigen Lebens", „alle Schwierigkeiten und Probleme", - „all dies aber im Licht der christlichen Lebensauffassung". Dementsprechend müsse sie in religiösen und kirchlichen Fragen „ergänzen und, wenn nötig, richtig stellen". Viel zitiert wird der euphorische Satz: „Sie soll zugleich Spiegel sein, der die Welt reflektiert, und Licht, das ihr den Weg zeigt." Wieder konkret: „Sie soll Forum für Begegnung und Gedankenaustausch sein." Soweit, so gut. Doch die Offenheit wird eingegrenzt in einen festen Rahmen.

- In Nr. 141 wird als Quelle des „Lichtes" eindeutig das „kirchliche Lehramt" genannt. Und noch deutlicher: „Katholische Zeitungen, die als offizielle Organe des kirchlichen Amtes oder kirchlicher Institutionen gelten, obliegt es - wie es anerkannten Regeln und Gebräuchen im Pressewesen entspricht -, alle Mühe

darauf zu verwenden, um die Auffassungen jener Stellen und Institutionen darzulegen und deutlich zu machen, deren öffentliche Sprecher sie sind."
Kirchliche Presse also doch öffentliche Sprecher des Bischofs als Verwalter des Lehramtes und kein Forum für die ganze Bistumsgemeinde ? Der dieser offiziellen Ortsbestimmung folgende Satz ist von Anfang an von uns Redaktionspraktikern als unpräzise, unglücklich und unpraktisch bezeichnet worden: „In den gleichen Zeitungen können bestimmte Seiten der freien Meinungsäußerung offenstehen."
Also nur ein beschränkter Forumscharakter für Meinungsbreite ? Aber was soll die Feststellung: „Nur muß dann völlig klar sein, daß die betreffenden Herausgeber sich nicht mit jedem Standpunkt identifizieren, der dort in der Diskussion steht"?
Widerspricht dies nicht der Aufforderung aus Nr.138, „wenn nötig, richtig stellen" im Sinne des Lehramtes? Oder sind mit „bestimmten Seiten" nur die Leserbriefspalten gemeint, mit denen sich sowieso keine Redaktion identifiziert ? Bezieht sich das „Richtigstellen" nur auf Beiträge, in denen die Autoren, insbesondere Theologen, abweichende Meinungen vom Lehramt vertreten ?
Das waren u.a. die Fragen, die in der AKP im Mittelpunkt der Diskussionen über den Forumscharakter der Kirchenpresse, speziell der Bistumspresse, standen.

Zwischen allen Fronten: Dialogforum, Kirchenzeitungsräte, Gutachten

Die Bistumspresse bezeichnet sich in ihrem Grundsatzpapier als Organ der Ortskirche mit den spezifischen Aufgaben, den Glauben zu verkünden, über kirchliche Vorgänge zu informieren und *„Dialogforum"* für Meinungsspiegelung und Meinungsbildung zu sein. In seiner Ausformulierung als „Dialogforum" ist dieser Begriff von den Verlegern und Redakteuren und auch mir nie in irgendeiner Weise theoretisch verstanden worden, sondern rein aus der Redaktionspraxis heraus, unterschiedliche und gegensätzliche Meinungen zu Wort kommen zu lassen, allerdings ohne im Anhang die Katechismuslehre abzudrucken, wie es CeP nahe legt. In die Bedrouille über den Forums-Charakter hat uns eigentlich Hans Wagner mit seiner „universellen" Forumstheorie gebracht. Schon Schmolke hat in seinen „Zehn ideengeschichtlichen Beobachtungen" vor Wagners Kommentar in der Trierer CeP-Ausgabe gewarnt: „...es wäre schade, wenn eine so besonnene pastorale Anleitung zu einem so wichtigen Gegenstand im deutschen Sprachgebiet durch den eigenwilligen Kommentar einer nicht adäquaten Aufnahme zugeführt werden sollte." Über Wagners Ausdeutung von Nr. 24 in CeP schreibt Schmolke: Daraus „mehr herzuleiten als die metaphorisch formulierte dialogische und als solche funktionale Grundstruktur der Kommunikation zwischen Menschen, scheint uns nicht legitim zu sein. Das „plebiszitäre Mitspracherecht der Rezipienten", wie es Hans Wagner in früheren Veröffentlichungen und jetzt wieder in seinem Kommentar zur Instruktion (S.143 der Ausgabe des Paulinus-Verlags) vorschwebt, kann jedenfalls von hier aus nur gewaltsam begründet werden."
Die AKP hat Wagner seit der Redakteurstagung 1967 auf Schloss Hirschberg mehrfach Gelegenheit gegeben, seine Forums-Vorstellung vorzutragen: dass es

Medien geben müsse, die „der ganzen Kirche und allen ihren Meinungsgruppen als Forum dienen"; dass solche „universellen Foren" in der Kirche die Bistums-zeitungen seien, sowohl „ihrem eigenen Anspruch nach und auch faktisch - zumindest tendenziell -", und deshalb brauchten sie repräsentative „Kontrollen" in der Gestalt von „Kirchenzeitungsräten". Obwohl die AKP diese Forums-Vorstellung immer wieder einstimmig abgelehnt hat, ließ Wagner nicht locker. Nachdem er die Berichterstattung der Kirchenpresse Ende 1971 in seinem bayerischen Sprachrohr, der „Lebendigen Presse", erneut als unzulänglich und unausgewogen bezeichnet hatte, lud die AKP ihn erneut zur Redakteurskonferenz im Juni 1972 nach Leutesdorf ein, obwohl ich mich später fragte, warum eigentlich. Als er in einem Kurzreferat seine Thesen des „universellen Charakters" noch bekräftigte und dafür Kirchenzeitungsräte als „Kontrollgremien" forderte, wiesen die Redakteure seine Vorstellungen als pressefremde „Verabsolutierung" des Forumscharakters erneut zurück. Aus bayerischem Mund fiel das Wort vom „Wadenbeißer".

Wagner breitete seine Vorstellungen ergänzt und auf den gesamten kirchlichen Kommunikationsbereich ausgedehnt in seiner 1974 veröffentlichten dreibändigen Taschenbuchausgabe „Das Ende der katholischen Presse" aus (Wagner, 1974), in der er, wie mir schien, „gegen den Rest der Welt" polemisierte. Das regte in der AKP keinen mehr auf, ebenso wenig wie eine Dissertation, die Werner Döbereiner 1975 im Fachbereich Sozialwissenschaften an der Ludwig-Maximilians-Universität München unter dem Titel „Die Bistumspresse" vorgelegt hat. Darin legt er die Ergebnisse seiner Untersuchung darüber vor, ob die Bistumszeitungen ihren Anspruch erfüllen, „universelle Medien der Ortskirche" zu sein. Dafür hat er die Behandlung der Themen „Humanae Vitae", „Zölibat", „Motuproprio 'Matrimonia Mixta'" und „Gemeinsame Synode" im Zeitraum zwischen 1968 und 1972 herausgegriffen. Wenn er zu dem Gesamtergebnis kommt, dass kein einziges Blatt seinen Anspruch auf universelles Medium der Ortskirche erfüllt, ist dies schon deshalb kein Wunder, weil die Arbeit im Rahmen „des von Hans Wagner entwickelten Modells des 'Kommunikationsplanes'" entstand. Schon die angewandten Methoden basieren auf der absoluten Aussagekraft empirisch erfasster Zahlen über die Verwirklichung der Wagnerschen universellen Forums-Idee. Als Grundlage der Erhebung dienen 18 „Ausgangspartner" und „Gesprächsdetails" aus den vier Fallbeispielen. Untersucht wird, wie viele Gesprächsdetails von den Ausgangspartnern abgedruckt wurden. Da die Ausgangspartner vom Papst über Theologiestudenten, nachkonziliaren Räten und Andersgläubigen bis zu Anonymen reichen, war vorauszusehen, dass kein einziges Blatt die universelle Forumsidee erfüllt, alle Ereignisse und Meinungen aller Personen und Gruppen im Bistum mitgeteilt zu haben. Nachträglich wundert es mich, dass Otto B. Roegele diese Dissertation als Co-Referent mitangenommen hat.

Drei Jahre vorher, in der heißen Phase der Suche nach einem Gesamtkonzept, spielte Wagner sozusagen noch in der 1. Liga mit, aber auf einem mit hohen Zäunen abgeschotteten Übungsplatz. Doch davon habe ich erst viel später erfahren. Obwohl ich als Vorsitzender der AKP in den entscheidenden Gremien kirchlicher Medienarbeit saß oder zumindest über alle Vorgänge informiert wurde, hatte ich von zwei Entwicklungen nichts erfahren, die schon kurz vor Beginn der Synodensitzung im Mai 1972 begonnen hatten. Die Frühjahrsvollversammlung der Bischofskonferenz beauftragte Ende Februar Prof. Dr. Michael Schmolke mit einem Gutachten zur katholischen Publizistik, und im März verschickte Dr. Hans Wagner „nur zum persönlichen Gebrauch" einen „Entwurf eines Modells für die gesamtkirchliche Arbeit auf dem Gebiet der sozialen Kommunikation" an alle kirchlichen Entscheidungsträger. Schmolke hatte in Abstimmung mit der Publizistischen Kommission nicht mit den Grundlagen für ein Gesamtkonzept begonnen, sondern mit der „Skizze eines publizistischen Sofortprogramms", die er am 21. April dem Sekretär der Bischofskonferenz vorlegte, eben jenem jungen Dr. Homeyer. In seinem „Zusammenfassenden Bericht" über die Entstehung seines Gutachtens vermerkt Schmolke: „Der Begriff des 'Publizistischen Sofortpogrammms' wurde später von Weihbischof Dr. Georg Moser im Rahmen der 'Publik'-Debatte der Synode (11.5.1972) in die offizielle katholische Publizistik-Planung aufgenommen." Der Arbeitsauftrag für das ganze Gutachten habe, so Schmolke, dann nicht mehr auf ein „umfassendes 'Medienpapier'" abgezielt, sondern „konkrete Auskünfte bzw. Vorschläge zu den Punkten Referat für Publizistik beim Sekretariat der Bischofskonferenz (einschließlich Neuordnung der Hauptstellenfunktionen), Dokumentationszentrum, KNA-Funktion, Hilfsmaßnahmen für die Kirchenpresse, Zusammenarbeit von Verlagen, Sprecher der Bischofskonferenz, Publizistische Bildungsarbeit (Nachwuchsförderung und Weiterbildung)" umfasst. Womit das Rätsel gelöst wäre, woher die Bischöfe am „Publik-Tag" der Synode so schnell ein solch detailliertes „Sofort-programm" Programm hatten.

Das Rätsel, was letztlich mit Wagners „Modell" passiert ist, konnte ich nie lösen. Einige Elemente sind sicherlich in die allgemeine Neustrukturierung der Bischofskonferenz eingegangen, die Homeyer betrieb, und auch in die Organisation des kirchlichen Medienbereichs, etwa in den - sowieso von den Bischöfen angestoßenen - Um- und Ausbau der Hauptstellen für Film, Rundfunk und Presse. Doch das „Modell" mit den drei Säulen eines „Zentralrates" mit 17 Abteilungen, einer „Hauptstelle" mit 16 Abteilungen und einer „Gesellschaft für Publizistik" mit sieben Direktionen für kirchliche Produktionen war von Anfang realitätsfremd. Wenn Wagner die Namen für seine Institutionalisierung zwar als „Nebensachen" bezeichnete, musste er sich jedoch den Vergleich mit dem „Presse- und Informationsamt der Bundesregierung" auseinandersetzen. Unter Punkt 0.2.4.3 a) - so streng war das Modell durchstrukturiert - verteidigte er diese Bezeichnung sogar, weil sein Zentralamt „niemals als zentrale Leitungsinstanz fungiert" und auch freie Initiativen „im Interesse des Ganzen" fördert. Naja.

Die Entwicklung nach der Mai-Vollversammlung der Synode 1972 verlief jedoch nach anderen Prioritäten, und dafür lieferte Schmolke in seinem offiziellen Gutachten für die Bischöfe 1974 mehrere Teilstücke. In seiner „Kompress-Fassung" von 1974 führt er folgende Ergebnisse und Anregungen an:

1. Kirche und Katholiken in der Bundesrepublik Deutschland brauchen a) eine spezifische 'Massenpresse', d.h. mindestens starke Bistumszeitungen; b) Organe

für die Führerschaft, und zwar möglichst nicht nur eines. Die 'Publik-Lücke' ist kleiner als seinerzeit erforscht, aber dennoch nicht zu übersehen; c) mindestens eine Unterhaltungszeitschrift, deren genaue Zielgruppe aber noch unbekannt ist (junge Familie?)."

Im 2. Punkt entfaltet Schmolke die kritische Lage der Bistumspresse durch Auflagenverluste und Altersüberhang, was Anlass „zu großer pastoraler Besorgnis" gebe. Verlage und Redaktionen müssten ihre Kooperationen intensivieren, brauchten dafür aber „Hilfe durch Förderung der 'Feldbefragung'." Außerdem sollte die Bischofskonferenz „Förderung regionaler Kooperationsmodelle anbieten". (Schmolke, 1974a).

Da ich Schmolkes Überlegungen durch enge persönliche Kontakte schon früh kennen lernte und grundsätzlich teilte, sah ich in ihm von Anfang an einen Verbündeten. Doch das brachte mich bald in eine ähnliche Situation wie im Fall „Publik", weil die Mehrzahl der AKP-Verleger und -Redakteure sich gegen Schmolkes regionalen Kooperationsvorschlag sperrten. Andererseits wurde die AKP sich nicht einig über das Projekt Gemeinschaftsredaktion. Die Bischöfe hatten indessen weitere Hürden für finanzielle Förderungsmittel aufgebaut, indem sie alle Hilfen bis zur Vorlage des Gesamtplanes zurückstellten, auch die Feldbefragung, die sowohl vom Pressebischof als auch von der Synode und im Schmolke-Gutachten befürwortet worden war. Die zwei vordringlichsten Projekte Kooperation und Feldbefragung nahmen im Verlauf der Zeit unterschiedliche Entwicklungen.

Die erste Gemeinschaftsredaktion hatte bei der Eröffnung der Synode aus drei Redakteuren der Bistumspresse bestanden und ihre Dienste nicht zusammen mit der KNA erstellt, sondern eigenständig. Mir hatte sich ein Hauptproblem schon angedeutet, als ich die von der AKP-Geschäftsstelle durchgeführte Redaktionsbefragung auszufüllen hatte, wie unsere unsere Zeitung die Beiträge der Gemeinschaftsredaktion beurteilt: Inhaltlich, schwerpunkt- und umfangmäßig, und wie viele Beiträge wir abgedruckt hätten. In der mir noch vorliegenden Auswertung steht unter „Christliche Familie": „Beiträge informatorisch und umfangmäßig gut brauchbar, keine Abdrucke wegen Bezieher-Überschneidung mit Bistumszeitungen". Die Frage, ob es überhaupt eine AKP-Gemeinschaftsredaktion geben könne, die für *alle* Mitgliedszeitschriften tätig wird, stand im Mittelpunkt langwieriger und immer kontroverser werdender Beratungen der AKP. Eine Richtung ging dahin, dass dafür nur ein Ausbau der „Katholischen Korrespondenz" der KNA geeignet sei. Das wiederum hätte der Bistumspresse nicht geholfen. Diese konnte sich jedoch auch nicht auf eine Gemeinschaftsredaktion einigen. Auf der Sonderkonferenz der Bistumspresse am 26.1.1972 in Mainz hatten sich in einer Trendabstimmung je 14 Verleger und Redakteure der 20 anwesenden Verlage für eine Gemeinschaftsredaktion ausgesprochen, 3 dagegen und zwei hatten sich enthalten. Nach einer weiteren Ausschuss-Sitzung in Münster hätte ich besser auf den Ratschlag von Willy Thomes vom Trierer „Paulisnus" gehört, der mir in einem Brief schrieb, er bezweifle, dass „es momentan sinnvoll wäre, die interessierten Verleger und Chefredakteure zu einem Palaver zusammenzurufen" (PA). Doch ich ließ weiterdiskutieren, auch nachdem zuerst Otto Kaspar vom „Ruhrwort" seinen Austritt aus dem GR-Ausschuss erklärt hatte und ihm danach Limburg und Mainz folgten.

Der Grund für meine Weiterverfolgung des Projektes: Die Publizistische Bischofskommission. Sie stand von Anfang an dem Projekt positiv gegenüber, hatte aber für eine Förderung die Bedingung gestellt, dass alle Bistümer mitmachen. Als sich herausstellte, dass dies nicht der Fall war, empfahl sie, die kooperationswilligen Bistumszeitungen sollten ihre Ortsbischöfe um anteilige Finanzierung einer Gemeinschaftsredaktion bitten. Zur Weitersuche nach einer Gesamtlösung berief die Kommission einen Ausschuss mit Dr. Graf als Vertrauter des Pressebischofs, mir als AKP-Vorsitzender und Prof. Schmolke als Gutachter. Auf diesem Wege kam der Schmolke-Vorschlag ins Spiel, „Regionalredaktionen" einzurichten, die den Diözesanredaktionen ermöglichen sollten, ihre für die Leserbindung entscheidende „Lokalberichterstattung" auszubauen und überdiözesane Teile von der GR zu beziehen. Schmolke schlug dafür als „kleine Lösung" zwei Gemeinschaftsredaktionen vor, als „große Lösung" vier in Köln, Mainz, Münster und München (Schmolke, a.a.O.).

In meinem Gutachten-Exemplar habe ich an diese Vorschläge mit roter Tinte angemerkt: „Nicht nur redaktionelles, sondern verlegerisches Problem". Die AKP hatte in einer Zusammenstellung herausgefunden, dass nur ein geringer Teil der 22 Bistumszeitungen in bistumseigenen Verlagen erscheint; bei einem weiteren Teil ist das Bistum zwar Miteigentümer, aber der größere Teil erscheint in Privatverlagen mit zum Teil langen Traditionen. Ausserdem zeigte sich, dass 18 der 22 Blätter im Hochdruck und vier in Kupfertiefdruck hergestellt werden, und zwar in 18 verschiedenen Formaten. Schon auf Grund dieser Situation erschien eine technische Lösung auf zwei oder vier Regionalzulieferungen äußerst schwierig. Hinzu kamen noch die vielleicht entscheidend die Unterschiede in den kulturellen, soziologischen und landschaftlichen Gegebenheiten sowie kaum überbrückbare Mentalitätsunterschiede hinzu.

Jedenfalls war die Lage Ende 72 ziemlich verfahren: In der Diagnose waren sich alle einig, doch in der Therapie waren sich nicht nur die Verleger und Redakteure uneinig, sondern auch die Bischöfe, und ihre Berater schlugen die unterschiedlichsten Operationen und Medikationen vor. Hinzu kam, dass ich in Essen im Verlag Fredebeul & Koenen Mitte 1972 vor eine berufliche und persönliche Lebensentscheidung gestellt wurde, die mich wie aus heiterem Himmel traf.

Kollateralschaden in Essen

In den Diskussionen um die Kirchenpresse hatte sich fast alles um die Bistumszeitungen gedreht. Die nachlassende Kirchlichkeit und der gesellschaftliche Umbruch hatte aber die ganze Breite der katholischen Presse betroffen. Verbands-, Ordens- und Missionszeitschriften litten unter hohen Auflagenverlusten. Die einst führenden katholischen Jugendzeitschriften traf es am schlimmsten, wobei für ihren Rückgang auch die schon früh erfolgte Umschichtung der Pastoral von überdiözesanen Verbänden auf diözesane Strukturen und pfarrliche Gemeindejugendarbeit mitverantwortlich gewesen sein dürfte. Die in irgendeiner Weise mit Bistümern, Verbänden und Orden verbundenen Publikationen hatten immerhin noch „die Kirche" im Rücken, wenn deren finanzielle Förderungsmittel auch nur schwer zu erschließen waren, wie die Bemühungen der AKP zeigten. Ganz auf sich gestellt waren jedoch die katholischen Blätter, die in Privatverlagen erschienen. In einer Sitzung der Publizistischen Kommission wurde 1972 bei Überlegungen für die Vergabe finanzieller Fördermittel angemerkt, dass dabei nur Organe in kirchlicher Trägerschaft und keine „privatwirtschaftlichen Organe" berücksichtigt werden können (PA).

Das betraf auch die „Christliche Familie", die wie alle kirchlichen Zeitschriften seit Anfang der 70er Jahre rapid an Auflage verloren hatte. Zwar konnte durch die Kooperation mit dem „Bayerischen Sonntagsblatt" der Auflagenrückgang zunächst noch aufgefangen werden, doch die Erlöse gingen gleichfalls rapid zurück. Vielleicht war es ein Versäumnis von mir, dass ich nach der Wahl zum AKP-Vorsitzenden diesen Auflagenrückgang nicht genügend in den Blick nahm. Im redaktionellen Bereich konnten wir die Leserbindung nicht nur durch ein zeitnahes Inhaltsprofil festigen, sondern durch Leserdienste weiter ausbauen, die auch zu finanziellen Erfolgen führten. Neben dem „Bücherdienst" gehörten dazu ein jährlicher Familienkalender mit hoher Auflage und Leserreisen. Für die Fahrten nach Rom mussten Sonderzüge eingesetzt werden. Doch insgesamt gingen die Erlöse ebenfalls rapid zurück, und auf kirchliche Zuschüsse konnten wir jedenfalls nicht hoffen.

In all diesen redaktionellen Bereichen hatte Verleger Fischer mir von Anfang an freie Hand gelassen. Ich verstand mich gut mit ihm, er förderte mich und meine Familie auch im privaten Bereich bei unserem Hausbau 1965 in Essen-Werden. Fischer hatte auch meinen Vorstandsaktivitäten in der AKP seit 1968 und meiner Wahl zum Vorsitzenden 1971 zugestimmt. Mir war allerdings aufgefallen, dass er sich offensichtlich im Kreis der katholischen Zeitschriftenverleger in der AKP nicht recht wohlgefühlt hatte. Unternehmerisch begabt und sehr zielstrebig, gelang es ihm in wenigen Jahren, die dahin kümmernde alte Druckerei von Fredebeul & Koenen wieder auf Erfolgskurs zu bringen.

Seine Stunde schlug, als der Traditionsbetrieb aus der Essener Innenstadt 1971 in den Außenbezirk nach Werden an der Ruhr verlagert werden musste. Dort ließ er nach den neuesten bau- und drucktechnischen Erkenntnissen das modernste Druckereigebäude im Ruhrgebiet errichten, zu dessen Einweihung Ende 1971 der Essener Oberbürgermeister und Bischof Hengsbach kamen. Die dabei erfolgte unternehmerische Trennung des Zeitschriften- und Buchverlages von der Druckerei nahm ich als normale Fortentwicklung zur Kenntnis. Die Druckerei wurde als Industriedruck AG ein eigenständiges Unternehmen. Dass Fischer offenbar auch selbst Mitgesellschafter geworden war, hielt ich ebenfalls für einen normalen Vorgang, der seiner Verantwortung für das Gesamtunternehmen entsprach.

Überrascht war ich jedoch, als er mir eines Tages nach den Sommerferien 1972 mitteilte, dass die „Christliche Familie" ihre Besitzer gewechselt habe. Er selbst habe die Zeitschrift von den alten Gesellschaftern der Fredebeul & Koenen KG erworben und mit einem Hamburger Kompagnon die „Christlichen Familie GmbH & Co.KG" gegründet. Mit unmittelbaren Konsequenzen für mich rechnete ich nicht, wegen der Zukunft machten meine Frau und ich uns keine Sorgen. Wir freuten uns ungetrübt auf unser drittes Kind, auf Daniel, der im Dezember 1972, zehn Jahre nach der Geburt unserer zweiten Tochter, als Nachkömmling geboren wurde. Ich selbst stürzte mich mit noch mehr Antrieb auf das, was mir als „Effizienzsteigerung der Kirchenpresse" vorschwebte.

Zu dieser Zeit war ich so von den Herausforderungen gepackt, die sich mir in der AKP, in der Publizistischen Kommission, im ZdK und in der Anfang 1971 begonnenen Synode boten, dass ich mir die Frage gar nicht stellte, ob meine berufliche Zukunft weiter in Essen als Chefredakteur einer privatwirtschaftlich geführten Wochenzeitschrift liegt, deren traditionelles konservatives Leserpotential im Schwinden war.

Patentlösungen Verlagsholding und Gemeinschaftsredaktion ?

Als ich Anfang November 1972 einen Anruf vom Sekretartiat von Prälat Homeyer erhielt, dachte ich, es gehe um weitere Vorgespräche für ein ein Informationstreffen der katholischen Zeitschriften- und Buch-Verleger, das für Mitte Dezember geplant war. Doch Homeyer wollte mich nicht in München treffen, wo damals noch das Sekreatriat war, sondern in Essen. Und ob ich mir einen ganzen Tag dafür freihalten könnte. Wir legten einen Samstag fest, in meinem Kalender steht bloß: „Homeyer 9.00 - 17.00".

Da der Tag schön zu werden versprach, starteten wir zu einem langen Spaziergang über die Ruhrhöhen. Homeyer erkundigte sich zuerst nach meinem Werdegang, nahm mit einem für ihn typischen leicht grinsenden Lächeln zur Kenntnis, dass ich aus dem rheinischen Raum kam und in Köln geboren wurde, und sagte, dass er selbst aus dem Münsterland stammt. Bevor er Anfang 1972 als Nachfolger von Dr. Karl Forster zum Sekretär der Bischofskonferenz berufen worden war, hatte er - zwei Jahre später geboren als ich - das Schulreferates im Bistum Münster geleitet. Ein „Münsteraner Gewächs" also, was bedeutete, dass er enge Kontakte zu Bischof Tenhumberg, Günter Graf und Michael Schmolke hatte. Wir sprachen dann über die AKP, er fragte, was das eigentlich für Vertreter seien: einige Mitglieder der GKP, die er kennen gelernt habe, schienen ihm gestandenere Persönlichkeiten zu sein. Das sei leicht erklärlich, sagte ich ihm, die GKP sei ein Personalverband katholischer Publizisten aus allen Medien mit individuelleren Mitgliedern, die AKP sei ein Berufsverband von katholischen Zeitschriftenverlagen mit gleichberechtigten Vertretern der Verlagsleitungen und Redaktionen. Die Grundhaltung vieler AKP-Mitglieder verhehlte ich ihm nicht: das Beharren auf ihrer Eigenständigkeit, was Kooperationen so schwierig mache. Ich berichtete ihm über Kontakte, die ich mit der GKP aufgenommen hatte, um gemeinsame Projekte auszuarbeiten, etwa vierteljährliche Mitglieds-Nachrichten, Nachwuchskurse für Volontäre und Informationsreisen. Als der Name Roegele fiel, mit dem ich als dem Vorsitzenden der GKP diese Kooperationen in die Wege leitete, nickte Homeyer nachdenklich mit dem Kopf: „Jaja, noch so ein Problem: der 'Rheinische Merkur' ...".

Am Nachmittag wechselte Homeyer das Thema und berichtete von Überlegungen der Bischöfe, ihre Zusammenarbeit neu zu strukturieren. Dabei lebte er sichtlich auf, das war sein Metier. Im Bischofslexikon von Erwin Gatz wird er als „organsisationsfreudig" charakterisiert, und das traf zu (Gatz, 2002, S.268). Die ursprüngliche „Geschäftsstelle" der Bischofskonferenz bestand seit den Zeiten der nicht-offiziellen „Fuldaer Bischofskonferenzen" nur aus einem Sekretär beim Vorsitzenden und einem kleinen Stab von Mitarbeitern. Ihr Sitz unter Leitung von Karl Forster war in München, gleichzeitig Sitz des Vorsitzenden, des Münchener Erzbischofs Kardinal Julius Döpfner. Auf Grund der vom Konzil beschlossenen Einrichtung offizieller nationaler Bishofskonferenzen war eine Umstrukturierung nötig geworden, und die griff Homeyer beherzt an. Er berichtete bei unserem Spaziergangs-Gespräch von der Ansiedlung des Sekretariates in Bonn am Sitz der Bundesregierung, von der Einrichtung erster „Zentralstellen", darunter einer für die Medien. In ihr sollen die Hauptstellen für Film, Rundfunk und Presse unter Wilhelm Schätzler als Direktor zusammengefasst werden. Dieser habe ja über Günter Graf enge Kontakte zur AKP und GKP und fungiere zugleich als Sekretär der Publizistischen Bischofskommission. Dadurch würden „Verantwortlichkeiten und Zuständigkeiten geordnet" und könnten zu einer „besseren Kooperation" führen. Homeyer bekräftigte, dass die Bischöfe entschlossen seien, so wie sie es in der Synode versprochen hätten, rasch zu Lösungen im Rahmen eines Gesamtplanes für ihre publizistischen Aktivitäten zu kommen, und erste Anhaltspunkte dafür lägen durch den Gutachter Schmolke schon vor. Deshalb die Einladung an die Vorsitzenden der AKP und der Vereinigung des katholischen Buchhandels.

Als ich dachte, damit sei der Kern des Gespräches erreicht, wandte Homeyer sich unerwartet mit einer persönlichen Frage an mich: Wie und wo ich denn meine Zukunft sehe? Ich deutete ihm die neue Situation bei der „Christlichen Familie" an und sagte ihm, ich hätte noch nicht darüber nachgedacht, ob ich dort bleiben wolle, in jedem Fall möchte ich weiterhin an verantwortlicher Stelle in der Kirchenpresse arbeiten. Ich glaube, wir waren im Spaziergang stehen geblieben, als er die überraschende Frage stellte: „Könnten Sie sich vorstellen, Leiter unserer neuen Pressestelle im Sekretariat zu werden?" Die Einrichtung einer solchen Pressestelle und eines offiziellen Sprechers der Bischofskonferenz war eine der Hauptforderungen der Synode an die Bischöfe. Homeyer ergänzte, dass diese Funktion eine enge Zusammenarbeit mit ihm bedeute, dass die genaueren Aufgaben noch präzisiert werden müssten und dass er darin eine Möglichkeit sehe, die Kirche besser in der Öffentlichkeit darzustellen. Nach einigem Nachdenken dankte ich ihm für diese Anfrage und das Vertrauen, das er in mich setze, und bat mir eine Bedenkzeit bis Ende des Jahres aus.

Leiter der Pressestelle einer Großinstitution, Entwicklungen und Ereignisse der Kirche in Deutschland in unmittelbarer Nähe ihrer Verantwortungsträger zu erleben und zu kommentieren - das war ein verlockender Gedanke. Ich erinnerte mich an meine frühen Erfahrungen als Leiter der Pressestelle des Kölner Katholikentages 1956, an die Funktionen der neu eingerichteten diözesanen Pressestellen und einige ihrer Leiter - und mir wurde der Unterschied zwischen deren Funktionen und den Aufgaben in einer Zeitungsredaktion bewusst: Sprecher eines Bischofs (und der ganzen Konferenz) zu sein, hieß deren Sprachrohr zu sein. Je mehr ich überlegte, je klarer kam ich zu der Erkenntnis, dass meine Begabung und mein Wunsch mehr das eigene Schreiben und Redigieren einer Zeitschrift war. Erst kürzlich war die italienische Übersetzung meines Erzählbandes „Miss-Verständnisse" über heitere Erlebnisse mit unseren beiden Töchtern unter dem Titel „Educare ...quasi divertendosi" in der Edizione Paoline erschienen, und auf meinem Schreibtisch lagen die ersten Kapitel für ein heiteres Erziehungsbüchlein, das später unter dem Titel „Herr im Haus sind unsere Kinder" im Lahn-Verlag erschien.

Eine weitere redaktionelle Tätigkeit, die ich neben der „Christlichen Familie" begonnen hatte, möchte ich an dieser Stelle festhalten: Mit Wilhelm Bettecken, dem Leiter der Pressestelle des Bistums Essen, und Gerhard E. Stoll vom Evangelischen Presseverbandes für Westfalen bereiteten wir gerade ein Experiment vor, das - noch stark vom Konzil beflügelt - auf ökumenischer Basis einen neuen Weg der Darstellung der Kirchen in der Öffentlichkeit ausprobieren sollte. Im Auftrag der Evangelischen Kirchen im Rheinland und von Westfalen sowie der Lippischen Landeskirche, den Erzbistümern Köln und Paderborn sowie den Bistümern Aachen, Essen und Münster und von diesen Herausgebern finanziert entwickelten wir eine vierseitige Beilage mit dem Titel „KI-Kirchen informieren", die vierteljährlich allen großen Tageszeitungen in Nordrhein-Westfalen beigelegt werden sollte. Während die erste Beilage zur Urlaubzeit im Juni 1973 zum Thema „Ferienparadies" redaktionell von Bettecken und Stoll verantwortet und bei Girardet in Essen gedruckt wurde, gestaltete Stoll die zweite Ausgabe mit mir zum Thema „Rat und Hilfe". Sie wurde bei Bonifatius in Paderborn geruckt und im Oktober 1973 den NRW-Tageszeitungen beigelegt. Dieses Projekt ist über das Experimentierstadium nicht hinausgekommen, zum Teil aus ungeklärten finanziellen Absicherungen, zum Teil weil die katholische Medienplanung 1974 von der Bischofskonferenz immer stärker zentralisiert wurde.

Die erste Vorstufe dazu war jene Verlagskooperationen, über die Homeyer mit mir auf dem Privattreffen gesprochen hatte. Das Sekretariat der Bischofskonferenz hatte zu einem Informationstreffen über dieses Projekt etwa 100 Verleger eingeladen, von denen rund 80 am Dienstag, den 19. Dezember 1972 in Frankfurt zusammentrafen. Wenn solche Treffen normaler Weise in der säkularen Presse nicht zur Kenntnis genommen wurden, so hatten diesmal offensichtlich die großen Tageszeitungen davon Wind bekommen und die Brisanz dieses bischöflichen Diskussionpapiers erkannt. Sowohl die „FAZ" als auch die „Welt" und die „Süddeutsche" meldeten am Morgen der Tagung, dass die Bischöfe eine „Holdinggesellschaft" vorschlagen, die alle publizistischen Maßnahmen bündeln soll. Dazu wurden im einzelnen genau die Projekte und Objekte genannt, die in

Schmolkes Gutachten-Skizze für die Bischöfe standen: Förderung der Bistums-presse - sogar mit Kennzeichnung als „Massenpresse" wie in Schmolkes Vor-schlag -, regional gegliederter Zentralredaktionen, ein marktgerechtes Familien-blatt, „möglichst" ein Blatt für die Intellegenz in der Nachfolge von „Publik", eventuell auch AV-Medien. Letztere hatte Schmolke nicht aufgeführt, weil sie nicht zu seinem Auftrag gehörten. Die Bischöfe, so die Pressemeldungen, wollten sich selbst nicht an der GmbH beteiligen; doch Lizenzeinnahmen vom Einheits-gesangsbuch könnten zugeführt werden.

Das Diskussionspapier ist auf der Tagung im einzelnen nicht diskutiert worden, dazu reichte die Zeit von 11,00 bis 16,00 Uhr gar nicht. Bischof Moser musste als Stellvertretender Vorsitzender der Publizistischen Bischofskommission zu-nächst massive Bedenken und Befürchtungen der Verleger zurückweisen, dass alles auf einen gefährlichen Zentralismus und einen „amtskirchlichen Dirigis-mus" hinauslaufe: Vielmehr wollten die Bischöfe ein Zeichen ihrer Bereitschaft zur Zusammenarbeit mit den Verantwortlichen im Zeitschriften- und Buchbe-reich setzen. Ausgangspunkt sei die Synodendiskussion im Anschluss an die „Publik"-Einstellung. Vom „Sofortprogramm" seien bereits zwei Punkte ver-wirklicht, die Ernennung von Direktor Schätzler zum Referenten für Publizistik beim Sekretariat der Bischofskonferenz und die Beauftragung von Prof. Schmol-ke mit einem wissenschaftlichen Gutachten über Schwerpunkte künftiger katho-lischer Publizistik. Moser unterstrich, dass es weder ein fertiges Modell für eine Verlagskooperation gebe noch an eine „Zwangsehe" mit moralischem und wirt-schaftlichem Druck gebe: Die Bischöfe seien kein „kleines oder großes Subventi-onsunternehmen". In der heftigen, emotionsgeladenen Debatte wurde darauf hingewiesen, dass die Eigentums- und Besitzverhältnisse der Zeitschriften- und Buchverleger so unterschiedlich sind, dass es nicht möglich erscheint, sie „alle unter einen Hut" zu bringen. Das betreffe nicht nur die inhaltliche Zielsetzung, sondern auch Abonnenten- und Anzeigenwerbung sowie Vertriebsfragen, wie sich in Diskussionen der Fachverbände herausgestellt habe. Wenn Homeyer an-schließend sagte, „dass im Prinzip eine große Bereitschaft zur Kooperation vor-handen zu sein scheint", kann sich das höchstens darauf beziehen, dass zumin-dest zum Abschluss der Tagung ein Ausschuss mit je drei Mitgliedern der AKP und des Buchhandelsverbandes gebildet wurde, der konkrete Möglichkeiten prüfen sollte. Homeyer betonte, dass es nicht um partielle Lösungen gehen kön-ne, wenn auch später Einzelprojekte partiell verwirklicht werden könnten. (PA, 1972)

In der „FAZ"-Meldung hieß es jedoch auch, dass sich die Bischöfe von dem Ge-spräch „enttäuscht zeigten". Auch Homeyer muss letztlich enttäuscht gewesen sein, zumindest dann, als der Ausschuss auch nach Monaten keine Kooperati-onspläne vorlegen konnte. Nicht einmal auf der Verlegerkonferenz im Juni kam es zu einer Einigung über gemeinsame Vertriebs- und Werbemaßnahmen. Es war allerdings nicht nur das „Erbhofdenken" der Verleger und Redakteure der Kir-chenpresse, das Schmolke in der Zusammenfassung seines Gutachtens als einen Hauptgrund dafür angab, dass sich nur wenig veränderte; auch die Bischöfe gingen die einzelnen Vorhaben des Sofortprogramms nur zögerlich an, worauf Schmolke ebenfalls hinwies. Zwar bewilligten sie zusätzliche Mittel für die Nachwuchsförderung, aber nicht für die so dringend gewünschte und von allen als notwendig erachtete Feldbefragung. Und wenn die Bischofskonferenz sich dann doch relativ schnell zu einem generellen Entschluss durchrang, hieß das noch lange nicht, dass er verwirklicht wurde, weil sofort Zwischeninstanzen auf den Plan traten, Bedenken anmeldeten und für weitere Verzögerungen und zeitliche Verschiebungen sorgten. Das sollte sich zeigen, als die Herbstkonferenz 1973 „empfahl", endlich eine zentrale Anlaufstelle für alle Medienprojekte und Förderungsmaßnahmen zu schaffen, eine „Mediendienstleistungsgesellschaft". Diese Stelle war ohne Kontakte zur AKP projektiert worden, und das brachte alle Verleger und alle Redakteure mit noch so unterschiedlichen Meinungen wieder zusammen zu einem nachdrücklichen Protest unter meinem Vorsitz.

Dies erwähne ich, weil ich mich auf der Frankfurter Tagung nämlich heftiger Angriffe von Verlegern erwehren musste. Sie hatten mir gleich in zweifacher Hinsicht Vorwürfe gemacht: Wie ich als AKP-Vorsitzender überhaupt das Bischofspapier für eine Holding als Diskussionsgrundlage akzeptieren konnte und was ich überhaupt als Redakteur auf der Sondersitzung der Bischöfe für Verleger zu tun hätte. Heute wundere ich mich, dass ich diesen Vorwürfen wohl ziemlich gelassen gegenüber trat, wie aus den Akten hervorgeht. Leicht zu klären war, dass das Sekretariat einfach vergessen hatte, mich auf die Liste der Teilnehmer zu setzen. Dann hielt ich dagegen, dass ich weder selbst Verleger werden noch mich auf die Seite der Bischöfe schlagen und Entscheidungen für die Verleger treffen wollte. Als AKP-Vorsitzender sähe ich es als meine Aufgabe an, zu raschen Lösungen aus der schwierigen Situation der Kirchenpresse beizutragen, insbesondere durch Zusammenarbeit mit den Bischöfen.(PA)

Im Grunde hat die Frankfurter Tagung mir persönlich klar gemacht, dass die schriftstellerische Publizistik mein Arbeitsfeld ist und nicht hauptamtliche Funktionärstätigkeiten in einer offiziellem Institution. Die nebenamtliche Tätigkeit in und für die AKP sah ich als förderlich für die Vertretung der Anliegen der Kirchenpresse an, die auch meine eigenen als Chefredakteur waren: im Sinne des Konzils unsere Presse „als selbständig verantwortliches „Kommunikationsmittel" zu entwickeln, - als Chefredakteur der „Christlichen Familie". Dass mir diese Tätigkeit ausgerechnet im katholischen Privatverlag dieser Zeitung dezidiert untersagt werden sollte, hatte ich nicht erwartet.

Der Ruf nach Aachen

Bei den in unserem Essener Verlag üblichen Besprechungen am Jahresende über die Schwerpunkte der redaktionellen und verlegerischen Pläne für das nächste Jahr erklärte Verlagsleiter Fischer Anfang Dezember 1972, dass die neuen Gesellschafter der „Christlichen Familie GmbH" einen scharfen Sparkurs fahren müssen. Das betreffe auch die Redaktion., ich müsse also in Zukunft meine ganze „Arbeitskraft" der „Christlichen Familie" widmen. An den offiziellen Sitzungen und Tagungen der AKP und der Synode könne ich weiter teilnehmen, doch - und das traf mich wie ein Hammerschlag - „nur bis zum Ende Ihrer Amtszeit". Dann meinte er noch, ich könne ja selbst entscheiden, ob ich meine berufliche Zukunft weiter in Essen sehe oder „meine Kapazitäten" vielleicht irgendwo anders in der Kirchenpresse einsetzen wolle, jedenfalls werde er meinem Fortkommen nicht im Wege stehen.

Das konnte ich nur als ein Angebot zur Kündigung verstehen. Für mich privat folgten um den Jahreswechsel 1972/73 ein paar aufregenden Wochen. Es ärgerte mich auch, dass die traditionsreiche katholische Familienzeitschrift offensichtlich nur noch unter wirtschaftlichen Gesichtspunkten gesehen wurde und nicht etwa, wie in anderen säkularen Konzernen, Gewinne der Druckerei zum Verlustausgleich bei Zeitschriften verwandt wurden. Andererseits konnte ich mir beim Nachdenken über meine berufliche Zukunft nicht vorstellen, noch weitere 20 Jahre bis zur Pensionierung Redakteur der „Christlichen Familie" zu bleiben.

Meine erste Entscheidung war bereits gefallen: In der hauptamtlichen Verbandstätigkeit als Pressesprecher der Bischofskonferenz sah ich für „meine Kapazitäten" des Zeitungsmachens und Schreibens keine Alternative. Deshalb hatte ich Prälat Homeyer abgesagt. Doch mir eröffnete sich schon auf der Synoden-Vollversammlung in der ersten Januarwoche 1973 eine neue Perspektive: Der Aachener Bischof Johannes Pohlschneider, seit Synodenbeginn wie ich Mitglied der Sachkommission VI, zu der thematisch neben Medien auch Schulfragen gehörten, sprach mich in einer Kaffeepause an, ob ich mir vorstellen könnte, die Neugestaltung der Aachener Bistumszeitung zu übernehmen. Ohne lange zu zögern, sagte ich grundsätzlich Ja. Schon eine Woche später vereinbarte Pohlschneiders Generalvikar ein erstes Gespräch mit mir in Aachen.

Die Aufgabe reizte mich sofort aus mehreren Gründen: Einmal hatten sich meine Überlegungen und Bemühungen in der AKP um die Entwicklung der Kirchenpresse auf die Bistumspresse konzentriert. Zum anderen galt der Einhard Verlag neben dem Winfried Werk in Augsburg zu den zukunftsreichsten katholischen Verlagen in kirchlicher Hand bzw. mit kirchlicher Beteiligung. Die „Kirchenzeitung für das Bistum Aachen" zählte mit rund 150 000 Auflage zu den fünf größten Bistumsblättern, bot in Kupfertiefdruck ein modernes illustrierten-nahes Erscheinungsbild und galt redaktionell unter Prälat Erich Strick als offen und fortschrittlich. Dass Strick mit seiner sympathisierenden Berichterstattung über das Niederländische Pastoralkonzil in der Bistumsleitung Anstoß erregt hatte, erfuhr ich erst später.

Das ebenfalls im Kupfertiefdruck erscheinende Monatsmagazin „Leben & Erziehen" (L&E) wurde vom Verlag gerade zu einer mit der Zeitschrift „Eltern" konkurrierenden Illustrierten für Eltern- und Familienbildung ausgebaut. Es gab Pläne, L&E der Aachener Kirchenzeitung beizulegen und anderen Bistumszeitungen als Monatsbeilage anzubieten. Das ausgezeichnete Vertriebssystem des Verlages hatte außerdem dazu geführt, dass die vom Katholischen Zentralinstitut für Ehe- und Familienfragen erarbeiteten Elternbriefe „du und wir" in seine verlegerische Betreuung gegeben wurden. Die Elternbriefe wurden von den deutschen Bischöfen finanziert und jungen Eltern im ganzen Bundesgebiet kostenlos in den Abständen des wachsenden Alters ihrer Kinder zugestellt. Insgesamt erreichten sie eine Gesamtauflage von 2,7 Millionen. Für bistumsnahe Publikationen fungierte der Einhard Verlag auch noch als Buchverlag.

Ein weiterer Grund war meine enge Bekanntschaft mit den leitenden Personen im Verlag: Verlagsdirektor Wilhelm Schmitz, den ich als Sprecher der Verleger in der AKP näher kennen gelernt hatte, Paul Dahm, den früheren „Feuerreiter"-Chefredakteur und langjährigen Geschäftsführer der AKP, der als Chefredakteur zu L&E nach Aachen gewechselt hatte, und Domvikar Erich Strick, dessen besonnene und ausgewogene Art ihm als Kirchenzeitungs-Chefredakteur unter seinen Kollegen hohes Ansehen verschafft hatte. Also gute Gründe genug für Verhandlungen mit den Aachenern, deren Mentalität mir als Kölner näher lag als die der nüchterneren Ruhrgebietsmenschen.

Im ersten Gespräch mit Generalvikar Anton Wäckers, einem verantwortungsbewussten „Alter ego" seines gleichfalls durch straffe Bistumsführung bekannten Bischofs Pohlschneider, vereinbarten wir, dass ich meine Vorstellungen über die Zukunftsentwicklung der Aachener Kirchenzeitung in einem Arbeitspapier zusammenfassen sollte. Aus meinen handschriftlichen Notizen geht hervor, dass ich neben den drei Grundaufgaben jeder Bistumszeitung: Information über alle relevanten kirchlichen Vorgänge und Ereignisse, Forum zum Meinungsaustausch und Teilhabe an der Glaubensverkündigung auch schon einige konkrete Punkte anführte. So sollten auf den ersten Seiten statt allgemeiner Bildreportagen aktuelle Nachrichten aus dem Bistum und der Weltkirche stehen, eine ganze Seite soll Kommentaren von profilierten Gastautoren gewidmet werden und der Raum für regionale Berichterstattung sowie für Berichte aus den Bistumsreferaten, den Räten und den Verbänden müsste ausgebaut werden. Außerdem schlug ich vor, die Kirchenzeitung einmal im Jahr allen katholischen Haushalten kostenlos als Werbe-Exemplar zukommen zu lassen. (PA, 1973)

Im zweiten Gespräch mit Generalvikar Wäckers ging es noch um ein spezielles Aachener Problem: Die Zuordnung zwischen Chefredakteur und Domvikar Strick. Anders als in den meisten Redaktionen, in denen ein Theologe als „Geistlicher Berater" der Redaktion zugeordnet war, fungierten in Aachen nach dem Kölner Vorbild ein Laie und der Theologe beide als „Chefredakteure". Ich erklärte mich schließlich mit der vom GV vorgeschlagenen Formulierung: „Chefredaktion: Dr. Ferdinand Oertel; Msgr. Erich Strick (theologische Beratung)" einverstanden, zumal mir vertraglich die „innere und äußere Gestaltung der Kirchenzeitung" einschließlich des Redaktionsetats sowie freie schriftstellerische Tätigkeiten zu den üblichen Bedingungen zugesichert wurden. Kurz nach dem zweiten Gespräch erklärte ich dem Generalvikar schriftlich meine Zustimmung zu dem Angebot und kündigte meinen Angestelltenvertrag bei der Christlichen Familie GmbH & Co KG zum 30 Juni 1973. Damit hatte ich den Rücken frei für die kommenden schwierigen AKP-Verhandlungen mit den Bischöfen, in denen sich das Ringen um das Projekt Verlagskooperationen zuspitzte.

Erwähnen möchte ich, dass wir zu Hause in Essen-Werden im März oder April 1972 unerwarteten Besuch erhielten: Bischof Pohlschneider stattete uns einen

Privatbesuch ab. Er wollte meine Familie kennen lernen und unser Lebensumfeld. Umgekehrt lernten wir ihn dabei schon als jemand anders kennen, als der er in der Öffentlichkeit immer dargestellt wurde, als sturer westfälischer Dickschädel konservativster Art. Als das Gespräch auf unser Haus kam, meinte er nebenbei, es ließe sich doch sicher auch eine gute neue Bleibe in Aachen finden, da könne uns sicher geholfen werden. Wir suchten später allerdings auch selbst nach einem Bauplatz und fanden ihn im Süden der Stadt unmittelbar am Rand der Nordeifel, in Walheim bei der alten Abtei Kornelimünster aus karolingischer Zeit.

Zum AKP-Vorsitzenden gewählt

Sowohl mit dem Verlag der „Christlichen Familie" als auch mit dem Einhard Verlag war verabredet, dass mein Wechsel erst bekannt gegeben werden sollte, wenn ich offiziell in Aachen beginne. Und das war der 1. August 1973. Da mein Vertrag in Essen zum Halbjahresende am 30. Juni 1973 endete, hatte ich im Juli einen ganzen Monat Ferienzeit, und die hatte ihr Gutes, denn mit dem August begann mein neuer Berufsabschnitt gleich intensiv auf zwei Gebieten: der Einarbeitung in die Redaktion einer Bistumszeitung und der Zuspitzung der Kooperationsbemühungen in der AKP und mit den Bischöfen. Da Einhard-Geschäftsführer Wilhelm Schmitz zugleich Sprecher der Verleger war, vereinbarten wir, dass ich in der Redaktion die laufenden Arbeiten zunächst nur durch wöchentliche Redaktionskonferenzen leitete und die Umgestaltung und Weiterentwicklung auf Anfang 1974 terminierte. Dadurch erhielten wir beide Zeit, die gemeinsamen Ziele in der AKP zügig voranzutreiben.

Als der neue Referent für Medienfragen im Sekretariat der Bischofskonferenz, Wilhelm Schätzler, die Verlegerkonferenz der AKP im Juni 1973 über den „Diskussionsstand" bei den Bischöfen zur Initiative „Verlagskooperation" informierte, stellte sich heraus, dass die Befürchtungen in Kreisen der AKP, dies sei bereits eine auf der Frühjahrsversammlung beschlossene Sache, nicht zutraf. Die Bischöfe hatten zwar den Schmolke-Plan zur Einrichtung von regionalen Gemeinschaftsredaktionen begrüßt, ihn aber ebenso zurückgestellt wie unsere AKP-Anträge auf Finanzierung einer Gemeinschaftsredaktion und - was zu neuen Verärgerungen führte - der als dringend notwendig erachteten Feldbefragung. Da sich noch nicht abzeichnete, dass die Bischöfe ohne Mitbeteiligung der AKP auf ihrer Herbstvollversammlung ein „fait accompli" schaffen würden, berief die AKP eine Sonderkonferenz für die Verleger und Redakteure der Bistumspresse zum Anfang September 1973 ein.

Das Projekt „Gemeinschaftsredaktion der Bistumspresse" (GR) war von einem Ausschuss ausgearbeitet, von der Verlegerkonferenz in Deidesheim akzeptiert und als Antrag an die Bischofskonferenz eingereicht worden. Einen ersten Einwand hatte Pressebischof Tenhumberg gemacht: Bei der Konzeption müssten auch die Bischöfe mitsprechen. Trotzdem begrüßte die Bischofskonferenz „grundsätzlich" diesen Gedanken zur Verbesserung ihrer Bistumsblätter, bezeichnete es auf ihrer Frühjahrkonferenz jedoch als Voraussetzung, dass die GR dann von allen Blättern getragen werden müsse. Da dies nicht der Fall sei, gebe es nur die Möglichkeit, dass die einzelnen Bischöfe der Diözesen sich finanziell beteiligten, deren Zeitungen die Dienste der GR auch annehmen. Die Bischöfe machten sich dagegen Schmolkes Vorschlag für Regional-Redaktionen zu eigen. Damit war das AKP-Projekt praktisch schon gestorben.

n der AKP war es trotz vieler Konferenzen und Sitzungen nicht zu einer Einigung gekommen. In meinem Rückblick über „40 Jahre Kirchenpresse" in der von Michael Schmolke 1992 herausgegebenen Festschrift zu meinem 65. Geburtstag „Kirchenpresse am Ende des Jahrtausends" habe ich das Scheitern des Projektes Gemeinschaftsredaktion „vor allem" Otto Kaspar, dem Chefredakteur des „Ruhrwortes" zugeschrieben (Schmolke, 1992, S. 152 f.). Das stellt sich mir jetzt beim ausführlichen Studium meiner Akten als unzutreffend heraus. Kaspar hatte sich zwar schon nach meinem Münchener Referat über den Funktionswandel der Kirchenpresse im „Ruhrwort" auch über die mangelnde personelle und finanzielle Ausstattung geklagt, der sich alle Bistumszeitungen gegenüber sähen; aber er plädierte für den Ausbau jeder einzelnen Redaktion und Zusammenarbeit aus eigenem Antrieb mit bereitwilligen Kollegen. Sein Hauptgegenargument: Wenn die Bischofskonferenz eine GR finanziert, gehen den Diözesanblättern eigene Bistumsmittel für den Ausbau verloren. Als die AKP ihren ausgearbeiteten Vorschlag für eine GR über Tenhumberg an die Bischöfe geleitet hatte, trat Kaspar aus dem Ausschuss der AKP aus. Zuvor hatte er mit mir einen langen Briefwechsel geführt, in dem er - wie mir beim Nachlesen vergegenwärtigt wird - einerseits das Vorgehen der AKP ohne sichere Zusage aller Kollegen kritisierte und andererseits seine Nichtbeteiligung aus den bekannten Gründen bekräftigte. Ich selbst begründete meinen mehr „pragmatischen" Standpunkt, auch dann endlich einen Anfang zu machen, wenn sich nicht alle Redaktionen beteiligen. (PA) Nach Kaspar schieden, wie bereits erwähnt, auch die Mitglieder von Fulda, Limburg und Mainz aus dem AKP-Ausschuss aus, weil sie ihre eigene regionale Zusammenarbeit ausbauen wollten. Und im Mai 1973 legten Josef Dewald vom Freiburger „Konradsblatt" und Willy Thomes vom Trierer „Paulinus" ein eigenes Diskussionspapier zur Kooperationsfrage vor.

Für die Sonderkonferenz der Bistumspresse Anfang September 1973 erstellte die Geschäftsstelle zwei Unterlagen. Die erste listete die vorliegenden fünf (!) Kooperationsmodelle auf: AKP-Gemeinschaftsredaktion, Vorschlag Essen über freiwillige Kooperationen mit diözesaner Unterstützung, Schmolke-Plan regionaler Redaktionen, Henze-Plan mit Zentralredaktion für überregionale Teile und Dewald/Thomes zum Ausbau der KNA-Zuarbeit sowie redaktionellen Absprachen über gemeinsame Aufträge an Spezialisten bis hin zum Seitenaustausch. Das zweite AKP-Dokument mit der Zusammenstellung der bereits bestehenden Kooperationen offenbart die ganze Zersplitterung der Bistumspresse (beide Dokumente: AKP, Mskr. 1973). Da gab es bereits die Zusammenarbeit der Kupfertiefdruckblätter von Eichstätt, Würzburg, Aachen, Paderborn und Freiburg mit gemeinsam produzierten Seiten, dann die hessische Kooperation Fulda/Limburg/Mainz mit Seitenaustausch, dem sich Essen teilweise anschloss, sowie der Seiten-

bzw. Artikelaustausch zwischen Hildesheim, Osnabrück und Berlin. Und „gemeinsam geplant" wurde ein Arbeitskreis der Chefredakteure der sieben bayerischen Bistumsblätter, die jedoch bis ins dritte Jahrtausend hinein nie zu einer gemeinsamen Kooperation kamen. Das bayerische „Mir san mir" galt allerdings nicht nur im Süden, wie die obige Aufstellung zeigt.

Positiv erwähnenswert ist das Kapitel über Kooperationen im Anzeigen- und Vertriebsbereich sowie in der Bezieherwerbung. An der 1970 gegründeten Konpress Anzeigen GmbH beteiligten sich 16 Bistumszeitungen (die anderen blieben aus Gründen der Gemeinnützigkeit fern). Eine erste gemeinsame Bezieherwerbung hatte der Einhard Verlag mit Freiburg und Würzburg im Zusammenhang mit der Beilage von „Leben & Erziehen" begonnen. Und in verschiedenen lokalen Bereichen waren gemeinsame Zustelldienste der Bistumsblätter mit evangelischen Sonntagsblättern und säkularen Zeitungen vereinbart.

Kein Wunder, dass die Sonderkonferenz Anfang September 1973 „aus der praktischen Erfahrung heraus und auf Grund realistischer Überlegungen" zu dem Schluss kam, „daß eine Festlegung auf ein einziges Modell nicht möglich" erscheint. Kein Wunder auch, dass die Bischofskonferenz noch im selben Monat auf ihrer Herbstvollversammlung die Gründung einer „Mediendienstleistungsgesellschaft" (MDG) für Verlagskooperationen beschloss. Das erregte bei der AKP so starkes Befremden, dass sie ihre Verärgerung in einem Fernschreiben dem Vorsitzenden der Bischofskonferenz, Kardinal Döpfner, mitteilte und darum bat, bei der „Weiterentwicklung auch die Institution Arbeitsgemeinschaft einzubeziehen". Dass es tatsächlich zu einem später als „historisch" in die AKP-Geschichte eingegangenen Gespräch mit Kardinal Döpfner kam, bevor die MDG gegründet wurde, lag sicherlich nicht nur am AKP-Protest. Der Verband der Diözesen hatte noch ein Wort mitzureden, das Arbeitsziel war noch nicht endgültig formuliert, ein Geschäftsführer musste noch gesucht werden. Als Prälat Homeyer und Direktor Schätzler den AKP-Vorstand kurz nach der Herbstvollversammlung über den MDG-Plan informierten, wurden sie zwar von Dr. Heinz Kiefer begleitet, der aber nur als Planungsberater bezeichnet wurde, nicht aber als kommender Geschäftsführer. Wir erfuhren, dass auch die katholischen Buchverleger in den Tätigkeitsbereich der damals noch MDLG abgekürzten neuen Gesellschaft einbezogen werden sollen. Eine positive Entscheidung hatte die Herbstvollversammlung doch noch getroffen: Sie stimmte der Mitfinanzierung der Feldbefragung zu, nachdem sich die Verleger der Bistumspresse auf der Sonderkonferenz bereit erklärt hatten, für eine Sockelfinanzierung 100 000 RM zu sorgen, falls der Verband der Diözesen „mindestens die gleiche Summe zur Verfügung stellt". Als die Verleger und Redakteure sich zur Jahresversammlung 1973 in Esslingen am 25. Oktober trafen, war für mich klar, dass sich die Rolle der AKP ändern würde. Die Bischofskonferenz, deren anerkannter Partner im Bereich der Kirchenpresse die AKP seit ihrer Gründung war, richtete im Zuge der Neuordnung ihrer Sachbereiche im Sekretariat neben den Hauptstellen für Film, Hörfunk und Fernsehen auch eine erstmals offizielle Stelle für Presse und Buch ein. Die Aufgaben dieser Hauptstelle sollte zunächst Günter Graf als engster Mitarbeiter des

Pressebischofs Tenhumberg wahrnehmen. Diese Entscheidungen waren ohne Kenntnis der AKP gefallen, doch die AKP sollte nicht außen vor bleiben. Die Bischofskonferenz hatte nicht nur eine Mediendienstleistungsgesellschaft besprochen, die alles bündeln und beschlossene Maßnahmen durchführen sollte, sondern auch noch ein neues Gremium: eine „Arbeitskonferenz Medien". Und dieser Konferenz gehörte neben dem Sekretär der Bischofskonferenz und den Leitern der Hauptstellen auch der Vorsitzende der AKP an.

Als unsere Jahrestagung in Esslingen stattfand, hatte die Arbeitskonferenz sich noch nicht getroffen. Doch Weihbischof Georg Moser, der die Funktionen des erkrankten Bischofs Carl Joseph Leiprecht als Ortsordinarius und als Vorsitzender der Publizistischen Kommission wahrnahm – und Leiprecht nach dessen Rücktritt 1975 in beiden Ämtern folgte - , machte der Kirchenpresse große Hoffnungen mit seinem Referat über „Die pastorale Bedeutung der Kirchenpresse" (Moser, 1973). Wenn Kritiker vor einer *Über*schätzung der Kirchenpresse warnten, so der Bischof, müsse der Gerechtigkeit halber auch einmal gesagt werden, dass nicht *unter*schätzt werden dürfe, „was an Zeugnis für die Kirche und für das Leben der Kirche durch die Kirchenpresse in unserer Welt repräsentiert wird". Und dann prägte Moser einen Satz, den wir als Rückhalt bei seinem späteren Einsatz für Entwicklungen erfahren sollten: „Wir Bischöfe sind bereit, mit Ihnen zusammen das Möglichste zu tun, um die Präsenz von kirchlicher Presse und kirchlichen Medien in unserer Gesellschaft und in unserer Kirche zu erhalten und zu festigen und zu mehren, so gut das geht." Schließlich nannte Moser drei Dienste, die in unseren Presseorganen „leistbar sind": Die Wir-Bildung von Kirche, eine fruchtbare Kritik sowie Solidarität mit der Pastoral.

Besonders gestärkt hat uns Mosers Plädoyer für Offenheit im Sinne von Orientierung. Am Beispiel der umstrittenen Unfehlbarkeitslehre von Prof. Hans Küng – für dessen Rehabilitierung Moser sich später vehement einsetzte, wenn auch vergeblich – machte der Bischof klar, dass Kirchenpresse keine „Lehramtsfunktion" habe, sondern „gleichsam das Kategorienfeld" abstecken und durch Bewusstseinsbildung und Erhellung der Zusammenhänge zu zeigen, „worüber man reden sollte, was man in einem Konfliktfall machen könnte und dergleichen" (a.a.O.).

Auf diesem, Redakteure und Verleger gleichermaßen ermutigendem, richtungsweisenden Hintergrund konnte ich in meinem Jahresbericht zum Abschluss meiner ersten dreijährigen Amtsperiode aufzeigen, welcher Funktionswandel der AKP in der nächsten Amtsperiode bevorstand.Eine veränderte Situation sei schon dadurch gegeben, stellte ich in meinem Bericht fest, „daß etwa in Zukunft nicht mehr die Arbeitsgemeinschaft der Partner der neuen Mediendienstleistungs-Gesellschaft sein wird, sondern die einzelnen Verlage je nach (unseren) Arbeitsprojekten." Die Hauptaufgabe der AKP sah ich darin, „Katalysator für die im Bereich der Kirchenpresse relevanten Probleme zu sein". Als Vorsitzender hätte ich mich immer als „Promotor" verstanden. Offensichtlich wurden meine Bemühungen in den vergangenen drei Jahren genauso von der Mehrheit der Verleger und Redakteure gesehen, denn sie wählten mich - ohne Gegenkandidat -

für weitere drei Jahre zum Vorsitzenden. Stellvertreter und Sprecher der Verleger blieb Wilhelm Schmitz, neuer Sprecher der Redakteure wurde Willy Thomes vom Trierer „Paulinus", und als weiterer Redakteursvertreter kam Paul Dahm in den Vorstand - dem damit drei Angestellte des Einhard Verlages angehörten.

8. Wendepunkte: 1974 - 1976

Bewährungsprobe Aachener Bistumszeitung

Jetzt war also Aachen zum Mittelpunkt meiner Laufbahn in der Kirchenpresse geworden, und ich stand selbst an der Spitze einer Bistumszeitung. Wie die anderen Diözesanblätter, hatte die „Aachener Kirchenzeitung" gegen Ende des Konzils 1964 ihre Höchstauflage erreicht: 165 000. Die 22 Bistumszeitungen kamen akkumuliert auf stolze 2,4 Millionen Gesamtauflage (vgl. Becker in ComSoc, 1970, Heft 3 u. 4, 1971 Heft 1, 2 u.3). Durch den in den folgenden Jahren überall einsetzenden Auflagenrückgang betrug die Druckauflage in Aachen 1973 immer noch 145 000, und die in Kupfertiefdruck hergestellte Bistumszeitung zählte zu den besten. Ihre Redaktion galt mit vier Vollredakteuren als gut ausgestattet, wozu ein Netz freier Mitarbeiter in den Bistumsregionen kam. Die Leitung des Blattes lag eindeutig in den Händen von Domvikar Strick und seiner „rechten Hand" Josef Leidner, der als ehemaliger katholischer Jugendführer das Bistum, alle Personen in der Bistumsleitung und alle Priester ebenso gut kannte wie Strick. Als Dritter kam Karlheinz Pieroth zu ihnen, der zuvor erster Chefredakteur von „Leben & Erziehen" (L&E) gewesen war. Verlagsgeschäftsführer Wilhelm Schmitz hatte 1969 Pieroth ersetzt (oder richtiger: versetzt), als er den Chefredakteur des „Feuerreiters", Paul Dahm, als ausgewiesenen „Illustriertenmacher" an die Spitze des Monatsmagazins stellte, um es inhaltlich weiterzuentwickeln. Ich gewann Pieroth dafür, sich in der Kirchenzeitung vorwiegend dem Bereich zuzuwenden, den man Feuilleton nennen könnte, in unserem Fall dem erweiterten Unterhaltungsteil.

Ich selbst nahm die Stelle des vorhergehenden eigentlichen Redaktionsleiters Dr. Heinrich Höpker ein, der ein hochgebildeter, vor Wissen überfließender, aber praxisfremder und eigenwilliger bis störrischer Mann war. In der AKP hatten wir ihn ziemlich geschwätzig und isoliert erlebt, „nicht teamfähig" würde man heute sagen. Kurioser und zugleich verständlicher Weise übernahm Fischer ihn als meinen Nachfolger in die abgespeckte Redaktion der „Christlichen Familie", wo Höpker in seinem Duktus schematischer Blattmacherei fortfahren konnte. Der Aachener Kirchenzeitung hatte er offensichtlich kein neues Profil geben können. Die auf Illustriertenpapier gedruckte Bistumszeitung war „kleinklein" gestaltet mit eintönigem Fließsatz in einem kleinen Schriftgrad, ohne Luft, im Nachrichtenteil in fünf schmalen Spalten einfach hintereinander gesetzt und mit vielen ein- und zweispaltigen kleinen Fotos aufgelockert nach dem Prinzip: 'Soviel wie möglich unterbringen'. Der Fünfspaltensatz gab auch den Texten der Glaubensunterweisung und Unterhaltung etwas „Altmodisches", wenngleich Erich Strick für theologische Qualität und guten Lesestoff sorgte sowie seine eigene Vorliebe für Rätselspaß in vielen ungewohnten Rubriken auslebte - offenbar zum Vergnügen der Leser. So bot die Aachener Bistumszeitung zwar eine Fülle an Lesestoff, entsprach aber wohl in der Gesamtkonzeption und Gestaltung nicht der neuen Linie einer professionellen zeitnahen Bistumszeitung, wie wir sie auch in der AKP konzipiert hatten.

Kurze Zeit nach meinem Eintritt konnte Verlagsdirektor Schmitz offensichtlich mit Zustimmung des Generalvikars noch einen weiteren Redakteur einstellen, einen Sohn des Mitbegründers der „Aachener Volkszeitung", Ludwig Ernst. Während dessen Bruder Stellvertreter Chefredakteur der verlagseigenen „Aachener Volkszeitung" war, kam Ludwig von der „Kölnischen Rundschau" zu uns. Er war sehr belesen, konnte gut schreiben und ging auf meinen Vorschlag ein, als Reportageredakteur einzusteigen und das Bistumsgeschehen durch Eigenreportagen zu verlebendigen - eines der in der AKP oft geäußerten Desiderate. Damit stand mir eine größere Redaktion als den meisten anderen Bistumsblättern zur Verfügung, die zudem über eine große Handbibliothek, eine umfangreiche Sammlung aller kirchlicher Zeitschriften, ein Archiv für Sachthemen und Personen sowie ein großes eigenes Bildarchiv verfügte. Für das Redaktionssekretariat und die Archivverwaltung standen insgesamt fünf Damen zur Verfügung, drei Ganztags- und zwei Halbtagskräfte. Schließlich hatte der Einhard Verlag eine eigene Grafik-Abteilung, deren Leiter Rudolf Pauen zuerst „L&E" eine moderne Gestaltung mit großzügiger Text- und Bildverwendung verlieh und dann auch der Kirchenzeitung zur Verfügung stand.

Kontakte im Bistum Aachen konnte ich ebenfalls schnell schließen, zumal ich bereits in der Synode führende Persönlichkeiten kennen gelernt hatte. Neben Bischof Pohlschneider zählten dazu u.a. der junge Weihbischof Dr. Gert Dicke, der mit Pohlschneider und mir in der Sachkommission VI der Synode saß, der Hauptabteilungsleiter Pastoral, Phillip Boonen, weit über Aachen hinaus als Akademiedirektor bekannt, Regionaldekan Arnold Poll, der später das Kindermissionswerk mit den Sternsinger-Aktion bundes- und weltweit bekannt machte, und Hauptabteilungsleiter Dr. Ulrich Koch, den ich von Misereor her kannte. Da ich zwei Jahre lang bis zur Fertigstellung unseres Hauses in Aachen im Priesterhaus Maria Rast wohnte, lernte ich in kurzer Zeit auch alle Regionaldekane kennen. Neben Poll gehörten dazu Karlheinz Collas, der 1978 Generalvikar wurde, Edmund Erlemann, der von Mönchengladbach aus die soziale Tradition des Volksvereins im Bistum gegenwärtig hielt, Maximilian Goffart und Karl Reger, die 1977 und 1982 zu Weihbischöfen ernannt wurden (und unitarische Bundesbrüder waren).

Katholikentag 1974 als Einstieg

Nach meinem offiziellen Redaktionseintritt machte ich in allen Regionalstellen Antrittsbesuche. Sie waren für mich aufschlussreich, weil ich die unterschiedlichen historischen, soziologischen und pastoralen Prägungen des kirchlichen Lebens in dem von Krefeld im Norden über Düren im Westen bis Blankenheim im Süden reichenden Bistum kennen lernte, das erst 1930 wiederbegründet worden war. Von der Gesamtbevölkerung von 2 Millionen im Bistumsbereich waren fast 1,5 Millionen katholisch, doch mit unterschiedlichen Mentalitäten und Traditionen. Darauf pochte Mönchengladbach als Zentrum des Sozialkatholizismus ebenso wie Krefeld, das sich zu einem bedeutenden Industriezentrum bis zum Rhein mit seinem größten Hafen in Duisburg entwickelt hatte. Ebenso selbstbewusst waren die Dürener und die Bewohner der kargen Eifelregion im Süden. Daher blieben Spannungen im Bistum nicht aus, und das erste, was ich erlebte, war eine gewisse Distanz vieler Priester und Gemeinden zur Zentrale in Aachen. Ohne die Spannungen im einzelnen zu kennen, führte ich Ende 1973 in einem ausführlichen Plan zur Entwicklung der Kirchenzeitung an den Generalvikar das Desiderat an: „Identifizierung des Bistumsklerus mit der eigenen Kirchenzeitung und beständige Förderung des Bezugs nach einem Schlüssel, der entsprechend der Größen der Gemeinden festzulegen ist." Dann könne, so mein optimistischer Schluss, die Abonnentenzahl in drei Jahren von 140 000 auf 170 000 gesteigert werden. Die inhaltlichen Erweiterung sah erstens eine Stärkung der Bistumsberichterstattung mit Dekanatsseiten vor, mit regelmäßigen Berichten aus den Räten, wie sie beispielsweise bereits im Freiburger „Konradsblatt" erschienen, und aus den Abteilungen des Generalvikariates, wie bereits im Trierer „Paulinus". Zweitens sollte der Meinungsaustausch intensiviert werden durch Gastkommentare und eine ständige Seite „Leser sagen ihre Meinung". Ich selbst begann eine wöchentliche Rubrik „Aus meiner Sicht" mit der Aufforderung an die Leser: „Und wie sehen Sie es ?" Dies trug zu einem unerwarteten Anstieg von Leserbriefen bei. Drittens sollten unter der Rubrik „Orientierungshilfen für unsere Zeit" aktuelle Glaubensfragen behandelt werden, woran zur Synodenzeit kein Mangel herrschte. Viertens standen Sonderseiten in monatlichen Abständen auf dem Plan, darunter eine „Seite für die Frau" - kennzeichnend für die damalige Sicht auf die Frau - und „Jugend schreibt für Jugend". Für die Gestaltung der Jugenddoppelseite bot sich ein junger Primaner namens Armin Laschet vom bischöflichen Pius-Gymnasium in Aachen an, später kurzzeitig Chefredakteur der Kirchenzeitung und Geschäftsführer des Einhard Verlages, bevor er ganz in die Politik ging und 2004 in NRW Familien- bzw. „Generationen"-Minister wurde. Der Beginn meiner Redaktionsarbeit im Jahr 1974 ließ sich gut an. Die erste Ausgabe konnte mit einem Vierfarbtitel erscheinen, was bei den meisten Bistumszeitungen noch die Ausnahme war. Schmuckfarben, größere Überschriftstypen mit viel Luft und eine klarere Ordnung von Nachrichtenteil, Glaubensartikeln, Berichten und Unterhaltung verliehen der Zeitung neue Züge. In meinem wöchentlichen Kommentar wies ich auf drei thematische Schwerpunkte des laufenden Jahres 1974 hin: die Heiligsprechung der Aachener Ordensgründerin Schervier mit Vorbildcharakter für persönliche Initiativen, die Pfarrgemeinderatswahlen als Auftrag des Konzils zur Mitverantwortung der Laien, und den „kleinen Arbeits-Katholikentag" in Mönchengladbach mit dem gesellschaftsbezogenen Motto „Für das Leben der Welt". Schließlich stand ein dreifaches Bischofsjubiläum bevor: Pohlschneider wurde 75 und sah seinem 50-jährigen Priesterund seinem 20-jährigen Bischofsjubiläum entgegen. Die Aufbruchsstimmung im Bistum war jedenfalls spürbar und wirkte sich anspornend auf unsere Redaktionsarbeit aus. Für die enge Vertrautheit und fast emotionale Beziehung zwischen Lesern, Bistum und Blatt spricht das Redaktions-Maskottchen, ein Papagei namens „Ara", den Erich Strick nach dem echten Papagei in seiner Privatwohnung benannt hatte. Strick nutzte das ungeschminkte

Drauf-los-Plappern des sprachbegabten bunten Vogels, um Dinge an- und auszu-sprechen, die lustig, listig oder hintergründig waren. Im Zusammenhang mit dem im Generalvikariat übereifrig vorbereiteten dreifachen Bischofsjubiläum machte Ara sich darüber lustig, indem er den Anlass aus kindlicher Perspektive relativierte: Ein neunjähriger Junge habe errechnet, dass Pohlschneider schon mit 5 Jahren Priester war, denn 75 Lebensjahre weniger 50 Jahre Priester sei 25, weniger 20 Jahre Bischof, bleiben 5 Jahre als Kind.

Im Nachrichten- und Berichtsteil konnten wir eine ziemlich offene Linie führen, vor allem dank der Diskussionen in der Synode. Vor der 5. Vollversammlung 1975 informierte ein Beitrag „Synode vor der Zerreißprobe" über den Einspruch der Bischöfe gegen bestimmte Formulierungen in den Vorlagen über Ökumene, Ehe und Familie sowie Rolle der Laien in der Liturgie. Dadurch kam das Für und Wider über Ökumenische Eucharistiefeiern mit gemeinsamer Kommunion ebenso auf das 'Dialogforum' Bistumszeitung, wie die Forderung nach Zulas-sung wiederverheirateter Geschiedener zur Kommunion und das Zerrüttungs-prinzip als Eheungültigkeitskriterium sowie die Gewissensentscheidung der Ehe-leute bei der Methodenwahl ihrer Empfängnisverhütung. In der Rubrik „Orien-tierungshilfen" schrieben Ignaz Läpple über „Kernwahrheiten des Glaubens", Phillip Boonen über „zerbrochene Leitbilder", Felix Schlösser über „Sprache des Gottesdienstes - Sprache von gestern" und der Aachener Pädagogikprofessor Franz Pöggeler über „Leistungsdruck und Konsumzwang". Zu aktuellen gesell-schaftspolitischen Zeitfragen fanden unsere Leser in Gastkommentaren mei-nungsbildende Stellungnahmen über Küngs Auseinandersetzung mit dem kirchli-chen Lehramt, den FDP-Antrag auf Trennung von Staat und Kirche mit Aufhe-bung der Kirchensteuer, Richtlinien für entkonfessionalisierte Gesamtschulen, die Pille auf Krankenschein und die politisch umstrittene Fristenlösung.

Über alle diese Themen entwickelten sich heftige, oft kontroverse Leserdiskus-sionen, von denen mir vor allem zwei in Erinnerung sind. Die erste entspann sich an einem angekündigten Fristenregelungs-Film in der politischen ARD-Magazin-Sendung „Panorama", in dem zum ersten Mal eine Abtreibung in einem Berliner Krankenhaus live gezeigt werden sollte, um zu demonstrieren, wie problemlos dieser Eingriff sei. Auf Grund heftiger Proteste setzten die Intendanten der ARD den Beitrag ab, und Panorama-Chef Peter Merseburger polterte, die Intendanten seien vor den Bischöfen in die Knie gegangen. Als Radio Bremen den Fristenre-gelungsfilm trotzdem als einzige Anstalt ausstrahlte, folgte eine mehrwöchige Le-serdiskussion über Pressefreiheit, Rundfunkverantwortung, staatliche Kontrollen und kirchliche Protestbewegungen.

Noch heftiger fiel die Leserdiskussion über ein innerkirchliches Glaubenspro-blem aus. In der Pfingstausgabe hatte der anerkannte Aachener Bibelwissen-schaftler Prof. Dr. Jacob Kremer die Pfingstgeschichte entmythologisiert und u.a. das Brausen des Sturmes, die Herabkunft des Heiligen Geistes in Gestalt von Feuerzungen und das Sprachenwunder als schmückende Bilder für „die letztlich unsichtbare Be-Gabung durch den Heiligen Geist" bezeichnet. In einem ersten Leserbrief empfahl ein Dominikanerpater der Kirchenzeitung, „die doch die

Kanzel des Bischofs in der Diözese ist, auf solche Beiträge (zu) verzichten, die letzten Endes nichts anderem dienen, als den Glauben zu verunsichern und ihm Abbruch zu tun". Diesem Protest folgte ein Berg von Post, in dem Leser aller Schichten sich der Kritik anschlossen („Waren die Kirchenväter so dumm ?") oder die neue Exegese Kremers begrüßten („Ein vorzüglicher Aufsatz"). Wir veröffentlichten eine repräsentative Zahl der Leserbriefe mit einer abschließenden Stellungnahme von Prof. Kremer über den Stellenwert der Bibelwissenschaft für den Glauben.

Beide Leserdiskussionen machten besonders deutlich, dass unsere Leserschaft viel stärker traditionsverhaftet und autoritätshörig war als ich dachte. Und wenn ich die Linie der Kommentare, die wir veröffentlichten, heute nachlese, muss ich feststellen, dass unsere Autoren wie wir selbst stark im Insider-Denken verhaftet waren. Wir hatten vielleicht die schwarzen Scheuklappen abgelegt, die alles Kritische und Umstrittene im theologischen, pastoralen und institutionellen Bereich verdeckten oder ausblendeten, blickten aber immer noch aus *einer* Richtung auf Kirche und Gesellschaft.

Auch der Kreis unserer Gastkommentatoren schrieb aus dem innerkirchlichen Blickwinkel. Wer als katholischer Journalist von einer Außenperspektive die Institution Kirche und das kirchliche Handeln und Geschehen beurteilen wollte, ging in die säkularen Medien. Nicht ohne Grund sind eine ganze Reihe von ehemaligen Redakteuren der KNA zur säkularen Presse oder zum Rundfunk abgewandert, wo sie auch in den von der Kirche verantworteten Programmen unbefangener und deutlicher zu kirchlichen Entwicklungen Stellung beziehen konnten. Einer von ihnen, Harald Pawlowski, übernahm die Redaktionsleitung von „Publik".-Forum, des von Laien nach der Einstellung von „Publik" gegründeten unabhängigen und privat finanzierten „Nachfolge-Organs".

Ich selbst sah mich immer als *in* der Kirche engagiert, „Kirche" sowohl als der von Christus gestifteten Gemeinschaft aller Getauften wie als verfasste Institution mit Amtsträgern, geistlichen und weltlichen Beauftragten für vielerlei Dienste, mit Kirchenrecht und Verwaltungsstrukturen. Und meine Motivation war, für diejenigen publizistisch tätig zu sein, „Zeitungsmacher" zu sein, die ebenso *in* der Kirche lebten und die man oft zu schnell als „treue Katholiken" abstempelte, als per se rückständig, unflexibel, als brave Herde, die hinter ihren Hirten hertrottet. Wie differenziert das Volk der „aktiven Kirchgänger" wirklich geworden war, wie sehr es sich lohnte, ihrem Denken und Handeln einen öffentlichen Marktplatz zu geben, zeigte erneut der Katholikentag 1974, und der fand in Mönchengladbach statt, also im Bistum Aachen.

Publizistisch war ich wiederum doppelt in diesen Katholikentag einbezogen: für die Aachener Kirchenzeitung und für die Katholikentags-Illustrierte. Wir gestalteten die Bistumszeitung als Sondernummer, die in wesentlich erhöhter Auflage erschien und allen katholischen Haushalten im Bistum zugestellt wurde, verbunden mit einer Abo-Werbung. Für die Katholikentags-Illustrierte war mir zum dritten Mal vom verantwortlichen ZdK-Herausgeber, Dr. Friedrich Kronenberg, die Redaktionsleitung übertragen worden, in der mir neben Franz-Maria Elsner diesmal der Leiter der ZdK-Pressestelle, Michael Albus, und der Presse-Veteran Oskar Neisinger zur Seite standen.

Mit seinem Motto „Für das Leben der Welt" zielte der 84. Deutsche Katholikentag - so Kardinal Döpfner - auf drei Schwerpunkte: die Umbruchssituation der Kirche in Deutschland als „Signal für die letzte Phase der Synode", die weltweite missionarische Aufgabe im Vorausblick auf das Heilige Jahr 1975, und die Gesellschaftssituation im Deutschland des Jahres 1974 mit dem politischen Beschluss der Fristenregelung und der ersten Energie- und Wirtschaftskrise. Über den Verlauf der Tage in Mönchengladbach geben die Überschriften in der Berichtsausgabe unserer Kirchenzeitung Auskunft: „Begegnung statt Heerschau", „Gottesdienste in neuer Form", „Wiederbegegnung im Glauben", „Tausende zogen kritische Bilanz", „Die Überraschung: Jugend engagiert sich" und „Zu neuem gesellschaftlichem Engagement bereit".

Zu einem Eklat kam es, als der SPD-Ministerpräsident von NRW, Heinz Kühn, in seiner Begrüßungsansprache um „Verständnis für die staatliche Gesetzgebung zur Fristenregelung" bat und laute Missfallens-Rufe erntete. KT-Präsident Bernhard Vogel wiederum bat seinerseits um „Toleranz für die freie Meinungsäußerung", richtete dann aber an den Katholiken Kühn die Bitte, auch keinen Gesetzen zuzustimmen, „die das Gewissen von Bürgern in unzumutbarer Weise in die Pflicht nehmen". Von besonderer Bedeutung für Aachen war das Hauptreferat des Geistlichen Beirates des ZdK, Prof. Klaus Hemmerle. Mit seiner bildkräftigen Analyse der Zeit und seinem Aufruf, „Spannungen auszuhalten und Konflikte auszutragen, ohne dass der Mensch dabei zugrunde geht", beeindruckte er - wie Generalvikar Wäckers in seinen Erinnerungen schreibt - die Mitglieder des Domkapitels so stark, dass es ihn ein Jahr später aus der römischen Dreierliste mit vier Bischofskandidaten spontan auswählte (Wäckers, 1995, S.339).

Aus publizistischer Sicht ist bemerkenswert, dass sich immerhin zwei von 32 Arbeitskreisen mit Medien befassten. Dabei ging es bei der Frage um die Vermittlerrolle der Medien, über die der evangelische Theologe und Redakteur Dr. Rüdiger Durth referierte, erneut um die Rolle der Kirchenpresse. Ihr wurde attestiert, dass sie vieles bringe, was man in der Tageszeitung nicht finde, aber vorgeworfen, immer noch tendenziell ausgerichtet zu sein und nicht das „ganze Spektrum katholischen Denkens widerzuspiegeln". Den Bischöfen wurde vorgehalten, an ihre Presse „relativ enge ideologische Maßstäbe" anzulegen. Brisanz erhielt die Diskussion dadurch, dass gerade sieben Diözesen für acht Millionen DM über 80 Prozent der Anteile am „Rheinischen Merkur" gekauft hatten. Somit, so einige Teilnehmer des Durth-Arbeitskreises, müsse er fortan auch zur „Kirchenpresse" im engeren Sinne gerechnet werden. In dem zweiten Medien-Arbeitskreis, den (ausgerechnet) der spätere Chefredakteur des „Rheinischen Merkur" Alois Rummel leitete, ging die Katholische Studierende Jugend KSJ noch schärfer mit den Bischöfen ins Gericht. In einer Stellungnahme beklagte sie die „Geheimniskrämerei beim Ankauf" der Anteile ohne Befragung der Diözesan- und Kirchensteuerräte, die fragwürdige Finanzierung des „äußerst konservativen" Merkurs mit *acht* Millionen, während drei Jahre zuvor alle Diözesen zusammen keine *sechs* Millionen zur Weiterführung von „Publik" gehabt hätten. „So wird nachträglich klar, dass der Tod von 'Publik' aufgrund von *inhaltlichen* Argumenten beschlossen wurde." Der Forderung, auch Zeitungen anderer Richtung zu finanzieren, schloss sich die Mehrheit der Arbeitskreisteilnehmer an (ZdK, 84. DKT, 1974, S. 767-770). Auch in der AKP gab es erneut Verärgerungen über die Millionen für den „Merkur", weil befürchtet wurde, dass die Bistumsblätter wieder leer ausgehen würden.

Während Kritik an der medienpolitischen Linie der Bischöfe also durchaus angebracht erschien, konnte der Vorwurf der „Geheimniskrämerei" sicherlich nur bedingt erhoben werden. An ersten internen Überlegungen der Bischöfe über ein tragfähiges wirtschaftliches Fundament für eine andere bedrohte Zeitschrift, „Weltbild", waren AKP-Vertreter und bischöfliche Berater beteiligt. Die internen Verhandlungen über die Beteiligung von Diözesen an „Weltbild" wurden allerdings auch wieder erst nach ihrem Abschluss 1975 veröffentlicht. An Verhandlungen über den Einstieg von Diözesen in das Gesellschaftergremium des „Rheinischen Merkur" waren wir tatsächlich nicht beteiligt, obwohl wir davon Kenntnis hatten.

Dagegen verschlug es selbst mir als AKP-Vorsitzendem und Chefredakteur im Einhard Verlag die Sprache, als ein paar Wochen nach dem Katholikentag der „Stern" unter der Überschrift „Steuergelder für den Blätterwald" nicht nur behauptete, die Bischöfe steckten Kirchensteuergelder in ihre Bistumszeitungen, die in den letzten Jahren die Hälfte ihrer Auflage verloren hätten, sondern es gäbe auch Überlegungen zur Fusionierung von „Weltbild" und „Leben & Erziehen" zu einem großen Familien-Massenblatt. Der „Stern" musste zwar richtig stellen, dass die Bistumspresse in den letzten fünf Jahren nicht 50, sondern nur knapp 15 Prozent verloren hat, blieb aber bei seiner Behauptung über Steuergelder für eine Fusion von „Weltbild" und „L&E". Das Blatt zitierte sogar Pressebischof Tenhumberg mit der Aussage, über die künftige Aufgabenverteilung zwischen beiden Massenproduktionen werde beraten. Auch darüber war mir nichts bekannt. Vielleicht hatte ein Rechercheur des „Stern" sich das nur aus Gerüchten über „Weltbild" und dem Schmolke-Vorschlag für ein großes Familienblatt zusammengereimt, der in einem Synodenpapier nachzulesen war. Der Vorgang zeigte aber, dass Entwicklungen in der Kirchenpresse von großen säkularen Zeitschriften durchaus begierig verfolgt wurden.

Letztes größeres Bistumsereignis 1974 wurde das Dreifachjubiläum des Ortsbischofs, bei dem Klaus Hemmerle als Festredner sprach. Unter dem Titel „Heraus aus der Enge" skizzierte er die Bedeutung des Bistums als Ortskirche und verglich dabei den Doppelauftrag des Bischofs mit zwei Reisen: eine in alle Gemeinden hinein und eine nach Rom. Hemmerle nahm vorweg, was er später als Bischof von Aachen im Aufbau der „Weggemeinschaften" verwirklichte. Für den Bischof, das Bistum, unsere Kirchenzeitung und mein erstes Jahr als Chefredakteur der Kirchenzeitung des Bistums Aachen endete das kirchliche Jahr mit einem „Familientag", der Ausdruck einer aktiven Bistumsgemeinde unter der Führung eines um das Heil der Menschen besorgten Oberhirten war. Wenn ich ein

Vierteljahrhundert später Bilanz ziehe, glaube ich, dass die Kirchenzeitung in dieses Kirchenleben „eingebettet" war, zwar traditionell verhaftet, aber offen für zeit- und denknahe Neuerungen und Veränderungen. Wir versuchten sie im Sinne eines offenen Forums zu spiegeln - wenngleich noch nicht so, wie ich es mir als Endziel vorstellte.

Paul VI.: „Die Praxis hinkt hinterher"

Auftrieb hatten wir unerwartet in Rom erhalten. Im Frühjahr 1974 unternahm die Publizistische Kommission der deutschen Bischofskonferenz einen Informationsbesuch im Vatikan, an dem ich selbst, Wilhelm Schmitz und Michael Schmolke als Berater teilnahmen. Im Palazzo S. Carlo informierten uns der Präsident der Päpstlichen Kommission für soziale Kommunikatiosmittel, Erzbischof Andreas Deskur, und der neu ernannte Untersekretär P. Karlheinz Hoffmann SJ über den Auf- und Ausbau dieser neuen Päpstlichen Medien-Einrichtung. Der deutsche Jesuitenpater Karlheinz Hoffmann hatte seit 1970 die deutsche Ausgabe des „Osservatore Romano" geleitet, und der junge Elmar Bordfeld aus der Münsteraner Journalisten-Schule, war gerade zu seinem Nachfolger berufen worden. Er wurde im nächsten Jahrzehnt neben dem Leiter der römischen KNA-Zentrale Luitpold Dorn zu meinem ständigen Kontakt- und Informations-Partner im Vatikan.

Höhepunkt der Informationsreise war eine Privataudienz, die Papst Paul VI. uns nach der Mittwochs-Generalaudienz in einem kleinen Saal der neuen Audienzaula gab. Der im Konzil als zeitoffen angesehene Papst richtete an uns die doppelte Aufforderung, „die Medien immer positiver einzusetzen, um suchenden und ringenden Menschen Wege des Heils zu weisen", und die schädlichen Einflüsse der Massenmedien zu „neutralisieren". Daran bemerkenswert war bereits, dass an erster Stelle nicht mehr im alten Sinne die „Abwehrhaltung" stand, sondern der positive Auftrag zu dem, was man unter „aktiver Information" verstand. Noch bemerkenswerter war, dass Paul VI. dann nachdenklich den „langsamen Fortschritt" beklagte, den die kirchliche Medienarbeit nach „Communio et progressio" mache. In der Praxis, so zitierte ich ihn nach meiner Mitschrift in einem Kommentar unserer Kirchenzeitung, „hinkt sie hinter der Theorie her".

Und genau dies musste ich auch im ersten Jahr in Aachen erkennen. Trotz bester Voraussetzungen hakte es immer wieder, auf verschiedenen Ebenen, mit verschiedenen Mitarbeitern und von unterschiedlichem Gewicht. Zum Beispiel mit der Bistumsleitung. Bischof Pohlschneider hatte mir zugesagt, dass ich jederzeit einen Gesprächstermin bei ihm bekommen könne. Der aus Oldenburg stammende, frühere Generalvikar von Münster hatte im Bistum hohes Ansehen, galt aber als Mann harter Ordnung sowohl im Lehramt als auch in der Verwaltung. Ich habe ihn in den zwei Jahren bis zu seinem Altersrücktritt anders kennen gelernt. Er stellte mir mehrfach Texte über Familien-, Erziehungs- und Schulfragen, die er veröffentlichen oder erlassen wollte, mit der Bitte zu, ich solle sie „überlesen" und Anmerkungen machen, wenn sie zu steif, un- oder missverständlich wären. Mit ihm gab es „wenig Spannungen", notierte ich in meinen Privataufzeichnungen, aber auch dass es „je nach Temperament" einen Unterschied zu seinem Generalvikar Anton Wäckers gab, der für die laufende Redaktionsarbeit mein Ansprechpartner war.

Wäckers galt als ein Verwaltungschef alter Schule, seine Organisation des Bistums beruhte auf dem „Führungsprinzip" in hierarschicher Ordnung. Wenn er in seinen Erinnerungen auf publizistische Objekte wie Kirchenzeitung und Bistumsbücher kommt, nennt er keine Namen, sondern spricht nur von „Journalisten", die das gemacht haben (Wäckers, 1995, S. 335). Meinen Plänen für die redaktionelle Weiterentwicklung der Kirchenzeitung hatte er zugestimmt. Bei der Verwirklichung kam es dann in einigen Grundfragen zu Meinungsverschiedenheiten, besonders, wenn es um das ging, was man offene und offensive Berichterstattung nennt - also im Grunde die Redaktionsfreiheit betraf. Er sah es so, dass alles, was über und aus dem Bistum berichtet wurde, auch von ihm verantwortet werden musste. Einiges konnte er nicht verantworten. Worüber wir nachrichtlich berichten konnten, so seine Meinung, das sollten wir den offiziellen Verlautbarungen der bischöfliche Pressestelle entnehmen. Da auch Tageszeitungen und Rundfunk den bischöflichen Informationsdienst gleichzeitig mit der Kirchenzeitung erhielten, mussten wir als Wochenblatt oft eine Woche hinterher hinken. Selbst wenn Vorkommnisse schon in der Tagespresse früher oder, noch schlimmer, ohne offizielle Bistumsveröffentlichung publiziert wurden, hieß es entweder: „Bitte noch abwarten, bis es spruchreif ist", oder: „Darüber wollen wir noch nichts sagen", oder im schlimmsten Fall: „Die wollen nur die Leute verwirren und der Kirche schaden."

Auch als ich regelmäßig Kommentare von Priestern aus den Regionen einführen wollte, wies der Generalvikar auf den verwaltungsmäßigen Dienstweg hin, der eingehalten werden müsse, und der lief über ihn. Wir brachten dann eine Reportagereihe über die acht Regionen und Interviews mit den Regionaldekanen. Diese mussten dem GV nicht vorgelegt werden, weil die Dekane dies selbst zu verantworten hatten. Weniger Einspruch gab es, wenn in Leserbriefen Kritik an kirchlichen Vorgängen geübt wurde, da hieß es höchstens mal: „Musste das sein ?!".

Es hakte auch im Verlag. Mit einigen redaktionellen Neuerungen stieß ich bei den alteingesessenen Kollegen Strick und Leidner auf Widerspruch. In meinen Vorstellungen für unsere Redaktionslinie hatte ich neben der Zielsetzung pastoraler Ausrichtung auf die „besondere Disposition des Leser- und Empfängerkreises" und die „legitime Lesererwartung" hingewiesen. Bei Änderungsvorschlägen inhaltlicher oder gestalterischer Art hörte ich öfter von den in der Aachener Mentalität verwurzelten „Nachfolgern Karls des Großen", ihre mehr als zwanzigjährige Erfahrung sage ihnen, dass „unsere Leser das nicht wollen". Als ich etwa meinte, die Ara-Plauderei durch einen Redaktionskommentar abzulösen oder die doppelte Kinderseite nur in jeder zweiten Ausgabe zu veröffentlichen, hielt man dagegen, dass gerade dazu viele Leserbriefe kämen. Selbst als ich vorschlug, dann im großen Rätselteil beispielsweise das Denkspiel „Die harte Nuss" auslaufen zu lassen, weil sich höchstens 30 Leser an den kniffligen Aufgaben beteiligten, kämpfte der Rätselfreunderfinder und leidenschaftliche Schachspieler

Strick so entschieden dafür, dass ich auch das so beließ. Tatsächlich verstärkte sich meine Erfahrung von der „Christlichen Familie", dass die Erwartungshaltung der Leser gewohnheitsabhängig war, was im Klartext hieß, dass „Druck auf die Redaktion" von unten stärker war als von oben.

Andere Pläne der inneren Umgestaltung scheiterten an den technischen Gegebenheiten des Kupfertiefdruck-Verfahrens. Dadurch waren nicht nur die Schwarz-weißbahnen und Farbplätze festgelegt, sondern auch die Herstellungszeiten einzelner Produkte. So wurden die Aufschlagseiten 2 und 3, auf denen ich die aktuellen weltkirchlichen Nachrichten und Kommentare bringen wollte, vorab gedruckt, sodass dort besser eine nicht tagesaktuelle Bildreportage platziert wurde. Diese technischen Vorbedingungen galten um so mehr bei der Kooperation mit den anderen Kupfertiefdruck-Blättern, die die Aachener mit Freiburg, Würzburg, Paderborn und Eichstätt eingegangen waren. Je nachdem, wo diese Redaktionen unsere gemeinsam gestalteten Seiten wie die Evangelien-Betrachtung, die Bildreportagen, die Kinderseiten und die Fernsehprogramme unterbringen wollten, verschob sich die Blattperspektive. Dies wiederum verhinderte lange Zeit einen gemeinsamen wirtschaftlicheren Druck ganzer Produkte, - wie übrigens auch im normalen Zeitungsrotationsdruck, wenn ein Bistumsblatt die Gottesdienstverordnungen veröffentlichte. Kurzum, ich erlebte hautnah, wie schwierig es selbst bei gutem Willen war, in der Bistumspresse Kooperationspläne zu verwirklichen.

Trotz dieser Einschränkungen konnten wir die redaktionelle Weiterentwicklung unserer Kirchenzeitung als "auf gutem Weg" ansehen. Das schlug sich auch wirtschaftlich nieder. In seinem Bericht über das Jahr 1974 teilte Direktor Schmitz den Gesellschaftern stolz mit, dass die Druckauflage der Kirchenzeitung von 142 000 wieder auf 152 000 erhöht werden konnte. Dazu haben sicherlich die Sonderausgaben zum Katholikentag und zum Bischofsjubiläum beigetragen, auch die Abonnentenzahl war dank intensiver Werbung gestiegen. Wenn die Tür-Werber eine vom Pfarrer unterschriebene Bezugsempfehlung vorwiesen, wirkte sich das immer noch positiv aus. Schmitz bedauerte, dass nicht alle Pfarrer solche Empfehlungen ausstellten, weil sie Aversionen gegen das „Ordinariat in Aachen" hätten. Dazu wurde auch die vom bistumseigenen Einhard Verlag gehörende Kirchenzeitung gezählt. Ähnliche Gründe vermutete ich deshalb auch, als eine aufwendige Werbung unter den Mitgliedern der Mitte des Jahres neugewählten Pfarrgemeinderäten ein enttäuschendes Ergebnis brachte. Insgesamt hatten nur zehn Prozent aller Pfarrgemeinderatsmitglieder die Kirchenzeitung abonniert. Recherchen ergaben, dass sich diese neuen Gremien verstärkt eigenen Pfarrbriefen zuwandten und darin nicht nur wöchentliche Gottesdienste und Gemeindenachrichten veröffentlichten, sondern regelrechte Kleinschriften mit Artikeln, Fotos und Anzeigen herstellten. So sehr solche gedruckten Publikationen der Gemeindekommunikation dienten, so negativ beurteilte sie jedoch Wilhelm Schmitz, weil der Kirchenzeitung Anzeigen der örtlichen Geschäftswelt verloren gingen.

Schmitz hatte den Einhard Verlag nach der Gründung auf gesunde wirtschaftliche Füße gestellt. Bei seinem 25-jährigen Dienstjubiläum, das ebenfalls in das ereignisreiche Jahr 1974 fiel, wurden zwei Dinge besonders hervorgehoben: sein

Eintreten für „die wirtschaftliche Eigenständigkeit" und seine „Entwicklung des Anzeigengeschäftes". Dadurch hatte er auch außerhalb des Bistums Aachen den Ruf eines erfolgreichen Verlagsmanagers erworben und gehörte zu den Gründern der Anzeigenagentur Konpress. Auf wirtschaftlichen Erfolgskurs brachte ihn in den 70er Jahren vor allem sein Einsatz für „Leben & Erziehen". Zusammen mit dem vom Volkspädagogischen Verlag übernommenen Anzeigen- und Werbeleiter Josef Bergmoser konnte die Auflage dieser Elternzeitschrift von 90 000 auf über 600 000 gesteigert werden, wenn auch weniger durch Einzelabonnements als durch die Idee der monatlichen Beilage in Bistumszeitungen.

Den ersten Schritt hatte Schmitz im eigenen Bistum getan, dann konnte er die Kupfertiefdruck-Bistumsblätter von Würzburg und Freiburg sowie die Kölner Kirchenzeitung als L&E-Kooperationspartner dazu gewinnen. Die hohe Auflage katapultierte „L&E" sozusagen in die 1. Liga der Werbebranche. Nachfolger des Ideengebers der Beilage, Bergmoser, war Walter Hammer geworden, der beste Kontakte zu den großen Agenturen hatte. Das brachte Großaufträge mit Jahres- oder Halbjahresstrecken von ganzseitigen Anzeigen ein. Zu meiner Zeit belief sich der Anzeigenumsatz für „L&E" auf mehrere Millionen DM im Jahr. Dadurch standen dem Verlag hinreichend Mittel für Personalkosten, Abo-Werbung, Redaktionsausbau, Aufbau des Buchverlages und Rücklagen zur Verfügung. Das sollte Ende der 70er Jahre zum Bau eines eigenen Verlagshauses im Aachener Gewerbegebiet neben dem Neubau der Druckerei Metz führen, die dort die Kirchenzeitung druckte. Letzten Endes ermöglichte die gute wirtschaftliche Situation es Schmitz, Paul Dahm und mir, den nicht kostenfreien Einsatz für die AKP zu tragen.

Kardinal Döpfner greift ein

Die AKP konnte 1974 drei wichtige Ereignisse registrieren, die entscheidend für die Zukunft wurden: erstens ein Verlegergespräch mit dem Vorsitzenden der Bischofskonferenz, Kardinal Julius Döpfner, zweitens die dabei von uns geforderte Einrichtung einer Kontaktstelle für Verlagskooperation bei der Bischofskonferenz, und drittens das 25-jährige Verbandsjubiläum der AKP.

Wer Rottach-Egern am Tegernsee als Ort für die Verlegerkonferenz 1974 ausgewählt hat, weiß ich nicht mehr. Es kann durchaus sein, dass es der Sprecher der Verleger war, Wilhelm Schmitz, denn im Tagungshotel, dem berühmten Bachmair, kannte man ihn offensichtlich gut. Die AKP hatte dazu wie üblich den Ortsbischof eingeladen, war aber doch überrascht, dass der vielbeschäftigte Vorsitzende des Bischofskonferenz und Erzbischof von München uns eine Zusage zukommen ließ. Der 21. März war ein sonniger Vorfrühlingstag, und nach dem Mittagessen vertraten sich die Teilnehmer die Füße auf dem Gelände vor dem Hotel. Es war kurz vor 3 Uhr nachmittags, als Döpfner ankam. Nach dem Aussteigen aus dem Wagen blieb er kurz stehen, sah sich das imposante Hotel an, und als ich ihn als Vorsitzender abholte und begrüßte, wies er kurz mit dem Kopf auf die im Vorgarten stehenden Verleger und raunte mir zu: „Und *die* wollen Geld von uns?!". Das war Originalton Döpfner, und den sollten wir in den nächsten zwei Stunden noch mehrfach erfrischend zu hören bekommen.

Gleich zu Anfang lockerte er die Versammlung auf, als er meinte, eigentlich hätte sein starker Termindruck den Besuch gar nicht erlaubt, aber er sei ihm leichter geworden, weil er ihn mit einem „dringend notwendigen Spaziergang" in dieser schönen Landschaft hätte verbinden können. Ernsthafter fügte er an, „daß bei der wichtigen, großen gewachsenen Aufgabe unserer Kirchenpresse im engeren Sinne (gemeint: die Bistumspresse) es wirklich notwendig und richtig ist, daß bei einer solchen Begegnung einmal der Ortsbischof zu Ihnen hereinschaut, um 'Grüß Gott' zu sagen und zu bekunden, dass wir eine gemeinsame Aufgabe haben, und um Ihnen zu danken".

Die Begegnung mit Döpfner fand in einer doppelten Krisenzeit statt. Einerseits standen innerkirchlich noch viele Fragen in der Synode offen, die 1975 abgeschlossen werden sollte. Andererseits hatte sich zwischen der Kirche und der sozial-liberalen Regierung zunächst unter der SPD-FDP-Koalitionsregierung unter Willy Brandt und Walter Scheel und nach Brandts Rücktritt unter dem neuen SPD-Kanzler Helmut Schmidt ein Spannungsverhältnis entwickelt. Es entzündete sich an der Frage der Fristenlösung und verschärfte sich durch die FDP-Forderung nach Trennung von Staat und Kirche sowie der Abschaffung der Kirchensteuer. Hinzu kam eine unerwartete Wirtschaftskrise, die sich auch im gesamten Pressewesen auswirkte. Daher standen die katholischen Verleger nach den Auflagenverlusten der vergangenen Jahre zusätzlich vor großen Kostensteigerungen. Auch diese kamen im Gespräch mit Döpfner zur Sprache.

Aus der nur im Manuskript vorliegenden Nachschrift des von Bruno Geuter aufgenommenen Gesprächs mit dem Kardinal dürften die im folgenden zitierten Auszüge kennzeichnend sein für die urwüchsige Art und Weise, wie Döpfner zuhörte, spontan reagierte und nach genauer Kenntnisnahme entschlussfreudig auf Lösungen zusteuerte. Wilhelm Schmitz erklärte in einem einleitenden Situationsbericht, dass die notwendigen „weit tragenden Zukunftsschritte die Grenzen unserer eigenen Kräfte überschreiten werden" und „die eigenen Maßnahmen ... dringend der kirchlichen Förderung bedürfen", die zugesagten Hilfen aber noch immer nicht konkretisiert wurden. Deshalb hielten die Verleger es „für empfehlenswert, daß eine fachkundige, personell und materiell hinreichend ausgestattete, mit entsprechenden Kompetenzen versehene Arbeitsstelle für die Fragen der katholischen Publizistik bald gegründet wird". Als er mit der Bitte an den Kardinal endete: „Bitte sagen Sie uns, wer unser Gesprächspartner in Zukunft ist ?", meinte Döpfner etwas unwirsch: „Aber es muss sich doch ein Mannsbild finden lassen, mit dem man reden kann über solche Dinge!" Er verwies auf seinen Sekretär Homeyer und die Publizistische Kommission, doch aus dem Plenum wurde ihm sofort vorgehalten, dass weder Homeyer noch die Publizistische Kommission in Zuschuss-Fragen entscheidungskompetent sei. Als ich selbst auf den jüngsten Fall hinwies, dass sogar der Beschluss der Bischofskonferenz über die MDG vom Verband der Diözesen mit der Begründung der Begründung abgelehnt worden war, dass dafür kein Geld vorhanden sei, und noch die Bemerkung anhängte: „dann ist inzwischen die Kirchenzeitung eingegangen", konterte Döpfner trocken: „Na, die Kirchenzeitungen sind ja bisher, Gottlob, noch nicht eingegangen." Um dann jedoch anzuschließen: „Aber wenn in der nächsten Zeit nicht aufgepasst wird, dann ist das das Nächste, was passiert."

Der Kardinal verwies auf die „bitteren Erfahrungen" mit den Jugendzeitschriften, mit „Publik" und anderen Organen. „Sicherlich ist Ihre Klage berechtigt", fuhr er fort, „dass da manches zu schleppend geht und von einem Ausschuss zum anderen wandert." Dann kam jedoch wieder der diplomatische Vorsitzende der Bischofskonferenz zum Vorschein. Einerseits, so Döpfner, dürfe man nicht das Ganze durch „lauter Zuschüsse und Subventionen für einzelne Projekte" aus dem Auge verlieren, andererseits hielt er den Verlegern vor: „Mal haben Sie die MDG mit einem ganz leichten Lob bedacht, mal wieder ziemlich zurückgewiesen." Und dann folgte die entwaffnende Feststellung: „Ich könnte mir vorstellen, dass neben den Fehlern der 'Amtskirche', so sagt man heute ja gerne, also der Amtsträger, die zu langsam sind, dass es da unter Umständen auch die eine oder andere Grenze bei Verlegern gibt, dass sie auch über gewisse Gräben hinüber müssen."

Einige Verleger wiesen daraufhin auf die Feldbefragung hin, bei der sie durchaus zu Kooperationen bereit sind und ihre Mitfinanzierung angeboten haben, aber der Zuschuss-Antrag seit zwei Jahren in den Gremien hängen geblieben ist. Nach einigem Überlegen fragte der Kardinal unerwartet, ob von dieser Tagung ein schriftliches Resumee mit konkreten Vorschlägen über „den gegenwärtigen Stand Ihrer Überlegungen, besonders des Nichtgeschehenen, an uns kommt" - mit dem lockeren Zusatz: „Ich werde ja vermutlich nicht den Postboten für Homeyer machen." Als zu unserer Zusage ein übereifriger Verleger vorschlug, ihm gerne ausführliche Unterlagen mit Zahlen über Mehrkosten für Papier und Technik zuzustellen, stöhnte der Kardinal nur: „Habt Erbarmen mit mir!" Doch auf die Schlussfrage, ob er persönlich der Gründung einer Arbeitsstelle im Sekretariat zustimme, die den Vorstellungen der AKP entspreche, antwortete Döpfner eindeutig: „Es muss in dieser Richtung etwas geschehen, und zwar etwas Wirksames. Und es braucht ein gewisses Metanoein, ein Umdenken auf Seiten der Finanzleute, auf Seiten der Bischöfe und auf Seiten der Verleger. Und da kann durchaus sein, dass die von Ihnen jetzt ins Gespräch gebrachte Arbeitsstelle nicht nur ein Alibi ist, damit aliquid fieri videatur, damit es den Anschein hat, es geschähe etwas, sondern daß das wirklich ein Ansatz ist, der - weil die große Lösung nicht möglich ist - dann zumindest eine kleinere Lösung in die richtige Richtung in die Entwicklung geht." (PA)

Ein Vierteljahr später gab das Sekretariat der Bischofskonferenz bekannt, dass der Verband der Diözesen eine „Kontaktstelle Verlagskooperation" gegründet hat, „die den kirchennahen Verlagsanstalten beratend und vermittelnd zur Seite stehen soll". Ihre Aufgabe bestehe darin, auf den Sachgebieten Redaktion, Werbung, Anzeigen und Vertrieb „zur Erhaltung und Leistungssteigerung. (...)Aufträge, Darlehnszuschüsse und andere Hilfen" zu erteilen oder zu vermitteln. Und nur kurz danach teilte die Kontaktstelle der AKP mit, dass der Verband der Diözesen den Zuschuss für die Feldbefragung genehmigt hat. Damit schien endlich der Grundstein für eine Zukunftssicherung in gemeinsamer

Verantwortung von Bischöfen und Kirchenpresse gelegt zu sein. Für die Vorbereitung der Feldbefragung wurde ein Ausschuss aus je drei Mitgliedern der Publizistischen Kommission und der AKP gebildet, und die AKP konnte auf dessen Vorschlag hin das Institut für Kommunikationsforschung in Wuppertal mit der Durchführung beauftragen. Diese begann mit einem ersten Test noch 1974.

AKP-Jubiläum 1974 mit neuen Perspektiven

Als die AKP am 23. Oktober 1974 auf ihrer 25. Jahresversammlung mit einem Festakt im Kurfürstlichen Palais zu Trier ihr 25-jähriges Bestehen beging, nahm sie dies, wie es in der Festschrift heißt, nicht zum Anlass für eine „Jubelfeier", sondern „um unseren Standort zu überprüfen" und „eine kritische Analyse der Situation der katholischen Presse vorzunehmen" (AKP, 1949-1974, ebenda alle folgenden Zitate). Pressebischof Tenhumberg bekräftigte gleich zu Beginn, dass die Kirchenpresse in der publizistischen Landschaft ihren festen Platz hat. Zugleich relativierte er jedoch Vorstellungen von einem Gesamtkonzept der Bischöfe. Ein solches Konzept sei „weder heute noch morgen eine fertige Sache". Es sei nur ein Rahmen, „dessen Füllung in einem gewissen Grade variabel sein muß". Dabei könne nicht auf privatwirtschaftliche Initiativen verzichtet werden. Angesichts der gegenwärtigen Schwierigkeiten solle mit kirchlichen Finanzmitteln „eine transitorische Hilfestellung geleistet werden". Der Pressebischof betonte ausdrücklich, dass von bischöflicher Seite nicht an eine zentralistische Lenkung gedacht werde, sondern dass die Gesetze des publizistischen Marktes berücksichtigt werden müssen.

Zum Projekt der Mediendienstleistungsgesellschaft merkte Tenhumberg an, dass es sich in der ursprünglichen Form mit anteiliger Beteiligung von Diözesen und Verlagen, einem großen Apparat und vielköpfigen Aufsichts- und Verwaltungsgremien nicht verwirklichen lasse. Es werde aber geprüft, in welch anderer Form eine kirchliche Stelle für die vorgesehenen Aufgaben der Bestandsaufnahme, Projekt- und Modellentwicklungen sowie Förderungsmaßnahmen eingerichtet werden könne. Ein direkter Kontakt zwischen AKP und dieser entscheidungskompetenten Stelle erscheine ihm wichtiger als noch so viele Beratungsgremien, wenngleich - und hier spitzten die AKP-Mitglieder sofort ihre Ohren - die neue Stelle „zur Entscheidungsvorbereitung sachkundige Urteile von unabhängigen Experten einholen müsse". Tenhumbergs Schlussbemerkung eröffnete uns jedoch wieder eine positive Perspektive, vor allem, weil er sich mit der AKP identifizierte: „Wir", so begann er, „das heißt: die Arbeitsgemeinschaft und die Bischöfe, müssen uns auf eine neue, vertiefte, breiter angelegte und gründlicher ausgebaute Zusammenarbeit in den nächsten Jahren einrichten."

Der damaligen Staatssekretärin im Kultusministerium von Rheinland-Pfalz, Hanna-Renate Laurien, die in der Bildungspolitik der 70er Jahre eine wichtige Rolle weit über den katholischen Raum hinaus spielte, blieb es überlassen, die Möglichkeiten der Kirchenpresse zugleich aufzuweisen und zu relativieren. In ihrem Festvortrag über die Relevanz und Irrelevanz christlicher Grundsätze in der pluralen Gesellschaft ging sie von der damaligen Wirtschaftskrise aus, in der viele Menschen nach einem tieferen Sinn suchten, als ihn die materialistische Weltanschauung biete. Ihnen könne die Kirchenpresse nicht einfach „das Hochamt in Blei gegossen" anbieten. Katholische Presse müsse „Übungsfeld, Erfahrungsfeld, Kristallisationsfeld" für die Konfrontation mit heutigen Fragen und Problemen werden. Entscheidend bleibe jedoch die „personale Verantwortung" jedes Christen für eine „wertbezogene" eigene Lebensführung und gesellschaftliche Mitgestaltung.

Diesen Aspekt konnte ich in einer Sendung über die aktuelle Problematik der Kirchenpresse besonders betonen, die der Bayerische Kirchenfunk am 6. Oktober 1974 übertrug. Ich ging davon aus, dass zwischen der Krisensituation in der Kirche und in der Kirchenpresse ein Zusammenhang besteht: „Nicht zufällig läuft das Absinken der Kirchenpresse mit dem allgemeinen Absinken der aktiven Teilnahme am kirchlichen Leben zusammen." Die Frage laute nicht, ob die Kirchenpresse zum Vorreiter für die Öffnung der Kirche zur Welt hin werden müsse, sondern ob die kirchliche Pastoral diese Öffnung schaffe. In einem Zusammenspiel könne die Kirchenpresse ihr dabei „wirksamer als bisher" Wege öffnen, während die Pastoral im Kirchenvolk den Boden für die Akzeptanz der Kirchenpresse besser vorbereite. Die Sendung endete mit der Feststellung: „Eine Heilung der Kirchenpresse ist aber keineswegs nur von den Maßnahmen der Verleger und Redakteure der Kirchenpresse abhängig. Und letzten Endes auch nicht von bischöflichen Subventionen. Katholische Kirchenpresse ist als Bekenntnis- und Gesinnungspresse Sache des ganzen Kirchenvolkes, der Leitung wie der Gemeinden. Die Wende kann nicht nur von innen kommen, sondern muss von außen mitgetragen werden." Der Titel der Sendung lautete: „Kirchenpresse am Wendepunkt".

Tatsächlich schien Mitte der 70er Jahre der Boden für eine Wende im Verhältnis der Kirche, der Bischöfe und des Kirchenvolkes zur Kirchenpresse bereitet zu sein. Tatsächlich waren die starken Auflagenverluste der Kirchenzeitungen zurückgegangen, wir sprachen sogar von einer „Stabilisierung", die nicht zuletzt durch intensivierte Abonnentenwerbung erreicht wurde. Jedenfalls bestärkte mich diese Entwicklung in meinem Engagement für die Kirchenpresse. Dabei spielten in dieser Zeit gemeinsame Interessen der AKP und der Gesellschaft Katholischer Publizisten (GKP) eine besondere Rolle, von denen wir in enger Kooperation einige Ziele zur Stabilisierung und Förderung des katholischen Journalismus verwirklichen konnten.

AKP/GKP-Erfolgsgeschichte 1: Volontärskurse

Mit der GKP, der ich seit 1948 als eines der ersten 50 Mitglieder angehörte, hatte ich direkt nach meiner Wahl zum Vorsitzenden der AKP Kontakt mit deren Vorsitzendem, Otto B. Roegele, aufgenommen. Das erste gemeinsame Projekt, das wir auf den Weg brachten, waren Verbandsnachrichten für die AKP- und GKP-Mitglieder. Die GKP hatte 1968 nach dem Tod des langjährigen Geschäftsführers Alfons Nowak ihre seit 1950 herausgegebenen „Informationen" eingestellt. Durch die gemeinsamen Verbandsmitteilungen sollten die Einzelmitglieder der GKP, die in den verschiedenen Medienbereichen tätig waren, besser über die Entwicklungen in der Kirchenpresse informiert werden, während die AKP-Mitglieder von Vorgängen im katholischen Rundfunk- und Filmbereich sowie im säkularen Bereich von Presse, Rundfunk und Film erfuhren. In einem Vorwort zur 1. Ausgabe im April 1972 schrieben Roegele und ich, wir wollten allen katholischen Publizisten „eine Zusammenschau" unserer Situation und Entwicklung vermitteln. Unter dem Titel „Informationen" erschienen die Mitglieder-Nachrichten ab 1972 vierteljährlich. Sie wurden von AKP-Geschäftsführer Bruno Geuter erstellt.

Allerdings dauerte diese AKP/GKP-Kooperation nicht sehr lange und endete mit einem Flop. Roegeles Nachfolger im Vorsitz der GKP, Hermann Boventer, setzte andere Prioritäten für seinen Verband. Da er seine Vorstellungen oft sehr eigenwillig verfolgte, kündigte er schon 1974 die gemeinsamen vierteljährlichen „Informationen", um eigene monatliche „GKP-Informationen" einzuführen. Boventer begründete dies damit, dass in den gemeinsamen Informationen ein Übergewicht an Meldungen aus der AKP zu Lasten der GKP bestehe. In seiner Ankündigung der seit Oktober 1974 eigenständigen GKP-Nachrichten nannte er als Hauptziel der Trennung: größere Aktualität, verstärkte Bindung unter den eigenen Mitgliedern durch Personalnotizen sowie Gewinnung jüngerer Mitglieder.

Im Nachhinein betrachtet war diese Trennung wahrscheinlich sinnvoll, denn beide Verbände hatten tatsächlich verschiedene Strukturen und Aufgaben. Das war auch auf der Würzburger Synode sichtbar geworden. Von dem „Publik"-Erdbeben, das die katholische Medienszene damals erschütterte, wurde die GKP als Verband weitaus weniger betroffen als die AKP, abgesehen von Roegele als Herausgeber der „Publik"-Konkurrenz „Rheinischer Merkur". Die GKP versammelte Publizisten aller Sparten, die sich dem katholischen Geist verbunden fühlen, auf der Basis persönlicher Mitgliedschaft zum Erfahrungs- und Meinungs-Austausch und zur Fortbildung. Dagegen war die AKP als Interessensvertreter der Kirchenpresse existenziell betroffen, weil ihre Zeitschriften von den konzilsbegeisterten (und oft -trunkenen) Progressiven als altbacken, konservativ und ineffektiv abgestempelt wurden.

Beide Verbände konnten jedoch gemeinsam mehrere Initiativen ergreifen, die in den 70er Jahren zur Stärkung und Profilierung der ganzen katholischen Presse beigetragen haben. Bestes Beispiel für diese Zusammenarbeit ist die Realisation der Volontärausbildung durch das Institut zur Förderung publizistischen Nachwuchses (IFP). Willi Thomes, Chefredakteur des Trierer Bistumsblattes „Paulinus" und langjähriges Vorstandsmitglied der AKP, nennt diesen zweiten Weg des Münchner Instituts in seinem Rückblick in „Die *fromme* Presse" eine „Erfolgsgeschichte" (Mees/Oertel, 1996, S. 108). Ich möchte hinzufügen: Es ist eigentlich die größte Erfolgsgeschichte unter den sieben Punkten des Sofortprogramms der Bischöfe aus der Synode nach dem „Publik"-Debakel.

Mein Vorgänger im AKP-Vositz, Bernhard Hagemeier, hatte bereits seit 1966 in der Publizistischen Kommission zusammen mit dem GKP-Vorsitzenden Roegele und dem ZdK an den Vorplanungen zu einer von den Bischöfen geförderten Ausbildungsinstitution für Journalisten mitgearbeitet. Daraus war 1968 das Münchener Institut entstanden, das ein Ausbildungsprogramm für Hochschulstudenten entwickelte, die durch Kurse und Praktika in den Semesterferien über zwei Jahre lang in Theorie und Praxis in den Journalismusberuf eingeführt werden sollten (vgl. Dorn, 1988, S.57-72).

Mit Pater Wolfgang Seibel SJ, dem ersten Leiter des Instituts, hatte ich als AKP-Vorsitzender sofort Kontakt aufgenommen, zunächst um sicherzustellen, dass in den Ausbildungskursen der Stipendiaten auch die Situation und Rolle der Kirchenpresse dargestellt wird. Seither waren Referate und Diskussionen fester Bestandteil der Kurse, zu denen u.a. Prof. Schmolke, Willi Thomes und ich regelmäßig eingeladen waren. In der AKP wurde jedoch auch schon seit langem über eine festere Grundlage für eine Volontärsausbildung für Nichtstudenten diskutiert. Warum sollte nicht das Münchener Institut sie als zweiten Ausbildungsweg übernehmen ? „Was studienbegleitend recht war," schreibt Thomes in seiner Rückschau, „das konnte für das Volontärsprojekt nur billig sein" (Mees/Oertel, a.a.O.)

Pater Seibel hatte bereits Überlegungen in dieselbe Richtung angestellt. Bei der Feier zum 15jährigen Bestehen des Instituts 1984 sagte er, dass nach den befriedigenden Erfahrungen mit den Studierenden „auch darüber nachgedacht werden konnte, wie diejenigen gefördert werden könnten, die ohne Hochschulstudium" den Journalistenberuf erlernen könnten. „Den Anlaß dazu boten Anregungen, die aus dem Kreis der Arbeitsgemeinschaft Katholische Presse kamen" (Seibel in: IFP, 1984, S. 18f.). Gemeinsam arbeiteten das Institut, die AKP und die MDG, die seit ihrer Gründung die Nachwuchsarbeit des Instituts begleitete, das neue Projekt Volontärsausbildung. Danach stellen Mitgliedsverlage der AKP Volontäre für zwei Jahre zum üblichen Tarif ein, den die MDG zu einem Drittel refinanziert. In einem schriftlichen und mündlichen Auswahlverfahren werden jährlich 15 Volontäre angenommen. Innerhalb der beiden Ausbildungsjahre nehmen die Volontäre an vier Kursen des Instituts von je 14 Tagen teil, in denen ihnen in ähnlicher Weise wie den Studierenden Grundkenntnisse in allen Medienzweigen vermittelt werden. Außerdem müssen die Volontäre zu einer dreimonatigen Hospitanz in einer Tageszeitung, Nachrichtenagentur oder Rundfunkanstalt abgestellt werden. Dadurch soll die Ausbildung auf eine breite Basis gestellt werden, denn - so Seibel - obwohl die Volontäre in Kirchenzeitungsredaktionen angestellt sind, ist das Ziel des Ausbildungsganges „nicht allein die Rekrutierung von Nachwuchs für die kirchlichen Medien"; vielmehr sollen „Journalisten heranwachsen, die einmal in allen Medien und allen Redaktionen arbeiten können" (Seibel, a.a.O.).

Das wurde zunächst von einigen Kirchenzeitungsverlagen, die Ausbildungsplätze zur Verfügung stellten, nicht gerne gehört, denn sie erhofften sich neben einer temporären Verstärkung der unterbesetzten Redaktionen während der Ausbildungszeit der Volontäre vor allem ein Reservoir für professionelle Jungredakteure. Bei der Verabschiedung der Absolventen eines Doppellehrgangs Anfang Januar 1981 in Stuttgart habe ich dieses Thema offen angesprochen. Wie aus meinen Notizen hervorgeht, sagte ich zu Anfang, dass ich nach dem Ende meines AKP-Vorsitzes „einmal etwas unverblümter und ungeschützter" sprechen wolle, als man es von dem „sonst auf Vermittlung bedachten, eher braven Oertel" gewohnt sei: „Ich möchte niemanden davon abraten und abhalten, in der Kirchenpresse zu bleiben. Aber ich kann jungen Kollegen nur empfehlen, so viel an Erfahrungen in allen Medienbereichen zu suchen wie möglich." Als Redakteur der Kirchenpresse habe man auch heute noch mit vielen Vorurteilen zu kämpfen, sowohl bei Kollegen der säkularen Presse als auch beim Kirchenvolk. Man gelte als zweite Klasse, einseitig, eingebunden in die Hierarchie, werde von dieser gleichzeitig verdächtigt, liberal und subversiv zu sein. „Man wird hingegen anerkannt" - so wiederum wörtlich - „wenn man sein journalistisches Handwerk beherrscht und sich in der Sache auskennt." Sich in der Sache auszukennen, ergänzte ich, heiße für einen katholischen Journalisten auch, die Kirche zu kennen, ihre Geschichte, ihre Botschaft, ihre Probleme. Ich plädierte für ein „regelrechtes Verbundsystem zwischen katholischen Journalisten in der konfessionellen und in der säkularen Presse sowie in den elektronischen Medien" (PA,1981).

Ein Vierteljahrhundert später hat sich erwiesen, dass beide Ausbildungsziele des IFP für die Volontäre ebenso wie für die Studierenden, intern „Stipendiaten" genannt, erreicht wurden. Wer den Namenkatalog des Instituts von 1999 durchblättert (IFP/KMA,Adressen, 1999), findet auf Anhieb Dutzende von erfolgreichen Absolventen sowohl in kirchlichen Redaktionen und Institutionen als auch in den säkularen Medien, ob Tagespresse, Rundfunk, Fernsehen oder Public Relations. Sogar das Sekretariat der Bischofskonferenz und das IFP gewannen Mitarbeiter aus dem Kreis der Institutler. Allein aus Aachen - um nur ein mir naheliegendes Beispiel zu nennen - kommen Institutler wie Anne Rheidt (ZDF), Martin Thull und Peter Sellung (Aachener Zeitung), Roland Juchem (Aachener kirchenzeitung), Walter Schäfer (Misereor) und mein Sohn Daniel (Ullstein Verlag). Zu meinen Volontärinnen in der „Leben & Erziehen"-Redaktion gehörte Bettina Schausten, die beim ZDF die Frauenriege führender Institutler beim Fernsehen auf ein halbes Dutzend erhöhte (Claudia Nothelle, Maria Dickmais, Michaela Pilters, Inken Klinge, Anne Rheidt).

Erfolgsgeschichten 2 und 3: Katholischer Journalistenpreis und Informationsreisen

Zu einer weiteren Erfolgsgschichte führten Überlegung in beiden Verbänden, Anreize für Journalisten zu schaffen, sich mit kirchlichen Themen zu befassen, und die besten Beiträge jährlich auszuzeichnen. 1972 unterbreiteten GKP und AKP der Bischofskonferenz den Vorschlag, gemeinsam mit beiden Verbänden einen jährlichen Journalistenpreis zu stiften. GKP-Vorsitzender Boventer und ich waren u.a. zu diesem Vorschlag durch unsere Erfahrungen in den USA bestärkt worden. Dort verleiht die Catholic Press Association CPA jedes Jahr fast 100

„Awards" für alle Sparten des Kirchenzeitungsjournalismus: für den besten Titel, den besten Kommentar, die beste Reportage, die beste Fotogeschichte und -zig weitere beste Firsts, Seconds and Thirds, also 1., 2. und 3. Plätze, in Form von Urkunden, die in den Redaktionen und Verlagen wie Ehrendiplome begehrt sind. Interessanter Weise blüht in dem Land, das alle Hierarchien und Ränge im Zuge des Gleichheitsideals verworfen hatte, seit langem eine Vorliebe für Auszeichnungen jeder Art, vielleicht ein unauslöschliches Zeichen der im Buch des Predigers erwähnten „Eitelkeit der Eitelkeiten" . Die Bischofskonferenz nahm auch diesen Vorschlag von AKP und GKP auf und stiftete 1974 den Katholischen Journalistenpreis, der neben einem Hauptpreis einen Preis für die beste Arbeit eines Nachwuchsjournalisten vorsah. Die Jury setzt sich aus je zwei Vertretern der GKP, AKP und Bischofskonferenz zusammen.

Durch die öffentlichen Verleihungen zunächst im Bonner Hauptstadtraum mit den Vorsitzenden der Bischofskonferenz und der Publizistischen Kommission gewann diese Medien-Initiative der Bischöfe bald große Beachtung im Kreis der Medienschaffenden. Auch bei der Auswahl dieser Preisträger haben die Juroren aus GKP, AKP und Bischofskonferenz von Anfang an auf die Qualität der Beiträge geachtet, unabhängig davon, wo der Journalist arbeitet. Dadurch traten auf diesem Gebiet namhafte säkulare Publizisten neben Redakteure der Kirchenpresse. Ein Blick auf die Liste zeigt sogar, dass die Preisträger in den ersten Jahren vorwiegend aus säkularen Medien kamen, während die Nachwuchspreise überwiegend an junge Kollegen der Kirchenpresse gingen. Hauptpreise gingen u.a. an Bernhard Gervink (Westfälische Nachrichten), Harald Vocke (FAZ), Hannes Burger (Süddeutsche, früher zwei Jahre „Münchner Kirchenzeitung") und Robert Schmelzer (Frankfurter Neue Presse). Aus der Kirchenpresse kamen von den ersten zehn Nachwuchspreisträgern sieben, darunter Wolfgang Poeplau, Elmar Bordfeld, Klaus Nientiedt und Hubertus Büker. Die Erfolgsgeschichte des frühen Katholischen Journalistenpreises hat schließlich dazu geführt, dass die Bischofskonferenz ihn später ausweitete zum Katholischen Medienpreis (vgl. Oertel/Mees, Preisträger von 1975-1996, S-213-220, und ComSoc, von 1975 bis 2004 unter Chronik, danach unter Dokumentation).

Volontärausbildung und Medienpreise können als bleibende Zeugnisse der erfolgreichen Zusammenarbeit von AKP, GKP und Bischofskonferenz in der ersten Hälfte der 70er Jahre angesehen werden, die bis ins 21. Jahrhundert hinein Bestand haben und fortwirken. Noch eine weitere gemeinsame Initiative von AKP und GKP möchte ich erwähnen, die damals zum Türöffner für internationale Begegnungen katholischer Publizisten wurde: Informationsreisen. Vor allem Reisen nach Polen und Israel dienten dabei nicht nur in der Berichterstattung dem wachsenden Interesse der Kirchenzeitungsleser für diese beiden Länder, die die größten Opfer der NS-Verfolgung waren, sondern führten auch zu bleibenden persönlichen Kontakten, lange bevor die Regierungen von Deutschland, Polen und Israel offizielle Beziehungen aufbauten.

Schon 1972 hatten Hermann Boventer und ich eine gemeinsame Informationsreise für Mitglieder der GKP und AKP nach Israel organisiert. Das Hauptziel war, auf den Spuren Jesu das Heilige Land kennen zu lernen, in der Geburtsgrotte in Bethlehem und auf dem Hügel am See Genezareth zu stehen, auf dem Jesus die Bergpredigt hielt. Auf seinem Kreuzweg durch die engen Gassen der Jerusalemer Innenstadt bis zur Grabesstätte zu gehen, das war für mich ein stärkeres Erlebnis, als ich es je in Rom hatte. Rom erlebte ich als Zentrale der Kirche, das Heilige Land und Jerusalem als Wirkstätte dessen, der die Kirche gegründet hat. Besonders fasziniert haben uns die Höhlen von Qumran, in denen 1947 Schriftrollen des Alten Testament und der religiösen Gruppe der Essener entdeckt worden waren. 1948 waren in den Kirchenzeitungen große Berichte darüber erschienen, weil sie gleichsam als neue „Wahrheitsbeweise" für Quellen der Lehrverkündigung Jesu dienten.

Wer Anfang der 70er Jahre das Heilige Land als christlicher Pilger besuchte, wurde mit der realistischen politischen Situation des jungen Staates Israel und - besonders als Deutscher - mit den Verbrechen der Nationalsozialisten an den Juden konfrontiert. Damals, fünf Jahre nach dem Sechstage-Krieg, in dem Israel seine arabischen Nachbarstaaten vernichtend geschlagen hatte, hoffte es auf eine friedliche Zukunft. „Wir machen aus der Wüste fruchtbares Land", verkündete unser Reiseleiter, ein Offizier der israelischen Armee. Er zeigte uns aber auch die fortdauernde Bedrohung durch die den jüdischen Staat umschließenden Länder, als er uns auf die Golan-Höhen führte und hinter der UN-Sperrzone die Stellungen der Libanesen am Fuße des legendären biblischen Berges Hermon zeigte. Er zeigte uns hingegen nicht die großen Lager der inhaftierten Palästinenser bei Jericho und sagte uns auch nichts über die Enteignung vieler Araber im ehemaligen palästinensischen Ostteil Jerusalems.

Bildete bei dieser Israel-Reise für uns die Begegnung mit der jüdischen Geschichte den Hintergrund, so kam es in Polen zur Begegnung mit Katholiken, die einerseits ebenso unter dem NS-Regime gelitten hatte, andererseits jetzt von einer kommunistischen Diktatur in ihrer Freiheit eingeengt wurden. Angeregt zu einer Informationsreise wurden wir durch Prälat Helmut Holzapfel, Chefredakteur des Würzburger Kirchenblattes. Er selbst hatte schon 1965 zum ersten Mal das Land bereist und wurde danach zu einem Vermittler zwischen polnischen und deutschen Bischöfen, Priestern und vielen Laienorganisationen. Als wir 1976 mit einer Redakteursgruppe auf dem Flughafen von Warschau ankamen, brauchten wir nicht durch die scharfen staatlichen Kontrollen, sondern wurden von kirchlichen Vertretern daran vorbei geschleust. Offenbar waren die kommunistischen Behörden daran interessiert, das Verhältnis zum mächtigen Episkopat nicht durch „Kleinigkeiten" zu belasten.

Dank Holzapfel empfing uns Kardinal Stefan Wyszynski und feierte eine Messe mit uns im wiederhergestellten Warschauer Dom. Wir begegneten Vertretern der Znak-Gruppe der katholischen Intellektuellen, besuchten Ordenshäuser und die Niederlassung, in der Pater Maximilian Kolbe gelebt hatte, bevor er nach Auschwitz abtransportiert wurde. Bei einem späteren Besuch in Auschwitz konnten wir die Zelle besuchen, in der er inhaftiert war, bevor er sein Leben für einen Mithäftling anbot und hingerichtet wurde. Und wir erlebten die andere Seite Polens, die enge kulturelle Verbindung des Landes mit Westeuropa, als wir im Wohnhaus von Franz Liszt an einem Klavierkonzert teilnehmen konnten. Diese erste Begegnung mit Polen brachte uns auch Kontakte mit führenden polnischen katholischen Journalisten bis hin zum Gründer des Klubs der katholischen Intellektuellen, Tadeus Mazowiecki, dem späteren Ministerpräsidenten, und Wladyslaw Bartoschewski von der katholischen Znak-Gruppe in Krakau, dem späteren Außenminister.

Solche Informationsreisen haben dazu geführt, dass viele Bistumszeitungen, Sonntags- und Ordensblätter ihr Leserreise-Segment, das ursprünglich auf Rom-, Lourdes- und Fatima-Reisen begrenzt war, ausgeweitet haben, vor allem auf das Heilige Land. Für die Verlage haben sich die Reisen ebenfalls auf der Plus-Seite bemerkbar gemacht, weil sie nicht nur der Leserbindung dienten, sondern auch eine Umsatzbeteiligung einschlossen. Was den Bereich „Leser-Service" anbetrifft, darf man also sagen, dass die Kirchenpresse zur säkularen Presse aufgeschlossen hat.

Endlich internationale Föderation für die Kirchenpresse

Für die redaktionelle Weiterentwicklung unserer Kirchenpresse erwies sich ein weiterer Blick über die Grenzen als wichtig: die Mitarbeit in der internationalen Berufsorganisation UCIP, der Weltunion der katholischen Presse. Über deren Entwicklung berichtet Günther Mees, von 1992 bis 1998 selbst erster deutscher Präsident der UCIP, ausführlich in seinem Buch „Stimme der Stimmlosen" (Mees, 2005). Ergänzend möchte ich einige Aspekte anführen, die 1974 zur Gründung einer internationalen Föderation für die Kirchenpresse geführt haben. Nachdem in „Communio et Progressio" die spezifische Rolle der Kirchenpresse neu definiert worden war, hatte der geschäftsführende Direktor der nordamerikanischen Catholic Press Association, Jim Doyle, auf dem Berliner Weltkongress 1968 erstmals vorgeschlagen, auch eine eigene Föderation für die Kirchenpresse zu gründen. Diesem Vorschlag schloss ich mich sofort an, denn die AKP sah sich denselben Problemen des Funktionswandels gegenüber wie die CPA in den USA und Kanada. Doch er wurde in Berlin von den alten Barden der Föderation für Zeitschriften zurückgewiesen. Doyle und ich trugen unseren Vorschlag auf dem nächsten UCIP-Weltkongress in Luxemburg 1971 erneut vor, und wir fanden Unterstützung bei italienischen und französischen Kollegen. In Luxemburg griff der neue Generalsekretär Joan Jarque den Vorschlag auf, ich vermute, weil er selbst - ein spanischer Priester - sehr an der Entwicklung einer einflussreichen Kirchenpresse in seinem Heimatland interessiert war. Da er unsere Überlegungen in seine Planungen für die Neustrukturierung der UCIP nach dem Tod Pater Gabel einbringen wollte, lud er mich als AKP-Vorsitzenden zu den folgenden Bureau-(Vorstands)-Sitzungen am neuen Sitz der UCIP in Genf ein. Jarque setzte es durch, dass auf der Ratssitzung der UCIP 1973 in Madrid offiziell eine Sonderkommission zur Vorbereitung einer Föderation für die Kirchenpresse gegründet wurde (Oertel in ComSoc, 12. Jg., 1979, Heft 3, S.280-287).

Gegen eine solche neue Föderation gab es in der Föderation für die Tages- und Wochenzeitungsverleger und der Föderation für die Journalisten zwei konkrete

Bedenken: Erstens könnte sie selbst an Bedeutung verlieren, wenn die bisher zu ihr zählenden Verleger und Redakteure der Kirchenzeitungen in die neue Föderation abwanderten, zweitens könnten die *kirchlichen* Zeitschriften eine Vorrangstellung gegenüber der (meist privaten) *katholischen* Presse bekommen. In den Sitzungen der Vorbereitungskommission mussten Jim Doyle und ich viel Geduld aufbringen, weil offensichtlich in allen internationalen Verhandlungen unterschiedliche nationale Gegebenheiten und Mentalitäten (und Eitelkeiten) eine Einigung sehr erschweren. Jack Fink, späterer Präsident der Föderation, schreibt in seinen Memoiren „A Catholic Journalist" : „As usual, the discussion had to be discussed to death."(Fink, 2006). Dabei waren die Mitglieder der Sonderkommission kluge Köpfe, jeder auf seine Art. Der Vorsitzende Albert Garrigues, ein Franzose, vertrat den Nationalverband der französischen katholischen Provinzpresse, die privatwirtschaftlich organisiert war und sich nicht direkt als Kirchenpresse verstand. Trotzdem sah der sehr gebildete, Deutsch sprechende und erfolgreiche Verleger Vorteile einer eigenen Föderation für die öffentlichen Repräsentanz der Anliegen der Kirche in Frankreich durch katholische Wochenzeitungen in den Provinzen. Während die Kirchenpresse in Deutschland, Österreich und den USA mit ihren Bistumszeitungen, Ordens- und Missionszeitschriften sowie Sonntagsblättern und Monatsmagazinen sich auf gutem Weg befand, erhoffte Don Giuseppe Venturini von der Federazione Italiana Settimanali Cattolici (FISC) für die über 130 Bistumszeitungen Italiens durch die Föderation Anregungen für eine Modernisierung der bisher weithin provinziell und volkstümlich gestalteten Blätter zu professionellen Zeitungen. Jarque selbst erwartete sich für die zersplitterte und rückständige kirchliche Presse in Spanien neue Impulse. Darüber hinaus wollten wir Impulse für die Gründung von Kirchenzeitungen in allen Kontinenten geben.

Als konkrete Zielsetzungen nannten wir die Ausarbeitung von internationalen Richtlinien über die Funktion der Kirchenpresse gemäß „Communio et Progressio", einen ständigen Erfahrungs- und Informationsaustausch über die Situation in den einzelnen Kontinenten und Ländern sowie die Bewusstmachung der Rolle der Kirchenpresse als Verkündigungs- und Dialog-Organ der Kirche bei Bischöfen und im Kirchenvolk. Dagegen gab es unter den Ratsmitgliedern keine Bedenken. Die Befürchtungen einer Beeinträchtigung der bestehenden Föderationen löste unsere Kommission fast salomonisch: Sie schlug vor, nur existierende nationale Verbände als Mitglieder aufzunehmen und es Einzelpersonen nichtorganisierter katholischer Zeitschriften freizustellen, sich entweder der Föderation der Kirchenpresse oder der Zeitschriften anzuschließen. Und zu Bedenken wegen einer möglichen Diskriminierung der 'katholischen Presse' durch eine *Kirchenpresse*-Föderation stellte Generalsekretär Jarque fest, dass die Bezeichnung 'katholisch' sich gleichermaßen auf die UCIP als Gesamtorganisation, auf nationale Vereinigungen und Einzelmitglieder bezieht und daher sowohl Mitglieder kirchlicher wie privater katholischer Zeitschriften umschließt.

Doch offenbar blieben Vorbehalte vor allem bei den seit Gründung der UCIP tonangebenden Bureau-Mitgliedern aus Frankreich. Sie hatten sowieso die Verlegung des Sekretariates von Paris nach Genf zu verdauen. Der neue Generalsekretär Jarque schien andere Prioritäten setzen zu wollen, und im Hintergrund dürften auch heimliche Aversionen gegen „die Amerikaner" vorhanden gewesen sein, die zusammen mit den deutschen die neue Föderation anstrebten. Mir fiel beim Durchsehen der Kongress-Unterlagen des Bureaus vom 28. September 1974, also knapp zwei Monate vor dem Kongress, auf, dass die Gründung einer neuen Föderation nicht erwähnt wurde und auf den Tabellen keine Sparte für die Namen der zu wählenden Vorsitzenden und Ratsmitglieder unsere Föderation vorhanden war. Die Namen von Garrigues, Doyle, Venturini und mir waren noch in der Föderation für die Zeitschriften aufgeführt.

Auch die Gründung unserer Föderation auf dem Weltkongress im November 1974 im fernen Buenos Aires verlief etwas am Rande der Tagung. Die UCIP hatte zum ersten Mal einen Weltkongress in die Dritte Welt gelegt, und es war lange Zeit unklar, ob er nach dem Tod Perons im Jahr zuvor überhaupt stattfinden konnte. Zwar war dessen dritte Frau Maria Estella Peron zur ersten Staatspräsidentin in Südamerika gewählt worden, doch es war zu heftigen Kämpfen zwischen der rechtsorientierten Militärregierung und linken Rebellengruppen gekommen. Trotzdem hatte die in Südamerika seit 1959 bestehende kontinentale Vereinigung der katholischen Presse UCLAP die Vorbereitungen für das Welttreffen katholischer Journalisten betrieben, sicherlich auch aus Prestigegründen, und UCLAP-Präsident Cesar Luis Aguiar hatte einen „sicheren Kongress" versprochen. Insgesamt nahmen dann nur knapp 200 Verleger und Redakteure teil, die meisten davon aus Südamerika. Aus Nordamerika und Europa kamen nur kleinere Delegationen, die insgesamt knapp 40 Personen einschließlich der Vorsitzenden und des Sekretariates umfassten.

AKP und GKP hatte gemeinsam eine Reise organisiert, an der jedoch nur ein halbes Dutzend Personen teilnahmen, die diese teure Reise finanzieren konnten. Für Hermann Boventer, der zum Kongressthema „Die Ethik des Journalismus" (seinem Lieblingsthema) ein Referat hielt, und Kurt Vaessen vom Päpstlichen Missionswerk, das die UCIP kräftig unterstützte, übernahm der Veranstalter die Hotelkosten. Der junge Winfried Hall konnte seine Reise auf eigene Verlagskosten unternehmen, während Wilhelm Schmitz, der als Schatzmeister der UCIP fungierte, und ich dank eines Anzeigen-Gegengeschäftes von „Leben & Erziehen" mit Pan American Airways das Meilen-Guthaben des Einhard Verlages „abflogen".

Die Reise führte tatsächlich ans andere Ende der Welt. Ich bewahre noch eine Weltkarte auf, die Argentinien im Mittelpunkt zeigt und Europa klein und verzerrt am oberen rechten Rand. Auf der letzten Etappe der Flugreise, bei der wir von Rio de Janeiro nach Buenos Aires mit einer Maschine der Aerolineas Argentinas weiterfliegen mussten, erlebten wir schon die ersten Auswirkungen der politischen Unruhen, die in Argentinien nach dem Tod Perons ausgebrochen waren. Wir wunderten uns, dass in dem Flugzeug nur jede zweite Reihe besetzt wurde. „Zur besseren Gewichtsverteilung", hieß es offiziell. In einer Boeing 737 ? Das hatte ich noch nie erlebt. Mein englischsprechender argentinischer

Nebenmann wusste den wahren Grund: Drei Tage vorher hatte eine Maschine des gleichen Typs auf dem Flug nach Buenos Aires eine Sturz-Notlandung machen müssen, weil ein herrenloser Koffer mit einem tickenden Gerät Alarm ausgelöst hatte. Und noch etwas löste beklemmende Gefühle in uns aus: Statt der üblichen besänftigen Unterhaltungsmusik ertönte während des ganzen dreistündigen Fluges weihevolle Wagner-Musik aus den Bordlautsprechern.

Als wir auf dem unter Peron erbauten „größten Airport Südamerikas" Eizaza gelandet waren, erfuhren wir als ausländische Gäste eine bevorzugte Behandlung und erreichten spät in der Nacht unser Hotel Il Presidente auf der Prachtavenida des 9. Juli im Stadtzentrum - über meist ausgestorbene Straßen. Offiziell herrschte Ausnahmezustand. Tagsüber schien alles normal, wenn man das laute hektische Treiben in südländischen Großstädten gewohnt war. Tatsächlich erinnerte Buenos Aires an eine europäische Großstadt, was nicht verwundert, wenn man erfährt, dass über 90 Prozent der Argentinier europäischer Abstammung sind, davon die Hälfte aus Italien, ein Drittel aus Spanien. Tagsüber merkte man auch kaum etwas vom Ausnahmezustand, doch als in der Fußgängerzone plötzlich ein Polizeifahrzeug mit Blaulicht und Sirene an uns vorbei raste, stoppte, gezielt einen Passanten ergriff und in Handschellen mitnahm, eilten alle Passanten schnell vorbei - nichts sehen, nichts hören, nichts sagen! Als uns in der zweiten Nacht eine heftige Explosion ganz in der Nähe unseres Hotels aus den Betten riss, sahen wir, dass keiner zum Ort der Explosion lief. Wieder kam Polizei mit Blaulicht, wir hörten ein paar harte Kommandotöne, dann war alles vorbei, als ob nichts geschehen wäre.

Zum Empfang beim deutschen Botschafter mussten wir in der 16. Etage des neuen Hochhauses den Fahrstuhl verlassen, von wo aus uns ein Angestellter über eine Seitentreppe in die einen Stock höheren, durch Panzertüren gesicherten Diensträume führte. Der Botschafter strahlte Zuversicht aus, die Regierung sei um Sicherheit bemüht, gehe aber gegen 'Terroristen' vor, sehr hart. Beim Besuch der Redaktion des „Argentinischen Tageblattes", einer von zwei deutschsprachigen Tageszeitungen, machten uns die Kollegen auf ihre ständige Rubrik „Terror- und Antiterror-Aktionen" aufmerksam, in der am folgenden Tag - unmittelbar neben einem Bericht über den „Gedankenaustausch mit deutschen katholischen Journalisten" - zehn Meldungen über Leichenfunde, Entführungen, Attentate, Verhaftungen, illegale Radiosender und Extremistenfahndungen standen.

So desillusionierend wie sich uns Argentinien als zweitgrößtes, stark europäisch geprägtes Land Südamerikas darbot, so desillusionierend verlief auch der „Welt"-Kongress. In meinem Hintergrundsbericht für den Informationsdienst der KNA stellte ich unter der Überschrift „Wende oder Ende?" fest, dass er nur äußerlich das Bild einer großen internationalen Veranstaltung vermittelte, was nicht darüber hinwegtäuschen könne, das die UCIP in einer Krise stecke. „Zum Tagungsthema 'Ethik des Journalismus'", heißt es weiter in dem Bericht, „wurden zwar qualifizierte Hauptreferate gehalten, aber der Kongress selbst schaffte es nicht, wie es sein Ziel war, einen Katalog von Normen für eine Ethik des Journalismus aufzustellen, der in die Arbeit der UNESCO eingebracht werden soll." Papst Paul VI. hatte in seinem Grußwort eigens den Kongress aufgerufen, einen solchen Beitrag zum Ehrenkodex der Organisation für Erziehung, Wissenschaft und Kultur der Vereinten Nationen zu leisten. In den Generalversammlungen wurde hingegen deutlich, dass es nach dem Tod von P. Gabel weder dem ersten Nachfolger Jesús Irribarren noch Joan Jarque gelungen war, eine neue Struktur aufzubauen. Hauptgrund war die ungeklärte finanzielle Grundlage der internationalen Organisation. Schatzmeister Schmitz musste ein riesiges Defizit bekannt geben und ein Not-Budget für das kommende Jahr ankündigen.

Hoffnung auf eine Aufwärtsentwicklung gaben zwei Personalentscheidungen: Mit Louis Meerts, dem Chefredakteur der belgischen „Gazette van Antwerpen", wurde ein praxiserprobter Chefredakteur zum neuen Präsidenten gewählt, mit P. Chevalier ein neuer, tatkräftiger Generalsekretär mit ähnlichen Verbindungen, wie P. Gabel sie hatte. Beiden sollte es gelingen, in den nächsten Jahren der UCIP ein neues Profil zu geben. Dazu gehörte die neue Föderation für die Kirchenpresse.

Auch die Gründungsversammlung unserer Föderation litt unter den Umständen des mehr improvisierten als organisierten Kongresses. An unserer Versammlung nahmen nur 15 Kirchenpresse-Vertreter aus den USA, Frankreich, Italien, Belgien, Deutschland und Österreich teil. Es war eine kurze Sitzung mit wenig Regularien. Auf Vorschlag von Jim Doyle wurde ich zum „Präsidenten" der „Federation Internationale des Associations de la Presse Eglise" gewählt, fortan abgekürzt in FIAPE. Damit keiner der Gründer zu kurz kam, ernannte der kleine Kreis Albert Garrigues, Don Venturini und den neuen CPA-Vorsitzenden Jack Fink zu „Vize-Präsidenten", während Jim Doyle sich bereit erklärte, als Sekretär und Schatzmeister zu fungieren. Damit hatten fünf Teilnehmer ein Amt übertragen bekommen, die anderen zehn sprachen ihnen ausdrücklich ihr Vertrauen aus, weil sie sich von „ihrer" Föderation mehr Output erwarteten, als die UCIP ihnen bisher gegeben hatte. Allerdings war FIAPE anfangs auch nur Fassade, aber wir wollten den Anbau an das Hauptgebäude UCIP mit Leben füllen. Jim Doyle und ich planten, Situationsberichte aus allen Ländern einzuholen, Jack Fink hatte bereits erste inhaltliche Richtlinien für Kirchenzeitungen konzipiert. Zwar zerschlug sich unser Antrag an das UCIP-Bureau, auch zwischen den Weltkongressen Föderationstreffen zu veranstalten. Doch schon aus finanziellen Gründen konnte das Bureau weiterhin nur solche Sitzungen in Verbindung mit den Vollversammlungen durchführen. Daher war auch die Ernennung eines Schatzmeisters überflüssig.

Es gelang Jim Doyle und mir jedoch, die Ziele der FIAPE durch unsere eigenen Geschäftsstellen so zu verbreiten, dass wenigstens auf dem nächsten Weltkongress 1977 in Wien 50 Vertreter aus zehn Nationalverbänden Europas, Nordamerikas und Australiens sowie ebenso viele Einzeljournalisten aus ebenso vielen Ländern teilnahmen, die noch keinen eigenen Verband haben. Die Nachricht über die Gründung der FIAPE hatte in vielen Ländern wie ein kleines Fanal gewirkt: Die Kirchenpresse war weltweit aufgewertet worden. Auch uns in Deutschland sollten die Kontakte mit den Nationalverbänden anderer Länder neue Sichten auf die eigenen Probleme geben.

Die Tage von Buenos Aires fanden einen versöhnlichen Abschluss mit einer Busfahrt über die Panamericana in den 60 Kilometer nordwestlich der Hauptstadt gelegenen Marienwallfahrtsort Lujan. In der aus rotbraunem Sandstein erbauten neo-gotischen Kathedrale, die offensichtlich Notre Dame in Paris als Vorbild hatte, rutschten Bauernfrauen aus der nahen Pampa auf Knien zum Hauptaltar mit dem Heiligtum der Muttergottes von Lujan - wie in Fatima. Einer der vier Weihbischöfe von Buenos Aires gab sich keiner Illusion hin: In Lateinamerika lebe ein Drittel der katholischen Weltbevölkerung, und 90 Prozent der Argentiner seien katholisch; auf dem Lande lebe der Glaube zwar fort, in den Ballungszentren nähmen jedoch höchstens noch ein Drittel der Menschen am kirchlichen Leben teil. Die Kirche sei aber nicht alleine in der Lage, die notwendige religiöse Bildung und die großen sozialen Probleme zu lösen. Der Bischof lobte daher die Hilfen, die vor allem die deutschen Katholiken durch Adveniat leisten. Für uns ein Ansporn, in Deutschland noch mehr über die Hilfswerke zu berichten.

9. Aus der Defensive in die Offensive: 1977 - 1980

Feldbefragung: Der unbekannte Leser auf 2000 Seiten

Wenn ich meine Notizen für das Jahr 1975 überfliege, erlebte ich es als eine Zeit der Übergänge sowohl in der AKP als im Bistum Aachen. Da stehen die Stichworte: Feldbefragung, Gründung der MDG, Abschluss der Synode, neuer Bischof in Aachen, privater Umzug von Essen nach Aachen und Stellenangebote aus Funk und Fernsehen.

Für die Kirchenpresse war zweifellos die Feldbefragung das Hauptereignis. Nachdem die AKP-Verleger einen Sockelbetrag zur Verfügung gestellt und der Verband der Diözesen 1974 die Restfinanzierung zusagt hatte, konnte das Wuppertaler Institut für Kommunikationsforschung (IFK) zwischen Januar und Mai 1975 endlich die Repräsentativbefragung durchführen.

Ich glaube, die vielen vorbereitenden Sitzungen und die lange Diskussionszeit haben zumindest dazu geführt, dass die Feldbefragung besser vorbereitet und durchdacht war als die vor der Synode etwas übereilt durchgeführte Umfrage über die Erwartungen der Katholiken an die Kirche. Sie wurde maßgeblich von Michael Schmolke als Gutachter für die Bischofskonferenz begleitet, die zusammen mit der AKP als Auftraggeber fungierte. Auf Grund meiner Erfahrungen über die Konsequenzen, die aus der Feldbefragung in den folgenden Jahren gezogen wurden, möchte ich vorab bekennen: Im Grunde ging es der Kirchenpresse mit all den Zahlen und differenzierten Erhebungen genauso wie Goethes Faust nach dem Studium sämtlicher Fakultäten: Man „war so klug als wie zuvor". Unausgesprochen dürften viele Verleger und Redakteure erleichtert gewesen sein, dass die Umsetzung der Ergebnisse der Feldbefragung von der MDG in die Hand genommen wurde. Was nicht bedeutete, dass nicht auch die AKP ihre ganz konkreten Schlüsse aus der Umfrage für die Kirchenpresse zog, zumal die Kirchenpresse in der Leserbeurteilung insgesamt gar nicht so schlecht wegkam. Auch ich selbst deutete die wichtigsten Ergebnisse als kaum erwartete Stärkung unserer Bemühungen um die Verbesserung der Kirchenpresse in die richtige Richtung als Organe für die richtigen Zielgruppen.

Die Ergebnisse der umfangreichen Erhebungen wurden in zeitlichen Abständen veröffentlicht. Am 25. August 1975 übergab das IFK den Auftraggebern die beiden ersten Bände mit den Gesamtergebnissen, kurz danach wurden 21 Bände mit den Ergebnissen aus den einzelnen Bistümern veröffentlicht (Passau hatte sich nicht beteiligt). Später folgten noch zwei Bände mit Sonderauswertungen für Opinion Leaders und nach Altersgruppen sowie ganz zum Schluss, ein halbes Jahr nach der Veröffentlichung der Hauptergebnisse, ein Band, der die Interpretationen. von IFK-Geschäftsführer Bruno Kalusche, Prof. Michael Schmolke und AKP-Geschäftsführer Bruno Geuter sowie meine aus der Herderkorrespondenz (30.Jg., Heft 2/1976) dokumentierte. Insgesamt also eine „Zahlenwerk von fast 2000 Seiten", wie Geuter die Bedeutung der Feldbefragung zu unterstreichen versuchte.

Es folgten fast hektische Sitzungen zur Auswertung. Schon eine Woche, nachdem die beiden ersten Bände vorlagen, befasste sich der Vorstand der AKP damit in Köln und beschloss, für die Bistumspresse eine Sonderkonferenz am 17./18. September in Frankfurt anzusetzen. Eine ausführliche Behandlung der Ergebnisse und möglicher Konsequenzen erfolgte auf der Jahresversammlung Ende Dezember in Berlin, wo Kalusche vom IFK das Zahlenwerk aus der Sicht eines Unternehmensberaters deutete und Schmolke aus Sicht des Kommunikationswissenschaftlers. Ausführlich und akribisch arbeitete sich als erster Bruno Geuter durch das Material, natürlich aus dem Blickwinkel des Geschäftsführers „seiner" AKP. Ohne auf die zahlreichen Einzelergebnisse einzugehen, will ich im Folgenden nur die wichtigsten Positionsbestimmungen des „Zahlenwerkes" skizzieren, wie sie in den Berichten von Schmolke, Kalusche, Geuter und mir im Band D der offiziellen Berichtsbände vorliegen (IFK, Feldbefragung, o.J.). Ergänzend kann ich zwei eigene Stellungnahmen erwähnen, die ich in meinen Arbeitsunterlagen fand: eine generelle Presse-Erklärung, die ich als AKP-Vorsitzender zur öffentlichen Kritik an der Kirchenpresse abgab, sie ziehe nicht die notwendigen Konsequenzen aus der Feldbefragung, und eine mündliche Replik auf eine kritische Stellungnahme der Pressekommission des ZdK zur Feldbefragung, deren handschriftlichen Stichworte ich aufbewahrt habe.(PA, 1976).

IFK-Leiter Kalusche sah im Zahlenwerk „klare Ansatzpunkte für die Verbesserung der Position der Kirchenzeitungen", allerdings begrenzt auf sie als Kommunikationsmittel für die „Kerngemeinde" der Katholiken. Schon in seinen ersten Ausdeutungen trat der Unternehmensberater zum Vorschein, wenn er feststellte, dass der hohe Bekanntheitsgrad der Kirchenzeitungen in der katholischen Wohnbevölkerung mit vier Lesern pro Bezieher „ein hervorragender Werbeträger" ist, durch den „insbesondere jene Rezipientengruppen nachhaltig erreicht werden können, die in der zweiten Lebenshälfte stehen und von der Werbewirtschaft inzwischen als besonders kaufkräftige Zielgruppe bewertet werden". Das erfreute die Verleger, rief aber bei den Redakteuren Stirnrunzeln hervor. Diesen behagte schon eher die Feststellung, dass die Kirchenzeitungen durch ihre starke Bezieherbindung „eine Schlüsselposition für die Information der Kerngemeinde" einnehmen und „das wichtigste Informationsmedium für die Vorausinformation an die haupt-, neben- und ehrenamtlichen Mitarbeiter der Institution Kirche sind". Die Schlussfolgerung Kalusches aus diesem Befund war Öl auf die Wunden von Verlegern und Redakteuren: „Die Auflagen-Entwicklung der Kirchenpresse wird damit abhängig von der Beteiligung der Katholiken am kirchlichen Leben". Wenn die Kirche ihre Botschaft nicht vom „Lebensalltag der modernen Industrie- und Leistungsgesellschaft her" definiere, werde die Kirchenzeitung sie auch nicht ihren Rezipienten weitervermitteln können.

Von dem, was der Kommunikationsforscher konkret vorschlug, war seine Forderung einer verstärkten „Öffentlichkeitsarbeit zur Gewinnung *ehrenamtlicher* Mitarbeiter" ungewohnt. Und regelrecht realitätsfremd hielten wir seinen Vorschlag, „Informationsteams" für die Redaktionen aus den Reihen der freiwilligen Opinion Leader in Gemeinden und Dekanaten zu gewinnen, die „zur Abdeckung der Erwartungsdefizite und zur Bezieherwerbung insbesondere bei unterrepräsentierten Altersgruppen" eingesetzt werden sollten. Ehrenamtliche Amateurschreiber aus den Regionen waren gerade das Gegenteil von dem, was die Redaktionen wollten: professionelle Außenmitarbeiter. Und freiwillige Werber brachten ebenso wenig neue Bezieher wie die längst übliche, meist mit Preisrätseln verbundene Werbung durch Leser. Diese Vorschläge Kalusches bestärkte bei vielen Verlegern und Redakteuren die Vorbehalte von Beratern, die die Kirchenpresse wie ein reines Verkaufsobjekt ansehen.

Der gute Dienstleister für die AKP, Bruno Geuter, sah in der Feldbefragung vor allem die positiven Ergebnisse: dass die Kirchenzeitungen einen hohen Bekanntheitsgrad haben, dass sie gelesen und nicht nur dem Pastor zuliebe bezogen werden, dass ihre Leser nicht weltfremd sind, kurzum: dass die Kirchenpresse trotz Vorrang des Fernsehens und anderer Medien „unersetzlich" für die innerkirchliche Kommunikation ist. Zwar sah Geuter auch, dass es vor allem zwischen älteren und jungen Lesern sowie zwischen Beziehern und Nichtbeziehern gegensätzliche Erwartungen gibt, kam aber zu dem Schluss, dass die bestehende Kirchenzeitungen mit einigen inhaltlichen und verlegerischen Verbesserungen „für die Kerngemeinden weitgehend die in sie gesetzten Erwartungen erfüllen".

Michael Schmolke betrachtete die Feldbefragung aus seiner kommunikationswissenschaftlichen Perspektive mit typisch persönlicher, leicht ironischer Distanz. Gleich zu Anfang schrieb er, sein Kommentar sei bewusst kritisch gehalten. Angesichts der Entwicklung von Kirchenpresse und kirchlichem Leben im vergangenen Jahrzehnt tendiere er beim Vergleich mit dem Ein-Liter-Glas, in dem ein halber Liter Flüssigkeit sei, eher zur „halbleer"- statt zur „halbvoll"-Feststellung. Wenn er der Feldbefragung eine „Stachel-im-Fleisch"-Funktion zuspreche, geschehe dies nicht aus Lust an der Kritik, sondern weil er zur Kirchenpresse in einem „nicht gänzlich neutralisierten Nah-Verhältnis" stehe und eigentlich möchte, dass sie „weiter blüht und Früchte trägt". Aus einer differenzierten Analyse der thematischen Erwartungen kommt Schmolke zu der ernüchternden Erkenntnis, dass die Kirchenpresse zwar „kein Prügelknabe" ist, aber „ein wenig geliebtes Kind". Der Trend zum Abbau der binnen-kirchlich kommunikativen Distanziertheit sei nicht allein Aufgabe der Kirchenpresse, wenngleich die Feldbefragung viele Anregungen enthalte, um „die kirchliche Presse redaktionell so gut zu machen, dass mehr Menschen als bisher sich entschließen, Bezieher zu bleiben oder zu werden". Schmolke konstatierte zum Schluss seines Kommentars, der ein halbes Jahr nach der Veröffentlichung der ersten Berichtsbände entstand, dass dem anfangs starken Interesse an der Feldbefragung bereits eine Phase der Ernüchterung folgt, weil erkannt wurde, dass auch darin nur mit Wasser gekocht werde. Dennoch „erlaubt" er sich zum Schluss die Bemerkung, dass „die Feldbefragung als Versuch, den Redaktionen und den Lesern zu dienen, doch ein sehr bemerkenswerter Ansatz zur Selbsthilfe war und ist". Zumal in vielen Redaktionen und Verlagen viele konkreten Anregungen schon verstanden, genutzt und weiterentwickelt würden.

Ich selbst resümierte in meinem Herderkorrespondenz-Beitrag, dass mir für die künftige Gestaltung der Kirchenpresse nicht in erster Linie die Erwartungshaltungen der jetzigen Leser aufschlussreich erschienen und deshalb nicht nur „etwas mehr Bistumsberichterstattung und Lebenshilfe" genüge. Viel stärker seien die Aussagen der Nichtleser zu beachten, die mehr „Weltoffenheit" erwarteten, sowohl über Konflikte in der Kirche als auch über Spannungen zwischen Kirche und Gesellschaft. Wenn mit Blick auf die Randgruppen gefordert werde, dass die Kirchenzeitungen „weltnäher" werden müssten, glaubte ich jedoch, dass die Möglichkeiten dafür begrenzt seien. Deshalb trat ich auch übertriebenen Erwartungen entgegen, wie sie etwa in einer Erklärung der Pressekommission des ZdK 1977 formuliert wurden. Darin wurde die Kirchenpresse aufgefordert, „rasche redaktionelle und verlegerische Maßnahmen zu treffen", „sich auch für Fernstehende zu öffnen", „in das Zeitgespräch der Gesellschaft einzutreten" und „die Jugend anzusprechen". Auf der Sitzung der Pressekommission über diesen Text sagte ich dazu in meiner Wortmeldung, dass in mir gleichsam zwei Seelen wohnten: die des Mitglieds der ZdK-Pressekommission und die des AKP-Vorsitzenden. Vom Ousider-Standpunkt des ZdK aus könnte ich sogar sagen, die Erklärung sei zu zahm, man müsse eigentlich von der Bistumspresse eine Radikalkur zu überdiözesanen Wochenzeitungen fordern. Vom Insider-Standpunkt müsste ich sagen, da werde von Außenstehenden wieder ziemlich realitätsfremd reagiert, ich müsste sogar beklagen, dass der Grundtenor der Erklärung auf die alte Kritik hinauslaufe, die Kirchenpresse sei nach wie vor nichts wert. Das sei, so meine Analogie zur Situation im Zentralkomitee, wie bei den Verbänden, die auch vielfach als traditionsverhaftet und überholt bezeichnet würden und immer wieder ihre Existenzberechtigung nachweisen müssten. Realistisch gehe aus der Feldbefragung hervor, dass sie „in erster Linie innerkirchliches Informations- und Kommunikationsinstrument ist. Wenn sie heute vorwiegend die *noch* Kirchentreuen anspreche, sollte man sie nicht so ummodeln wollen, dass sie diese vor den Kopf stößt und bei Außenstehenden doch nicht für voll genommen wird - weil sie" - und hier ein Seitenhieb - „deren oft von intellektuellen Privatoffenbarungen gesteuerte Erwartungen einfach nicht entsprechen kann, genauso wenig wie es eine noch so offene Kirche nach einem Dritten Vatikanum könnte." (PA,1977)

Denselben Hinweis auf unrealistische Erwartungen erläuterte ich an praktischen Beispielen in meiner öffentlichen Presse-Erklärung, die KNA in ihrem Informationsdienst nachrichtlich verarbeitet hatte. Sich für Kontroversen zu öffnen und nicht nur auf kirchenamtliche Positionen zu beziehen, sei leichter gesagt als getan. Über die Neutronenbombe könne Kirchenpresse leichter Pro und Contra berichten als über die Theologie der Befreiung und Kontroversen über die Hilfsmittelverteilung von Adveniat. Meine Kernfrage im Wortlaut „Was und wie soll aber die Zeitung des Bischofs etwa über voreheliches Verhalten von Jugendlichen oder über die still praktizierte Pastoral an wiederverheirateten Geschiedenen berichten - ohne einerseits ihre Stammleser zu verunsichern und andererseits die Bischöfe in Schwierigkeiten zu bringen ?" Dann zitierte ich Kriterien, die Klaus Hemmerle als soeben geweihter und neu eingeführter Bischof von Aachen uns bei einem ersten Redaktionsbesuch über die Aufgabe einer Bistumszeitung gegeben hatte: Sie müsse immer zu erkennen geben, dass sie Presse der Kirche sei und daher eine klare Linie in den Grundfragen des Glaubens habe; sie sei aber kein Amtsblatt, sondern müsse die Probleme der Kirche offen darstellen, und wenn sie keine Lösungen präsentieren könne, müsse sie „Positionen markieren"; letztlich komme ihr die pastorale Aufgabe zu, Verstehenshilfen zu vermitteln, die zur Einheit führen können. In meiner Presse-Erklärung hakte ich hinsichtlich der „Offenheit" mit dem Hinweis nach, dass auch die Vertreter der amtlichen Kirche mehr Mut zur Öffentlichkeit aufbringen müssten, wie gerade ein Exorzismus-Prozess in Süddeutschland beweise. Die Tagespresse hatte der Kirche „mittelalterliche Methoden" vorgeworfen und die Vorgänge um eine offensichtlich psychisch erkrankte Frau sensationell aufgebauscht. Dazu bemerkte ich: Wir hätten vergeblich auf ein Bischofswort gewartet, um in diesem Fall ein Gegengewicht zur negativen säkularen Berichterstattung bieten zu können. Schließlich appellierte ich erneut an Gemeinden, Räte und Verbände, sich stärker mit der Kirchenpresse zu identifizieren, auch wenn sie nicht alle Erwartungen erfülle.

Bischofsgründung: Mediendienstleistung-GmbH (MDG)

Damit waren die Positionen nach der Feldbefragung bezogen. Michael Schmolke hatte die Berichtsbände als Arbeitspapier bezeichnet. Für wen ? Sicherlich nicht nur für die Verleger und Redakteure der Kirchenpresse, die ihre Arbeit begannen, wenn auch mit Skepsis. Zur selben Zeit war ein anderes Arbeitspapier mit dem Titel „Kirche und gesellschaftliche Kommunikation" veröffentlicht worden: das Ergebnis der Synode . Vier Jahre nach dem Aufstand über den „Tod von ‚Publik'" war es zu Beginn der achten und letzten Sitzung der Synode am 18. November 1975 sang- und klanglos vom Präsidium auf Empfehlung der Zentralkommission freigegeben worden, ohne dass es je wie die „Beschlüsse" der Synode durch zwei Lesungen und Abstimmungen in der Vollversammlung gelaufen wäre. Und das zu dem Thema, über das es zu Beginn der Synode fast zur Krise gekommen wäre. Doch nachdem die Zentralkommission das Medienthema nach dem „Publik-Tag" in die Kompetenz der zuständigen Sachkommission VI gelegt und nicht der zum Fall „Publik" eigens gegründeten Gemeinsamen Kommission überlassen hatte, war das Interesse in der Vollversammlung an den nach wie vor in der Kirche argwöhnisch betrachteten Medien gesunken.

In dem zwei Jahre nach Synodenschluss erschienenen offiziellen zweiten Berichtsband der Gemeinsamen Synode schreibt der Pressestellenleiter der Bischofskonferenz, Rudolf Hammerschmidt, in der Einleitung zum Kommunikations-Papier, dass es nicht gelungen sei, die einzelnen Aspekte und Aussagen zu einem einheitlichen Ganzen zu verbinden, was aber auch damit zusammenhänge, dass man sich nicht nur an die Experten wenden wollte, sondern an alle. Immerhin wurden 21 000 Exemplare des Sonderdruckes abgerufen. Ob es zur Bewusstseinsbildung beigetragen und eine Änderung der negativen Sicht auf die Kirchenpresse bewirkt hat, erscheint mir trotzdem zweifelhaft.

Aufschlussreicher ist jedoch, was Hammerschmidt über die Forderungen nach Neugestaltung innerkirchlicher Medienstrukturen schreibt: Einige Vorschläge könnten „als überholt" gelten, weil sie bereits verwirklicht seien. Dazu führt er neben der Einrichtung der Kirchlichen Zentralstelle für Medien und dem Ausbau des Instituts für Nachwuchsbildung auch die Feldbefragung der AKP an. An erster Stelle nennt er aber die Medien-Dienstleistung GmbH. Und er umschreibt deren Aufgabe mit dem Wortlaut aus der Satzung vom 8. Mai 1975: „Bestandaufnahmen, Analysen, Entscheidungshilfen sowie die Entwicklung von Kooperationsprojekten, die Zurverfügungstellung von personellen und sachlichen Diensten auf verlegerischen, redaktionellen, wirtschaftlichen und technischen Sektoren des Medienbereichs." (Gemeinsame Synode, Ergänzungsband 1977, S.217) Als ich dies jetzt schreibe, stolpere ich über die trockene Amtssprache mit der im Duden nicht zu findenden Wortschöpfung „Zurverfügungstellung". Der Gesamttenor dieser offiziellen Einordnung klingt so, als ob die Bischofskonferenz froh war, mit dem Ende der Synode das Problem Kirchenpresse in die Ablage legen zu können, weil sich jetzt ihre neue Institution MDG kompetent darum kümmert. Nach vielen Sitzungen mit endlosen Diskussionen war endlich eine GmbH herausgekommen und auch ein erster Geschäftsführer gefunden, der Leiter der Gong Verlag GmbH, Raimund Brehm.

Als Mitglieder der Publizistischen Bischofskommission hatten Wilhelm Schmitz und ich erfahren, dass der ursprünglich von Bischof Hengsbach in die Vorbereitungskommission berufene Leiter des vom Ruhr-Bischof gegründeten Ruhr-Instituts, Dr. Heinz Kiefer, diese Stelle übernehmen sollte. Über die Gespräche, die Prälat Homeyer mit Brehm geführt hatte, erfuhren wir erst später. Brehm nahm regelmäßig an den Konzernbesprechungen der Gong Verlags GmbH mit der beteiligten Gruner+Jahr Gesellschaft in Hamburg teil, und dort fand auch, wie Brehm in seiner privaten Lebensgeschichte „Der Pegasus" schildert, die entscheidende Vertragsverhandlung statt. Mit dabei: Bernhard Servatius, den ich in meiner Studienzeit an der Kölner Universität bei gemeinsamen Veranstaltungen katholischer Verbindungen kennen gelernt und in der Publizistischen Kommission so erlebt hatte, wie Brehm ihn beschreibt: als „geschickten Taktiker" mit „gewiefter Beziehungspflege". Dazu fällt mir folgendes typisches Beispiel ein: Als Berater Axel Springers wurde Servatius in der Publizistischen Kommission einmal gefragt, wieso der so puritanisch-moralische Springer es dulde, dass die Bild-Zeitung ständig ein halbnacktes „Seite 1-Girl" bringe. Darauf sagte der Anwalt: Er selbst habe Springer diese Frage schon gestellt, worauf der Verleger geantwortet habe, seine Chefredakteure sagten ihm, wenn sie diese Anreizfotos wegließen, ginge der tägliche Straßenverkauf um eine halbe Million zurück, und das könne er nicht verantworten.

Ich glaube, Brehm hatte ich zum ersten Mal auf der Jahresversammlung der AKP im Oktober 1976 in Augsburg kennen gelernt, auf der die Erörterungen über die Feldbefragung im Mittelpunkt standen. Ich wusste nicht, dass er von den älteren Verlegern und Redakteuren mit Argwohn betrachtet wurde und er selbst umgekehrt den AKP-Mitglieder misstrauisch gegenüber trat. Anlass war ein Vorfall, der sich wohl auf beiden Seiten als Trauma eingeprägt hatte und zehn Jahre zurücklag. Auf der Jahresversammlung 1965 in Nürnberg, die vom Sebaldus-Verlag veranstaltet wurde und an der ich nicht teilgenommen hatte, war Brehm vom Vorsitzenden Hagemeier das Wort entzogen worden, ein sicherlich einmaliger Fall. Brehm erzählt selbst, wie ihn praktisch der Hafer gestochen habe, als er in einem Diskussionsbeitrag zum Thema „Standort und Auftrag der Kirchenpresse heute" vorgeschlagen habe, über die Austräger der Kirchenzeitungen nicht nur ein überdiözesanes Blatt zusätzlich zu vertreiben, den verlagseigenen „Feuerreiter", sondern auch eine „zusätzliche überdiözesane Bistumszeitung", die beispielsweise auf der Basis des neuen modernen „Ruhrwortes" entwickelt werden könnte. Diese Intervention hatten die erfahrenen Verleger und Redakteure wohl als noch schlimmer empfunden als den etwa gleichzeitigen Suttner-Vorschlag für eine Katholische Wochenzeitung (Brehm, 2004, S.328).

In Berlin hatte sich Brehm nicht mehr zum Wort gemeldet, aber wenn die AKP sofort bereit war, einen Kontaktausschuss für regelmäßige Sitzungen mit Brehm und seinem anfangs einzigen Sach-Mitarbeiter, dem aus der Regensburger Verlegerfamilie Habbel stammenden Diplom-Kaufmann Konrad Habbel, zu bilden, dann aus zwei Gründen: Erstens war nunmehr die MDG die von den Bischöfen beauftragte zuständige Kontaktstelle, zweitens wollten wir die Chancen nutzen, unsere Eigenständigkeit als Verband und als eigenverantwortliche Verleger und Redakteure in die Grüne Tisch-Planungen mit einzubringen. In seinem Rückblick „Wie die MDG entstand - und was sie bewegte" schreibt Brehm 30 Jahre später in „Communicatio Socialis" (40. Jg. Heft 3/2007), dass er überall auf Skepsis gestoßen sei, weil man der MDG unterstelle, sie wolle die diözesanen Eigenständigkeiten in Pressefragen einebnen, plane eine Einheitskirchenzeitung und meine, was im säkularen Zeitschriftenmarkt möglich sei, müsse auch im kirchlichen gehen.

Ich erinnere mich, dass ich mich wieder in einem persönlichen Zwiespalt fühlte und glaubte, zwischen zwei Stühlen zu sitzen, so wie zuvor bei Suttners Reform- und „Publik"-Plänen und bei Schmolkes Kooperationsmodellen. Einerseits stand ich auf der Seite der AKP, das heißt derjenigen, die sich seit Jahren bemühten, die Kirchenpresse zu verbessern, mit ihren Vorhaben aber nicht nur aus eigenen Unvermögen scheiterten, sondern am Unverständnis und an fehlender amtskirchlicher Unterstützung für eine angestrebte Rundum-Professionalisierung. Andererseits sah ich durchaus Notwendigkeiten und Möglichkeiten für professionelle Unterstützung „von draußen". Mit der MDG begann also eine neue Zeit meiner Vermittlungsrolle.

Allerdings muss ich sagen, dass der forsche junge Herr Brehm es mir und der AKP nicht leicht machte, wenn er - wie er selbstironisch in seinem Rückblick sagt - „zeigen wollte", wie er die konfessionelle Presse „aus ihrer Lethargie" herausführen könnte. Und da die ersten Maßnahmen der MDG sich vorwiegend auf markt- und betriebswirtschaftlichem Terrain bewegten und redaktionelle Projekte kaum angegangen wurden, musste sogar Medienbischof Moser 1978 in einem Artikel in der „Deutschen Tagespost" eine Lanze für das bischöfliche Rettungsunternehmen brechen: Eine MDG, die jedem Recht seit, die jedes Risiko scheue und deshalb auch keine Anstöße und Innovationen produziere, „würde nichts bewegen (...) und lediglich vorhandene Ämter vermehren". Viele von uns hatten jedoch den Eindruck eines zusätzlichen Amtes, wenn wir im ersten Jahr von Sitzung zu Sitzung reisten, Argumente und Gegenargumente zu Tode diskutierten. Die Kirchenpresse setzte weiter auf eigene, den Diözesan- und Verlagsrealitäten entsprechende Weiterentwicklungen und erwartete von der MDG subsidiare Hilfen, aber keine konzeptionellen Richtlinien und Anordnungen.

Verankerung im Bistum Aachen

Das war auch unsere Auffassung in Aachen, wo ich inzwischen mein Hauptaktionsfeld in dreifacher Hinsicht gefunden hatte: im Einhard Verlag, im Bistum und privat. Ende Juli 1975 hatten wir unser neues Zuhause im Süden Aachens bezogen, am Rand der Nordeifel, wodurch sich eine sinnvolle und und manchmal hilfreiche Distanz zwischen privatem und beruflichem Leben ergab. Meine redaktionelle Tätigkeit erhielt einen neuen Akzent, nachdem Klaus Hemmerle am 8. November 1975 im Aachener Dom zum Bischof geweiht worden war. Ihn nahm das ganze Bistum begeistert auf, weil er die Menschen selbst begeistern konnte. Seine lebensnahe Verkündigung und seine - man muss es so nennen - Sprach-"Kunst" prägten die Ortskirche im Dreiländereck Deutschland, Niederlande und Belgien neu. Bei seiner Bischofsweihe erklärte er, er habe kein Programm, er wolle das Evangelium verkündigen und zeigen, wie Glaube heute möglich sei. Hemmerle war kein Mann der Verwaltung, er setzte die Selbstverantwortung seiner Mitarbeiter, Priester wie Laien, voraus. Er maßregelte ungern und selten, er schien eher selbst darunter zu leiden, wenn jemand falsch handelte.

Da wir uns durch das Zentralkomitee und vor allem die Zusammenarbeit beim Mönchengladbacher Katholikentag näher kannten, kam er sofort meinem Wunsch entgegen, einen monatlichen Jour fix zu vereinbaren, um über Probleme und Fragen zu sprechen, die für meine Pressearbeit wichtig waren. Bei einem unserer ersten Monatsgespräche holte er beiläufig eine Mappe herbei und sagte, darin seien Briefe an ihn von Lesern, die sich über einen Kommentar oder einen Artikel in der Kirchenzeitung beschwerten. Mit einem Augenzwinkern schob er mir die Mappe zu und sagte, ohne auf die Beschwerden einzugehen: „Ich habe den Lesern kurz mitteilen lassen, dass ich ihre Briefe an den zuständigen Chefredakteur weitergeleitet habe." Gerne tat er Medienprobleme mit einem seiner vielen Wortwitze ab, etwa als ich einmal über seltsame Praktiken im Weltbild Verlag berichtete. Darauf Hemmerle: "Weltbild bellt wild!" Diese Dinge interessierten ihn nicht sonderlich. Gelegentlich wich er auch aus. Bei einem Besuch entdeckte ich auf seinem Schreibtisch den Text des neuen Ehe-Rundschreibens „Familiaris consortio", in dem Johannes Paul II. sein Festhalten am Verbot sog. Künstlicher Geburtenregelung aus „Humanae Vitae" bekräftigt , während in Deutschland auf die dazu von der Bischofskonferenz in der 'Königsteiner Erklärung' postulierte Gewissensentscheidung der Eltern rekuriert wurde. Als ich Bischof Hemmerle nach seiner Meinung zu dieser Festschreibung fragte, sagte er, den Text müsse er erst noch genau studieren, ehe er dazu etwas sagen könne.

In der redaktionellen Gestaltung der „Aachener Kirchenzeitung" konzentrierten wir uns immer stärker auf das, was wir als konkrete Anregungen aus dem Feldbefragungsband für das Bistum Aachen herausfilterten: Kommunikationsorgan für die aktiven Kirchenmitglieder zu sein. In einem Artikel zum Weltmedientag 1975 hatte ich geschrieben: „Solange Kirchenpresse verkauft werden soll und nicht als kostenloses Blatt kirchlicher Öffentlichkeitsarbeit verteilt wird, muss sie das bringen, was die Leser brauchen und erwarten." Dazu zitierte ich Michael Schmolke, der über das, was die Leser brauchen und erwarten, in seinem Artikel geschrieben hatte: „...nichts Allgemeines, nicht nur Prinzipielles, sondern Konkretes aus ihrem eigenen Erfahrungsbereich" (Schmolke in: Feldbefragung 1975, S. 24f).

Dazu bot das Bistum Aachen gerade unter dem neuen Bischof Hemmerle hinreichend Gelegenheit. Es bewahrheitete sich wieder, dass für eine lebensnahe Kirchenzeitung ein lebendiges Bistum Voraussetzung ist. Der Bischof selbst kam uns zu Hilfe, indem er - ähnlich wie Pressebischof Tenhumberg es Jahre zuvor bereits in der Münsteraner Kirchenzeitung begonnen hatte - Leserfragen beantwortete. Wir richteten eine neue Sparte ein „Unser Bischof zur Frage:...", und Klaus Hemmerle griff gleich zu Anfang die durch Terrorakte und Naturkatastrophen immer wieder aktuelle existenzielle Theodizee-Frage auf: „Wie kann Gott das alles zulassen ?" Wir verstärkten die Berichterstattung aus den Regionen und Dekanaten, berichteten aus den Hauptabteilungen des Generalvikariates über aktuelle Vorhaben, angefangen von der Fortbildung für Priester und die Weckung neuer geistlicher Berufe, wofür Hemmerle in der Bischofskonferenz zuständig war, über die nachsynodalen Programme der Bischöflichen Akademien bis zu den Ehe- und Erziehungskursen der Familienbildungsstätten. Wir griffen bistumsbezogene Entwicklungen in der kirchlichen Kunst auf, wobei der Priesterdichter Wilhelm Willms ebenso über die Bistumsgrenzen hinaus bekannt wurde wie der Priestermaler Herbert Falken.

In der Nachrichtengebung konnten wir eng mit der Bischöflichen Pressestelle zusammenarbeiten, deren damaliger Leiter, Dr. Theo Lemmer, ein gelernter Journalist war und es verstand, gute persönliche Beziehungen auch mit der örtlichen säkularen Presse aufzubauen. Dadurch konnte er einerseits bestimmte Nachrichten so terminieren, dass die Kirchenzeitung sie nicht erst eine Woche später veröffentlichen konnte, sondern auch die eine oder andere kritische Berichterstattung durch vertrauliche Hintergrundinformationen verschieben oder abfedern. Lemmer, der später Chefredakteur der Hildesheimer Kirchenzeitung wurde, versuchte, mit einer offenen, offensiven statt der immer noch im amtskirchlichen Bereich üblichen Geheimhaltungtaktik und defensiven Nachrichtenpolitik das Vertrauen in die Kirche zu stärken, was ihm dank seiner persönlichen Authenzität auch weithin gelang und auch uns, der Kirchenpresse, zugute kam.

Zugute kamen uns auch Kampagnen der Image- und Bezieherwerbung, für die wir ebenfalls die Ergebnisse der Feldbefragung auswerteten. Zu bestimmten Großereignissen im Bistum versandten wir Plakate zum Aushang in den Anschlagkästen jeder Kirche mit Hinweisen auf die Berichterstattung in der Kirchenzeitung, und wir versuchten, eine Kooperation mit den Pfarrbriefen aufzubauen. Dazu entwickelten wir einen monatlichen „Informationsdienst für Pfarrbriefe" mit Artikelhinweisen, Grafiken und lustigen Karikaturen, die wir auch als Matern in mehreren Größen für die unterschiedlichen Formate der Pfarrbriefe zur Verfügung stellten. Um die Pfarreien in geplante Türwerbungen einzubeziehen, war als Bestellmöglichkeit an erster Stelle das Pfarrbüro angegeben. Durch die redaktionellen und verlegerischen Maßnahmen gelang es uns, die Auflage über die nächsten Jahre ziemlich stabil zu halten.

„Kein Mauerblümchen mehr"

So wie in Aachen, bemühten sich auch in den anderen Diözesen die Kollegen in den Redaktionen der Bistumsblätter, ihre Zeitungen im Sinne der Feldbefragung weiterzuentwickeln - als Zeitung der Bistumsgemeinde. Was Bischof Moser bereits auf der Jahresversammlung 1973 gesagt hatte, wurde weitgehend umgesetzt: Die Kirchenpresse habe den besonderen Auftrag der Gemeinschaft stiftenden „Wir-Bildung" mit dem Ziel der Identifizierung möglichst vieler mit der Kirche.

Wer die Jahrgänge aus den 70er Jahren durchblättert, wird einerseits eine Fülle an Verschiedenheit in Format und Stil finden, andererseits bestätigen müssen, dass die Redaktionen durchweg professionell gearbeitet haben. Dafür stehen eine ganze Reihe von Namen damaliger Chefredakteure, wovon hier nur die mir im Gegensatz zu den bayerischen Kollegen näher Vertrauten genannt werden: Günther Mees gestaltete in westfälischer Nüchternheit die - 1971 mit über 210 000 immer noch auflagenstärkste - Münsteraner Kirchenzeitung im großen rheinischen Zeitungsformat und Winfried Henze in Hildesheim sein stark pastoral ausgerichtetes Bistumsblatt im halben Zeitungsformat. Die Chancen diözesaner und weltkirchlicher Berichterstattung des Kupfertiefdrucks nutzten Josef Link in Paderborn mit westfälischer Coleur, Josef Dewald in Freiburg mit badischen Akzenten, Hermann Josef Kreitmeier in Eichstätt mit bayerischer Bodenständigkeit. Willi Thomes brachte in Trier das mosel- und saarländische Element zum Ausdruck, Ferdi Schlickel in Speyer das Pfälzische und der junge Vollblutjournalist Hajo Goertz, einer der frühen IFP-Absolventen, versuchte in Köln, das Rheinisch-Katholische zu erden - scheiterte später sicherlich nicht nur an seinem Redakteurs-Bewußtsein, sondern auch an der Haltung Kölner Prälaten.

Beim Durchblättern dieser Kirchenzeitungsjahrgänge fielen mir allerdings zwei Bereiche auf, die uns von Kritikern als Beispiele dafür vorgehalten wurden, wie undifferenziert und einseitig die Bistumszeitungen seien. Der erste Bereich betraf die fehlende eigene Berichterstattung über Ereignisse und Vorgänge sowohl in der deutschen als in der Weltkirche. Weil alle Kirchenzeitungen diese Nachrichten im gleichen Wortlaut von KNA übernahmen, wurde dies immer wieder als Argument für die Einheitskirchenzeitung vorgebracht. Wir sahen darin eigentlich ein Scheinargument, weil auch die meisten säkularen regionalen und lokalen Zeitungen alle Nachrichten aus den überregionalen politischen, wirtschaftlichen oder kulturellen Bereichen durch Agenturen oder gemeinsame Korrespondenten erhielten und im gleichen Wortlaut brachten. Außerdem hatte die AKP/KNA-Kontaktredaktion insofern Verbesserungen erreicht, als die KNA Sonderfassungen für die Bistumspresse und Zusammenfassungen von Ereigniskomplexen lieferte. Bestes Beispiel: Der seit der zweiten Vollversammlung gemeinsam von KNA und AKP-Redakteuren gestaltete Sonderdienst zur Synode.

Der zweite Bereich, auf den sich die Kritiker versteiften, war das Verschweigen von Tabuthemen. Die Diskussionen um Viri Probati und Frauenordination, Geburtenregelung und voreheliches Verhalten der Jugend, Seelsorge für wiederverheiratete Geschiedene und Kirchenvolksbeteiligung an Bischofswahlen kamen nur nachrichtlich vor und dann vorwiegend aus der amtskirchlichen Perspektive. Auch theologische Positionen von Abweichlern wie Küng, Halbfass, Ranke-Heinemann wurden nicht thematisiert. Was wäre geschehen, wenn ? Wie hätten sie dargestellt werden sollen ? War dies nicht Aufgabe theologischer Fachzeitschriften ? Und hieß es nicht, Äpfel mit Birnen zu vergleichen, wenn gesagt wurde, in führenden säkularen Zeitungen sowie vor allem im Rundfunk würden diese theologischen Kontroversen offen diskutiert ? Hatten diese Medien nicht einen anderen Auftrag für ein anderes Publikum ? Ganz abgesehen davon, dass es nicht viele Bischöfe gab, die sich in der Öffentlichkeit so offen und dialogbereit präsentierten, wie sie es im Konzil und in der Synode getan hatten.

In einem Artikel über das neue Verständnis der Rolle der Kirchenpresse habe ich dieses Problem 1977 in der Aachener Kirchenzeitung angesprochen und u.a. dazu ausgeführt: Der Konzilsauftrag an die Kirchenpresse, über alles, was in der Kirche passiere, vollständig und zuverlässig zu informieren, schließe „auch Vorgänge, Meinungen und Trends" ein, „die - wie man landläufig vereinfacht sagt - nicht immer 'im Sinne der Kirche' sind". Als konkreten Fall führte ich das Sonntagsgebot an, das von vielen Jugendlichen nicht mehr beachtet werde. Dieses Verhalten könne nicht einfach als Sünde abgetan werden, sondern es gehe darum, die Gründe dafür sichtbar zu machen - Bequemlichkeit, Auflehnung, Routine-Liturgien, Klischee-Predigten - und die Jugendpastoral danach auszurichten. Das mag als verharmlosendes Beispiel angesehen werden, wurde jedoch als offenes Ansprechen eines Tabuthemas verstanden. In dem Artikel verteidigte ich die Linie der Kirchenpresse-Redakteure, ihre Zeitung als Bekenntnispresse zu verstehen, und das heiße: „Sie können sich nicht nur nach den Käuferinteressen richten wie andere Zeitschriften, sondern sie müssen eine Botschaft verkünden, das Evangelium." Doch dies biete erstens keine Patentlösungen für alle Lebensfragen an, und zweitens gebe es in der modernen Gesellschaft darauf nicht nur eine einzige Antwort. Und ich zitierte eine Äußerung des Vorsitzenden der Publizistischen Kommission, Bischof Moser, aus jüngster Zeit: dass „die Kirchenpresse insgesamt kein Mauerblümchendasein mehr führt, sondern ein Potential ist, das man ernst nehmen muß" (Moser, 1975).

Summa summarum lässt sich für die Mitte der 70er Jahre sagen, die Kirchenpresse hatte wieder Fuß gefasst, war ins Bewusstsein der Bischöfe und der aktiven Katholiken in den „Kerngemeinden" etabliert und hatte den starken Auflagenverlust der vergangenen Jahre abbremsen können. Wir konnten uns ermutigt fühlen, wenn jemand wie Otto B. Roegele in seinen Analysen feststellte, dass in den vergangenen zehn Jahren der Rückgang der Kirchenbesucher viel größer war als der Auflagenverlust der Kirchenzeitungen (Roegele, 1981).

In diesem Zusammenhang möchte ich festhalten, dass die Kirchenpresse auch im politischen Bonn eine feste Größe war, oder richtiger: seit Adenauers Zeiten über alle eigenen internen und öffentlichen Auseinandersetzungen hinweg geblieben war. Das Bundespresseamt lud jährlich die Verleger und Redakteure der AKP zu Informationstreffen nach Bonn ein, und nach den CDU-Bundeskanzlern Ludwig Erhard und Georg Kiesiger ließen es sich auch die SPD-Kanzler nicht nehmen, uns zu empfangen und ihre politischen Programme zu erklären. Das geschah sicherlich nicht ohne parteipolitisches Kalkül, aber auch im Wissen um die große Verbreitung der Kirchenpresse. Willy Brandt erlebte ich als abgehobenen Parteistrategen, während mich Helmut Schmidt durch seine damals schon global ausgerichtete Realpolitik beeindruckte. Schmidt begrenzte die Aufgabe der Politik auf die weltliche Ordnung des Staates, die auf den Grundsätzen der Ethik basieren muss, aber nicht religionsgebunden sei – offensichtlich die Sicht des Amerikafreundes Schmidt über die Trennung von Staat und Kirche.

Wenn ich selbst auf der Jahresvollversammlung der AKP im Oktober 1976 in Augsburg zum zweiten Mal für weitere drei Jahre als Vorsitzender wiedergewählt wurde, darf ich das gewiss darauf zurückführen, dass die Mitglieder mit meiner generelle Linie der Vermittlung ihrer Vorstellungen und Interessen gegenüber der MDG sowie in der Publizistischen Bischofskommission und in der Pressekommision des Zdk übereinstimmten. Wenn diese Wiederwahl erneut ohne Diskussion und Gegenkandidat erfolgte, mag dazu beigetragen haben, dass ich einerseits seit drei Jahren als Chefredakteur einer Bistumszeitung stärker als früher in die Probleme involviert war, andererseits aber ebenso die Interessen der Ordens- und Missionspresse sowie der Sonntags- und Magazinpresse im Auge behielt, - Interessen, die redaktionelle Weiterentwicklungen und Kooperationen ebenso betrafen wie Abonnenten- und Anzeigenwerbung. Übrigens wurde Wilhelm Schmitz ebenso als Sprecher der Verleger wiedergewählt, und mit Günther Mees als neuem Sprecher der Redakteure kamen zusätzlich neue Perspektiven in unsere Planungen. Uns war bewusst, dass wir noch keineswegs in eine verlegerische und redaktionelle Alltags-Routine eintreten konnten. Das Zeitalter der MDG hatte gerade erst begonnen.

MDG-Projekt „Kirchenzeitung '80"

Die nächsten Jahre bis 1980 waren von einem Übermaß an Aktivitäten, Terminen und Sitzungen geprägt. Da war im Medienbereich der katholischen Kirche gleichsam ein Riesen-Vehikel entstanden, dessen Motor jedoch nur langsam und stotternd in Gang kam und dessen Lenker und Mitfahrer immer noch in verschiedene Richtungen wollten. Immerhin konzentrierten sich die Routen-Besprechungen um die Zielpunkte redaktioneller und verlegerischer Kooperationen der Kirchenpresse, Auflagenstabilisierung, Nachwuchsförderung und Fortbildung. Die MDG in den Personen Raimund Brehm und Konrad Habbel nahm ihre Arbeit mit dem auf, was ihr als erstes aufgetragen war: eine kaufmännische „Bestandsaufnahme der *wirtschaftlichen* (kursiv vom A.) Medienbasis" bei allen katholischen Zeitschriften- und Buchverlagen. Das sollte die Grundlage dafür sein,

„dass gehandelt werden kann", wie Brehm in seinen privaten Erinnerungen schreibt. Denn das sollte der zweite Auftrag sein: die „Stabilisierung des bisherigen Marktpotentials". Da es darum ging, so Brehm, „zu zeigen, dass wir auch praktisch etwas tun wollen", sei keine Zeit „für theoretische Konzept-Diskussionen" mehr geblieben (ComSoc, 2007 Heft 3, S.).

Deshalb plante die MDG als erstes Projekt eine „werbliche Modell-Aktion". Als diese den AKP-Verlegern der Bistumspresse vorgestellt wurde, stimmten sie zu, weil zunächst in einem Pilotprojekt mit der „Münchener Katholischen Kirchenzeitung"(MKK) herausgefunden werden sollte, ob solche Aktionen sinnvoll sind. Als Experimentierfeld wurde der Raum Fürstenfeldbruck westlich von München ausgesucht, eigentlich ein a-typischer Raum im Hinblick auf andere Bistümer, weil in ihm die traditionelle ländliche bayerische Bevölkerung überwog. Doch das Gebiet lag in unmittelbarer Nähe des Sitzes der MDG, die dort Zugriff auf alle säkularen Werbeagenturen hatte und zudem die Chancen dadurch vergrößerte, dass sie die Verleger bat, nach der Kampagne für die MKZ keine eigene Tür-Werbung durchzuführen. Die Aktion wurde mit dem „vollen Programm" säkularer Profis durchgeführt: Vorgespräche mit Pfarrern und Vereinen, Plakat- und Kinowerbung, Briefkastenprospekte, Stammtischdiskussionen, Bierdeckel für die Basis und Luftballons für die Kleinen - kurzum vier Wochen lang Rundumwerbung, sogar der alte Luis Trenker ließ sich einschalten. Und vier Wochen lang wurde die MKK kostenlos in jeden Haushalt geliefert. Danach zogen zwei Wochen lang MKK-Werber von Tür zu Tür - mit einem enttäuschendem Ergebnis: die Quote bei der Abonnentenwerbung lag im niedrigen einstelligen Bereich. Brehm in seinem Rückblick: „Wir zweifelten an unserer Kompetenz und Erfahrung, meine ganze Motivation geriet ins Wanken." Und er fragte sich selbstkritisch, ob „im kirchlichen Medienbereich andere Gesetze gelten als im *normalen Markt* (kursiv vom A.)". Später will er „des Rätsels Lösung" gefunden haben: Der clevere Verleger einer katholischen Sonntagszeitung sei ihnen entgegen der Absprache mit seiner Tür-Werbung zuvorgekommen und habe Hunderte von Abos für die Sonntagszeitung geschrieben Brehm, 2007, S. 334). Ob deren Inhalt nicht doch dem Fürstenfeldbrucker Leserpotential eher entsprochen hat als die offizielle Bistumszeitung ?

Die Redakteure der Bistumspresse hatten diese erste Werbe-Aktion sowieso misstrauisch verfolgt. Abgesehen von dem Brimborium, dessen Aufwand eher an eine Kaufhaus- oder Wahl-Veranstaltungen erinnerte als an eine seriöse Leserwerbung, sahen sie als Voraussetzung für solche Aktionen ein stimmiges inhaltliches Konzept der beworbenen Zeitung an. Dafür hatte der AKP-Kontaktausschuss der MDG im März 1977 Vorschläge zur Entwicklung von Mustern für verschiedene Arten von Bistumszeitungen zugeschickt. Nach den ergebnislosen Diskussionen über die verschiedenen Kooperationsmodelle wollten wir endlich aus den Ergebnissen der Feldbefragung konkrete Beispiele für konzeptionelle Blattgestaltung mit ausbaubaren Kooperationen sehen. Und zwar nicht für ein Einheitsmodell, sondern für die drei gängigen Formate im Magazin-, Zeitschriften- und Zeitungsstil. Ich hatte anfangs zum Zeitungsstil tendiert, wie etwa die

Münsteraner, während mir der Zeitschriftenstil passender für Sonntagsblätter erschien, wie die „Christliche Familie". Durch den Magazin- oder Illustrierten-stil der Aachener Kirchenzeitung hatte ich mich schließlich doch mit einem Kupfertiefdruckblatt angefreundet, weil es Elemente der Text- und Bildvermittlung in moderner Grafik verbinden konnte.

Auf dieser Basis erwarteten wir von der MDG Mustervorschläge. Doch diese entwickelte eigenständig das Projekt „Kirchenzeitung '80". Es hätte die entscheidenden Weichen für die Zukunft stellen können, wurde aber für die Redakteure (und Verleger) der Bistumspresse zur größten Enttäuschung. Brehm verpflichtete eine „Redaktion auf Zeit" mit Redakteuren, „die für Objekte schreiben, die sich wöchentlich der 'Abstimmung am Kiosk' stellen müssen" (Brehm, 2004, S.371). Als Redaktionsleiter beauftragte er den ihm aus dem Sebaldus Verlag bekannten Kurt Allgeier, der dort zuerst Chefredakteur des „Feuerreiters" war, dann des „Gong", diesen aber verließ, als Gruner+Jahr einstieg und mit Markwort einen neuen Chef berufen ließ. Allgeier war auch kurzfristig Chefredakteur beim Freiburger Kirchenblatt gewesen, rekrutierte jetzt aber im Blick auf einen geplanten Kiosk-Verkauf freie Mitarbeiter von Tageszeitungen und Illustrierten, die eine zeitlang dasselbe Material wie jede Kirchenzeitungsredaktion bekommen sollten, um daraus das Modell '80 zu entwickeln. Allgeier war auch der Verfasser des Projektpapiers, das Brehm uns am 23. April 1977 vorlegte.

In meinem Exemplar des 20-seitigen Papiers habe ich am Rand jeder Seite spontane Anmerkungen gemacht, aus denen hervorgeht, weshalb die AKP das Projekt von Anfang an ablehnte. In einer Vorbemerkung schreibt Allgeier, wer „ein brauchbares Modell einer vorbildlichen Kirchenzeitung (Bistumsblatt)" schaffen wolle, müsse „zunächst Abstand nehmen von allem, was bisher vorhanden ist, um möglichst unbeeinflusst und uneingeschränkt zeigen zu können, wie der Idealfall aussehen kann". Daneben meine Anmerkung: „Entspricht nicht dem Antrag und vorliegendem AKP-Papier". Und wo es dann unter Punkt 1 heißt, es sollen nicht nur *drei* Modellformate statt einem erstellt werden, sondern „darüber hinaus ein geschlossener Innenteil" mit Roman, Fernsehprogramm, Weltnachrichten (tatsächlich in dieser Reihenfolge), „der eventuell von allen Kirchenblättern eines Tages übernommen werden könnte", erkannten wir den Pferdefuß: Endziel Einheitskirchenzeitung oder zumindest drei, vier überregionale Bistumszeitungen, wie Schmolke sie skizziert hatte. Dazu habe ich vermerkt: „Entspricht nicht dem Antrag und der Vereinbarung über das Modell". Dementsprechend hat der Vorstand der AKP in seiner ersten Stellungnahme erklärt, dieses MDG-Projekt nicht zur Grundlage weiterer Diskussionen zu akzeptieren. In meinen handschriftlichen Notizen steht: „Vor weiteren Schritten Gespräche, nach denen entschieden wird, ob der Antrag aufrechterhalten werden soll". Es gehe um keine Neuentwicklung von einem Punkt Null aus, sondern um Weiterentwicklung bestehender Blätter in Auswertung der Feldbefragung.

Wenn ich meine rot unterstrichenen, zum Teil ironischen, zum Teil sarkastischen Anmerkungen zum konkreten Redaktionskonzept des Modells '80 nachlese, stelle ich fest, dass Allgeier und Brehm es uns leicht gemacht haben, Kritik an ihren

Vorstellungen zu üben. Neben der Captatio benevolentiae in der Einleitung, es sei nicht zu übersehen, dass die Kirchenpresse in den letzten Jahren „Bewundernswertes geleistet hat", steht mein „Danke". Neben der nächsten Aussage, es ließe sich „ebenso wenig verheimlichen, dass es bisher nicht gelungen ist, das Image 'Blättchen' abzustreifen" und „im freien Verkauf" könne sich keine einzige Kirchenzeitung behaupten, steht: Stimmt so pauschal nicht und freier Verkauf nicht beabsichtigt." Dann werden die bekannten alten Vorurteile aufgewärmt: die Kirchenpresse werde nur dem Pfarrer zuliebe bezogen und nicht gelesen, ihre Sprache sei schwer verständlich, ihre Artikel seien unübersichtlich, blutleer, theoretisch, abstrakt. Allgeiers Schlussfolgerung klingt ziemlich naiv und borniert zugleich: „Man muß sich wirklich fragen, was der gläubige Leser eigentlich finden soll und was einen 'lauen' oder außen stehenden Menschen zur Kirche hinführen könnte."

Und wie wollte Allgeier, lies: die MDG die Leser erreichen? Er müsse Gewissheit erlangen, „dass es wunderschön und eine große Sache ist, in diesen schwierigen Zeiten Katholik zu sein". Es gebe „nichts Interessanteres als Fragen, die die Existenz des Menschen, also seinen Glauben berühren. Man muss diese Fragen nur mit Leben füllen." Grundtenor des Inhaltes müsse also „Evangelium" sein, „frohe Botschaft". Im Original habe ich den folgenden Satz zweimal unterstrichen: „Es ist ein unvorstellbares Glück, katholisch zu sein und gerade diesen Glauben zu haben. Was die Kirche sagt, ist nicht Reglementierung, sondern Hilfe zur sinnvollen, befreiten Lebensgestaltung." An allen drei Stellen habe ich notiert: „Phrasen!" Wer glaubt, dies hätte nicht mehr übertroffen werden können, irrt. Bei den folgenden konkreten Anleitungen für die Gestaltung der einzelnen Seiten steht, als Lese-Anreiz müsse „tagelang geknobelt" werden, um für den Aufmacher auf dem Titelblatt den „richtigen Werbetext" zu finden.

Als Beispiel führt Allgeier die sachliche Titelzeile eines Bistumsblattes an: „Wort des Bischofs: Ehelosigkeit und Jungfräulichkeit". Sie stammte aus dem „Ruhrwort", das Brehm einmal zum Ausgangspunkt des Kernteils einer modernen überdiözesanen Bistumszeitung machen wollte! Man muss den ganzen Abschnitt des Verbesserungsvorschlages der MDG zweimal lesen, um zu verstehen, weshalb ich anschließend aufgehört habe, weitere Kommentare zu Allgeiers Anleitungen zu machen. Seine Lösung lautete nämlich: Hinter dem Bischofswort „verbirgt sich eine ungewöhnlich präzise, faszinierende Darlegung von Bischof Hengsbach über die Probleme der Jugend vor der Ehe, der verwitweten Menschen und des Zölibates. Im Zeitschriftenjargon: Ein echter Knüller. Warum formuliert man nicht etwa: Was darf ein junges Mädchen vor der Ehe? Müssen Witwen auf Sex verzichten? Selbst derjenige, der solche Formulierungen als reißerisch ablehnt, muss zugeben, daß sie zum Lesen und zur Diskussion führen. Es steht nämlich eine ganze Menge im Bischofswort." (PA)

Allgeier hatte Recht: Seine Überschriften würden zum Lesen anreizen, und es steht eine ganze Menge im Bischofswort; doch gerade was wirklich drin steht als unumstößliche Kirchenlehre, das würde wohl das junge Mädchen und auch die Witwe dazu bringen, diese Kirchenzeitung gerade *nicht* zu beziehen. Meine Anmerkung am Rande dieses Beispiels: „Gerade Bischof Hengsbach würde nach dieser Überschrift sämtliche Mittel für MDG sperren!" Aus meinen Notizen von der AKP-Vorstandssitzung über diese ersten Projekte der MDG kann ich rekonstruieren, dass wir zwar die Aktivitäten der MDG anerkannten, aber feststellten, dass unsere Vorschläge sowohl für einen Verkaufsförderungstest als auch für ein Musterexemplar von der MDG nach ihren Zielvorstellungen „umfunktioniert" wurden, ohne mit unserer Kontaktkommission zusammenzuarbeiten. Zur aufwendigen Werbe-Aktion von Fürstenfeldbruck wurde gefragt, ob zum Beispiel Bierfilze und Luftballons wirklich geeignete Mittel zur Abonnentengewinnung seien. Und zum Kirchenzeitungs-Modell wurde erklärt, dass Bistumszeitungen „nicht nur emotional zum freien Verkauf" und „im Stil der Regenbogenpresse zum Trägerschiff für die pastorale Aufgabe" entwickelt werden könnten.

Wenn Brehm schreibt, das Projekt sei u.a. abgeblasen und nicht realisiert worden, weil die Kirchenzeitungsredaktionen „den säkularen Kollegen die notwendige 'theologische Kompetenz' absprachen", ist das nicht die ganze Wahrheit (Brehm, 2004, S.371). Das Kirchenzeitungsmodell '80 der MDG war für mich noch realitätsfremder als Suttners Modell der Katholischen Wochenzeitung. Die völlig unterschiedlichen Gegebenheiten im Bereich der durch Zwang im Dritten Reich entstandenen Bistumszeitungen in Eigentums-, Herausgeber- und Verlagsverhältnissen und die gewachsene diözesanbezogene „Einbettung" in die je unterschiedlichen Kommunikationssituationen jeder Diözese machten ein solches Projekt vom Grünen Tisch von vorne herein illusorisch. Mir war klar, dass der Traum der Theoretiker von einem Zukunftsmodell einer kirchlichen überdiözesanen Wochenzeitung endgültig ausgeträumt war.

Was die weitere Kooperation der AKP mit der MDG betraf, so steht in meinen Notizen das Leitwort: „Dienst*leistung*, nicht Dienst*lenkung*". Persönlich habe ich im übrigen bald ein auch menschlich ungetrübtes Verhältnis zu Raimund Brehm gefunden. In einigen Projekten haben wir in den fünf Jahren meiner Amtstätigkeit als AKP-Vorsitzender gut zusammengearbeitet, vor allem in den Bemühungen um die professionelle Aus- und Weiterbildung der Verlags- und Redaktionsmitarbeiter der Kirchenpresse. Brehm sagte in Diskussionen, in denen ich anderer Meinung war als er, gerne: „Da müssen wir noch mal drüber reden." Mit ihm konnte man reden, auch wenn man verschiedener Meinung war. Und er hat zweifellos mit neuen Gesichtspunkten Bewegung in die oft verfestigten, verhärteten Denk- und Arbeitsschablonen unserer Kirchenzeitungsverleger und -redakteure gebracht. Allerdings mit unterschiedlichen Ergebnissen.

Nach dem Scheitern des Prestige-Projektes „Modell Kirchenzeitung '80" versuchte die MDG einerseits begrenzte redaktionelle Projekte für Einzelobjekte zu entwickeln und wandte sich andererseits verstärkt dem Fachgebiet ihrer Leiter Brehm und Habbel zu, der betriebswirtschaftlichen und Marketing-Ausbildung katholischer Verleger. Im Zeitschriftenbereich hatten diese Bemühungen, die wir in der AKP eigentlich nur am Rande registrierten, weiterhin wenig Erfolg. Ein Versuch Brehms, wenigstens die drei Kirchenzeitungsverlage von Bamberg, Eichstätt und Würzburg zum Anfang einer bayerischen Gesamtkooperation zu führen, scheiterte ebenso wie seine Versuche, aus den Frauenzeitschriften „Frau und Mutter", „Frau im Leben" und „Monika" eine große katholische Frauenzeitschrift für den allgemeinen Zeitschriftenmarkt zu öffnen. „Es erwies sich als unmöglich", so Brehm in „Communicatio Socialis" (ComSoc, 40. Jg., 2007, Heft 3, S. 273 ff), „Verbandsorgane, privatwirtschaftlich organisierte und kirchlich gebundene Titel zu bündeln". Auch die Überlegungen über eine Wochenzeitung „für die gebildete Mittel- und Oberschicht" als Nachfolge-Organ von „Publik" liefen ins Leere. Stattdessen konnte die MDG mit ihren betriebswirtschaftlichen Diensten dem „Rheinischen Merkur" helfen, nachdem er von mehreren deutschen Bistümern übernommen worden war. Allerdings hat die weitere Geschichte dieser christlichen Wochenzeitung gezeigt, dass sie nicht als „Gewächs" der MDG auf deren Plus-Seite verbucht werden kann. In den Diskussionen um Blätter für die Intellegentsia auf progressiver oder streng konservativer Seite habe ich selbst gerne darauf hingewiesen, dass das Bezieherpotential auf keiner Seite kaum über 30 000 Abonnenten hinauswachsen wird. Die Beispiele „Deutsche Tagespost" und „Publik-Forum" waren und sind der Beweis - bis in die Gegenwart.

Ratzinger: Das Objektive, die Wahrheit und die Wirklichkeit

In der AKP konzentrierten sich die Verleger und Redakteure auf den Ausbau bestehender Kooperationen im gegebenen Rahmen redaktioneller und wirtschaftlicher Möglichkeiten. Von meinem ursprünglichen Lieblingsprojekt einer Gemeinschaftsredaktion für die Kirchenpresse hatte ich mich schon lange verabschiedet. Eines der Hauptziele, die Erstellung von spezifischen Nachrichten sowie Sonderberichten und -reportagen, zu denen die unterbesetzten Redaktionen nicht kamen, wurde mehr und mehr durch die KNA erreicht. Ihre verschiedenen Dienste verhalfen nicht nur Bistumsblättern, sondern auch anderen kirchlichen Zeitschriften zu inhaltlichen Ausweitungen. Als hilfreich erwies sich dabei die Kontaktkommission von Redakteuren der AKP und der KNA. Nach Karl Bringmann war es vor allem Konrad W. Kraemer, der sich - trotz persönlicher Nähe zur CDU - immer für eine umfassende, damals - als noch nicht die Rede vom Konstruktivismus war - „objektiv" bezeichnete Nachrichtengebung einsetzte.

In der Festschrift zum 25-jährigen Bestehens der KNA schrieb der Vorsitzende der Bischofskonferenz, Kardinal Joseph Höffner, dass die KNA sich durch ihre konsequente Arbeit zu einer „qualifizierten Agentur" entwickelt habe, „auf die wir heute nicht mehr verzichten können". Die AKP vermerkte mit Genugtuung, dass Höffner in diesem Zusammenhang auch die Kirchenpresse ausdrücklich erwähnte: „Gemeinsam mit der Kirchenpresse hat die KNA in den zurückliegenden Jahren nicht nur im unmittelbaren Dienst der Kirche gestanden, sondern als ein unabhängiges und eigenständiges Medium in die Welt hinein gewirkt. Kirchenpresse und KNA haben entscheidend dazu beigetragen, dass die Kirche ihre Stimme vernehmbar machen konnte."

Beim Festakt des KNA-Jubiläums, der im November 1977 in München begangen wurde, begegnete ich zum ersten Mal mal auch Josef Ratzinger, der erst we-

nige Monate zuvor zum Erzbischof von München-Freising berufen worden war. Bei Vorbereitungsgesprächen, die Konrad Kraemer und ich als AKP-Vorsitzender mit ihm führten, lernte ich Ratzinger als einen etwas zurückhaltenden, aber ganz auf das Gespräch konzentrierten, uns freundlich zugewandten Bischof ohne jede Amtsallüren kennen. Damals hieß es, dass er -bekannt als in sich gekehrter theologischer Wissenschaftler - beim bayerischen Volk noch nicht angekommen sei, das seinem Vorgänger, dem weltgewandten, oft impulsiv und geradeheraus agierenden Kardinal Julius Döpfner noch nachtrauerte. Doch Erzbischof Ratzinger war erst ganz in seinem Element, als er die Predigt im Festgottesdienst in St. Silvester hielt, eine Kombination zwischen Homelie, Katechese und Vorlesung. Theologisch professoral stellte er der Predigt zwei Fragen voraus: Was eine Nachrichten-Agentur mit einem Gottesdienst zu tun habe, und ob *Katholische* Nachrichten-Agentur nicht „eigentlich ein Unbegriff" sei. Über eine glänzende Analyse des Tagesheiligen Albertus Magnus, der als Universalgelehrter „die Wirklichkeit im Ganzen" erfassen wollte, kam er zur treffenden Gegenwartsanalyse. Wir müssten uns fragen, ob „wir zwar einerseits Riesen der Technik geworden seien, aber gleichzeitig Kleinkinder in der Ethik im allgemeinen und in der Ethik der Information im besonderen". Für die Suche nach der Wahrheit führte er drei Punkte an: Da Nachricht immer Auswahl sei, komme es auf die Deutung an, und diese müsse durch begründbare Werte bestimmt sein. Es komme nicht auf die Fülle der Informationen an, sondern darauf, sie im Zusammenhang der Ganzheit zu sehen. Und es dürfe nicht vergessen werden, dass „auch Diskretion eine Weise wahrer Information ist und daß ihr Zertreten nicht nur den Menschen schänden, sondern auch seine Wahrheit entstellen kann". Wenn eine katholische Nachrichten-Agentur darum ringe, so endete der Erzbischof seine Predigt, „dass die Wahrheit gesehen und gesagt werde, dann dient sie dazu, daß Technik zu einem Mittel der Humanität und Nachricht zu einem Weg auf Wahrheit hin sein wird". (KNA Bayern, 17.11.1977)
Das war Ratzinger in nuce, das war sein lebenslanges Leitmotiv, das er in vielfältiger Weise bis in sein Papstamt hinein ausweiten sollte. Meine zweite Begegnung mit ihm fand auf einer Tagung der UCIP-Föderation der Kirchenpresse 1981 in der Katholischen Akademie Bayerns statt. Meine amerikanischen Freunde Jim Doyle und Jack Fink schwärmen 20 Jahre später noch vom unvergesslichen Erlebnis, im Schloss Suresnes gewohnt zu haben und dem späteren Papst Benedikt XVI. persönlich begegnet zu sein. Kardinal Ratzinger begrüßte nach einem Gottesdienst in der nahen Kirche St. Georg die einzelnen Teilnehmer aus den verschiedensten Ländern und stellte dabei durch kurze Hinweise auf seine Kontakte zur Kirche in deren Heimatländern sofort eine verbindende Beziehung her - schon damals überraschte seine präzise Kenntnis der Weltkirche ebenso wie sein offensichtlich phänomenales Gedächtnis.
Ich weiß nicht mehr, ob der Kardinal am Abendempfang in Schloss Surenes teilnahm und ob er dabei auch in der Bibliothek Guardinis mit dem Münchener Staatsintendanten August Everding sprach: Everding hatte zuvor eine seiner geistreichen Ansprachen über ein Thema der Tagung, die Nachwuchsbildung, gehalten. An diese Begegnung und an die Münchener FIAPE-Tagung erinnerte

ich mich jedoch, als ich ein paar Jahre später im Fernsehen das berühmte, schon acht- bis zehnmal wiederholte Fernseh-Interview sah, das Everding mit Ratzinger 1997 in der Vatikanischen Bibliothek führen konnte. Ihre lange persönliche Vertrautheit miteinander war dabei unverkennbar. In diesem Interview kam Everding auch auf die Rolle der Medien in der Darstellung der Wirklichkeit zu sprechen, und in seiner Antwort nahm Ratzinger Gedanken aus seiner Predigt beim KNA-Jubiläum wieder auf über Wahrnehmung und Deutung der Wirklichkeit. Ich habe mir beim Bayerischen Rundfunk eine Kopie des Bandes der Sendung besorgt, weil es um die Grundsatzfragen des Selbstverständnisses von Journalisten ging, von katholischen insbesondere. Mir erscheint es Wert, die Passage dieses Everding-Ratzinger-Interviews hier im vollen Wortlaut festzuhalten.

Everding: „Eminenz, Sie haben bei der Krisenbeschreibung unserer Zeit die Vermischung von Wahrheit und Unwahrheit erwähnt, und auch die Medien sind daran nicht ganz unschuldig, da sie immer mehr über Sensationelles, ja das Unwahre berichten."

Ratzinger: „Das liegt, glaube ich, im Wesen der Medien selbst, das das Aufregende, das Spannende bevorzugt, und dass damit natürlich die alltäglichen Dinge, die eigentlich die Welt zusammen halten, kaum in Erscheinung treten können. Und damit - sagen wir - die Gewichte zwischen dem Wesentlichen und dem Unwesentlichen verschoben werden. Und das ist ja mein Punkt, auf dem ich immer etwas bestehe: Die Menschen sind ja beim Ereignis selbst nicht dabei. Aber sie sehen den Bericht über das Ereignis, der notwendigerweise schon eine Interpretation und eine Auswahl ist. Und am Schluss wird der Bericht wichtiger als das Faktum selbst. Das heißt, wir fangen an, immer mehr vom Schein zu leben, von der Erscheinung, und dann auch für die Erscheinung zu produzieren. Auch die Politiker, auch die Kirchenleute sind in Gefahr, das sie nicht mehr fragen: Was ist jetzt eigentlich das Richtige, sondern: Was wird ankommen, wie wird es berichtet, wie wird es angenommen werden. Das heißt also, dass man gar nicht mehr für die Wirklichkeit handelt und nach den Maßstäben, die einem das Gewissen vorgäbe, sondern für die Erscheinungen, die man machen wird." (BR 15.4.1997)

Da war sie wieder, die von den Medien ausgewählte verkürzte Wirklichkeit als Scheinwirklichkeit, und die Frage, wer sie deutet und nach welchem Maßstäben. Nach der Erstsendung habe ich Kardinal Ratzinger in einem Brief gefragt, ob er für „Communicatio Socialis" die Fragen von Wirklichkeit und Scheinwirklichkeit einmal ausführlicher behandeln könne, vor allem im Blick auf die damals heftigen Dispute über die Theorie des Konstruktivismus von der Setzung von Wirklichkeit durch den Blickwinkel jedes Beobachters. Diese Fragen trieben mich um bei meinen eigenen Überlegungen über die Bedeutung dessen, was und wie ich als Journalist und Autor die Welt sehe und darstelle, welche Wirklichkeit meine Schriftstellerei spiegelt, wie Wahrheit und Wirklichkeit zusammenhängen. Der viel beschäftigte Chef der Glaubenskongregation ließ mir aus Zeitgründen absagen.

Im Rückblick fällt mir auf, dass solche Fragen von den damals agierenden Medienfachleuten und Medienzuständigen in der Kirchenleitung kaum aufgegriffen wurden. Für sie - ob Kampe oder Tenhumberg, Moser oder Höffner - ging es in erster Linie um die Art und Weise der Kommunikation der Verkündigungswahrheit. Theologisch reflektiert im Sinne des Konstruktivismus hat es ansatzweise höchstens Ratzinger, soweit ich sehe.

Störfälle in Zeiten der Stabilisierung

Wenn ich nach diesem Exkurs zurückkehre zu den Entwicklungen und Schwerpunkten während meiner dritten AKP-Amtsperiode nach 1976, möchte ich die Grundbefindlichkeit innerhalb der Kirchenpresse so umschreiben: Wir glaubten, im Rahmen der gegebenen personellen und wirtschaftlichen Möglichkeiten unsere Kirchenzeitungen inzwischen so zu machen, dass sie mit professionellem Standard ihre Aufgaben erfüllen. Wir sprachen von einer gewissen Stabilisierung. Ich selbst glaubte, im Einhard Verlag beste Voraussetzungen für weitere Verbesserung auf Grund meines gut ausgestatteten Redaktions-Etats zu haben. Der Aachener Bistumsverlag gehörte zu den Verlagen, die personell und wirtschaftlich gut aufgestellt waren. Und doch kam es gerade 1977 zu einigen Störfällen, sowohl im Einhard Verlag als auch in der Zusammenarbeit der AKP mit der MDG und mit der Zentralstelle Medien.

Aufsehen erregte deshalb Anfang 1977 ein Artikel von Wilhelm Schmitz in „Communicatio Socialis", in dem er unter der Überschrift „Das Verlegen konfessioneller Zeitschriften als unternehmerische Aufgabe" die aus dem privatwirtschaftlichen Verlagsbereich übernommenen Positionen auf die Kirchenpresse übertrug (ComSoc, 9.Jg.,1976, Heft 4, S. 297-308). Danach spielt der Verlagsleiter „die Rolle eines Interpreten der Herausgeber-Meinung", ist „legitimer Vertreter der Redaktion beim Herausgeber" und „Repräsentant der herausgeberischen *und* (kursiv im Original) redaktionellen Interessengruppen". Ausdrücklich heißt es, „interredaktionelle Missionstätigkeit" (was immer das ist) des Herausgebers sei nicht angebracht. Nicht nur dem Herausgeber gegenüber kommt also dem Verleger eine Schlüsselrolle zu, er sei auch Vermittler zwischen Redaktion und Lesern sowie „Anwalt der werbetreibenden Wirtschaft" (!).

Schmitz erklärte, Zustimmung für seine Auffassungen von vielen Verlegern und sogar vom Sekretär der Bischofskonferenz erhalten zu haben, ich wurde hingegen von vielen AKP-Mitgliedern gefragt, wieso Schmitz diese Vorstellungen nie in der AKP zur Sprache gebracht habe. In der Personalnotiz über den Autor des Aufsatzes ist in „Communicatio Socialis" merkwürdiger Weise seine Position in der AKP nicht vermerkt, wohl aber werden seine Ämter in der UCIP, im VDZ und im Einhard Verlag genannt. Ich vermutete, dass zu seinen Ansichten vor allem seine Verbandstätigkeit im VDZ, dem Zeitschriftenverlegerverband, beigetragen hat. Dort fand er sich auf einer Stufe mit den großen säkularen Verlegern und nahm sich diese offenbar zum Vorbild für seine Vorstellungen. Schmitz hatte weder mit uns in Aachen noch in der AKP über diese Sicht des katholischen Verlegers als Unternehmer gesprochen.

Was von außen oft nicht beachtet wurde, war die unterschiedliche Ausgangsposition derjenigen, die in den Kirchenzeitungsverlagen das Sagen hatten. In Privatverlagen war das der Inhaber, in GmbHs - ob kirchliche, säkulare oder gemischte - der angestellte Geschäftsführer. Privatverleger wie Bachem in Köln, die Bitters in Recklinghausen oder Thiemann in Hamm hatten einen anderen Status als angestellte Verlagsgeschäftsführer der Bistumszeitungen in München, Karlsruhe, Essen oder in Aachen. Diese unterschiedlichen Positionen hatten dazu geführt, dass die AKP 1971 die von Bernhard Hagemeier und mir entworfenen und von uns beiden mit Pressebischof Tenhumberg abgestimmten „Richtlinien und Grundsätze für die Bistumspresse" festgelegt hatte (vgl. Kapitel „Ein Programm für die Funktionswandel"). Danach besitzt der Ortsbischof die Richtlinienkompetenz für die Gestaltung der Bistumszeitung, für die der Chefredakteur ihm gegenüber verantwortlich ist. Zu den vertraglichen Vereinbarungen hatte Bischof Tenhumberg in einem Zusatzpapier erklärt, dass sie von den jeweiligen Rechtsverhältnissen in den Diözesen abhängen. Diese waren in Aachen dadurch bestimmt, dass das Bistum 100-prozentiger Gesellschafter der Einhard Verlag GmbH ist. Der Generalvikar hält als Hauptaktionär zwei Drittel der Anteile, der Rest wird zu gleichen Teilen treuhänderisch von Bistumsangestellten gehalten, darunter damals auch Schmitz.

Deshalb teilte ich als AKP-Vorsitzender Prälat Homeyer, Prälat Schätzler und den AKP-Mitgliedern, die alle Sonderdrucke des Artikels von Schmitz in „Communicatio Socialis" erhalten hatten, mit, dass „die Ansichten über die Position des Verlegers konfessioneller Zeitschriften" von Herrn Schmitz dessen Privatmeinung seien, und verwies auf die unter Bischof Tenhumberg getroffenen Richtlinien. Dasselbe schrieb ich unserem Bischof und seinem Generalvikar unter Hinweis auf die geltende Regelung in unserem Bistum. Für Bischof Hemmerle war die Sache irrelevant, sein Generalvikar bestätigte, dass das Unternehmen Einhard GmbH als kircheneigener Verlag geführt werde und die Kompetenzen von Herausgeber, Verlagsgeschäftsführer und Chefredakteur klar geregelt sind. Prälat Homeyer und Schätzler erklärten in einem Schreiben, dass „der Beitrag des Herrn Schmitz (...) über die Berufsbilder von Herausgebern, Verlegern und Redakteuren (...) zu Mißverständnissen führen" könne; die „jeweiligen Kompetenzen innerhalb der Organe der kirchlichen Publizistik" sollten in der AKP so umschrieben werden, „dass sie sich nicht gegenseitig behindern, sondern in kooperativem und partnerschaftlichem Zusammenwirken einer größtmöglichen publizistisch-pastoralen Effizienz dienen." (PA, 1977) Da dies in den Richtlinien ausreichend beschrieben war, ist das Thema weder in der AKP noch im Einhard Verlag erneut aufgegriffen worden.

Zu einem letztlich ebenso folgenlosen, nur das persönliche Verhältnis zwischen mir und Schmitz verändernden „Nach-Spiel" kam es zur selben Zeit bei einem Vorfall, der auf derselben Linie des verlegerischen Kompetenzdenkens von Wilhelm Schmitz lag und wiederum mit dem VDZ zu tun hatte. Er führte dazu, dass im Einhard Verlag fortan ein rein sachliches Verhältnis zwischen Schmitz und mir bestand, vor allem, nachdem Generalvikar Wäckers mir in diesem Fall schriftlich bestätigt hatte, ich könnte „von der absoluten Gleichheit der Partner in freier Vereinbarung" ausgehen (PA, 1977).

Zu einer schwerwiegenden Kontroverse mit unmittelbaren Auswirkungen auf die AKP kam es 1977 hingegen zwischen der AKP und der Zentralstelle Medien. Diese erstellte jährlich einen Trendbericht für die Publizistische Kommission über die Entwicklung in den einzelnen Medienbereichen. Unterlagen dafür lieferten turnusgemäß alle in der Arbeitskonferenz Medien vertretenen katholischen Institutionen und Verbänden für Film, Funk, Fernsehen, AV-Medien, Bücher und Zeitschriften. Aus welchem Grund auch immer, 1977 war kein eigener Bericht von der AKP eingereicht worden, sondern die Geschäftsstelle hatte den Jahresbericht eingesandt. Um so erstaunter waren wir, als wir die Darstellung der Situation der Kirchenpresse lasen. Im folgenden Wortlaut habe ich die Aussagen *kursiv* gesetzt, die in meinem Exemplar unterstrichen waren und Anlass für heftige Proteste boten:

„*Derzeit* ist im Bereich der Kirchenpresse kein Auflagen- oder Mengenwuchstum zu registrieren und *allgemein keine Vorwärtsstrategie* festzustellen. Die Kirchenpresse ist *rein innerkirchlich orientiert*, die Mehrzahl der Beteiligten *hält resignativ am status quo fest* und kann *nur schwer zum Überdenken* der mittel- und langfristigen Zielpositionen *überredet werden*. Neuere Analysen zeigen deutlich, dass große Teile der Kirchenpresse *nicht nur auf der Basis des Informationsbedarfs*, sondern zum großen Teil *auch über eine Sekundärmotivation* mit sozialkirchlicher Ausrichtung abgesetzt werden (Spendenbewußtsein). Dies führt zu einer *Täuschung bzw. Fehleinschätzung der publizistischen Relevanz* der Kirchenpresse durch Überbewertung der breiten Auflagenbasis; weite Kreise *verdrängen* dabei den Gedanken an die *Notwendigkeit der Erschließung neuer relevanter Zielgruppen* durch die katholische Publizistik. Das *Mißtrauen gegen neue Formen des Medienangebotes* sitzt bei den katholischen Verlagen tief; ein *erhebliches Unbehagen* ist bei der Konfrontation *mit neuen Modellvorschlägen* zu registrieren." (PA, 1977)

Ich rieb mir die Augen. Das hatten wir doch alles schon einmal vor zehn Jahren, all die pauschalen Vorurteile über und Negativkritiken an der Kirchenpresse von vor einem Jahrzehnt: Sie wird nur aus Mitleid bezogen, nicht gelesen, sie wendet sich nur an die Kirchgänger und nicht an die Randchristen, sie ist gegen alle Neuerungen, vor allem wenn sie von draußen angeregt werden. Jetzt wurde es nur in einer anderen Diktion präsentiert, und die klang sehr nach Marketing-Strategien - was für mich bedeutete: Da steckt die MDG hinter. Es stellte sich heraus, dass Günter Graf, der als Zeitschriftenreferent in der Zentralstelle Medien eng mit Schätzler zusammenarbeitete, den Bericht zwar verfasst hatte, ihm aber die Unterlagen dazu von der MDG geliefert worden waren.

Die AKP-Kritik brachte am klarsten der gestandene Geschäftsführer der Münchener Kirchenzeitung, Hans Schachtner, in einem Protestschreiben an Geschäftsführer Geuter zum Ausdruck: „Die grundsätzliche Frage des 'Trendbericht 1977' ist: cui bono ? Wem nützt diese Anschwärzung ? Warum soll der Hintergrund verdüstert werden, um welches Profil (MDG, Medienkommission) um so heller erstrahlen zu lassen ? In diesem Zusammenhang ist festzustellen, daß alle Erkenntnisse, die in der AKP, durch die Feldbefragung und Einzeluntersuchungen gewonnen wurden, großzügig vergessen wurden, weil sie nicht in die angestrebte Beweiskette passen." Auf einer Sondersitzung erarbeitete der Vorstand der AKP eine Stellungnahme mit der Bitte um sachliche Korrekturen, die ich Prälat Schätzler schickte mit Kopien an Graf, Brehm und alle Mitglieder der Arbeitskonferenz Medien. Den Schlussabsatz meines Briefes zitiere ich wiederum im Wortlaut:

„Ich wäre Ihnen dankbar, wenn Sie dazu beitrügen, dass die schwierige Weiterentwicklung der Kirchenpresse durch sachliche und realistische Überlegungen erleichtert und nicht durch unqualifizierte Pauschaldarstellungen erschwert wird. Ich darf für mich persönlich in Anspruch nehmen, dass ich immer versucht habe, eine kritische Beurteilung der Kirchenpresse vorzunehmen. Sicherlich sind auch neue Grundsatzüberlegungen anzustellen und durchzudiskutieren, aber nicht auf dem Hintergrund der Verurteilung all dessen, was jetzt noch existiert, und in der Nichtanerkennung der Bemühungen, die in den letzten Jahren von den Beteiligten um eine Stabilisierung und Verbesserung der Kirchenpresse unternommen worden sind." (PA, 1977)

Wir lieferten einen eigenen Text nach, in dem wir auf die stabilisierte Auflagenentwicklung hinwiesen, die von sechs Prozent Rückgang 1970 auf unter ein Prozent 1976 verlaufen war, auf die Auswertung der Feldbefragung, wonach die Kirchenpresse vorwiegend als „Instrument innerkirchlicher Kommunikation und Pastoral" gesehen wird und prozentual viel mehr Leser erreicht, als es regelmäßige Kirchgänger gibt. Den Weg, über den Kreis der kirchengebundenen und kirchennahen Leser neue Zielgruppen zu erschließen, bezeichneten wir als unrealistisch. Wir wiesen auf Zusammenarbeit mit der MDG in redaktionellen und Werbeprojekten, die jedoch unterschiedliche Ergebnisse gehabt hätten. Und wir erwähnten die Aus- und Fortbildungsmaßnahmen für Volontäre, Redakteure und Verleger. Dr. Graf kritisierte in seiner Antwort den „Vertrauensmissbrauch", den die AKP mit dem vertraulichen Textentwurf zur Information der Bischöfe durch Behandlung in der AKP begangen habe (obwohl wir unsere Bedenken nicht öffentlich machten), und wies darauf hin, dass der Entwurf seines Erachtens redaktionell noch hätte bearbeitet werden müssen. Dann kommt Graf, mit dem ich wie viele Redakteure persönlich gut befreundet war und den wir als etwas zelotischen Sachwalter kannten, zu dem erstaunlichen Fazit, dass der von mir nachgelieferte Text „im wesentlichen die gleichen Aussagen wie der Text des Entwurf" enthalte, mit dem einzigen Unterschied: „Er liest sich angenehmer, während der Text des Entwurfs schärfere Formulierungen zum gleichen Sachverhalt enthält."

Auf meine Bitte hin kam es zu einem Gespräch mit dem Vorsitzenden der Publizistischen Kommission, Bischof Moser, in dem ich, wie aus meinen Notizen hervorgeht, niemanden der kirchlichen Medienverantwortlichen anklagen wollte, wohl aber um engere Kontakte bat. Manche Verleger und Redakteure der KP hätten den Eindruck, dass die Kirchenpresse von vielen Bischöfen immer noch als etwas Zweitklassiges angesehen werde und in der Zentralstelle sowie der MDG immer noch überlegt werde, wie man eine große erstklassige katholische Wochenzeitung verwirklichen könnte. Und ich bedauerte, dass an den letzten AKP-Jahresversammlungen keine Bischöfe mehr teilgenommen haben, sich aber wohl gerne bei öffentlichen Auftritten wie bei der Journalistenpreisverleihung „ins Bild setzten". Moser, weltgewandt, lebensnah und humorvoll, konnte darüber schmunzeln und seinerseits anmerken: „Ja, meine lieben Amtsbrüder! Wir sind aber gerade dabei, sie für Auftritte im Fernsehen zu schulen!" Sein pragmatischer Rat: Sprecht mehr mit unseren Leuten und macht in eurer Arbeit einen Schritt nach dem anderen. „Meinen Segen habt ihr." Das wussten wir. Und folgten seinem Rat. Und fanden zu besserer Zusammenarbeit.

„Die Krise ist überwunden"

Ein Kristallisierungspunkt in der Geschichte der Bundesrepublik, der Kirche und der Kirchenpresse wurde das Jahr 1978. Es war die Zeit der terroristischen Bedrohung der Bundesrepublik durch die Rote Armee Fraktion RAF, die im September 1977 ihren dramatischen Höhepunkt mit der Entführung des Arbeitgeberpräsidenten Schleyers, dem Versuch der Freipressung der Häftlinge der Baader-Meinhoff-Gruppe und deren Selbstmorden nach der gescheiterten Entführung einer Lufthansa-Maschine in Mogadischu hatte. Mir ist nicht in Erinnerung, ob wir diese gesellschaftspolitische Explosion in der Kirchenpresse thematisiert haben, ich erinnere mich auch nicht namhafter Stellungnahmen der Bischöfe und des ZdK. Auf dem Katholikentag 1978, der in Freiburg unter dem Leitwort „Ich will euch Zukunft und Hoffnung geben" stattfand, kamen die gesellschaftlichen Konflikte in mehreren Foren zur Sprache, wenn auch mehr grundsätzlich.

Im Leitartikel der Katholikentags-Illustrierten, deren Gestaltung mir wieder in Zusammenarbeit mit Josef Dewald vom Freiburger „Konradsblatt" und dem späteren SWR-Redakteur Jürgen Hoeren übertragen war, finde ich den Ansatz wieder, den die KT-Verantwortlichen ausgewählt hatten. Unter Bezug auf das „jähe Erwachen aus dem Traum" eines grenzenlosen Wachstums durch die negativen Entwicklungen der Umweltzerstörung und den Zerfall der sittlichen Normen bis hin zum Terrorismus" wurden als Hauptthemen dieses Katholikentages die Existenznöte und Grundsatzfragen des gesellschaftlichen Lebens, die Ratlosigkeit der Jugend und die Sinnfrage nach dem Glauben genannt.

Auffällig in der Illustrierten war die Vielzahl der Anzeigen von katholischen Zeitschriften und die Art ihrer Präsentation. Der „Rheinische Merkur" warb für sein „aktives Konzept der Erneuerung" mit den Namen seiner drei Herausgeber Otto B. Roegele, der evangelischen Psychotherapeutin Christa Meves und dem bayerischen Staatsminister für Unterricht und Kultus, Hans Maier, der zugleich Präsident des ZdK war. „Weltbild" meldete, dass es jetzt „die Welt zeigt wie sie wirklich ist". Die „Deutsche Tagespost" wirbt damit, dass sie „komplett informiert", „Leben & Erziehen" versprach, „Klartext" zu reden; das „Liborius-blatt" bot Lebenshilfe und Ratschläge für die Familie an, der „Osservatore" warb für seine deutsche Ausgabe. In einer Sammelanzeige bezeichneten sich die in der AKP vereinigten „110 Zeitschriften mit einer Auflage von 11 Millionen" als „Presse für den Menschen". Bezeichnender Weise gab es auf dem Freiburger Katholikentag keine heißen Diskussionen mehr um die Kirchenpresse. War sie nach all den öffentlichen Auseinandersetzungen auf den vergangenen Katholikentreffen seit 1968 um ihre Rolle und ihren Stellenwert gekommen ? Oder wurde sie von den Katholiken, die ihre aktive Kirchennähe durch die Beteiligung am Freiburger Katholikentreffen zeigten, so akzeptiert, wie sie sich gegenwärtig darbot ?

In meinem Archiv fand ich einen großen Beitrag, den Rüdiger Durth im Fachblatt „Der Journalist" (1/1979) unter der Überschrift veröffentlichte: „Katholische Presse: Die Krise ist überwunden". Durth leitet seine Sicht als evangelischer Publizist mit Erfahrungen ein, die er auf dem Freiburger Katholikentag gemacht hat. Seine lebendige Darstellung ist so aussagekräftig, dass ich den Anfang wörtlich zitiere: „Fünf Tonnen Bistumszeitungen und kirchliche Magazine schleppte der Geschäftsführer der Arbeitsgemeinschaft Katholische Presse (AKP), Bruno Geuter während des 85. Deutschen Katholikentages in die Freiburger Kaiser-Josef-Straße. Doch die Werbeexemplare für den dicht umlagerten AKP-Stand reichten kaum aus. Und eine ältere Frau schaute fast ungläubig auf die über 100 Zeitschriften: 'Das sollen alles katholische Zeitschriften sein ?' Gleichzeitig startete der 'Rheinische Merkur' eine Werbekampagne. Junge Menschen in weißen Plastikjacken verteilten Freiexemplare und steckten den Katholikentagsbesuchern bunte Fähnchen an. 'Weltbild', die katholische Illustrierte aus Augsburg, stand nicht abseits, und das bischöfliche 'Institut zur Förderung publizistischen Nachwuchses' informierte junge Menschen über die Möglichkeiten, Journalist zu werden. Auftakt einer bundesweiten Aktion, die katholische Presse aus ihrem Getto zu führen."

Der Bonner Parlamentsjournalist führt alle Maßnahmen an, die seit der „Publik"-Krise durchgeführt wurden und kommt zu dem Fazit, dass die katholische Presse sich nach jahrelangen Auflageneinbrüchen stabilisiert habe und auf dem deutschen Medienmarkt immer noch einen „Auflagenriesen" darstelle. Offensichtlich um die Wertschätzung der Kirchenpresse durch die Kirchenoberen zu dokumentieren, illustrierte der „Journalist" den langen Beitrag mit zwei Fotos, die Bischof Moser im Gespräch mit Papst Johannes XIII. zeigen, sowie Kardinal Ratzinger im Gespräch mit Konrad Kraemer als Chef der KNA und mir als AKP-Vorsitzendem.

Durth beschrieb jedoch auch, dass „hinter den Kulissen" noch ein Kampf um eine Konzentration der Bistumspresse ausgetragen werde. Er zitiert in diesem Zusammenhang Raimund Brehm von der MDG mit der Aussage, dass das Endziel eine „lesergerechte Öffnung nach draußen" sein müsse, damit katholische Zeitschriften sich „auch im freien Leistungswettbewerb erfolgreich messen können" und „am Kiosk ebenso ihre reelle Chance suchen". Dagegen stehe die Auffassung der Praktiker, dass „nicht die einheitliche Bistumspresse das Gebot der Stunde (ist), sondern der Ausbau der jeweiligen Redaktionen". Und Durth zitiert schließlich Hans Maier mit einer anderen Perspektive: „Das Verhältnis der deutschen Katholiken zu ihrer eigenen Presse bedarf einer Korrektur. (...) Wir sollten alles daran setzen, das Feld der Meinungsbildung nicht nur anderen zu überlassen." (Der Journalist, 1/1979)

Die Bilanz aller Werbemaßnahmen zu dieser Zeit, sowohl der AKP als auch der MDG, ist nicht positiv ausgefallen. Vielleicht ist die Kirchenpresse stärker ins Bewusstsein des Kirchenvolkes gekommen, was als ein Ziel des Synodenpapiers bezeichnet worden ist, doch im Trendbericht der AKP für 1979 haben wir nüchtern festgestellt: „Es wird schwer sein, über den Kreis der Kerngemeinden neue Leser zu gewinnen. Kirchenpresse bleibt innerkirchliches Informations- und Kommunikationsinstrument." Und: „Infolge der Bistumsbezogenheit und örtlicher Gegebenheiten hat sich der Rahmen für Kooperationen als eng begrenzt erwiesen." Als notwendige Maßnahmen werden bessere Ausstattung der Redaktionen und der KNA, Nachwuchsförderung und Fortbildung für Redakteure und Verlagsmanagement genannt, alles Desiderata, die an die MDG gerichtet waren. Denn wenn sich auch die Auflagenentwicklung einigermaßen stabilisiert habe, so heißt es in einem eigenen Kapitel über „Kostenentwicklung", verschlechtere sich die wirtschaftliche Situation vieler Verlage durch „steigende Herstellungspreise (Ölkrise und Papierkosten), die nicht durch eine weitere positive Entwicklung im Anzeigengeschäft ausgeglichen werden könnten". Tatsächlich war bereits die Hälfte der Bistumszeitungen, vor allem diejenigen mit niedrigen Auflagen, auf diözesane Zuschüsse angewiesen, die in verschiedenen Arten für Personal- oder Herstellungs- oder Vertriebskosten oder als Jahresausgleich erfolgten. Zum Schluss richteten wir im Trendbericht 1979 an die Bischöfe erneut die Bitte, ihre Presse in ihren Diözesen persönlich und durch die Ordinariate und Priester stärker „ideell zu unterstützen".

Zur 30. Jahresversammlung der AKP hatten der Verlag Bachem und die ortsansässigen katholischen Verbände und Institutionen nach Köln eingeladen - für mich eine unerwartete, aber willkommene Rückkehr an den Ausgangspunkt meiner Kirchenzeitungs-Laufbahn. In Köln ging im Oktober 1979, eine Woche vor meinem 52. Geburtstag, nach neun Jahren meine Zeit als Vorsitzender der AKP zu Ende. Wir hatten in der Satzung aus arbeitsökonomischen Gründen erstmals festgelegt, dass in Zukunft die sowieso ehrenamtliche Zeit des Vorsitzenden auf höchstens zwei dreijährige Perioden begrenzt wird.

Da die Jahresversammlung mit dem 30-jährigen Bestehen der AKP zusammenfiel, zeichnete ich in meiner Eröffnungsansprache die Entwicklung von 1949 bis 1979 nach. In dieser Rede versuchte ich, eine Bilanz meiner drei Amtszeiten zu ziehen, so dass ich daraus die wichtigsten Gedanken rekapitulieren möchte. Nachdem in den vergangenen Jahren eine neue Phase kirchlicher Pressearbeit eingeleitet worden sei, so das erste Fazit, „steht die Existenzberechtigung der Kirchenpresse nicht mehr in Frage." Die redaktionellen Ziele seien abgesteckt, die Zielgruppen erfasst. Allerdings gebe es „keine Patentlösung für Stabilisierung und Weiterentwicklung". Zweiter Punkt: Kirchenpresse könne nicht, wie die säkulare Presse, nur nach den Wünschen der Leser ausgerichtet werden, sie sei „Presse der Kirche" - aber nicht als Amtsblatt, sondern als „Presse des ganzen

Volkes Gottes (...) im Sinne des neuen Kirchenverständnisses nach dem Zweiten Vatikanischen Konzil". Das bedeute drittens, näher an die Probleme der Menschen heranzugehen. „Im kleinen Kreis", so die selbstkritische Anmerkung, „unter Bischöfen und Priestern ebenso wie in den Gemeinden, ganz zu schweigen von den Akademien, wird über die Brüchigkeit von Ehen und Zölibat gesprochen, über liturgische Langeweile und kirchliche Amtsanmaßungen. Bei uns kommt es nicht vor. Darf es nicht vorkommen?"

Unter Hinweis auf die jüngste Stellungnahme der internationalen Föderation der Kirchenpresse FIAPE plädierte ich für mehr Vertrauen des Klerus und der kirchentreuen Leser in die eigene Presse statt Verdächtigungen wegen „Verunsicherung im Glauben", wenn von uns „pastorale Mitwirkung bei den Nöten des heutigen Menschen" erwartet werde.

Eine Nähe zur Realität anstelle eines „geschönten und übertünchten Bildes vom Menschen in unserer Zeit", so endete ich meinen Ausblick auf die Zukunft, sei um so notwendiger, als der Kirchenpresse noch eine neue Funktion zukomme: „Zum Beginn der 80er Jahre leben wir in einer neuen Kommunikationsgesellschaft, deren Lebensbedingungen noch kaum jemand abschätzen kann." Da neben Presse und traditionellem Rundfunk nunmehr Kabelfernsehen, Satellitenfernsehen, Bildschirmtext usw. die Welt bestimmen werden, wachse der Kirchenpresse die Aufgabe zu, auf spezifische Weise kirchliches Leben und kirchliche Lehre zu präsentieren und zu reflektieren. „Bei der Suche nach Ordnung und Sinn, nach Stabilisierung und Ausrichtung des eigenen Lebens ist der Mensch mehr denn je auf eine glaubhafte und überzeugende Vermittlung angewiesen."

Zum Schluss legte ich ein persönliches Bekenntnis ab: Unter diesem Aspekt hätte ich keine Angst um die Zukunft von Kirche und Kirchenpresse: „Sie sind im Besitz des Wortes Gottes für die Menschen der 80er und 90er Jahre und auch für die Menschen im Jahr 2000. Im Manuskript gestrichen habe ich jedoch den letzten Satz: „Dann kann die AKP ihr 50-jähriges Bestehen feiern." Das konnte sie zwar 1998 noch, aber zu Beginn des neuen Jahrhunderts zwangen die Entwicklungen in Kirche, Gesellschaft und Medien sie zur Fusion mit dem Verband der katholischen Buchhändler VKB im neuen Katholischen Medienverband. Damals jedoch, 1979, würdigte der Vorsitzende der Deutschen Bischofskonferenz, Kardinal Joseph Höffner, die wieder gewonnene Bedeutung der Kirchenpresse. Auf einem Empfang anlässlich des 30-jährigen Bestehens der AKP stellte er fest, dass die kirchliche Publizistik „aus der Defensive heraus" ist. Sie könne wieder ein positives Wort sagen, das in der Öffentlichkeit gehört werde. Sie brauche nicht mehr Wirkungen nachzulaufen, sondern könne selbst Ursachen setzen. (KNA, PD vom 19.10.1979)

Was in der KNA-Meldung über Höffners Ansprache außerdem noch vermerkt wurde, übernehme ich wörtlich, weil es mich selbst betrifft: „Im Rahmen des Empfangs wurde der Vorsitzende der Arbeitsgemeinschaft Katholische Presse (AKP), Dr. Ferdinand Oertel, für seine Verdienste um die katholische Publizistik mit der Päpstlichen Auszeichnung 'Ritter des Gregorius-Ordens' geehrt. Höffner dankte Oertel dafür, daß er in den 25 Jahren seiner journalistischen Tätigkeit wesentlich zur Verbesserung der katholischen Presse beigetragen habe." Bei der Ordensverleihung nach dem Eröffnungsgottesdienst in der alten romanischen Kirche St. Aposteln in Köln offenbarte Höffner im übrigen eine sehr persönliche Seite, die in der Öffentlichkeit wenig bekannt war. Auch ich hatte den aus dem Westerwald stammenden, anerkannte Sozialwissenschaftler nach seiner Wahl zum Nachfolger von Kardinal Döpfner bei offiziellen Gesprächen als freundlich zugewandt, aber nüchtern und sachorientiert kennen gelernt. In Köln zeigte er sich auch humorvoll, als er mir bei der Übereichung der Urkunde sagte, ich dürfe jetzt in einer bunten Uniform „wie bei der Kölner Prinzengarde" zu Pferd in den Petersdom einreiten. Bei seinem Dank an meine Frau und Familie dafür, dass sie meine häufige Abwesenheit tapfer ertragen haben, wies er als Sozialwissenschaftler halb scherzhaft, halb ernst darauf hin, dass eine neue Familienstudie ergeben habe, Manager arbeiteten am Tag bis zu 14 Stunden, hätten aber nur fünf Minuten Zeit für Gespräche mit der Ehefrau.

In meiner Antwort erklärte ich, dass ich auf Grund meiner Erfahrungen als Flakhelfer und Kind-Soldat gegenüber Uniformen und Orden skeptisch geworden sei, nicht einmal mehr eine Schützenuniform angezogen hätte und den Orden deshalb zu Hause in meinem alten Setzkasten zu anderen Souvenirs deponieren würde. Und was die Fünf-Minuten-Gespräche mit meiner Frau betreffe, zog ich meine für die Mitgliederversammlung vorbereitete Erklärung vor: dass ich mich entschlossen hätte, nach dem Ende der Zeit als Vorsitzender nicht wie üblich weiter im Vorstand mitzuwirken, um mehr Zeit für Zuhause zu haben - wobei ich allerdings auch an mehr Zeit für eigene Schriftstellerei dachte, die im letzten Jahrzehnt zu kurz gekommen war.

Zeichen dafür, dass eine „neue Phase" des Kirchenpresse-Verbandes begann, waren auch die Vorstandswahlen am Schluss der 30. Jahrestagung. Zum Vorsitzenden wurde der 37-jährige Heiko Klinge gewählt, ein Vertreter der jungen Verlegergeneration. Er war mit 26 Jahren Geschäftsführer des Bernward-Verlages in Hildesheim und mit 33 Jahren Oberbürgermeister von Hildesheim geworden, deshalb bisher auch nicht Vorstandsmitglied in der AKP. Sein Programm, den „schlafenden Riesen Kirchenpresse" zu wecken, fand breite Zustimmung. Neue Gesichter gab es auch unter den Vorstandsvertretern der Verleger und Redakteure. Mit drei neuen Verlegern und vier neuen Redakteuren wurde das Gremium zur Hälfte erneuert.

Ich selbst schied auch deshalb aus, weil ich nach meinem intensiven zwölfjährigen Vorstandsengagement das Gefühl hatte, vieles - zumindest das, was entwicklungsmöglich war, erreicht zu haben. Ich wollte mit 52 Jahren noch einmal etwas Neues anfangen, und dazu tat sich mir gerade zu dieser Zeit im Einhard Verlag eine verlockende Möglichkeit auf: die Chefredaktion des Elternmagazin „Leben & Erziehen" zu übernehmen.

10. Übergänge zur Kommunikationsgesellschaft: 1981 - 1989

Wechsel zu „Leben & Erziehen"

Noch vor der Jahresversammlung der AKP im Oktober 1979 hatte es in Aachen folgenschwere Personalveränderungen ergeben. Der langjährige Generalvikar Anton Wäckers hatte beim Erreichen seiner Altersgrenze von 65 Jahren Bischof Hemmerle um Entbindung von seinem Amt gebeten. Als neuen Generalvikar berief Hemmerle den Aachener Regionaldekan Karlheinz Collas, der damit auch Vorsitzender der Einhard Verlags GmbH wurde. Anfangs ließ Collas im Verlag alles wie bisher. Schmitz hatte zwei Stellvertretende Geschäftsführer ernannt, einen Mitarbeiter aus der Rechtsabteilung des Ordinariates und Paul Dahm sozusagen als Vertreter der Redaktion. Vielleicht wollte er der Einrichtung eines mitbestimmenden Beirates zuvorkommen. Er hatte nämlich einen großen Traum, mit dem er sich wohl auch persönlich ein Denkmal setzen wollte: den Bau eines neuen Verlagsgebäudes.

Da es dem Einhard Verlag wirtschaftlich gut ging, hatte der alte Generalvikar dem Plan wohl noch zugestimmt, und das Bistum - dem es wirtschaftlich auch gut ging - hatte ein Gelände im neu erschlossenen Ostgebiet Aachens erworben. Es lag unmittelbar neben der Druckerei Metz, die die Kirchenzeitung seit über 50 Jahren herstellte und kurz zuvor als Gewerbebetrieb aus der Innenstadt in das neue Industriegebiet ausgelagert worden war. Doch noch bevor mit dem Neubau überhaupt begonnen werden konnte, schied Wilhelm Schmitz Mitte 1979, noch keine 60 Jahre alt, überraschend aus dem Verlag aus. Offiziell wurden dazu „Gesundheitsgründe" angegeben. Schmitz wirkte noch einige Zeit im VDZ und in der UCIP, musste sich mehreren schweren Operationen unterziehen und starb 2007 im Alter von 84 Jahren. Den Neubau hat er, wie er kurz vor seinem Tode sagte, nie von innen betreten.

Nach dem Ausscheiden von Schmitz wurde die Verlagsstruktur umgeändert. Mit Roman Smirek kam ein neuer Geschäftsführer. Ihn hatte die MDG vermittelt als Fachmann für das Vertriebsgeschäft. Seine Erfahrungen hatte er allerdings im Versandhandel gemacht. Es sollte sich auch bei dieser Personalie herausstellen, dass Erfahrungen im säkularen Bereich nicht ohne weiteres auf den kirchlichen zu übertragen sind. Smireks Vertrag wurde nach fünf Jahren nicht erneuert. Ihm gelang zwar eine starke Kostensenkung, aber „Gesundschrumpfen" allein war nicht im Sinne der Gesellschafter. Im kirchlichen Verlagsgeschäft kannte er sich zu wenig aus.

Bei der Umorganisation der GmbH wurden Paul Dahm und ich durch den neuen Generalvikar zu treuhänderischen Gesellschaftern berufen. Zu den Treuhändern hatten bisher nur Prälaten und Abteilungsleiter aus der Bistumsverwaltung gezählt, von denen der inzwischen zum Domkapitular ernannte Erich Strick als einziger die Redaktionsinteressen wahrnehmen konnte. Paul Dahm und ich hatten Bischof Hemmerle mehrfach darauf hingewiesen, dass in der Verlagspolitik die wirtschaftlichen Überlegungen ein Übergewicht hatten. Offensichtlich war er es, der vorgeschlagen hatte, uns beide in das oberste Gesellschaftergremium zu berufen, damit die redaktionellen Ziele stärker mit ins Blickfeld genommen werden. Für Paul Dahm und mich war das insofern auch ein willkommenes Upgrading, weil gleichzeitig ein Aufsichtsrat als Zwischeninstanz zwischen Gesellschaftern und Geschäftsführer bestellt wurde, der das operative Geschäft gleichfalls nicht nur wirtschaftlich, sondern auch publizistisch begleiten und kontrollieren sollte. Trotzdem blieb diese typisch kirchliche Konstruktion eine mehr oder weniger pro forma Einrichtung, denn der Generalvikar, als Inhaber der Zweidrittelmehrheit in der GmbH sowieso tonangebend, übernahm auch den Vorsitz des Aufsichtsrates, wodurch die Legislative und Exekutive in einer, *seiner* Hand blieben. Immerhin führte diese Strukturveränderung zu größerer Transparenz.

Offenbar hatte Wilhelm Schmitz vor seinem Ausscheiden und vor der Umstruktur der GmbH dem neuen Generalvikar noch seine Überlegungen vorgetragen, zur „Erhaltung der Funktionstätigkeit der Redaktion von 'Leben & Erziehen'" einen Wechsel in den Chefredaktionen vorzunehmen. Hintergrund war eine länger andauernde Erkrankung von Paul Dahm. Dieser sollte an meiner Stelle zur Kirchenzeitung kommen, deren Redaktion mit Prälat Strick und drei Redakteuren besser besetzt war. L&E war das Hauptobjekt des Verlages, und vielleicht hatte die Anzeigenindustrie auf eine modernere Gestaltung gedrängt, um neben dem konkurrierenden säkularen Objekt „Eltern" bestehen zu können. Auf Grund meiner Erfahrungen im Themenbereich von Gesellschaft und Familie hatte Schmitz mich schon gefragt, ob ich eventuell zu L&E wechseln würde. Trotzdem überraschte es mich, dass Generalvikar Collas mich Anfang 1980 konkret fragte, ob ich einem solchen Wechsel zustimme. Offensichtlich war die Erkrankung Dahms wirklich schwerer, als uns bekannt war. Mitte 1980 übernahm ich die Chefredaktion von „Leben & Erziehen".

Kurz zuvor hatte die Kirchenzeitung erneut ein Thema in den Mittelpunkt gerückt, das dem Bistum seit 20 Jahren einen besonderen Akzent verlieh und deshalb hier noch kurz angehängt werden soll: die Patenschaft über Kolumbien. Schon 1960 hatte Bischof Pohlschneider in der Weihnachtsausgabe der Kirchenzeitung zum ersten Mal zu einer Kollekte für die Katholiken in Lateinamerika aufgerufen. Im Zuge der Zuweisung von Patenschaften für lateinamerikanische Länder durch das Hilfswerk Adveniat erhielt Aachen Mitte der 60er Jahre Kolumbien zugewiesen, das Bischof Hemmerle später als „die neunte Region unseres Bistums" bezeichnete. 1967, noch vor der Verwaltungsänderung des Bistums, war August Peters, damals Sekretär des Generalvikars, später Offizial und Domkapitular, zum Kolumbienbeauftragten ernannt worden. Mit ihm entwickelte das Bistum ein erstes Modell konkreter Hilfe für die Seelsorge in einem Patenland, wozu insbesondere die einheimische Priesterausbildung gehörte. Seither hat es in den auf 75 angewachsenen kleinen und großen Seminaren rund 5000 Priesterweihen gegeben.

Da der neue Generalvikar Collas im Frühjahr eine Informationsreise in das Patenbistum geplant hatte, konnte ich ihn und Prälat Peters begleiten. Als kolumbianischer Standort diente uns die Niederlassung der Aachener Schwestern vom armen Kinde Jesu in der Hauptstadt Bogota. Die Schwestern arbeiteten vor allem im caritativen und schulischen Bereich. In einem ihrer sechs Häuser, einer Schule in Monterodondo 70 km südlich der Hauptstadt in einem abgelegenen Tal der Kordillerenausläufer, erlebten wir, wie Mission vor Ort heute dank der deutschen Hilfswerke vor allem den jungen Menschen Perspektiven der Hoffnung gibt. Bei einem Besuch am Bischofssitz Istmina mitten im Chocó-Urwald wurden wir als Gäste aus Aachen mit Spruchbändern begrüßt, auf denen die weltweite Freundschaft gewürdigt wurde: „Uns trennt die Entfernung – uns eint der Glaube". Ortsbischof Gustavo Posada hatte inmitten einer quadratkilometergroßen Rodung innerhalb eines Jahrzehnts eine Grundschule, eine Landwirtschaftsschule, ein Seminar für Lehrerinnen und gerade erst ein Altenheim errichten lassen, das Generalvikar Collas einweihte. „Aquisgrana no tiene fronteras – Aachen kennt keine Grenzen", stand auf einem Spruchband. Mehrere Reise-Reportagen in der Kirchenzeitung dürfen geholfen haben, diese grenzenlose Partnerschaft auch in den kommenden Jahren fortzuführen.

Programme zum Gesellschaftswandel

Zurück in Aachen, wartete die neue redaktionelle Aufgabe, „Leben & Erziehen" der Zeitentwicklung anzupassen. Wie richtig ich den verlagswirtschaftlichen Hintergrund für den redaktionellen Wechsel eingeschätzt hatte, geht daraus hervor, das mir Geschäftsführer Smirek im ersten Gespräch vorschlug, meine Vorstellungen für die Gestaltung von L&E in einem Artikel für die Fachzeitschrift „Media Spektrum" des Media-Daten Verlages niederzulegen. Was ich gerne tat, denn ich suchte für mich selbst ein solches Programm. Und schon im Oktoberheft 1980 erschien im „Media Spektrum" als Aufmacher mein Artikel unter der Überschrift „Ein Chefredakteur und sein Blatt". Was die Redaktion des Werbefachblattes als „Lead" darunter gesetzt hatte, war tatsächlich mein Programm, aber zugleich auch bestes Werbeargument für die Anzeigenbranche: „Wir wollen keine heile Welt verkaufen, sondern Problembewusstsein wecken, Orientierungs- und Lebenshilfe bieten und Familien aktivieren."

In dem Artikel legte ich dem Kreis der Werbemanager das offen, was ich als persönliche Legitimation für die Übernahme der „größten katholischen Eltern- und Familienzeitschrift Deutschlands mit einer Auflage von 630 000 Exemplaren" ansah: Fachmann zu sein. Fachmann, weil ich bereits 12 Jahre lang eine Familienzeitschrift gemacht, ein halbes Dutzend Bücher über Ehe- und Erziehungsfragen geschrieben hatte und selbst Familienvater mit drei Kindern sei. Doch wenn es auch Vorbedingung sei, „dass wir Redakteure unser Handwerk verstehen und etwas von dem verstehen, was die inhaltlichen Zielsetzung einer Zeitschrift ist, genau so wichtig ist es, das Leserbedürfnis zu erkennen, die Lesererwartungen zu wissen und danach die Zeitung zu gestalten". Dabei - und das dürfte meine persönlich ausschlaggebende Motivation für den Wechsel gewesen sein - habe L & E gegenüber den Kirchenzeitungen „den Vorteil, dass sie nicht im eigentlichen Sinne 'kirchlich' ist: Es ist nicht unsere Aufgabe, kirchliche Lehrmeinungen zu sittlichen Normen, zur vorehelichen Sexualität, zur Empfängnisregelung zu verkünden. 'Leben & Erziehen' spart solche Themen nicht aus, stellt sie aber anders dar: in der Spiegelung des wirklichen Lebens". Und dabei, so weiter die programmatische Vorschau, „bringen wir am Schluss keine 'Moral von der Geschichte', wir halten den Leser für fähig und verantwortlich, sich selbst ein Urteil zu bilden, mit eigenen Erfahrungen zu vergleichen und eigene Entscheidungen zu treffen". In dieser Haltung, so meine Schlussfolgerung, liege auch die große Chance für L & E, junge Familien anzusprechen, zu erreichen und zu Abonnenten zu gewinnen: „...denn unsere Zeitschrift hat einen festen Standpunkt, sie hat eine Werte-Skala, an der die Leser sich orientieren können, sie hat Linie und bleibt konsequent". Wenn ich 25 Jahre später solche Texte nachlese, frage ich mich, ob dies nicht im Grunde auch das Prinzip für alle Kirchenzeitungen hätte sein müssen: Zeitungen „mit Wertorientierung für ein Leben auf christlicher Basis" zu sein, nach denen der Leser sich selbst ein Urteil bilden und verantwortlich handeln kann. (Media Spektrum 10/1980, S.2 bis 10).

Dieses Programm für „Leben & Erziehen" deutete einen inhaltlichen Wandel an, mit dem unsere Eltern- und Familienzeitschrift auf die veränderte gesellschaftliche und mediale Situation antworten wollte, wie sie sich zum Beginn der 80er Jahre darbot. Paul Dahm hatte ein Jahrzehnt vorher einen „Wissenschaftlichen Beirat" eingerichtet, wie er in den 70er Jahren bei sog. Spezialzeitschriften eingerichtet wurde, um die vertretenen Richtungen zu untermauern. Dem „Schulbischof" Pohlschneider ging es darum, den liberalen und anti-autoritären Erziehungslehren die christliche Werte-Basis entgegen zu stellen. Der L&E-Beirat setzte sich vorwiegend aus katholischen Universitätsprofessoren zusammen, die alle Bereiche der Schulpädagogik, der Eltern- und Familienbildung, der Psychologie, Medizin und Religionspastoral abdeckten. Zum Vorsitzendem hatte Pohlschneider den Aachener Pädagogikprofessor Dr. Franz Pöggeler berufen, der dieses Gremium bis 1988 leitete.

Neben kontinuierlicher Begleitung der Redaktionsarbeit übernahmen die Beiratsmitglieder auch Ratgeber-Funktionen. Anfang der 70er Jahre hatte Chefredakteur Dahm die Einrichtung einer „Abteilung für Lebensberatung" in seinem väterlichen Stil so angekündigt: „So steht Ihnen nun, liebe Leser, ein ganzes Team von Fachleuten zur Verfügung, das Sie praktisch alles fragen können, was Sie auf dem Herzen haben." Und tatsächlich erreichten damals so viele Leseranfragen die Abteilung Lebensberatung, dass in jeder Ausgabe zwei oder drei Seiten mit Antworten auf allgemeine Themen erschienen, während persönliche Einzelanfragen zusätzlich brieflich privat beantwortet wurden. Pöggeler bilanzierte in einer Rückschau, dass mit dieser intensiven Beratung besonders „sensible Eltern" erreicht wurden, die auch „über moderne Modelle und Methoden von Familie, Kindergarten und Schule informiert werden wollten".

Als ich Mitte 1980 die Chefredaktion übernahm, konnte ich einerseits auf die Erfahrungen des Wissenschaftlichen Beirates zurückgreifen, wollte andererseits aber auf die neue Gesellschaftssituation nach den Jahren revolutionärer politischer Umwälzungen eingehen. Politisch näherte sich die zwischen West und Ost instabile Ära Brandt/Schmidt dem Ende, endgültig besiegelt wurde sie mit dem Regierungsantritt Helmut Kohls 1982. Für diesen politischen Wechsel wurde später der Begriff der „Wende" gebraucht, Kohl selbst versprach eine „geistig-moralische Wende". Mit Kohl intensivierten sich die Beziehungen zwischen der Regierung und der Kirchenpresse. Auf den jährlichen Informationstreffen nahm er sich doppelt soviel Zeit wie seine Vorgänger und unterstrich sein Vertrauen in uns Redakteure dadurch, dass er manches „off the record" erzählte. Er war es auch, der erstmals Vertreter der Kirchenpresse zu den Pressefesten im Bundeskanzleramt einlud, und ich erinnere mich an ein Jahr, in dem ich ihn an den Tisch mit den AKP-Redakteuren lotsen konnte. Er begrüßte besonders herzlich Ferdinand Schlickel und verkündete fröhlich, dass er jede Woche „den Pilscher" lese, das Speyerer Bistumsblatt „Der Pilger". Kohl führte auch die Kinderfeste im Bundeskanzleramt ein, an denen ich als Chefredakteur von L&E teilnehmen konnte, einmal ein Interview mit dem IFP-Absolventen Thomas Gottschalk für unsere Familienzeitschrift vereinbarte, ein anderes Mal von einem jungen Kanzleramtsmitarbeiter namens Heribert Pflüger heftig gerügt wurde, weil ich es gewagt hatte, eine Sammlung von L&E-Kinderwünschen direkt Eduard Ackermann zu übergeben, der rechten Hand des Kanzlers, einem unitarischen Bundesbruder. Ich hätte den Dienstweg über ihn einhalten müssen, so der übereifrige Subalterne. Kohl ließ den L&E-Kindern hingegen ein herzliches Dankeschön übermitteln.

Für unsere redaktionelle Arbeit war eine weitere Veränderung maßgeblich: Im Medienbereich hatte eine Explosion neuer Kommunikationsträger eingesetzt, vor allem im Rundfunkbereich. Die Einführung des dualen Rundfunksystems führte zu einem Kampf um die Gunst der Rezipienten, bei dem die informativen Formate gegenüber den unterhaltenden fast ganz zurückgedrängt wurden. Die Quote wurde fortan zum Maßstab für Qualität. Der Fernsehkonsum stieg an und übertraf die tägliche Lesezeit. Im Zeitungs- und Zeitschriftenbereich entwickelte sich eine ganze Palette neuer Spezialtitel, die sich den vielfältigen Interessen des Publikums zuwandten: Freizeit und Gesundheit, Erziehung und Hobbymärkte, Haus und Garten. Da sich im Bereich der Lebensberatung ein umfassendes Netz professioneller institutionalisierter und freier privater Stellen ausgebreitet hatte, setzte die Regenbogenpresse immer stärker auf sensationelle, außergewöhnliche bis abwegige Themen. Leser*anreiz* wurde immer wichtiger als Leser*hilfe*.

„Leben & Erziehen" versuchte, diesen Entwicklungen gerecht zu werden. Das sollte inhaltlich dadurch erreicht werden, dass grundsätzliche Gestaltungsfragen des persönlichen Lebens und des sich verändernden Familienstrukturen vorwiegend im Artikelteil behandelt wurden. Beispiele: Rückkehr von Müttern in den Beruf - Alleinerziehung ohne Stress - Rebellion von Teenagern - Alternativ leben - Jugendliche im Drogenrausch. Redaktionsprinzip war, diese Themen nicht in Aufsatzform zu behandeln, sondern reportagehaft und personifiziert. Die Rubrik „Lebensberatung" konnte auf eine Seite reduziert werden, weil die Anzahl der Leseranfragen stark zurückgegangen war. Dafür führte „L & E" als eines der ersten katholischen Blätter ein Supplement ein, einen geschlossenen Sonderteil auf speziellem Werkdruck-Papier zum Herauslösen aus dem Heft. Darin behandelten wir jeweils ein aktuelles Thema aus verschiedenen Perspektiven mit praktischen Hinweisen für den Leseralltag. Da gab es etwa Werkteile über Schwangerschaft und Geburt, Kindergartenspiele, Schulaufgaben, Familienspiele, Familienurlaub und Urlaub von der Familie, Gestaltung von Festen und Feiertagen. Allerdings erschienen diese Supplements als „L&E -Extra" nur in den Heften für die Einzelabonnenten, sie wurden - schon aus Kostengründen - nicht in die Ausgaben aufgenommen, die den Bistumszeitungen beigelegt wurden, deren Auflage viermal so hoch war wie die der Einzelabos. Verlegerisch stand dahinter das Kalkül, die Zahl der Einzelbezieher zu erhöhen, was aber nie gelang, weil die Neuzugänge immer nur die Abbestellungen ausglichen. Redaktionell bedeutete es jedoch, die Werkdruck-Themen im Hauptteil unter anderen Aspekten zu behandeln.

Die Stammbesetzung der Redaktion war mit mir, dem Pädagogen Josef Pütz und der Redakteurin Margret Nußbaum knapp besetzt, ich konnte sie jedoch zusätzlich wiederum durch einen Reportage-Redakteur verstärken, Berthold Fischer. Außerdem hatten wir eine mit zwei Mitarbeitern gut besetzte Grafikabteilung sowie einen festen Fotografen. Zum Kreis der Autoren zählten weiterhin die meisten Mitglieder des Wissenschaftlichen Beirates. Neben Franz Pöggeler griffen der Schulpädagoge Prof. Heinrich Kratzmeier, die Psychologin Prof. Wilhelmine Sayler, der Familienpolitiker Prof. Max Wingen und der Theologe Prof. Rudolf Padberg immer wieder gut fundiert Zeitfragen auf, die ihre Gebiete betrafen. Dazu gewann ich den Medienwissenschaftler Hermann Boventer als neues Mitglied, da die Frage der Mediennutzung und -erziehung in den Vordergrund gerückt war. Ferner knüpfte ich alte Beziehungen aus meiner Zeit der „Christlichen Familie" zu Bekannten im Familienministerium, im Familienbund deutscher Katholiken und in der Bischofskonferenz an .

Dadurch, dass ich im Laufe der folgenden Jahre aktuelle Interviews etwa mit den Ministern Heiner Geissler und Rita Süßmuth über Jugend- und Familienpolitik sowie mit Msgr. Vinzenz Platz und Karl Fell vom Familienbund über Ehe- und Familienpastoral führen konnte, trug „L & E" die eine oder andere katholische Stimme über den innerkirchlichen Bereich hinaus in die Öffentlichkeit. Wir wurden regelmäßig zitiert. Dazu trug auch bei, dass wir einen eigenen Public Relations-Agenten verpflichteten, Alfred Adam, der sowohl gute Beziehungen zu säkularen Tageszeitungen und Sendern hatte als auch zu großen Werbeagenturen. Er hatte sein Büro in der Werbe- und Medienzentrale Hamburg und war uns durch die MDG vermittelt worden. In seinem monatlichen „Dienst", der von vielen Redaktionen und Anzeigenagenturen bezogen wurde, verarbeitete er regelmäßig Artikel, Interviews oder Leser-Aktionen zu Nachrichten, die in Redaktionen und Werbeagenturen beachtet wurden.

Leserbriefe für Johannes Paul II.

Wie es im gesellschaftlichen Bereich um neue Formen von Ehe und Familie ging, sah sich auch die Kirche gedrängt, ihre traditionelle Ehe- und Familienpastoral

zu überprüfen. Dabei ging der am 16. Oktober 1978 unerwartet zum Papst ge-
wählte Pole Karol Wojtyla als Johannes Paul II. energisch voran. Es war Zufall,
dass kurz nach meiner Übernahme der Chefredaktion von „L&E" weltkirchliche
Ereignisse stattfanden, die den Schwerpunkt unserer Zeitschrift betrafen und mit
denn der junge, sofort zum Medienstar emporgestiegene Papst aus dem Osten
1980 die christliche Sexual-, Ehe- und Familienmoral zu stabilisieren versuchte:
die Weltbischofssynode in Rom vom 26. September bis 25. Oktober und der erste Papstbesuch in Deutschland vom 15. bis 11. November 1980.
Ausgerechnet in die Zeit zwischen diese beiden Ereignissen fiel unsere jährliche
Leserfahrt nach Rom, bei der wie üblich eine Teilnahme an der Mittwochs-Audienz vorgesehen war. Bischof Hemmerle hatte für „seine" Chefredakteure Paul
Dahm, Prälat Erich Strick und mich eine „Prima linea"-Audienz beantragt - was
ebenfalls üblich war. Nur diesmal handelte es sich für uns um die erste persönliche Begegnung mit dem 'Papst aus dem Osten', der gut Deutsch sprach. Damit
es nicht nur bei der Routine-Begrüßung und Überreichung unserer Zeitschriften
blieb, hatten wir in L & E unsere Leser aufgerufen, der Redaktion ihre Wünsche
an den neuen Papst zu aktuellen Ehe- und Familienfragen zu schicken. Diese hatten wir für einen Sonderdruck zusammengestellt, den ich Johannes Paul II. überreichen wollte.
Die Rompilgerreise Anfang November 1980 wurde zu einem Höhepunkt der
vielen Leserreisen, die ich nach Rom begleitet habe, nicht nur, weil daran fast
500 Leser unserer Familienzeitschrift aus den Bistümern Aachen und Würzburg
sowie den Erzbistümern Köln und Freiburg teilnahmen. Über den Verlauf der
Mittwochs-Audienz zitiere ich aus dem Bericht des deutschsprachigen „Osservatore Romano", in dem der langjährige Chefredakteur Elmar Bordfeld eingangs
erwähnte, dass die Pilgerfahrt von 'Leben und Erziehen' dadurch eine besondere
Bedeutung erhalten habe, weil sie unmittelbar vor dem Papstbesuch in Deutschland stattfand. In einem Grußwort habe Johannes Paul II. sich in deutscher Sprache unmittelbar an die 500 Leser von „Leben & Erziehen" gewandt - was wiederum bei so großen Pilgergruppen üblich war, aber einen aktuellen Hinweis erhielt: „Der Titel dieser verdienstvollen Publikation gibt mir die Anregung, euch
die Botschaft der letzten Bischofssynode über die christliche Familie sehr ans
Herz zu legen: Lest und studiert sie, damit sie in euren Familien Frucht bringen
kann und euch in die Lage versetzt, anderen Familien Stütze und Halt zu werden."
Ungewöhnlich war aber, dass Bordfeld dann nicht nur berichtete, dass ich dem
Papst anschließend einen Sonderdruck unserer Zeitschrift „mit Wünschen deutscher katholischer Eheleute und Familien" überreichen konnte, sondern dass er
daraus die problematischen Themen zitierte. Ungewöhnlich deshalb, weil auch
die fremdsprachlichen Wochenausgaben wie die Tagesausgabe des „Osservatore" zumindest einen halboffiziösen Charakter haben. So war also in der Vati-
kanzeitung zu lesen, was deutsche Katholiken sich von der Kirche für Ehe und
Familie wünschen: „Bessere Priesterausbildung für die Familienpastoral, zeitge-
mäßere Kindermessen, stärkere Mitwirkung der Frau in der Kirche, Berücksich-

tigung der wiederverheirateten Geschiedenen sowie Zustimmung zu verantworteter Elternschaft." Auf diese Kapitelüberschriften im Sonderdruck hatte ich den
Papst hinweisen können. Dazu vermerkte der „Osservatore Deutsch", dass ich
ihn dabei bat, „auch nach der Bischofssynode über jene Familienprobleme weiter im Gespräch zu bleiben", worauf Johannes Paul II. geantwortet habe, er sei
sich der Schwierigkeiten dieser Probleme bewusst (OR deutsch, 21.11.1980).
Mir war bekannt, dass mit den Themen 'wiederverheiratete Geschiedene' und
'verantwortete Elternschaft' zwei heiße Eisen angesprochen waren, die in der gerade beendeten Weltbischofssynode über die christliche Familie nicht zur Sprache gekommen waren. Sie galten durch die traditionelle Sexual- und Ehelehre
der Kirche als beantwortet. Ich glaube nicht, dass Johannes Paul II. die Briefe
des Sonderdruckes je gelesen hat. Seine Aufgabe sah er darin, die feststehende
Lehre der Kirche zu verkünden. Und das tat er bei seinem ersten Deutschlandbesuch eine Woche später in Köln sowie mit dem Apostolischen Schreiben „Familiaris consortio" (FC), das im November 1981 veröffentlicht wurde und die auf
der Weltbischofssynode über die Familie getroffenen Aussagen festschrieb.
Von seiner Ansprache über Ehe und Familie auf der Großveranstaltung im Kölner Grüngürtel vor einer Million Katholiken wurde sein markanter Satz berühmt: „Man kann nicht nur auf Probe lieben, nur auf Probe und Zeit einen
Menschen annehmen." Noch klarer umschrieb Johannes Paul II. die kirchliche
Ehe- und Familienlehre in „Familiaris consortio". Darin heißt es, dass für die sakramentale Ehe „die Ganzheitlichkeit, mit der die Eheleute sich in allem, was die
Person leiblich und geistig ausmacht, einander schenken"; charakteristisch sei
ebenso „die Unauflöslichkeit" sowie die „Fruchtbarkeit, für die sie von Natur
aus offen ist" (FC 13,19). Diese positive Sicht führte den Papst zu der ebenfalls
markanten Feststellung, die weit über die religiöse Dimension hinausgeht: „Die
Zukunft der Menschheit geht über die Familie." Positiv aufgenommen wurde die
sich daraus ergebende Forderung an die staatlichen Autoritäten, die Rechte der
Familie zu schützen.
Dennoch geriet „Familiaris consortio" in die Kritik. Zwar heißt es ausdrücklich,
dass aus dem *Recht* zur Kindererziehung die *Pflicht* der Eltern erwachse, „mit
der Weitergabe des menschlichen Lebens verantwortungsbewusst umzugehen";
doch dies bedeutete nicht „verantwortete Elternschaft" im Sinne einer freien Gewissensentscheidung über Geburtenregelung, denn ausdrücklich werden empfängnisverhütende Mittel „in verschiedenen Formen" verurteilt. Und auch das
pastorale Problem der wiederverheirateten Geschiedenen wird - nur normativ -
behandelt: Jedem Seelsorger wird „eine wie auch immer geartete Zeremonie für
Geschiedene, die sich wieder verheiraten wollen" untersagt.
Rom hatte zwar gesprochen, aber die innerkirchlichen Diskussionen um eine offenere Ehe- und Familienpastoral gingen weiter, wenn auch nicht so heftig wie
nach „Humanae vitae". Umfragen ergaben schon 1980, dass die meisten Katholiken sich nicht nur in ihrem gesamten Sexualverhalten die „persönliche Gewissensentscheidung" zur Richtschnur gemacht hatten, sondern auch viele wiederverheiratete Geschiedene weiter am sakramentalen Leben teilnahmen, zumal vie-

le Pfarrer sich nicht an das römische Verbot heilten und sie pastoral betreuten. Mit der fortschreitenden Säkularisierung und Individualisierung wurde die Kluft zwischen kirchlichen Normen im Sexualleben und der Realität gelebter Sexualität immer tiefer. Und unsere Familienzeitschrift musste sich auf einem schmalen Grad bewegen. Doch da bekamen wir um diese Zeit Rückenwind aus Italien.

Dort veranstaltete die führende italienische katholische Wochenzeitschrift „Famiglia Cristiana" anlässlich ihres 50-jährigen Bestehens vom 25. bis 29. Mai 1981 in Mailand einen Internationalen Kongress zum Thema „Mass Media and the Familiy". Mitträger waren die katholischen internationalen Verbände UCIP, UNDA, OCIC und der Weltverband der christlichen Kommunikation WAAC. Der Chefredakteur von „Famiglia Cristiana", Don Leonardo Zega, hatte führende Theologen, Soziologen und Medienfachleute aus aller Welt eingeladen, darunter den Mailänder Erzbischof Carlo Maria Martini, der als 'dialogbereiter Mann der Kirche' zweimal 'papabilis' war, den Präsidenten der Päpstlichen Medienkommission Bischof Agnellus Andrew, den Generalsekretär der UCIP, P. Pierre Chevalier, den kanadischen Medienforscher Eric McLuhan, Sohn des berühmten M. McLuhan, und Prof. William Thorn von der Marquette Universität in Milwaukee (USA). Ich selbst war gebeten worden, ein Referat über „Zusammenarbeit von Familienzeitschriften mit Leserfamilien" zu halten.

Tenor vieler Referate war, dass die normative Haltung der Kirche zu Ehe und Familie nicht mehr der Wirklichkeit entspricht und katholische Medien die Aufgabe haben, lebensnah und praxisorientiert über „die Sorgen und Nöte der Leser" zu berichten und Lebenshilfen anzubieten. In meinem Referat führte ich an, dass wir Familienhilfen vor Ort durch Gründung von Leserkreisen anbieten, ausführliche Lebens- und Glaubensberatung im Blatt und auch privat durch einen Fachbeirat anbieten. Dabei hatten wir die Erfahrung gemacht, dass Leser uns offen ihre Probleme vor allem im Bereich der Sexual- und Ehemoral darlegen und ebenso offene Antworten erwarten, d.h. Orientierung zur verantwortlichem Handeln, nicht aber nur mit starren Lehräußerungen der Kirche abgespeist werden wollen.

Dass dies ein Minenfeld ist, bestätigte Don Zega, als er über seinen Vorgänger, den früh verstorbenen Chefredakteur der „Famiglia Cristiana", Don Zilli berichtete, mit dem ich in den 70er Jahren Kooperationsverhandlungen über einen Artikelaustausch mit der „Christlichen Familie" geführt hatte. Dessen Redaktionspolitik sei es gewesen, unterschiedliche Meinungen zu umstrittenen Themen zu veröffentlichen und „einen Dialog nicht abzubrechen". Genau dies hatte „Famiglia Cristiana" eine scharfe Rüge aus dem Vatikan eingebracht, als P. Bernhard Häring in einem Kommentar für „Gewissensentscheidung in der Frage der Geburtenkontrolle" plädierte. Don Zega verhehlte nicht die Quelle, die - übrigens nicht nur in Italien - zu solchen römischen Interventionen führt: Briefe besorgter Leser nach Rom. Deshalb sollten, so der diplomatisch gewandte italienische Priester, gegensätzliche Auffassungen „im Blatt ausgetragen werden und nicht durch Beschwerden über 'hierarchische Kanäle' gegen die Zeitung verwandt werden". Eine elegante Kritik am Eingreifen in die Medienfreiheit.

L&E-Jubiläum: Vatikanischer Bischof prescht vor

Für „Leben & Erziehen" bot sich 1982 ein besonderer Anlass zu neuen Reflexion über unsere medienpädagogische Aufgabe, als unsere Familienzeitschrift auf ihr 30-jähriges Bestehen zurückblicken konnte. Der Einhard Verlag nutzte die Gelegenheit, auf einer großen Jubiläumsveranstaltung am 2. Oktober 1982 in der Katholischen Akademie des Bistums, dem August-Pieper-Haus, das Thema „Partnerschaft in Ehe und Familie" aus gegenwärtiger Sicht darstellen zu lassen. In der Pressemappe finde ich als Ausgangspunkt den Hinweis auf eine aktuelle staatliche Repräsentativumfrage über das, was den Deutschen in der Gegenwart wichtig ist: In der Altersgruppe zwischen 30 und 50 Jahren war dabei an erster Stelle „ Familienbewusstsein" genannt worden.

In meiner Eröffnungsansprache bezeichnete ich diese Generation als Zielgruppe von L & E und bezeichnete es als „falsch, den alten traditionellen Stil von Ehe-und Familienleben wieder aufrichten zu wollen. Ehe und Familie müssen sich in einer gewandelten und sich ständig weiter wandelnden Welt vollziehen (..) In der die alten Ratschläge nicht mehr helfen." In diesem Zusammenhang stellte ich die Frage, „ob die kirchlichen Vorstellungen von Ehe und Familie nicht immer noch zu weit weg von der Wirklichkeit sind". Ich glaubte, „daß es auch in katholischen Ehen heute viel mehr Existenznot gibt, als Hirtenbriefe, Bischofssynoden und Papstrundschreiben zum Ausdruck bringen". Als unser Redaktionsziel nannte ich, „die Leser - kirchentreue wie distanzierte - dort abzuholen, wo sie stehen mit all ihren Fragen, Unsicherheiten, Verzweiflungen, auch mit ihren unerfüllten Erwartungen an ein Leben in christlicher Ehe und Familie, und mit ihrer Unzufriedenheit mit der Kirche. Wir müssen die Probleme bewusst machen und Lösungen anbieten, aber wissen, dass es für viele Probleme keine unmittelbaren Lösungen gibt." Als Zeichen für diese Zielsetzung wies ich schließlich auf die neue grafische Gestaltung unseres Zeitschriftentitels hin, die das Wort „Leben" zum großen Titelkopf über die ganze Breite zog und darüber kleiner sozusagen als Mittel zum Ziel „& Erziehen".

Die große Teilnehmerzahl der Veranstaltung mit vielen maßgeblichen Vertretern der katholischen Familienarbeit empfand es als ermutigend, dass der Hauptredner in seiner Festansprache in die gleiche Richtung wies, und das war kein Geringerer als der Sekretär des Päpstlichen Rates für die Familie, Bischof Franz-Josef Cox aus Rom. Cox war Chilene, hatte in Europa studiert, gehörte der Schönstatt-Bewegung an und sprach ausgezeichnet Deutsch. Er galt als offen in seinen Ansichten, soweit man in römischen Diensten offen sein kann.

Manchmal kann man einen hohen Amtsträger näher kennen lernen, wenn man eine menschliche Seite an ihm entdeckt. Als ich Bischof Cox am Tag vor der Jubiläumsveranstaltung vom Frankfurter Flughafen im Wagen abholte, tauschten wir zuerst ein paar persönlich verbindende Dinge aus: dass die Tante meiner Frau die 25. Schwester der Schönstatt-Bewegung war, dass er eng befreundet mit Bischof Tenhumberg von Münster war. Dann richtete der Bischof unerwartet sein Interesse auf mein Auto und wollte wissen, wie viele PS es hat, in wie viele Sekunden es von 0 auf 100 km beschleunigt, welche Höchstgeschwindigkeit es erreicht und ob die Automatik-Schaltung die Beschleunigung nicht verlangsamt. Und als ich auf freier Strecke demonstrierte, dass 200 km leicht zu erreichen sind, fragte der Bischof: „Darf ich auch einmal fahren ?" Dann raste er mit Höchstgeschwindigkeit eine halbe Stunde lang durch den Westerwald, wobei ich zum ersten Mal erleben konnte, wie es sich anfühlt, bei dieser Geschwindigkeit auf dem Beifahrersitz zu zittern. Der Bischof fuhr sicher, er war ein Autonarr - wie übrigens auch der spätere deutsche Medienbischof Hermann Josef Spital. Daraus zog ich den Schluss, dass er jemand war, der mitten im Leben stand und Bodenhaftung hatte - wie Spital auch.

Dass ich mit dieser Einschätzung Recht hatte, erwies sich bei seinem Vortrag: Er bezog kritisch zur vatikanischen Linie der kirchlichen Sexualnormen Stellung und äußerte die Hoffnung, dass sich in Rom in dieser Hinsicht noch „etwas bewegen wird". In seinen pastoralen Auffassungen stimmte er weithin mit dem philosophischen Ausgangspunkt der Theologie unseres Ortsbischofs Klaus Hemmerle überein, dessen Augen beim Vortrag seines Amtskollegen aus Rom regelrecht funkelten. Der ins Wortspiel verliebte Aachener Bischof Klaus hat es gelegentlich vereinfacht formuliert: Nicht Gesetze und Normen sind die 'Lebens-Mittel' für eine gelingende Partnerschaft, sondern die liebende 'Zu-Neigung'.

Im Blick auf die Erziehungsunsicherheit Anfang der 80er Jahre und gleichzeitig die Gewinnung von Lesern der jungen und mittleren Generationen hatten wir pädagogische Experten zu einer Podiumsdiskussion über den „Generationenkonflikt zwischen Eltern und Heranwachsenden" eingeladen, darunter die erfolgreiche Buchautorin Gusti Gebhard. Ein Jahrzehnt zuvor hatte Bischof Pohlschneider noch interveniert, als sie in einem Artikel in L & E einer besorgten Mutter versicherte, ihre inzwischen 20-jährige Tochter sei für ihren Lebenswandel selbst verantwortlich. Jetzt betonten die Diskutanten auf dem Podium - darunter auch mehrere Jugendliche -, dass Erziehung „nicht mehr von oben nach unten" erfolgen darf und Heranwachsende von Eltern nicht an Erwachsenen gemessen werden dürfen, sondern „partnerschaftlich" angenommen werden wollen - in dem Sinne, dass Kinder und Jugendliche in ihrem jeweiligen Alter sich voll anerkannt fühlen. Ziel könne jedoch keine anti-autoritäre Erziehung sein, sondern es gehe um die Vermittlung von tragfähigen Lebens-Haltungen. Diese wurden sogar explizit von den Jugendlichen gefordert.

L&E-Aktionen: „Leben helfen", Familienferien, Fernsehpreis

Auf der Jubiläumsveranstaltung kündigten wir mehrere konkrete Initiativen an: die Gründung eines Hilfswerkes „Leben helfen", die Ausschreibung eines Fernsehpreises für Kindersendungen und die Eröffnung einer L&E- Taschenbuchreihe. Nur am Rande vermerken möchte ich, dass es anlässlich des 30-jährigen Bestehens wieder zu einer Begegnung mit Johannes Paul II. kam, an der zum ersten Mal auch der branchenfremde Verlagsgeschäftsführer Roman B. Smirek teilnahm. Johannes Paul II. sprach (erwartungsgemäß) „seinen herzlichen Dank für das aussprach, was 'Leben & Erziehen' zur Stärkung von Ehe und Familie sowie zur Erziehung aus dem christlichen Glauben heraus geleistet hat" - was wir (wiederum) in der Zeitschrift und in einem Werbeprospekt festhielten. Allerdings konnten wir bei dieser Gelegenheit dem Papst einen Sonderdruck von L&E zur Initiative „Wähle das Leben" überreichen, die von der deutschen Bischofskonferenz zusammen mit dem Zentralkomitee der deutschen Katholiken ins Leben gerufen worden war und die seinem wiederholten 'Ja zur Familie' und 'Ja zum Kind' entsprach. Der Sonderdruck, in dem eine Reihe von konkreten Maßnahmen zur Kinder-, Jugend-, Schwangeren-, Alten- und Behinderten- Betreuung dargestellt wurden, entsprach völlig unserem Redaktionsauftrag, zumal es nicht um Belehrung, sondern um praktische Beispiele ging. Er diente aber auch der Werbung für L&E, weil er mit dem Logo unserer Zeitschrift in hoher Auflage von den Verantwortlichen für die Initiative an alle Gemeinden in der Bundesrepublik verteilt wurde.

Das Jubiläum bestärkte uns darin, redaktionell noch stärker „leserorientiert" zu planen. Wir ließen Testreihen durchführen, etwa über kindgerechtes Spielzeug, Schulranzen und Heiratsanzeigen. Und mit dem Hilfswerk „leben helfen" informierten wir über Beihilfen und Ausbildungsstätten benachteiligter Kinder in Erziehung und sozialer Hinsicht. Wir organisierten Spielzeugsammlungen für bedürftige Kinder bei uns und in der Dritten Welt. Besonders erfolgreich waren drei Initiativen: Hilfsaktionen für Kinder in Entwicklungsländern, Familienferien mit Kinderbetreuung und Leserreisen mit Besuchen von Familienprojekten in Ländern der Dritten Welt.

Hilfsaktionen für Kinder in der Dritten Welt hatte schon mein Vorgänger Paul Dahm durchgeführt, u.a. mit Hans-Peter Gohla, einem früheren Redakteur der Aachener Kirchenzeitung und späterem Geschäftsführer von Catholic Media Council, dem Hilfswerk für Medienentwicklung in der Dritten Welt. Solche Aktionen konnte ich mit Unterstützung von Misereor fortführen, dessen erster Geschäftsführer Prälat Gottfried Dossing mich auch in den Verwaltungsrat der Misereor-Vertriebsgesellschaft berief. Unsere Leser unterstützten Projekte für Kinderheime und Schulen in Peru, Indien, Namibia. Persönliche Beziehungen entstanden, wenn wir auf Leserreisen nach Lateinamerika, Asien und Afrika nicht nur die üblichen Sehenswürdigkeiten besuchten, etwa Machu Pichu in Peru, das Tadsch Mahal in Indien und den Etoscha-Nationalpark in Namibia, sondern auch eine von deutschen katholischen Schwestern geleitete Schule im Choco-Urwald von Kolumbien, die Kolping House-Familien- und Jugendbegegnungsstätte im Kleinen Karoo in dem Ort Dysseldorp bei Kapstadt oder die Technical School, eine von deutschen Jesuiten geleitete Berufsausbildungsstätte für Jugendliche in Poona. Dabei kam es nicht nur zu spontanen Spenden von denjenigen Lesern, die sich solche Fernreisen leisten können, sondern auch zu Dauer-Partnerschaften zwischen Gemeinden.

Das L&E - Urlaubs-Angebot mit Kinderbetreuung richtete sich bewusst an Familien, die sonst keinen Urlaub im Ausland machen können. Jeder Familienurlaub wurde von einem Redaktionsmitglied, einem Beiratsmitglied und einer Kinderbetreuerin begleitet. Für die Kinder der Eltern wurden vor- und nachmittags Ferienspiele und kleine Ausflüge veranstaltet, den Eltern wurden nachmittags

oder abends Gesprächsrunden und Vorträge angeboten. Oft luden wir auch orts-
ansässige Personen ein, die über Land und Leute informierten. Wir führten diese
Familienferien in kinderfreundlichen Hotels in Italien, Marokko und Israel
durch und mussten einige wiederholen, weil sie sehr gefragt waren.

Wenn ich mich an dieser Stelle an einige Vorkommnisse erinnere, in denen berufliche Aktivitäten mit persönlichen Vorlieben zusammen fallen, mag dies vielleicht auf dem Konto „Eitelkeit der Eitelkeiten" verbucht werden, verleiht dem
Bericht aber doch wohl einige belebende Farbtupfer. Da vermeldete z.B. die
„Aachener Volkszeitung" am 30. Januar 1988 unter Personalien, dass „der Aachener Chefredakteur Dr. Ferdinand Oertel zum schnellsten Redakteur der Kirchenpresse avancierte." Von der Air France, die unsere Leser auf einer Studien-
reise nach Brasilien geflogen hatte, war ich zu einem Journalistenflug mit der
„Concorde" von Paris nach New York eingeladen worden. Die über dem Atlan-
tik erreichte Überschallgeschwindigkeit von 2,0 Mach konnten wir nur auf einer
Digitalanzeige in der Kabine verfolgen, in der Höhe über 16 000 m erahnten wir
hoch über der Wolkenobergrenze am Horizont jedoch die Krümmung der Erde.
Und wir erlebten die Gepflogenheiten in der Welt der Reichen: In der Sitzreihe
neben uns legte sich ein Passagier lässig auf beide Sitze und verschlief den ganzen
Flug - wahrscheinlich ein Manager, der zwei Sitze hatte buchen lassen. In der
Reihe davor verzichtete ein gut situiertes älteres Ehepaar auf das reichhaltige
Sekt- und Kaviar-Menu. Zwei Reihen hinter uns saßen die noch junge Geigerin
Anne Sophie Mutter und der russische Cellist Mstislaw Rostropowitsch, dessen
wertvolles Instrument beim Ein- und Aussteigen wie eine VIP-Person behandelt
und im Passagierraum untergebracht wurde.

Ich erwähne diesen Flug auch deshalb, weil ich darüber einen Bericht für eine
Werkdruck-Beilage von L&E zum Thema Reisen schreibe. Unter der Überschrift „Von der Caravelle zur Concorde" habe ich den Fortschritt der Menschheit in der Erschließung der Erde dargestellt: 1492 brauchte Columbus mit seiner Caravelle „Santa Maria" zwei Monate zur Überquerung des Atlantiks, Mitte
der 30-er Jahre des 20. Jahrhunderts schaffte das schnellste Passagierschiff die
Überfahrt von Europa nach Amerika in fünf Tagen, und 1988 brauchte das
Überschallflugzeug Concorde für die Distanz zwischen den beiden Kontinenten
dreieinhalb Stunden.

Publizistisch verwerten konnte ich auch meine alte Vorliebe für Kunst. In Aachen war dies nicht schwierig, weil Dom und Domschatzkammer zahlreiche Motive für eine eine bildliche und textliche Auswertung in Kirchenzeitung und L&E
anbot. Doch es lag auch nahe, unsere Leser für moderne Kunst mit Arbeiten des
Aachener Priesters und Malers Herbert Falken aufzuschließen. Falken, der in
den 70er Jahren Kaplan in St. Gregorius war, hat viele biblische Themen in meditativen Farbgestaltungen geschaffen und ist weit über die Grenzen Aachens
auch deshalb bekannt geworden, weil er nach seinem Umzug nach Schevenhütte
in der Eifel eng mit Heinrich Böll befreundet war, der dort ein Haus besaß, und
den offiziell aus der Kirche ausgetretenen Nobelpreisträger kirchlich beerdigte.
Geprägt vom Tod Bölls hat Falken eine Trauerarbeit in 16 Bildern über Lazarus

gemalt, die zum Aachener Katholikentag 1986 ausgestellt waren. Falken hatte zuvor im selben Stil schwarz-blauer, ins Graue verlaufenden Farben mit verschwimmenden Körperkonturen ein Geburtsbild für L&E gemalt, das nicht nur thematisch in unsere Zeitschrift passte, sondern auch druckqualitätsmäßig so gut war, dass der Künstler 200 Sonderdrucke bestellte und für Leser signierte.

Wie Falkens Werke mich persönlich als Erschließung der religiösen Dimension des Lebens begeisterten, hatten mir Bilder anderer moderner Künstler vor allem aus dem amerikanischen Raum den Blick für den Umbruch von Welt und Gesellschaft eröffnet. Es gelang mir, vom US-Pop-Kunst-Maler Roy Lichtenstein eine von ihm zu einem der Umweltschutz-Jahrestag der Vereinten Nationen geschaffene signierte Grafik mit einem blühenden Baum in seiner linearen Schnittperspektive für einen Abdruck in L&E zu erhalten. Mit meditativen Texten zu solchen modernen Bildern konnte L&E sozusagen zu den konkurrierenden säkularen Familienzeitschriften aufschließen.

Auf den wachsenden Markt für Bildkommunikation in jeder Form, vor allem im Fernsehen, zielte die Gründung des L&E-Fernsehpreises für Kindersendungen. Anfang der 80er Jahre beunruhigte die Ausdehnung des Fernsehangebotes durch Satelliten- und Kabelfernsehen Pädagogen, Eltern und Familienpolitiker. Wir veröffentlichten regelmäßig medienpädagogische Artikel mit Orientierungshilfen beispielsweise über „Fernsehen in und mit der Familie", „Fernseharbeit mit Kindern" oder „Wie lange vor der Glotze ?". Zu unserem Beraterkreis zählten neben dem Beiratsmitglied und Medienwissenschaftler Hermann Boventer auch die Redakteure Walter Gauer vom Katholischen Rundfunkinstitut und Günter Beaugrand, der zahlreiche Schriften über medien-pädagogische Themen verfasst hatte und für die katholische Film- und Fernsehillustrierte verantwortlich war.

Bei unseren gemeinsamen Planungen kam der Gedanke auf, statt der im katholischen Raum weit verbreiteten kritischen Grundhaltung gegenüber dem Fernsehen einen positiven Weg zu gehen und gute Sendungen auszuzeichnen. Um den Preis auf eine breitere Basis zu stellen, verhandelte ich mit dem Familienbund deutscher Katholiken, dessen damaliger Präsident Prof. Dr. Dietrich Simon sich nach kurzer Abklärung in seinem Verband bereit erklärte, Mitveranstalter und Mitträger zu werden. Der Preis sollte nicht nur in einer Ehrenurkunde für eine Sendung und den Sender bestehen, sondern für die Autoren mit 6000 DM dotiert werden. Wir gründeten eine Jury, in die wir unter dem Vorsitz unseres Beiratsvorsitzenden Franz Pöggeler neben unseren Medien-Experten und Vertretern des Familienbundes auch Eltern und Schüler beriefen.

1983 schrieb „Leben & Erziehung" gemeinsam mit dem Familienbund erstmals den „Preis für die beste Kindersendung" aus, und unsere Zeitschrift sowie der Familienbund riefen Leser und Mitglieder auf, Vorschläge für Fernsehsendungen einzureichen, die sie als besonders wertvoll für Kinder hielten. Die Auswahl unter den genannten Sendungen nahm länger in Anspruch, als gedacht, so dass wir erst im folgenden Jahr die erste Preisverleihung vornehmen konnten.

Beim ersten Sichten der genannten Programme stellte die Jury fest, dass unsere Vorgabe, Programme für die Altersgruppe der 6- bis 12-Jährigen auszuzeichnen, aus zwei Gründen problematisch war: Zum einen unterschieden sich die Vorlieben von 6- bis 8-Jährigen doch stark von 10- bis 12-Jährigen, und zum anderen klafften die Urteile von Eltern und Jugendlichen weit auseinander, weil Eltern lehrreiche Sendungen bevorzugten, während Kinder stärker vom Spielerisch-Unterhaltsamen ausgingen. Deshalb entschloss die Jury sich, den Fernsehpreis 1984 zu teilen und zwei verschiedene Programme auszuzeichnen. Ein Preis ging an die beliebte „Sendung mit der Maus", weil sie einerseits durch ihre spielerische und lustige Gestaltung jüngere Kinder fesselt und andererseits den pädagogischen Vorstellungen der Eltern entspricht. Der zweite Preis ging an die Sendereihe „Pfiff", die den Wünschen der älteren Kinder nach Spannung und Action entsprach und trotzdem lehrreich war. Fortan verliehen wir den Fernsehpreis alle zwei Jahre an unterschiedlichen Orten, wobei das Interesse der Sender an dem Preis ständig wuchs. Trotz der kleinen Preissumme wurde die Auszeichnung geschätzt. Schon von der ersten Verleihung hatte das WDR-Fernsehen eine Nachrichtenfassung übertragen, bei der zweiten Verleihung 1986 war das ZDF nicht nur mit Intendant Dieter Stolte, der zu den Beratern der Publizistischen Kommission der Bischofskonferenz gehörte, und dem für die diesmal alleine ausgezeichnete ZDF-Sendung „Schüler-Express" verantwortlichen Redakteur Markus Schächter, der später Stoltes Nachfolger wurde, vertreten, sondern auch mit einem eigenen Aufnahmeteam. Das Team baute Ausschnitte der Verleihung in eine Folge in die „Schüler-Express"-Reihe ein, für die sich der Veranstaltungsort der Verleihung, das Bilderbuchmuseum Burg Wissem bei Troisdorf, thematisch anbot. Erstmals nahm an dieser Verleihung auch Familienministerin Rita Süßmuth teil, die lange Jahre zum Präsidium des Familienbundes gehört hatte.

Die dritte Preisverleihung nahmen wir 1988 auf der Berliner Funkausstellung vor, und da der Preis wiederum geteilt wurde und wir auch „lobende Erwähnungen" eingeführt hatten, kam es zu einer kleinen „Oscar-Verleihung für Kindersendungen" unter Beteiligung führender Fernsehprominenz von den ausgezeichneten Sendern ZDF, Sender Freies Berlin SFB) und WDR. Beim ZDF erhielten die „Bettkantengeschichten" einen geteilten Hauptpreis und die Reihe „Löwenzahn" eine lobende Erwähnung, der zweite Hauptpreis ging an die Sendung „Regenbogen" vom SFB, der in den Fernsehberichten über die Funkausstellung einen Spot von der Verleihung brachte, und die zweite lobende Erwähnung ging an „Janosch's Traumstunde" vom WDR.

Die Bonner Journalisten konnten wir 1990 für den Preis interessieren, weil sich Familienmisterin Ursula Lehr als Laudatorin zur Verfügung gestellt hatte. Ausgezeichnet wurden die Sendung „Siebenstein" vom ZDF und die Serie „Janna" vom WDR. Da wir mit der Fernsehpreis-Verleihung stärker in den öffentlichen Bereich der katholischen Familienarbeit vordringen wollten, nahmen wir sie 1992 im Familien-Begegnungszentrum auf dem Karlsruher Katholikentag vor. Inzwischen hatte beim ZDF der frühere Pressereferent des ZdK, Dr. Michael Albus, die Hauptabteilung Kinder, Jugend und Familie übernommen. In Karlsruhe berichtete er bei der Übergabe des Preises, dass das ZDF den Prozentsatz qualitätsvoller Eigenproduktionen für Kinderprogramme erheblich gesteigert habe.

Kein Wunder, dass wiederum eine ZDF-Sendung den ungeteilten Hauptpreis zugesprochen bekam, und zwar für den lehrreichen Film „Das geborgte Gesicht" aus der Serie „Achterbahn".

In meiner Eröffnungsansprache hatte ich darauf hingewiesen, dass durch das Privatfernsehen eine neue Situation entstanden sei, die vor allem im kirchlichen Raum die alte Kritik am „verderblichen Einfluss" des Fernsehens wiederaufleben ließ. Dazu wörtlich: „Die privaten Sender haben eine neue Fernsehdimension des Boulevard-Geschmacks eröffnet, und bedauerlicherweise scheinen einige Vertreter der öffentlich-rechtlichen Anstalten damit wetteifern zu wollen." Deshalb hätte der L&E-Fernsehpreis für gute Kindersendungen noch an Bedeutung gewonnen. Es kam anders: Der Weltbild-Verlag, an den L&E 1992 verkauft wurde, setzte zu meinem Bedauern die Verleihung des Fdernsehpreises nicht fort.

Ein Familien-Ratgeber schockiert Bischöfe

Auf ein großes Leserbedrüfnis war auch die L&E-Initiative gestoßen, Ratgeber-Bücher für Eltern und Familien herauszugeben. Wir begannen mit einer L&E-Taschenbuchreihe in Kooperation mit dem Bernward-Verlag in Hildesheim. Der dortige Verlagsgeschäftsführer Heiko Klinge, der mein Nachfolger als Vorsitzender der AKP geworden war, sah darin eine Möglichkeit, nicht nur jungen Familien Lebenshilfen aus dem Fundus der Mitarbeiter von L&E anzubieten, sondern sie auch für die Kirchenpresse zu gewinnen. Im Titelvorspann der Bücher hieß es „Das Themenspektrum dieser Reihe umfasst Fragen der ehelichen Partnerschaft, der schulischen und religiösen Erziehung, des Hineinwachsens der Jugendlichen in Beruf, Gesellschaft, Kirche und Ehe, der Freizeitgestaltung u.v.m."

Zu den Autoren gehörten nicht nur unsere pädagogischen Mitarbeiter, darunter Heinrich Kratzmeier, Franz Pöggeler und Schuldirektor Dieter Günter, sondern Klinge nahm auch einen Erzählband von mir auf. Ich hatte meine eigene schriftstellerische Tätigkeit sozusagen zur Entspannng von den redaktionellen und verbandsmäßigen Alltagsaufgaben wieder aufgenommen, vorwiegend mit heiteren Erzählungen aus dem Familienleben. Diese waren zum Teil bereits in L&E erschienen, bevor ich Chefredakteur wurde. 1981 war in der Serie „Rund um die Familie" in der Herderbücherei das Taschenbuch „Kleiner Mann wächst heran" erschienen, in dem ich - in Fortsetzung meiner Bücher über die Töchter Regina und Sibylle - diesmal 'Erlebnisse und Unterhaltungen mit unserem Jüngsten', dem Nachkömmling Daniel, geschildert hatte. Wiederum in Fortsetzung dieser eigenen Erlebnisse hatte ich 'Stoßseufzer eines geplagten Vaters' über häuslichen Stress, Ärger und Auseinandersetzungen unter dem Titel „Ach, du liebe Familie" für mich selbst verarbeitet und „in heiterer Weise beschrieben, wie man den Familienalltag bewältigen kann, ohne die Freude an der Familie zu verlieren". Diese Taschenbuchreihe lief im Buchhandel in der inzwischen angeschwollenen Berater-Literatur nur am Rande mit. Anders wurde es mit einem umfassenden „Familienratgeber": Er rief Aufsehen und Ärger hervor.

Am 7. Oktober 1986 veröffentlichte der „Kölner Stadt-Anzeiger" auf Seite 3 einen Dreispalter mit der Überschrift „Die Offenheit beim heiklen Thema Sex schockiert Bischöfe". Die Unterzeilen lauteten: „Katholischer Familienratgeber deutlich kritisiert. Autor: An neuen Erkenntnissen nicht vorbeisehen". Was war geschehen ? Angeregt durch die lebensnahen und praxisorientierten Artikel in L&E über aktuelle Probleme in Ehe und Erziehung hatte der Geschäftsführer der Kölner Depandance des Grazer Styria Verlages, Dr. Hans Hartmann, mir das Buchprojekt eines „Familienratgebers" für christliche Eheleute vorgeschlagen. Styria hatte bereits 1976 einen erfolgreichen Titel „Familie gelebt - erlebt" über die harmonische Gestaltung von Alltag und Festen veröffentlicht, und 1982 war bei Kösel ein 'Hausbuch der christlichen Familie' mit dem Haupttitel „Durch das Jahr - durch das Leben" erschienen. Hartmann dachte jetzt aber an ein handliches taschenbuchähnliches Format, das auf der Basis der vom Konzil und vor allem von der Würzburger Synode angeregten neuen Ehe- und Familienpastoral zeitgemäße Entscheidungshilfen bieten sollte. Der Plan hatte nicht nur bei dem großen Kreis der L&E-Mitarbeiter sofort Anklang gefunden, sondern wir vereinbarten auch eine Verlagskooperation zwischen Styria und dem Einhard Verlag. Ich selbst übernahm die Herausgeberschaft und gewann als Mitautoren neben meinem Kollegen Josef Pütz und den L&E – Beiratsmitgliedern Heinrich Kratzmeier und Franz Pöggeler u.a. die Bistumsreferenten Anton Janzing und Peter Neysters. Es entstand ein Handbuch von 255 Seiten mit Artikeln über neue Leitbilder der Partnerschaft, Ja zum Kind, die alten Miterzieher der Verwandtschaft und die neuen der Medien, über die heiklen Kapitel Geschlechtserziehung, Entwicklungsstörungen, Schulprobleme, Loslösung der Kinder und Altersehe. Ein großes Kapitel war dem „religiösen Wachsen" gewidmet. Lustige Illustrationen unseres Hausgrafikers Eli Nasser lockerten die Texte auf, ein großes Schlagwortverzeichnis und eine ausführliche Liste sämtlicher Familienorganisationen und Beratungsstellen in allen deutschsprachigen Ländern erhöhten den Nutzen des Ratgebers.

Wir stellten das Buch im Frühjahr 1986 in Wien und Aachen vor. In seinem Vorwort hatte der Leiter der Zentralstelle Pastoral im Sekretariat der Bischofskonferenz, Msgr. Vinzenz Platz, geschrieben, dass „Ehepaare, Eltern, Großeltern und größere Kinder willkommene Anregungen für eine bewusste Gestaltung ihres Lebens mit- und füreinander darin finden", um „ihr Miteinander aus dem Glauben heraus verstehen, leben und feiern" zu können. Die Verlage hatten neben Besprechungs-Exemplaren an die Medien auch Lese-Exemplare an die zuständigen Bischöfe geschrieben, und als einer der ersten bedankte sich Medienbischof Georg Moser, lobte die praxisnahe Gestaltung und kündigte an, den Ratgeber weiterzuempfehlen. Doch auf das erste Lob folgte unmittelbar scharfe Kritik von anderen Bischöfen, und das brachte die Bischöfe und das Buch in die Schlagzeilen: die Bischöfe mal wieder negativ, das Buch eher positiv. Hauptleidtragender war Bischof Moser, der - wie der „Kölner Stadtanzeiger" genüsslich berichtete - „einräumen musste, dass er sein Wohlwollen voreilig, ohne eingehende Lektüre geäußert hatte": ihm hätten der Herausgeber, die Autoren und die katholischen Verlage „die Gewähr gegeben, dass der 'Familienratgeber' sich auf dem Boden der offiziellen Lehrmeinung bewegen werde".

Stein des Anstoßes waren die Ausführungen von Anton Janzing über das Onanieren von Jugendlichen, das er als „Durchgangsstadium in der sexuellen Entwicklung" bezeichnete. Kinder dürften, so der Schulreferent im Münsteraner Ordinariat, durchaus den ganzen Körper als „Quelle der Lust und Freude" kennen lernen, und Onanieren sei „unschädlich und unproblematisch, wenn dies nicht im Übermaß und zwanghaft geschieht". Janzing distanzierte sich von den „alten, nicht gelöschten Hypotheken einer früheren Leibfeindlichkeit und Prüderie" der Kirche, warnte jedoch auch ausdrücklich vor einer „Überbetonung des sexuellen Luststrebens".

Überraschender Weise stieß sich kein Bischof an den Ausführungen über Geburtenkontrolle, die ich in meinem Beitrag „Ja zum Kind" gemacht hatte. Außer der Konzilsaussage, dass grundsätzlich „die liebende Vereinigung und die Fortpflanzung untrennbar sind", führte ich aus dem ein Jahr zuvor erschienenen, vom Vatikan genehmigten „Erwachsenenkatechismus" der Deutschen Bischofskonferenz an, dass für die „verantwortliche Elternschaft das Gesetz des stufenweisen Weges" gilt. Das war restriktiver als in der Königsteiner Erklärung zu „Humanae vitae" ausgeführt worden war. Deshalb fügte ich an (Hervorhebungen im Original): „*Verantwortliche Elternschaft* auszuüben, muss letztlich einschließen, dass jedes Ehepaar nach *gewissenhafter* Prüfung der kirchlichen Lehren und *aller persönlichen Gegebenheiten* gemeinsam seine *eigene* Entscheidung fällt (die sich übrigens im Lauf der Ehejahre durchaus ändern kann)." Und auch Peter Neysters, Diözesanreferent für Ehe und Familie im Bistum Essen, kam mit dem Hinweis an Eltern ungeschoren davon, sie brauchten keine Schuldgefühle zu haben, wenn ein Kind unverheiratet mit einem Freund zusammenlebe: Elternverantwortung nehme in dem Maße ab, „wie die jungen Erwachsenen *eigenverantwortlich* ihr Leben selbst in die Hand nehmen (müssen)".

Wegen der Behandlung des Onanierens forderte ein Bischof, dass die beanstandeten Passagen bei einer zweiten Auflage des „Familienratgebers" korrigiert und „richtig gestellt" werden müssten. Dazu kam es nicht mehr, denn als die Auflage von 10 000 Exemplaren nach zwei Jahren verkauft war, trennte der Einhard-Verlag, der Mitverleger war, sich von „Leben & Erziehen", und Styria hatte eine andere Verlagspolitik aufgenommen.

Der „Familienratgeber" führte jedoch dazu, dass ich selbst wiederum zu neuen schriftstellerischen Arbeiten kam, und zwar zu solchen, die besonders reizvoll waren: Drehbücher für Fernseh-Sendungen zu schreiben. Als die Programmgruppe Bildung und Gesellschaft des WDR 1987 zusammen mit der Katholischen Akademie des Bistums Essen, Wolfsburg; und der katholischen Filmproduktionsgesellschaft IFAGE eine Fernsehserie „Familienszenen" plante, lud der Direktor der „Wolfsburg", Dr. Paul Hoffacker, mich zur Mitarbeit ein. Das vom Bundesfamilienministerium für Jugend, Familie, Frauen und Gesundheit mitfinanzierte Verbundprojekt sollte „wichtig erscheinende Aspekte der neuen Alltagswirklichkeit von Familie sowohl auf der Basis der Ehe als auch neue Formen des Zusammenlebens von Frau und Mann und verschiedenen Generationen beleuchten". Dabei sollten „keine Lösungsrezepte angeboten werden, sondern Indikatoren für gegenwärtige Lebensvollzüge, erfolgsversprechender Lebenspraxis und Konfliktbewältigung" gezeigt werden. Also lebensnahe Darstellungen, wie wir sie auch in „L&E" und im „Familienratgeber" versuchten.

Im Medienverbund umfasste das Projekt 13 Filme, die WDR 3 im Laufe der Jahre 1988/89 ausstrahlte und die als Videokassetten für die Familienbildungsarbeit vertrieben wurden. Außerdem erschien ein Begleitbuch mit einer kurzen Filmbeschreibung, Arbeitsmaterialien und Literaturhinweisen. Ich selbst verfasste Scripte zu den drei Folgen „Frauen in neuen Rollen", „Durch dick und dünn - Verlauf einer Ehe" und „Mit Rat und Tat - Familienbildung praktisch". Alle Filme machten an typischen Beispielen, auch für Ehen, die geschieden wurden, für Alleinerziehende und für wiederverheiratete Geschiedene, die praktischen und ethischen Schwierigkeiten und Probleme sichtbar, ohne jedoch auf christliche Normen einzugehen.

Mir wurde bei dieser mehrmonatigen Arbeiten mit den Medienverantwortlichen des WDR, den Mitarbeitern der „Wolfsburg" und den Filmleuten klar, dass viele kirchliche Verlautbarungen, Predigten und Sonntagsreden von der Wirklichkeit entfernt waren und dies auch ein Hauptgrund dafür sein kann, dass die Kirchenpresse in dieser Hinsicht oft als lebensfremd angesehen wird. Ich fragte mich, warum Themen wie voreheliches Zusammenleben, Sexualität in der Ehe, Scheidung und Wiederverheiratung der schuldlos Geschiedenen in der Kirchenpresse nicht vorkommen (dürfen?), wenn sie in Katholischen Akademien offen behandelt werden können.

Mir fällt ein Seminar ein, das die MDG zusammen mit der AKP 1984 über „Perspektiven katholischer Publizistik" durchführte. Es stand unter dem Leitwort „Mut zur Zukunft durch den Glauben". Dabei sollte ich einen Arbeitskreis „Moral/Normen" leiten. Da das Seminar in Köln stattfand, lag es nahe, dass ich als gebürtiger Kölner mit einem Kalauer einleitete: der Frage des Generals bei einer Inspektion an seine Soldaten: „Wie steht's mit der Moral der Truppe?" Worauf er die Antwort erhielt: „Moral gut, Herr General, Verpflegung könnte besser sein". Die 'Moral' unserer Kirchenzeitungsredakteure war gut, aber das, was wir an Essen anboten, das Lebensnotwendige, was die Menschen brauchten, was sie bewegte?

Zur Eröffnung der Diskussion fragte ich, ob wir wirklich über die Kluft zwischen „denen da oben" und „denen da unten" berichten, etwa über Friedensaktivitäten in den Gemeinden, liturgische „Eigenfabrikate" in vielen Gemeinde-Messen, Mitbestimmungswünsche der Frauen, „ganz zu schweigen vom Bereich des sexuellen Verhaltens" - eben all dem, „worüber auch an der Basis offen gesprochen wird, worüber sogar mit Bischöfen hinter vorgehaltener Hand gesprochen werden kann, all dies darf offiziell nicht sein, darf also nicht gedruckt werden." Meine zugegebenermaßen polemische Schlussfolgerung: „Die da oben predigen - das Volk geht seine eigenen Wege". Tatsächlich war die Familienpastoral vor Ort weithin lebens- und praxisnäher.

Das führt mich zurück zur Entwicklung der Kirchenpresse, die im Verlauf der 80er Jahre in neue Krisen geriet. Sie waren letztlich darauf zurückzuführen, dass die Kirche an einem Bild von ihrer Rolle in der Gesellschaft festhielt, das mit der Entwicklung nicht mehr übereinstimmte.

Leserschwund und Zensur

Als Heiko Klinge 1979 den Vorsitz der AKP übernahm, ging er mit Schwung und vielen Ideen daran, den „schlafenden Riesen Kirchenpresse" zu wecken, wie er es bei seinem Antritt nannte (AKP, 1979). Gegenüber den Unzulänglichkeiten Anfang der 70er Jahre war einiges in Bewegung gekommen und positiv verändert worden. Es gab zwar nicht die große Kooperation, aber einige regionale redaktionelle und verlegerische Zusammenarbeit. Die Redaktionsbesetzungen waren nach wie vor unzureichend für eine passable eigene Berichterstattung, dafür hatte jedoch die KNA ihre Dienste für die Kirchenpresse verbessert und ausgebaut. Die Bischofskonferenz hatte eine aktive Pressestelle, in jedem Bistum lieferten Pressestellen regelmäßig diözesanes Material. Hinzu kam, dass die MDG offensichtlich ihr Arbeitsfeld gefunden hatte: die professionelle Ausbildung im Verlags- und Redaktionsbereich. Gemeinsame Seminare reichten von Leser-Blattbindung bis zur EDV-Schulung. Regelmäßige Betriebsvergleiche sowie Umfragen über Leserverhalten bildeten gute Arbeitsgrundlagen. Weitere Kooperationsversuche der MDG bei Bistumszeitungen und Frauenzeitschriften waren allerdings gescheitert, Belebungsversuche der Jugendpresse und überregionaler Wochenzeitschriften und Magazinen wie etwa auch „Rheinischer Merkur" und „Weltbild" hatten nicht mehr als lebenserhaltende Funktionen.

Eigentlich war im Rahmen der personellen und wirtschaftlichen Möglichkeiten viel erreicht: ausgebildete Verlagsmitarbeiter und Redakteure, inhaltlich und drucktechnisch verbesserte Zeitungen und Zeitschriften - es stellten sich nur keine sichtbaren Erfolge ein: Die Auflagen sanken kontinuierlich. Wenn alte Abonnenten starben oder absprangen, waren immer weniger neue Abonennten zu gewinnen. Es wurde schon als Erfolg gewertet, wenn der Auflagenrückgang um ein oder zwei Prozent gestoppt werden konnte. Zwar wurde die Feststellung von Otto Roegele, dass die Kirchenpresse prozentual weniger zurückgegangen sei als die Besucherzahl der Sonntagsgottesdienste, gerne als Grund für den Leserschwund angegeben, und das traf sicherlich auch zu. Doch mir ist in den Unterlagen über ein MDG-Seminar „Mut durch den Glauben" in Köln eine Randnotiz aufgefallen, in der es heißt, es sei eine Illusion, dass katholische Presse es allein schaffen könne, auf die gewandelten Lebensverhältnisse des Mainstreams der Gesellschaft mit neuen ethischen Wertvorstellungen Antworten zu geben; vielmehr müsse sich „gleichzeitig die Pastoral und die kirchliche Praxis ändern". Jedenfalls stand für viele Redakteure plötzlich die Grundfrage im Raum: Stimmt unser Selbstverständnis noch ? Diese Frage stellte sich um so mehr, als inzwischen die Frage der redaktionellen Freiheit dadurch akut geworden war, dass bischöfliche Herausgeber in einigen Fällen so in sie eingriffen, dass sogar von Zensur gesprochen wurde.

Ausgelöst wurde die Zensurdebatte durch einen Leserbrief, den die „Kirchenzeitung für das Erzbistum Köln" in ihrer Ausgabe Doppelnummer 52/53 zum Jahresende 1982 veröffentlicht hatte. Darin setzten sich 23 Pfarrer des Erzbistums für eine Pastoral an wiederverheirateten Geschiedenen ein, nachdem der Kölner Weihbischof Hubert Luthe jegliche kirchliche Handlungen für wiederverheirate Geschiedene als nicht erlaubt bezeichnet hatte. In einer Zuschrift, die in der nächsten Ausgabe der Kirchenzeitung vom 7. Januar 1983 unter der Überschrift „Zerstörend" abgedruckt wurde, bezeichnete der Kölner Kirchenrechtler Prof. Heinrich Flatten die Veröffentlichung des Pfarrer-Briefes als einen „Skandal". Flatten wörtlich: „Wenn die Kirchenzeitung einen derartigen Leserbrief veröffentlicht, trägt sie in einem höchst bedauerlichen Ausmaß selbst dazu bei, bei unseren Gläubigen die verbindliche Glaubenslehre zu untergraben oder gar zu zerstören." Flatten verstieg sich zu dem Vergleich, dass früher „etwa Briefe mit Nazi-Propaganda oder mit Aufrufen zu gewaltsamem Umsturz" auch nicht publiziert werden dürften. „Die Kirchenzeitung darf nichts, aber auch gar nichts veröffentlichen, was gegen die Glaubenslehre der Kirche gerichtet ist (...). Auch nicht über den Umweg eines Leserbriefes." Zum Schluss richtet Flatten sich persönlich an den Chefredakteur: Er habe „ausgerechnet mit der Weihnachtsnummer" dem Herausgeber der Kirchenzeitung, Kardinal Höffner, „einen Schlag ins Gesicht" versetzt (Kirchenzeitung f.d.Erzbistum Köln, Nr.1, 7. Januar 1983, S. 10).

Zunächst erklärte das Kölner Ordinariat noch, der Kirchenrechtler habe in seinem eigenen Namen und nicht im Namen des Kardinals protestiert, doch - wie Chefredakteur Hajo Goertz auf der Sonderkonferenz der Bistumspresse 1985 erklärte (siehe weiter unten) - erließ der Herausgeber kurze Zeit danach neue Grundregeln für die Redaktion. Danach war es ihr nicht gestattet, „Berichte, Kommentare, Leserbriefe oder andere Beiträge zu veröffentlichen, die im Widerspruch zur Glaubens- und Sittenlehre der Kirche stehen. Auch ist es nicht gestattet, Beiträge zur 'pastoralen Praxis' zu veröffentlichen, die eindeutigen Weisungen des Papstes oder des Bischofs widersprechen."(Goertz in: AKP, Sonderkonferenz 1985, S. 5f.) Der Vorfall blieb nicht der einzige. Wenig später wollte Bischof Johannes Dyba von Fulda in seiner forschen Art den Chefredakteur der drei hessischen Bistumsblätter sogar feuern. Dieser hatte eine Nachricht veröffentlicht, in der die Äußerung einer DGB-Vertreterin enthalten war, dass der neutrale Staat in der Frage der Abtreibung gesetzlich Straffreiheit gewähren müsse. Dem Kollegen hielt der Bischof vor, dass er dazu nicht die entgegenstehende Lehre der Kirche abgedruckt habe.

Auch der Chefredakteur der KNA war schon gerügt worden, als der „Infomationsdienst" über den Kölner Vorfall berichtet hatte. Das war damals noch als „vertraulich" gekennzeichnet, was jedoch eine sowieso unsinnige Einschränkung für Presseveröffentlichungen war. Konrad Kraemer, ehrenamtlich CDU-Landrat, war oft wegen seiner rechts-politischen Position in die Kritik geraten, vertrat aber publizistisch immer eine offene Redaktionslinie, obwohl er kirchlich ebenfalls als konservativ galt. Daran hatten sich kirchliche Prälaten häufiger gestoßen. Der Streit, der 1984 zwischen kirchlichen Mitgliedern des KNA-Beirates und Kraemer eskalierte und zu Kraemers Entlassung führte, hatte offenbar andere Ausgangsgründe, die in der Person Kraemers lagen. Dennoch wurden Veröffentlichungen, „die der Kirche schaden" wie diejenige über das Kölner Leser-

briefverbot, gegen ihn verwendet. Es nutzte auch nichts, dass sich alle KNA-Redaktionsmitglieder in einem einstimmigen Votum beim Beirat für Kraemers Verbleib einsetzten - mit der ausdrücklichen Begründung, eine Fortsetzung der bisherigen, „unabhängigen, journalistischen Kriterien entsprechenden Arbeit der KNA" ermöglichen zu wollen (KNA-Informationsdienst Nr. 49 v. 6.10.1984, S. 2).
Die innere Befindlichkeit der Redakteure und Verleger der Kirchenpresse war jedenfalls so, dass die AKP am 7. und 8. März 1985 eine Sonderkonferenz über „Das Selbstverständnis der Kirchenpresse" in Wiesbaden-Naurod veranstaltete (AKP, Sonderkonferenz 1985). Günther Mees zeichnete in seinem Einleitungsreferat die Entwicklung des Selbstverständnisses seit dem Konzil nach und wies auf ein „heute umgehendes oder umschleichendes Unbehagen hier und dort - sicher nicht bei allen" hin, „das sich offenbar an den Stichworten Meinungsvielfalt und Dialogforum" entzünde. Er zitierte P. Wolfgang Seibel SJ, den Chefredakteur der „Stimmen der Zeit" , der bei der Verleihung des Katholischen Journalistenpreises 1984 in Essen festgestellt habe, dass die offene Auseinandersetzung der verschiedenen Meinungen in der Kirchenpresse immer noch keinen rechten Platz habe. „Meinungs- und Redefreiheit und ein ungehinderter Prozeß der Meinungsbildung sind", so Seibel, „auch für die Kirche wichtig." Mees schloss mit einem Wort des Medienbischofs Georg Moser, wonach „die Verpflichtung zur Einheit nicht erkauft werden (darf) um den Preis eines Diskussionsverbotes (...)oder um den Preis einer selbstgewollten Diskussionseinschränkung, sei es mit den Kirchenoberen oder mit uns selbst".
Während die Sprecher der Verleger, Hans Driewer und Günter Schmid, erklärten, die bestehenden Aufgaben auf der Basis der gewachsenen Zusammenarbeit leisten zu können, wiesen Hajo Goerz und ich selbst von Redakteursseiten auf Entwicklungen hin, die Anfragen an das bisherige Selbstverständnis aufwerfen. Auf die Frage, warum die Konzils- und Synodenvorstellungen von katholischer Presse als Spiegel der Vielfalt und Forum innerkirchlicher Diskussionen „nicht Wirklichkeit von heute" sei, nannte Goertz konzeptionelle und institutionelle Hindernisse. Im bisherigen Konzept des Dialogforums werde nicht gesehen, dass die Kirchenzeitung im Austausch der Meinungen selbst Dialogpartner sei und Stellung beziehen müsse. In „Communio et progressio" werde das dadurch deutlich, dass dem Bild des „runden Tisches" und des „Spiegels" der Wirklichkeit das Bild vom „Licht" hinzugefügt ist, das den Weg weist, also die eigene Position sichtbar macht. Dies aber, so interpretierte der damalige Kölner Chefredakteur die Pastoralinstruktion, bedeute nicht, dass auf dem Forum des Dialoges nur die Stimme des Lehramtes vernehmbar sein dürfe, wenngleich sie von besonderer Qualifikation sei. Deshalb plädierte Goertz für redaktionelle Konzepte kirchlicher Zeitungen, in denen nicht deklamiert, sondern argumentiert wird. Wenn Goertz jedoch meinte, umstrittene theologische Positionen über kirchliche Lehrfragen dürften nicht nur in der „Herderkorrespondenz" und den „Stimmen der Zeit" geführt werden, sondern gehörten auch ins Bistumsblatt, hatte er wohl nicht die unterschiedlichen Leserschichten und -erwartungen vor Augen, die zwischen den Zielgruppen von Publikationen bestehen.

In meinem Referat über „Kirchenpresse heute und morgen" ging ich von einem anderen Aspekt aus, dem Leserschwund: „Unser Zielgruppenpotential ist erschöpft". Während 'normale' Medien marktorientiert operierten, sei Kirchenpresse nun einmal Bekenntnispresse. Erst dann kam ich auf die Frage, als was und für wen: als Amtsblatt oder Blatt des Kirchenvolkes ? Konkret: In welcher Weise gehören etwa der Bensberger Kreis und das Opus Dei dazu ? Meine These: Wenn Kirchenpresse sich nur innerhalb der vom Lehramt gezogenen weißen Markierungslinie bewegen dürfe, müssten wir dann nicht Abschied nehmen vom Selbstverständnis als Dialogforum - und sogar von einer „freien Presse in der Kirche" ? Zum Schluss bemerkte ich, dass ich mich „jedenfalls nicht mit einem Nischendasein begnüge. Ich will mittendrin sein und in der Mitte wirken".

Günther Mees griff in seiner Zusammenfassung den von Goertz und mir gemachten Vorschlag auf, den Bischöfen und kirchlichen Mediengremien vorzuschlagen, nicht weiter nur *über* uns zu sprechen, sondern in einem permanenten Gespräch *mit* uns nach gemeinsamen Lösungen zu suchen - zumal in einer Zeit, in der nicht nur der Kirchenpresse die Leute davon laufen, sondern auch der Kirche. Der AKP-Vorschlag wurde verwirklicht: die Publizistische Kommission berief eine „Arbeitsgruppe Bistumspresse", die für die Bischofskonferenz eine aktuelle Bestandsaufnahme und Zukunftsperspektiven erstellen sollte. Ihr gehörten der Leiter der Zentralstelle Medien, Dr. Peter Düsterfeld, Rolf Pitsch von der Zentralstelle, Raimund Brehm (MDG), Hermann Glandorf, Verlagsleiter des Osnabrücker Kirchenboten, Msgr. Erich Läufer, Geistlicher Beirat der Kölner kirchenzeitung, Günther Mees als AKP-Vorsitzender und Chefredakteur der Münsteraner Kirchenzeitung sowie die Chefredakteure von München, Hans-Georg Becker, von Eichstätt, Hermann Josef Kreitmeier, und von Fulda, Limburg und Mainz, Ernst Schlögel, an. Es dauerte allerdings drei Jahre, bis die Arbeitsgruppe ihre Überlegungen im Dezember 1988 vorlegte.

Beim Nachlesen der Referate von der AKP-Sonderkonferenz im März 1985 wird mir klar, dass sowohl die Verleger als auch wir Redakteure nach wie vor großen Illusionen anhingen. Verlegerisch waren die katholischen Unternehmen weder personell noch wirtschaftlich groß genug, um eine öffentlichkeitswirksame katholische Zeitschrift auf den Markt zu bringen – selbst „Weltbild" konnte sich nicht halten. Außerdem war es fraglich, ob es einen solchen Markt überhaupt gab – interne Versuche, potentielle säkulare Großverlage für ein solches Objekt zu gewinnen, sind mehrfach gescheitert. Schließlich war es auch eine Illusion, von der „Arbeitsgruppe Bistumspresse" Lösungen zu erwarten. Sie setzte sich nur aus der „alten Garde" der Redakteure und kirchlichen Medienverantwortlichen zusammen - mit Ausnahme des neuen Leiters der Zentralstelle Medien: Dr. Peter Düsterfeld. Und der war branchenfremd - und sollte später noch für neue Irritationen sorgen.

Die Bestandsaufnahme der Arbeitsgruppe Kirchenpresse, die schließlich als Grundlage für ein größere Kolloquium über „Katholische Presse" dienen sollte, das von der Publizistischen Bischofskonferenz für Ende 1989 geplant war, erbrachte im Grunde jedoch nur Bekanntes (Publizistische Kommission, 1988). So wurde festgestellt, dass die Hälfte der Kirchenzeitungsverlage im Eigentum der Bistümer sind, während sich sieben im Privatbesitz befinden (allerdings die auflagenstarken von Münster, Köln, Paderborn, München sowie die hessische Kooperation Mainz, Limburg Fulda); dass 15 der 22 Kirchenzeitungsverlage auch buchverlegerisch tätig sind und sieben davon eigene Druckereien besitzen. Diese bekannten Faktoren hatten schon seit Jahren Kooperationen und Konzentrationen erschwert. Auch die Ergebnisse einer repräsentativen Befragung von Lesern und Nicht-Lesern, die von 15 Kirchenzeitungsverlagen nach der Sonderkonferenz der Bistumspresse durchgeführt worden war, brachten nicht viel Neues: 75 Prozent der Leser waren über 50 Jahre alt, junge Leser fehlten ganz. Die Erwartungen an Bistumszeitungen reichten von Bestätigung der alten Lehre bis zur offenen Diskussion über kontroverse Themen. Immerhin heißt es in den „Perspektiven" der Arbeitsgruppe, dass insgesamt eine „inhaltliche und äußerliche Umgestaltung" und „eine stärkere Dialog-Orientierung" erwartet wird. Dass die Auflage der Bistumszeitungen zwischen 1969 und 1987 von 2,3 auf 1,5 Millionen um ein Drittel gesunken war, wurde dadurch beschönigt, dass dies nur „pro Jahr etwa 1,5 Prozent" bedeute.

Wie weit die 'fachmännischen' Diskussionen der Macher und Planer von der Wirklichkeit entfernt waren, erlebte ich im November 1988 bei einem Vortrag über „Kirche und Medien" der Bischöflichen Studienförderung Cusanuswerk in Bonn. Dazu hatte mich die damalige Geschäftsführerin Anette Schavan eingeladen, die zuvor im Generalvikariat Aachen tätig gewesen war, anschließend Kultusministerin in Baden-Würtenberg und danach Wissenschaftsministerin in der Bundesregierung wurde. Die Veranstaltung fand zur Zeit der Querelen um die Ernennung des neuen Kölner Erzbischofs statt, die sich nach dem Tod von Kardinal Höffner schon über ein Jahr hinzogen. Zu Beginn meines Referates berichtete ich über einen Vortrag, den Hans Küng Anfang November vor der Fachgruppe Konfessionelle Presse des Zeitschriften-Verleger-Verbandes gehalten hatte. Als wir Journalisten Küng nach dem Vortrag auf die Vorgänge in Köln ansprachen, nahm er kein Blatt vor den Mund, bezeichnete diese Vorgänge als mittelalterlich und forderte, dass endlich die Ortsgeistlichkeit und der Diözesanrat jedes Bistum ihre Bischöfe selbst wählen sollten, die dann von Rom bestätigt werden müssten. Diese Äußerung Küngs stand am nächsten Tag in allen Tageszeitungen, wurde aber weder von KNA verbreitet noch in der Kirchenpresse. Küng war tabu.

Als ich die Hoffnungsträger der kommende katholische Intellegentsia fragte, woher sie ihre Informationen über solche kirchlichen Vorgänge beziehen, erhielt ich die nicht unerwartete Antwort: aus Tagespresse, Radio und Fernsehen. Keiner nannte eine Kirchenzeitung als seine Quelle für Informationen über die Kirche. Die Kenntnis der jungen Studierenden über kirchliche Medien war äußerst gering, ich glaubte zu verspüren, dass die meisten dieses Thema auch nicht besonders interessierte. Für mich wurde es zu einem Schlüsselerlebnis, wie diese jungen Katholiken die Kirchenpresse für sich einfach nicht als relevant ansahen. Ihnen genügten die „Stimmen der Zeit" und die „Herderkorrespondenz". Einige nannten noch „Weltbild", aber Bistumsblätter waren in ihren Augen „etwas fürs Kirchenvolk".

Für mich stellte sich nach dieser Diskussion die Grundsatzfrage, ob Bistumszeitungen tatsächlich nur noch als binnenkirchliche Medien für die Kirchentreuen eine Zukunft haben und daneben höchstens noch so genannte Spezialzeitschriften. An zwei neuen Objekten dieser Art wurde zu dieser Zeit sogar gebastelt. Sie waren von der MDG initiiert worden: eine Beilage für alle Bistumszeitungen mit dem Titel „Familien-Journal" und/oder eine Fernseh-Beilage mit dem Titel „Tele-Journal". Die Projektierung dieser Beilagen stand im engen Zusammenhang mit der Entwicklung von „Leben & Erziehen", daher wurde ich unmittelbar daran beteiligt.

Ein Supplement als trojanisches Pferd ?

Im Einhard Verlag war der Vertrag mit Geschäftsführer Roman Smirek 1984 nicht verlängert worden, nachdem es diesem nicht gelungen war, das Hauptobjekt Kirchenzeitung und die Gesamtentwicklung des Verlages in den Bereich der schwarzen Zahlen zu führen. Smirek war ein buchhalterisch orientierter Verwalter, ohne publizistische Perspektiven. Die Gesellschafter, sprich: das Bistum, de facto der Generalvikar, verfielen bei der Suche nach einem geeigneten Nachfolger auf das, was man als „Aachener Lösung" bezeichnen kann: Man verlässt sich auf gute, erfahrene Bekannte. Und im Fall Einhard hieß derjenige, der diese Voraussetzung erfüllte, Dr. Heinz Malangré.

Die Malangrés gehörten zum erfolgreichen Aachener Bürgertum, Heinz Malangré war zum Direktor eines internationalen Großindustriebetriebes avanciert, sein jüngerer Bruder Kurt war lange Jahre Oberbürgermeister der Kaiserstadt Karls des Großen. Generalvikar Karlheinz Collas hatte Heinz Malangré, den er aus der Schulzeit kannte, bereits zum Mitglied des Aufsichtsrates der Einhard-GmbH bestellt, und als sich das Ausscheiden Smirekts andeutete, hatten Bischof Hemmerle und Collas Malangré angeboten, die Geschäftsführung des Verlages zu übernehmen. Hemmerle hatte mit Malangré eng zusammengearbeitet, als dieser Vorsitzender des Diözesanrates war, und ich selbst war mit beiden Malangrés freundschaftlich verbunden, weil wir dem Unitas-Verband angehörten. Diese „Aachener Connection" sollte sich - aus meiner Sicht - für Verlag und Bistum als positiv erweisen.

Als erfahrener Wirtschaftsfachmann konnte Malangré dem Verlag in Abstimmung mit Bischof und Generalvikar sowie mit Zustimmung des Kirchensteuerrates eine neue wirtschaftliche Basis geben. Redaktionell stand die Stabilisierung der Kirchenzeitung an erster Stelle. In seinen Erinnerungen „Aus Trümmern zur Europastadt" berichtet Malangré, dass Bischof Hemmerle ihm für die Kirchenzeitung „Aachener Spezialitäten" empfohlen habe: die Schwerpunkte 'Europaregion, Kirchliche Hilfswerke, Hochschulregion, Orden und Geistliche Gemeinschaften' habe. Das kann von heute aus gesehen als eine der vielen, fast prophetischen Zukunftsvisionen Hemmerles bezeichnet werden. Während sich die Neugestaltung der Kirchenzeitung, deren Chefredakteur Paul Dahm mit Malangré ebenfalls eng befreundet war, positiv anließ und Malangré auch den Buchverlag voranbrachte, wurde unerwartet das überdiözesane Prestige-Objekt „Leben & Erziehen" zum Sorgenkind.

Als ich 1985 auf der Sonderkonferenz der AKP vom Leserschwund der Zielgruppen sprach, war ich noch optimistisch hinsichtlich der potentiellen Leserschaft für „Leben & Erziehen": der Kinderboom der damaligen Generation führte zur Nachfrage nach Erziehungsratgebern. Was ich nicht bedachte, war die Tatsache, dass unsere Elternzeitschrift das falsche Trägerschiff hatte: die Bistumszeitungen. Deren Leserschaft überalterte zusehends, und unsere Monatsbeilage erreichte ihre Zielgruppe der jungen Eltern und Familien kaum noch. Dadurch erwies die Beilage sich für die betreffenden Bistumsblatt-Verleger auch wirtschaftlich als unrentabel. Als erster erklärte der Verlag Bachem 1985, „Leben & Erziehen" nicht mehr zu den bisherigen Konditionen zu übernehmen, sondern den Kirchenzeitungslesern für zusätzlich 1 DM anzubieten. Dass sich dazu kaum Leser entscheiden würden, war vorauszusehen, so dass Köln 1986 die L&E- Beilage kündigte. Das bedeutete einen Auflagenrückgang von über 100 000 Exemplaren, wodurch auch der Anzeigenumsatz stark zurückging. Kurzfristig überlegten wir im Einhard-Verlag, ob eine Umgestaltung von „Leben & Erziehen" zu einem Kindermagazin als Beilage für Kirchenzeitungen interessant sein könnte. Doch inzwischen hatte sich eine andere Idee der MDG schon durchgesetzt: ein „Familien-Journal" als Beilage für Bistumszeitungen.

Genau genommen handelte es sich um eine ältere Idee von MDG-Geschäftsführer Raimund Brehm, der erstmals 1984 seinen „Supplement"-Vorschlag für Bistumszeitungen der Bischofskonferenz unterbreitet hatte. Auf Grund der publizistischen und wirtschaftlichen Erfolge von Wochen- oder Monats-Beilagen in säkularen Tages- und Wochenzeitungen sollte die „Schaffung einer regelmäßig erscheinenden Kirchenzeitungsbeilage, die durch vierfarbige Ausstattung, attraktive Magazingestaltung und neue Themenbereiche das an sich begrenzte Kirchenzeitungsangebot" erweitern. Als eine wichtige Voraussetzung galt eine lückenlose Gebietsabdeckung, „um so auch im Anzeigenbereich Wirkung zu erzielen" (KNA-Informationsdienst Nr. 42 vom 18.10.1984, S.5). Als Testgebiet schwebte der MDG das Bundesland Bayern mit seinen sieben Bistumsblättern vor, doch Brehm stieß vor allem bei den Chefredakteuren auf Widerstand - mit der alten Befürchtung, dass dieses Supplement sich als „trojanisches Pferd" erweisen könnte: zuerst käme das Supplement, dann der farbige Mantel und dann „die katholische Kirchenzeitung für Bayern" (KNA-ID a.a.O.).

Trotzdem konnte „Supplement-Brehm" zwei Jahre später einen Anfangserfolg verbuchen: 1986 entwickelten die vier Bistumszeitungen von Osnabrück, Hildesheim, Berlin und Paderborn zusammen mit der MDG das neue „Familien-Journal" und legten es monatlich ihren Kirchenzeitungen bei. Den letzten Anstoß dazu hatten Ergebnisse der im Anschluss an die AKP-Sonderkonferenz von 1985 durchgeführten Bedarfs- und Funktionsanalyse ergeben, wonach Familienthemen und ein stärkeres Service-Angebot an der Spitze der Leserwünsche standen.

Als eines der Gegenargumente gegen die neue Supplement-Idee hatte die MDG selbst angeführt, dass dadurch eine Konkurrenz zu „Weltbild" und „Leben &

Erziehen" aufgebaut werden könnte. Doch was L&E betraf, erledigte sich diese Befürchtung schneller als erwartet, denn nach Köln kündigten auch Würzburg und Freiburg unsere Beilage. Übrig blieb nur die Beilage in der eigenen Aachener Kirchenzeitung und die Auflage für die Einzelbezieher. Verlagsleiter Malangré hatte sofort erkannt, dass sich dies „nicht mehr rechnet". Nach Verhandlungen mit der MDG und den Verlagen und Redaktionen der vier norddeutschen Bistümer, die das „Familien-Journal" beilegten, beschloss der Einhard Verlag, „Leben & Erziehen" nur noch als selbständiges Objekt für die Einzelbezieher weiterzuführen und der Kirchenzeitung stattdessen auch das „Familien-Journal" beizulegen. Da Anfang 1988 gleichzeitig das „Katholische Sonntagsblatt" des Bistums Stuttgart-Rottenburg dem „Supplement"-Experiment beitrat, wuchs die Auflage des „Familien-Journals" auf über 400 000 an. Dass sich die beteiligten Verlage und Redaktionen darauf einigten, den Einhard Verlag mit der Herstellung zu betrauen, dürfte u.a. daran gelegen haben, dass die Kirchenzeitungsredaktionen sich überfordert fühlten, ein solches Supplement neben ihren Kirchenzeitungs-Wochenausgaben zu machen, andererseits aber offenbar unserer L&E- Redaktion zutrauten, das gewünschte Themenspektrum in moderner Magazingestaltung zu erstellen. So wurde uns in Aachen die Redaktionsleitung unter meiner Führung übertragen, während die Chefredakteure der beteiligten Bistumszeitungen in einem Redaktionsrat mit uns die Hefte gemeinsam planten.

Es stellte sich jedoch bald heraus, dass das Supplement „Familien-Journal" wirtschaftlich nicht zu den gewünschten Zielen der Stärkung der Leser-Blatt-Bindung und des Anzeigenaufkommens führen würde, wenn sich keine weiteren Bistumszeitungen beteiligten. Deshalb hatte die „Arbeitskonferenz Bistumspresse" Ende 1988 angeregt zu prüfen, „ob das jetzige Produkt nicht stärkeren Bezug zur Kirchenzeitung bekommen kann, (…) ob nicht ein vierzehntägiges Erscheinen oder später auch ein wöchentliches Erscheinen mit TV-Programm, mit einer Medienkritik und Medienpädagogik wichtig und notwendig ist". Die Anregung dazu war wieder von der MDG ausgegangen, und diese beauftragte erneut den Einhard Verlag mit der Fortentwicklung des „Familien-Journals" zu einem „Tele-Journal". Mir wurde die redaktionelle Federführung übertragen, zum Redaktionsteam kamen als Vertreter der Bistumszeitungen Hermann Josef Kreitmeier (Eichstätt), Dr. Theo Lemmer (Osnabrück) und Willy Thomes (Trier) hinzu sowie Walter Gauer, Dr. Peter Kurath und Elisabeth Uhländer vom Fernsehdienst des Katholischen Instituts für Medieninformation in Köln, das auch verantwortlich für den Programmteil war.

Während der Planung und Herstellung einer gedruckten Null-Nummer im Einhard Verlag liefen gleichzeitig Vertragsverhandlungen zum Verkauf von „Leben & Erziehen". Nach dem Fortfall der Beilagen-Auflage betrug die freie Auflage noch knapp 80 000, die der vollzahlenden Abonnenten nur 65 000. Die Auflage hätte verdoppelt werden müssen, um wirtschaftlich tragfähig zu sein. Nachdem eine gezielte Werbeaktion in 75 000 ausgesuchten Pfarreien des Bistums Aachen das Ziel weit verfehlte, entschlossen sich die Gesellschafter, das defizitäre Objekt zu verkaufen. Als Interessent für eine Übernahme bot sich der Weltbild Verlag in

Augsburg an, zu dessen Gesellschaftern das Bistum Aachen gehörte. Die Augsburger glaubten, ihre Zeitschriftenpalette ergänzen zu können, die u.a. „Weltbild", „Frau im Leben" und mehrere Jugend- und Kinderzeitschriften umfasste. Ich begrüßte den Verkauf, weil ich überzeugt war, dass der Weltbild Verlag die wirtschaftlichen Kapazitäten besaß, um „Leben & Erziehen" auf dem Markt besser platzieren zu können als der Einhard Verlag. Außerdem hatte Weltbild-Verlagsgeschäftsführer Günter A. Schmid bei den Verhandlungen erklärt, die Zeitschrift inhaltlich auf die von uns anvisierte „Zielgruppe der Eltern mit Kindern ab dem Vorschulalter" abzustellen und damit auch die Leitlinien des pädagogischen Redaktionsprogramm fortzuführen, die von Anfang an Familienbildung nicht nur pastoral, sondern auch gesellschaftspolitisch begleiteten.

KNA meldete Ende Juni 1989 kurz und knapp: „Am 1. Juli wird das bisher im Aachener Einhard Verlag erscheinende Familien-Magazin 'Leben & Erziehen' vom Augsburger Weltbild-Verlag übernommen. Wie der Geschäftsführer des Weltbild Verlages, Günter A. Schmid, erklärte, wird die im April 1988 eingeschlagene neue Linie von „Leben & Erziehen" beibehalten. Die Redaktion des Magazins unter Leitung von Chefredakteur Ferdinand Oertel sei auch mit der künftigen redaktionellen Betreuung der Zeitschrift beauftragt worden."

Ich erwähne diese Ausgangssituation deshalb, weil während der drei Jahre, in denen ich dann von Aachen aus die Chefredaktion von L & E bis 1993 weiterführte, in Augsburg eine kontinuierliche redaktionelle Richtungsänderung vorgenommen wurde. Und die hatte mit einem Zauberwort zu tun, das auf dem Münchener Kolloquium „Katholische Presse" im Oktober 1989 in aller Munde war: Marktorientierung.

Das Fürstenrieder Gipfeltreffen 1989

Das von der Publizistischen Kommission der deutschen Bischofskonferenz nach vielen Vorbereitungstreffen veranstaltete Kolloquium „Katholische Presse" am 10. und 11. Oktober 1989 in Münchener Schloss Fürstenried wurde 25 Jahre nach dem Konzil zu einem Gipfeltreffen katholischer Medienverantwortlicher und -gestalter. Zu den rund 100 Teilnehmern zählten die offiziellen medienverantwortlichen Bischöfe, Generalvikare, Leiter der Zentralstelle Medien, der MDG, des Zentralkomitees sowie von der „alten Garde" der katholischen Medienwissenschaftler u.a. Otto B. Roegele und Michael Schmolke sowie die Hauptakteure der Kirchenpresse, die Verleger und Chefredakteure, kurz: eine Versammlung all der personae dramatis, die in den vergangenen 25 Jahren auf der Bühne gestanden hatten. Das Kolloquium ist ausführlich dokumentiert in der „Arbeitshilfe 79 der Druckschriften des Sekretariats der Bischofskonferenz" (DBK, 1989), sodass ich mich auf einige ergänzende persönliche Eindrücke begrenzen werde.

Den entscheidenden verlegerischen Akzent setzte Heiko Klinge, inzwischen Vorsitzender der Fachgruppe Konfessionelle Presse des Zeitschriftenverlegerverbandes - der ein Jahr zuvor Hans Küng eingeladen hatte. Aus seinem Einführungsreferat über den „säkularen Zeitschriftenmarkt als Kontext der katholischen Presse" habe ich stichwortartig auf meinem Programmheft notiert, was mir wichtig erschien: dass katholische Presseprodukte grundsätzlich Erzeugnisse des allgemeinen Zeitschriftenmarktes sind, damit dem Gesetz von Angebot und Nachfrage unterliegen und - das habe ich unterstrichen - sich am Markt orientieren müssen. Klinge wies auf den dauernden Produktwandel in der säkularen Presse auf Grund der Marktveränderungen hin und appellierte an die Verleger und Redakteure, angesichts der prekären Lage der Kirchenpresse (Leserschwund, personelle und wirtschaftliche Probleme sowie verändertes Kirchenverhalten) auf die Veränderungen zu reagieren. Als Möglichkeiten nannte er den Ausbau der Kooperationen, die Nachwuchsförderung, und zwar nicht nur von Journalisten wie durch das IFP, sondern auch für Verlagsbranchen, was er selbst später als Geschäftsführer der MDG zu einem Schwerpunkt ausbaute. Notiert habe ich, dass Klinge zum Schluss für die Kirchenpresse keinen „Gesamt-Plan" forderte, aber eine „Gesamt-Tat" aller Beteiligten.

Als „Beispiele für Verbesserungen" stellte der für die Kooperation der „Nordschiene" sprechende Verlagsleiter Hermann Glandorf von Osnabrück überraschend die Frage, ob man solche Kooperationen nicht zu einem gemeinsamen norddeutschen und süddeutschen „Mantel" ausbauen könne. Chefredakteur Willy Thomes verteidigte hingegen die Eigenständigkeit der Bistumszeitungen, brachte jedoch Beispiele für sinnvolle Kooperationen im redaktionellen Bereich. Raimund Brehm rückte die Notwendigkeit stärkerer Werbung für die Objekte der Kirchenpresse in den Mittelpunkt, die jedoch auch bessere Produkte voraussetze. Als wesentliche Verbesserung verwies er wieder auf sein Lieblingsprojekt, ein farbiges Supplement.

Mir war als Sprecher der 'Konzeptionsredaktion Medienbeilage' aufgetragen worden, die Nullnummer des „Tele-Journals" vorzustellen, die sowohl Klinge als auch Thomes angepriesen hatten. Auf Grund von voraus gegangenen skeptischen Diskussionsbeiträgen wählte ich eine andere Einleitung zu meinem Text als die in der Arbeitshilfe ausgedruckte. Damit wollte ich eine solche Beilage stärker begründen und bezog mich auf meine Amerika-Erfahrungen über die Entwicklung des Fernsehens zu einem gesellschaftsbeherrschenden Faktum. Unter Hinweis auf eine Aussage Roegeles, wonach amerikanische Entwicklungen ein Jahrzehnt später in Europa ankommen, wies ich auf die zu dieser Zeit große Vermehrung der Fernsehprogramme durch die Privatsender hin, die - wie Skeptiker befürchteten - auch bei uns zu einer „amerikanischen Überfaszinierung des Fernsehens" führen könne. Deshalb sei eine christlichen Wertorientierung um so notwendiger. Als weiteres Argument für ein Tele-Journal führte ich an, dass viele deutsche Tageszeitungen inzwischen - auch wegen erhöhtem Aufkommen für Farbanzeigen - eine wöchentliche Fernsehzeitschrift beilegen. Bei der Planung für unsere Nullnummer hatte ich mich ausführlich beim Chefredakteur der Fernsehbeilage vieler westdeutscher Tageszeitungen, „Prisma", über Gestaltungsprinzipien und Erfahrungen erkundigt. Die Verleger und Redakteure der Bistumspresse bat ich, ihre Entscheidungen über Akzeptanz oder Ablehnung des „Tele-Journals" „nicht nur aus dem manchmal begrenztem diözesanen Blickwinkel" zu treffen.

Im Schlussreferat unterstrich Ressortleiter Hans-Josef Joest von der Zeitschrift „Capital" aus seiner „Sicht von außen" noch einmal die Zielgruppenorientierung nach Markgesetzen. Dabei brach er auch das Tabu „unverzichtbare Bistumsorgane", indem er deren undifferenzierte Leserschaft in Frage stellte. Nach Zielgruppen unterschied er drei Großgruppen: die Kirchentreuen, die Sonntags-Christen und die Sinnsuchenden. Die Kirchentreuen würden durch Pfarrblätter, Verbandsblätter und die Bistumspresse erreicht. Der Bistumspresse empfahl er „zur Qualitätsverbesserung" den Ausbau leser- und anzeigenorienter Beilagen wie etwa das „Tele-Journal". Auf wenig Widerhall stießen sofort seine Vorschläge, für Sonntags-Christen eine neuen katholische Zeitschrift zu gründen, eventuell in Kooperation mit einem säkularen Verlag, und für Sinnsuchende eine verstärkte und gezielte kirchliche Public Relations-Arbeit zu entwickeln.

In den Diskussionen über das „Tele-Journal" war schon bald eine überwiegende Ablehnung zu erkennen. Während Peter Düsterfeld und Bischof Friedrich Ostermann sich für die Beilage aussprachen, brachten Generalvikare, Verleger und Diözesanvertreter der Laien vor allem das Argument der zu hohen Kosten ins Spiel. Bischof Walther Kampe sprach sich eher für eine diözesanspezifische Beilage aus, Michael Schmolke betonte, dass er im Gegensatz zu seiner früheren Meinung jetzt auch glaube, dass das Pauschalangebot in der Bistumspresse „möglicherweise nicht der richtige Weg" sei.

Im Verlauf des Kolloquiums stellte sich heraus, dass bei einem so umfangreichen und vielschichtigen Thema innerhalb der kurzen Zeit eines Tages keine konkreten Ziele zu erreichen waren. Im Abschlusstext der Arbeitshilfe wird dazu festgestellt, dass „die Vorlage eines Empfehlungstextes des Kolloquiums an die Publizistische Kommission, in dem unter anderem auch ein positives Votum für eine Programmbeilage enthalten war, (...) nicht konsensfähig" war. Und es klingt fast resignierend, wenn Medienbischof Spital in der Einleitung zur Dokumentation nach dem Hinweis auf die Intention der Tagung, „weitergehende Schritte und Beschlüsse ableiten zu können", nochmals „die Bitte an alle in diesem Bereich Arbeitenden" richtet, „an diesem Prozeß konstruktiv teilzunehmen". Das bezog sich sicherlich auf das Scheitern einer Empfehlungsvorlage

Für mich bedeutete das negative Votum, dass ich von der reizvollen Aufgabe Abschied nehmen musste, ein neues katholischen Zeitschriftenobjekt journalistisch und redaktionell weiterzuentwickeln. MDG-Geschäftsführer Brehm berichtet in seinen Erinnerungen nur kurz im Zusammenhang mit der Einstellung des „Familien-Journals" im Mai 1990 wegen fehlender Beteiligung weiterer Bistumszeitungen, dass „auch die Idee einer wöchentlichen Fernseh-Beilage mit dem Titel 'Tele-Journal' (...) keine Zustimmung fand." Und er verhehlt nicht, dass er von solchen „Rückschlägen" enttäuscht war, wie einige andere auch. War der Fürstenrieder Gipfel ausgegangen wie das Hornberger Schießen ? Ein Vierteljahrhundert später glaube ich, dass auch eine Farbbeilage den Auflagenrückgang der Bistumspresse nicht gestoppt hätte, vielleicht aber andere zeitadäquate Entwicklungen eingeleitet hätte. Wenn Alois Schardt das Scheitern von „Publik" dem katholischen Milieu zugeschrieben hatte - damals wohl nur bedingt zutreffend -, hatte dieses Milieu sich Anfang der 90er Jahre endgültig in den Gesellschaftsstrukturen verflüchtigt, die nach der Wiedervereinigung noch stärker frakturiert war als in den 80er Jahren.

Trotzdem gab es in den beiden letzten Jahren meiner redaktionellen Tätigkeit in der Kirchenpresse noch zwei unerwartete Entwicklungen: die Neuorientierung bei „Leben & Erziehen" und den Vorstoß des Leiters der Zentralstelle Medien, Peter Düsterfeld, für die Gründung einer „gemeinsamen katholischen Wochenzeitung für ganz Deutschland".

Nach Notverkauf im fremden Dienst

Mit einem anderen Verlag, einem, nein, dem größten katholischen Verlagsunternehmen Anfang der 90er Jahre, zusammen zu arbeiten, war für mich und die beiden mit übernommenen langjährigen L&E-Redaktionsmitglieder Josef Pütz und Margret Nußbaum eine neue Erfahrung. Alles war größer, alles professioneller, alles auf Marktorientierung abgestellt, also auf Gewinn. Uns Outsidern, die einmal im Monat zu den Heftvorbesprechungen nach Augsburg anreisten, überraschte nicht, dass das Sagen de facto bei denjenigen lag, die das Geld einbrachten, den Anzeigen- und Werbefachleuten. Ihnen und natürlich dem Verlagsgeschäftsführer Schmid, einem kompetenten Zeitschriftenverleger, der sachlich argumentierte und nüchterne Entscheidungen traf, war klar, dass das Elternmagazin nicht ohne erhebliche Auflagensteigerung gewinnbringend verlegt werden konnte. Deshalb stand die Anzeigenacquisition an erster Stelle. Dafür war jedoch entscheidend, dass das Produkt „stimmen" musste, also entsprechende Umfelder im Textteil vorhanden waren und die äußere „Anmutung" überzeugte. Die begann beim Titelbild, und da konnte die Aachener Leih-Redaktion von den Augsburger Profis noch etwas lernen. Themenbezogene Titelbilder waren nicht mehr gefragt, vielmehr musste ein ansprechendes Kindergesicht in Großaufnahme auf den Titel. Und dabei war das Wichtigste, dass in den Augen des Kindes Lichtpunkte aufglänzten.

Inhaltlich sollte das Angebot an praktischen Ratschlägen in den Vordergrund gerückt werden, wobei vor allem junge Mütter und Frauen zur Hauptzielgruppe ausgewählt wurden. Für eine breite Themenpalette standen die erfahrenen Redakteurinnen und Mitarbeiterinnen von „Frau im Leben" zur Verfügung. Ausgebaut werden sollte schließlich der direkte Kontakt zu den Leser-Familien. Alles Vorgaben, die wir drei Aachener mit viel Engagement angingen. Und „Leben & Erziehen" bekam dadurch tatsächlich ein neues Image. Doch das erbrachte nicht den erhofften Anzeigenzuwachs. Unsere Aachener Zielgruppe, Eltern mit Kindern ab dem Kindergartenalter, war für die Agenturen nicht ergiebig. Die Produkte ihrer Kunden richteten sich an werdende Eltern und Eltern mit Babys. Das bedeutete eine radikale Änderung des Redaktionsprogramms hin zu einem reinen Elternratgeber-Magazin. Gewiss eine reizvolle redaktionelle Aufgabe, für die Josef Pütz und Margret Nußbaum ebenso mit kompetenter Sachkenntnis und journalistischer Schreibe prädestiniert waren wie die Mitarbeiterinnen und Mitarbeiter des redaktionellen und grafischen Stamms der Augsburger. Das Ergebnis: Die Auflage konnte gesteigert werden, ich glaube, nach drei Jahren hatte sie mit 140 000 festen Abonnenten den Break-even-point erreicht. Dank einer gezielten Marktorientierung.

Nach meiner Pensionierung habe ich die redaktionelle Entwicklung von „Leben & Erziehen" zunächst mit großem, dann mit nachlassendem Interesse verfolgt. Das Magazin ist eine journalistisch modern gemachte Zeitschrift für junge Eltern mit zeitnahen Beiträgen zum Zusammenleben von Eltern und Heranwachsen junger Familien. Doch gesellschaftspolitische Artikel und Beiträge zur religiösen Erziehung, die früher Schwerpunkte bildeten, sind ganz an den Rand gerückt, wenn sie überhaupt noch eine Rolle spielen. Das mag dem Markt entsprechen, d.h. in dem Fall: dem heutigen Lebensmilieu, in dem das Christliche gleichfalls zur Randerscheinung geworden ist. Dennoch frage ich mich, wenn ich mein Verständnis von katholischer Presse überdenke, ob „Umsatz und Gewinn alles sind" - wie es auch Weltbild-Verlagsgeschäftsführer Günter A. Schmid beim 50-jährigen Jubiläum des Weltbildverlages 1998 kritisch gefragt hatte – für ein Unternehmen, das von 15 Diözesen getragen wird. Oder muss die Frage umgekehrt lauten: Gibt es für die katholische Stimme im Konzert der Publizistik einer pluralen freiheitlichen Gesellschaft keinen Bedarf mehr?

Dennoch eskalierte das weitgehende Verharren von Verlegern und Redakteuren der Bistumspresse auf dem Status quo ihrer diözesanen Kleinstaaterei 1991 durch Initiativen des Leiters der Zentralstelle Medien, Peter Düsterfeld, zu einer der heftigsten Auseinandersetzungen über die Zukunft der Bistumspresse seit der Zeit der Synode. Ausgangspunkt der Auseinandersetzungen war ein Interview, das Düsterfeld dem Magazin „Weltbild" anlässlich des 20. Jahrestages der Veröffentlichung von „Communio et progressio" gegeben hatte. Im Zusammenhang mit der Frage, ob die in der Pastoralinstruktion genannten Ziele der Meinungsfreiheit und Mitgestaltung der öffentlichen Meinung erreicht seien, hatte Düsterfeld geantwortet, dass die Vielfalt der katholischen Presse in Deutschland es schwierig mache, eine „einheitliche Perspektive" zu entwickeln. Er nannte die Vielfalt „eine offene Wunde", beklagte den Mangel an Solidarität und hielt einen Aufschwung nur dann für möglich, wenn sich „alle an einen Tisch setzen und einen neuen Weg aus dem Dilemma finden". Das war anderthalb Jahre nach dem Gipfeltreffen in Fürstenried und offenbarte den Frust, der sich bei Düsterfeld angesammelt hatte. Dafür sprach seine folgendes „Ich sage ganz offen:" - und diese Offenheit rief sofort heftigen Protest in der Bistumspresse hervor - „Es ist für mich unverständlich, dass es zum Beispiel immer noch ein Tabu ist, über eine gemeinsame katholische Kirchenzeitung für ganz Deutschland auch nur nachzudenken. Dabei könnte ein solches Organ gerade jetzt für das kirchliche Zusammenwachsen in Deutschland einen wichtigen Dienst leisten."

Unter der Überschrift „Streit um die Zukunft der Bistumspresse" dokumentierte „Communicatio Socialis" (24. Jg.-1991, Heft 3/4) die Empörung in der Kirchenpresse, die durch eine erste Stellungnahme des Vorsitzenden der AKP, Günther Mees, auf das Gleis „Einheitskirchenzeitung" geraten war. Mees nannte Düsterfelds Vorschlag „abwegig und wirklichkeitsfremd"; das Freiburger „Konradsblatt" vermutete, dass Düsterfeld „offensichtlich weder pastoral noch marktgerecht, sondern - typisch für den Leiter einer Zentralstelle - zentralistisch" denke; für das Würzburger „Sonntagsblatt" hat Düsterfeld „nur einen alten Hut aus der Schublade gezogen"; P. Gerhard Eberts, Chefredakteur des Augsburger „St. Ullrichsblattes", verstand Düsterfelds Vorschlag nicht als eine „gemeinsame Kirchenzeitung", sondern als überdiözesane Wochenzeitung, „durch die Bistumszeitungen jedoch auf die Bedeutungslosigkeit von Lokalblättern" zurückfielen; außerdem hätten die bestehenden Blätter wie „Publik", „Rheinischer Merkur", „Deutsche Tagespost", „Weltbild" auch nicht den Durchbruch zu einer meinungsbildenden katholischen Zeitung geschafft.

Bei dem Versuch einer Verteidigung seiner Thesen vor den Verlegern der AKP am 14. Juni 1991 „verschlimm-besserte" Düsterfeld in den Augen der Bistumszeitungsvertreter noch seine Vorstellungen. Er präzisierte, dass er an eine neue katholische Zeitschrift denke, „die von allen Ortskirchen gemeinsam getragen wird und die für die Bezieher der Bistumszeitungen sowohl als 'Supplement' wie auch als 'Mantel' konzipiert werden" kann, jedoch gleichzeitig „zum Zweck der allgemeinen Verbreitung" in der Form eines „konkurrenzfähigen 'Billigproduktes' (mit viel Service)" fungieren soll.

Der Verfasser des „Communicatio"-Berichtes, Helmuth Rolfes, Professor für systematische Theologie an der Universität Kassel, ein Priesterkollege und wohl auch Freund Peter Düsterfelds, versuchte, die Vorgänge zu relativieren und herunter zu spielen. An dieser Stelle muss ich eine Bemerkung in eigener Sache machen, die „Communicatio Socialis" betrifft. Diese von dem Steyler P. Franz Josef Eilers 1968 gegründete Vierteljahresschrift war in finanzielle Schwierigkeiten geraten und hatte 1988 nur in Gestalt eines Registerbandes erscheinen können. Beim Münchener Kolloquium hatte Mitherausgeber Michael Schmolke mich gefragt, ob ich die Redaktionsleitung übernehmen könne, wenn es gelänge, Träger für eine Fortführung zu finden. Ich hatte sofort zugesagt, nicht nur, weil ich mehrfach in „Communicatio" publiziert hatte, sondern weil mich die wissenschaftlichen Aspekte der kirchlichen Kommunikation mehr und mehr interessierten. Es ist Peter Düsterfeld zu verdanken, dass „Communicatio" gerettet wurde, denn er erreichte, dass sich die Zentralstelle Medien als Mitherausgeber beteiligte. In Gesprächen mit Düsterfeld über die redaktionelle Gestaltung gewann ich den Einruck, dass Düsterfeld im Grunde eher wissenschaftlich theologisch interessiert war als medienpraktisch versiert. Da er wie Schmolke die Ansiedlung von „Communicatio" möglichst an einer Universität mit kommunikationswissenschaftlichem Zweig teilte, schlug er die Universität Kassel vor. Dort gab es zwar kein Medienstudiengang, aber er kannte Helmut Rolfes, der sich im Rahmen seiner systematischen Theologie schwerpunktmäßig auch mit kirchlicher Kommunikation befasste. Anfang 1989 nahm „Communicatio" das vierteljährliches Erscheinen wieder mit Rolfes als verantwortlichem Redakteur und mir als Redakteur für Berichte, Chronik und Dokumentationen auf. Das erste Doppelheft war dem Schwerpunkt „Kirchenpresse" mit Beiträgen über die neue Krise (Oertel), die Sprache (Schmolke), und das säkulare Umfeld (Louis Bosshart) gewidmet.

Wenn nun Helmuth Rolfes in „Communicatio" über den Düsterfeld-Streit von 1991 berichtet, bezeichnet er sich selbst als Beobachter von draußen, doch ist seine Nähe zu Düsterfeld nicht zu übersehen. Er nennt es ein „Missverständnis", dass Düsterfelds Vorschlag als Einheitskirchenzeitung verstanden wurde, weist darauf hin, dass Bistumszeitungen durch den Abdruck des umfangreichen KNA-Materials praktisch schon einen großen 'gemeinsamen Teil' haben, berichtet von der fristlosen Entlassung P. Eberts durch Bischof Stimpfle wegen „mangelnder Übereinstimmung in redaktioneller und inhaltlicher Ausrichtung" und schließt daran den Hinweis, dass „eine oder einige große Kirchenzeitungen für einen freien kirchlichen Journalismus mehr Spielraum" gewinnen könnten. Am ehesten traf wohl die grundsätzliche Feststellung des Beobachters Rolfes zu, „dass die Leistungsfähigkeit und Glaubwürdigkeit der Bistumszeitungen auch von der Befindlichkeit der Kirche insgesamt abhängen" (a.a.O.)

Im übrigen zitiert Rolfes auch einen Beitrag von mir im „Rheinischen Merkur" (RM Nr. 23, 7. Juni 1991), in dem ich unter der Überschrift „Fromme Wünsche reichen nicht" die Verabschiedung von drei Tabus gefordert hatte: „Erstens, daß jedes Bistum eine eigene Bistumzeitung des jetzigen Genres braucht, denn sie erreicht nicht einmal die Hälfte der Katholiken ihrer Ortskirche und kann somit auch kein Bistumsbewußtsein schaffen; zweitens, daß inhaltlich eine Zeitung alles für alle Leser bringen könne, denn Zeitungen mit Supermarktcharakter finden keine Zielgruppe mehr; drittens, daß Kirche in jedem Fall eigene Zeitungen braucht, denn schon 'Communio et progressio' spricht davon, daß die Kirche ihren Kommunikationsauftrag je nach Gegebenheiten durch kircheneigene Organe ausüben soll oder 'durch Zugang zu Kommunikationsmitteln, die sie nicht selbst besitzt'" (zitiert aus Communio et progressio, 1971, Nr. 132, S.255).

Nicht zitiert hat Rolfes, was ich zum Schluss meines RM-Beitrages schrieb: dass mit prinzipiellem Festhalten am Alten die Situation nicht besser wird, dass aber der Kern einer sachliche Prüfung aller Vorschläge zur Verbesserung kirchlicher Kommunikation nicht die Bistumspresse sein kann, sondern die Grundfrage, wie Glaubensverkündigung in der sich ständig erweiternden Medienvielfalt zeitgerecht geschehen kann. Vielleicht seien, so steht es in meinem RM-Beitrag, „künftige Wege kirchlicher Kommunikation im Bereich der Funkmedien, auf die Düsterfeld bereits unter der späteren Bezeichnung 'elektronische Medien' hinwies, zu suchen" (RM, a.a.O.).

Nachträglich betrachtet, war der Streit um Düsterfelds Vorschlag eigentlich ein ehrenwerter letzter Versuch, aus theologischer Sicht der unerkannten Großmacht Kirchenpresse ein neues, zeitgemäßes Profil zu geben. Er hatte sogar die Idee, im Rahmen der wachsenden europäischen Gemeinschaft eine internationale katholische Zeitschrift zu gründen. Doch in den nächsten Jahren erwiesen sich alle Vorstellungen über die Zukunftsgestaltung der Kirchenpresse als Illusionen. Die Rolle der Kirche, ihr Einfluss auf Staat und Gesellschaft, hatte sich ebenso grundlegend geändert wie das kirchliche Verhalten der Christen sowie die Funktion und Nutzung der Medien. Mit dem Verlust der kirchlichen Vormachtstellung in pluralen, aufgeklärten und individualisierten Kommunikationsgesellschaften verlor auch die „Großmacht" Kirchenpresse ihre Position in der Gesellschaft. Die Suche nach ihrer neuen Funktion in Kirche und Gesellschaft zieht sich bis weit in das neue Jahrhundert hin.

Dieser Paradigmenwechsel hatte sich mir gegen Ende meiner Redakteurslaufbahn auch auf internationalen Begegnungen bei Kongressen und Tagungen der UCIP angedeutet. Mit einem Blick auf die weltweite Veränderung der Rolle der Kirchenpresse will ich versuchen, im letzten Kapitel auch ein Fazit meiner Erinnerungen an das über 50-jährige Wirken in der katholischen Presse zu ziehen.

11. Kirchenpresse am Ende des Jahrtausends: 1990 – 2000

Wellness-Kur für die katholische Weltpresse

Es war Planungszufall, dass sich viele der Teilnehmer am Münchener Kolloquium über die katholische Presse 1989 in Fürstenried schon eine Woche später auf dem 15. Weltkongress der UCIP im idyllischen Ruhpolding wieder begegneten. Dort erlebten die „über 600 Teilnehmer aus 27 Ländern ein Festival der freudigen Begegnung im fröhlichen bayerischen Ambiente", wie es in einem Sonderdruck „AKP international" formuliert wurde (AKP, 1989). Sie gaben sich der Illusion ihrer heilen Presse hin.

Die Katholische Weltunion der Presse hatte sich seit dem letzten Kongress in Deutschland, der 1968 in Berlin eine Neuorientierung nach dem Konzil suchte, zu einem weltweiten Verband entwickelt. Während die Weltkongresse bisher in Weltstädten stattfanden, hatte Günther Mees, inzwischen Vorsitzender der AKP und Schatzmeister im UCIP-Vorstand, für den 15. Weltkongress einen abgelegeneren Veranstaltungsort vorgeschlagen, eben das bayerische Ruhpolding.

Unter dem Namen dieses Ortes ist der Kongress zu einem Höhepunkt in der Geschichte der UCIP geworden, zugleich als gesellschaftliches wie berufliches Treffen der katholischen Publizisten aus aller Welt. Für sie war die Welt der Kirche und katholischen Presse noch voller Hoffnung. Der Kongress stand unter einem Thema, das bei den Zukunftsdiskussionen in Fürstenried auch schon eine Rolle gespielt hatte: der Einfluss der elektronischen Medien auf die katholische Presse. Die unter dem auf internationalem Tagungsparkett üblichen sperrigen Titel „Kreativität und Verantwortung im Spannungsfeld neuer Pressetechnologien" gehaltenen hochkarätigen Vorträge bildeten die Basis für endlos lange Diskussionen, bei denen sich jedoch herausstellte, dass die Situationen in allen Ecken der Welt anders waren. Für mich ergaben sich zur Frage nach der Rolle der Kirchenpresse zwei Schwerpunkte: eine Art Ortsbestimmung für junge katholische Journalisten, die der Leiter des Instituts zur Förderung publizistischen Nachwuchses, Wolfgang Seibel SJ, auf dem Vortreffen des 1987 gegründeten UCIP-Kontaktnetzes junger Katholiken vornahm, und die Verabschiedung eines 10 Punkte-Planes für die Kirchenpresse in der FIAPE-Sitzung.

Auf der Netzwerk-Veranstaltung rückten die jungen Vertreter aus der Dritten Welt das Thema der Pressefreiheit in den Vordergrund. Pater Seibel ging vom generellen Auftrag der Medien aus, „die Wirklichkeit so darstellen (zu) müssen, wie sie ist". Das, so Seibel, gelte auch für katholische Journalisten. Sie seien keine „Sprachrohre kirchlicher Amtsträger", sondern müssten sachlich und kritisch über die Kirche berichten. Dafür sei die in „Communio et progressio" festgeschriebene Meinungsfreiheit Voraussetzung. Katholische Journalisten, so postulierte der Jesuitenpater, verfehlten ihren Auftrag, wenn sie „Schönfärberei" betrieben.

Die Themen Meinungsfreiheit und Schönfärberei lagen auch den Beratungen auf der Sitzung der Föderation der Verbände der Kirchenpresse (FIAPE) zu Grunde. Der Präsident der Catholic Press Association (CPA) Nordamerikas, Jack Fink, und ich hatten als Gründungsmitglieder in den vergangenen Jahren Prinzipien erarbeitet, die in zehn Punkten grundlegende Richtlinien für die kirchliche Presse zusammenfassten. Sie erschienen den Föderationsmitgliedern um so dringlicher, als nicht nur Vertreter der Dritten Welt von Einschränkungen ihrer redaktionellen Freiheit berichteten, sondern auch italienische, spanische, irische, österreichische und vor allem amerikanischen Journalisten solche Vorkommnisse aus jüngster Zeit beklagten. Die FIAPE hatte gehofft, dass die UCIP diese Prinzipien als offizielles Dokument verabschiedet, doch dagegen hatte es Bedenken gegeben. Immerhin enthielt die Kongress-Dokumentation „AKP international" einen Bericht über die Behandlung der Prinzipien in unserer Föderation und hob zwei Punkte besonders hervor: Erstens dass katholische Kirchenpresse auf pressespezifische Weise am Verkündigungsauftrag der Kirche teilnimmt und deshalb nicht allein nach wirtschaftlichen Gesichtspunkten geführt werden kann, sondern kirchliche Förderung braucht, - ein Punkt, den ich von deutscher Seite aus AKP-, ZdK- und Synodenpapieren eingebracht hatte. Zweitens druckte sie das aus einer Resolution der amerikanischen CPA übernommene Prinzip ab, dass Kirchenpresse „mit einem Höchstmaß an Vollständigkeit, Wahrhaftigkeit, Genauigkeit und Offenheit" über alle für Christen bedeutenden Vorgänge berichten muss.

Die Vorbehalte im UCIP-Vorstand hatten sich nicht gegen diese inhaltlichen Aussagen der Zehn Prinzipien gerichtet, sondern lagen darin begründet, dass die Internationale Kommission unter Vorsitz des ehemaligen Präsidenten Louis Meerts ein eigenes Dokument über „Informationsfreiheit" in Arbeit hatte. Auf der nächsten UCIP-Ratssitzung in Baar in der Schweiz wurden dann doch die „Zehn Prinzipien der katholischen Kirchenpresse" zusammen mit dem Papier über „Informationsfreiheit" als offizielle UCIP-Dokumente anerkannt (beide Texte in Communicatio Socialis" Jg. 23, 1990, Heft 2, S. 143ff.).

Mir war dies insofern wichtig, als ich darin gleichsam die Summe meiner Vorstellungen über die Rolle und Funktion kirchlicher Presse dokumentiert sah, wie sie sich aus der Entwicklung nach dem Zweiten Vatikanischen Konzil ergeben hatte.

Ein Interview, eine Akademietagung und eine Festschrift

Das Ende meiner Tätigkeit in der Kirchenpresse kam für mich im Oktober/November 1992 mit einem Interview, einer Akademietagung in Aachen und einer Festschrift - drei Gelegenheiten für berufliche Bilanzen.

Zum Auftakt meiner Verabschiedung veröffentlichten die „Aachener Nachrichten" (AN) am Tag der Akademieveranstaltung unter der Überschrift „Mehr Zielgruppen müssen angesprochen werden" ein Interview mit mir, in dem AN-Chefredakteur Karl Ohst sich auf das Thema der Akademie-Tagung desselben Tages „Kirchenpresse in der entwickelten Kommunikationsgesellschaft" bezog. Ohst begann mit der Feststellung, dass der Auflagenschwund der Kirchenpresse trotz mannigfacher Bemühungen der inhaltlichen und drucktechnischen Verbesserung anhält und fragte, was der Schlüssel zu einem neuen Aufschwung sei. Meine Antwort: „Schlicht gesagt, indem man die Interessenvielfalt der Gläubigen auch vielfältig bedient." Ein „breitgefächertes Angebot" sei vor zwei Jahren zwar schon auf einer von der Publizistischen Bischofskonferenz veranstalteten Tagung gefordert worden, aber - meine Interview-Aussage wörtlich - „seitdem ist nichts geschehen, was der Kirchenpresse Not tut: weder Ausbau der Kooperationen noch Neugründungen und Konzentrierung auf Zielgruppen-Objekte". Nach den Gründen gefragt, antwortete ich, um eine gute Zeitschrift heute erfolgreich auf dem Markt zu halten, „muss man einen potenten Verlag hinter sich haben. Mit einer solchen Aufgabe sind die meisten kleinen konfessionellen Verlage überfordert. Folglich müssen sie zu Kooperationen angehalten werden, doch dieser Schritt erweist sich ebenfalls als problematisch, weil allzu sehr die 'Besitzstandswahrung' im Vordergrund steht."

Auf die Frage des Interviewers, wie die Kirchenpresse in einer stark gewandelten Gesellschaft ihre Existenz sichern könne, meinte ich: „Es kann nicht das Hauptziel sein, die Existenz der zur Zeit bestehenden Kirchenpresse zu sichern. Die Kirche muss sich in erster Linie fragen, wie sie in unserer Kommunikationsgesellschaft ihre Botschaft am wirksamsten vermitteln kann. Die traditionelle Bistumspresse erreicht nur noch ein Drittel der Gläubigen. Dieser Bestand muss gesichert werden, das ist klar. Andererseits stellt sich die Frage, wie die übrigen zwei Drittel angesprochen werden können. Also muss über neue Objekte nachgedacht werden, müssen spezielle Zeitschriften für bestimmte Zielgruppen entwickelt werden."

Auf die Frage, ob die konfessionell gebundenen Printmedien den Ansprüchen der heutigen überfütterten Kommunikationsgesellschaft noch gerecht werden könne, antwortet ich eindeutig: Nein, deshalb werde schon seit langem nur noch von ihrer „ergänzenden Nischenfunktion" gesprochen, was ich für zu verengt hielte, weil Kirche in der Gesellschaft ja auch keine Nischenfunktion habe. Folgerung: „Die Printmedien reichen nicht aus." Neue Möglichkeiten böten sich der Kirche in den neuen Medien, und im Printbereich „muss tatsächlich sondiert werden, was markgerecht ist oder subventioniert werden muss, weil es im Interesse der Kirche ist". Als Interviewer Ohst zum Schluss nachfragte, wo „der Hebel angesetzt werden muss", blieb mein Vorschlag als ultima ratio: „Darüber sollte am 'runden Tisch' unter Verlegern, Chefredakteuren und den für die Publizistik in der Kirche Verantwortlichen gesprochen werden." (Aachener Nachrichten, 24. Oktober 1992).

Aus dem ganzen Interview lese ich heute heraus, dass ich der Meinung war, die Kirche müsse in der „entwickelten Kommunikationsgesellschaft" neue mediale Wege gehen und die Kirchenpresse sich dabei einem erneuten Funktionswandel unterziehen müsse. Bestätigt hat mich darin das, was auf der Tagung im Aachener August-Pieper-Haus am 14. November 1992 anlässlich meiner Verabschiedung gesagt und diskutiert wurde.

Die vom Einhard Verlag, der Bischöflichen Akademie und „Communicatio Socialis" durchgeführte Veranstaltung entwickelte sich wiederum zumindest zu einem kleinen Gipfeltreffen derer, die in den vergangenen Jahrzehnten und gegenwärtig die Geschicke der Kirchenpresse auf diözesaner und überdiözesaner Ebene mitgestaltet hatten. Nach Begrüßungen durch den Aachener Generalvikar Karl-Heinz Collas, Einhard-Verlagsleiter Heinz Malangré und AKP-Vorsitzende Marianne Regnier verblüffte Michael Schmolke die Festversammlung mit der These, dass die sich unaufhaltsam fortbewegende Kommunikationsgesellschaft die Kirche nicht mehr versteht und die Kirche die moderne Welt nicht mehr. Unter der Überschrift „Kirche und Kommunikation: Ungünstige Wohnlage", zitierte KNA die Begründung Schmolkes: dass es dem Menschen der so genannten Postmoderne keine Probleme bereite, mehrere Wahrheiten nebeneinander gelten zu lassen, die Kirche „aber näher an der Wahrheit wohnt", was derzeit eine eher „ungünstige Wohnlage" sei. Allerdings, so schränkte der Salzburger Medienwissenschaftler ein, lägen die Schwierigkeiten nicht so sehr bei der Kirche, als an einem völlig veränderten Rezeptionsverhalten der Leser. Als einen Ansatzpunkt zur Wiederbelebung der kirchlichen Kommunikation nannte Schmolke eine soziologisch orientierte Pastoral - gut ein Jahrzehnt, bevor eine Sinus-Milieu-Studie im Auftrag der MDG (MDG/Sinus Sociovision, 2005) diese Sachlage und Remedur den Bischöfen und katholischen Medienverantwortlichen vor Augen führte.

Ein Patentrezept für die Kirchenpresse lieferte Schmolke ebenso wenig wie die Podiumsdiskussion, die von „Communicatio"-Redaktionsleiter Helmuth Rolfes moderiert wurde und an der neben Schmolke und „Communicatio"-Mitherausgeber Karl Höller vom Aachener Bergmoser & Höller-Verlag auch MDG-Geschäftsführer Raimund Brehm und ZDF-Hauptabteilungsleiter Michael Albus teilnahmen. Albus wandte sich gegen das „dauernde Lamentieren" über die Zukunftsbedrohungen und sprach sich ebenso wie Höller für die Förderung kirchlicher Kommunikation im Nahbereich aus. Brehm unterstrich die Zielgruppen-Orientierung, ohne konkrete Vorstellungen zu präzisieren. Einig war man sich nur darin, dass die Kirche in der Kommunikationsgesellschaft „präsent" bleiben muss. Die Diskussion kam mir bekannt vor - und ich empfand sie als unbefriedigend, zumindest was konkrete Zukunftsvisionen betraf.

Michael Schmolke ging in seiner Festrede auch auf mein berufliches Wirken ein, und da ich seine Charakterisierung ziemlich zutreffend fand, darf ich diesen Passus im Wortlaut festhalten: „Unter den Redakteuren der Kirchenpresse war er kein enfant terrible, gehörte wohl gerade noch zum mainstream, machte aber gelegentlich Vorschläge, die von der Mehrheit nicht als verwirklichenswert eingestuft wurden. Auch bin ich nicht sicher, ob seine durch selbstkritische Reflexion getesteten Vorschläge wirklich Remedur geschaffen hätten. Denn in seinem Berufsweg und in den Aufgaben, die er sich freiwillig aufgeladen hatte, spiegelt sich das Dilemma, dass ich im ersten Teil (meines Referates) auszuarbeiten versucht habe: die ihm zunächst unbewußte Erfahrung, daß die Adressaten und ihre Welt sich verändern, während die Botschaft die gleiche bleiben muss." (Schmolke in: Aufklärung und Aberwissen, München, 1999, S. 178-191).

Festhalten möchte ich jedoch auch sechs „Denkanstöße", die Michael Schmolke in der mir gewidmeten Festschrift „Kirchenpresse am Ende des Jahrtausends" formulierte. Sie beruhen nicht nur auf seiner wissenschaftlichen Begleitung der Entwicklung der deutschen Kirchenpresse seit dem Konzil, sondern auch auf 17 Länderberichten über die gegenwärtige Situation der Kirchenpresse in den Ländern Europas und in den USA, die ich für die FIAPE gesammelt hatte (ComSoc, 1993, Beiheft 9). Und sie entsprechen dem, was ich gleichfalls als eine Summe meiner Erfahrungen bezeichnen kann.

Hier diese Denkanstöße: 1. Wo Erscheinungsformen der Kirchenpresse dysfunktional werden, wird ihr Niedergang nicht aufzuhalten sein. 2. Hoffnungen der Konzilszeit auf eine neue Funktionalität unter dem Stichwort „Dialogforum" haben sich nicht oder nur zum Teil erfüllt. 3. Auch Hoffnungen auf Stabilisierung der Auflagen durch Steigerung der Professionalität haben sich nicht erfüllt. 4. Die permanenten Gespräche über Face-Lifting führen in die Irre. 5. Auch ein Rollback im Sinne einer engeren Rückbindung an kirchliche Herausgeber und Institutionen verspricht wenig. Die Kirchenpresse kann nicht wieder zur 'zweiten Kanzel' werden, solange die erste Kanzel immer weniger Zuhörer um sich versammelt. 6. Im Zielgruppenkonzept findet sich möglicherweise der Weg in die Zukunft der kirchlichen Medienkommunikation (a.a.O., S. 13f).

Eine persönliche *Nach*-Lese

Als Bischof Pohlschneider 75 Jahre alt wurde, zitierte er einen landläufigen Spruch, der sich aus den Vokalen A - E - I - O - U ableitet: **A**lte **E**sel **J**ubilieren **o**hne **U**nterlass. Da Redakteure nicht mit 75, sondern bereits mit 65 Jahren in den Ruhestand verabschiedet werden, erfuhr ich die Wahrheit dieses Spruches zu dieser Zeit. Neben der Festschrift von Michael Schmolke möchte ich zwei Ehrungen erwähnen, die mir mehr deshalb etwas bedeuten, weil sie auf internationaler Ebene erfolgten. Im Juni 1990 ernannte mich der Rat der Weltunion der katholischen Presse zum Ehrenmitglied unter Hinweis auf die Gründung und Mitgestaltung der Internationalen Föderation für die Kirchenpresse. Und auf der Jahresversammlung der Catholic Press Association im Mai 1992 in Milwaukee, Illinois, zu der ich als Gastreferent über „Freiheit und Zensur in der Kirchenpresse" geladen war, gab es für mich bei der jährlichen Verleihung der Awards eine Überraschung: Der selten verliehene „Special Award" ging, wie CPA-Präsidentin Barbara Beckwith verkündete, „zum ersten Mal an einen ausländischen Journalisten", und dann nannte sie meinen Namen. US-Pressebischof Raymond James Boland ließ es sich nicht nehmen, mir die Ehrenurkunde für die „langjährige Förderung der Zusammenarbeit zwischen der deutschen und amerikanischen Kirchenpresse und der Gründung der Region Amerika in der Katholischen Weltunion der Presse" persönlich zu überreichen.

Was die Zeit nach der Pensionierung betrifft, habe ich erfahren, dass es für einen Publizisten keinen „Ruhestand" gibt. Als Redakteur i.N. (im Nebenberuf) von „Communicatio Socialis" konnte ich die weitere Entwicklung der kirchlichen Medien bis in das zu Ende gehende erste Jahrzehnt des neuen Jahrtausends verfolgen. Schon in einer „Zwischenbilanz", die meine Kollegen der Jahre 1970 bis 1990 in dem Buch „Deutschlands fromme Presse" (Mees/Oertel, 1996) gezogen haben, hatte ich meine Thesen von den aufzubrechenden drei Tabus aus dem „Rheinischen Merkur"-Beitrag von 1991 wiederholt und ergänzt: dass jedes Bistum sein eigenes Blatt brauche, dass Kirchenzeitungen nur von kirchlichen Herausgebern getragen und keine Joint-Ventures mit säkularen Verlagen eingegangen werden könnten und dass sie an bestimmte Verlage und Druckereien, Formate und Vertriebswege gebunden seien (a.a.O., S. 37f.).

Nicht erwartet hatte ich, dass die Arbeitsgemeinschaft Katholische Presse nach 50-jährigem Bestehen als eigenständiger Verband aufgelöst wurde und mit dem Verband katholischer Buchhändler im neuen, sicher zeitgemäßen Katholischen Medienverband aufging. Dies, ferner die Ergebnisse der regelmäßigen Trendmonitoren der MDG über die Mediennutzung kirchlicher Informationen sowie schließlich die Daten der Studie „Religiöse und kirchliche Orientierungen in den Sinus-Milieus 2005" (MDG/Sinus Sociovision, 2006) lassen mich zu folgender Bilanz kommen: Ich glaube, dass mit dem auslaufenden 20. Jahrhundert ein Kapitel deutscher Kirchenpresse zu Ende gegangen ist, das 1945 nach dem Zweiten Weltkrieg begann und über das Zweite Vatikanische Konzil und die Synode der deutschen Bistümer in eine Postmoderne führte, in der die Kirche ihre frühere gesellschaftsrelevante Position verloren hat. Mit dem Übergang in eine globale Welt hat zu Beginn des neuen Jahrtausends auch ein neues Kapitel der Weltkirche begonnen, das nicht nur von einem „Clash of Civilizations" (Huntington, 1998) bestimmt wird, sondern auch von einen „Clash of Religions" (wobei „Clash" nicht Kampf, sondern Zusammenstoß bedeutet). Für die Präsenz der katholischen Kirche in dieser pluralen Weltgesellschaft sind andere Kommunikationsträger und -wege nötig als im vergangenen Jahrhundert. Gegen Ende des ersten Jahrzehnts des neuen Jahrhunderts zeichnent sich bereits Grundstruktur einer cross-medialen Kommunikation ab, bei der die digitale Verbreitung sicherlich auch innerhalb der Kirche zu einer Neuorientierung des Printbereichs führen muss.

Ganz zum Schluss eine persönliche Note: In einer kleinen Schrift habe ich zur Vollendung meines 80. Lebensjahres am 24. Oktober 2007 einige Texte aus der Weltliteratur zusammengestellt, die ich beim Nachdenken über das, was man als die Sinnfragen des menschlichen Lebens bezeichnet, als nachlesenswert empfand und die mich und mein publizistisches Wirken stark geprägt haben. Der Titel „*Nach*-Lese" bezieht sich auf eine Erinnerung an meine Kindheit und Jugend: Als ich acht Jahre alt war, hatten meine Eltern gesagt: „Lass den Jungen lesen!", wenn jemand in unserem Dorf meinte, ob „der nichts Besseres zu tun hat".

Meine *Nach*-Lese beginnt mit den bekannten Sprüchen aus dem „Buch des Predigers" über die Eitelkeit des Menschen und darüber, dass es nichts Neues unter der Sonne gibt, und dass „alles seine Stunde hat und alles schön ist zu seiner Zeit". Nicht zu vergessen der weise Rat des Predigers an die schreibende Zunft:
„Und was weiter geht, mein Sohn, nimm dich in acht;
des vielen Büchermachens ist ja kein Ende,
und viel Grübeln ermüdet das Fleisch.
Doch der Sinn der ganzen Rede hört sich so an:

Fürchte Gott und halte seine Gebote, denn darin liegt das Menschsein ganz."
Das ist *Altes* Testament.

In meiner *Nach*-Lese folgen Zitate aus der Weltliteratur: Platons Höhlengleichnis über die Schein-Welt, die wir als unsere Wirklichkeit wahrnehmen; Shakespeares „Die ganze Welt ist eine Bühne, und alle Männer und Frauen sind nur Spieler"; Goethes „Sonnengesang" aus dem „ Faust"-Prolog und Fausts „Da steh ich nun, ich armer Tor, und bin so klug als wie zuvor"; Rilkes „Ich lebe mein Leben in wachsenden Ringen" und Padre Damianos „Wir sind Gottes Utopia, aber eines im Werden" aus Stefan Andres' Novelle.

Zum Schluss führt meine *Nach*-Lese zurück zum *Neuen* Testament - mit einer Deutung aus der Feder des jungen Theologen Joseph Ratzinger. In seiner „Einführung in das Christentum" bezeichnet er als Mitte des Christentums das „Prinzip Liebe", das, „wenn es wahr sein soll, den Glauben ein(schließt)", und in dem das Prinzip Hoffnung „mitanwesend ist". Ratzinger endet mit einem Wort des Apostels Paulus: „So führt unsere Betrachtung am Schluß von selbst auf die Worte, mit denen Paulus die tragenden Pfeiler des Christlichen benannte: 'Jetzt bleiben Glaube, Hoffnung, Liebe, diese drei; das Größte unter ihnen ist die Liebe'"(1 Kor 13,13).

Anhang

Abkürzungen

AKP: Arbeitsgemeinschaft Katholische Presse
CeP: Pastoralinstruktion „Communio et progressio"
CF: „Die Christliche Familie"
ComSoc: „Communicatio Socialis", Internationale Zeitschrift für Kommunikation in Religion, Kirche und Gesellschaft
CPA: Catholic Press Association of North America
DBK: Deutsche Bischofskonferenz
FIAPE: Federation Internationale des Associations de la Presse Eglise
GKP: Gesellschaft Katholischer Publizisten Deutschlands
GR: Gemeinschafstredaktion der Bistumspresse
IFP: Institut zur Förderung publizistischen Nachwuchses
KM: Katholischer Medienverband
L&E: „Leben & Erziehen"
MDG: Mediendienstleistungs-Gesellschaft
PA: Privatarchiv Ferdinand Oertel
UCIP: Union Catholique Internationale de la Presse
ZdK: Zentralkomitee der deutschen Katholiken

Quellen und Literatur

Albrecht, Dieter u.a. (Hg) (1983): Politik und Konfession. Berlin

Arbeitsgemeinschaft Katholische Presse AKP (1974): 1949-1974. Zur Ent-wicklung und Situation der deutschen Kirchenpresse. Bonn, 1974

– (1988): AKP von A bis Z. 40 Jahre Arbeitsgemeinschaft Katholische Presse 1948-1988. Frankfurt

Ammon, Hermann (1930): Deutsche Sprache und Literatur. Marburg

Baukloh, Friedhelm (1966): Für und Wider das Bistumsblatt. Das Dilemma der katholischen Kirchenpresse. In: Greinacher/Risse (1966), S. 219-247

Begegnung. Zeitschrift für Kultur und Geistesleben. 4. Jg., Heft 11, 5.Jg., Hefte 3 und 6/7

Bieger, Eckhard (1978): Die Redakteure der Bistumspresse. ComSoc, Beiheft 7. Paderborn

Böhner, Hans (1971): 25 Jahre Kirchenzeitung für das Erzbistum Köln. In: Kirchenzeitung für das Erzbistum Köln, 2. April 1971, Nr. 14, S. 16-17

Boventer, Hermann (Hg.) (1988): Medien und Moral. Ungeschriebene Regeln des Journalismus. Konstanz

Brehm, Raimund E.(2004): Der Pegasus. Von Menschen, Medien und Missionen. Lebensgeschichten ab 1954. Nürnberg. Privatdruck

– (2007): Wie die MDG entstand. In: ComSoc, 40. Jg., 2007, Heft 3, S. 273-291

Bringmann, Karl (1958): Wollen und Wirken 1948 - 1958. Zehn Jahre Gesellschaft Katholischer Publizisten Deutschlands. In: GKP (1958): Heinrich Jansen Cron und die katholischen Publizisten Deutschlands. Köln. S. 9-24

– (1982 und 1987): Kaleidoskop eines Lebens als Publizist. Geldern. Privatdruck

Communicatio Socialis (ComSoc). Internationale Zeitschrift für Kommunikation in Religion, Kirche und Gesellschaft: Jahrgänge 1 (1968) - 42 (2009) und Beihefte 1 (1972), 3 (1974), 7 (1978) und 9 (1992)

Deutsche Bischofskonferenz DBK (1989): Katholische Presse. Kolloquium der Publizistischen Kommission der Deutschen Bischofskonferenz 10./11. Oktober 1989 in München. Reihe: Arbeitshilfen 79, Bonn

Dorneich, Julius (Hg) (1926): Katholischer Literaturkalender. 1926. Freiburg

Dovifat, Emil (1990): Der amerikanische Journalismus. Hg. von Stephan Ruß-Mohl, Reihe: Abhandlungen und Materialien zur Publizistik, Bd. 13. Berlin (Erstveröffentlichung 1927)

Durth, Rüdiger (1979): Die Krise ist überwunden. In: Der Journalist, Heft 1/1979, S. 28-31

Eilers, Franz-Josef u.a. (1972) (Hg): Kirche und Publizistik. 13 Kommentare zur Pastoralinstruktion „Communio et Progressio". ComSoc Beiheft 1. Paderborn

Eucharistischer Weltkongress EWK (1971): Statio Orbis. 2 Bde. München

FIAPE (1990): Die Zehn Prinzipien der Kirchenpresse. In: Schmolke (1992), S. 143-145. Paderborn

Fink, John F. (2001): Memoirs of a Catholic Journalist. My first 70 years. Indianapolis, IND, USA

Frings, Kardinal Josef (1973): Für die Menschen bestellt. Erinnerungen. Köln
Froitzheim, Dieter (Hg.) (1979): Kardinal Frings. Leben und Werk. Erinner-un-gen. Köln
Gatz, Erwin (Hg) (2002): Die Bischöfe der deutschsprachigen Länder. Berlin
Gemeinsame Synode der Bistümer in der Bundesrepublik Deutschland (1976): Offizielle Gesamtausgabe. Freiburg
– (1977): Offizielle Gesamtausgabe. Ergänzungsband . Freiburg
Gesellschaft Katholischer Publizisten GKP (1958): Heinrich Jansen Cron und die katholischen Publizisten Deutschlands 1948 - 1958. Köln
– (1975): 25 Jahre Gesellschaft Katholischer Publizisten. Köln
– (1988): Bekannt-Machung. 40 Jahre Gesellschaft Katholischer Publizisten Deutschlands. Berlin
– (1998): Standorte. Katholische Publizisten beziehen Stellung. 50 Jahre Gesell-schaft Katholischer Publizisten. Köln
Gorschenek, Günter (1976): Katholiken und ihre Kirche. München
Graf, Günter (1988): Die 'Informationen' der GKP, Berlin, S. 82-83
Greinacher, N./Risse, H.T. (Hg) (1966): Bilanz des deutschen Katholizismus. Mainz.
Hagemann, Walter (1947): Grundzüge der Publizistik. Münster
Huntington, Samuel (1997): Clash of Civilizations. Washington
Institut für Kommunikationsforschung IFK (o.J.): Feldbefragung . Kommunika-tions- und Informationserwartungen der katholischen Bevölkerung gegen-über kirchlichen Massenmedien - insbesondere der Kirchenpresse -. Teile A-D 1976, Teil E 1977. Wuppertal
Institut zur Förderung Publizistischen Nachwuchses IFP (1985): 15 Jahre. Mün-chen
– (1999): Adressen, München
Janzing, Anton (1986): Das heikle Kapitel: Geschlechtserziehung. In: Oertel (1986). Graz/Aachen, S. 103-112
Journalistes Catholiques (1968). 8. Congres Mondial de L'UCIP. Nr. 39-40, 16e annee. Mai-August 1968. Paris
Kampe, Walther (1964): Die Stellung der Publizistik im deutschen Katholizis-mus. In: ZdK (Hg), Arbeitstagung Münster, 18.-21. 3. 1964, Paderborn 1964, S. 256-266
– (1966): Die Aufgabe der Kirchenpresse nach dem Konzil. Referat auf der Re-dakteurskonferenz der AKP am 23. 6. 1966 in Essen. AKP-Manuskriptdruck. Bonn
Katechismus der Katholischen Kirche (2005). Kompendium. Bonn
Katholische Deutsche Akademikerschaft KDA (1950). Blätter der Katholischen Akademikerschaft. Nr. 9, 1.Jahr, Juni 1950. Köln
Katholische Nachrichtenagentur KNA (1977): XXV Jahre KNA. De instur-mentalis informationis. Limburg
– (1982): KNA 1952 - 1982. Bonn
– (1992): 40 Jahre KNA. Bonn

Kochs, Anton (Hg) (1963 und 1965): Das 21. Konzil. 2 Bde. Essen

Lebendige Seelsorge (1967). Mitteilungsblatt der Erzdiözese Köln, Heft 7/1967

Lehmann, Karl Kardinal (2006): Zuversicht aus dem Glauben. Die Grundsatzreferate des Vorsitzenden der Deutschen Bischofskonferenz. Freiburg

Linnerz, Heinz (1966): Das Konzil hat gesprochen. Themen, Texte, Tendenzen. Kevelaer

Lokalkomitee des 82. Deutschen Katholikentages (LDK) (1968): 1770 Forum-Fragen. Bochum

Malangré, Heinz (2005): Aus Trümmern zur Europastadt. Aachen von 1945 bis 2005. Aachen

Media Spektrum (1980). Heft 10/1980. Mainz

Mediendienstleistung GmbH (MDG)/Sinuas Sociovision (2005): Mileuhandbuch. „Religiöse und kirchliche Orientierungen in den Sinus-Milieus 2005". München und Heidelberg

Mees, Günther ((2005): Stimme der Stimmlosen. UCIP: Katholische Weltunion der Presse: Anmerkungen, Episoden, Hintergründe. Münster

Mees, Günther/Oertel, Ferdinand (Hg.) (1996): Deutschlands fromme Presse. Eine Zischenbilanz katholischer Publizisten. Mainz

Moser, Georg: Die pastorale Bedeutung der Kirchenpresse. Referat auf der 24. Jahresversammlung der AKP am 24. Oktober 1972 in Esslingen (AKP-Manuskriptdruck 1972). Bonn

Mott, George Fox (1948): An Outline Service of Journalism. New York, USA

Nevins, Albert J. (1973): Our American Catholic Heritage. Huntington IND, USA

Neudeck, Ruppert (1976): Die kirchliche Rundfunk- nd Fernseharbeit. In: Gorschenek (1976) S. 331-343

Oertel, Ferdinand (1950): Der Publizist im modernen Lebensrhytmus. In: KDA (1950), S. 17-18

– (1955): Der 36. Eucharistische Kongress in Rio de Janeiro. Calig. München

– (1960): Jugend im Feuerofen. Recklinghausen

– (1969a): Lieben vor der Ehe. Beiträge zur Diskussion über voreheliche Geschlechtsbeziehungen. Essen

– (1969b): Die Zukunft der katholischen Sonntagspresse im Lichte einer Leserumfrage. In: ComSoc, 2. Jg., Heft 4, 1969, S. 323-328

– (1970): Pfarrgemeinderat ernstgenommen. Erfahrungen und Konsequenzen. Limburg

– (1970): Menschliche Gesellschaft und Eucharistie. In: Politische Studien. S. 442-448. München

– (1971): Der Funktionswandel der katholischen Presse in Deutschland. Referat in der Katholischen Akademie Bayern am 27.2.1971. AKP-Manuskriptdruck. Bonn

– (1972): Dialogforum Kirchenpresse. Neuorientierung in Kirche und Gesellschaft. Limburg

– (1973): Die Ziele der Arbeitsgemeinschaft Katholische Presse. In: ComSoc Jg. 6, Heft 1 1973, S. 34-39

– (1976): Informationsverhalten und Erwartungen der Katholiken. Eine Feldbefragung zum Thema Kirchenpresse. In: Herderkorrespondenz, Heft 2/1976, S.
XXV - XXXVII. Freiburg.

– (1979a): Internationales Forum für die Kirchenpresse: die Aufgabe der jüngsten Föderation der Kirchenpresse. In: ComSoc, 12. Jg., Heft 3 1979, S. 280-
287

– (1979b): Ein Fenster zur Welt wurde geöffnet.In: Froitzheim (1979) S.205-213

– (1980): Ein Chefredakteur und sein Blatt. In: Media Spektrum (1980), S. 2-10

– (Hg.) (1986): Familienratgeber. Graz/Aachen

– (1988): Tendenz und Tabus. Fakten, Meinungen und die Schere im Kopf. In:
Boventer (1988), S. 117-122

– (1991): Fromme Wünsche reichen nicht. In: Rheinischer Merkur, 7.6.1991, S.
9

– (1992): Der Mann vom Kirchenblättchen. 40 Jahre Kirchenpresse. In: Schmolke (1992), S. 146-156. Paderborn

Pauquet, Peter Paul (1967): Kirchenpresse im Meinungsstreit. In: Lebendige Kirche. Mitteilungsblatt der Erzdiözese Köln. Heft 7/1967, S. 20-31. Köln

Pastoralinstruktion „Communio et Progressio" über die Instrumente der sozialen Kommunikation (1971). Lateinisch-deutsch. Von den deutschen Bischöfen
approbierte Übersetzung. Kommentiert von Hans Wagner. Trier

Poth, Hugo (1985): Zeichen setzen. Verkünde das Wort, ob gelegen oder ungele-
gen. Köln

Privatarchiv (PA) Ferdinand Oertel (1943 bis 2009): Persönliche Kalender und
Notizen, Aktenvermerke, Briefe, AKP-Manuskriptdrucke von Jahresberichten,
Vortrags- und Arbeitsdokumenten, Stellungnahmen und Entwürfen zu Initia-
tiven und Projekten.

Richardi, Hans-Günter (2001): Am Anfang war das Ende. Das Wirken von August und Alfred Schwingenstein beim Wiederaufbau der freien Presse in Bayern. München

Roegele, Otto B. (1981): Vom 'Sofortprogramm' zum Frühwarnsystem - Kirche
und Publizistik im Jahrzehnt nach der Synode. Referat bei der Verleihung des
Katholischen Journalistenpreises am 23.6.1981 in Köln. Manuskriptdruck.

– (1983): „Publik" - ein Lehrstück. In: Albrecht (1983), S. 535-546. Berlin

RuhrWort Extra (2009): 50 Jahre 1959 - 2009. Jg. 51, Nr. 14 vom 4. April
2009

Ruß-Mohl, Stephan (1990): Vorwort in: Dofivat (1990). Berlin

Scheuch, Erwin (1971): Massenmedien und Religion in der Freizeitgesellschaft.
Essen

Scheulen, Hans/Oertel, Ferdinand (1948): Lebendiger Dom.Erzählung und Bericht um den Kölner Dom. Essen

Schmitz, Wilhelm (1976): Das Verlegen konfessioneller Zeitschriften als unternehmerische Aufgabe. In: ComSoc, 9. Jg.., Heft 4 S. 297-308. Paderborn

Schmolke, Michael (1971): Die schlechte Presse. Katholiken und Publizisten zwischen 'Katholik' und 'Publik'. Münster

– (1971b): Kirche und innerkirchliche Kommunikation. Jahresversammlung der AKP am 28.1.1971 in Brixen. AKP-Manuskriptdruck. Bonn

– (1974a): Gutachten Katholische Publizistik 72/73. Zusammenfassender Bericht. Salzburg

– (1974b): Fazit der Diskussion der entsprechenden Ergebnisse aus dem Gutachten Katholische Publizistik 72/73 in der Publizistischen Kommission am 2.7.1974. Manuskriptdruck. Münster

– (1974c): Publik. Episode oder Lehrstück ? Auskünfte über eine katholische Wochenzeitung. ComSoc Beiheft 3, 1974. Paderborn

– (1977): Kommentar zu wichtigen Ergebnissen der Feldbefragung. In: IFK, Teil E, S. 1-46

– (Hg.) (1992): Kirchenpresse am Ende des Jahrtausends. Berichte aus 15 Ländern Europas und aus den Vereinigten Staaten. Festgabe für Ferdinand Oertel. Paderborn

– (1999): Die kirchlich-konfessionelle Presse. In: Wilke (1999), S. 350-374. Bonn

Seibel, Wolfgang (1984): Rückblick auf 15 Jahre Institutsarbeit. In: IFP (1985), S. 16-24. München

Suttner, Hans (1965): Katholische Presse in Deutschland. Statt noch einer Kritik: ein konkreter Vorschlag. Regensburg

Thurmair, Elisabeth (Hg.) (1986): Ein Gast auf Erden: Georg Thurmaier. Mahner – Rufer - Rebell. Eggenfelden/Buxheim

Trippen, Norbert (2003): Josef Kardinal Frings (1980-1978). Band 1. Paderborn

Wäckers, Anton Josef (1995): Erlebte und gelebte Geschichte im Bistum Aachen. Aachen

Wagner, Hans (1967): Kirche und Öffentlichkeitsarbeit. Standort und Aufgaben. Referat auf der AKP-Jahrestagung vom 3.-5.Oktober 1967 in Bremen

– (1968): Der deutsche Katholizismus und die Massenmedien. In: Journalistes Catholiques (1968), S. 15-16

– (1971): Einführung und Kommentar. In: Pastoralinstruktion „Communio et Progressio" (1971), S. 1-148

– (1974): Das Ende der katholischen Presse. 3 Bde. Aschaffenburg

Wilke, Jürgen (Hg.) (1999): Mediengeschichte der Bundesrepublik Deutschland . Bundeszentrale für Politische Bildung. Bonn

Wolfe, Thomas (1995): Es führt kein Weg zurück. Hamburg

Zentralkomitee der deutschen Katholiken ZdK (1957): 77. Deutscher Katholikentag 1956. Köln

– (1968): 82. Deutscher Katholikentag 1968 in Essen. Paderborn

– (1972): 83. Deutscher Katholikentag 1972 in Trier. Paderborn

– (1974): 84. Deutscher Katholikentag 1974 in Mönchengladbach. Paderborn

– : Katholikentagsillustrierte 1968, 1972, 1974, 1978 und 1986

Personenregister

Dank

Die Niederschrift dieses Buches wäre nicht möglich gewesen ohne die Mithilfe zahlreicher Persönlichkeiten, für die ich mich bei einigen namentlich herzlich bedanken möchte. An erster Stelle gilt mein Dank den Herausgebern der Reihe "Religion – Medien – Kommunikation" im LIT-Verlag, Walter Hömberg und Michael Schmolke. Michael gebührt ganz besonderer Dank für die intensive Begleitung meiner Arbeit, seine mehrfache, bekanntlich äußerst präzise sachliche Prüfung des Manuskriptes sowie zahlreiche Hinweise für Ergänzungen, stilistischen Verbesserungen und Kürzungen. Seine Mitwirkung schätze ich deshalb so sehr, weil er meine redaktionelle und Verbands-Arbeit in der katholischen Presse seit Beginn der 70er Jahre nahe begleitet und gefördert hat. Einem weiteren Wegbegleiter über viele Jahrzehnte in der AKP, Günter Beaugrand, danke ich ebenso herzlich für seine umfangreichen Korrekturvorschläge und sachlichen Hinweise. Dank geht auch an Lothar Hönscheid vom KNA-Archiv für prompte Lieferung von Dokumenten und Texten, die mir fehlten.

Für die inständige Begleitung und Förderung meines Buchprojektes bin ich ferner Dr. Ute Stenert vom Referat Presse und Verlagswesen im Sekretariat der Deutschen Bischofskonferenz dankbar. Dank geht auch an Geschäftsführer Leo Blees vom Einhard Verlag und die Aachener Kirchenzeitung für Unterstützung meiner Arbeit. Schließlich hat mir bei der druckfertigen Computer-Erstellung und -bearbeitung des Manuskriptes Achim Kreutz von Kreutz Werbung & Druck mit fachmännischem Können mitgeholfen. Und für die problemlose und gute Verlagsbetreuung gilt mein Dank dem LIT-Lektor Frank Weber.

Last but not least möchte ich meiner Frau herzlich dafür danken, dass sie ihren Mann im Ruhestands-Alter über zwei Jahre lang viele Stunden für Recherchen und Schreibarbeit am Computer "frei gestellt" hat, berechtigter Weise nicht immer klaglos, zum Schluss aber - wie ich selbst - dankbar und erfreut darüber, dass diese Erinnerungen des gemeinsamen Lebensweges fertig gestellt werden konnten.

Aachen, 24. Oktober 2009

Ferdi Oertel

Religion – Medien – Kommunikation

hrsg. von Prof. Dr. Walter Hömberg (Katholische Universität Eichstätt) und
Univ.-Prof. Dr. Michael Schmolke (Universität Salzburg)

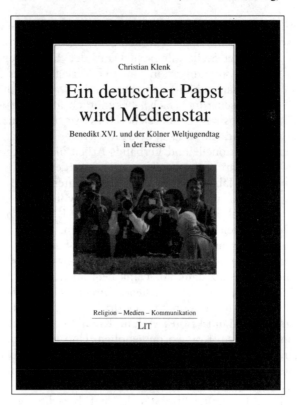

Christian Klenk
Ein deutscher Papst wird Medienstar
Benedikt XVI. und der Kölner Weltjugendtag in der Presse
Kirche macht Schlagzeilen: Im Zusammenhang mit dem Tod Johannes Pauls II., der Papstwahl, dem Kölner Weltjugendtag und der Bayernreise von Benedikt XVI. haben deutsche Medien in einem bis dahin nicht erlebten Ausmaß über die Institution Katholische Kirche, Glaube und Religion berichtet. Die Studie analysiert am Beispiel der Presseberichterstattung über den Weltjugendtag 2005, wo die Schwerpunkte bei der Themenwahl lagen und wie einzelne Aspekte bewertet wurden. Ausgehend von einer modellhaften Darstellung zum Verhältnis von Kirche und Massenmedien wird nach den Nachrichtenfaktoren von Kirche gefragt. Dabei wird deutlich: Der deutsche Papst ist als Medienstar ein wichtiger, aber längst nicht der einzige Faktor.
Bd. 4, 2007, 248 S., 19,90 €, br., ISBN 978-3-8258-0930-0

LIT Verlag Berlin – Münster – Wien – Zürich – London
Auslieferung Deutschland / Österreich / Schweiz: siehe Impressumsseite